刘总监解车热线书系

陪你“升级”每一天

汽车维修工等级考试1234问

刘汉涛 编著

電子工業出版社
Publishing House of Electronics Industry
北京·BEIJING

内容简介

《陪你升级每一天：汽车维修工等级考试1234问》是“刘总监解车热线书系”之一。本书依据劳动和社会保障部2005年颁布实施的《汽车维修工国家职业标准》编写，内容涵盖了中级技工、高级技工、技师、高级技师应知应会的发动机、底盘、电器、车身、自动变速器、空调、安全气囊等内容。书中内容以问答题的形式展现在读者的眼前，但阅读后读者会发现，在问答题的背后还“隐藏”着填空题、选择题及判断题等，这就是本书的最大特点。

本书内容通俗易懂、形象直观、图文并茂、全面翔实，具有很强的实用性，可作为汽车维修工日常学习和等级考试的必备工具书；同时，也可供汽车驾驶人员、汽车检测人员、汽车运用工程技术人员和科研人员及各类院校汽车专业的广大师生阅读使用。

图书在版编目（CIP）数据

陪你升级每一天：汽车维修工等级考试1234问 / 刘汉涛编著. — 北京：电子工业出版社，2016.1
（刘总监解车热线书系）

ISBN 978-7-121-27868-6

Ⅰ. ①陪…　Ⅱ. ①刘…　Ⅲ. ①汽车－车辆修理－职业技能－鉴定－问题解答　Ⅳ. ① U472.4-44

中国版本图书馆 CIP 数据核字（2015）第 307551 号

策划编辑：管晓伟
责任编辑：管晓伟
特约编辑：赵海红　赵海军
印　　刷：中国电影出版社印刷厂
装　　订：三河市皇庄路通装订厂
出版发行：电子工业出版社
　　　　　北京市海淀区万寿路 173 信箱　　　邮编：100036
开　　本：787×1092　1/16　印张：20　字数：768 千字
版　　次：2016 年 1 月第 1 版
印　　次：2016 年 1 月第 1 次印刷
定　　价：69.90 元

凡所购买电子工业出版社图书有缺损问题，请向购买书店调换。若书店售缺，请与本社发行部联系，联系及邮购电话：（010）88254888。

质量投诉请发邮件至 zlts@phei.com.cn，盗版侵权举报请发邮件到 dbqq@phei.com.cn。

服务热线：（010）88258888。

FOREWORD 前言

随着国民经济的快速增长，汽车在人们日常生活中的比例不断提高，其使用、保养与维修也日益受到客户的重视，而汽车的结构和控制技术也越来越复杂，使汽车维修行业受到前所未有的挑战。为了保证汽车维修质量，提升客户满意度，汽车维修工应持证上岗。鉴于上述原因，笔者编写了《陪你升级每一天：汽车维修工等级考试1234问》一书。

本书依据劳动和社会保障部2005年颁布实施的《汽车维修工国家职业标准》编写，内容涵盖了中级技工、高级技工、技师、高级技师应知应会的发动机、底盘、电器、车身、自动变速器、空调、安全气囊等内容。书中内容以问答题的形式展现在读者的眼前，但阅读后读者会发现，在问答题的背后还"隐藏"着填空题、选择题及判断题等，这就是本书的最大特点。

本书内容通俗易懂、形象直观、图文并茂、全面翔实，具有很强的实用性，可作为汽车维修工日常学习和等级考试的必备工具书；同时，也可供汽车驾驶人员、汽车检测人员、汽车运用工程技术人员和科研人员及各类院校汽车专业的广大师生阅读使用。

由于本书涉及的知识面广、讲解内容新，书中提出的观点、方法有的是作者个人的看法，不当与疏漏之处在所难免，恳请广大读者给予谅解与宽容。

刘汉涛

目　录

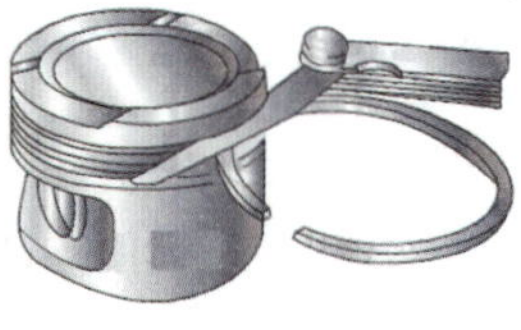

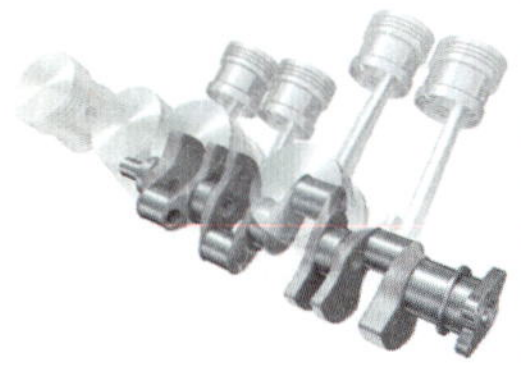

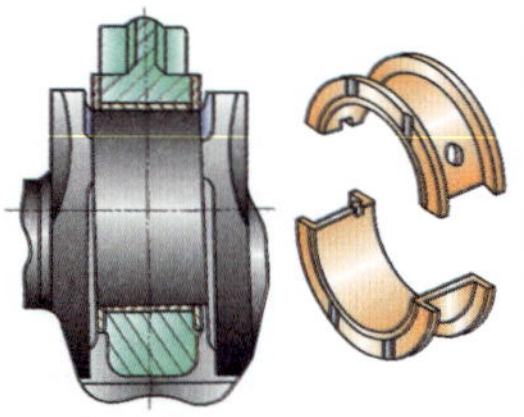

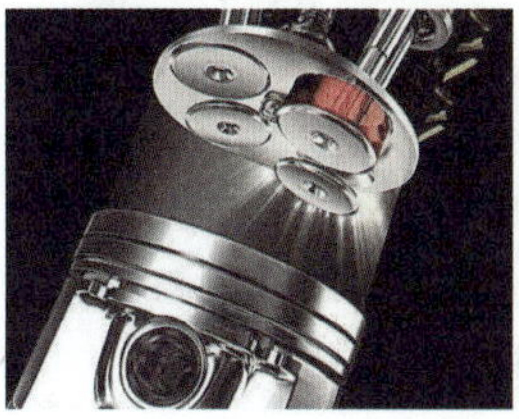

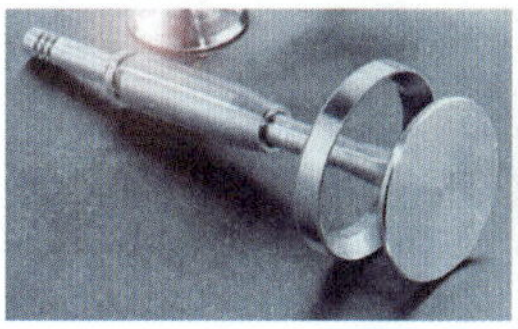

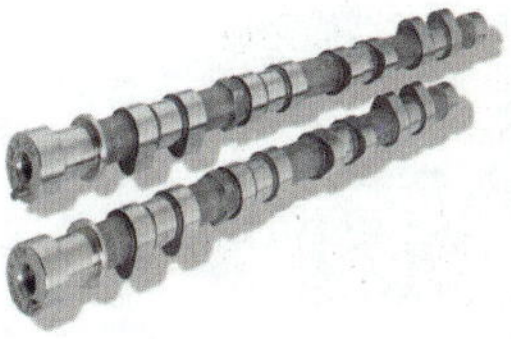

CONTENTS

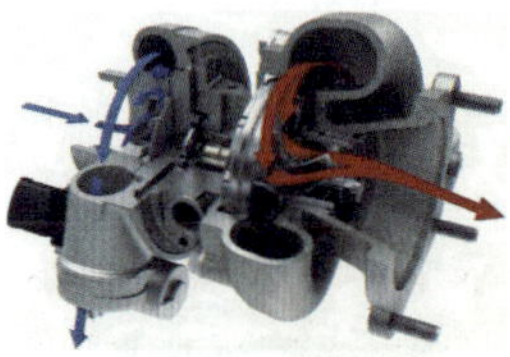

CONTENTS

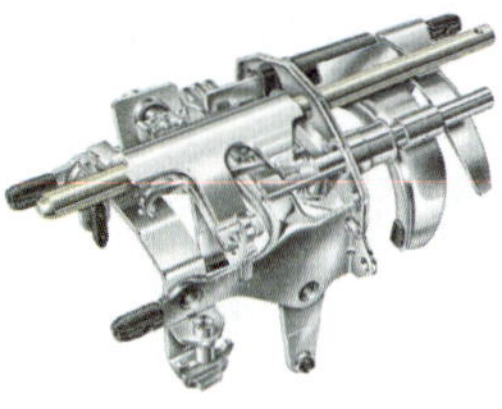

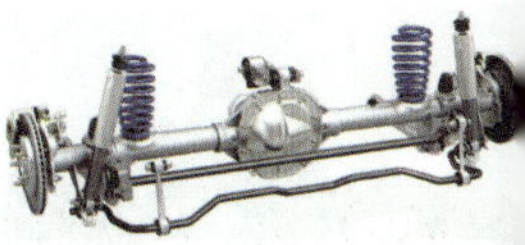
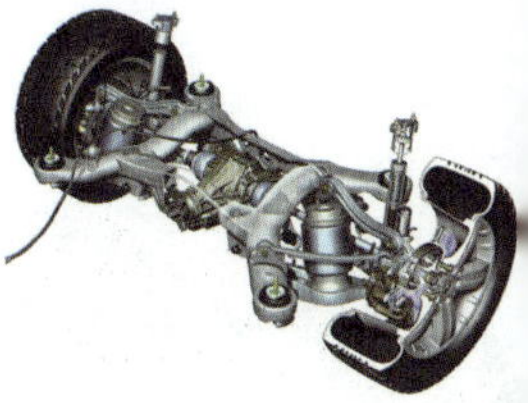
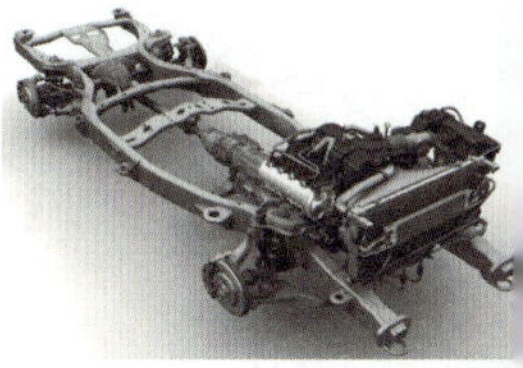
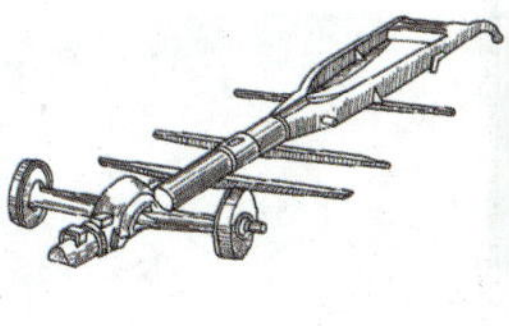

CONTENTS

CONTENTS

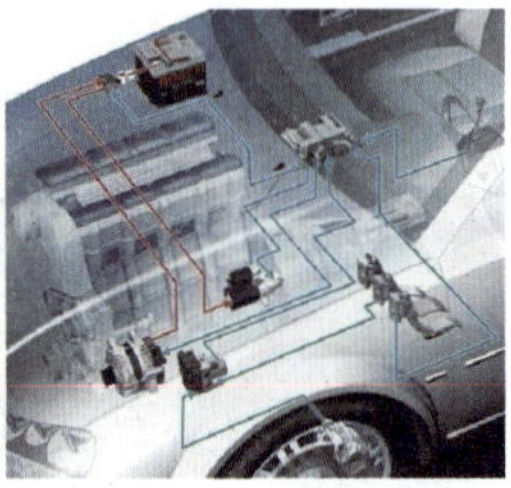

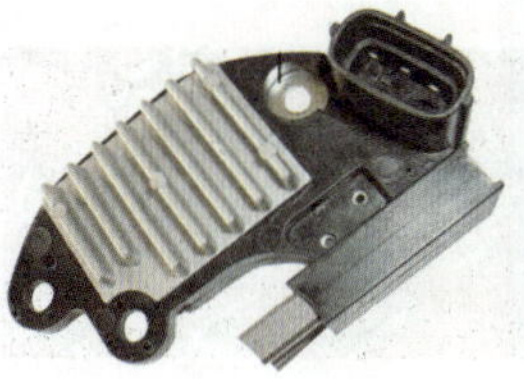
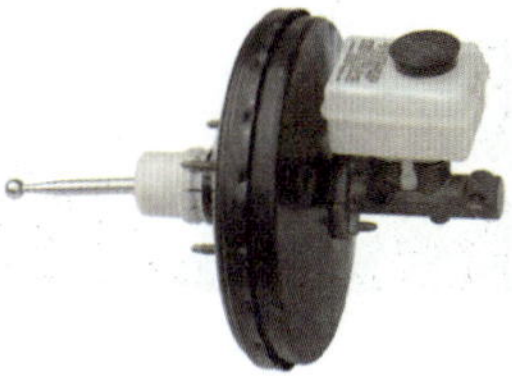
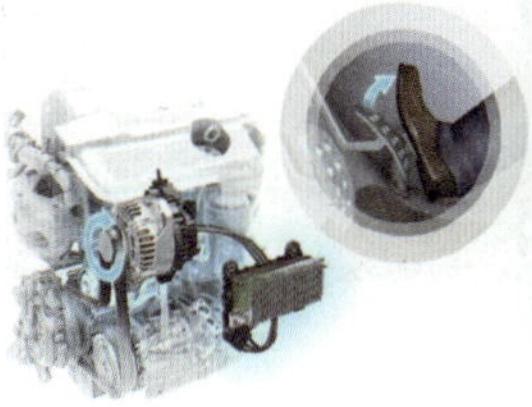

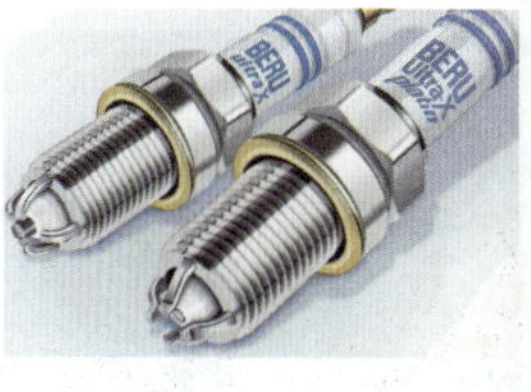

CONTENTS

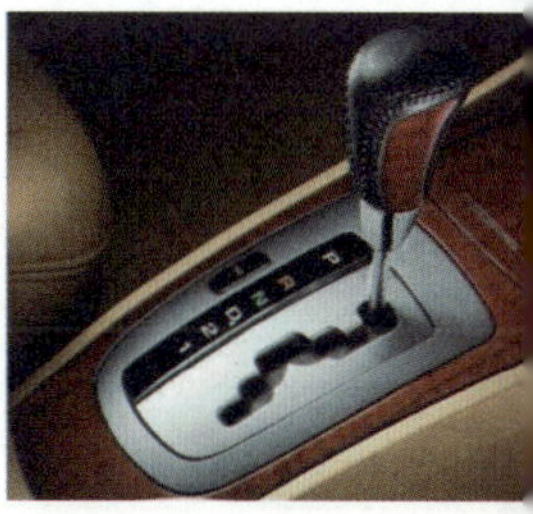

CONTENTS

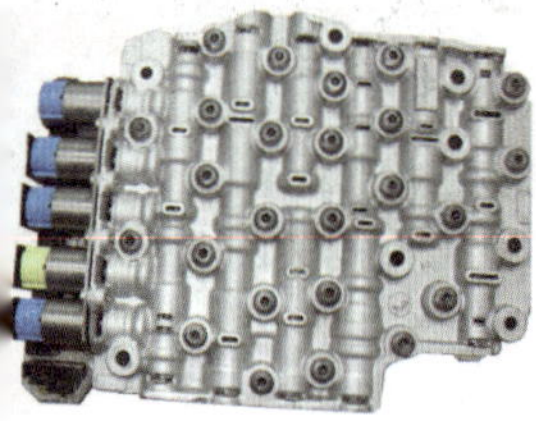

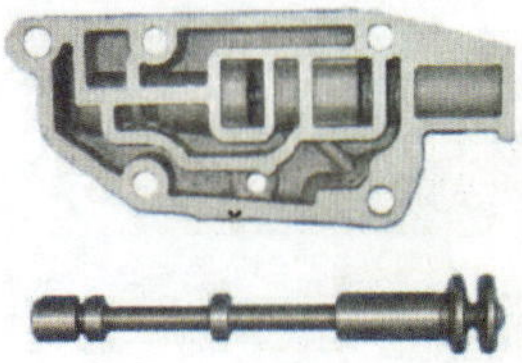

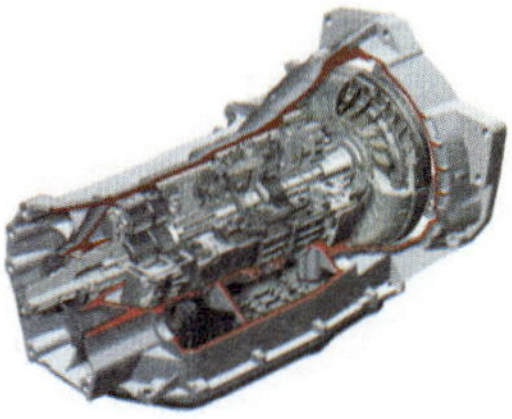

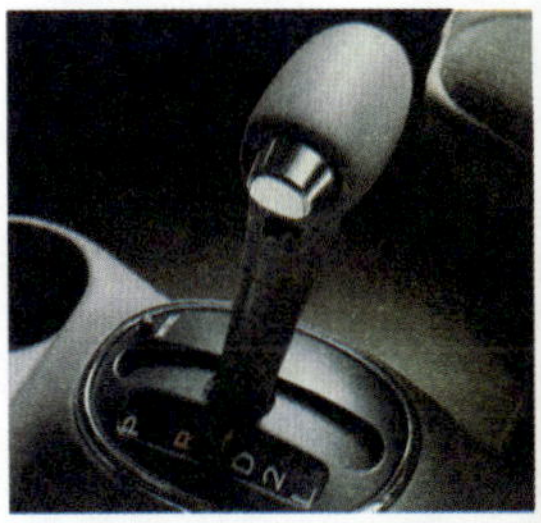

CONTENTS

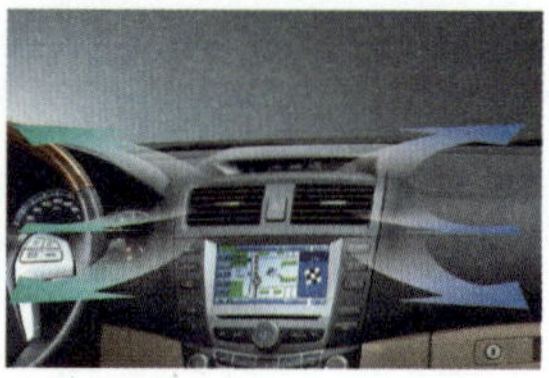

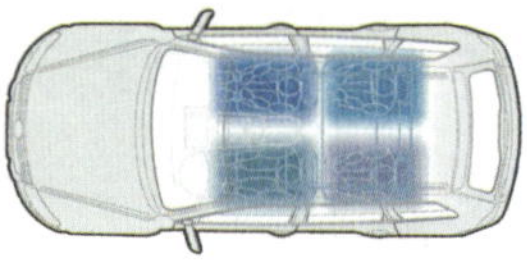

CHAPTER 第六章 安全气囊 /293

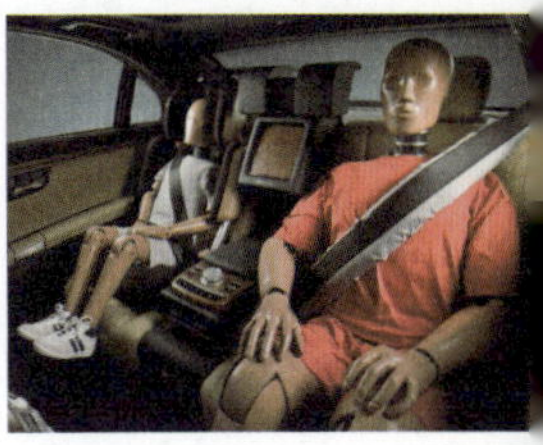

第一节　曲柄连杆机构

CHAPTER

第一章

发动机

1. 曲柄连杆机构有何作用?

曲柄连杆机构是往复活塞式发动机实现工作循环，完成能量转换的主要机构。其作用是把燃气作用在活塞顶上的力转变为曲轴的转矩，使曲轴产生旋转运动而对外输出机械能。

2. 曲柄连杆机构工作时受到哪些作用力?

在发动机做功时，气缸内最高温度可达 2500K 以上，最高压力可达 3M ~ 5MPa，现代发动机最高转速可达 3000 ~ 6000rpm，则活塞在气缸内每秒钟要完成约 100 ~ 200 个冲程，可见其线速度是很大的。此外，与可燃混合气和燃烧废气接触的机件还会受到化学腐蚀。因此，曲柄连杆机构工作条件的特点是高温、高压、高速和化学腐蚀。

曲柄连杆机构工作时所受的力主要有气体作用力、往复惯性力、离心力和摩擦力等。

（1）气体作用力。在每个工作循环中，气体作用力始终存在并不断变化。

（2）往复惯性力。指活塞连杆组和连杆小头在气缸中做往复直线运动所产生的惯性力，其大小与机件的质量及加速度成正比，其方向总与加速度的方向相反。

（3）离心力。指偏离曲轴轴线的曲柄和连杆大头绕曲轴轴线做圆周运动产生的旋转惯性力，简称离心力。其大小与曲柄半径、旋转部分的质量和曲轴转速有关，其方向沿曲柄半径向外。

（4）摩擦力。任何一对互相压紧并做相对运动的零件表面之间都存在摩擦力，其大小与对摩擦面形成的正压力和摩擦系数成正比，其方向与相对运动的方向相反。摩擦力是造成零件配合表面磨损的根源。

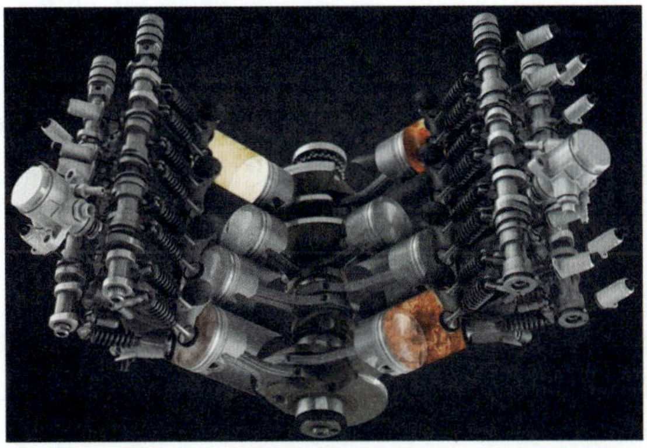

曲柄连杆机构

3. 曲柄连杆机构由哪几部分组成?

曲柄连杆机构由缸体曲轴箱组、活塞连杆组和曲轴飞轮组三部分组成。

(1)缸体曲轴箱组，主要包括气缸盖、气缸垫、气缸体、曲轴箱、气缸套和油底壳等机件。

(2)活塞连杆组，主要包括活塞、活塞环、活塞销和连杆等机件。

(3)曲轴飞轮组，主要包括曲轴、飞轮、扭转减振器、皮带轮和正时齿轮等机件。

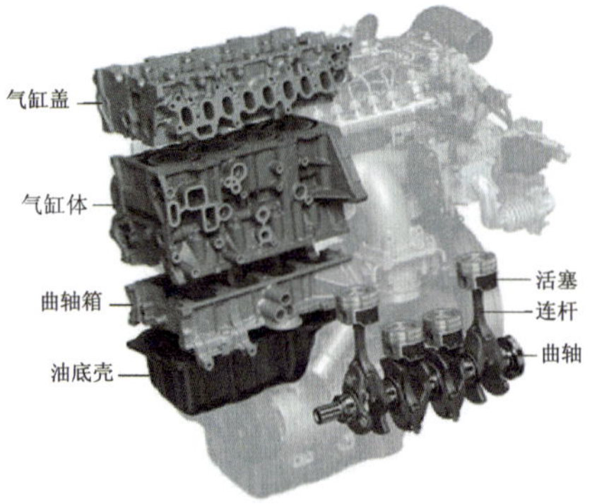

曲柄连杆机构构造图

4. 什么是水套?

发动机用冷却液冷却时，气缸周围和气缸盖中均有用以充"水"的空腔，称为水套。气缸体和气缸盖上的水套是相互连通的。利用水套中的冷却液流过高温零件的周围而将热量带走。

5. 气缸有哪几种排列形式?

发动机的气缸体和曲轴箱常铸成一体，称为气缸体－曲轴箱，简称为气缸体。气缸体上半部有若干个为活塞在其中运动而做导向的圆柱形空腔，称为气缸。气缸是活塞往复直线运动的场所。

汽车发动机气缸排列形式基本上有三种：L型、V型和H型。

(1)L型，即直列式(单列式)。其是将发动机的各个气缸排成一列，一般是垂直布置的。但为了降低发动机的高度，有时也把气缸布置成倾斜的甚至是水平的。

(2)V型，其是将发动机的气缸排成两列，其气缸中心线的夹角小于180°。它的特点是缩短了发动机的长度，降低了发动机的高度，增加了气缸体的刚度，重量也有所减轻，但加大了发动机的宽度，且形状复杂，加工困难，一般多用于缸数多的大功率发动机。

(3)H型，即水平对置式。其发动机的高度比其他形式的小得多，在某些情况下，使得汽车的总体布置更为方便。

V8发动机气缸体

6. 气缸磨损有什么规律?

气缸正常的磨损特点是不均匀磨损，主要表现在如下几个方面：

(1)在气缸轴线方向上呈上大下小的不规则锥形磨损，最大磨损部位在第一道活塞环上止点稍下部位。

(2)在气缸最下沿不与活塞环接触的部位，几乎没有磨损，形成一个明显台阶，通常称为"缸肩"。

(3)在断面上的磨损呈不规则的椭圆形，磨损最大部位往往随气缸结构、使用条件的不同而异，一般是前后或左右方向磨损最大。

(4)磨损量不大于0.01mm/10000km。

7. 为何第一道活塞环上止点稍下部位磨损最严重?

(1)首先，由于活塞环换向，运动速度几乎为零，环的布油能力最差，润滑能力弱。

(2)其次，因爆发燃烧的压力、温度最高，可燃混合气燃烧产生的酸性氧化物生产的矿物酸最多，附着在气缸壁上不但不能被油膜完全覆盖，甚至破坏缸壁上的润滑油膜，在这个部位上，腐蚀磨损严重。

(3)第三，进气流对缸壁局部的冷却，以及未雾化的燃油颗粒对局部缸壁上润滑油膜的破坏，强化了局部缸壁的"冷激"效应。

(4)第四，进气中的灰尘在此处缸壁上的附着量较多，不但能加剧此处的腐蚀磨损，也加剧了此处的磨料磨损。

(5)第五，活塞在此处所承受的侧压力大，活塞环的背压最大，容易破坏缸壁上的润滑油膜，加速此部位的黏着磨损。

所以，第一道活塞环上止点稍下对应的缸壁上磨损量最大。但是，曲轴轴向间隙过大、活塞偏缸、缸体变形等故障就会改变气缸的磨损规律，使最大磨损部位出现在气缸中部或下部。

8. 气缸磨损检测有哪些内容?

气缸的检查一般包括如下两项内容：

（1）一是外观检查，检查气缸的机械损伤、表面质量和化学腐蚀程度等。

（2）二是用内径百分表检测气缸的最大磨损量、圆度误差和圆柱度误差。

发动机构造剖面图

9. 如何检测气缸圆度误差?

圆度误差是指同一截面上磨损的不均匀性，用同一横截面上不同方向测得的最大直径与最小直径差值的一半作为圆度误差。测量前，首先要确定气缸磨损前的直径。测量时，将内径百分表的测头置于第一道活塞环上止点处或稍下一点并来回摆动表架，观察百分表的长针顺时针摆动到极限位置的读数，在该截面上测出其最大值和最小值并计算出圆度误差。

10. 如何检测气缸圆柱度误差?

圆柱度误差是指沿气缸轴线的轴向截面上磨损的不均匀性，用被测气缸上、中、下三个截面所测得的最大直径与最小直径差值的一半作为圆柱度误差。分别在气缸上部、中部和下部测出最大直径和最小直径并计算出圆柱度误差。

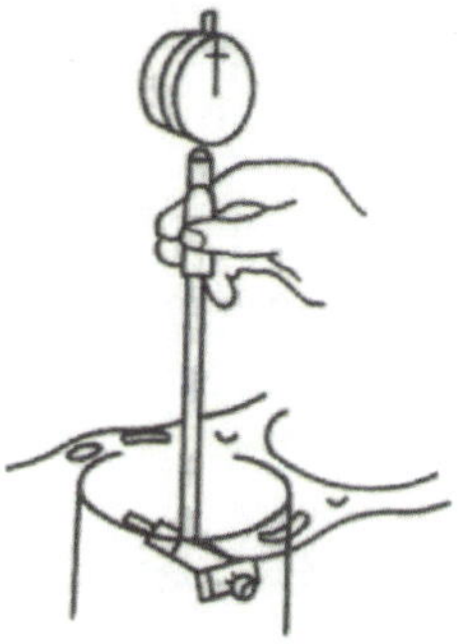

气缸的检测

11. 气缸检测的技术条件是什么?

（1）气缸的圆度误差达到0.050～0.063mm；圆柱度误差达到0.175～0.250mm；有修理尺寸的气缸，其最大磨损量达到0.2mm；无修理尺寸的气缸（薄型气缸套），其最大磨损量达到0.4mm；其中一项达到极限值时必须修理或更换气缸（套）。

（2）气缸的圆度误差和圆柱度误差均小于极限值，而磨损量小于0.15mm时，可更换活塞及活塞环。

12. 气缸体有哪几种结构形式?

气缸体应具有足够的强度和刚度，根据气缸体与油底壳安装平面的位置不同，通常把气缸体分为如下三种形式：

（1）一般式气缸体。这种气缸体的特点是油底壳安装平面和曲轴旋转中心在同一高度。其优点是机体高度小，重量轻，结构紧凑，便于加工，曲轴拆装方便；但其缺点是刚度和强度较差，曲轴前后端的密封性较差，多用于中小型发动机。

（2）龙门式气缸体。这种气缸体的特点是油底壳安装平面低于曲轴的旋转中心。其优点是强度和刚度较好，能承受较大的机械负荷，密封简单可靠，维修方便；但其缺点是工艺性较差，加工较困难。

（3）隧道式气缸体。这种形式的气缸体曲轴的主轴承孔为整体式，采用滚动轴承，主轴承孔较大，曲轴从气缸体后部装入。其优点是结构紧凑、刚度和强度好；但其缺点是加工精度要求高，工艺性较差，曲轴拆装不方便。

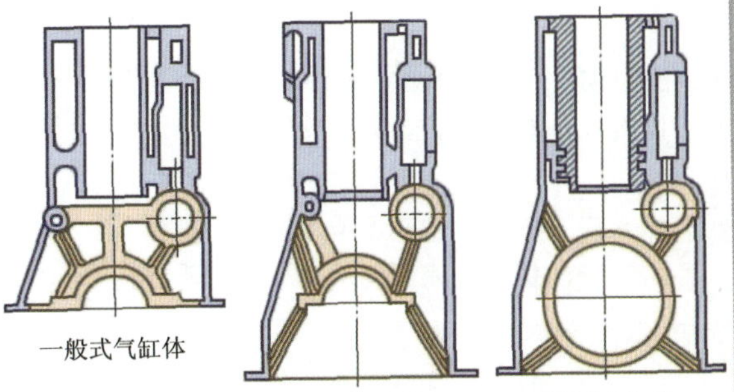

气缸体结构形式示意图

13. 如何检测与修理气缸体变形？

气缸体在使用过程中发生变形是普遍存在的，气缸体的变形破坏了零件的正确几何形状，影响发动机的装配质量和工作能力。由于拆装气缸盖螺栓时力矩过大或不均、拧紧顺序不正确等都会引起气缸体与气缸盖结合平面的翘曲变形。气缸体的变形主要为上、下平面，端面的翘曲和配合表面的相对位置误差增加。

气缸体的翘曲变形可用钢板直尺和塞尺检测。将等于或大于被测平面全长的直尺放到气缸体平面上，用塞尺沿气缸体平面的纵向、横向和对角线方向多处进行测量，以求得其平面度公差。

求平面度公差

项　　目				公差（mm）
与气缸盖结合平面的平面度	任意	50×50		0.05
	全长	≤600		0.15
		＞600	铸铁	0.25
			铝合金	0.35

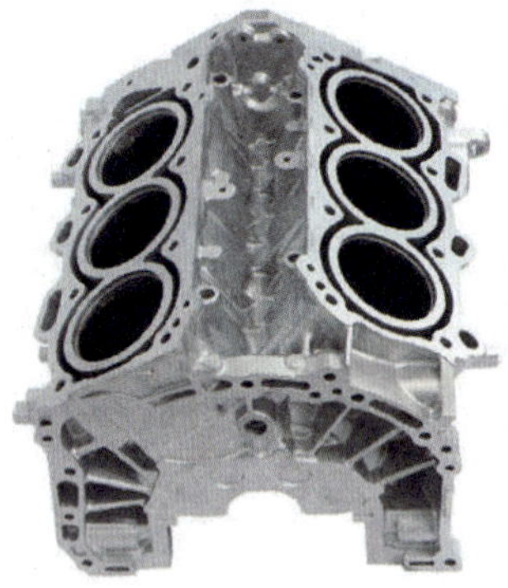

龙门式气缸体

气缸体变形后，可根据变形程度采取不同的修理方法。

（1）平面度误差在整个平面上不大于 0.05mm 或仅有局部不平时，可用刮刀刮平。

（2）平面度误差较大时可采用平面磨床进行磨削加工修复，但加工量不能过大，为 0.24 ~ 0.50mm，否则会影响压缩比。

14. 气缸体的裂纹有几种？

气缸体产生裂纹的部位与结构、工作条件和使用不当有关，常见的裂纹有如下几种：

（1）曲轴箱共振裂纹。

（2）水套的冰冻裂纹。

（3）气缸套修理尺寸级数过多和镶嵌气缸套过盈量过大，压装工艺不当等造成的裂纹。

（4）发动机长时间在超负荷条件下工作，造成气缸体内应力过大产生的裂纹。

气缸体裂纹

15. 如何检测与修理气缸体裂纹？

气缸体外部明显的裂纹可直接观察，而对于细微裂纹和内部裂纹，一般采用将气缸盖装合后进行水压试验。其方法是将气缸盖和气缸垫装在气缸体上，将水压机出水管插头与气缸前端水泵入水口处连接好，并封闭其他水道口，然后将水压入水套，要求在 0.3M ~ 0.4MPa 的压力下保持约 5min，气缸体应没有任何渗漏现象。如有水珠渗出，则表明该处有裂纹。

气缸体上的裂纹可根据裂纹的部位不同，采用不同的修理方法。凡涉及漏水、漏油、漏气，一般予以更换。对尚未影响到燃烧室、水道、油道的裂纹，可以采取胶黏修复。

16. 为什么采用镶入气缸套？

由于气缸体的材料一般采用优质灰铸铁、球墨铸铁或铝合金，为了提高气缸的耐磨性，有时在铸件中加入少量合金元素，如镍、铬、钼、磷等。但是，如果气缸体全部采用优质耐磨材料，则会导致成本高，因为除与活塞配合的气缸壁表面外，其他各部分的耐磨性要求并不高。所以，现代汽车发动机广泛采用在气缸体内镶入气缸套，形成气缸工作表面。这样，气缸套可用耐磨性较好的合金铸铁或合金钢制造，以延长使用寿命，而气缸体则可用价格较低的普通铸铁或铝合金等材料制成。

17. 什么是干式气缸套？

干式气缸套的特点是气缸套镶入气缸体后，其外壁不直接与冷却液接触，而和气缸体的壁面直接接触，壁厚较薄，一般为 1 ~ 3mm。它具有整体式气缸体的优点，强度和刚度都较好，且不会引起漏水、漏气现象，但加工比较复杂，内、外表面都需要进行精加工，拆装不方便，散热不良。

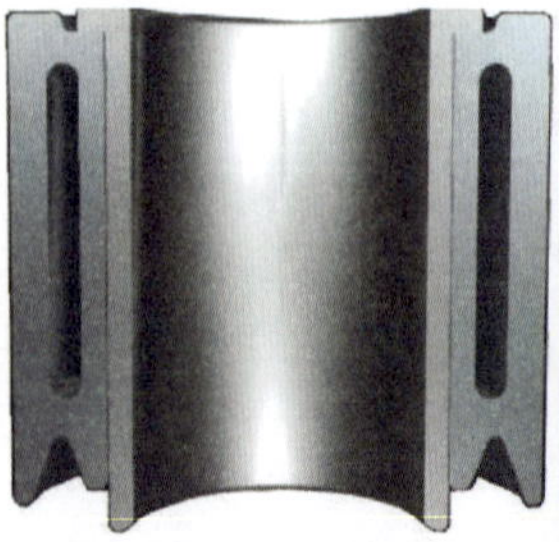

干式气缸套

18. 如何更换干式气缸套?

（1）取出旧缸套：用专用工具压出旧缸套或拉出旧缸套。

（2）选择新缸套：根据承孔的大小和修理尺寸（分为四级：标准、+0.05mm、+1.00mm、+1.50mm）的要求选配新缸套。第一次选用标准尺寸的气缸套。

（3）镗削缸套承孔：根据新缸套的外径尺寸进行镗削，并留适当的压入过盈量。一般有凸缘的气缸套为0.05～0.07mm；无凸缘的气缸套为0.07～0.10mm。另外，有凸缘的气缸套，应在气缸体上端镗出凸缘槽，凸缘与槽口每边应有不小于0.05mm的间隙。

（4）压入新缸套：将气缸套放正，并在气缸套外径上涂以机油，用压力机徐徐压入。

20. 如何更换湿式气缸套?

（1）取出旧缸套：取出旧缸套并清除气缸体各个接合面间的铁锈、污物。难以清除的坚硬物质可以用砂纸打磨，直至露出金属光泽为止，特别是与密封圈接触的部位必须光滑，以防止漏水。

（2）试装新缸套：将未装密封圈的新缸套装入气缸内，压紧后检查气缸套端面高出气缸体平面的高度，一般厂家规定为0.05～0.15mm。若不符合要求，可在气缸套台肩下装入适当厚度的铜质垫片进行调整，相连两缸间的凸出量误差不大于0.03mm。

（3）装入新缸套：先在新缸套上装好密封圈，涂上机油，然后稍加用力即可将新缸套装入。

（4）进行水压试验。

19. 什么是湿式气缸套?

湿式气缸套的特点是气缸套镶入气缸体后，其外壁直接与冷却液接触，气缸套仅在上、下各有一圆环地带和气缸体接触，壁厚一般为5～9mm。它散热良好，冷却均匀，加工容易，通常只需要精加工内表面，而与冷却液接触的外表面不需要加工，拆装方便，但缺点是强度、刚度都不如干式气缸套好，而且容易产生漏水、漏气现象。

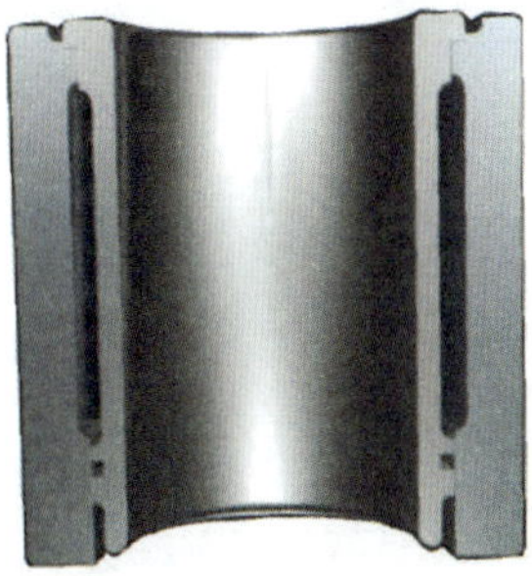

湿式气缸套

21. 气缸盖有什么作用?

气缸盖安装在气缸体的上面，其作用是封闭气缸的上部，并与处于上止点时的活塞顶部和气缸壁一起形成燃烧室。气缸盖经常与高温高压燃气相接触，因此，承受很大的热负荷和机械负荷。水冷发动机的气缸周围和气缸盖中都加工有冷却水套，并且气缸体和气缸盖冷却水套相通，冷却液在水套内不断循环，带走部分热量，对气缸和气缸盖起冷却作用。

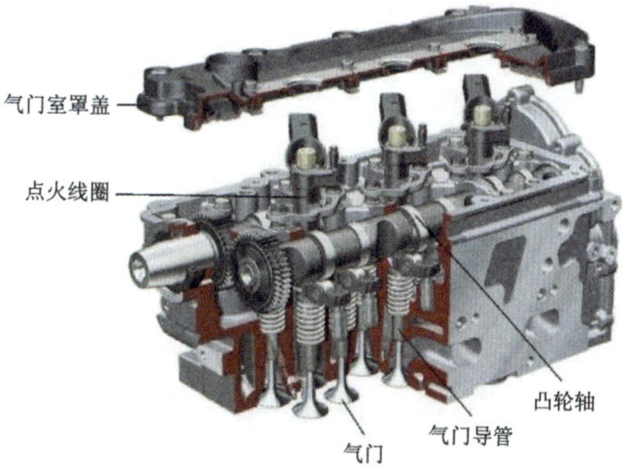

气缸盖

22. 气缸盖上有哪些部件?

气缸盖上加工有进气门座孔、排气门座孔、气门导管孔、火花塞安装孔（汽油机）或喷油器安装孔（缸内直喷汽油机或柴油机）。在气缸盖内还设有水套、进排气道和燃烧室或燃烧室的一部分。如果采用顶置式凸轮轴，则在气缸盖上还加工有凸轮轴轴承座及其润滑油道。

在气缸盖上安装有配气机构的大部分部件，如进气歧管、排气歧管、凸轮轴、挺柱、气门、气门座、气门弹簧、气门弹簧座、气门导管、气门油封和气门锁片等。

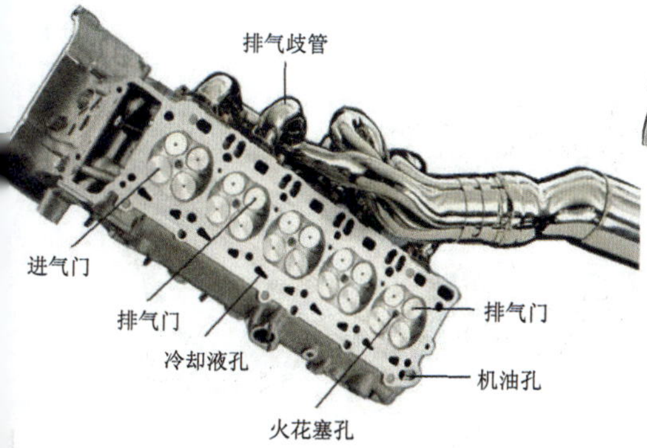

气缸盖构造图

23. 如何拧紧气缸盖螺栓?

气缸盖用螺栓紧固在气缸体上。拧紧螺栓时，必须按由中央对称地向四周扩展的顺序分几次进行。最后一次要用扭力扳手按规定的拧紧力矩值拧紧，以免损坏气缸垫和发生漏水、漏油和漏气现象。如果气缸盖由铝合金制成，则最后必须在发动机冷态下拧紧，这样在热机状态时能增加密封的可靠性，因为铝制气缸盖的膨胀程度比钢制螺栓的大；铸铁气缸盖则应该在发动机热时最后拧紧。

24. 如何检测与修理气缸盖变形?

气缸盖变形主要是指与气缸体结合的下平面的平面度误差超限。引起气缸盖变形的主要原因如下：

（1）气缸盖工作时受热不均匀。

（2）装配时气缸盖螺栓拧紧力矩不均匀且不按规定顺序拧紧。

（3）螺纹孔中污物清除不净；高温下拆卸气缸盖。

检测时，将气缸盖翻过来，把钢直尺放到气缸盖下表面，用塞尺检查气缸盖的平面度，最大允许变形量为 0.10mm。

修理方法与气缸体相同。经过修理后的气缸盖，其缸盖高度不得低于规定值。如果气缸盖变形，平面度超差，允许对气缸盖进行修复时还应检查燃烧室容积。燃烧室容积一般不得小于标定容积的 95%，同一缸盖各缸燃烧室容积差不大于平均容积的 1% ~ 2%，否则更换气缸盖。

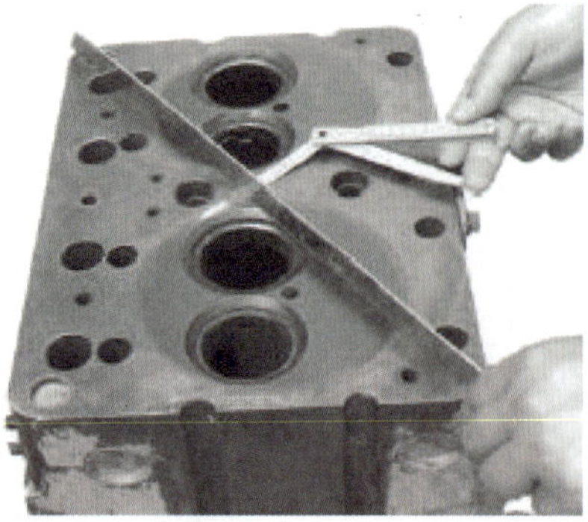

气缸盖变形检测

25. 气门室罩盖有什么作用?

气缸盖罩又称为气门室罩盖，其作用是密封配气机构等零部件，防止灰尘污染机油或灰尘进入加快配气机构零部件的磨损。气门室罩盖上有加机油口和曲轴箱通风管接口。

气门室罩盖用铝合金铸造或用薄钢板冲压制成，与气缸盖接合面上安装有气门室罩盖垫。

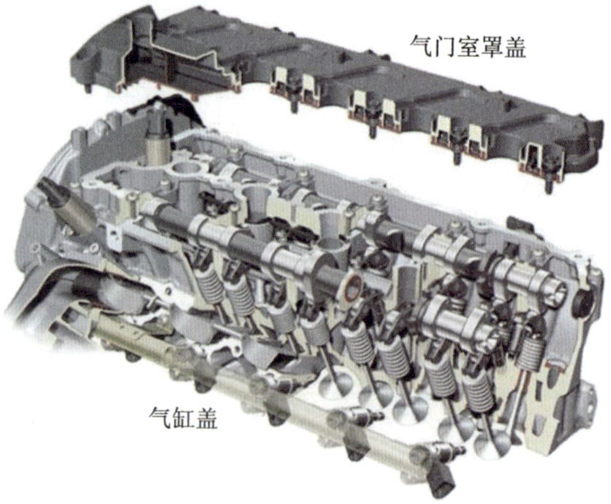

气门室罩盖安装位置图

26. 气缸垫有什么作用?

气缸垫位于气缸盖与气缸体之间，又称为气缸床。其作用是填补气缸体和气缸盖之间的微观孔隙，保证结合面处有良好的密封性，进而保证燃烧室的密封，防止气缸漏气、水套漏水和油道漏油。因此，气缸垫应具有如下要求：

（1）在高温高压燃气作用下有足够的强度，不易损坏。

（2）耐热和耐腐蚀，即在高温、高压燃气和有压力的机油和冷却液的作用下不烧损或变质。

（3）具有一定的弹性，能补偿结合面的不平度，以保证密封。

（4）拆装方便，能重复使用，寿命长。

气缸垫

27. 气缸垫有几种结构形式?

1）金属－石棉式气缸垫

这种形式的气缸垫的石棉中间夹有金属丝或金属屑，且外覆铜皮或钢皮。水孔和燃烧室周围另用镶边增强，以防被高温燃气烧坏。这种气缸垫的压紧厚度为1.2～2mm，有很好的弹性和耐热性，能重复使用，但厚度和质量的均一性较差。

2）实心金属片式气缸垫

很多强化的汽车发动机采用实心金属片式气缸垫。这种气缸垫在需要密封的气缸孔、水孔和油孔周围冲压出一定高度的凸纹，利用凸纹的弹性变形实现密封。

气缸垫及凸轮轴

28. 发动机支架有哪些类型?

发动机支架有两种类型：橡胶衬套式和液压减振式两种。大多数发动机支架采用橡胶衬套式，橡胶衬套吸收发动机的振动。橡胶衬套松弛地固定于发动机壳体上，允许它在发动机舱内有一定的移动。

液压减振式支架有两个充满液体的腔室，在二者之间留有一个空口来减弱发动机的振动。发动机振动时，一个腔室的液体完全流到另一个腔室需要一定的时间和能量，这样有助于减小发动机的振动，它们的外形和作用与悬架减振器很相似。

橡胶衬套式支架

29. 主动发动机支架的工作原理是什么?

发动机支架内部的缓冲元件与普通汽车所使用的发动机支架结构大致相同，它可以吸收一部分发动机在运转时所产生的振动，而当发动机出现异常振动时，支架内部的线圈和永久磁铁会出现相应的位移，由此会引发电流上的变化，发动机电脑在接收到这个信号时也会对线圈的电流加以限制，以实现更富弹性的缓冲效果。

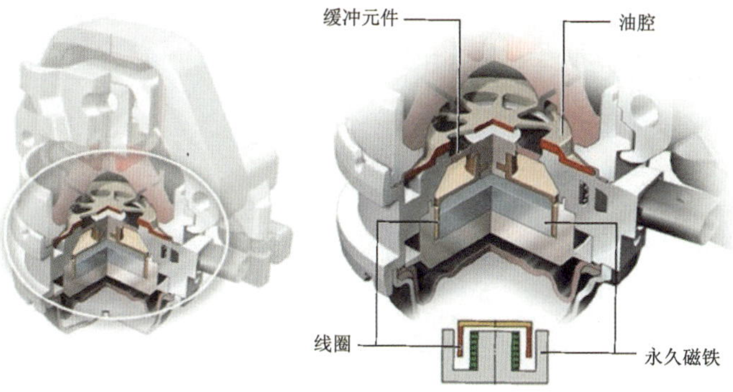

主动发动机悬置构造图

30. 活塞在什么条件下工作?

活塞的作用是与气缸盖、气缸壁共同构成燃烧室，承受气体压力，并将此力通过活塞销传给连杆，以“蹬动”曲轴旋转。

活塞是在高温、高压、高速、润滑不良和散热困难的条件下工作的。活塞的工作条件要求活塞具有足够的刚度和强度，良好的导热性和耐磨性，质量要小，以保持最小的惯性力，热膨胀系数小，活塞与气缸壁间较小的摩擦系数等。

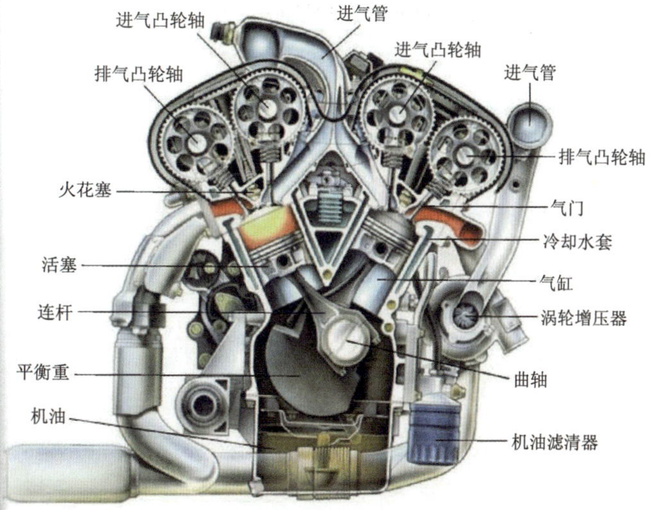

V型发动机构造剖面图

31. 活塞顶部有哪些装配标记?

活塞由顶部、头部和裙部三部分组成。

活塞顶部是燃烧室的组成部分，其形状与选用的燃烧室形状有关。活塞顶部一般标有记号，如箭头、三角、圆点等，安装时应将记号朝向曲轴前端。另外，有的活塞顶部还有月牙形凹坑，称为气门让坑，其作用是防止顶气门。

活塞顶部箭头标记

32. 活塞头部有什么作用?

活塞头部是活塞环槽以上的部分，一般有 3 道“皱纹”，即汽油机一般有 3 道环槽，上面 2 道用以安装气环，下面 1 道用以安装油环。活塞头部一般做得较厚，以便于热量从活塞顶部经活塞环传给气缸的冷却壁面上，从而防止活塞顶部的温度过高，其主要作用为：

（1）承受气体压力并传给连杆。

（2）与活塞环一起实现气缸的密封。

（3）将活塞顶部所吸收的热量通过活塞环传导到气缸壁上。

被分解的活塞连杆组

33. 活塞裙部有什么作用?

活塞裙部是指油环槽下端以下部分。其作用是为活塞在气缸内做往复直线运动导向和承受侧压力，因而裙部要有一定的长度和足够的面积，以保证可靠导向和减轻磨损。

34. 如何区分全裙式活塞与拖板式活塞?

活塞裙部的基本形状为一薄壁圆筒，若该圆筒为完整的则称为全裙式活塞。许多高速发动机为了减小活塞质量，在活塞不受作用力的两侧，即沿活塞销座孔轴线方向的裙部切去一部分，形成拖板式活塞。这种结构的活塞裙部弹性较好，可以减小活塞与气缸的装配间隙。

35. 什么是梯形活塞?

在某些高性能发动机上，连杆是锻钢制成的，只有 13mm 厚。为了降低振动质量，以及能承受比一般发动机高的燃烧压力，活塞销孔和连杆小头设计成梯形结构，这就是梯形活塞名称的由来。

与传统的活塞与连杆连接相比，在活塞销处，活塞销孔和连杆小头有较大的接触面积。所以，燃烧产生的压力分配到一个较大面积，减轻了活塞销和连杆的负荷。

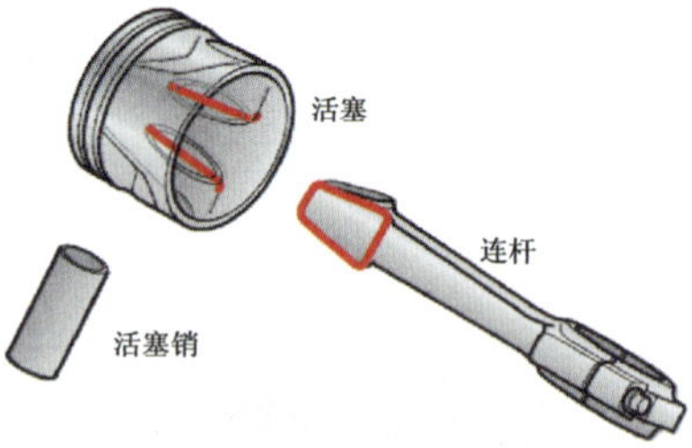

梯形活塞构造图

36. 选配活塞有哪些注意事项?

当气缸的磨损超过规定值，必须对气缸进行修复，或活塞发生异常损坏时，须视情节选配活塞。选配活塞时要注意如下几点：

（1）根据气缸的修理尺寸选用同一修理尺寸和同一分组尺寸的活塞。活塞裙部的尺寸是镗磨气缸的依据，只有在活塞选配后，才能按选定活塞的裙部尺寸进行镗磨气缸。

（2）活塞是成套选配的，同一台发动机必须选用同一厂牌的活塞，以保证其材料和性能的一致性。在成套选配的活塞中，其尺寸差一般为 0.01 ~ 0.05mm，质量差为 4 ~ 8g，销座孔的涂色标记相同。

被分解的活塞连杆组

37. 活塞顶碰气缸盖的原因是什么?

（1）在维修或装配时，不小心将小螺丝或螺钉掉入进气管（如拆装喷油器时，从孔中掉入），在吸气时吸入气缸，或小垫片黏在缸盖下面，安装缸盖时没注意留在燃烧室内，着车后出现异响，使活塞顶与气缸盖碰撞。

（2）连杆瓦损坏也会造成活塞顶碰气缸盖。这种碰撞是惯性碰撞，并不是连杆或活塞过长而引起的，因此在盘动飞轮时，发现不了活塞顶碰气缸盖，只有在发动机运转时才能听出（随转速增高而响声增大，低速时响声轻）。

（3）在装连杆瓦盖时，将瓦盖装反或错装其他连杆瓦盖。螺丝虽然上紧，但瓦还是椭圆形（连杆体与盖成对加工，不得换装），转动惯性导致活塞撞击气缸盖，出现轻脆、坚实的“嗒嗒”声，断油后还响，并不减弱，气缸盖振动大。因此，在维修时，应特别注意这一点。

（4）连杆螺栓松脱后，亦造成活塞惯性顶碰气缸盖，应选用合格螺栓，按要求上紧，禁止使用旧螺栓。

38. 活塞环有什么作用?

活塞环是具有弹性的开口环，有气环和油环之分，两者配合使用。气环又称为压缩环，其作用是保证气缸壁与活塞间的密封，防止气缸中的高温、高压燃气大量漏入曲轴箱，同时还将活塞顶部的大部分热量传导到气缸壁，再由冷却液或空气带走。油环的作用是用来刮除气缸壁上多余的机油，并在气缸壁上布上一层均匀的油膜，这样既可以防止机油窜入气缸内燃烧，又可以减小活塞、活塞环与气缸的磨损和摩擦阻力。

39. 活塞环为何镀铬或喷钼?

一些发动机的第一道气环，甚至所有气环，其外圆柱表面一般都镀上多孔性铬或喷钼，以减缓活塞环和气缸的磨损。多孔性铬层硬度高，并能储存少量机油，以改善润滑条件，使环的使用寿命提高 2 ~ 3 倍。其余气环还可以镀锡或磷化处理，以改善磨合性能。

活塞环

40. 活塞环为何留有三隙?

发动机工作时，活塞、活塞环等机件都会发生热膨胀，而活塞环在气缸、活塞环槽内的运动相对较为复杂，既要与活塞一起在气缸内作上下往复运动及径向胀缩，还要在环槽内作微量的圆周运动。为了既能保证气缸的密封性，又能防止环卡死在缸内或胀死在环槽中，安装时，活塞环应留有端隙、侧隙和背隙。

41. 如何检测活塞环端隙?

端隙又称为开口间隙，是活塞环装入气缸后，该环在上止点时，环的两端头的间隙或活塞环在标准环规内两端头的间隙，一般为 0.25 ~ 0.50mm。

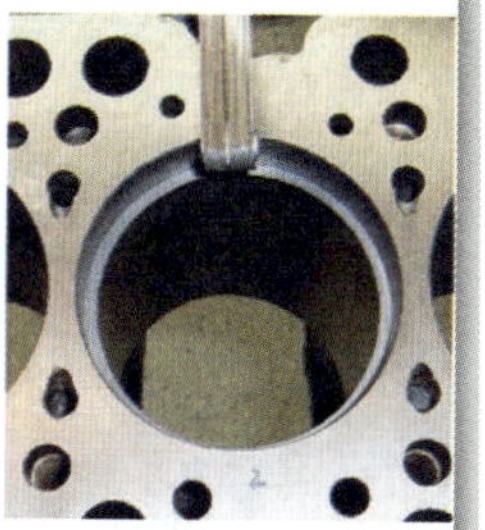

活塞环端隙测量示意图

活塞环的端隙是为了防止活塞环受热膨胀卡死在气缸内而设置的。检测端隙时，将活塞环置入气缸内，并用倒置活塞顶部将环推入气缸内相应的上止点位置，然后用塞尺测量。若端隙大于规定值则应重新选配活塞环；若端隙小于规定值，应利用细平锉刀对环口的一端进行锉修。锉修时，只能锉修一端且环口应平整，锉修后应将毛刺去掉，以免在工作时刮伤气缸壁。

42. 如何检测活塞环侧隙?

侧隙又称为边隙，是指活塞环装入活塞后，其侧面与活塞环槽之间的间隙。第一道气环的工作温度高，一般为 0.04 ~ 0.10mm；其他环一般为 0.03 ~ 0.07mm。油环的侧隙较小，一般为 0.025 ~ 0.07mm。

活塞环应有合适的侧隙，以保证机件工作可靠。若侧隙过大将使活塞环的泵油作用加剧，使环岸疲劳破碎，加速环的断裂和机油消耗增加；侧隙过小会使活塞环卡死在环槽内，环的弹力极度减弱，冲击应力加剧，不但使气缸密封性降低，也容易使环折断。检测时将活塞环放入相应的环槽内，用塞尺进行测量。若侧隙过小时，车削加宽活塞环槽修整侧隙。

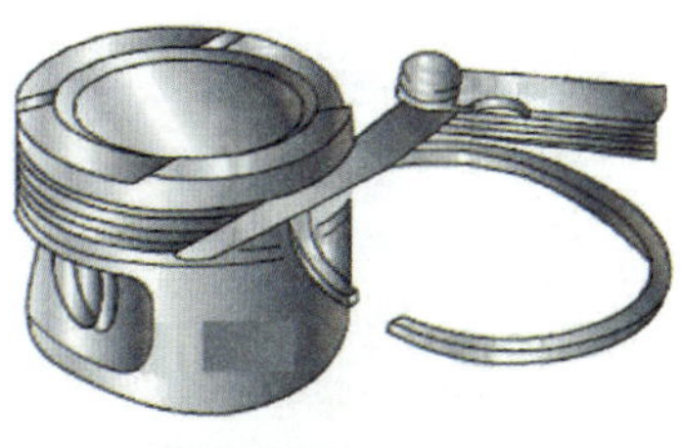

活塞环侧隙测量示意图

43. 如何检测活塞环背隙?

背隙是指活塞环随活塞装入气缸后，活塞环内圆柱面与活塞环槽底部间的间隙，一般为0.5～1.0mm。油环的背隙比气环大，目的是增大存油间隙，以利于减压泄油。

背隙的作用是为建立背压，储存积碳和防止活塞工作时膨胀过大挤断活塞环而设置的。背隙一般不用活塞环的内圆柱面与活塞环槽底部直径差值的一半来表示，为测量方便，通常是将活塞环装入活塞内，以环槽深度与活塞环径向厚度的差值来衡量。测量时，将环落入环槽底，再用深度游标卡尺测出环外圆柱面沉入环岸的数值。如背隙过小时，应更换活塞环。

刘总监提示：

在实际操作中，通常是以经验法来判断活塞环的侧隙和背隙的。将环置入环槽内，环应低于环岸，且能在环槽中滑动自如，无明显松旷感觉即可。

44. 气环切口有哪些形状?

活塞环切口的形状和装入气缸后的间隙大小对于漏入曲轴箱的燃气量有一定影响。切口间隙过大，则漏气严重，使发动机功率减小；间隙过小，活塞环受热膨胀后就可能卡死或折断。气环切口的形状有如下几种：

（1）直角口。其工艺性好，应用最广泛。

（2）阶梯形。阶梯形切口的密封性较好，但工艺性较差。

（3）斜切口。其斜角一般为30°或45°，其密封作用和工艺性均介于前两者之间，但其锐角部位在套装入活塞时容易折损。

（4）带销钉槽切口。压配在活塞环槽中的销钉是用来防止活塞环在工作中绕活塞中心线转动的。

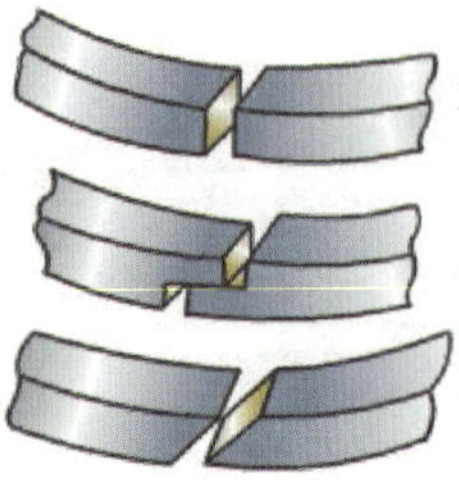

气环切口形状示意图

45. 气环断面有哪些形状?

（1）矩形环。其结构简单，制造方便，散热性好，应用最广泛。

（2）扭曲环。在安装时，必须注意环的断面形状和方向，应将其内圆切槽向上，外圆切槽向下，不能装反。

（3）锥面环。其可以改善环的磨损，这种环在气缸内可向下刮油，而向上滑动时由于斜面的油楔作用，可在油膜上浮起，减少磨损。

（4）梯形环。其主要作用是使得当活塞受侧压力的作用而改变位置时，环的侧隙相应发生变化，使沉积在环槽中的结焦被挤出，避免了环被黏在环槽中而引起折断。

（5）桶面环。其特点是活塞环的外圆面为凸圆弧形；其缺点是凸圆弧表面加工较困难。

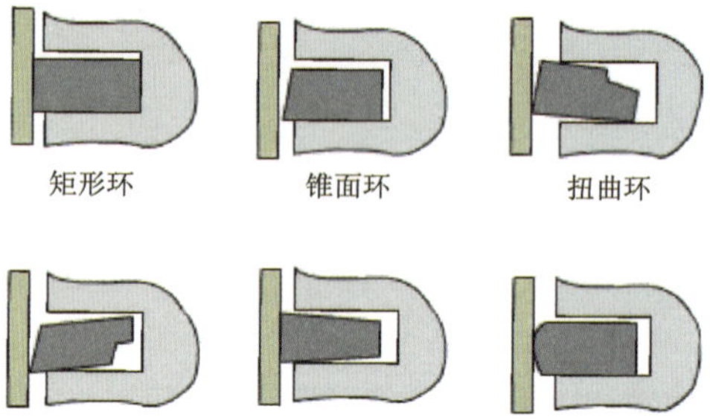

气环断面形状示意图

46. 什么是普通油环?

油环分为普通油环和组合油环两种，无论活塞上行还是下行，油环都能将气缸壁上多余的机油刮下来经活塞上的回油孔流回油底壳。

普通油环一般是用合金铸铁制造的，其外圆面的中间切有一道凹槽，在凹槽底部加工出很多穿通的排油小孔或狭缝。

普通油环

47. 组合油环有何优点?

油环有普通油环和组合油环两种。组合油环由上、下刮片和产生径向、轴向弹力作用的衬簧组成。这种油环的优点如下：

（1）片环很薄，对气缸壁的比压大，因而刮油作用强。

（2）刮片是各自独立的，因此，对气缸的适应性好。

（3）质量小。

（4）回油通路大，刮油效果明显。

组合油环

48. 如何检测活塞环弹力?

活塞环的弹力是指活塞环端隙达到规定值时作用在活塞环上的径向力。活塞环的弹力是建立在背压的首要条件，也是保证气缸密封性的必要条件。弹力过大使环的磨损加剧；弹力过弱，气缸密封性变差，燃烧室积碳严重，发动机的动力性和经济性降低。

弹力检测一般在弹力检测仪上进行。检测时，把活塞环放在弹力检测仪上，使环的开口处于水平位置，移动检测仪上的量块，把活塞的开口间隙压缩到标准值，观察秤杆上的质量，应符合技术要求。

49. 如何检测活塞环漏光度?

活塞环的漏光度检测旨在检测环的外圆表面与气缸壁的接触和密封程度，其目的是避免漏光度过大使活塞环与气缸壁的接触面积减小，造成漏气和窜机油的隐患。其检测方法如下：

（1）将活塞环平放在已经修好的气缸内，用活塞顶部推平活塞环。

（2）在活塞环上盖一个比气缸直径略小的硬纸板做成的遮光板，在气缸下部放置灯光照明。

（3）观察活塞环外圆与气缸壁之间是否漏光。

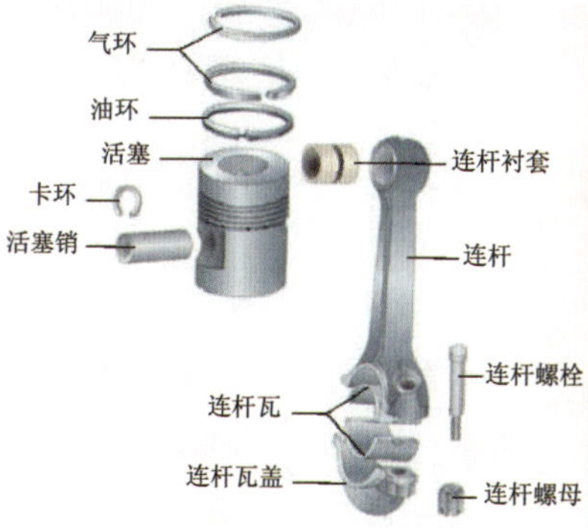

活塞连杆组构造图

50. 如何选配活塞环?

在发动机大修或小修时，活塞环是被当作易损件更换的。活塞环设有修理尺寸，不因气缸和活塞的分组而分组。

活塞环选配时，以气缸的修理尺寸为依据，同一台发动机应选用与气缸和活塞修理尺寸等级相同的活塞环。发动机气缸磨损不大时，应选配与气缸同一级别的活塞环。气缸磨损较大尚未达到大修标准时，严禁选择加大一级修理尺寸的活塞环而进行锉端隙使用。

51. 更换活塞环时应注意哪些问题?

（1）检查活塞环的端隙应在活塞环行程内的最低位置进行，不能在磨损严重的气缸上部检验，也不要在活塞环行程区域以外检验。

（2）在拆下活塞连杆组前，应用刮刀刮除缸肩，并用砂布将缸口磨光。若气缸磨损比较严重造成在活塞环行程最低位置也有明显的台阶时，也应刮除和磨光。

（3）应按维修手册的要求对每道活塞环之间进行装配，端口按一定夹角交错布置。

52. 安装活塞环时应注意哪些问题?

安装气环时，有镀铬的活塞环一般装在第一道，因为镀铬环能增强环的耐磨性，延长环的寿命。安装扭曲环时，其安装方向视该环的具体作用而定：用作刮油的正扭曲环其内缺口或内倒角朝上，外缺口或外倒角朝下；用作布油的反扭曲环，其安装方向与上述相反。各种环的组合方式和安装方向要按该型号发动机的说明书的要求进行，不得随意改变。

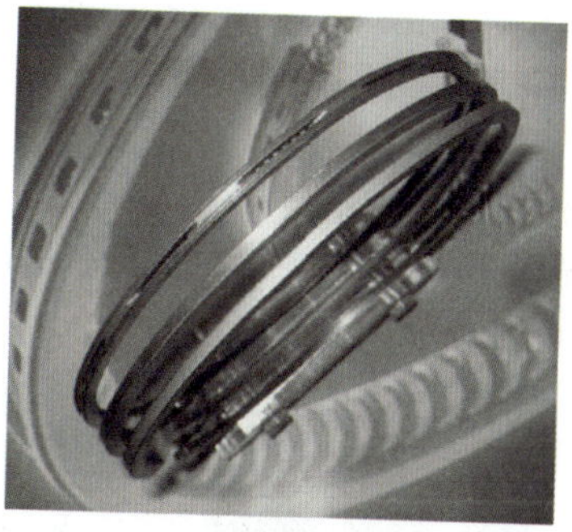
活塞环

53. 安装活塞环时开口为何要交错布置?

为了提高气缸的密封性，避免高压气体的泄漏，要求安装活塞环时，开口必须交错布置。一般是以第一道活塞环的开口位置为始点，其他各环的开口布置呈迷宫状走向。各道活塞环的开口一般不要布置在活塞销轴线的 ±45° 方向上，因为活塞销轴向两端的润滑油较多，润滑油容易向上窜入燃烧室。第一道环应布置在做功行程压力较小的右侧，并且尽可能远离燃烧中心，其他环（包括油环）依次间隔 90° ~ 180° 。例如，两道环的发动机，第二道环与第一道环间隔 180° ；三道环的发动机，则每道环间隔 120° 或第二道环间隔 180° ，第三道环与第二道环间隔 90° ；四道环的发动机，第二道环与第一道环间隔 180° ，第三道环与第二道环间隔 90° ，第四道环与第三道环间隔 180° 。安装油环的刮片也要交错排列，二道刮片的应间隔 180° ，三道刮片的则依次间隔 120° 。

54. 活塞环端部的侧面有哪些装配标记?

新型发动机活塞环的端部侧面都制有装配标记，活塞环有标记的一面朝上安装，并且要注意每一道环的装配位置。环的标记常有“0”、“00”和“T1”、“T2”等。除环上有标记的一面朝上外，它们的安装顺序分别为第一道、第二道。有的活塞环上还制有尺寸标记和厂标。活塞环一端的R为厂标，另一端为活塞环的尺寸，S为标准环，修理尺寸用阿拉伯数字表示，如25表示其修理尺寸为+0.25mm。

活塞环除可由装配标记识别外，还可以从活塞环包装用纸的颜色加以辨认。不同厂家活塞环的包装色彩不同，不同的色彩还能表示活塞环不同的安装顺序。

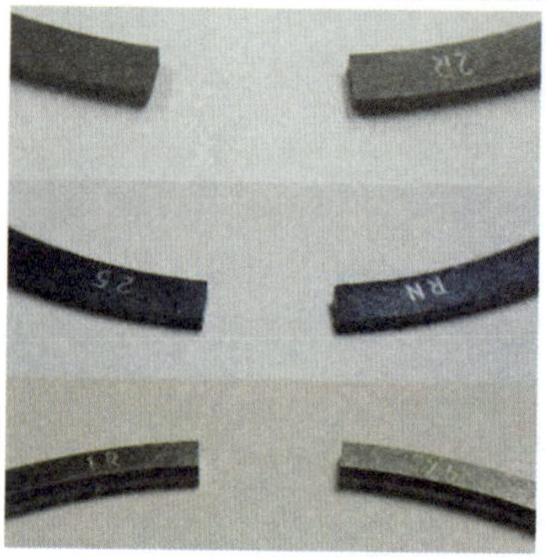
活塞环断面标记

55. 活塞销为何做成空心?

活塞销的作用是连接活塞和连杆小头，将活塞承受的气体作用力传给连杆。

活塞销在高温下承受很大的周期性冲击载荷，润滑条件差，因而要求活塞销有足够的刚度和强度，表面耐磨，质量尽可能小。因此，活塞销通常做成空心圆柱体。

56. 如何区分全浮式活塞销与半浮式活塞销?

全浮式活塞销在发动机运转过程中，活塞销、连杆小头和活塞销座孔都有相对运动。这样，活塞销不仅可以在连杆小头衬套孔内，还可以在销座孔内缓慢地转动，以使活塞销各部分的磨损比较均匀。为了防止活塞销的轴向窜动而刮伤气缸壁，在活塞销两端装有卡环，进行轴向定位。

半浮式活塞销是指活塞销只能在活塞销座孔内转动，而在连杆小头内不能转动。由于活塞销不会轴向窜动，因此，不需要卡环。

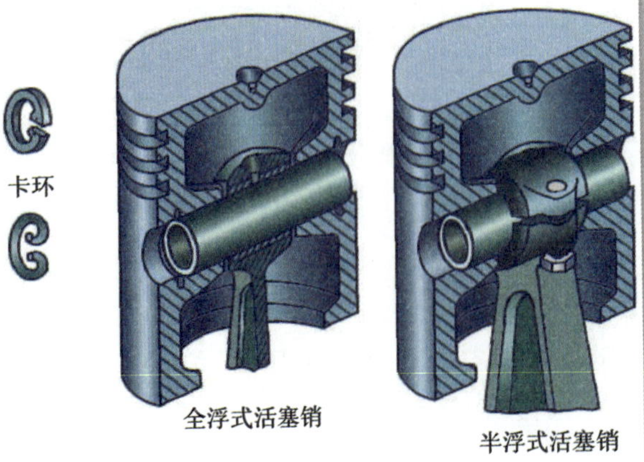

活塞销

57. 如何选配活塞销?

发动机大修时，一般应更换活塞销，选配标准尺寸的活塞销，为小修留有余地。

选配活塞销的原则：同一台发动机应选用同一厂牌、同一修理尺寸的成组活塞销，活塞销表面应无任何锈蚀和斑点，表面粗糙度≤0.20μm，圆柱度误差≤0.002 5mm，质量差在10g范围内。

为了适应修理的需要，活塞销设有四级修理尺寸，可以根据活塞销座孔和连杆衬套的磨损程度来选择相应修理尺寸的活塞销。

58. 连杆承受哪些作用力?

连杆的作用是将活塞承受的力传给曲轴，推动曲轴转动，从而使活塞的往复运动转变为曲轴的旋转运动。

连杆在工作时承受活塞顶部气体作用力、活塞连杆组往复运动时的惯性力和连杆大头绕曲轴旋转产生的旋转惯性力的作用，这些力的大小和方向都是周期性变化的。这就使连杆承受压缩、拉伸和弯曲等交变载荷。因此，要求连杆在质量尽可能小的情况下有足够的刚度和强度。

发动机

59. 连杆小头如何润滑?

连杆由小头、杆身和大头三部分组成，其中，连杆小头用来安装活塞销，以连接活塞。对于全浮式活塞销，由于工作时小头孔与活塞销之间有相对运动，所以常常在连杆小头孔中压入减磨的青铜衬套或铁基粉末冶金衬套。工作时，活塞销和衬套之间存在相对转动，必须润滑，其润滑方式有如下两种：

（1）一种是在小头和衬套上铣有油槽或钻有油孔以收集发动机运转时飞溅上来的机油，并用以润滑。

（2）另一种是在连杆杆身内钻有润滑油道，通过连杆轴颈的油道得到有压力的机油进行润滑。

60. 连杆杆身为何做成工字形?

连杆杆身用来连接连杆小头和连杆大头，杆身的断面形状一般为工字形，这样做的目的是在满足强度和刚度的基础上减小质量。

杆身工字形断面

61. 连杆大头分为哪两种?

连杆大头与曲轴的连杆轴颈相连，同曲轴一起作旋转运动，为了便于安装，连杆大头一般做成剖分式的，被分开的部分称为连杆盖，用特制的连杆螺栓紧固在连杆大头上。

连杆大头按剖分面的方向可分为平切口和斜切口两种。

62. 平切口如何定位?

平切口的剖分面与连杆杆身轴线垂直，汽油机多采用这种连杆。因为一般汽油机连杆大头的横向尺寸都小于气缸直径，可以方便地通过气缸进行拆装，故常采用平切口连杆。

平切口连杆盖与连杆多采用连杆螺栓定位，其是利用连杆螺栓中部精加工的圆柱凸台或光圆柱部分与经过精加工的螺栓孔来保证的。

平切口连杆

63. 斜切口有几种定位方式?

斜切口连杆在工作中受到惯性力的拉伸，在切口方向也有一个较大的横向分力。因此，斜切口连杆上必须采用可靠的定位措施。斜切口连杆常用的定位方式有三种：止口定位、套筒定位和锯齿定位。

锯齿定位连杆

1）止口定位

止口定位的优点是工艺简单，缺点是定位不太可靠，只能单向定位，对连杆盖止口向外变形或连杆大头止口向内变形均无法防止。

2）套筒定位

套筒定位是在连杆盖的每一个螺栓孔中压配一个刚度大，而且剪切强度高的短套筒。它与连杆大头有精度很高的配合间隙，因此，拆装连杆盖时也很方便。它的缺点是定位套筒孔的工艺要求高，若孔距不够准确，则可能因过定位而造成大头孔严重失圆，此外，连杆大头的横向尺寸也必然因此而加大。

3）锯齿定位

锯齿定位的优点是锯齿接触面大，贴合紧密，定位可靠，结构紧凑。缺点是对齿节距公差要求严格，否则，连杆盖装在连杆大头上时，中间会有几个齿脱空，不仅影响连杆组件的刚度，并且连杆大头孔也会立即失圆。

64. 连杆轴承有什么特点?

连杆轴承又称为连杆瓦，装在连杆大头内，保护连杆轴颈和连杆大头孔。连杆轴承剖分成两半，在上面浇铸减磨合金层制成，连杆轴承装入连杆大头时有一定的过盈，以使轴承均匀地紧贴在孔壁上，具有很好的承载能力和导热能力。

在连杆轴承内表面上还加工有油槽，用以贮油，保证可靠润滑。连杆轴承采用减磨合金材料，主要有巴氏合金、铜铅合金和铝基合金。

65. 如何安装连杆盖?

为了防止连杆轴承在工作中发生转动或轴向移动，在两个连杆轴承的剖分面上，分别冲压出高于钢背面的两个定位凸唇。装配时，这两个凸唇分别嵌入连杆大头和连杆盖上的相应凹槽中。在安装连杆盖时，连杆大头凹槽与连杆盖凹槽应位于同一侧。

66. 如何检修连杆变形?

在发动机工作中，由于发动机超负荷或爆燃等原因，产生复杂的交变载荷，将使连杆造成弯曲和扭曲变形。连杆的弯曲是指连杆小端轴线对大端轴线在轴线平面内的平行度误差。连杆的扭曲是指连杆小端轴线对大端轴线在轴线平面法向上的平面度误差。连杆变形后，使活塞在气缸中歪斜，引起活塞与气缸、连杆轴承与轴颈偏磨，将对曲柄连杆机构的工作产生很大的影响。因此，当连杆发生变形时应予以更换。

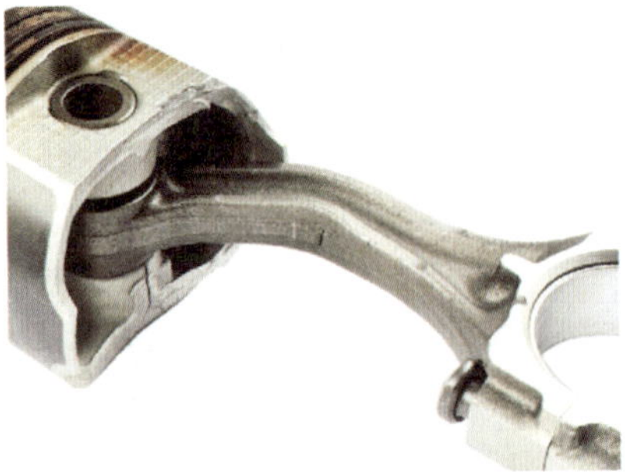

连杆弯曲变形

67. 如何检修连杆衬套?

在更换活塞销的同时，必须更换连杆衬套，以恢复其正常配合。新衬套的外径应与小端承孔有 0.10 ~ 0.20mm 的过盈量，以防止衬套在工作中发生转动。过盈量也不可过大，否则会在压装时将衬套压碎。

选择新衬套时，可用量具分别测量连杆小端承孔内径和衬套外径，其差值便是衬套的加工余量。通常多用经验法进行判断，在衬套压装前先将其余活塞销试配，如能勉强套入活塞销则为合适。如套不进或套入感觉松旷，表示其加工余量过大或过小，均应重新选用衬套。

68. 如何拧紧连杆螺栓?

连杆盖和连杆大头用连杆螺栓紧固在一起，连杆螺栓在工作中承受很大的冲击力，若折断或松脱将造成严重事故。为此，连杆螺栓都采用优质合金钢并精加工和热处理特制而成。安装连杆盖拧紧连杆螺栓螺母时，要用扭力扳手分 2 ~ 3 次交替均匀地拧紧到规定的扭矩，拧紧后还应可靠地锁紧。连杆螺栓损坏后绝不能用其他螺栓来代替。

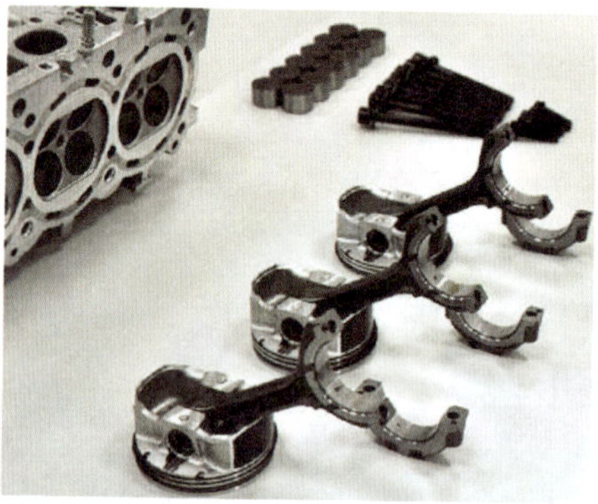

安装活塞和连杆

69. 如何安装活塞与连杆?

目前，通常采用热装合方法进行活塞与连杆的装配。因为活塞销与销座孔在常温下有微量的过盈，所以，装合时一定要将活塞加热。方法是活塞置入水中加热至 353 ~ 373K，取出后迅速擦净，将活塞销涂以机油，插入活塞销座孔推过连杆衬套，直至另一端销座孔的外边缘，然后装入卡环。两卡环的内端应与活塞销有 0.10 ~ 0.25mm 的间隙。否则，卡环将被顶出造成拉缸。卡环嵌入环槽中的深度应不少于丝径的 2/3。

70. 什么是曲拐?

一个连杆轴颈和它两端的曲柄及相邻两个主轴颈构成一个曲拐。曲轴的形状和曲拐的布置取决于气缸数、气缸排列和发动机的点火顺序。直列式发动机曲轴的曲拐数等于气缸数；V 型发动机曲轴的曲拐数等于气缸数的一半。

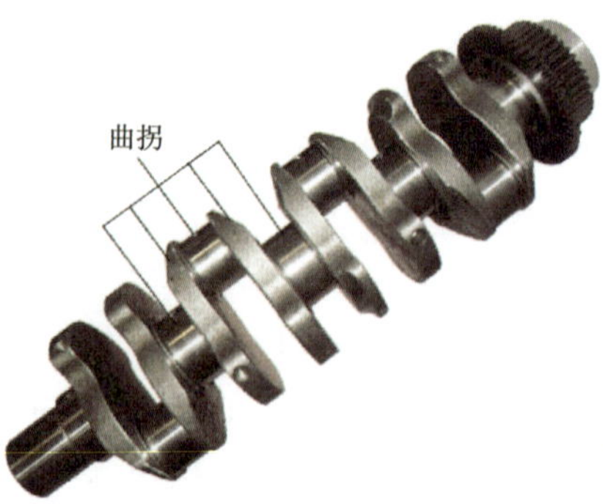

曲拐

71. 曲轴由几部分组成?

曲轴是具有曲柄的弯弯曲曲的轴，是发动机旋转的主轴。它的作用是承受连杆传来的力，并由此造成绕其本身轴线旋转的力矩。同时，它还带动配气机构、水泵、发电机、机油泵、动力转向泵和空调压缩机等附属装置。

曲轴通常由主轴颈、连杆轴颈、曲柄、平衡重、前端轴和后端凸缘等组成。

（1）主轴颈是曲轴的支承点，用主轴承盖安装在上曲轴箱的主轴承座中。

（2）连杆轴颈用来安装连杆大头。连杆轴颈一般制成实心，有时为减轻质量，也采用空心轴方式。

（3）曲柄用以连接主轴颈和连杆轴颈。曲轴上钻有贯穿主轴颈、曲柄和连杆轴颈的油道，以使气缸体上的主油道内的机油能够润滑主轴颈和连杆轴颈。在维修中，对曲轴上的油道要彻底疏通并清洗干净，以免造成烧轴抱瓦。

（4）为了平衡离心力，曲柄处铸有（或紧固有）平衡重。平衡重用以平衡由连杆轴颈、曲柄等回转部分所引起的离心力，有时还用来平衡一部分往复惯性力，从而使曲轴旋转平稳，以减轻主轴承负荷、发动机振动和噪声。

（5）前端轴是指第一道主轴颈之前的部分，用以装置正时齿轮（或正时链轮）、皮带轮、曲前油封等附件。

（6）后端凸缘是指最后一道主轴颈之后的部分，用来连接飞轮。为了防止机油从后端泄漏，后端也安装有油封装置，称为曲后油封。

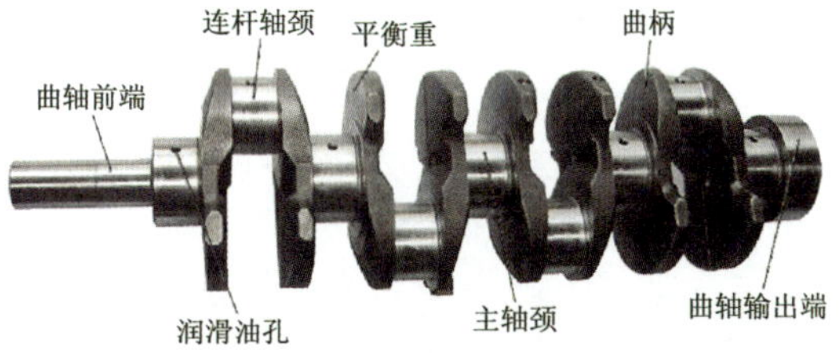

曲轴构造图

72. 如何区分全支承曲轴与非全支承曲轴?

曲轴的主轴颈数比气缸数目多一个，即每一个连杆轴颈两边都有一个主轴颈。如六缸发动机全支承曲轴有七个主轴颈。四缸发动机全支承曲轴有五个主轴颈。采用这种支承，曲轴的强度和刚度都比较好，并且减轻了主轴承载荷，减小了磨损。柴油机和大部分汽油机多采用这种形式。

曲轴的主轴颈数比气缸数目少或与气缸数目相等，这种支承方式称为非全支承曲轴。虽然这种支承的主轴承载荷较大，但缩短了曲轴的总长度，使发动机的总体长度有所减小。有些汽油机，承受载荷较小可以采用这种曲轴支承方式。

曲轴

73. 曲轴弯曲变形是如何造成的?

曲轴主轴颈的同轴度误差大于0.05mm，则称为曲轴弯曲。曲轴产生弯曲变形是由于使用不当和维修、装配不当造成的。如发动机在爆震和超负荷等条件下工作，个别气缸不工作或工作不均衡，各道主轴承松紧度不一致，主轴承承孔同轴度偏差增大等，都会造成曲轴承载后的弯曲变形。当变形逾限后，将加剧活塞连杆组和气缸的磨损，以及曲轴和轴承的磨损，严重时，会使曲轴疲劳折断。

74. 如何检测曲轴弯曲变形?

曲轴弯曲的检测应以两端主轴颈的公共轴线为基准，检查中间主轴颈的径向圆跳动误差。检测时，将曲轴两端主轴颈分别放置在检验平板的V形块上，然后将百分表固定在磁性支座上，调整百分表触头并使其垂直地抵在中间主轴颈上，慢慢转动曲轴一圈，百分表指针所示的最大摆差即为中间主轴颈的径向圆跳动误差值，若大于0.15mm，应予以校正。低于此值可结合磨削主轴颈时进行修正。

刘总监提示：

测量时，要注意百分表触头顶住测定物时要保持垂直，并有一定的预压力，否则无法正确测定。如果百分表触头部分及V形块支撑部分有部分磨耗，则得到的测定值是不准确的，一定要注意这一点。

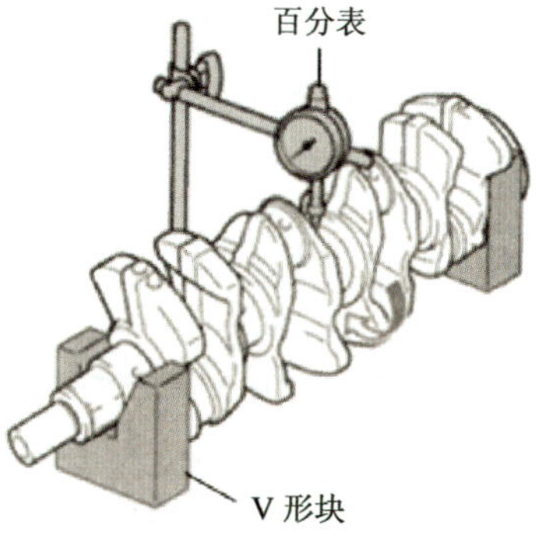

曲轴弯曲变形检测

75. 曲轴扭曲变形是如何造成的?

若连杆轴颈分配角误差大于0° 30′，则称为曲轴扭曲。曲轴扭曲变形主要是烧瓦和个别活塞卡缸造成的。当个别气缸壁间隙过小或活塞热膨胀过大，活塞运动阻力将增大，曲轴运转不均匀，发展到活塞卡缸，未及时发现或卡缸发生后处理不当，便会导致曲轴的扭曲。此外，拖带挂车时起步过猛或紧急制动（未踩离合器）及超速、超载等，都会引起曲轴的扭曲变形及其他耗损。曲轴产生扭曲变形后，将使连杆轴颈分配角改变，影响发动机的配气定时和点火正时。

76. 如何检测曲轴扭曲变形?

曲轴扭曲变形的检测可在曲轴磨床上进行，也可将曲轴置于K形规，把两端同平面内的连杆轴颈转到水平位置，用百分表分别测量这两个连杆轴颈到平板的距离，求得这同一方位上两个连杆轴颈的高度差，扭转变形的扭转角若大于0° 30′，可进行表面加热校正或敲击校正。

77. 为什么留有曲轴间隙?

发动机在工作过程中，曲轴轴承、推力轴承会逐渐磨损。在走合期内磨损较大，走合期后磨损较缓慢，但磨损到一定限度后又急剧磨损。使用中应按规定周期或根据发动机的运转状况经常检查和调整，以减缓轴承的磨损，确保有一个适当的间隙。如曲轴径向间隙过大，在冲击力的作用下，轴承变形，合金脱落，泄漏机油过多，破坏润滑条件，发生严重的撞击声响；如间隙过小，运动零件表面很难形成润滑油膜，容易烧伤轴承和损伤轴颈。如曲轴轴向间隙过大，由于曲轴前后的窜动，导致气缸的偏磨，严重时造成拉缸，改变配气正时和离合器的正常工作，以及产生不正常的敲击声响；如间隙过小，会使机件因受热膨胀而卡死。

78. 曲轴为何设有轴向定位装置?

曲轴作为转动件，必须与其固定件之间有一定的轴向间隙，而在发动机工作时，曲轴经常受到离合器施加于飞轮的轴向力作用而有轴向窜动的趋势。曲轴轴向窜动将破坏曲柄连杆机构各零件的正确相对位置，因此，曲轴必须有轴向定位装置（一般是滑动推力轴承）。而在曲轴受热膨胀时，又应允许它能自由伸长，所以曲轴上只能有一处设置轴向定位装置。

79. 推力轴承有哪几种类型?

曲轴推力轴承的类型有两种：组合翻边轴承和片式推力轴承。片式推力轴承的一侧有润滑油槽，安装时，有油槽的一侧朝向曲柄。

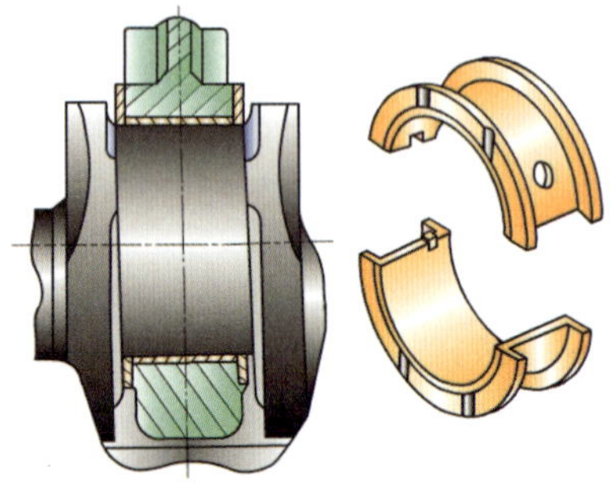

组合翻边轴承

80. 如何检测曲轴径向间隙?

（1）专用塑料间隙规检测法。一些汽车的曲轴轴承的配件中，配有检测曲轴径向间隙的专用塑料间隙规。检测时，拆下主轴承盖，把间隙规纵向放入轴承中，再按原厂规定的扭矩紧固主轴承盖，在拧紧过程中应注意防止曲轴的转动。然后，拆下主轴承盖，取出已压展的塑料间隙规，与附带有不同宽度色标的量规或第一道主轴承侧面上不同宽度的刻线对比，其所标示的值即为径向间隙值。

（2）手感检测法。技术熟练的技工，多用手感来检测径向间隙。将主轴承盖螺栓按规定顺序和扭矩拧紧后，用适当的扭矩转动，试其松紧度。

连杆轴承的检查与其相似。若采用经验法，将连杆按规定装在连杆轴颈上，然后用手用力甩动连杆小头，连杆应能转动1.25 ~ 1.75转为合适。

81. 如何调整曲轴径向间隙?

可通过改变主轴承盖的垫片厚度来达到。但现代汽车轴瓦表面通常有一层很薄的减磨合金，以保护轴瓦减磨层和轴颈表面不被划伤，减缓磨损，使配合间隙变化不大。因此，主轴承盖与轴承座孔间无须调整垫片，轴颈与轴承的油膜间隙通常是通过精确的轴颈磨削加工和轴承的直接选配来达到的。一般车型曲轴径向间隙值为0.03 ~ 0.08mm。

82. 如何检测曲轴轴向间隙?

（1）将曲轴主轴承安装在气缸体的主轴承座孔内，片式推力轴承安装在主轴承座的两侧，并将主轴承盖按原位装回气缸体主轴承座上，按规定力矩拧紧主轴承盖紧固螺栓。

（2）使曲轴处于气缸体的一侧，然后组装好百分表并将磁性表座吸固在气缸体上，令百分表的测头抵触在曲轴的一端。

（3）用撬棒前后撬动曲轴并观察百分表指针的摆动数值，指针的最大摆差即为曲轴轴向间隙。或者用撬棒将曲轴撬向一端，再用塞尺检查止推轴承和曲轴止推面之间的间隙，即为曲轴轴向间隙。

83. 如何调整曲轴轴向间隙?

曲轴的轴向间隙是指推力轴承承推端面与轴颈定位肩之间的间隙。曲轴轴向间隙的检查可采用百分表或塞尺进行。其轴向间隙应符合规定，一般为 0.08 ~ 0.25mm，如间隙过大或过小，应更换不同厚度的止推轴承进行调整。

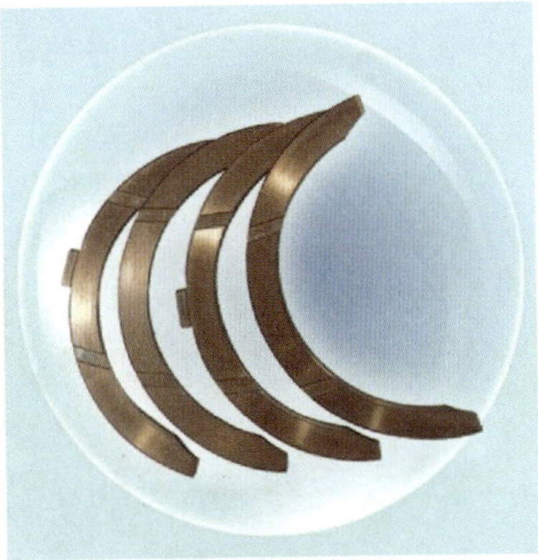

片式推力轴承

84. 如何选配轴承?

轴承的选配包括选择合适内径的轴承及检测轴承的高出量、自由弹开量、横向装配标记、凸唇、轴承钢背表面质量等内容。

1）选择轴承内径

根据曲轴轴颈的直径和规定的轴承径向间隙选择合适内径的轴承。现代汽车发动机曲轴轴承在制造时，根据选配的需要，其内径直径已制成一个尺寸系列。

2）检测轴承钢背质量

轴承钢背光滑完整无损耗，横向定位凸唇完好，以确保钢背与座孔贴合良好。

3）检测轴承弹开量

轴承弹开量：汽油机一般为 0.8 ~ 1.5mm，柴油机一般为 1.5 ~ 2.5mm。

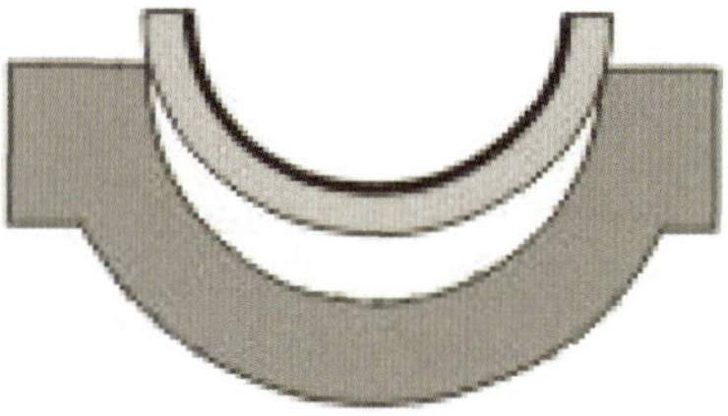

自由弹开量

高出量

轴承自由弹开量和高出量

85. 如何检测轴承高出量?

汽油机轴承高出量一般为 0.04 ~ 0.09mm。检测时，把轴承装入承孔，按原厂规定的紧固力矩拧紧两侧的紧固螺栓。然后，完全松开一侧的紧固螺栓，再用塞尺检查轴承承孔剖分面的间隙，此间隙就是轴承的高出量，大约为 0.06mm。柴油机轴承负荷大，高出量也大，用原厂规定的专门的检验规进行检查。

轴承高出量过小，轴承装配后与承孔的过盈不足，自锁能力弱，在工作中容易产生转动引起烧瓦。高出量过大，装配后轴承局部可能翘起，在冲击载荷下，合金层不但容易疲劳剥落，加速轴承疲劳“泯口”，引起烧瓦，还可能造成承孔穴饰，也同样破坏轴承的自锁性能。

86. 平衡轴有什么作用?

平衡轴让发动机工作起来更加平稳、顺畅。平衡轴技术是一项结构简单并且非常实用的发动机技术，它可以有效减缓整车振动，提高驾驶的舒适性。

平衡轴

当发动机处在工作状态时，活塞的运动速度非常快，而且速度很不均匀。当活塞位于上、下止点位置时，其速度为零，但在上、下止点中间位置的速度则达到最高。由于活塞在气缸内做反复高速直线运动，因此，必然会在活塞、活塞销和连杆上产生较大的惯性力。虽然连杆上的配重可以有效地平衡这些惯性力，但却只有一部分运动质量参与直线运动，另一部分参与了旋转运动。因而除上、下止点位置外，其他惯性力并不能完全达到平衡状态，此时发动机便产生了振动。

下图所示为奥迪 2.0L-TFSI 发动机采用的双平衡轴结构原理图，两平衡轴产生的离心力与曲轴产生的离心力方向相反，这样，就可以抵消掉大部分的振动。

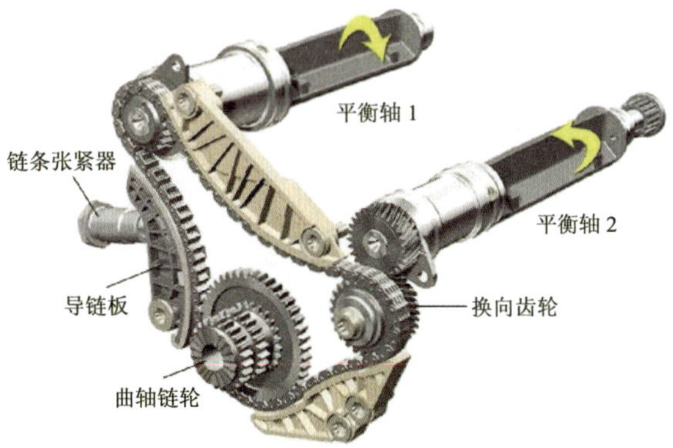

奥迪2.0L-TFSI发动机采用的双平衡轴结构原理图

87. 飞轮有什么作用?

飞轮的主要作用是用来储存做功冲程的能量，用于克服进气、压缩和排气冲程的阻力和其他阻力，使曲轴能均匀地旋转；飞轮外缘压有的齿圈与起动机的驱动齿轮啮合，供起动发动机用；汽车离合器也装在飞轮上，利用飞轮后端面作为驱动件的摩擦面，用来对外传递动力。

飞轮储存动能原理示意图

88. 如何对飞轮进行定位?

飞轮与曲轴在制造时一起进行过动平衡实验，在拆装时为了不破坏它们之间的平衡关系，飞轮与曲轴之间应有严格不变的相对位置。通常用定位销和不对称布置的螺栓来定位。

飞轮中心的不对称螺栓孔

第二节　配气机构

89. 配气机构有什么作用?

配气机构是发动机的进气和排气控制机构，其作用是按照发动机各缸工作循环和工作顺序的要求，定时开启和关闭各缸的进、排气门，使可燃混合气（汽油机）或新鲜空气（柴油机）得以及时充分地进入气缸，做功后产生的废气得以及时彻底地排出气缸。另外，当进、排气门关闭时，能保证气缸的密封。

90. 配气机构由几部分组成？

配气机构由气门组和气门传动组组成。

（1）气门组用来封闭进、排气道，主要零件包括气门、气门座、气门导管、气门弹簧、气门弹簧座、气门油封和气门锁片等。

（2）气门传动组是从正时齿轮开始至推动气门动作的所有零件，作用是使气门定时开启和关闭，它的组成根据配气机构形式的不同而异，主要零件包括正时齿轮（链轮）、凸轮轴、挺柱、推杆、摇臂和摇臂轴等。

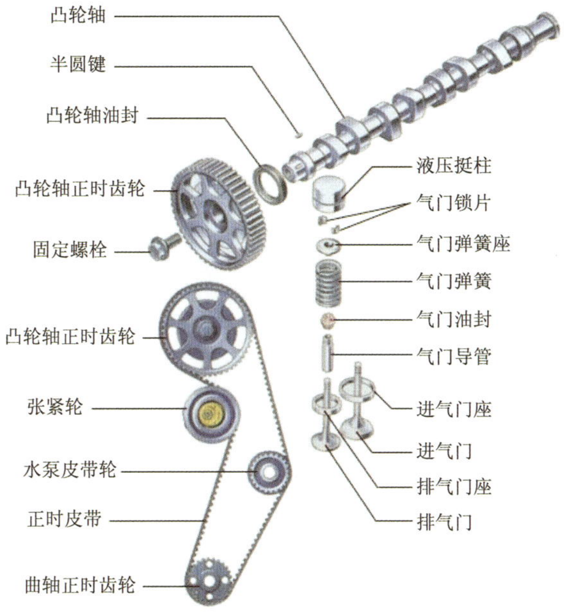

配气机构构成图

91. 上置式凸轮轴有什么特点？

上置式凸轮轴（也称为顶置凸轮轴）配气机构中的凸轮轴布置在气缸盖上，按其数目，顶置凸轮轴可分为单顶置凸轮轴和双顶置凸轮轴。这种结构中，凸轮轴直接通过摇臂来驱动气门或通过液压挺柱来驱动气门，这种配气机构的往复运动质量最小，对凸轮轴和气门弹簧设计的要求也最低，因此，特别适用于高速强化发动机。

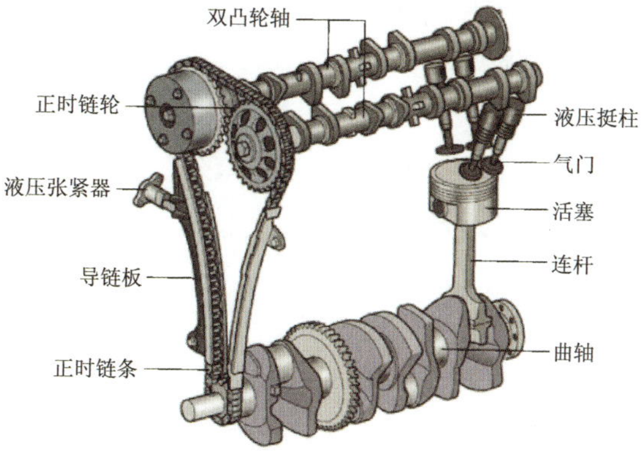

双顶置凸轮轴结构原理图

92. 中置式凸轮轴有什么特点？

中置式凸轮轴配气机构中的凸轮轴位于气缸体的上部，曲轴和凸轮轴采用齿轮传动。这种结构中，当发动机转速较高时，可减少气门传动机构的往复运动质量，由凸轮轴经过挺柱直接驱动摇臂，而省去推杆。当凸轮轴的中心线距离曲轴中心线较远时，若仍用一对齿轮来传动，齿轮的直径就必然会过大，这不但会影响发动机的外形尺寸（主要是宽度），还会使齿轮的圆周速度过大。在这种情况下，一般要在中间加入一个中间齿轮（惰轮）。

93. 什么是正时皮带传动？

现在汽车用的正时传动主要有正时皮带传动和正时链条传动。无论正时皮带传动还是正时链条传动，其主要作用都是使发动机的凸轮轴与曲轴同步运动。凸轮轴与曲轴间的任何相位误差都会导致燃油消耗增加和排放恶化。

正时皮带已在发动机中应用很长时间，具有技术成熟、成本较低、噪声较小等优点。正时皮带是由耐热尼龙帆布、耐热合成橡胶和高拉伸模量的玻纤线绳组成的。这些材料组合所形成的产品特性，能够承受很大的动态冲击载荷而不造成永久性的延伸和磨损，但需要定期检查和维护，一般5万～10万千米就需要更换。

采用正时皮带传动，能减少噪声和减少结构质量，也可以降低成本。

正时皮带传动发动机

94. 什么是正时链条传动?

正时链条是发动机的重要零部件。它的主要作用是驱动发动机的配气机构，使发动机的进、排气门在适当的时候开启或关闭，来保证发动机的气缸能够正常地吸气和排气。

正时链条传动是近年来汽车发动机采用较多的传动方式，其具有结构紧凑、传递功率高、可靠性与耐磨性高、设计型式多样、终身免维护等显著优点，但相对传统的正时皮带来说，其噪声一般稍大。但什么事情都不是绝对的，随着技术的进步，目前，有些汽车上采用了齿形静音链条，其噪声甚至低于正时皮带。相信这种正时链条的广泛使用将为广大汽车用户带来更多便利。

正时链条传动发动机

95. 气门有什么作用?

气门是燃烧室的组成部分，是气体进、出燃烧室通道的"开关"。气门由头部和杆部两部分组成，头部用来封闭气缸的进、排气通道，杆部则主要为气门的运动导向。气门的头部工作条件十分恶劣，气门头部的温度很高，进气门的温度可高达 600 ~ 700K，排气门则更高，可达 1000 ~ 1200K，而且还要承受气体压力、气门弹簧力及传动组零件惯性力的作用，其冷却和润滑条件又较差。因此，要求气门必须具有足够的刚度、强度、耐热和耐磨能力。

96. 气门头顶面有哪些形状?

气门头顶面的形状有平顶、球面顶和喇叭形顶。

（1）平顶气门头结构简单、制造方便、吸热面积小、质量也较小，进、排气门均可采用，目前使用最多。

（2）球面顶气门头因其强度高、排气阻力小、废气的清除效果好，适用于排气门，但球形的受热面积大，质量和惯性力大，加工较复杂。

（3）喇叭形顶头部与杆部的过渡部分具有一定的流线形，可以减少进气阻力，但其顶部受热面积大，因此适用于进气门。

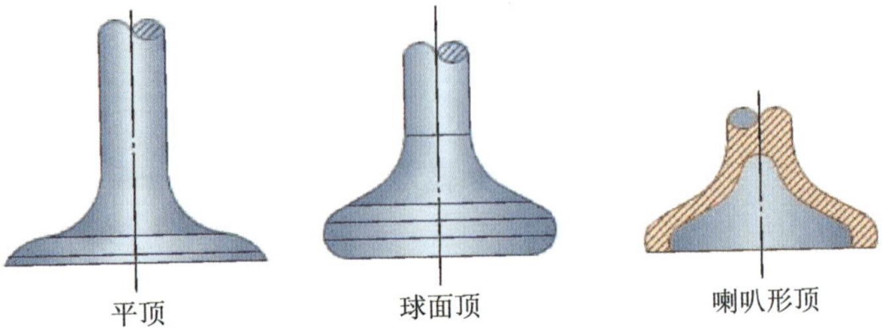

气门头顶面形状

97. 进气门为什么大?

要想气缸内不断地发生"爆炸"，必须不断地输入新的燃料和及时排出废气，进、排气门在这个过程中就扮演了重要角色。进、排气门是由凸轮轴控制的，适时地执行"开门"和"关门"这两个动作。

由于进气是靠真空吸进去的，而排气是靠活塞上行推出去的，因此，进气比排气困难，而且进气越多，燃烧得越好。因此，为了获得更多的新鲜空气参与燃烧，进气门需要大一些以获得更多的进气。所以，我们在 2 气门或 4 气门发动机上，见到的进气门比排气门直径大。而有的发动机干脆多设计了一个进气门，这才有了每缸 3 气门（2 进 1 排）或 5 气门（3 进 2 排）发动机。

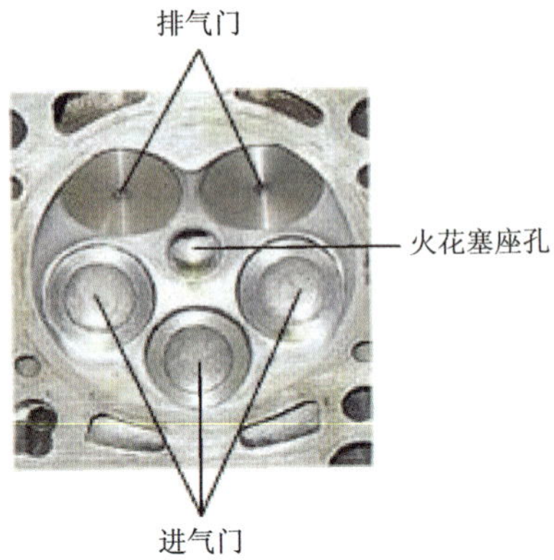

进气门和排气门

98. 为什么普遍采用每缸 4 气门?

如果发动机有多个气门，高转速时进气量大、排气干净，发动机的性能也比较好。但是多气门设计较复杂，尤其是气门的驱动方式、燃烧室构造和火花塞位置都需要进行精密的布置，这样，生产工艺要求先进，制造成本自然也高，后期的维修也困难，其带来的效果并不是很明显，或者说有点不划算。所以，气门数不宜过多，每缸 4 气门在发动机上普遍采用。

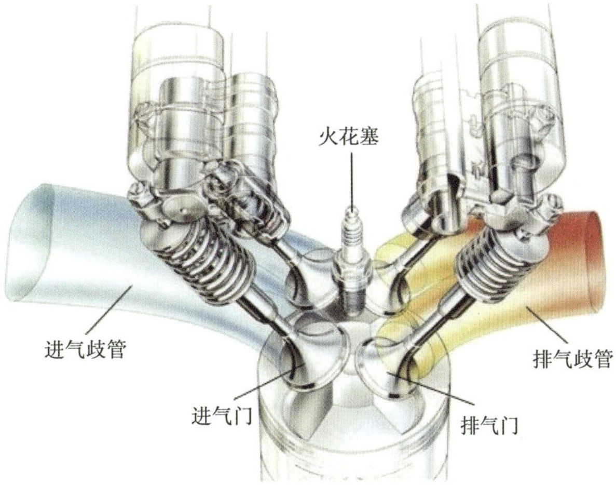

每缸4气门示意图

99. 气门关闭不严对发动机有何影响?

气门关闭不严将降低气缸的压缩压力，影响发动机的动力性和经济性。当气缸压缩压力低于 400kPa 时，发动机将无法工作。进气门关闭不严，燃烧着的高温气体有可能窜入进气歧管，点燃进气管中的可燃混合气，引起进气管回火。

100. 什么是气门间隙?

发动机工作时，气门将因温度升高而膨胀。如果气门及其传动件之间在冷态时无间隙或间隙过小，则在热态下，气门及其传动件的受热膨胀将会引起气门关闭不严，造成发动机在压缩和做功冲程中漏气，而使功率下降，严重时使发动机甚至不易起动。为了消除上述现象，通常在发动机冷态装配时，在气门与其传动机构中，留有适当的间隙，以补偿气门受热后的膨胀量，这一预留间隙通常称为气门间隙。采用液力挺柱的发动机，挺柱的长度能自动变化，随时补偿气门的热膨胀量，因此，不需要预留气门间隙。

测量气门间隙

101. 气门间隙对发动机有何影响?

气门间隙通常会因配气机构零件的磨损、变形而发生变化。间隙过大，会使气门升程不足，引起进气不充分、排气不彻底，并出现异响。间隙过小会使气门关闭不严，造成漏气，易使气门与气门座的工作面烧蚀。因此，在汽车的使用过程和维护中，应按原厂规定的气门间隙值认真细致地检查和调整气门间隙，以保证发动机的正常工作。

102. 什么是气门锥角?

气门头部与气门座接触的工作面，是与杆部同心的锥角，通常将这一锥面与气门顶平面的夹角称为气门锥角，一般做成 45°。有的发动机进气门的锥角做成 30° 是考虑到在气门升程相同的情况下，气门锥角较小时，气流通过断面较大，进气阻力较小，但锥角较小的气门头部边缘较薄，刚度较小，致使气门头部与气门座的密封性及导热性均较差。排气门因热负荷较大而用较大的锥角。

103. 为什么进气门早开晚关?

进气门早开晚关的目的是为了保证进气冲程开始时，进气门已有一定开度，在进气冲程中获得较大进气通道截面，使新鲜气体能顺利地充入气缸。当活塞到达下止点时，气缸内压力仍低于大气压力，在压缩冲程开始阶段，活塞上移速度较慢的情况下，仍可以利用气流较大的惯性和压力差继续进气，因此，进气门晚关一点是利于进气的。

104. 什么是充钠排气门?

由于排气门热负荷特别高，为了改善其导热性能，有些发动机采用了充钠排气门，其原理是，在排气门封闭内腔充注钠，钠在约为 1243K 时变为液态，具有良好的热传导能力，通过液态钠的来回流动，热量很快从气门头部传到根部，从而可使温度降低约 100℃。排气门的这种内部冷却方式也同时降低了混合气自燃的危险，从而提高了气门的使用寿命。

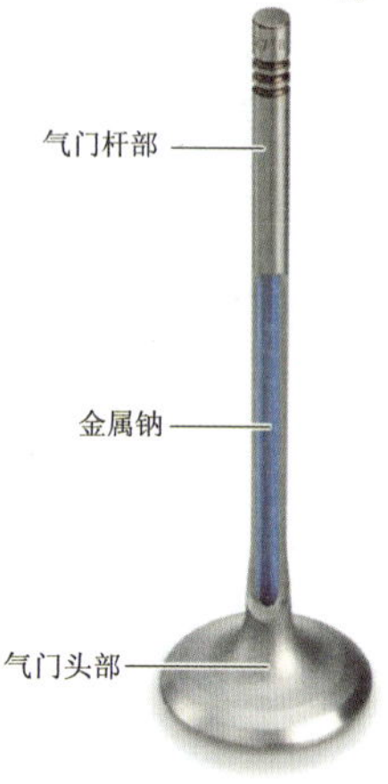

充钠排气门构造图

105. 为什么排气门早开晚关?

排气门早开晚关的目的是，当做功冲程接近上止点时，气缸内的气体虽有 300k ~ 500kPa 的压力，但就活塞做功而言，作用不大，这时若稍开启排气门，大部分废气在此压力作用下可迅速从缸内排出；当活塞到下止点时，气缸内压力大大下降，此时约为 110k ~ 120kPa，这时，排气门的开度进一步增加，从而减少了活塞上行时的排气阻力。高温废气的迅速排出还可以防止发动机过热。当活塞到达上止点时，燃烧室内的废气压力仍高于大气压力，加之排气时气流有一定惯性，所以，排气门迟一点关闭可以使废气排放得较干净。

气门

106. 如何检修气门?

气门的常见损耗是气门杆部及尾端的磨损、气门工作锥面磨损与烧蚀和气门杆的弯曲变形等。气门出现下列损耗之一时，应予以更换。

（1）轿车气门杆的磨损大于 0.05mm，载货汽车的气门杆磨损大于 0.10mm，或出现明显的台阶形磨损。

（2）气门头圆柱面的厚度小于 1.0mm。因为气门头圆柱部分厚度过小会增加燃烧室容积，影响发动机工作的平稳性，同时使气门头的强度降低；此外，在气门落入气门座的瞬间，尤其是重型柴油机的气门，在高冲击波的作用下可能会出现回弹振抖，容易引起密封带的烧蚀。

（3）气门尾端的磨损大于 0.5mm。

（4）当气门杆的直线度误差大于 0.05mm 时，应予以更换或校直，校直后的直线度误差不得大于 0.02mm。

107. 如何拆装气门?

拆装气门时，必须先使用专用气门弹簧压缩器压缩气门弹簧，然后拆下或装上气门锁片或锁销，并慢慢放松气门弹簧即可。

拆下的气门，必须做好标记并按顺序摆放，以免破坏气门与气门座及气门导管的配合。气门锁片或锁销很小，应注意不要丢失。

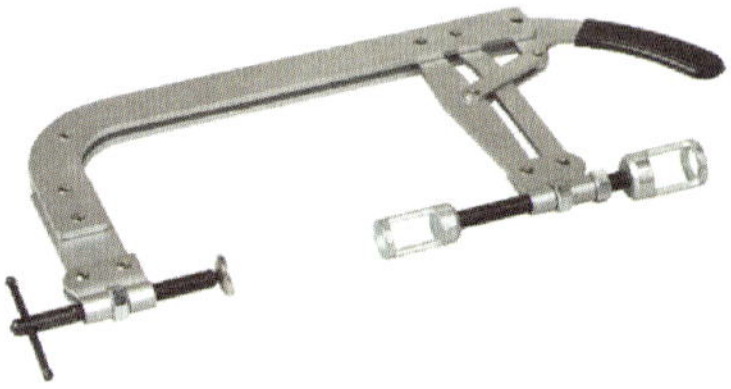
气门弹簧压缩器

108. 气门有哪些密封性检验方法?

气门和气门座经过修理后，通常要进行气门的密封性检验，常用的方法如下。

1）画线法

检验前将气门与气门座清洗干净，在气门锥面上用软铅笔沿径向均匀地画上若干条线，每线相隔 4mm，然后与相配气门座接触，略压紧并转动气门 45° ~ 90°，取出气门，察看铅笔线条，如铅笔线条均被切断，则表示密封良好，否则，应重新研磨。

2）拍击法

将气门与相配气门座轻轻敲击几次，察看接触带，如有明亮的连续光环即为合格。

3）涂红丹

在气门工作面上涂抹一层轴承蓝或红丹，然后用橡皮捻子吸住气门在气门座上旋转 1/4 圈，再将气门提起，若轴承蓝或红丹布满气门座工作面一周而无间断，又十分整齐，即表示密封良好。

4）渗油法

可用煤油或汽油浇在气门顶面上，5min 内视气门与气门座接触处是否有渗漏现象，如无渗漏即为合格。

109. 气门座有什么作用?

气门座的作用是靠其内锥面与气门头部锥面的紧密贴合实现对气缸的密封，并接受气门传来的热量。气门座可在气缸盖上直接镗出。气门座的温度很高，又承受频率极高的冲击载荷，磨损严重，因此，有不少发动机的气门座用较好的材料（合金铸铁、奥氏体钢等）单独制作，然后镶嵌到气缸盖上。

气门座

110. 镶嵌式气门座有何缺点?

镶嵌式气门座的缺点是导热性差，加工精度要求也较高。如果气门座的公差配合不当，则工作时镶座易脱落，导致重大事故。因此，当在气缸盖上直接加工出来的气门座能满足工作性能的要求时，最好不用镶嵌气门座。

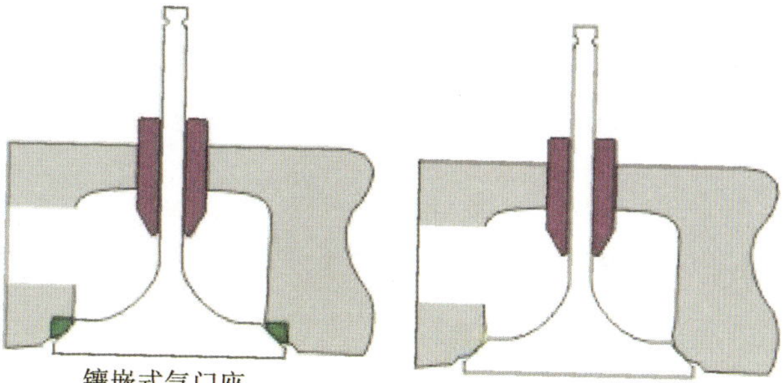

气门座形式

111. 如何镶换气门座?

当气门座有裂纹、松动、烧蚀或磨损严重；或经多次加工修理，使新气门装入后，气门头顶部平面仍低于气缸盖燃烧室平面 2mm 以上，应镶换新的气门座，其方法如下：

（1）拉出旧气门座。拆卸旧气门座，根据具体情况可用多种方法进行，但应注意，不得损伤气门座承孔。

（2）选择新气门座。用外径千分尺测量气门座外径，用内径量表测量气门座承孔内径，根据气门座和气缸盖承孔的材质选择合适的过盈量，一般为 0.07 ~ 0.17mm。

（3）气门座的镶换。将检验合格的新气门座用于冰或液氮冷却，时间不少于 10min。同时将气缸盖上的气门座承孔用汽油喷灯或箱式炉加热至 373 ~ 423K，在冷缩的气门座外涂一层密封胶，将气门座压入承孔中。

112. 气门与气门座有哪些配合要求?

气门与气门座配合良好与否是决定配气机构正常工作的重要环节，它直接影响到气缸的密封性，对发动机的动力性和经济性关系极大。对气门与气门座的配合要求是：

（1）气门与气门座的工作锥面角度应一致。

（2）气门与气门座的密封带位置在中部靠里。过于靠外会使气门的强度降低，过于靠里，会造成与气门座接触不良。

（3）气门与气门座的密封带宽度应符合原设计规定，一般为 1.2 ~ 2.5mm。排气门大于进气门的宽度；柴油机大于汽油机的宽度。密封带宽度过小，将使气门磨损加剧，形成凹陷；密封带宽度过大，影响密封性并易引起气门烧蚀。

（4）气门工作锥面与杆部的同轴度和气门座与气门导管的同轴度应不大于 0.05mm。

（5）气门杆与导管的配合间隙应符合原厂规定。

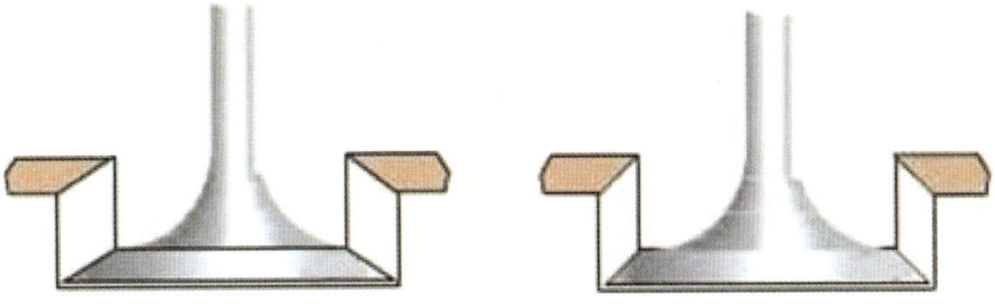

工作锥面角度

113. 如何选择气门座铰刀?

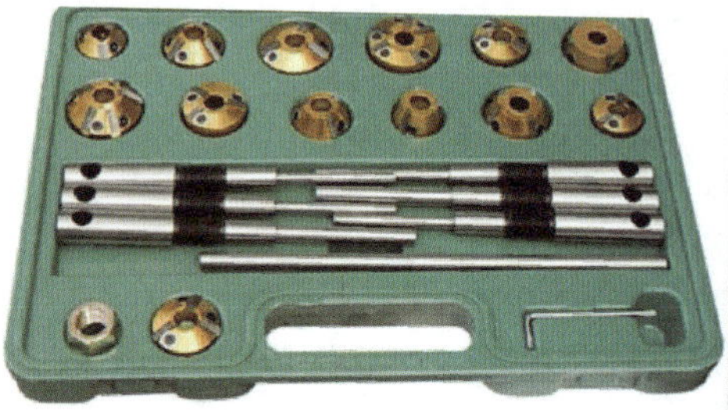
气门座铰刀

铰削气门座时，应根据气门头部直径及斜面角度选用不同规格的铰刀。常用的气门座铰刀一般为 15°、30°、45° 和 75° 四种规格。每种规格有直径不同的铰刀数只，以适应不同直径尺寸的气门头部需要，且有粗铰刀、精铰刀之分，粗铰刀在刃口上有锯齿状缺口。

75° 铰刀为铰削气门座上平面角，以使气门头部下沉量符合要求（0.50 ~ 1.0mm）并使气门座工作斜面下移，铰后的切削面与上平面夹角为 15°；30° 或 45° 铰刀为气门座工作面铰刀，根据气门工作角度选用一种；15° 铰刀为扩大气门座孔内径的作用，使气门座工作斜面上移，其切削面与气门座轴线夹角为 15°，与水平面的夹角为 75°。

114. 如何铰削气门座?

气门座的铰削通常是用手工进行的，铰削的方法如下：

（1）根据气门导管内径选择铰刀导杆，导杆以轻易插入气门导管内无旷动量为宜。为此导杆插入气门导管内的部分有的加工成约 0.25mm 的锥形，以保证气门座工作锥面轴线与导管轴线重合。

（2）把砂布垫在铰刀下，磨除座口硬化层，以防止铰刀打滑和延长铰刀使用寿命。

（3）用与气门锥角相同的粗铰刀铰削工作锥面，直到凹陷、斑点全部去除并形成 2.5mm 以上的完整锥面为止。铰削时两手用力要均衡并保持顺时针方向转动。

（4）气门座和气门的选配，一般是新气门座用旧气门，旧气门座配新气门。用相配的气门进行涂色试配，察看印迹。接触环带应在气门和斜面的中部靠里位置，若过上过下，可用 15° 或 75° 锥角的铰刀铰削。接触面宽度：进气门为 1.0 ~ 2.0mm，排气门为 1.5 ~ 2.5mm。

（5）最后用与工作面角度相同的细刃铰刀进行精铰，并在铰刀下垫细砂布磨修，以降低气门座口表面粗糙度。如铰削后的密封带精度和质量较高，一般可省去研磨工艺，让气门、气门座在高温冲击条件下自然形成一种被认为是组织平衡的密封带，可明显地延长密封带的耐久性。

115. 气门导管有什么作用?

气门导管主要起导向作用，保证气门作直线往复运动，使气门与气门座能正确贴合。此外，气门导管还在气门杆与气缸盖之间起导热作用。

气门导管

116. 如何检查气门导管与气门杆间的间隙?

将气缸盖倒置在工作台上，将气门顶升至高出座口约 10mm，安装磁性百分表座，使百分表的触头接触气门头边缘，侧向推动气门头，同时观察百分表指针的摆动，其摆动量即为实测的近似间隙。如换上新气门，其间隙值超过允许值，则应更换气门导管。气门杆与气门导管的配合间隙超过极限，应予以更换。

也可按经验法检查气门导管与气门杆之间的配合间隙，方法如下：将气门杆和气门导管擦净，在气门杆上涂一层薄机油，将气门放入气门导管中，上下拉动数次后，气门在重力作用下能徐徐下落，表示气门导管与气门杆的配合间隙适当。

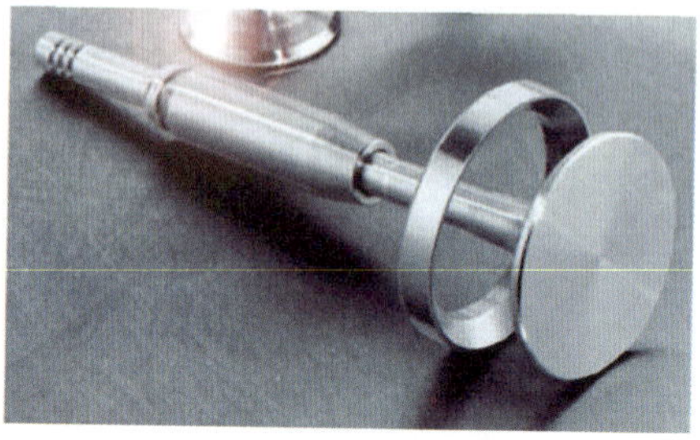
气门导管与气门杆

117. 如何更换气门导管?

当气门导管磨损严重会使气门杆与气门导管的配合间隙超过限度，应予以更换，其方法如下：

（1）用外径略小于气门导管内孔的阶梯轴铳出气门导管。

（2）选择外径尺寸符合要求的新气门导管。

（3）安装气门导管。用细砂布打磨气门导管承孔口，在承孔内壁与导管外表面上涂少许机油并放正气门导管，垫上铜质的阶梯轴，用压力机或手锤将气门导管装入承孔内。

（4）气门导管的铰削。采用成型专用气门导管铰刀铰削，进刀量不易过大，铰刀保持垂直，边铰边试，直至间隙合适。

118. 为什么安装气门油封?

适量的机油进入气门导管与气门杆之间的间隙，对于气门杆的润滑是必要的。但如果进入的机油过多，将会在气缸盖内造成积碳和在气门上产生沉积物。因此，发动机在气门杆上装有气门油封。

气门油封是配气机构气门组的重要零件之一，在高温下与汽油和机油相接触，因此，需要采用耐热性和耐油性优良的材料，一般为氟橡胶制作。

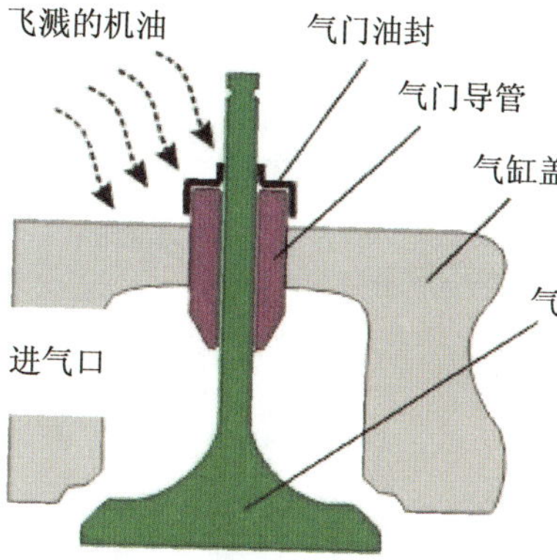

气门油封安装位置示意图

119. 气门弹簧有什么作用?

气门弹簧的作用是克服在气门关闭过程中气门及传动件的惯性力，防止各传动件之间因惯性力的作用而产生间隙，保证气门及时落座并紧紧贴合，防止气门在发动机振动时发生跳动，破坏其密封性。因此，气门弹簧应具有足够的刚度和安装预紧力。

120. 如何防止气门弹簧发生共振?

气门弹簧的一端支承在气缸盖上，而另一端则压靠在气门杆端的弹簧座上，弹簧座用锁片固定在气门杆的末端。气门弹簧在工作时，当其工作频率与自然振动频率相等或成某一倍数时，将会发生共振，为了防止这一现象的发生，可采取如下措施：

（1）提高气门弹簧的自然振动频率，即提高气门弹簧自身刚度。

（2）可采用不等螺距的圆柱弹簧，这种弹簧在工作时，螺距小的一端逐渐叠合，有效圈数逐渐减小，自然频率逐渐提高，使共振成为不可能。

（3）采用双气门弹簧，在一些高速发动机上，通常在一个气门上同心安装两根直径不同、旋向相反的内外弹簧，这样能提高气门弹簧工作可靠性，即可以防止共振。当装用两根气门弹簧时，弹簧圈的旋转方向应相反。

121. 如何安装气门锁片?

安装锥形锁片时，需用气门弹簧压缩器将气门弹簧座连同气门弹簧压下，将两片锁片套于气门杆尾部，使锁片内孔的环状凸起正好位于气门杆尾端的环形槽内。放松弹簧座，在气门弹簧的弹力作用下，弹簧座的圆锥孔与锁片的圆锥面紧紧地贴合在一起，不会脱落。

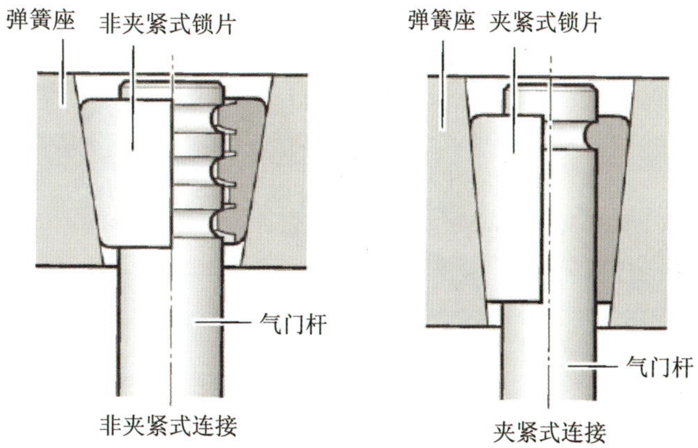

气门锁片

122. 如何检修气门弹簧？

1）检视法

观察洗净后的气门弹簧外表有无变形、裂纹等缺陷，如有则应更换。

2）气门弹簧自由长度检查

（1）新旧对比法。将一标准弹簧与被测弹簧置于同一平板上，比较其长度是否一致，如不一致，则应更换。

（2）游标卡尺测量法。利用游标卡尺测量气门弹簧的自由长度，如不符合规定尺寸，应予以更换。

3）弹簧弹力检测

用检测仪测量弹力，将弹簧压至规定长度，台秤上所示弹力大小即为所测弹簧弹力。

4）弯曲和扭曲变形检测

将气门弹簧放至平板上，用直角尺检查其弯曲和扭曲变形。当直尺与气门弹簧间隙不超过 1.5mm 时，弹簧轴线偏移小于 2° 时为合格，否则应更换。

123. 凸轮轴有什么作用？

凸轮轴的作用是驱动和控制发动机各缸气门的开启和关闭，使其符合发动机的工作顺序、配气相位及气门开度的变化规律等要求。

凸轮轴主要由凸轮和轴颈组成。凸轮轴上的凸轮分为进气凸轮和排气凸轮两种，用以使气门按一定的工作次序和配气相位及时开闭，并保证气门有足够的升程。轴颈起支承作用，安装在气缸盖上的凸轮轴轴颈轴承座孔内，用凸轮轴瓦盖固定，轴颈座孔中有轴承瓦。

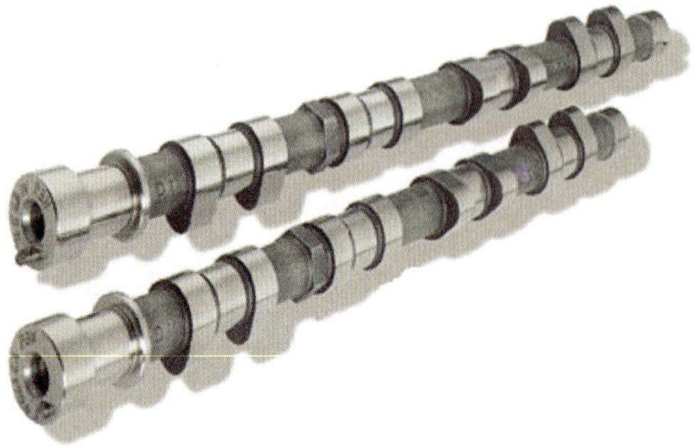

凸轮轴

124. 安装凸轮轴时有何注意事项？

凸轮轴的前端安装有正时齿轮或正时链轮，在装配曲轴与凸轮轴时，应将曲轴正时齿轮与凸轮轴正时齿轮的正时标记对好，否则，轻者影响发动机的正常工作，严重时将导致发动机无法起动。

125. 如何检修凸轮磨损？

凸轮磨损使气门的升程规律改变和最大升程减小，因此，凸轮的最大升程减小值是凸轮检验分类的主要依据。当凸轮最大升程减小值大于 0.40mm 或凸轮表面累积磨损量超过 0.80mm 时，则更换凸轮轴；当凸轮表面累积磨损量不大于 0.80mm 时，可在凸轮轴磨床上修磨凸轮。但是，现代发动机凸轮轴的凸轮均为组合线型，由于加工精度极高，修理数据不易收集到，制造合格的磨削靠模困难多、成本高。目前，在汽车维修企业中对凸轮极少修复，一般更换凸轮轴。

顶置凸轮轴式发动机

126. 如何调整凸轮轴轴向间隙？

凸轮轴轴向间隙的调整有如下两种方法：

（1）一是用增减固定在气缸体前端面上，位于凸轮轴第一道轴颈端面与正时齿轮或链轮之间的推力凸缘的厚度来调整。检查时，用塞尺塞入推力凸缘与正时齿轮端面之间，测得的间隙应为 0.10mm 左右。

（2）另一种有轴承定位，如桑塔纳轿车发动机的凸轮轴轴向限位是由第一道和第五道轴承台肩完成的，如轴向间隙大于使用限度 0.15mm，则更换台肩的凸轮轴轴承。

127. 挺柱有什么作用?

挺柱的作用是将凸轮的推力传给推杆或气门杆，并承受凸轮轴旋转时所施加的侧向力。它安装在气缸体或气缸盖上相应位置镗出的导向孔中，常用镍铬合金铸铁或冷激合金铸铁制造。挺柱常用的有机械挺柱和液压挺柱两种形式。

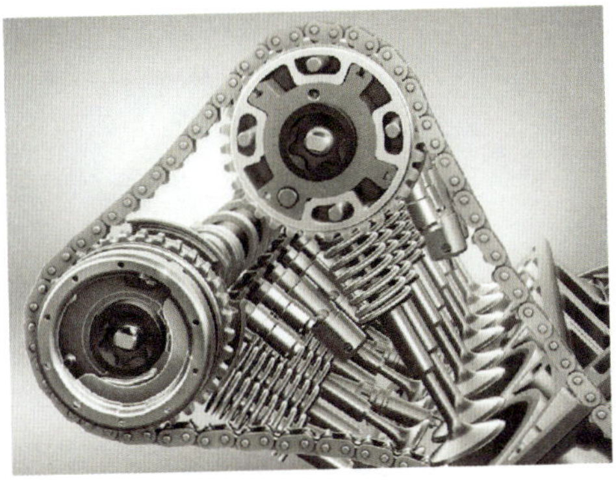

采用液压挺柱的配气机构

129. 检修液压挺柱有哪些注意事项?

（1）液压挺柱与承孔的配合间隙一般为0.01～0.04mm，使用极限为0.10mm。逾期后应更换液压挺柱。

（2）发动机总成修理时，如气门出现开启高度不足，一般应更换挺柱。

刚起动时，液压挺柱的异响噪声是正常的。起动发动机使其运转直到冷却液温度达到85℃左右，将发动机转速提高到2500r/min，运转2min，如果液压挺柱产生的噪声还是很大，按照如下步骤检查：

（1）拆下气门室罩盖。

（2）按顺时针方向转动曲轴，直至与待检查的液压挺柱的凸轮朝上为止。

（3）用一个木楔或塑料楔轻轻朝下压住液压挺柱。

（4）测量凸轮与液压挺柱之间的间隙，如果间隙大于0.2mm，则更换液压挺柱。

刘总监提示：

大修完发动机或安装新的液压挺柱时，一定要将挺柱内的机油放掉，以免起动发动机时造成顶气门。

128. 液压挺柱构造如何?

液压挺柱主要由球阀、补偿弹簧、带内置油道的柱塞及壳体组成。壳体由圆桶和上端盖焊接而成，下端封闭的油缸外圆柱面与气缸盖上的挺柱导向孔配合，内圆柱面与柱塞配合。球阀被补偿弹簧压靠在柱塞下端面的阀座上。

挺柱壳体内部的低压油腔通过挺柱顶背面的键形槽与柱塞上方的低压油腔相通。当挺柱在运动过程中，挺柱壳体上的环形槽与气缸盖上的斜油孔对齐时，气缸盖油道内的机油便进入低压油腔。柱塞下端油缸内部的空腔称为高压油腔，当球阀打开时，高压油腔与低压油腔相通。高、低压油腔都充满了机油，补偿弹簧还可以使油缸与柱塞相对运动，保持挺柱顶面与凸轮紧密接触。油缸下端面与气门杆紧密接触。

液压挺柱的工作主要依靠机油压力、挺柱壳体与座孔间隙、气门杆与挺柱间隙及挺柱内止回球阀。液压挺柱刚开始工作时，由于腔内无油压，故柱塞处在最底部，挺柱与气门间隙较大，气门产生短时异响。随着发动机的运转，在机油压力的作用下，挺柱内高压油腔充注机油，柱塞下行，挺柱有效工作长度增加，气门间隙减小。由于挺柱内柱塞所产生的力较小，不能产生压缩气门弹簧的力量，所以，当柱塞与气门杆尾部接触时，挺柱不再运动。同时，又因挺柱内止回球阀的作用，高压油腔内的机油不能迅速排出，使得柱塞保持在原位不动并维持原有长度形成刚性，从而推动气门打开，实现无间隙传动。

液压挺柱

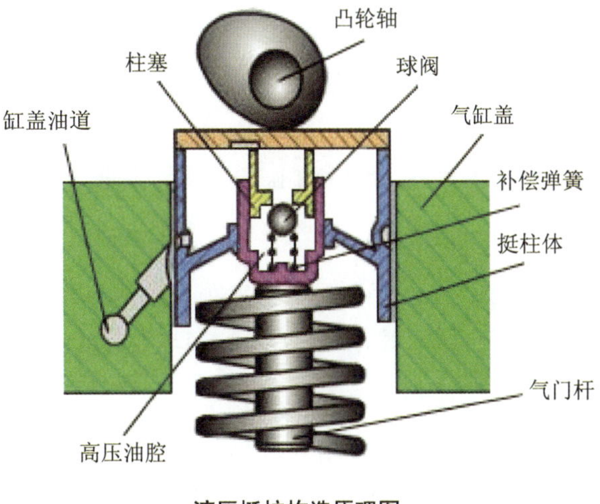

液压挺柱构造原理图

130. 液压挺柱如何工作?

在气门打开的过程中，凸轮推动挺柱壳体和柱塞下移，油缸受到气门弹簧的阻力而不能马上下移，导致高压油腔油压升高，球阀将阀门关闭，挺柱成为刚性整体向下移动，将气门打开。

在气门关闭的过程中，挺柱上移，由于受到凸轮和气门弹簧两方面的顶压，球阀仍处于关闭状态，高压油腔仍保持高压，液压挺柱仍是一个整体，直到气门完全关闭为止。

液压挺柱实现了气门无间隙传动，减小了配气机构工作时产生的撞击和噪声。气门及其传动件因温度升高而膨胀，凸轮或挺柱因磨损而缩短，都会由液压作用来自行调整或补偿。

131. 推杆有什么作用?

在底置凸轮轴 OHV 中，由于凸轮轴在缸体的下部，而气门位于气缸盖上，气门和凸轮轴之间的距离“很远”，这就要求有一个部件能在二者之间实现动力传递，因此，也就有了推杆的发展空间。由于气门推杆细又长，和我们使用的筷子差不多，所以，人们形象地将其称为配气机构中的“筷子”。推杆的作用是将从凸轮轴经过挺柱传来的推力传给摇臂，它是气门组中最易弯曲的零件。要求有很高的刚度，在动载荷大的发动机中，推杆应尽量地做得短些。

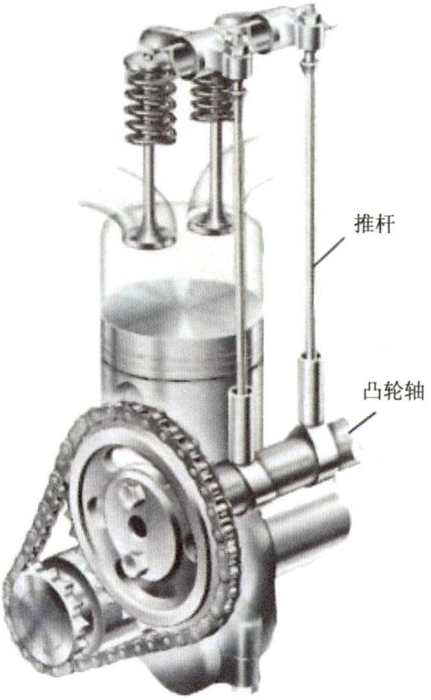

底置凸轮轴式配气机构

底置凸轮轴的发动机一般都是大排量、低转速、追求大扭矩输出，因为底置凸轮轴依靠曲轴带动，然后凸轮与气门摇臂采用一根推杆来连接，使凸轮顶起推杆，推杆推动摇臂来实现发动机气门的开闭，所以，过高的转速会使推杆承压过大以致折断。但是，这种用推杆的设计，也有其优点：结构简单、可靠性高、发动机重心低、成本低等。

132. 如何检修推杆?

气门推杆一般都是空心细长杆，工作时易发生弯曲，直线度误差应不大于 0.30mm，杆身应平直，不得有锈蚀和裂纹。上端凹球端面和下端凸球端面半径磨损应控制在 + 0.03mm ~ - 0.01 mm 之间。

气门推杆弯曲，应更换。

133. 摇臂有什么作用?

摇臂的作用是将推杆或凸轮传来的力改变方向，作用到气门杆尾部以推开气门。摇臂实际上是一个双臂杠杆，摇臂两边臂长的比值（称为摇臂比）约为 1.2 ~ 1.8。其中，长臂一端与气门接触，是推动气门的，这样可获得较大的气门升程，而减少推杆或挺柱的移动量，从而也减少了它们往复运动产生的惯性力。

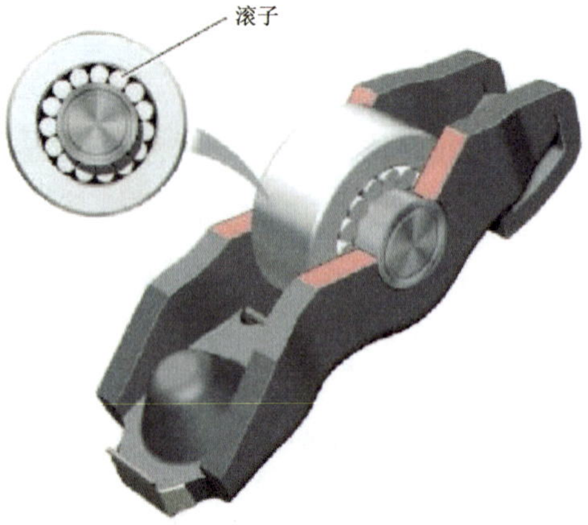

滚子摇臂

134. 如何检修摇臂和摇臂轴?

摇臂的损伤主要是摇臂头的磨损。检查时，摇臂头部应光洁无损。修理后的凹陷应不大于0.50mm。如超过规定则应修理，其方法可用堆焊修磨。摇臂与摇臂轴的配合间隙如超过规定应更换衬套，并按轴的尺寸进行铰削或镗削修理。镶套时，要使衬套油孔与摇臂上的油孔重合，以免影响润滑。

摇臂上调整螺钉的螺纹孔损坏时，一般应更换。

摇臂轴轴颈的磨损量大于0.02mm或摇臂轴与摇臂承孔的配合间隙超过规定时，可刷镀修复或更换。摇臂轴弯曲应冷压校直，使其直线度误差在100mm长度上不大于0.03mm。

摇臂和摇臂轴

135. 为什么需要气门正时?

气门正时是发动机配气机构的重要组成部分，是保障发动机“呼吸”顺畅的重要因素之一。气门正时是指气门开启和关闭的时刻。理论上，四冲程发动机在进气冲程中，进气门应当在活塞处于上止点时开启，当活塞运动到下止点时关闭；排气门则在活塞处于下止点时开启，在上止点时关闭。进气冲程和排气冲程各占180°曲轴转角。但在实际的发动机工作中，为了增大气缸内的进气量，进气门需要提前开启、延迟关闭；同样的，为了使气缸内的废气排得更干净，排气门也需要提前开启、延迟关闭，这样才能保证发动机有效地运行。

至此，相信读者一定明白了发动机为什么需要气门正时。

136. 配气相位与气门正时一样吗?

在发动机正常工作时，进气和排气冲程的时间极短，往往会使发动机充气不足或排气不干净，造成发动机功率下降。因此，汽车发动机采取延长进、排气时间的方法来改善进排气情况，即气门开启和关闭的时刻并不是正好在活塞处于上止点和下止点的位置，而是分别提前或延迟一定的曲轴转角。

用曲轴转角表示进、排气门开闭的时刻及开启的持续时间，称为配气相位，又称为气门正时。用曲轴转角的环形图表示配气相位，称为配气相位图。

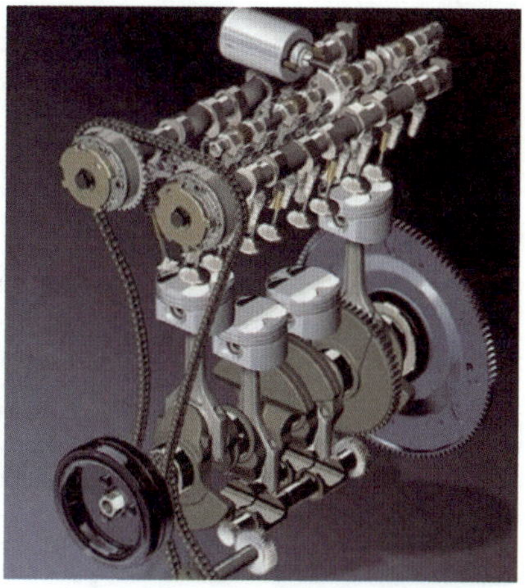

采用正时链条的可变配气相位

137. 引起配气相位失准的原因有哪些?

配气相位失准一般表现为配气相位的改变，这也是发动机的常见故障，其主要原因如下：

（1）正时齿轮或正时链轮未按规定的记号装配。

（2）由于正时齿轮或正时链轮与曲轴或凸轮轴相连接的键槽的加工误差或磨损松动而引起的定位偏差，加大了配气正时的误差所致。

138. 如何调整配气相位?

调整配气相位时，应根据不同情况采取不同的措施。如个别气门配气相位偏早或偏迟不大时，可通过调整该气门间隙的方法予以解决；若进气门的微开量与排气门的微开量相比有大有小，且不符合规定值，则表明各缸迟早不一，通常是由于凸轮磨损严重，应修磨或更换凸轮轴；如各缸进气门的微开量比排气门都大，则表明进、排气门的配气相位均提前，应将其适当推迟。反之，表明配气相位均延迟，应将所有各缸进、排气门的配气相位均适当提前。

第三节 润滑系统

139. 机油如何分类?

任何机油都在执行国际通用的机油标准，目前最权威的是美国石油协会和美国汽车工程师协会制订的车用机油质量等级标准和温度黏度等级标准。

（1）质量等级标准分类法。按国家发动机机油的用途和使用性能的高低，分为汽油发动机机油的S系列，具体有SA、SB、SC、SD、SE、SF、SG、SH、SJ共9个等级；柴油发动机机油的C系列，具体有CA、CB、CC、CD、CE、CF4、CG4共7个等级。

（2）温度黏度等级分类法。按机油黏度大小，将发动机机油分为0W、5W、10W、15W、20W、25W、20、30、40、50、60共11个等级。

发动机机油

140. 机油分类标准中的字母和数字说明什么?

（1）质量等级标准用英文字母把机油分成SA、SB……SL、SM等（S代表汽油机，柴油机以C表示），字母越往后其品质越高，对发动机的保护越好，其在抗磨性、抗剪切性、抗氧化、抗高温、保持油路清洁和降低废气排放都远优于中低挡机油。目前国际上最高的是SM级，我国目前沿用的是美国石油协会的标准。

（2）温度黏度等级用数字表示，如“5W30”，“W”表示冬季或多级机油的意思。前面的“5”表示在气温－35℃至30℃之间可以有效发挥润滑作用，“W”之前数值越小则表明其低温黏性小，低温起动效果好；而“W”后面的数值表示机油的高温黏性指数，是指在高温气候下冷车起动时适应大致的温度范围，在这范围内机油能提供和保证浓度、黏度和良好润滑性能。只要确保上述两个标准，就是可用的机油。

141. 为何新车磨合期要选择黏度较低的机油?

因为新车或者发动机大修后，各部件配合间隙不均匀或过紧，需要在磨合期内进行磨合调整，如果选用黏度较大的机油，那么在配合间隙不是很好的摩擦表面就不容易形成润滑油膜而形成干摩擦，这将造成磨损过度，甚至出现烧瓦、抱轴等机械故障。另外，黏度较低的机油由于流动性较好，能起到更好的清洗作用和冷却作用。如果车辆在磨合期内使用黏度较大的机油，对发动机的冷却、润滑、清洗和过滤去除金属磨屑等功能都将受到影响，轻则机油灯闪亮报警，严重时会产生拉缸、抱瓦等严重事故的发生。

机油

142. 机油为什么要散热?

在大功率的强化发动机上，由于热负荷大，必须装用机油冷却器。发动机运转时，由于机油黏度随温度升高而变稀，降低了润滑能力。因此，有些发动机装用了机油冷却器，其作用是降低机油温度，保持机油一定的黏度，使油温在正常工作范围之内。机油冷却器布置在润滑系统循环油路中。

机油滤清器/冷却器模块

143. 如何鉴别机油是否变质?

（1）油流观察法：取两只量杯，其中一个盛有待检查的机油，另一只空放在桌面上，将盛满机油的量杯举高离开桌面 30 ~ 40cm 并倾斜，让机油慢慢流到空杯中，观察其流动情况，质量好的机油流动时应该是细长、均匀、连绵不断，若出现油流忽快忽慢，时而有大块流下，则说明机油已变质。

（2）手捻法：将机油捻在大拇指与食指之间反复研磨，较好的机油手感是有润滑性、磨屑少、无摩擦，若感到手指之间有较大摩擦感，则表明机油内杂质多，不能再用，应更换新机油。

（3）光照法：在天气晴朗的日子，用螺丝刀将机油撩起，与水平面呈 45 度角。对照阳光，观察油滴情况，在光照下，可清晰地看到机油中无磨屑为良好，可继续作用，若磨屑过多，应更换机油。

（4）油滴痕迹法：取一张干净的白色滤试纸，在滤试纸上滴数滴机油，待机油渗漏后，若表面有黑色粉末，用手触摸有阻涩感，则说明机油里面杂质已很多，好的机油无粉末，用手摸上去干而光滑，且呈黄色痕迹。

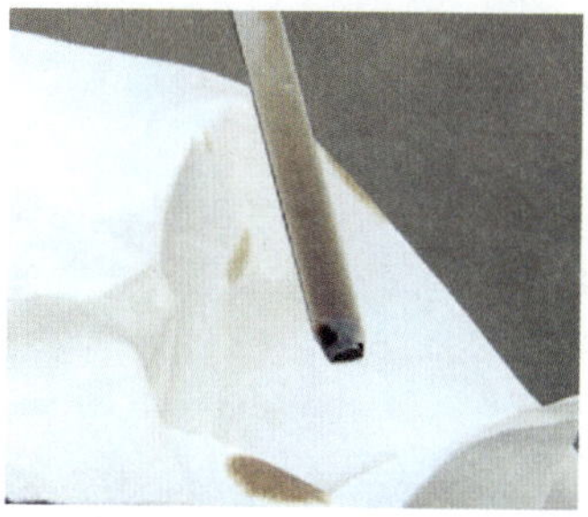

油滴痕迹检测机油是否变质

144. 润滑系统有什么作用?

1）润滑作用

将清洁的、有压力的机油不断地供到各需要部件的摩擦表面，将干摩擦变为液体摩擦，减少零件表面摩擦、磨损和摩擦功率损失。

2）冷却作用

机油与发动机内部重要的运动部件直接接触，可以带走因摩擦而产生的 6% ~ 14% 的热量，维持零件正常的工作温度。

3）清洗作用

利用机油冲洗零件表面，带走零件的磨屑，避免积碳和杂质，确保发动机正常运行。

4）密封作用

利用机油的黏性，附在互相运动零件的表面之间，从而提高间隙密封效果。如活塞环、活塞裙部表面与气缸壁之间的环形间隙内形成的油膜，减少了漏气和窜油。

5）防锈作用

减少零件振动，降低噪声，防止零件表面生锈。

145. 发动机有几种润滑方式?

1）压力润滑

压力润滑是利用机油泵将具有一定压力的机油源源不断地输送到零件的摩擦表面上，形成具有一定厚度并能承受一定机械负荷的油膜，尽量将两摩擦零件完全隔开，实现可靠的润滑。如曲轴各轴颈和轴承间、凸轮轴轴颈和轴承间等部位。

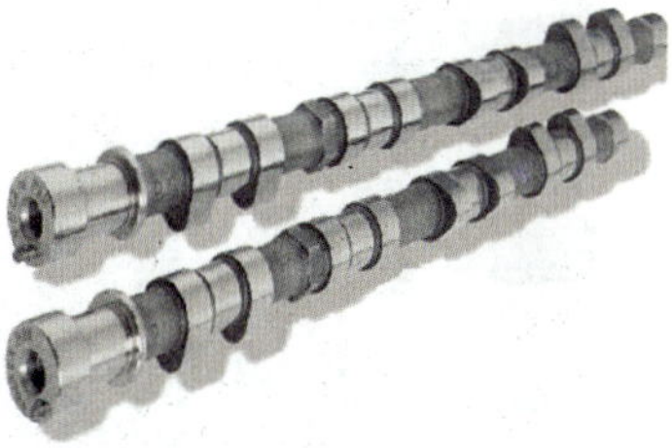

凸轮轴

2）飞溅润滑

飞溅润滑是利用发动机工作时，运动零件飞溅起来的油滴或油雾润滑摩擦表面的润滑方式。这种方式可润滑裸露在外面的载荷较轻的气缸壁、相对滑动较小的活塞销，以及配气机构的凸轮轴表面等。

3）复合润滑

在发动机中，有的部件采用压力润滑，而有的部件采用飞溅润滑，这种既采用压力润滑又采用飞溅润滑的润滑方式称为压力飞溅复合润滑。

4）定期润滑

对一些不太重要、分散的部位，采用定期加入润滑脂的方式进行润滑，如发动机水泵轴承、发电机等总成的润滑均采用这种润滑方式。

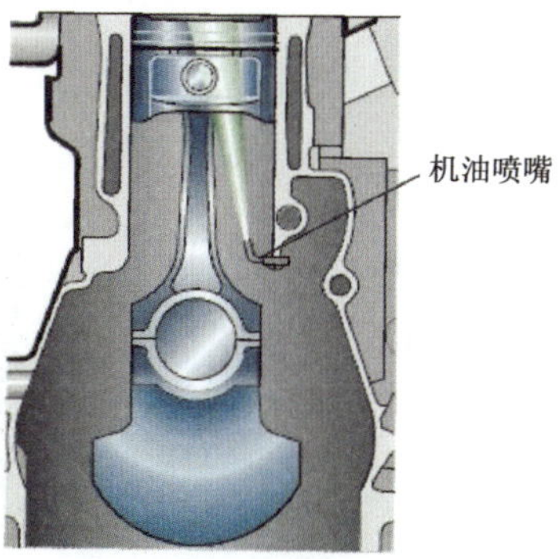

压力润滑活塞

喷嘴及活塞

146. 发动机有几种滤清方式?

四冲程发动机均设有机油滤清装置，其滤清方式通常有三种形式：全流式、分流式与并用式。

（1）全流式滤清方式，即滤清器与主油道串联的滤清方式。从机油泵压送出的机油全部经过滤清器供给各个摩擦部位，机油得到较好的清洁，若滤清器被堵塞，就会出现润滑不良的后果，因此，和滤清器并联一个旁通阀，在滤清器被堵塞的情况下，可越过滤清器向各摩擦部位供油。

（2）分流式滤清方式，仅将油路中的一部分机油滤清，即滤清器与主油道并联的滤清方式。

（3）并用式滤清方式，就是将全流式和分流式合起来使用。

机油滤清器安装位置图

147. 润滑系统包括哪些部件?

润滑系统主要包括集滤器、机油泵、机油滤清器及机油冷却器等。

在发动机工作过程中，金属磨屑、灰尘、高温下被氧化的积碳和胶状沉淀物等不断地混入机油中，这样，就会加速润滑表面的磨损，因此，在发动机润滑系统的油路上安装了几个不同滤清能力的滤清器，时刻对机油进行过滤。

现代轿车发动机上普遍只设有一个集滤器和一个全流式机油滤清器。集滤器位于油底壳内，浸在机油中，用于滤除机油中较大的杂质。而机油滤清器一般安装在发动机的缸体上，即串联在润滑系统的主油道上，用于滤除粒径为 0.001mm 以上的细小杂质。

虽然滤清器能对机油进行过滤，但时间长了机油也会变脏，因此，行驶一定里程后必须更换机油及机油滤清器。

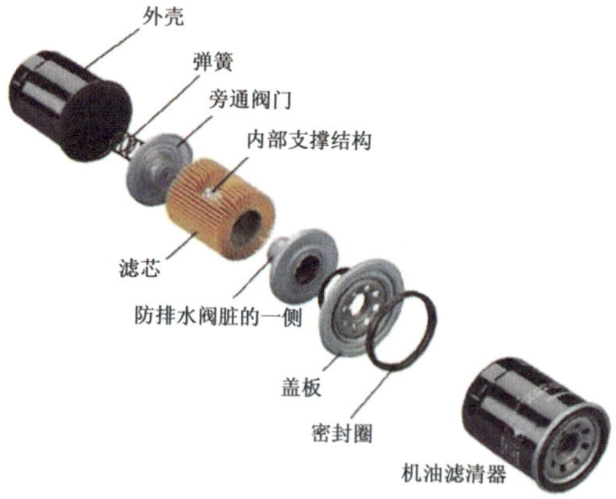

机油滤清器构造图`

148. 如何检修机油滤清器?

检查机油滤清器外壳是否有破损，滤清器与支座接合面是否漏油，滤芯是否堵塞或损坏，旁通阀是否失效。如有不良，应更换滤清器。

机油滤清器为一次性使用零件，新车或大修发动机后，车辆行驶 5000km 后应更换新机油滤清器，以后车辆每行驶 10000km 更换一次。

149. 如何检修机油集滤器?

检查机油集滤器的滤网是否堵塞、损坏、脱落。若滤网堵塞，应用柴油或煤油清洗后用压缩空气吹干；若滤网损伤，应予以更换。

检查机油集滤器与机油泵座的密封状况，若 O 形密封圈损坏或接合处漏油，应更换密封圈并紧固连接螺栓。

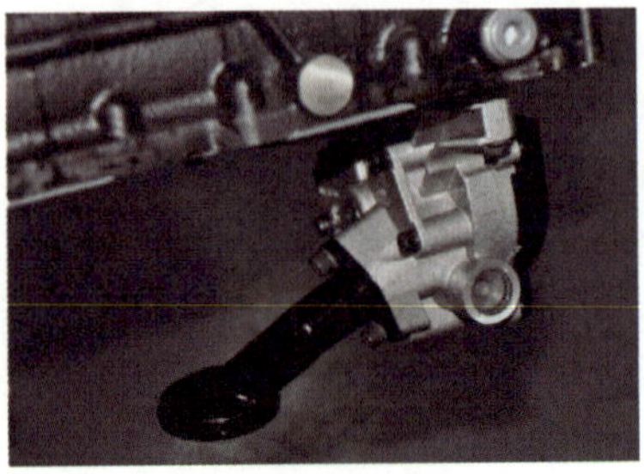

机油集滤器安装位置图

150. 机油泵有什么作用?

机油泵的作用是把一定量的机油压力升高，强制性地将机油压送到发动机各摩擦表面，以减少各运动部件之间的磨损。

在发动机上使用的机油泵主要有如下几种：齿轮泵、转子泵和叶片泵。

叶片泵

151. 机油泵如何工作?

机油泵是润滑系统的动力源，用来将油底壳内的机油加压并将其输送到发动机的运动部位。发动机上广泛采用齿轮式和转子式机油泵。

当发动机工作时，曲轴上的链轮通过链条带动机油泵的链轮，使固定在主动齿轮轴上的主动齿轮旋转，从而带动从动齿轮做反方向的旋转，将机油从进油腔沿齿隙与泵壁输送至出油腔。这样，进油腔处便形成低压而产生吸力，把油底壳内的机油吸入进油腔。由于主、从动齿轮不断地旋转，机油便不断地被压送到需要润滑的部位。

152. 如何检修机油泵?

只要润滑系统维护良好，机油泵的耗损速率远小于其他总成。因此，在检修之前，可以先运用经验法检查机油泵主动轴与承孔的配合间隙及轴向间隙。

将集滤器浸入清洁的机油中，按机油泵的工作转向，用手转动机油泵的主动轴，机油应从出油口流出。用手指堵紧出油口，继续转动机油泵，手指应有压力感，同时可感到主动轴的转动阻力明显增大，甚至转不动或机油被压出。

径向和轴向推拉、晃动主动轴时，应感到有间隙但不松旷。通过经验法检查，可判断是否应更换机油泵或拆检修理。

一般机油泵的主动轴与承孔的配合间隙为 0.03 ~ 0.08mm，使用极限为 0.16mm。机油泵主动轴的轴向间隙为 0.03 ~ 0.08mm，使用极限为 0.12mm。机油泵盖平面的平面度误差要求不大于 0.05mm。而转子泵的零件一般配合间隙值为：转子顶间隙小于 0.15mm，极限值为 0.25mm；转子与泵体间隙为 0.10 ~ 0.16mm，极限值为 0.30mm；端面间隙为 0.03 ~ 0.09mm，极限值为 0.30mm。

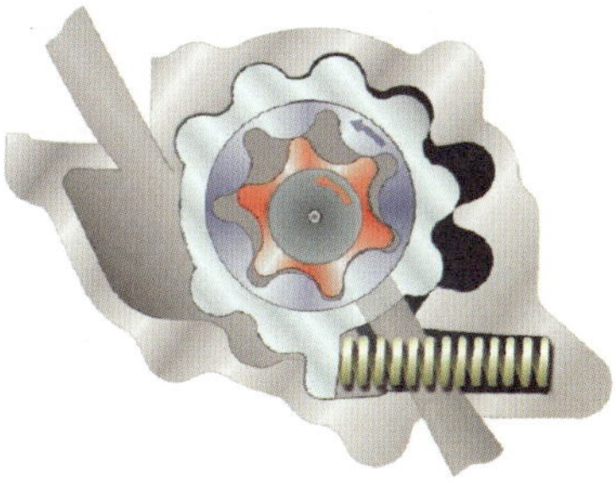

转子泵

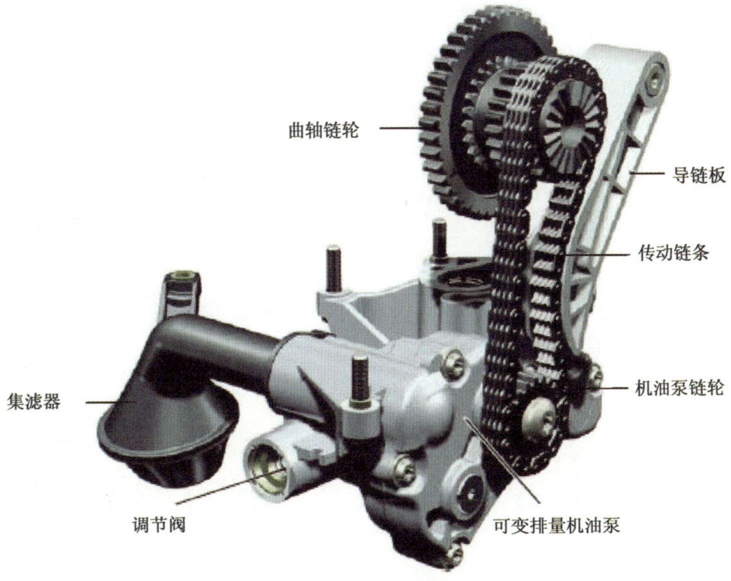

机油泵传动原理图

153. 油底壳有什么作用？

油底壳的作用是储存、冷却机油并封闭上曲轴箱。一般采用薄钢板冲压而成，有的发动机的油底壳则采用铝合金铸造（有散热片）。油底壳的形状决定于发动机的总体布置和机油的容量。油底壳与气缸体结合面安装有衬垫或采用耐热密封胶，防止机油泄漏。

为了保证在发动机纵向倾斜时机油泵能正常吸到机油，油底壳后部一般做得较深。另外，内部还设有挡油板，防止汽车行驶时油面波动过大。油底壳的最低处还设有放油螺塞，以便放出发动机内的机油。通常放油螺塞上装有永久磁铁，以吸附机油中的金属屑，减少发动机的磨损。

油底壳

154. 如何检查油底壳？

检查油底壳与曲轴箱接合面有无漏油，如有漏油，应更换密封垫。检查油底壳放油螺塞有无漏油、油底壳有无裂纹、机械损坏或锈蚀破损，如有不良，应更换损坏件。

155. 什么是湿式油底壳？

在市面上见到的大多数车都是湿式油底壳，之所以称为湿式油底壳是由于发动机的曲轴曲拐和连杆大头在曲轴每旋转一圈都会浸入油底壳的机油内一次，起到润滑作用。

在湿式油底壳润滑系统中，所有的机油都保存在油底壳中。单级机油泵将机油从湿式油底壳中经集滤器抽出，在其冷却下来并过滤后立即送入发动机润滑油道。由于湿式油底壳要保存所有的机油。因而，它的体积较大，会增加发动机的总体高度。

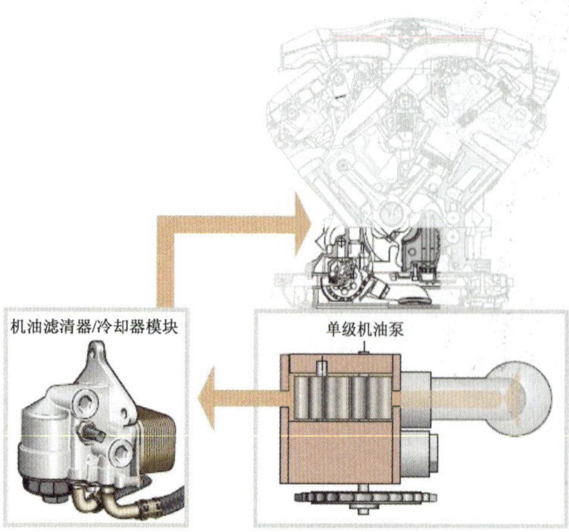

湿式油底壳原理图

156. 干式油底壳有什么优势？

在介绍一些高性能轿车和跑车的时候，我们经常看到干式油底壳这样的字眼，仿佛干式油底壳逐渐成为高档车的一个重要标志。那么，它到底有何优势呢？

湿式油底壳存在一个较大的问题，就是当车辆在极限行驶状态下时，例如，高速过弯或者极限越野中，发动机内的机油由于离心力或者重力而聚集于油底壳的一个局部，导致部分曲拐不能浸入油内，润滑不良而使发动机损坏。面对如此严重的问题，一些设计者找到了解决办法，那就是干脆取消在发动机底部安装容器，而是在外部独立安装一个机油箱，采用机油泵对曲轴和连杆系统进行压力润滑，这就是所谓的干式油底壳。

在干式油底壳润滑系统中，所有机油都保存在一个附加的外部机油箱中，而不是油底壳中。为此，机油泵设计成三级式。泵的两级在油底壳的不同位置抽取流回发动机的机油，然后泵入机油箱。第三级（泄放级）将机油从机油箱中抽出，然后通过机油冷却器与机油滤清器立即送入发动机润滑油道。由于储油量较小，此种油底壳可以很小、很薄，这样发动机的总体高度会较低，也就使发动机重心得到降低，从而将车辆的整体操控性得到一定程度的提升。

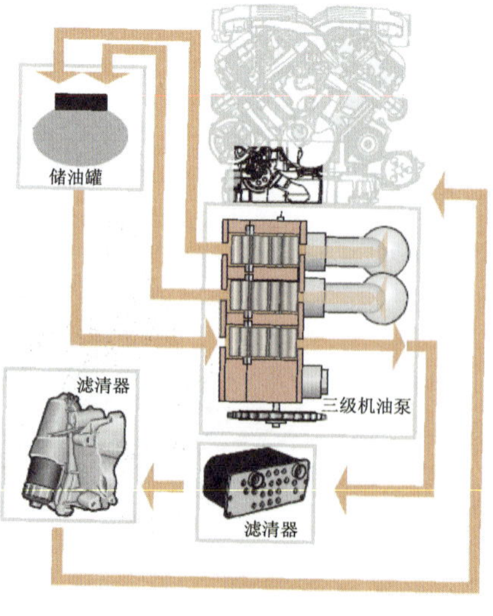

干式油底壳原理图

157. 为什么进行曲轴箱通风？

曲轴箱通风包括自然通风和强制通风，现代汽油发动机常采用强制式曲轴箱通风，又称为PCV（Positive Crankcase Ventilation）系统。

在发动机正常工作的状态下，总有一部分可燃混合气和废气经活塞环窜到曲轴箱内，窜到曲轴箱内的汽油蒸气凝结后将使机油变稀，性能变差。废气内含有水蒸气和二氧化硫，水蒸气凝结在机油中形成泡沫，破坏机油供给，这种现象在冬季尤为严重。二氧化硫遇水生成亚硫酸，亚硫酸遇到空气中的氧生成硫酸，这些酸性物质的出现不仅使机油变质，而且也会使零件受到腐蚀。由于可燃混合气和废气窜到曲轴箱内，曲轴箱内的压力将增大，机油会从曲轴油封、曲轴箱衬垫等处渗出而流失。

为了解决这些问题，发动机上采用了强制式曲轴箱通风系统。该系统使窜气不会被释放到大气中，而是送回发动机进气系统而进入气缸内参加燃烧，从而可以提高燃油经济性，并且，还可以防止机油变质、曲轴油封和曲轴箱衬垫渗漏和污染大气。

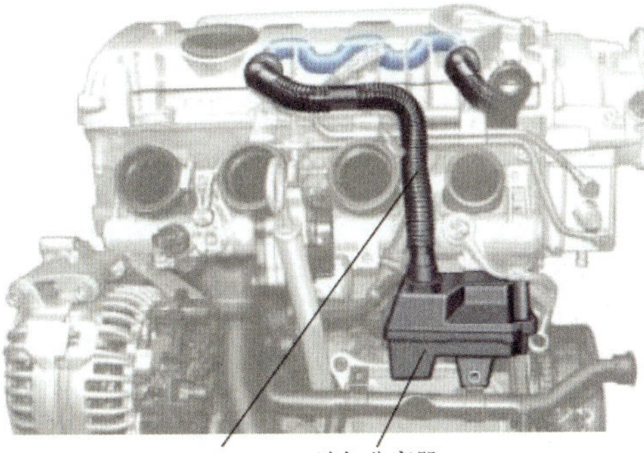

曲轴箱通风原理图

158. 曲轴箱有哪些通风方式？

从减少摩擦零件的磨损与腐蚀、延长机油的使用期限、防止机油渗漏等方面出发，必须对发动机的曲轴箱进行通风，抽出曲轴箱内的混合气和废气。曲轴箱通风的方式有如下两种。

（1）自然通风：将背曲轴箱内抽出的气体直接排入大气中。

（2）强制通风：将背曲轴箱内抽出的气体导入发动机的进气管内，然后随可燃混合气一起进入气缸参加燃烧。

刘总监提示：

现代汽车发动机曲轴箱一般都采用强制通风，这样可以回收使用窜入曲轴箱内的混合气，提高发动机的经济性，减少排放污染。

159. 曲轴箱窜气能引起什么后果？

（1）窜入曲轴箱内的汽油蒸气凝结后导致机油变稀，机油性能变差。

（2）废气中的水蒸气凝结在机油中形成泡沫，破坏机油的供给。

（3）废气中的二氧化硫遇水则生成亚硫酸，亚硫酸再遇到空气中的氧而生成硫酸，会腐蚀、损坏发动机零件。

（4）使曲轴箱内的压力增大，破坏发动机的密封，导致机油的渗漏。

160. 发动机如何润滑？

汽车发动机里凡是有相互接触并且有相互运动的部件之间都需要润滑，而润滑的介质就是机油，它平时就储存在发动机最下端的油底壳内。当发动机工作时，通过曲轴带动机油泵将机油从油底壳内抽上来，利用机油泵的压力将机油送往润滑部位，如曲轴主轴颈、连杆轴颈及凸轮轴等，称为压力润滑。

由于曲轴的高速运转，曲拐每次高速浸入油池内都会激起一定的油花和油雾，对曲轴、轴瓦和气缸壁等进行润滑，称为飞溅润滑。

在发动机里压力润滑和飞溅润滑同时存在，以满足不同部位的润滑需要，保证发动机的正常工作。

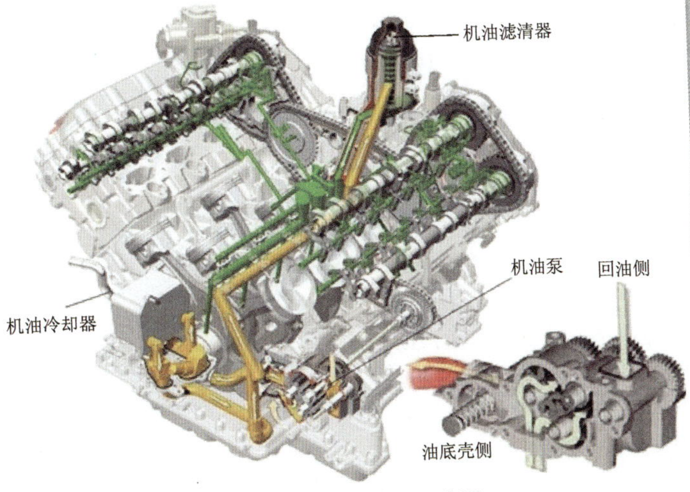

V型发动机润滑原理示意图

161. 如何进行机油液面检查?

发动机要有机油润滑，但并不是有就行，是既不能多，也不能少。如果机油不足，对发动机零件会造成严重的伤害；如果机油过多，又会造成烧机油和燃烧室积碳，降低发动机动力。每辆车都有机油尺，目的就是让车主检查油量。简单的一根长铁条，可不是随便拉出来看看就能正确判断油量的多少的。

那么，平时如何检查油尺呢？定期检查一次机油尺是很有必要的，能及时发现隐患，并且也不费事。正确的检查方法是要注意检查的条件，不要在车子发动的时候检查。检查时要把车停在平整的路面上，拉紧手刹，起动发动机（或者行驶后），达到正常工作温度时关掉发动机，等几分钟，让机油流回油底壳。这时，再取出机油尺，将其擦干净后插回，重新取出检查机油油位，若在机油尺下端的上线和下线标记之间，则表示油量正常。若低于下线，就要适量添加机油。

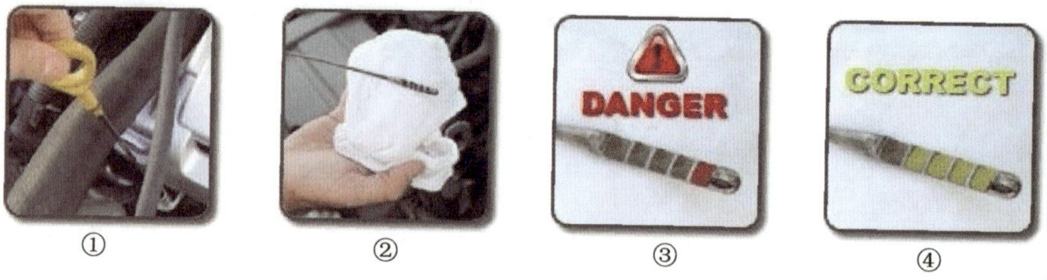

机油液面检查

162. 如何更换机油?

根据机油品质变化适时地更换机油。更换机油时，应在发动机热态下放净旧机油，先用专用的清洗设备清洗机油道，再按原厂规定的容量和牌号加注新的机油。汽车每行驶 12000km 时应更换滤芯或滤清器总成。机油滤清器在安装前应先注入机油，并在密封圈上抹一层机油，按规定拧紧力矩安装，总成安装应紧固可靠，密封良好，无堵塞。机油细滤器的运转应正常有效。各密封圈如有老化、损坏现象，则应更换。

163. 机油压力对发动机有何影响?

机油压力是发动机润滑系统的重要诊断参数，其大小取决于机油的温度、黏度，机油泵的供油能力，限压阀的调整，机油通道和机油滤清器的阻力，以及曲轴主轴承、连杆轴承和凸轮轴轴承的间隙等。

发动机运转时，必须保持正常的机油压力。如果油压过低，各摩擦表面会因得不到足够的润滑而使磨损加剧；如果油压过高，易使油封、机油滤清器损坏，且浪费发动机的动力。

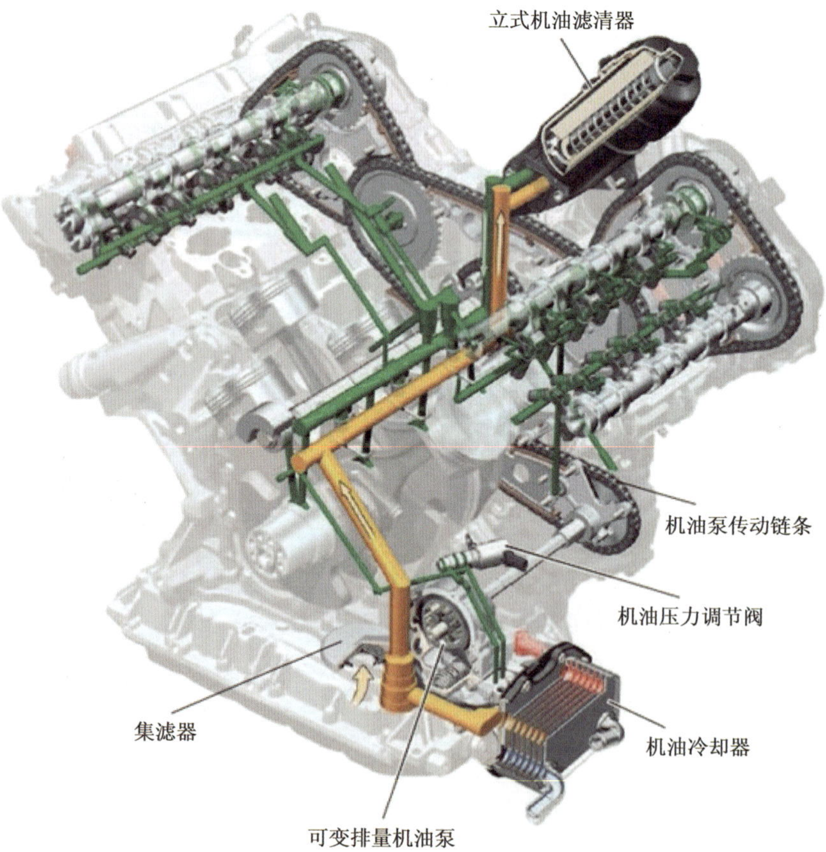

V型发动机润滑原理示意图

164. 机油压力的标准值是多少?

汽车行驶时，发动机在常用转速范围内，汽油机机油压力应保持在 190k ~ 490kPa，柴油机机油压力应保持在 290k ~ 590kPa。准确的机油压力标准值，可参阅各种车型的维修手册，机油压力过高或过低，均属不正常状况，应进一步查明原因，下表所示为几种常见车型的机油压力标准值。

几种常见车型的机油压力标准值

车　　型	额定转速下机油压力/kPa（发动机转速）	发动机怠速时机油压力/kPa
奥迪A6 1.8L	250～450（2000rpm）	150
奥迪A6 2.4L	200（2000rpm）	120～160
广汽雅阁 2.0L	300（3000rpm）	70
广汽雅阁 3.0L	490（3000rpm）	70
威驰DLX	294～539（3000rpm）	49

165. 如何检测机油压力?

机油压力是发动机润滑系统技术状况的重要指示。正常发动机在常用转速范围内，汽油机机油压应为 200k ~ 400kPa，柴油机机油压应为 300k ~ 600kPa。如发动机油压在中等转速下低于 150kPa，在怠速下低于 50kPa，则发动机应停止运转。

机油压力的大小取决于机油的温度、黏度、机油泵的供油能力、限压阀的调整、机油油道和机油滤清器的阻力，以及曲轴主轴承、连杆轴承和凸轮轴轴承的间隙等。

捷达发动机正常的工作压力为 200k ~ 400kPa，机油压力的检测步骤如下：

（1）卸下 0.03MPa 的机油压力开关，拧到检测仪 VAG1342 上。

（2）将检测仪的压力管拧在 0.03MPa 开关的接口处。

（3）起动发动机，当转速大于 2000r/min 且油温为 80℃时，机油压力至少应达到 0.20MPa，继续升高转速，机油压力不得超过 0.7MPa。

机油滤清器分解图

166. 发动机烧机油的现象与原因是什么?

发动机烧机油的现象是行车时尾部排出蓝色的尾气，这表示过多的机油进入燃烧室参与燃烧。烧机油一般来源于两个部位，一个是气缸体；一个是气缸盖。

（1）气缸体烧机油分为如下几种情况：一种是缸筒磨损过大，一种是活塞磨损过大或活塞环失效。当缸筒磨损过大，在活塞上止点形成“台”时，还有缸筒磨损不均，形成锥形或椭圆形时，被活塞环带上来的机油会存积并参与燃烧；当活塞磨损过大或活塞环长期使用后失去弹性时，密封不严，带上来过多的机油进入燃烧室参与燃烧也会形成烧机油。

（2）气缸盖烧机油是因为气门导管偏磨形成缝隙，机油漏进燃烧室或气门油封老化，密封度下降导致机油沿气门流入燃烧室。

刘总监提示：

在轻微烧机油的时候，可以通过观察排气来大致判断故障部位。如果凉车烧机油，多半是气门油封有问题；如果热车烧机油则多半是活塞或活塞环有问题。

第四节　冷却系统

167. 冷却系统有什么作用?

冷却系统的作用是使工作中的发动机得到适度的冷却，从而保持在最适宜的温度范围内工作。如果发动机冷却不足，由于气缸充气量减少和燃烧不正常，发动机功率下降，使转变为有用功的热量减少，而另一方面由于混合气与冷气缸壁接触，使其中原已汽化的燃油又凝结并流到曲轴箱，使磨损加剧。

168. 发动机有几种冷却方式?

发动机的冷却方式有水冷却和风冷却两种。

（1）所谓风冷发动机，其实就是没有冷却系统的发动机，依靠驾驶时的自然风吹过发动机表面带走热量。为了增加与风接触的散热面积，气缸表面增加了散热片以提高散热能力。摩托车大都采用风冷发动机。

（2）汽车都采用强制水冷式发动机。水冷发动机配置了散热器，用于吸收、散发发动机的热量，并且水冷发动机的气缸盖和气缸体中都铸有相互连通的水套。

风冷发动机

169. 强制水冷系统由哪些部件组成?

汽车发动机的冷却系统为强制循环水冷系统，即利用水泵提高冷却液的压力，强制冷却液在发动机中循环流动。冷却系统主要由水泵、水管、散热器、冷却风扇、膨胀水箱、节温器、发动机气缸体和气缸盖中的水套及附属装置等组成。

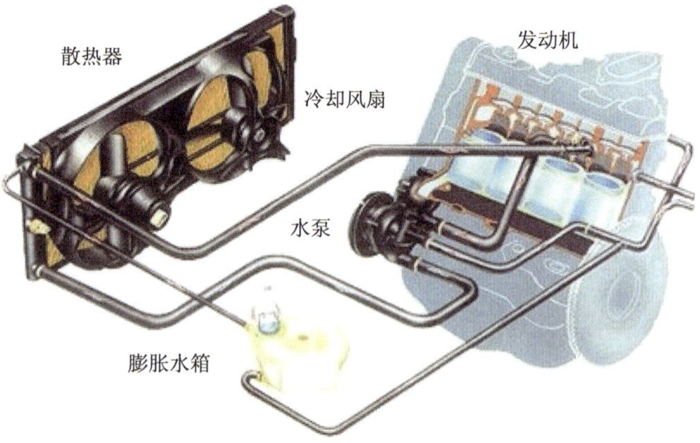

冷却系统构成图

170. 防冻液有什么作用?

（1）防冻功能。防冻液的首要功能是防止在寒冷冬季停车时冷却液结冻而胀裂散热器和冻坏发动机气缸体或气缸盖。

（2）防腐功能。对冷却系统的部件起防腐蚀的保护作用。腐蚀是金属处在自然环境中由于化学反应、电化学过程及物理作用而遭破坏的过程。防冻液中因添

加了缓蚀剂，可以有效防止冷却系统中的电化学反应的发生，同时还可有效防止或减缓橡胶管的老化。

（3）防水垢功能。发动机长期使用过程中，冷却系统结垢是难免的。水垢既影响冷却系统的散热又容易造成循环管道的堵塞，使发动机散热不良而造成发动机过热，使发动机功率下降。防冻液增加了特强去垢分散物质，能够有效阻止水垢形成，保证发动机的正常工作。

（4）保持正常的工作温度。防冻液沸点高、热容量大，夏季使用时，可防止冷却液温度过高，保持发动机在正常温度下工作。

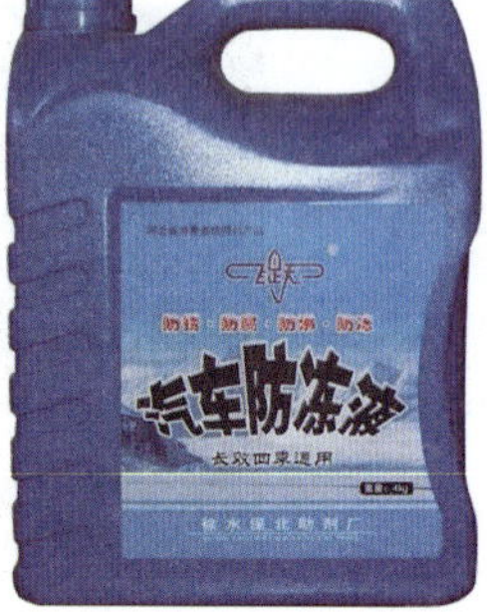

防冻液

171. 防冻液有哪些类型？

（1）酒精与水型防冻液。该防冻液中，酒精含量达 40% ~ 50%（质量比）时，蒸发出来的气体就有着火的危险。防冻液最低冰点只能在 -30℃左右。

（2）甘油与水型防冻液。由于甘油的沸点高，挥发损失较小，故不易发生火灾。但甘油降低冰点的效率很低，使用不经济。

（3）乙二醇与水型防冻液。乙二醇是一种无色略有甜味的黏性液体，沸点为 197℃。它能与水及有机溶剂以任何比例配合。乙二醇与水混合后，其冰点可显著降低，最低能达 - 68℃。用不同比例的乙二醇与水可以配制各种冰点的防冻液。

172. 水泵有什么作用？

水泵的作用是对冷却液加压，加速防冻液的循环流动，保证冷却可靠。

根据驱动方式的不同，水泵一般分为机械水泵和电动水泵。目前，大多数发动机采用机械水泵，在一些新开发的技术含量较高的发动机上已经使用了电动水泵，如宝马 6 系搭载的发动机。

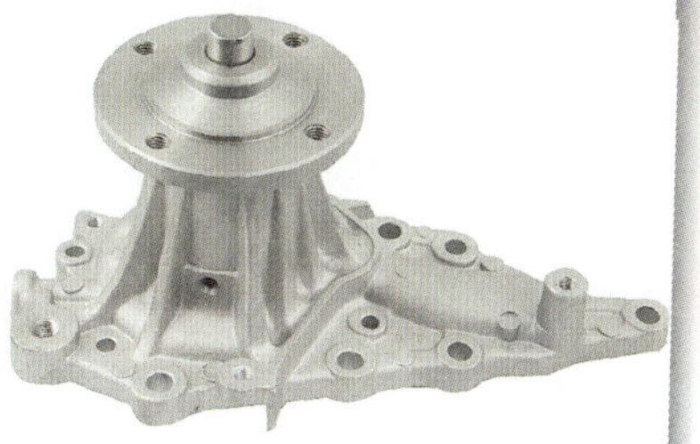

机械水泵

173. 如何检修水泵？

（1）检查泵壳和带轮有无损伤。泵壳裂纹可进行焊接或更换；壳与盖接合面变形大于 0.05mm，应予以修平。

（2）检查水泵轴有无弯曲和轴颈的磨损程度，轴端螺纹有无损坏。水泵轴弯曲大于 0.05mm，应校直或更换。

（3）轴承轴向间隙大于 0.50mm，径向间隙大于 0.15mm，应予以更换。

（4）检查水泵叶轮的叶片有无破损，叶轮上的轴孔是否磨损过甚。叶片破损，应予以焊修或更换；轴孔磨损过甚可进行镶套修复。

（5）检查水封、胶木垫、弹簧等零件的磨损及损伤程度，如有损伤应予以更换。

（6）检查带轮毂与水泵轴的配合情况。装泵轴的孔磨损过甚，可镶套修复或更换。

174. 水泵如何工作？

水泵是发动机水冷却系统的动力源，它的作用是泵送冷却液，使冷却液在发动机水套和散热器内快速流动，以带走发动机工作时产生的热量，保持发动机正常的工作温度。那么，水泵是如何工作的呢？发动机通过皮带轮带动水泵叶轮转动，水泵中的冷却液被叶轮带动一起旋转，在离心力的作用下被甩向水泵壳体的边缘，同时产生一定的压力，然后从出水口流出。叶轮的中心处由于冷却液被甩出而压力降低，散热器内的冷却液在水泵进水口与叶轮中心的压差作用下经水管被吸入叶轮中，实现冷却液的往复循环。

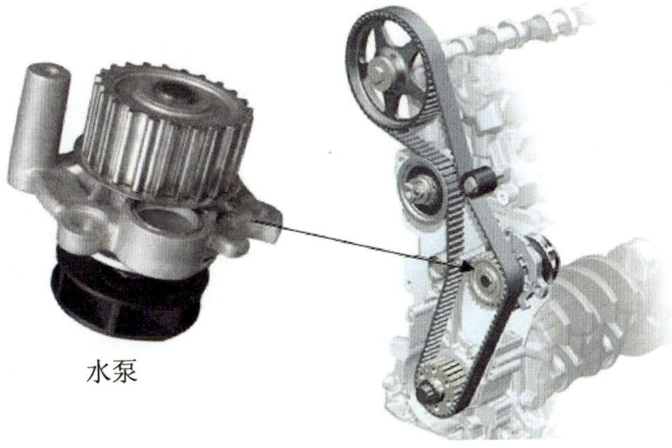

驱动水泵示意图

175. 如何维护水泵？

（1）与水泵采用同一根传动皮带来驱动的部件越来越多，其中某个部件出现问题时都会影响到其他部件。通过传动皮带驱动的各部件在工作时会产生不同频率的振动，振动通过传动皮带传递到水泵轴上，长期的不正常振动可以破坏水泵的密封。因此，当检修水泵等部件时，应该顺便检查传动皮带上的其他部件，发现问题应及时排除。在安装传统的水泵传动皮带时会涉及胶带张紧力的问题，如果传动皮带的松紧度调整不当，会造成水泵的过早损坏。目前，大多数发动机已经采用了传动皮带张紧力自动调节装置，这样就减少了类似问题的发生。

（2）水泵的水封有一定的润滑作用，如果冷却液因为水温过高或含有杂质等原因失去了润滑作用，就会缩短水泵的使用寿命。质量差的冷却液可能具有较强的腐蚀性，它对冷却系统各密封部位的腐蚀作用不容低估，能够造成冷却系统的严重泄漏或水温过高等问题。

（3）拆装时不得猛打硬敲水泵，拆卸皮带轮和水泵内轴承等主要部件应用专用工具。安装时，若猛打硬敲易造成水泵轴弯曲变形、水泵轴轴端螺纹滑扣或损伤。另因叶轮和泵轴配合过紧，除非必要，一般不拆卸。

（4）及时清除水泵内的水垢，如水垢积聚过多，会使水泵泵水能力减弱，同时水垢还会腐蚀水泵内各部件，易使水泵过早损坏。

水泵

176. 散热器有什么作用？

散热器俗称水箱，其作用是储存冷却液，增大散热面积，加速防冻液的冷却。为了将散热器传出的热量尽快带走，在散热器上装有风扇和散热器配合工作。

散热器安装位置图

177. 什么是管片式散热器？

管片式散热器芯由许多冷却管和散热片组成。冷却管是焊接在上、下储水室之间的直管，是冷却水的通道。当空气吹过冷却管的外表面时，从而使管内流动的水得到冷却、冷却管大多采用扁圆形断面，因为扁管与圆管相比，在容积相同的情况下具有较大的散热面积；当管内的水冻结膨胀时，扁管可以借其横断面变形而免于破裂。为了进一步提高散热效果，在冷却管外面横向套装了很多金属薄片（散热片）来增加散热面积，同时增加了整个散热器的刚度和强度。这种散热器芯强度和刚度都较好，耐高压，但制造工艺较复杂，成本高。

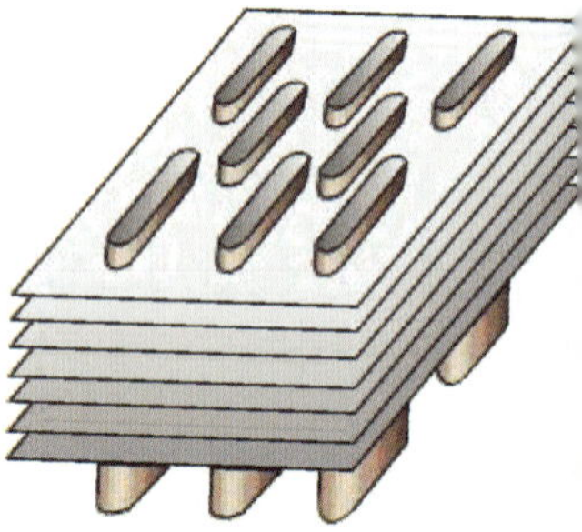

管片式散热器芯

178. 什么是管带式散热器？

管带式散热器芯采用冷却管和散热带沿纵向间隔排列。散热带呈波纹状，为了提高散热能力，在散热带上一般开有形似百叶窗的缝孔，用来破坏空气流在散热带表面上的附面层，从而提高散热能力。这种散热器芯与管片式相比，具有散热能力较强、制造工艺简单、质量小、成本低等优点，但结构刚度不如管片式好，一般在使用条件较好的轿车上得到广泛应用。

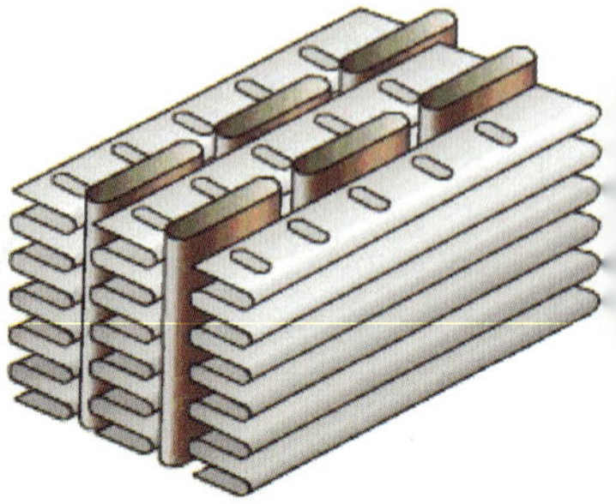

管带式散热器芯

179. 如何检修散热器?

（1）散热器渗漏的检验。散热器渗漏可用气压表来检验，先向散热器内注满水，盖上散热器盖，将试验器水管接至放水开关并打开放水开关，捏动橡皮球，向散热器内的水加压，当散热器泄气管放出空气时，压力表上的读数应在 27k ~ 37kPa 的范围内变动。然后关闭放水开关，将试验器皮管接在泄气管上，加压至 50kPa，检查散热器有无渗漏现象。如压力表读数不能稳定地保持在 50kPa 的压力不下降时，则应查明散热器的漏水部位，而后进行修补。

（2）用压缩空气法检查散热器。对于清除水垢后的散热器的漏水检验，可以将散热器的进水管用膨胀式橡皮堵塞，然后放入清水池内，再向散热器注入压缩空气。如散热器各处冒气，形成气泡，则说明散热器已严重腐蚀。如冒气点不多，说明不严重，应在冒气点找出渗漏位置，做好记号准备修复。

（3）检查水容量。检查散热器中水的容量，可以分析水管是否淤塞或堵住。

180. 风扇有什么作用?

风扇的作用是提高通过散热器芯的空气流速，增加散热效果，加速水的冷却。汽车发动机所用的风扇按其结构原理分为轴流式风扇和离心式风扇；按其驱动风扇分为机械驱动式和电动驱动式。现代汽车发动机广泛采用的是电动离心式风扇。

发动机电动风扇

181. 散热器风扇与冷凝器风扇一样吗?

轿车冷却系统的散热器与空调制冷系统的冷凝器采用同一个电动风扇冷却。当空调制冷系统开始工作时，无论发动机防冻液温度高低，电动风扇都运转；当空调制冷系统压力高过一定值时，电动风扇高速运转。

182. 电动风扇如何工作?

电动风扇的控制方式有两种形式：温控热敏电阻开关控制和发动机 ECU 控制。现代发动机电控系统中，越来越多的采用发动机 ECU 控制电动风扇工作。具体原理：冷却液温度传感器向 ECU 传输与冷却液温度相关的信号。当冷却液温度达到低速目标值时，ECU 使风扇继电器低速触点搭铁，继电器触点闭合并向风扇电动机供电，电动风扇进入低速工作；当冷却液温度达到高速目标值时，ECU 使风扇继电器高速触点接触闭合，电动风扇进入高速工作。

183. 膨胀水箱有什么作用?

膨胀水箱是发动机冷却系统的部件，就是用于加冷却液的那个小壶，一般是圆形的，也有其他形状，具体要看车型，它一般安装在发动机舱靠近防火墙的角上，通过一根细管与散热器相连。

膨胀水箱的作用是把冷却系统变成永久性封闭系统，减少冷却水的损失；避免空气不断进入引起的机件氧化腐蚀，减少穴饰，使冷却系统中水、气分离，保持系统内压力稳定、提高了水泵的泵水量。

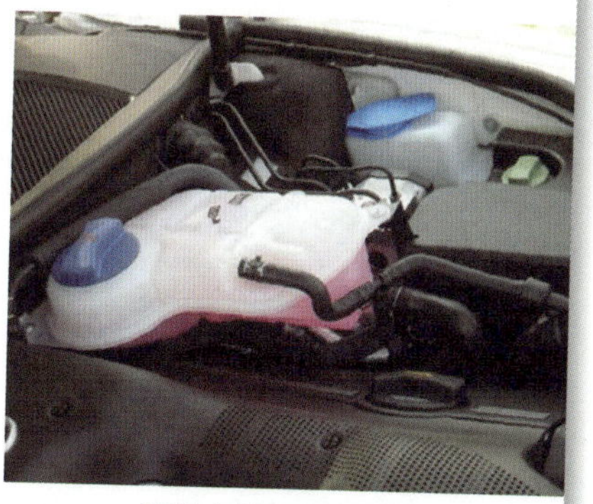

膨胀水箱安装位置图

184. 膨胀水箱如何工作?

在发动机工作时，膨胀水箱能补充冷却液和缓冲“热胀冷缩”的变化，所以，不要加液过满。

当冷却液温度升高时，压力升高、体积膨胀，散热器里盛不下的冷却液会通过细管进入膨胀水箱，防止散热器压力过高。

当冷却液温度降低时，压力降低、体积缩小，膨胀水箱内的冷却液再流回散热器，因此，可将其看作一个缓冲器。

185. 节温器有什么作用?

节温器是根据冷却液温度的高低自动调节进入散热器的水量，改变水的循环范围，以调节冷却系统的散热能力，保证发动机在合适的温度范围内工作。目前，在汽车发动机上常用的节温器为蜡式节温器。

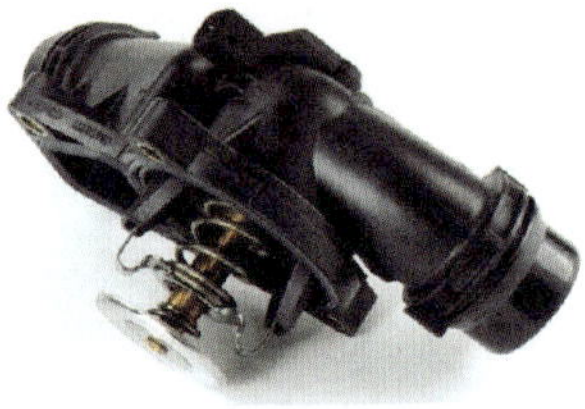

节温器

186. 如何区分大循环与小循环?

冷车着车后，发动机在渐渐升温，冷却液的温度还无法打开系统中的节温器，此时的冷却液不经过散热器，只在水泵与发动机水套之间做小循环流动，目的是使发动机尽快地达到正常工作温度。随着发动机的温度升高，冷却液温度升到了节温器的开启温度，冷却液便开始了大循环，这时候的冷却液从发动机出来，经过车前端的散热器散热后，再经水泵进入发动机，从而增大散热面积，以达到迅速冷却的目的。

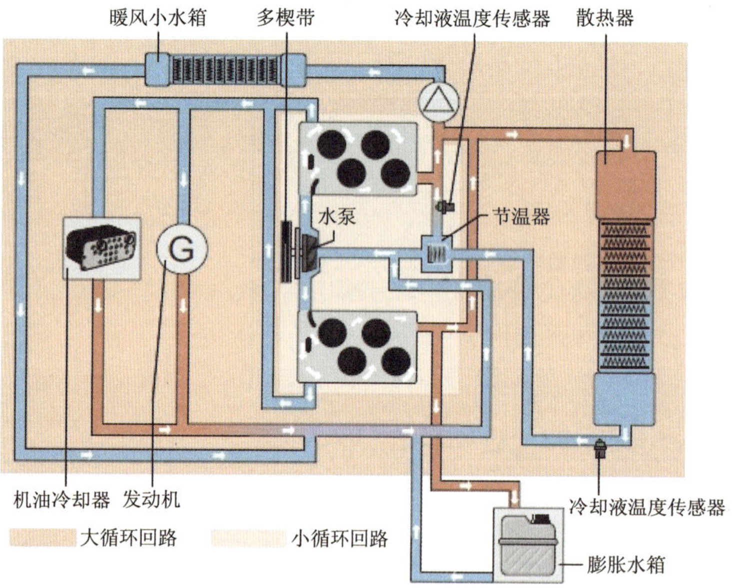

节温器控制原理示意图

187. 如何检测节温器?

（1）将节温器放在一个充满水的容器内加热，用温度表监测温度。

（2）水温约 87℃时，节温器阀门必须开启。

（3）水温约 120℃时，应完全打开，阀门最低行程为 7mm。

蜡式节温器安全寿命一般为 50000km。因其安全寿命较短，而且失效后无法修复，因此，要求按照其安全寿命定期更换。

第五节　供给系统

188. 供给系统有什么作用?

供给系统的作用是不断地输送滤清的燃油和清洁的新鲜空气，根据发动机各种不同工况的要求，配制出一定数量的可燃混合气供入气缸，使之在临近压缩终了时被点火燃烧而膨胀做功。最后，将燃烧后的废气排入大气中。

189. 供给系统由哪几部分组成?

供给系统由燃油供给装置、空气供给装置、可燃混合气供给和废气排出装置等组成。

（1）燃油供给装置：包括汽油箱、汽油滤清器、汽油泵、油管和喷油器等组成，用以完成汽油的储存、输送机清洁任务。

（2）空气供给装置：空气滤清器，用以清洁吸入气缸的空气。

（3）可燃混合气供给和废气排出装置：包括进气总管、进气歧管、排气总管、排气歧管和排气消声器。

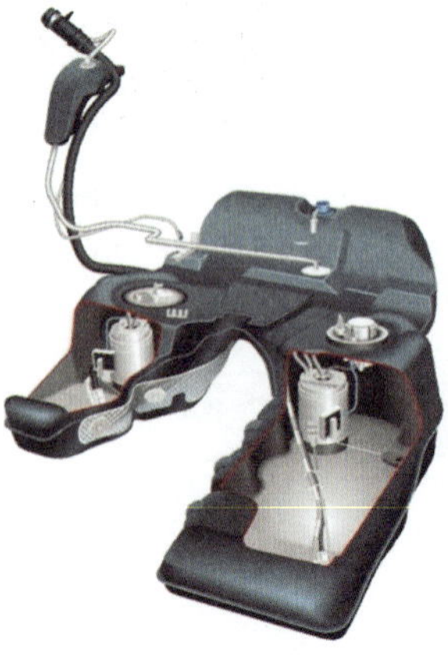

油箱及汽油泵

190. 油箱有什么作用?

油箱由箱体和油箱盖组成，用来储存汽油，它的数量及容量随车型而异，普通汽车只有一个汽油箱，越野车则常有两个汽油箱，以适应特殊要求，一般汽车油箱的储备里程（一次性加满汽油可连续行驶的里程）为 200 ~ 400km。

油箱通常是密闭的，这样可防止汽油因激荡而溅出及油箱内汽油蒸气的逸出。为防止密闭的汽油箱内真空度或压力过大，油箱盖上常带有空气阀和蒸气阀。

油箱安装位置示意图

油箱中的沉淀物过多，大量杂质进入油管内，会加速滤清器脏污堵塞和精密偶件的磨损，影响发动机的正常使用。因此，定期清除油箱中的沉淀物，保持油箱内的清洁是十分必要的。

191. 如何清洗油箱?

油箱经过一段时间的使用后，油箱底部沉积的水和杂质需要排除。

（1）清洗前，打开油箱盖，拧下油箱底部的放油螺栓，放尽燃油和沉积物，然后将螺栓拧上，加入少量干净燃油刷洗油箱，如此几次即可。

（2）也可将油箱拆下放在工作台上，用压缩空气吹洗油箱底部的油污，然后放净，洗净后油箱应自然晾干后再次使用。

192. 汽油滤清器有什么作用?

汽油滤清器又称为汽油格。一般汽油中都有各种杂质，油箱长时间使用也会沉淀一定的污垢，上述原因都会影响汽油质量。汽油滤清器的作用是过滤上述杂质，油箱内的汽油经过汽油滤清器的过滤到达发动机的燃烧室，其清洁纯度可以得到有效保障。

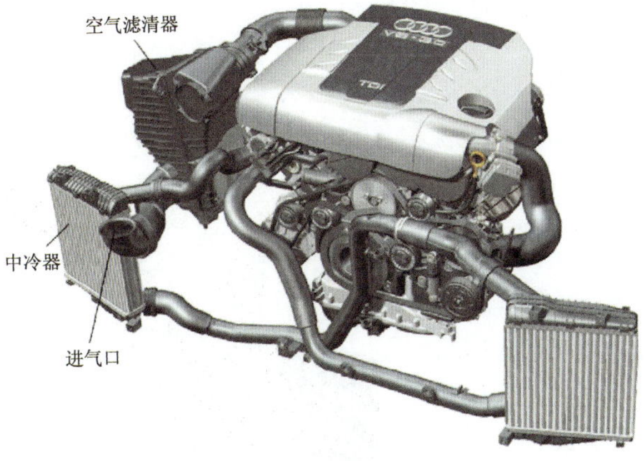

空气滤清器安装位置示意图

193. 汽油滤清器多长时间更换?

目前，多数发动机上装的都是一次性不可拆洗式的纸质滤芯汽油滤清器，发动机工作时，汽油在汽油泵的泵吸作用下，经进油口进入滤清器内，杂质随油流流向滤芯，被黏附在滤芯上，而清洁的汽油通过滤芯从出油口流出。

更换周期一般为 10000km，如果所加的汽油杂质少，15000 ~ 20000km 更换一个也问题不大。汽油滤清器有进、出油口箭头标记，更换时切勿装反。

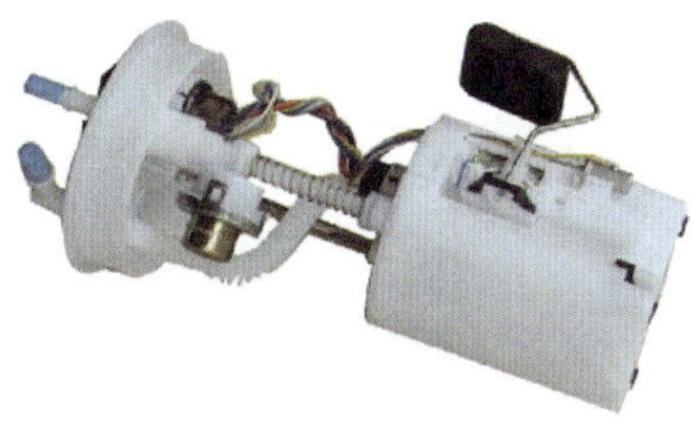

内置式汽油泵总成

194. 空气滤清器有什么作用?

空气滤清器的作用是清除流向进气管的空气中所含的尘土和砂粒，以减少气缸、活塞和活塞环的磨损，并可以消除发动机进气冲程中所产生的一定程度的噪声。

空气滤清器由盖、衬垫、纸质滤芯、壳体底座、支架等组成。

195. 如何维护空气滤清器?

一般国产中型载货汽车每行驶 20000km，对空气滤清器进行一次清洁，并更换滤芯。轿车发动机的空气滤清器按随车说明书进行维护，如上海桑塔纳轿车及奥迪轿车空气滤清器的维护周期为 15000km；而北京切诺基汽车空气滤清器的清洁与滤芯的更换周期为 60000km 和 240000km。

当发动机运转时，空气由进气口进入空气滤清器内，经过纸质滤芯滤清后，纯净的空气进入进气管。维护时，将滤芯从壳体中取出，放在平板上轻轻拍打或用压缩空气从里往外吹，不可将纸质滤芯放在溶剂里浸泡。发现滤芯有破损时必须将其更换，并将外壳清洗干净然后装复。

197. 塑料进气歧管有何优势?

进气歧管是发动机最关键的部件之一，其核心功能是为发动机各缸提供充足而均匀的混合气，因此，它是影响发动机动力性和经济性的关键因素。一直以来，进气歧管都是采用铝合金产品，由于塑料进气歧管以其重量轻、成本低、性能好等特点迅速取代了铝合金进气歧管，成为新型发动机的首选。具体而言，塑料进气歧管具有如下 4 个优势：

（1）在重量方面，与铝合金进气歧管相比，塑料进气歧管的重量仅为铝合金歧管的一半。

（2）在动力性方面，由于塑料进气歧管的内壁比较光滑，有利于提高进气充量。与铝合金进气歧管相比，发动机的动力性可提高 3% ~ 5%。

（3）在经济性方面，塑料进气歧管能带来良好的气流，从而有助于汽油在气缸内充分燃烧，使发动机的经济性和排放都能得到明显的改善。

（4）在成本方面，塑料进气歧管的生产成本通常比铝合金进气歧管低 20% ~ 35%。

塑料进气歧管

196. 进、排气管有什么作用?

进气管的作用是将可燃混合气送至发动机的各个气缸，并可使可燃混合气和油膜得到进一步的汽化。排气管的作用是汇集各气缸燃烧后的废气，经排气管消声器排出。

进、排气管一般用铸铁制成，进气管也有用铝合金铸造的。二者可铸成一体，也可分别铸出，用双头螺栓固定在气缸盖上。为防止漏气，其接合面装有石棉衬垫。进、排气管的各歧管则分别与进、排气门的通道相连。

进、排气管

198. 为什么安装排气消声器?

废气由于受排气门的开闭与活塞往复运动的影响，在排气管中流动呈脉动形式，若直接将其排入大气，会产生强烈的排气噪声，故在排气管口处装有排气消声器。其基本原理是消耗废气流的能量，并平衡气流的压力波动。采用的方法有如下几种：

（1）多次地改变气流方向。

（2）重复地使气流通过收缩而又扩大的断面。

（3）将气流分割为很多小的支流并沿着不平滑的平面流动。

（4）将气流冷却。

199. 排气管为什么喷火?

在转弯或减速等松油门的情况下，发动机电脑会控制喷油嘴向气缸内喷入大量的汽油，但是不会点火，让这些未经燃烧的雾状汽油直接进入温度极高（800 ~ 900℃）的排气系统。当雾状的汽油进入之后会因为碰到高温而自动引爆，利用产生的压力推动涡轮叶片持续加速，让车子即使在减速的情况下也能维持涡轮叶片的转速（14000 ~ 20000rpm），从而消除涡轮迟滞的现象，让车子既拥有涡轮增压的马力又拥有自然吸气的顺畅。而且，强大的爆炸火焰也会顺着排气管一路冲向尾管，因此，我们会看到排气管内有火花喷出。

排气管喷火

第六节　电控系统

200. 什么是 EFI？

EFI 是 Electronic Fuel Injection System 的简称，中文意思为电控汽油喷射系统。它利用各种传感器检测发动机的各种状态，经微处理器的判断、计算，使发动机在不同工况下均能获得合适空燃比的混合气。

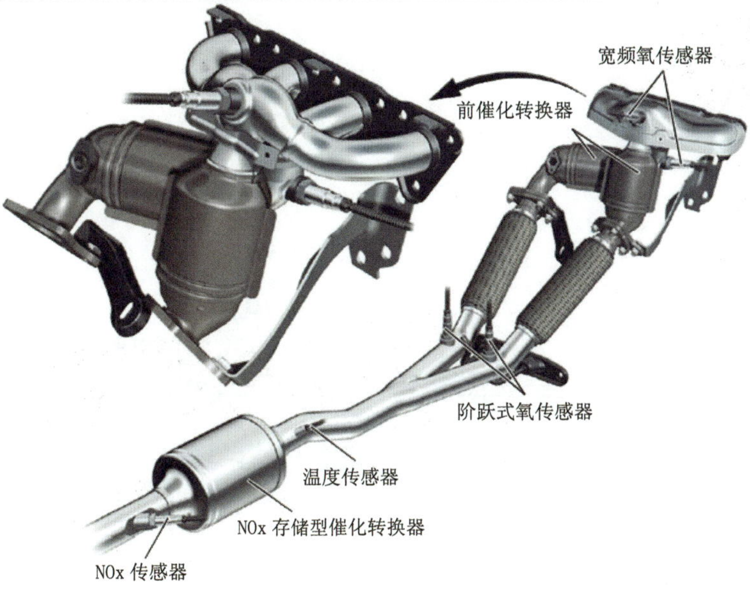

氧传感器安装位置示意图

201. 电控汽油机都有哪些传感器?

随着 2001 年化油器发动机退出历史的舞台，现在汽车采用的都是电控汽油机，它具有控制精度高、动态响应迅速等特点，很大程度上提高了发动机的动力性和经济性并降低了排放。那么，电控汽油机是如何工作的呢？首先，必须要知道电控汽油机的基本组成。

电控汽油机由传感器、电脑 ECU 和执行器三部分组成。如果把电控汽油机看作人体，那么其传感器相当于人的眼睛、耳朵和鼻子等，负责采集发动机运行的各种信息；执行器相当于人的胳膊和腿等，负责执行电脑 ECU 发出的控制指令；电脑 ECU 相当于人的大脑。其基本工作原理为大脑 ECU 通过接收各种传感器的信号并对其进行分析、运算、处理等，然后向执行器发出控制指令，使发动机能正常工作。

那么，电控汽油机都有哪些传感器呢？空气流量计、节气门位置传感器、曲轴位置传感器、凸轮轴位置传感器、机油温度 / 液位传感器、冷却液温度传感器、爆震传感器、氧传感器等。

空气流量计英文简称为 MAF，用于测量发动机吸入空气量的多少。

节气门位置传感器英文简称为 TPS，用于监测节气门的开度大小和开闭的速率。

曲轴位置传感器英文简称为 CKP，也称为发动机转速传感器，用于监测曲轴的转速（发动机转速）和转角。

凸轮轴位置传感器英文简称为 CMP，用于监测凸轮轴位置，与曲轴位置传感器配合确定发动机的喷油时刻和点火时刻。

冷却液温度传感器英文简称为 THW 或 ECT，用于测量发动机冷却液的温度。

爆震传感器英文简称为 KS 或 KNK，用于监测发动机的振动频率，以确认发动机是否发生爆震，如发生爆震则电脑控制减小点火提前角。

氧传感器英文简称为 O2S，用于监测发动机废气中的氧含量，从而改变混合气的浓度。

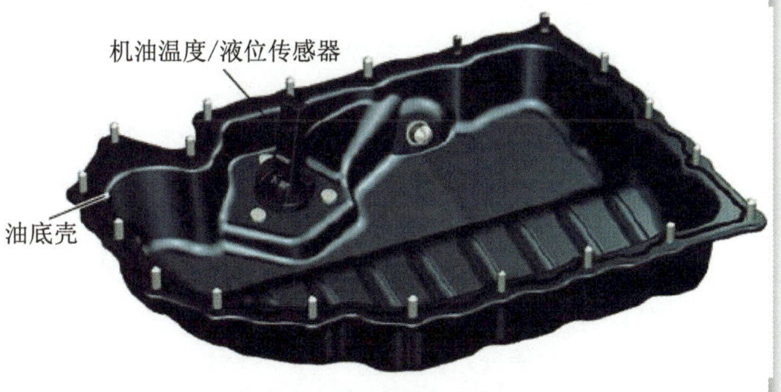

机油温度/液位传感器安装位置示意图

机油温度 / 液位传感器用于监测发动机的机油温度和机油液面的高低。

202. 电控汽油机有何优点?

(1)改善了各缸混合气的均匀性。

(2)提高了发动机的动力性和经济性。

(3)减少了排放污染。

(4)工况过度圆滑。

(5)改善了汽油机对地理及气候环境的适应性。

(6)提高了汽油机高低温起动性能和暖机性能。

电控发动机

203. 电控汽油机都有哪些执行器?

执行器受电脑控制，是电控汽油机的“手脚”，负责执行电脑发出的控制指令，一般是由电脑控制执行器电磁线圈的搭铁回路。常见的执行器有燃油泵、喷油嘴、点火线圈、碳罐电磁阀、二次空气泵等。

(1)燃油泵负责将燃油加压，并输送到喷油嘴。

(2)喷油嘴负责将燃油喷入进气歧管或气缸内。

(3)点火线圈负责将12V低压电转换成几万伏的高压电，并通过火花塞点燃气缸内被压缩的可燃混合气。

(4)碳罐电磁阀控制燃油箱内的燃油蒸气是否进入发动机参加燃烧。

(5)二次空气泵负责将新鲜的空气泵入排气管内，以使废气继续燃烧，降低有害物质的生成。

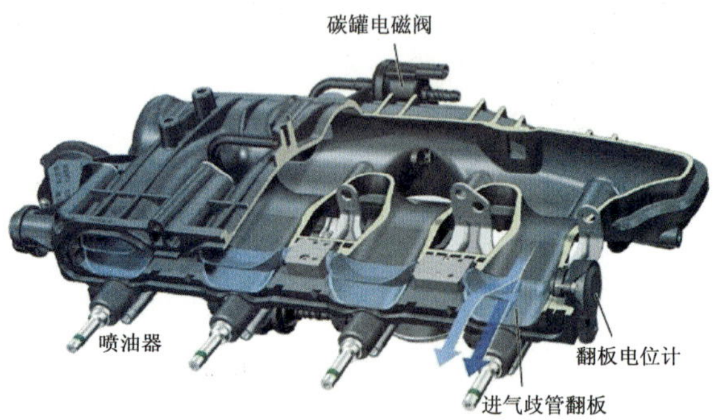

碳罐电磁阀安装位置示意图

204. 电控汽油机都有哪些开关信号?

(1)起动信号。发动机起动时，由起动系向ECU提供一个起动信号，作为喷油量、点火提前角的修正信号。

(2)发电机负荷信号。当发动机负荷因开启用电量较大的电器设备而增大时，向ECU输入此信号，作为喷油量与点火提前角的修正信号。

(3)空调作用信号。当空调开关打开，空调压缩机进入工作，发动机负荷加大时，由空调开关向ECU输入空调作用信号，作为对喷油量及点火提前角控制的修正信号。

(4)挡位开关信号和空挡位置开关信号。自动变速器由P / N挡挂入其他挡位时，发动机负荷将有所增加，挡位开关向ECU输入信号，作为对喷油量及点火提前角控制的修正信号。

(5)蓄电池电压信号。当ECU检测到蓄电池和电源系的电压过低时，将对供油量进行修正，以补偿由于电压过低、造成喷油压力过低所带来的影响。

(6)离合器开关信号。在离合器接合和分离的过程中，由离合器开关向ECU输入离合器工作状态信号，作为喷油量及点火提前角控制的修正信号。

(7)刹车开关信号。在制动时，由刹车开关向ECU提供制动信号，作为对喷油量、点火提前角、自动变速器等的控制信号。

(8)动力转向开关信号。采用动力转向装置的汽车，当方向盘由中间位置向左右转动时，由于动力转向油泵工作而使发动机负荷加大，此时动力转向开关向ECU输入修正信号，调整喷油量及点火提前角。

(9)巡航控制开关信号。当进入巡航控制状态时，由巡航控制开关向ECU输入巡航控制状态信号，由ECU对车速进行自动控制。

缸外喷射

205. 汽油喷射如何分类?

1）按喷射位置分类

采用汽油喷射技术的汽油机按喷射的位置分类，有缸内喷射和缸外喷射两种，其中，缸外喷射又可分为单点喷射和多点喷射。

2）按喷射方式分类

根据汽油喷射方式的不同，可分为连续喷射和间歇喷射两种，其中，间歇喷射又可分为同时喷射、分组喷射和顺序喷射三种方式。

3）按控制方式分类

汽油喷射系统按其控制方式可以分成机械式汽油喷射系统、机电混合式汽油喷射系统和电控汽油喷射系统，其中，电控汽油喷射系统又可分为单一电控汽油喷射系统和发动机集中管理系统两种形式。

4）按空气量测量方式分类

按空气量测量方式分类，汽油喷射系统可分为间接测量方式和直接测量方式两种，其中，间接测量方式又可分为节流—速度方式和速度—密度方式；直接测量方式又可分为体积流量方式和质量流量方式。

206. 什么是缸内喷射?

缸内喷射又称为直接喷射，是将喷油器安装在气缸盖上，即燃烧室的上方，汽油直接喷入气缸内与空气混合形成可燃混合气。采用缸内喷射方式，通过合理组织缸内的气体流动，可以实现分层燃烧和稀薄燃烧，有利于进一步降低发动机有害物排放，降低燃油消耗量。但是，缸内喷射需要能耐高温和高压的喷油器。气缸盖的结构设计上需要有安装喷油器的空间，对发动机的改动较大，使制造成本增加。缸内喷射技术最显著的优点是在提供更大的输出功率和扭矩的同时，提高了燃油经济性并且减少了排放，其主要有 FSI 发动机和 TSI 发动机。

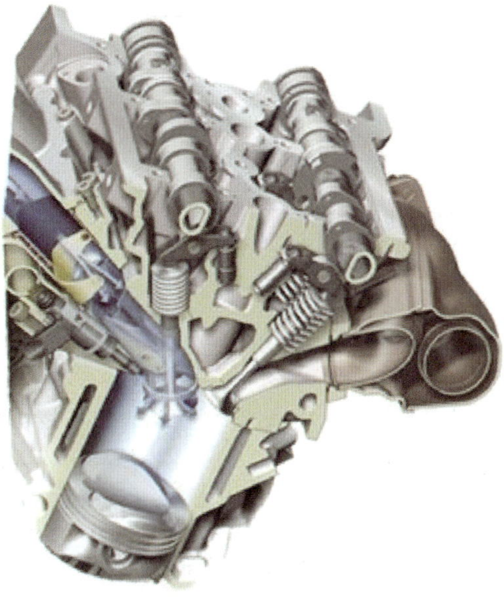

缸内喷射

207. 什么是缸外喷射?

缸外喷射又称为进气管喷射，是将喷油器安装在进气总管或进气歧管上，汽油由喷油器喷入进气总管或者进气歧管的进气门前，喷入的汽油在进气管中与空气混合形成可燃混合气，在进气行程被吸入气缸。

采用进气管喷射对发动机改动很小，而且喷油器不与高温、高压的燃气接触。进气管喷射按喷油器的安装部位，又可分为单点喷射和多点喷射。

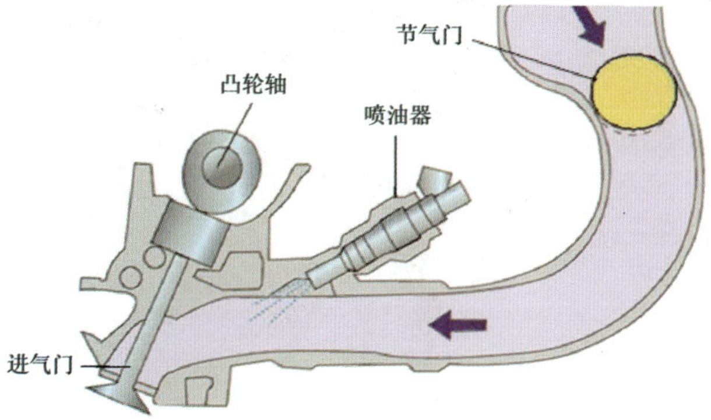

缸外喷射

208. 什么是单点喷射?

单点喷射又称为节气门体喷射或集中喷射，它采用 1 ~ 2 个喷油器，喷油器安装在化油器所在的节气门段处。喷油器将燃油喷入进气流形成混合气，进入进气歧管分配给各缸，但结构简单，故障源少，在化油器车上做很少改动就可以形成单点喷射。单点喷射批量生产后，大大降低了生产成本，该系统用节气门的开启角度和发动机转速来控制空燃比，省去了空气流量计，结构和控制方式简单，又兼顾了发动机性能和成本，对发动机的影响也较小。

209. 什么是多点喷射?

所谓多点喷射就是在每个缸的进气门处都设有一个喷油器，由电控单元控制顺序地进行分缸或分组喷射。多点喷射避免了进气重叠，燃油分配均匀性较好，提高了发动机的综合性能，同时由于控制精确其过渡响应及燃油的经济性是最佳的。

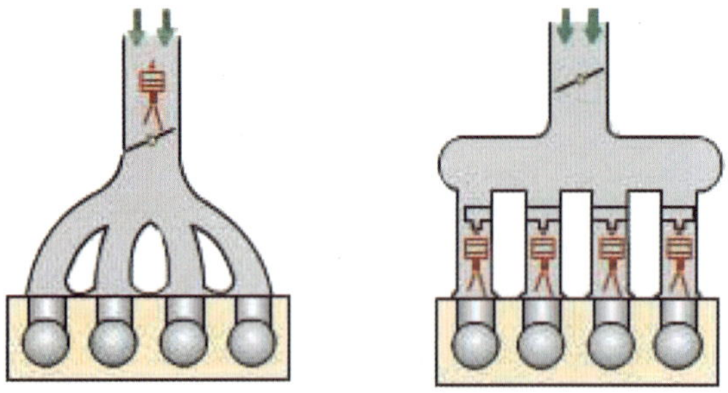

喷射方式示意图

210. 什么是连续喷射?

连续喷射又称为稳定喷射，仅限于进气管喷射。喷油器稳定连续地喷油，其流量正比于气缸的空气量。在发动机运行期间，喷油器不间断地把汽油连续地喷入进气管。这种喷射方式不需要考虑各缸的工作顺序和喷油定时，因此控制非常简单；但混合气的均匀性、空燃比控制精度及过渡工况的响应特性都较差。

由于其结构简单易于实现，主要用于 BOSCH 公司的 K-Jetronic 系统和 KE-Jetronic 系统。

211. 什么是同时喷射?

间歇喷射又称为脉冲喷射，汽油的喷射以脉冲方式在某一时间段内喷入进气管。间歇喷射按各缸喷油器工作顺序又分为同时喷射、分组喷射和顺序喷射三种方式。

同时喷射用于进气管喷射。采用同时喷射方式时，一般发动机曲轴每转一转，各缸喷油器同时喷油一次，发动机一个工作循环所需的油量，分两次喷入进气管，因此这种喷射方式也称为同时双次喷射。

对于同时喷射方式，由于所有气缸的喷油是同时进行的，喷油正时与发动机工作过程没有联系，因此各缸对应的喷射时间不可能都达到最佳，从而造成各缸混合气形成的时间长短不一致，混合质量不一致。但是，同时喷射方式具有不需要气缸判别信号，用一路控制电路就能控制所有的喷油器，电路与控制软件简单等优点，故早期生产的电控汽油喷射发动机大多采用这种喷射方式。

212. 什么是顺序喷射?

顺序喷射又称为独立喷射，此喷射方式在缸内或进气管喷射都可以采用。喷射汽油量可以设定一个最佳的喷射时刻，降低燃油消耗，由于各缸顺序喷射，因此需要一个判缸信号。在发动机运行期间，喷油器按各缸的工作顺序，依次把汽油喷入各缸的进气歧管，曲轴每转两转，各缸喷油轮流进行一次。

由于顺序喷射是按各缸的工作顺序进行的，因此电控单元必须通过传感器获得基准气缸的有关信息，即所谓的判缸信号。对于顺序喷射控制，一般需要正时和缸序两个输入信号，电控单元才能对喷射过程进行准确的控制。喷射正时大多在排气行程上止点前 60° ~ 70° 。

喷油器

213. 什么是分组喷射?

分组喷射用于进气管喷射。分组喷射方式把发动机所有的气缸分为 2 组或 3 组，电控单元用 2 路或 3 路控制电路控制各组喷油器。在发动机工作期间，各组喷油器依次交替喷射，每个工作循环各组喷油器均喷射一次或两次。分组喷射对空燃比的控制精度较同时喷射有了较大的提高，但控制电路相对比较复杂，性能控制只用于顺序喷射和同时喷射之间。

214. 开环控制与闭环控制有何区别?

开环控制是指电脑根据传感器信号控制执行器工作，但电脑不去检测控制结果，所以不能根据执行结果对原先的控制进行修正，也不能用执行结果纠正自身控制产生的相对误差。

闭环控制是指通过对输出信号的检测并利用反馈信号对输入信号进行调整，使输出满足要求。它可以消除产品差异和磨损等形式的性能变化，可达到较高的控制精度。

215. 发动机有哪些特有技术?

现在发动机技术突飞猛进，很多厂商都拥有自己的独特技术，例如，可变气门正时、可变发动机排量、可变进气歧管、燃油缸内直喷、燃油分层燃烧等，这些技术均可实现对发动机性能的提升目的。

可变气门正时发动机构造图

216. 发动机有几种工作方式?

发动机的工作方式是指这款发动机的特征，可分为自然吸气、涡轮增压、机械增压和双增压。

（1）自然吸气就是利用活塞下行产生的负压来自主把空气吸入发动机。

（2）涡轮增压是利用排气的废气推动涡轮，强制性地把空气压入气缸。

（3）机械增压是发动机直接输出一个传动轴连通增压器，强制性地把空气压入气缸。

（4）双增压就是含有两种增压形式的发动机。

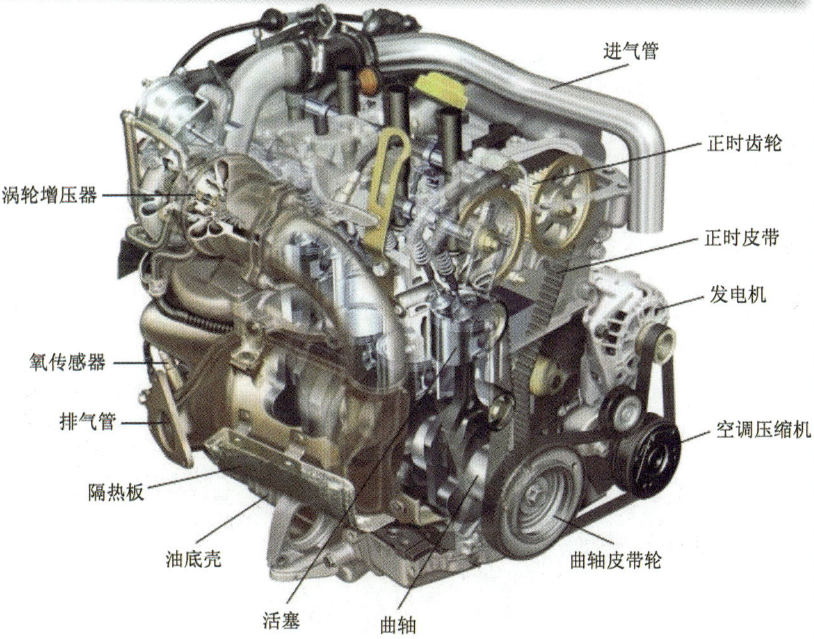

涡轮增压发动机构造图

217. 发动机有几种供油方式?

发动机的工作需要燃烧混合气做功，而将燃油与进入发动机的空气混合的方式就是供油方式。

汽车发动机燃油供给方式主要分为四种：化油器、单点电喷、多点电喷和缸内直喷。

218. 电控发动机的控制原则是什么?

电控发动机尽管种类繁多，形式各异，但都遵循一个相同的控制原则：以电控单元 ECU 为控制核心，以空气流量和发动机转速为控制基础，以喷油器为控制对象，保证发动机在各种工况下都能获得与所处工况相匹配的最佳空燃比。

220. 什么是怠速?

发动机在无负荷情况下以最低稳定转速运转，叫作发动机的怠速。在怠速工况下工作时，只需克服其内部的摩擦阻力，而对外无输出功率。发动机怠速的高低，不但对油耗有严重的影响，对发动机的排放污染、暖机时间和使用寿命等都有一定程度的影响。

怠速控制的方式随车型有所不同，对电控汽油喷射系统来说，目前可分为两种类型：一种是控制节气门旁通管路中的空气旁通量，称为旁通空气式；另一种是没有怠速空气旁通道，直接控制节气门全关时的最小开度，称为节气门直动式。

219. 节气门体有几种类型?

节气门体位于空气流量计和发动机进气总管之间的进气管上，一般由加速踏板控制节气门度，以便对发动机输出功率进行控制。节气门体分为旁通式节气门体和直动式节气门体。

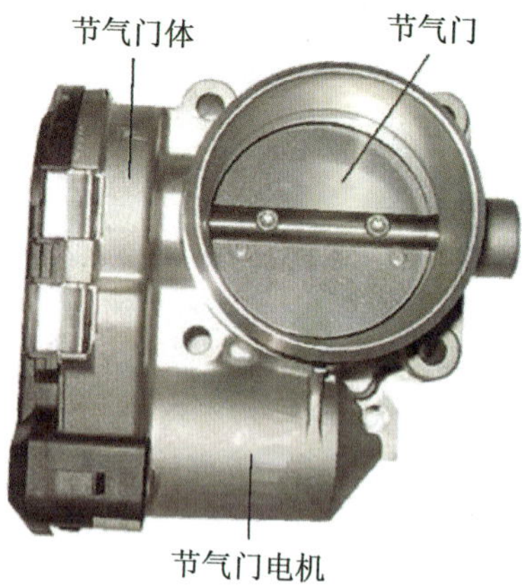

节气门构造图

221. 什么情况下需要提高发动机怠速?

（1）发动机起动后，冷却液没有达到正常温度之前，应自动提高发动机的怠速，以免发动机运转发抖、不稳或停转，同时缩短暖机时间。

（2）在发动机怠速运转而使用空调时，由于发动机负荷增大，需要自动提高发动机怠速，以免发动机停转。

（3）对动力转向机构来说，在发动机低速转向行驶时，需要自动提高发动机怠速，以免发动机转速下降造成熄火，并使转向轻便、可靠。

（4）当发动机转速急剧降低到怠速时，需要不同程度地自动提高发动机怠速，以免急抬加速踏板时发动机停转，同时减少排放污染。

汽车行驶

222. 怠速控制的实质是什么?

怠速控制实际上是对怠速空气量的控制。怠速控制执行机构通过对怠速空气量的控制来控制发动机的怠速转速。怠速时对于空燃比与点火的控制,仍可按各自原来的方式进行。当然,会针对怠速运行特点制定专门的控制策略。

在大多数情况下,怠速空气量取自空气流量计的后方。这部分空气已被计量并已在计算喷油量时予以考虑。对于采用进气歧管绝对压力传感器来测定空气流量的机型,怠速空气量的影响也已包括在MAP的信息之中,所以也无须再对喷油量作出校正。对于极少数机型,怠速空气量直接取自空气滤清器,而未经空气流量计进行计量,此时ECU必须对喷油量作出补偿。

223. 怠速控制阀有什么作用?

怠速控制阀集中了怠速调整螺钉、暖机阀控制旁通道的功能,而且还能在发动机电脑的控制下根据发动机的实际工况来改变怠速时流入发动机的空气量。常见的怠速控制阀有步进电机式和旋转滑阀式两种。

225. 步进电机如何工作?

发动机电脑根据各传感器的信号,控制步进电机各线圈的通电顺序来使电机顺转或反转,改变阀芯与阀座的间隙,从而调整空气旁通道的截面积,控制发动机的转速。当发动机的转速需要提高时,电脑按S4、S3、S2、S1的顺序控制四个线圈轮流通电,电机正转,阀口开度变大,进气量变大,发动机转速升高;反之,发动机转速下降。电脑给每个线圈通一次电,电机动作一步,控制阀从完全关闭到完全打开,日本车总共需要125步,美国车总共需要255步。电脑通过算电机的步数来检测阀口的开度,并将这些程序数据存储在RAM内。

步进电机实物图

224. 步进电机由哪些部件组成?

不同汽车公司所采用的步进电机式怠速控制装置,在结构型式上略有差异,但其基本结构相同,一般由转子、定子线圈、轴承、进给丝杆、阀芯等组成。步进电机的转子由永久磁铁构成,N极和S极在圆周上相间排列,共有8对磁极。定子由A、B两个定子构成,其内绕有A、B两组线圈,线圈由导磁材料制成的爪极包围。每个定子各有8对爪极,每对爪极之间的间距为一个爪的宽度,A、B两定子爪极相差一个爪的位差,组成一体安装在外壳上。

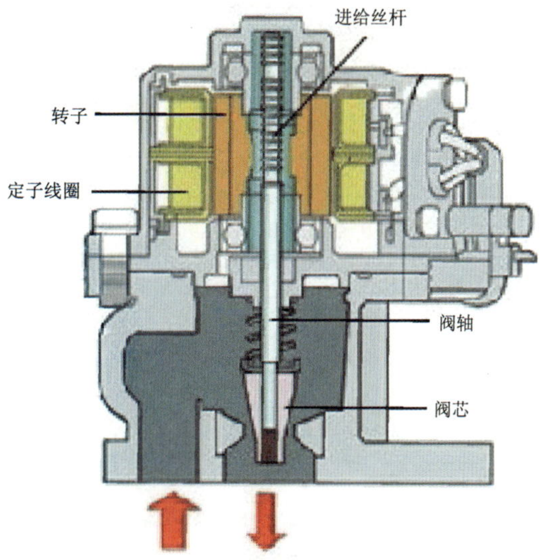

步进电机构造图

226. 如何检测步进电机?

(1)拆开步进电机线束连接器,将点火开关置于"ON"但不起动发动机,在线束侧分别测量B1和B2端子与搭铁之间的电压,均应为蓄电池电压(9~14V),否则说明步进电机电源电路有故障。

(2)发动机起动后再熄火时,2~3s内在步进电机附近应能听到内部发出的"嗡嗡"响声,否则应进一步检查步进电机、控制电路及ECU。

(3)拆开步进电机线束连接器,在控制阀侧分别测量端子B1与S1和S3、B2与S2和S4之间的电阻,阻值均应为10~30Ω,如果电阻不对,应更换步进电机。

(4)将步进电机从节气门体上拆下后,将蓄电池正极接在B1和B2端子,负极按顺序依次接通S1→S2→S3→S4端子时,随步进电机的旋转,控制阀应向外伸出;蓄电池负极按相反顺序依次接通S4→S3→S2→S1端子时,则控制阀应向内缩回。若工作情况不符合上述要求,应更换步进电机。

227. 旋转滑阀由哪些部件组成?

旋转滑阀一般由永久磁铁、电枢、壳体、接线插座、旁通空气道和滑阀组成。其中，单绕组式的电枢只能做单向驱动，复位要由复位弹簧进行；而双绕组式的电枢可以做双向驱动，复位弹簧只在其中起平衡作用。当电枢旋转时，带动下部的滑阀就可以调节流经旁通空气道的空气量大小。

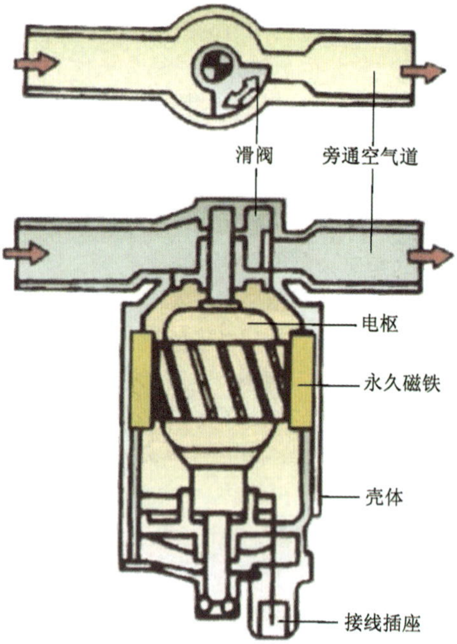

旋转滑阀构造图

228. 如何检测旋转滑阀?

（1）拆开怠速控制阀线束连接器，将点火开关置于“ON”但不起动发动机，在线束侧测量电源端子（+B）与搭铁之间的电压，应为蓄电池电压（9～14V），否则说明怠速控制阀电源电路有故障。

（2）发动机达到正常工作温度、变速器处于空挡位置时，使发动机维持怠速运转，用专用短接线短接故障诊断座上的TE1与E1端子，发动机转速应保持在1000～1200rpm，5s后转速下降约200rpm。若不符合上述要求，应进一步检查怠速控制阀电路、ECU和怠速控制阀。

（3）拆开怠速控制阀上的三端子线束连接器，在控制阀侧分别测量中间端子（B）与两侧端子（ISC1和ISC2）之间的电阻，正常应为18～22Ω，否则应更换怠速控制阀。

229. 节气门直动式怠速控制系统如何工作?

节气门直动式怠速控制系统由节气门位置传感器、怠速节气门位置传感器、怠速直流可逆电机、怠速开关、一套齿轮驱动机构等组成。

（1）怠速直流电机不通电时，节气门保持5%的开度。

（2）在5%的开度以内，怠速开关一直闭合，刚打着车时，节气门内电机由电脑根据水温将节气门先快速关闭一个角度，关闭的大小取决于水温，随着水温升高，逐渐把节气门关闭，等到80℃时，输入转速反馈控制，即转速高于880rpm时向关闭方向微调，转速低于800rpm时向节气门增大方向微调，若此时有外加负荷介入，电脑先将点火提前角增大，同时粗调开大节气门，然后再根据发动机转速进行反馈控制。

（3）若电子节气门汽车在巡航时，5%的开度是必须留出来的，在收油门时，节气门先返回5%的位置，怠速开关闭合，电脑根据转速进行反馈控制。

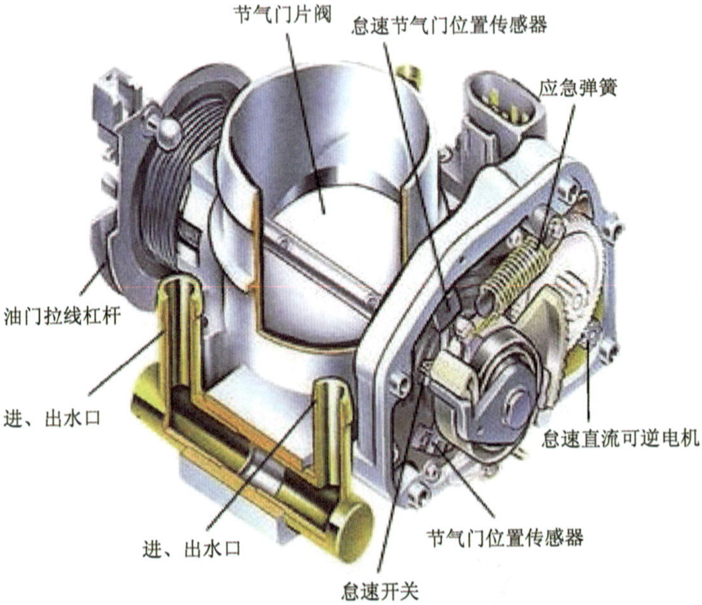

节气门直动式怠速控制系统构造图

230. 什么时候做基本设定?

在点火开关关闭时，电脑能记录节气门所在的位置，以便于下次以此位置来控制，所以，在如下情况下必须重新做基本设定才能保证发动机的正常工作，即所谓的匹配节气门。在如下情况下需要对节气门进行基本设定:

（1）清洗节气门体后或更换节气门体后。

清洗节气门体

（2）更换发动机电脑后，因新电脑未存储 TPS 特性，需匹配。

（3）更换自动变速器电脑。

（4）个别车在蓄电池断开后，需匹配。

（5）点火开关位于 ON 时，拔下了节气门总成插头，电脑失去记忆。

231. 基本设定应满足哪些条件?

（1）蓄电池的电压不应低于 11V。

（2）发动机电脑内无故障存储。

（3）发动机达到正常工作温度。

（4）点火开关置于 ON 挡，但发动机不起动。

（5）关闭所有的用电设备，包括散热器风扇。

（6）节气门体清洁无污物、无卡滞现象。

（7）怠速触点闭合。

（8）基本设定期间，不允许踩下加速踏板、开启用电附属设备、断开发动机用电设备元件插头。

232. 大众车型基本设定有哪些通道号?

（1）红旗 488、帕萨特 B4、奥迪 100、200 车型的通道号为 001。

（2）桑塔纳 GSI、帕萨特 B5 18、捷达 5V、奥迪 A6 V6 发动机车型的通道号为 098。

（3）捷达 2V、奥迪 A6 18 24 28、宝来、波罗、帕萨特 B5 18T 车型的通道号为 060。

233. 电控燃油喷射包括哪些控制内容?

1）喷油持续时间（喷油量）控制

电脑将发动机转速和空气流量作为主控信号，确定基本喷油量（喷油电磁阀开启的时间长短），并根据其他有关输入信号加以修正，最后确定总喷油量。

2）喷油正时控制

在电控间歇喷射系统中，当采用与发动机转动同步的顺序独立喷射方式时，电脑不仅要控制喷油量，还要根据发动机各缸的点火顺序，将喷射时间控制在一个最佳的时刻。

3）减速断油及超速断油控制

① 减速断油控制

汽车行驶中，驾驶员快收油门踏板时，电脑将会切断燃油喷射控制电路，停止喷油，以降低减速时 HC 及 CO 的排放量。当发动机转速降至特定转速时，又恢复供油。

② 超速断油控制

发动机加速时，发动机转速超过安全转速或汽车车速超过设定的最高车速，电脑将会在临界转速时切断燃油喷射控制电路，停止喷油，防止超速。

汽车超速行驶

4）汽油泵控制

当点火开关打开后，电脑将控制汽油泵工作 2 ~ 3 秒，以建立必需的油压。此时若不起动发动机，电脑将切断汽油泵控制电路，汽油泵停止工作。在发动机起动过程中和运转过程中，电脑控制汽油泵保持正常运转。

234. 什么是喷油正时？

喷油正时控制就是喷油器开始喷油时刻的控制。多点间歇喷射汽油机的喷油正时控制可分为同步喷射方式和异步喷射方式两种。

235. 同步喷射与异步喷射有何区别？

（1）同步喷射方式：即汽油的喷射与发动机运转同步，ECU 根据曲轴的转角位置控制开始喷射的时刻。发动机处于稳定工况的大部分运转时间，喷射控制系统以同步喷射方式工作。

（2）异步喷射方式：即 ECU 只是根据相关传感器输入的信号，控制开始喷油时刻，而与曲轴的转角位置无关。异步喷射方式是一种临时的补偿喷射，发动机处于起动、加速等非稳定工况时，喷射控制系统以异步喷射方式工作或增加异步喷射，对同步喷射的喷油量进行补偿。

236. 什么是空燃比反馈修正？

在装有三元催化转换器的电控汽油机中，用氧传感器对排气中的氧含量进行检测，ECU 根据检测结果对空燃比进行修正，将空燃比控制在理论空燃比附近。

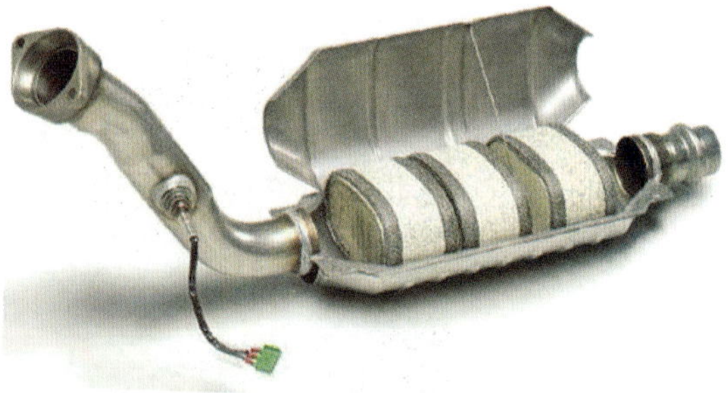

三元催化转换器

237. 什么是学习空燃比修正？

学习空燃比控制通常称为学习控制，其目的是为了进一步提高空燃比控制精度。发动机在使用过程中，电子控制燃油喷射系统各部件性能会有所变化，从而使空燃比控制发生偏差，且这种偏差随着使用时间的推移，会不断加大。在汽油喷射电控控制系统中虽然设有空燃比反馈修正，但它有一定修正范围，一旦修正值超过修正范围，就会造成控制上的困难。在实际运行中，当修正值大于设定值时，为进一步提高空燃比的控制精度，ECU 根据计算出的实际空燃比与理论空燃比的偏差，对喷油时间进行总修正，并把学习修正系数储存在 EPROM 或 RAM 中作为以后的预置值。

239. 什么是断油控制？

断油控制是指 ECU 停止向喷油器驱动电路发送喷射信号，喷油器暂停工作。电控汽油机中，ECU 断油控制基于如下两种情况：

（1）以降低燃油消耗、改善排气污染为目的的减速断油控制。

（2）以防止发动机超速损坏为目的的超速断油控制。

喷油器

238. 电源电压修正如何控制？

在电控汽油喷射系统中，ECU 发出喷油信号，喷油器电磁线圈通电，但喷油器针阀实际的开启时刻（开始喷油）相对喷油信号有一个动作滞后。同样，喷油器电磁线圈断电，但针阀实际的关闭时刻（喷油停止）也有一个动作滞后，且针阀开启的滞后时间比关闭的滞后时间长。通常把开启滞后与关闭滞后的差值称为无效喷射时间。由于在无效喷射时间内，事实上没有进行喷射，因此，需要进行补偿修正。

在实际运行条件下，针阀开启滞后时间受蓄电池电压影响较大，针阀关闭滞后时间受蓄电池电压的影响较小，ECU 根据蓄电池电压对喷油持续时间进行修正，蓄电池电压低，修正时间长；蓄电池电压高，修正时间短。

240. 减速断油如何控制？

当发动机在高转速运行下，节气门突然关闭时，发动机处于强制怠速工况。这种工况一般为汽车减速运行工况，发动机不再需要供应燃油，为避免混合气过浓、燃油经济性和排放变坏，ECU 执行减速断油控制，喷油器停止喷油。当发动机转速降至预设转速，或节气门重新打开时，ECU 才使喷油器恢复喷油。

断油转速和恢复喷油转速与冷却液温度、空调是否工作、用电器用电情况等因素有关。发动机水温越低，断油转速越高。

241. 超速断油如何控制?

当发动机转速过高，可能引起发动机损坏时，ECU执行发动机超速断油控制，对发动机的最高转速进行限制。过去为了防止发动机超速，常采用停止点火或延迟点火的方法，这些方法对排放和燃油经济性都是十分不利的。

现在都采用切断燃油供给的电子限速装置。发动机运行时，ECU将发动机的实际转速与储存在ROM中的最高转速进行比较，当转速超过设定转速时，ECU停止输出喷油信号，转速下降至设定转速时再恢复喷油，如此反复循环，防止发动机转速继续上升。

242. 发动机有哪几条燃油管?

电控汽油发动机一般有如下三条燃油管。

（1）供油管：将燃油从油箱输送到燃油导轨。

（2）回油管：使多余的燃油返回燃油箱。

（3）燃油蒸气排放管：将燃油箱中挥发的燃油蒸气从燃油箱内送到活性碳罐。

（4）三条燃油管安装在车身地板下或车架下，为防止路面飞起的石子损坏燃油管，一般安装有防护板。

243. 什么是燃油导轨?

燃油导轨安装在进气歧管上，其主要作用是安装喷油器并将高压燃油输送给各个喷油器。燃油导轨与喷油器之间用O形圈和卡环密封，O形圈可防止燃油渗漏，并具有隔热和隔振作用；卡环将喷油器固定在燃油导轨上。

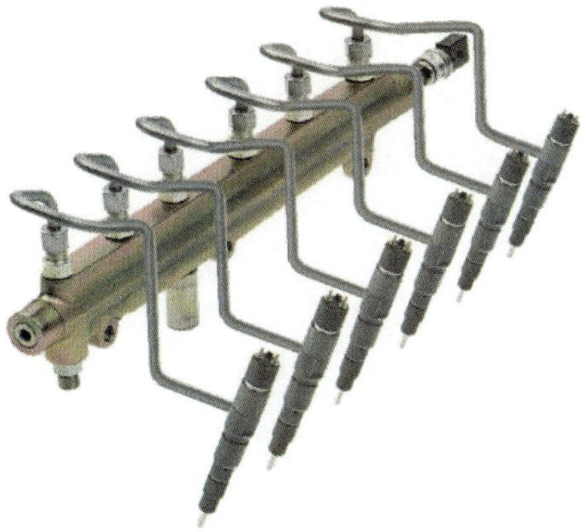

燃油导轨

244. 油压调节器有何作用?

燃油压力调节器简称为油压调节器，其作用是使燃油导轨压力与进气歧管压力的差值保持不变，即保持喷油压力与喷油环境压力的差值不变，一般为0.25M ~ 0.30MPa，这样喷油量才能唯一地取决于喷油持续时间。怠速一般为2 ~ 3ms，不超过5ms，全负荷时为13 ~ 15ms。

245. 油压调节器如何工作?

由于喷油器的喷油量除取决于喷油持续时间外，还与喷油压力有关。在相同的喷油持续时间内，喷油压力越大，喷油量越多，反之亦然。所以，只有保持喷油压力恒定不变，才能使喷油量在各种负荷下都只唯一地取决于喷油持续时间，以实现电控单元对喷油量的精确控制。那么，油压调节器是如何工作的呢?

发动机运转时，进气歧管的真空度和弹簧预紧力共同作用在膜片上，汽油泵供给的汽油同时输送到喷油器和调节器的燃油室。当节气门开度较小时，进气歧管内的真空度作用于弹簧室，使膜片带动球阀克服弹簧力而上移，则燃油室内多余的燃油从回油口流回油箱；当节气门开度较大时，进气歧管内的真空度减小，膜片在弹簧力的作用下下移，将回油口封闭，则燃油室内的油压不再下降。通过油压调节器可使喷油压力保持恒定，从而精确地控制喷油量。

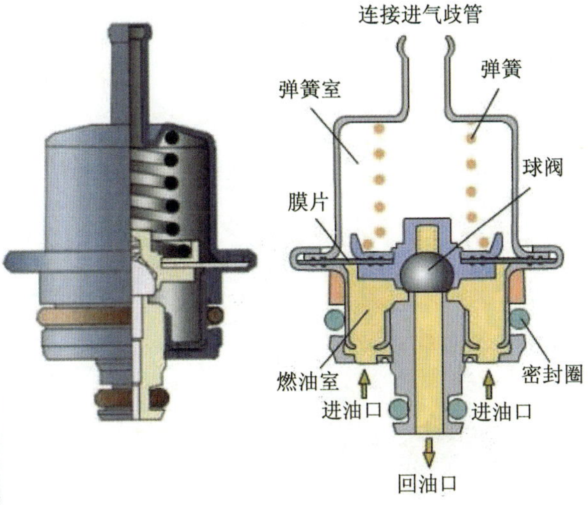

油压调节器构造图

246. 如何检测油压调节器的工作状况？

（1）测量发动机运转时的燃油压力。怠速运转时的燃油压力应为300kPa左右。

（2）测量拔掉真空软管后的燃油压力。拔下油压调节器真空软管，并检查燃油压力，此时的燃油压力应比怠速运转时的燃油压力高50kPa左右。如压力变化不符合要求，即说明油压调节器工作不良，应更换。

247. 电动汽油泵有什么作用？

电动汽油泵的作用是将汽油从油箱中吸出，加压后通过供油管输送到燃油导轨，并配合燃油压力调节器建立合适的系统压力。电控汽油喷射系统中使用的电动汽油泵有两种类型：外装式电动汽油泵和内装式电动汽油泵。外装式电动汽油泵布置在油箱外面，可以安装在燃油管路的任一适当位置。内装式电动汽油泵安装在油箱内，或者固定在油泵支架上垂直地悬挂在油箱内，或者垂直安装在油箱底上。

248. 内装式电动汽油泵有什么优点？

内装式电动汽油泵具有不易产生气阻和汽油泄漏，运转噪声小等优点。目前，大多数电控汽油喷射系统都采用内装式电动汽油泵。

电动汽油喷射发动机中使用的内装式电动汽油泵，其油泵大多采用叶片式的涡轮泵或侧槽泵。这种内装式电动汽油泵由电动机、涡轮泵（侧槽泵）、单向阀、限压阀及滤网等部件组成。

电动汽油泵剖视图

249. 涡轮泵如何工作？

涡轮泵由电动机驱动，当涡轮在电动机的带动下旋转时，涡轮圆周槽内的燃油与涡轮一起高速旋转，在涡轮外缘每一个叶片沟槽的前后，因液体的摩擦作用存在一个压力差，由很多叶片沟槽所产生的递升压力差使汽油的压力升高，升压后汽油通过电动机内部经单向阀从油泵出口排出。

250. 涡轮泵的工作有何特点？

由于涡轮泵对汽油的加压输送完全是通过油液分子间动量转换来实现的，因此，这种泵的压力升高效率不高，适用于低压大流量的场合，一般供油压力为0.25M～0.50MPa；涡轮泵工作时，涡轮与泵壳不直接接触，因此，油泵工作时噪声低、振动小、磨损小，故可靠性高；涡轮泵不存在因容积变化而产生对汽油的压缩，因此，出口端燃油油压脉动很小，仅为0.002MPa，故可以取消油压脉动减振器，使油泵总长度缩短，便于直接装入油箱内；由于采用叶轮结构，所需驱动力矩小，因此，可以采用低转矩高速型电机，使电动机小型化和轻量化。

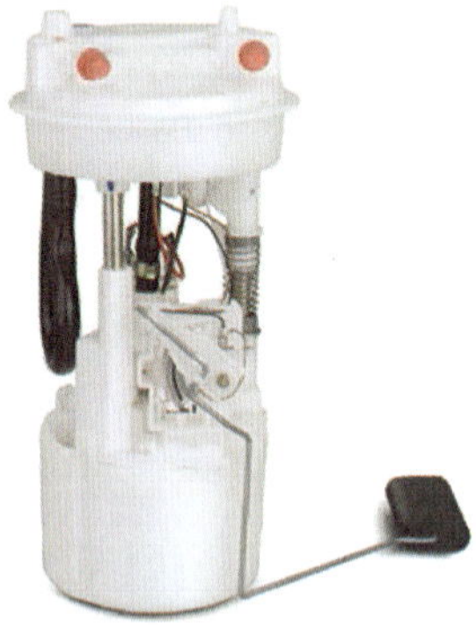

汽油泵

251. 侧槽泵有什么结构？

侧槽泵是液压泵的一种变型，它的结构与涡轮泵不同，但是它们的工作原理十分相似，即通过油液分子之间的动量转换使汽油升压。两者的主要区别在于叶轮形状、叶片数目及流道的形状与配置。

侧槽泵由法兰和叶轮组成。法兰包括进油口、侧槽和封闭式导流槽；叶轮包括正对着边槽的叶片环和可使汽油从导流槽穿过叶轮流向其背面的轮辐。

侧槽泵的突出优点在于能以汽油蒸气和燃油的混合物运转，并能通过适当的放气口分离或提高压力，使汽油蒸气冷凝，有利于防止气阻的发生，这对于电控汽油喷射系统的正常工作具有重要意义。

252. 滚柱泵如何工作？

滚柱式转子泵主要由转子、与转子偏心的定子（泵体），以及在转子和定子之间起密封作用的滚柱等组成。

滚柱泵的转子由电动机驱动，当转子在电动机的带动下旋转时，位于转子凹槽内的滚柱在离心力的作用下，压靠在定子的内表面上，两个相邻的滚柱之间形成一个封闭的空腔。在转子旋转过程中，这些空腔的容积随转子的转动产生变化，在容积由小变大一侧汽油被吸入，在容积由大变小一侧汽油被压出。

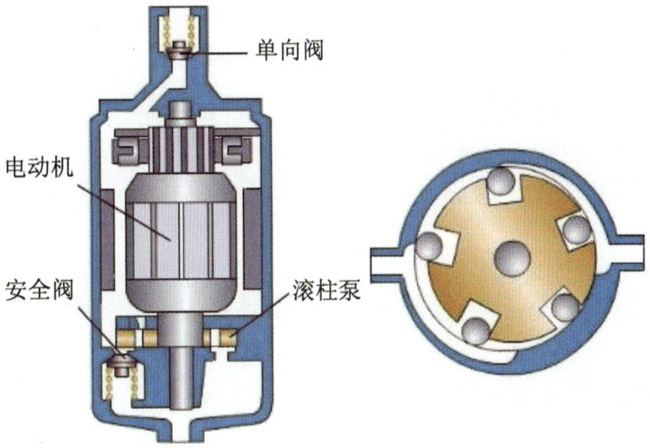

滚柱泵构造图

253. 滚柱泵的工作有何特点？

滚柱泵是通过对汽油压缩来提升油压的，因此，油泵出口端的油压脉动比叶片式油泵大得多。转子每转一周中所发生的油压脉动次数等于滚柱数，因此，必须采用阻尼稳压器，以减轻油泵后方燃油管内的压力脉动。

由于滚柱泵工作过程中，泵油室的容积变化大，因此，它的吸油高度和供油压力都比叶片式油泵大。由于滚柱泵是依靠滚柱与定子内壁的紧密贴合构成泵油室的，因此，滚柱和定子易磨损，运行中噪声较大，且使用寿命也不如叶片式油泵长。

254. 外装式电动汽油泵有几种类型？

外装式电动汽油泵常采用滚柱泵和齿轮泵。外装式电动汽油泵的构造与内装式电动汽油泵基本相同，即由电动机、滚柱泵或齿轮泵、单向阀、限压阀、滤网和阻尼稳压器等组成。

255. 齿轮泵如何工作？

齿轮泵由带外齿的主动齿轮和带内齿的从动齿轮及泵体构成，从动齿轮及泵体与主动齿轮偏心安装。齿轮泵的工作原理与滚柱泵相似，主动齿轮由电动机驱动。当主动齿轮在电动机带动下旋转时，其与从动齿轮啮合并带动从动齿轮一起旋转。在主动齿轮与从动齿轮啮合的过程中，由内外齿所围合的泵油室的容积大小发生变化，通过合理地设置进出油口的位置，即可利用这种容积的变化将汽油吸入，然后以一定的压力泵出。

256. 齿轮泵的工作有何特点？

齿轮泵与滚柱泵相比，在同样的外形尺寸下，泵油室的数目（等于齿数）比滚柱泵多，因此，齿轮泵输出的油量比较均匀，油压的波动也比滚柱泵小，比较适合在轿车上使用。

汽油泵

257. 电动汽油泵的单向阀有何作用？

单向阀的作用是防止燃油倒流，使管路中保持适当的残余压力，便于发动机热起动。当发动机熄火，电动汽油泵刚刚停止泵送燃油，单向阀在管路内油压的作用下立即关闭，使油泵出口端与燃油压力调节器之间油道中的燃油仍能保持一定压力，有利于减少气阻现象，提高发动机高温起动性能。

258. 电动汽油泵的安全阀有何作用？

安全阀是一种保护装置。在电动汽油泵中，当出口及下游油路出现堵塞，油泵工作压力大于0.4MPa时，安全阀自动打开，使油泵的高压侧与吸入侧连通，燃油仅在泵和电动机内部循环，避免发生管路破裂和燃油泄漏事故。

259. 如何就车检查电动汽油泵是否工作?

（1）打开油箱盖，然后打开点火开关，但不起动发动机。在油箱口处仔细听有无电动汽油泵运转的声音。如在打开点火开关后，能听到电动汽油泵运转 3 ~ 5s 后又停止，说明电动汽油泵工作正常。

（2）若在油箱口处听不清电动汽油泵运转的声音，可以在打开点火开关或起动起动机后，在发动机上方仔细听有无"嘶嘶"的燃油流动声，也可以用手检查进油软管有无压力。如有"嘶嘶"的燃油流动声或进油软管有压力，说明电动汽油泵工作正常。

（3）拆下发动机进油管，打开点火开关或起动起动机，此时若油管内有大量汽油流出，说明电动汽油泵工作正常。

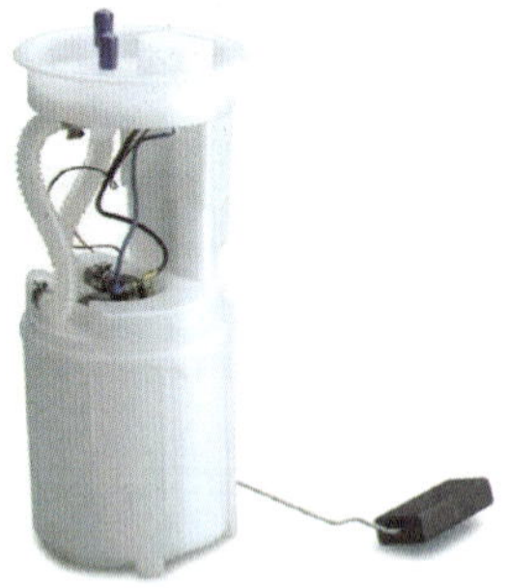

电动汽油泵

260. 如何就车测量电动汽油泵的最大压力?

（1）释放燃油系统中的压力。

（2）将燃油压力表接在燃油管路上，并将出油口堵住。

（3）用一根导线将电动汽油泵继电器的两个供电插孔短接。

（4）打开点火开关，让起动机带动发动机运转 10s 左右(但不起动发动机)，使电动汽油泵工作，同时读出燃油压力表的压力，该压力称为电动汽油泵的最大供油压力，它应当比发动机运转时的燃油压力高 200k ~ 300kPa，通常可达 490k ~ 640kPa。如不符合标准值，说明电动汽油泵性能不良，有可能导致电控汽油机动力不足等故障，应更换电动汽油泵。

（5）关闭点火开关，5min 后再观察燃油压力表的压力，此时的压力称为电动汽油泵的保持压力，其值应大于 340kPa。如不符合标准值，说明电动汽油泵出油口处的单向阀有泄漏，此故障有可能导致电喷发动机起动困难，应更换电动汽油泵。

（6）释放燃油系统中的压力。

（7）拆下燃油压力表，接好燃油管路。

（8）预置燃油系统的压力。

261. 如何检查电动汽油泵是否正常?

（1）用万用表测量电动汽油泵两接线柱之间的电阻。如正常，应能导通，其电阻值应为 2 ~ 3Ω。

（2）将蓄电池电源短时间加在电动汽油泵两接线柱上。如正常，应能听到电动汽油泵转子高速转动的声音。

（3）将电动汽油泵浸在汽油桶内，用专用导线连接蓄电池和电动汽油泵；接通电源后，电动汽油泵出油口应有大量高压汽油泵出。做此项检验时要注意安全，应在通风良好处进行；电动汽油泵接线要连接牢固；蓄电池要远离电动汽油泵；最好使用非可燃性的专用喷油嘴检验液代替汽油。

（4）上述检查如有异常，应更换电动汽油泵。

262. 低阻喷油器与高阻喷油器有何区别?

（1）低阻喷油器：指喷油器电磁线圈的电阻值为 2 ~ 3Ω。

（2）高阻喷油器：指喷油器电磁线圈的电阻值为 12 ~ 17Ω。

263. 喷油器有什么作用?

喷油器是电控汽油喷射系统中一个非常重要的执行元件，在 ECU 的控制下，把雾化良好的汽油喷入进气管或气缸内。电控汽油喷射系统中都使用电磁式喷油器。具体原理为发动机电脑控制喷油器的搭铁信号，确定合适的喷油时刻和喷油脉冲宽度，使电磁线圈的电流导通或截止，从而使喷油器喷孔打开或关闭。

喷油器

264. 轴针式喷油器与孔式喷油器有何区别?

轴针式喷油器针阀的前端有一段轴针，喷油器关闭时轴针露出喷孔。轴针式喷油器的主要特点是喷孔不易堵塞，但燃油的雾化质量稍逊于孔式喷油器，且由于针阀的质量较大，因此，动态响应较差。

孔式喷油器针阀的前端没有轴针，故针阀不露出喷孔。孔式喷油器的喷孔数为 1 ～ 4 个，针阀头部为锥型或球型（也称为球阀式喷油器）。孔式喷油器的特点是燃料雾化质量较好，且球阀式针阀的质量仅为轴针式针阀的一半，故响应速度快；不足之处是喷孔易堵塞。

孔式喷油器

轴针式喷油器

265. 喷油器如何工作?

喷油器是电控发动机的关键部件之一，它的工作好坏将严重地影响发动机的性能。那么，它是如何工作的呢?

喷油器其实就是一个简单的常闭电磁阀，当电磁线圈通电时，产生吸力，针阀被吸起，打开喷孔，汽油经针阀头部的轴针与喷孔之间的环形间隙高速喷入进气歧管或气缸内，形成雾状，以利于燃烧充分。实际上，喷油器的工作原理和我们常见的喷雾器是一个原理，都是通过加压使液体高速喷出。

喷油器供油的最大优点就是燃油供给控制十分精确，让发动机在任何状态下都能有正确的空燃比，不仅让发动机保持运转顺畅，其废气也能合乎环保法规的规范。

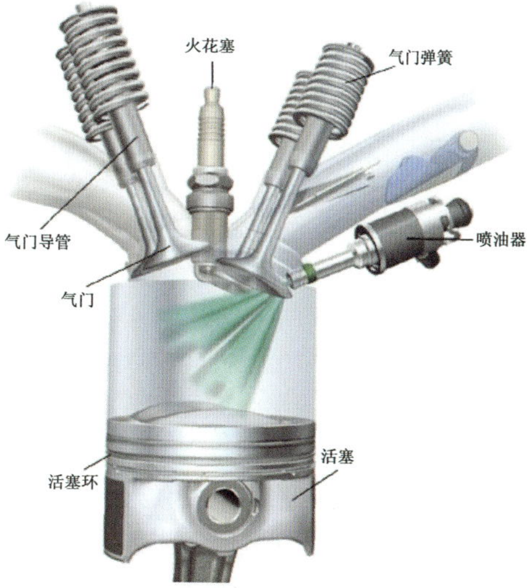

缸内直喷结构原理图

266. 如何测听检测喷油器?

（1）发动机热车后使其怠速运转。

（2）用通心螺丝刀或听诊器测听各缸喷油器工作的声音。

（3）如某缸喷油器的工作声音很小，则说明该喷油器工作不正常，可能是针阀卡滞，应进一步检查。

（4）如听不见某缸喷油器的工作声音，说明该喷油器不工作。对此，应检查喷油器控制线路或测量喷油器电磁线圈电阻。若控制线路及电磁线圈正常，则说明喷油器针阀完全卡死，应更换喷油器。

267. 如何断缸检测喷油器?

（1）发动机热车后使其怠速运转。

（2）依次拔下各缸喷油器的线束插头，使喷油器停止喷油，进行断缸检测。

① 如拔下某缸喷油器线束插头后，发动机转速有明显下降，则说明该喷油器工作正常。

② 如拔下某缸喷油器线束插头后，发动机转速无明显下降，则说明该缸不工作或工作不良，可能是喷油器不工作，应进一步检测。

高压喷油嘴

268. 如何检测喷油器的驱动线路？

（1）脱开喷油器连接器，点火开关转至 ON 挡，检查连接器电源线电压应为蓄电池电压。

（2）使用试灯并联在连接器的两个端子，起动发动机，试灯应闪烁，否则检查喷油器至发动机电脑之间的导线连接。

269. 什么是清除溢流控制？

清除溢流功能就是将发动机油门踏板踩到底，接通点火开关起动发动机时，ECU 自动控制喷油器中断喷油，以便排除气缸内的燃油蒸气，使火花塞干燥，从而能够跳火。

当驾驶员踩下油门而发动机又不能起动时，可利用电控系统的清除溢流功能先将溢流清除，然后再进行起动。

270. 清除溢流应满足哪些条件？

（1）点火开关处于起动位置。

（2）节气门全开。

（3）发动机转速低于 500rpm。

只有在上述三个条件都满足时，电控系统才能进入清除溢流状态。由此可见，在起动燃油喷射式发动机时，不必踩下油门踏板，直接接通点火开关即可，否则，电控系统可能进入清除溢流状态而使发动机无法起动。

271. 如何控制喷油量？

可以这样认为，进入气缸内的进气量越多，发动机越有劲。早期的化油器车，利用的是节气门控制进气量，节气门开度越大，流经化油器的空气就越多，因此，吸入气缸内的可燃混合气也越多，发动机的功率就越大。而现在的车辆都使用电控发动机，那么，喷油量又是如何控制的呢？用空气流量计控制。

空气流量计是安装在空气滤清器和节气门之间的一个装置，用于检测发动机的进气量，并将进气量信号转换成电压信号传送给发动机电脑，电脑利用此信号并根据标准空燃比计算出喷油量。空气流量计有多种形式，如翼板式空气流量计、卡门旋涡式空气流量计、热线式空气流量计和热膜式空气流量计。

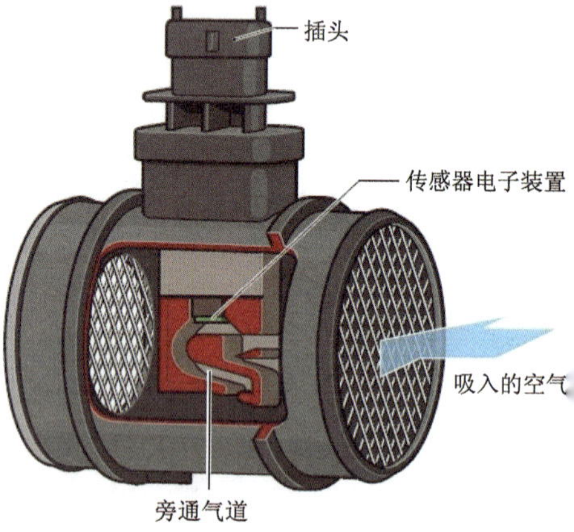

热模式空气流量计构造图

现代轿车广泛采用第六代热模式空气流量计，它用两个温度传感器来识别空气的流动方向：

（1）吸入的空气首先经过温度传感器 1。

（2）从关闭的气门回流的空气首先经过温度传感器 2。

与加热电阻合用，发动机控制单元就可计算出吸入空气中的氧含量。

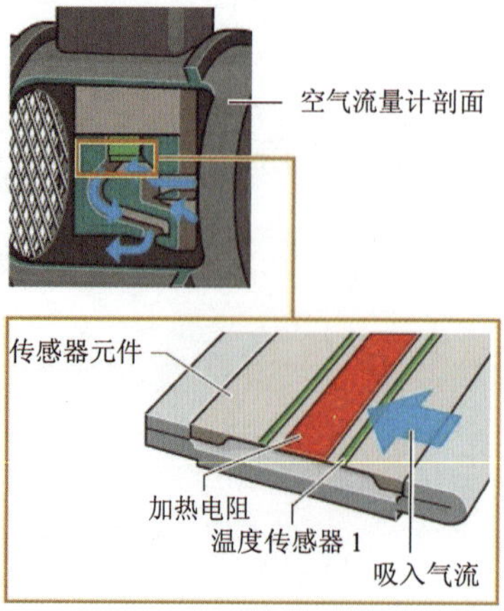

吸入空气的测量

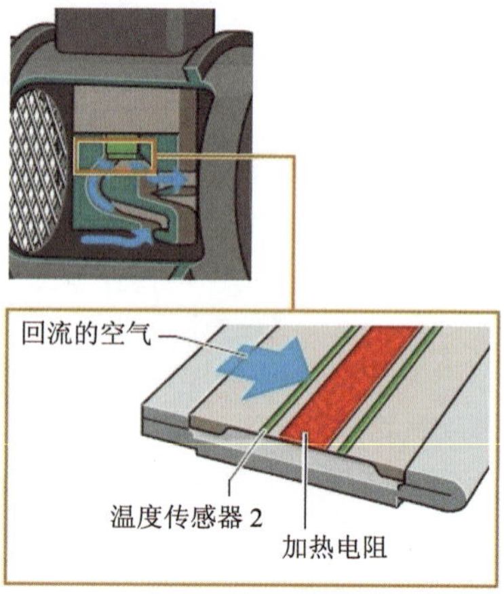

回流空气的测量

272. 无回油系统有何优势?

无回油管的燃油供给系统没有从燃油导轨到燃油箱之间的回油管，也没有压力调节器，取而代之的是油泵上的压力控制阀，其作用可保证燃油导轨内的压力为一恒定值，这种情况下，喷油时间要根据负荷进行修正。无回油管的燃油供给系统的设计目的是防止燃油流动升温，造成燃油蒸发过多。

273. 如何实现分层燃烧?

很多人会混淆燃油直喷技术、稀薄燃烧和分层燃烧三者。其实，稀薄燃烧是指在气缸内汽油远远少于空气；分层燃烧是指气缸内的混合气的浓度是不同的，有些地方浓，有些地方稀，两者都是燃烧理论。而因为理论在试验中得到了验证，就开发出了燃油直喷技术，就是为了实现前两个燃烧理论。

那么，如何实现分层燃烧呢？首先，发动机在进气冲程时，ECU控制喷油嘴进行一次小量的喷油，使气缸内形成稀薄混合气。在活塞压缩冲程末了时再进行第二次喷油，这样，在火花塞附近形成浓度相对较高的混合气区域，然后利用这部分较浓的混合气引燃气缸内的稀薄混合气，从而实现气缸内的稀薄燃烧，这样可以用更少的燃油达到同样的燃烧效果，进一步降低发动机的油耗。

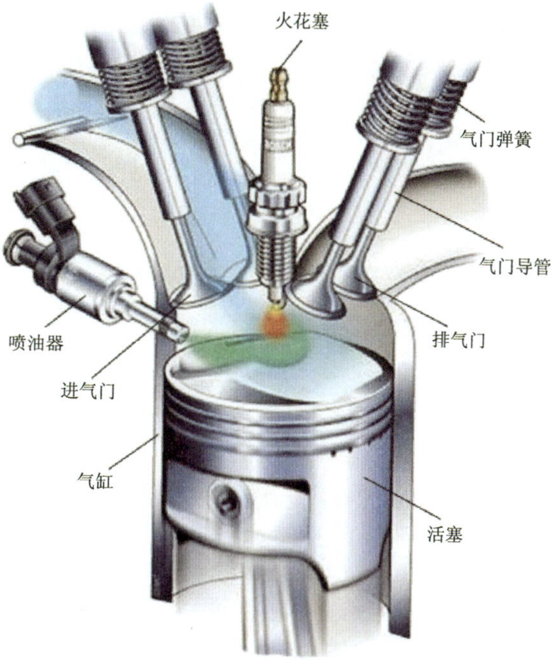

分层燃烧原理示意图

274. 什么是均质燃烧?

由于汽车发动机不是匀速运转的，时而怠速，时而加油，时而又要巡航，其实针对不同的工作状况，发动机的燃烧控制都不相同。而在燃油直喷技术中，只有在油门小的情况下才会实现稀薄燃烧和分层燃烧，在大油门的时候，发动机依然采用，或者说必须采用传统的油气混合方式，即我们所说的均质燃烧，以保证功率的输出。

均质燃烧可以理解为普通的燃烧方式，即燃油和空气混合形成一定浓度的可燃混合气，整个燃烧室内混合气的浓度是相同的，经火花塞点燃燃烧。均质燃烧的混合气形成时间较长，燃油和空气可以得到充分的混合，燃烧更均匀，从而获得较大的输出功率。

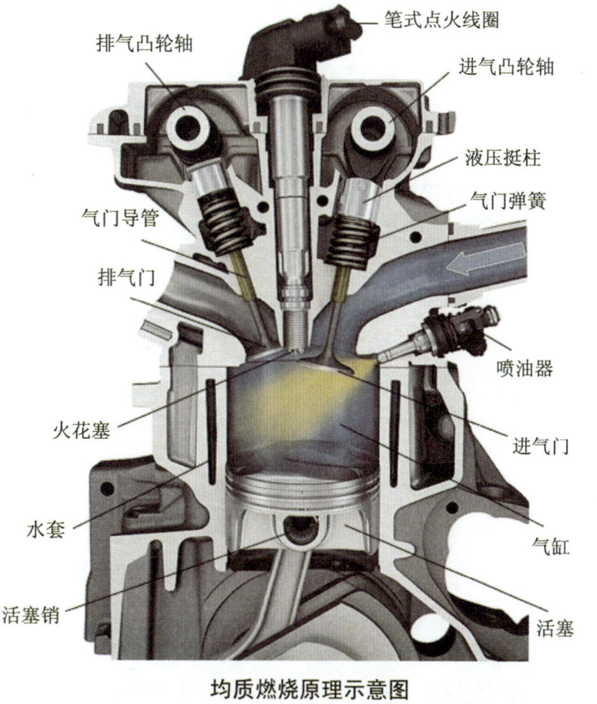

均质燃烧原理示意图

275. 缸内直喷有什么优势?

传统的发动机（缸外喷射）是在进气歧管中喷油，再与空气混合形成可燃混合气，最后才进入气缸内的。在此过程中，因为喷油嘴离燃烧室还有一定距离，微小的油粒会吸附在管道壁上，而且汽油与空气的混合受进气气流和气门关闭影响较大。

而缸内直喷是将喷油嘴安装在气缸盖上，直接将燃油喷射在气缸内，在气缸内燃油与空气混合。发动机电脑可以根据吸入的空气量精确地控制燃油的喷射时刻和喷射量。高压（40～110bar）的燃油喷射系统可以使油气能够在整个气缸内充分、均匀地混合，从而使燃油充分燃烧，能量转化效率更高。

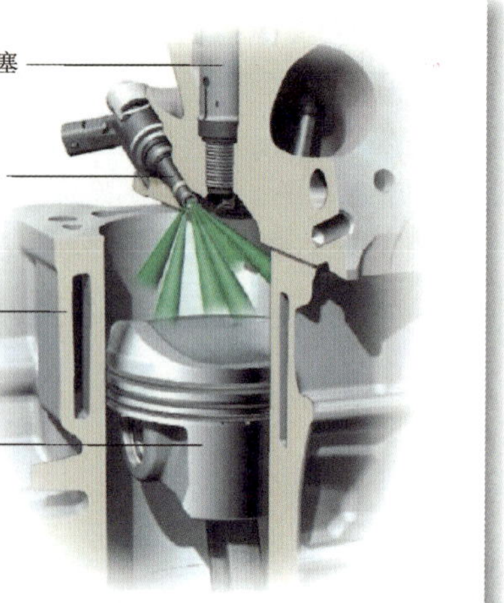

缸内直喷原理示意图

276. 混合喷射是怎么回事?

混合喷射是将缸内直喷技术和进气歧管喷射技术相结合，从而使一个气缸有两个喷油器。在低负荷工况下，安装在进气歧管处的喷油器在进气冲程时会打开喷孔进行喷油，这个过程与普通多点电控发动机相同；而在高负荷工况下，直喷系统会全权代理气缸的喷油工作。为什么会是这样的编排呢？缸内直喷不是比进气歧管喷射更精准吗？怎么反而直喷还要依靠普通喷射来达到更好的燃烧效果呢？

在低负荷的工况下，通过直喷系统释放到气缸内的燃油虽然已经达到了很好的雾化效果，但由于气缸的进气量不够充分，以致在气缸内无法形成最佳的空燃比，从某种角度来说，混合气处于偏浓的状态。而在进气阶段，通过位于进气歧管处的喷油器进行少量喷油，这样，在燃油被输送至气缸内的途中便可进行与空气的混合，待这部分混合气进入气缸时，缸内直喷系统再根据发动机工况需求进行混合气加浓的工作。采用这样的设计还有另一个目的，我们都知道直喷技术可以使燃油达到更好的雾化效果，提高燃烧效率，但因此而产生的副作用也很明显。由于温度过高，气缸内存留的氮、氧会发生强烈的反应形成氮氧化合物，这对尾气排放的影响很恶劣，无形中加重了三元催化转换器的负担，而传统的进气歧管喷射则可以最大程度地弥补直喷系统的缺陷。

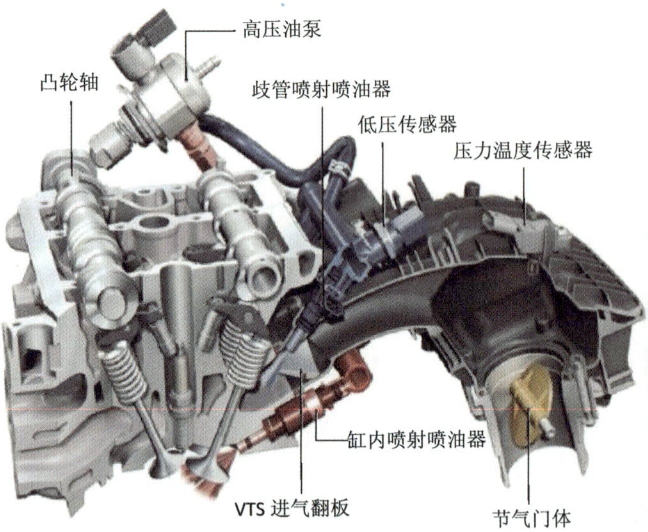

混合喷射结构图

277. 多点缸外喷射系统如何工作?

现在的汽车大都采用多点缸外喷射，所谓多点缸外喷射是指有多少个气缸就有多少个喷油嘴（并非每个喷油嘴上有多个喷油孔），并且喷油嘴将加压的燃油喷射在进气歧管内。那么具体是如何工作的呢？也就是每个缸的喷油嘴在发动机电脑 ECU 的控制下，按照各缸的工作顺序依次将燃油喷射在进气歧管内（进气门后面），并与空气形成可燃混合气。当进气门打开时，可燃混合气便被吸入气缸并燃烧做功。

278. 什么是柴油机高压共轨?

柴油发动机的供油方式有三种：分配泵喷射、高压共轨喷射和泵喷嘴喷射。

高压共轨技术是指在由高压油泵、压力传感器和 ECU 组成的闭环系统中，将喷射压力的产生和喷射过程彼此完全分开的一种供油方式。高压油泵把高压燃油输送到燃油导轨（公共供油管），通过对燃油导轨内的油压实现精确控制，使高压油管压力大小与发动机的转速无关，可以大幅度减小柴油机供油压力随发动机转速的变化，因此，也就减少了传统柴油机的缺陷。

简单地说，高压共轨就是将所有的喷油嘴连接到一个公共油轨上，油轨中时刻维持着非常高的喷射压力，喷油嘴的开启和关闭完全靠电磁阀来实现，可对喷油量实现精确控制。喷油量的大小取决于燃油导轨（公共供油管）压力和电磁阀开启时间的长短。

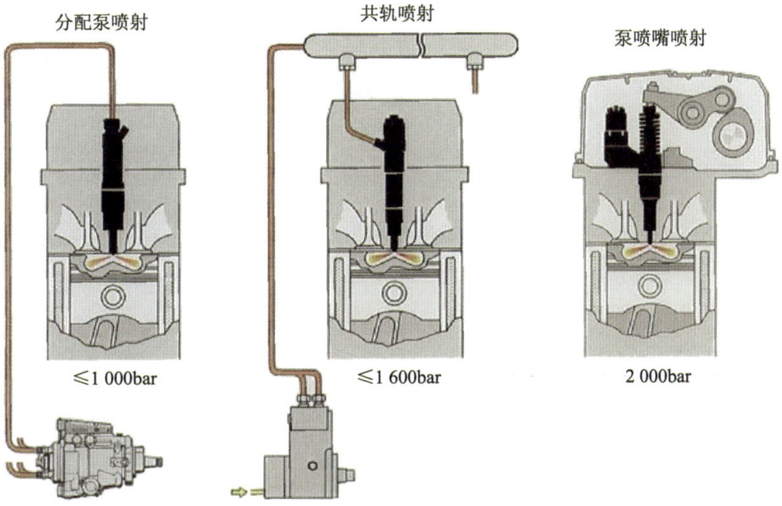

柴油机供油方式

279. 泵喷嘴技术有何优势?

泵喷嘴是将喷油泵、控制单元和喷油嘴组合在一起，它集成在缸盖上，每个缸都有一个。由于无高压油管，所以，可消除长的高压油管中压力波和燃油压缩的影响，高压容积大大减少，因此，可产生所需的高喷射压力，一般可达 2000bar 左右，如此大的压力可提高燃烧质量。

我们经常看到轿车尾部有 TDI 标识，其中 DI 为红色标记的轿车装备有泵喷嘴喷射系统。

泵喷嘴

280. 空气流量计有几种类型?

在电子控制汽油喷射发动机中使用的空气流量计主要有：翼片式空气流量计、卡门旋涡式空气流量计、热线式空气流量计和热膜式空气流量计。现代电控汽油发动机常用的空气流量计为热膜式空气流量计。

281. 热线式空气流量计构造如何?

热线式空气流量计主要由铂丝制成的热线（发热体）、温度补偿电阻、控制热线电流并输出信号的控制电路、采样管和流量计壳体等组成。

根据铂丝热线在流量计中安装位置的不同，热线式空气流量计又可分为主流测量方式和旁通测量方式两种结构形式。

282. 什么是主流测量方式?

主流测量方式采样管置于主空气通道中央，两端为金属防护网，用卡箍固定在壳体上，采样管由两个塑料护套和一个热线支撑环构成。直径为 70μm 的铂丝热线布置在热线支撑环内，铂丝热线的电阻 R2 值随温度的变化而变化。热线支撑环前端的塑料护套内安装一个铂薄膜电阻 R4，铂薄膜电阻阻值也随进气温度变化，起温度补偿作用（也称为冷线）。在热线支撑环后端的塑料护套上黏结了一个能用激光修正的精密电阻，它是惠斯顿电桥的一个臂 R1，该电阻上的电压，即为热线式空气流量计的输出电压信号。电桥的另一个臂 R3 装在控制线路板上面，该电阻在最后调试中用激光修正，以便在预定空气流量下调定空气流量计的输出特性。

热线式空气流量计的电子控制线路板包括：电桥平衡电路、烧净电路和怠速混合气调节电位器，电子控制装置的大多数元件（除 R1、R2、R4 外）都配置在这块混合集成电路板上，其上一般设置六脚插头与发动机微机控制装置相连接，传递及反馈信息。

主流测量方式空气流量计

283. 旁通测量方式与主流测量方式有何区别?

旁通测量方式与主流测量方式的热线式空气流量计在结构上的主要差别在于:将铂丝热线和温度补偿电阻（冷线）安装在空气旁通道上；热线和温度补偿电阻铂丝缠绕在陶瓷线管上，其工作原理与主流测量方式相同。

284. 热线式空气流量计如何工作?

当温度较低的进气气流流过放置在空气通道中温度较高的热线时，热线与空气发生热量交换，使热线温度下降。通过热线的空气质量流量越大，被空气带走的热量也越多，热线温度下降也越多。由于热线是惠斯顿平衡电桥电路的一个组成部分（电阻 R2），当热线温度下降、电阻值发生变化时，电桥出现不平衡。为了使电桥平衡，必须加大流过热线的电流，使热线温度升高，阻值恢复到使电桥平衡的值。由此可知，流过热线的空气质量越大，被空气带走的热量也越多，为保持电桥平衡，维持热线温度所需的电流也越大，反之则越小。热线式空气流量计正是利用流过热线的空气质量与保持热线温度所需热线电流的对应关系测量空气的质量流量的。发动机工作时，热线所需的加热电流一般在 50mA ~ 120mA 之间。

在空气质量流量不变的情况下，当进气温度发生变化时，会使空气从热线带走的热量发生变化，最终使加热热线所需的电流变化，对测量值的精度造成不利影响。为了解决这一问题，在采样管的前端另装一个温度补偿电阻 R4（冷线），R4 的阻值也随进气温度变化，起参照基准的作用。流过热线的电流由混合集成电路控制，它使热线和冷线之间的温度差保持不变（一般为 100℃），从而消除了进气温度对测量值的影响。热线式空气流量计的输出信号是精密电阻 R1 上的电压降，该信号与热线电流成正比。

空气流量计

285. 热线式空气流量计有何特点?

热线式空气流量计具有响应速度快，能在几毫秒内对空气流量的变化作出响应，测量精度高，进气阻力小，不会磨损，可直接测量进气空气的质量流量等优点。但它也存在造价高；热线表面易受空气中的尘埃污染，使热辐射能力降低，影响精度；当空气流速分布不均匀时会产生误差；发动机回火易造成断线等缺点。

286. 如何检查热线式空气流量计的输出电压信号?

检查时拔下空气流量计的插接器，拆下空气流量计。把蓄电池电压施加于流量计端子电源与接地之间，然后测量输出端子与接地之间的电压，其标准值为 1.1 ~ 2.1V（日产 VG30E 发动机）。若电压值不符，则需要更换空气流量计。

在进行上述检查之后，从热线式空气流量计进气口吹风，与此同时，测量输出端子与接地之间的信号电压，电压值应为 2.4V。

287. 如何检查热线式空气流量计的自清洁功能?

装好空气流量计及其插接器，起动发动机并高速运转，然后使发动机熄火。当发动机熄火 5S 后，从空气流量计的进气口处可以观察到热线自动烧红 1s。如果无此现象发生，需要测量自洁信号或更换空气流量计。

288. 热膜式空气流量计构造如何?

热膜式空气流量计的工作原理与热线式空气流量计基本相同。热膜式空气流量计的主要特点：发热体由热线改为热膜，热膜为固定在薄的树脂膜上的金属铂，或者用厚膜工艺将热线、冷线、精密电阻镀在一块陶瓷片上，有效地降低了制造成本。热膜式空气流量计的发热体不直接承受空气流动所产生的作用力，从而提高了发热体的强度和工作可靠性，且结构简单，使用寿命长，不易受尘埃污染。这种流量计的主要缺点是空气流速不均匀，易影响测量精度。

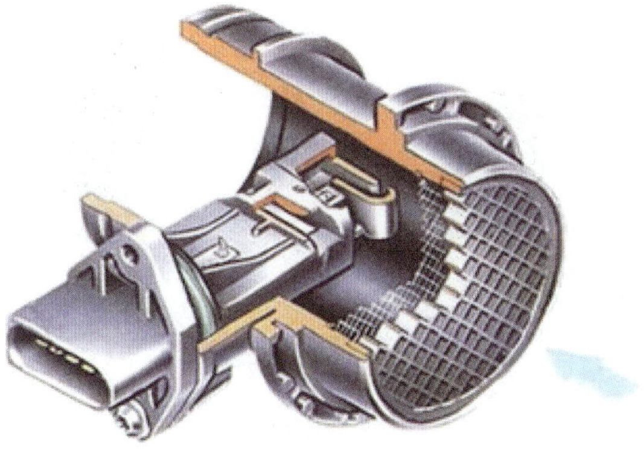

热膜式空气流量计

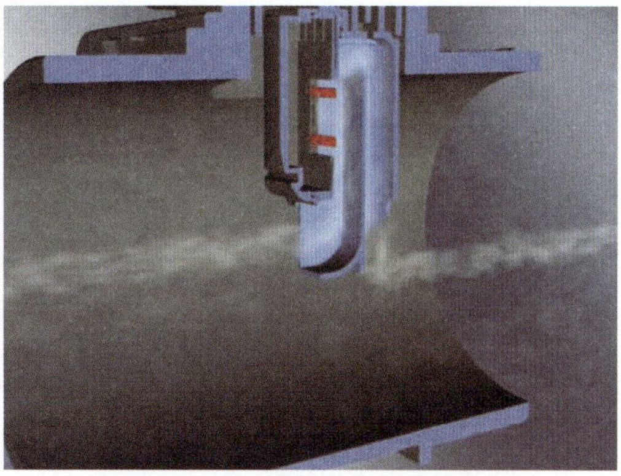

热膜式空气流量计工作原理示意图

289. 进气歧管绝对压力传感器有何作用?

进气歧管绝对压力传感器是一种间接检测空气流量的传感器，其作用与空气流量计相当，用于 D-Jetronic 汽油喷射系统中。ECU 根据发动机转速、节气门开度、进气歧管绝对压力与进入发动机气缸的空气流量的对应关系，由进气歧管内的绝对压力计算出进气量，进而计算出基本喷油量。

进气歧管绝对压力传感器种类很多，根据信号产生的原理有半导体压敏电阻式、电容式、膜盒传动可变电感式和表面弹性波式等，其中，半导体压敏电阻式应用最为广泛。

进气歧管绝对压力传感器

290. 半导体压敏电阻式传感器如何工作?

半导体压敏电阻式压力传感器由压力转换元件和对输出信号进行放大的混合集成电路等构成。压力转换元件是利用半导体压敏效应制成的硅膜片，硅膜片为约 3mm 的正方形，其中部经光刻腐蚀形成直径约 2mm、厚约 50μm 的薄膜。在膜片表面规定位置有四个应变电阻，以惠斯顿电桥方式连接。

硅膜片的一侧是真空室，另一侧导入进气歧管压力。进气歧管侧的绝对压力（进气歧管压力）越高，硅膜片的变形越大，其变形与压力成正比，膜片上的应变电阻阻值的变化也与变形的变化成正比。这样就可利用惠斯顿电桥将硅膜片的变形转换成电信号。由于压力转换元件输出的电信号很弱，所以需用混合集成电路进行放大后才输出。

291. 半导体压敏电阻式传感器有何特点?

半导体压敏电阻式压力传感器具有尺寸小、精度高、成本低，响应速度快，重复性和抗振性都较好；输出信号与进气歧管绝对压力成线性关系；在 -30 ~ 100℃使用温度范围内，测量精度基本不受温度的影响等优点。

292. 节气门位置传感器有什么作用?

节气门位置传感器用来检测节气门的开度，它安装在节气门体上，通过节气门轴与节气门联动。当驾驶员踩加速踏板时，节气门位置传感器将节气门开度转换成电信号输送到 ECU，ECU 根据节气门不同的开度决定控制方式和对喷油时间进行修正。

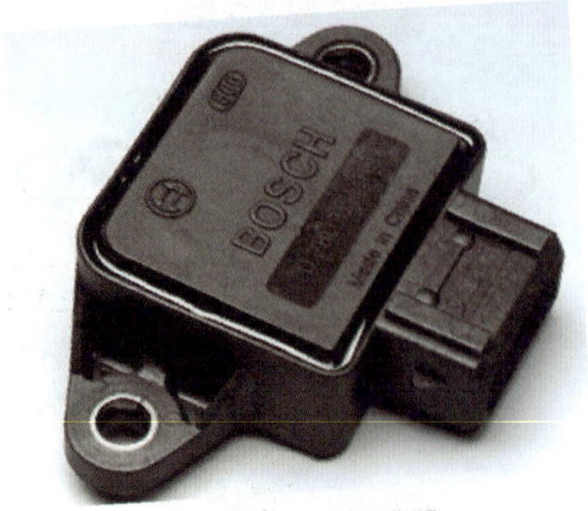

节气门位置传感器

293. 线性输出型节气门位置传感器如何工作?

线性输出型节气门位置传感器的主要特点是，表示节气门开度的输出电压与节气门开度成线性关系。该传感器由两个与节气门联动的可动电刷触点、位于基板上的电阻体、壳体及引出线插座等构成。动触点在电阻体上滑动，利用电阻值的变化，输出与节气门开度相对应的电压值，根据此电压值，ECU 就可以知道节气门的开度。但实际上反映节气门开度的电阻体的电阻值总是存在一些偏差，这样将会影响节气门开度检测的准确性。为了能够准确地检测出对 ECU 确定控制方式和喷油修正具有重要影响的节气门全闭位置，传感器另设一个怠速触点，该触点只有当节气门完全关闭时才被接通。

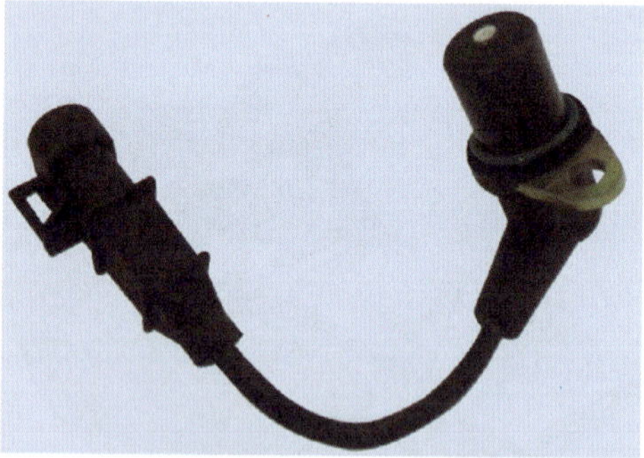

曲轴位置传感器

294. 为什么要有曲轴位置传感器?

在电控汽油喷射系统中，ECU 根据每一循环发动机吸入的空气量和发动机运行工况，发出符合最佳空燃比要求的喷油量控制信号。然而，由于空气流量计所测出的是单位时间的空气流量，因此，ECU 先要把单位时间的空气流量换算成每一循环发动机吸入的空气量，然后才能确定相应的基本喷油量。要完成这一换算，在已知单位时间空气流量的基础上，还需知道发动机的转速，为此要检测发动机的转速。

ECU 利用曲轴位置传感器即可计算出 1° 曲轴转角信号和发动机转速信号。

凸轮轴位置传感器安装位置图

295. 凸轮轴位置传感器有用吗?

现代的电控发动机均采用顺序燃油喷射和电子点火系统。在发动机运行过程中，凸轮轴位置传感器产生与曲轴位置传感器信号对应的同步信号。ECU 根据凸轮轴位置传感器输出的信号，能对基准气缸正在进行的工作过程及活塞所处位置作出判断。结合曲轴位置传感器输出信号，就能保证发动机喷油和点火的正时及顺序。

296. 曲轴位置传感器有几种类型?

目前，电控汽油机中使用的曲轴位置传感器主要有三种类型：电磁脉冲式曲轴位置传感器、霍尔效应式曲轴位置传感器和光电式曲轴位置传感器。

电磁脉冲式曲轴位置传感器

297. 电磁脉冲式曲轴位置传感器有何特点?

电磁脉冲式曲轴位置传感器在工作中不需要电源，是一种无源传感器。其输出信号电压受转速影响，即信号电压是随着发动机转速的提高而增大的，同时转速上升后，信号电压上升的速度也加快。

298. 电磁脉冲式曲轴位置传感器如何工作?

电磁脉冲式曲轴位置传感器是由电磁感应式传感器和脉冲盘等组成。电磁感应式传感器安装在机体一侧靠近飞轮处，用来检测曲轴转角和发动机转速。脉冲盘安装在曲轴后端，位于飞轮与曲轴之间，脉冲盘在圆周上等分地布置着 60 个轮子齿，其中空缺两个轮子齿，供 ECU 识别曲轴位置，作为点火正时的参照基准。发动机运转时，脉冲盘上的轮子齿每通过电磁感应式传感器一次，便在传感器内的感应线圈中感应出一个交变电压信号，而在缺齿处产生一个畸变的交变电压信号。ECU 根据这些交变电压信号和畸变的电压信号就可以计算出曲轴位置和发动机转速。

299. 如何检测电磁脉冲式曲轴位置传感器?

1）曲轴位置传感器的电阻检测

将点火开关置于“OFF”挡，拔下曲轴位置传感器的导线连接器，用万用表的电阻挡测量曲轴位置传感器感应线圈的电阻，其阻值一般在 1000Ω 左右（不同车型阻值不尽相同）。如电阻值不在规定的范围内，必须更换曲轴位置传感器。

2）曲轴位置传感器输出信号的检测

插上曲轴位置传感器的导线连接器，利用探针检查传感器输出电压信号。当发动机运转时，用万用表上的交流电压挡测量曲轴位置传感器是否有脉冲电压信号输出。如没有脉冲电压信号输出，必须更换曲轴位置传感器。

3）感应线圈与脉冲盘的间隙检测

用塞尺测量脉冲盘与感应线圈凸出部分的空气间隙，其间隙应为 0.3 ~ 0.5mm，且脉冲盘的轮齿应无缺损或铁粉黏附。若间隙不符合要求，则应进行调整。

300. 电磁脉冲式曲轴位置传感器会产生哪些故障？

电磁脉冲式曲轴位置传感器常见故障：感应线圈短路、断路；转子与磁头之间的气隙不当，造成信号减弱或无信号输入电控单元；正时转子轮齿间有脏物，造成信号失真等。这些将会严重影响发动机的性能，甚至使发动机无法运转。

301. 霍尔效应式曲轴位置传感器有何特点？

霍尔效应式曲轴位置传感器在工作中需要始终提供通过霍尔元件的电流，所以这种传感器属于有源传感器，其接线端一般有三条导线，一条为信号线，一条为电源线，另一条（信号与电源共用）为搭铁线。霍尔式曲轴位置传感器的输出信号电压不受转速影响。

302. 霍尔效应式曲轴位置传感器如何工作？

霍尔效应式曲轴位置传感器是利用霍尔效应原理实现其工作的，它由信号转子和霍尔信号发生器构成。带有触发叶片的信号转子与发动机曲轴皮带轮固联，随曲轴同步运转，或与分电器轴固联，随分电器轴同步运转，信号转子的外缘均布有若干个触发叶轮及相同数目的缺口（数目与发动机气缸数相同）。

霍尔信号发生器由永久磁铁、导磁板及霍尔集成电路等组成，其工作原理为：信号发生器设置在信号转子附近，当信号转子随曲轴转动时，触发叶片及缺口便依次进入永久磁铁和霍尔元件之间的空气隙。当叶片进入时，霍尔集成电路中的磁场就被触发叶片所截断，即旁路，霍尔集成电路因此产生低电位，而当叶片离开缺口正对空气隙时，又使得霍尔集成电路因重新获得磁场而产生霍尔电压，即高电位。该脉冲电压信号经集成电路的放大与整形处理后送至 ECU，经细化处理后用于控制发动机的点火及喷油时刻。

303. 如何检测霍尔效应式曲轴位置传感器？

（1）将点火开关置于“ON”挡，用万用表检测传感器电源电压，正常值为蓄电池电压，否则为电源线路连接不良或断路故障。

（2）用万用表检测传感器信号线工作电压，在点火开关置于“ON”挡时，约为 8V；发动机运转时，传感器信号输出电压应在 0.3 ~ 5.0V 之间变化，且该电压值呈脉冲性，最高为 5.0V，最低为 0.3V，否则，应更换传感器。

点火开关

304. 霍尔式曲轴位置传感器会产生哪些故障？

霍尔式曲轴位置传感器的常见故障：内部集成块烧坏及线路断脱等而不能产生点火电压信号或信号太弱，从而使电控喷油和电子点火系统不能正常工作。

305. 光电式曲轴位置传感器有何特点？

光电式曲轴位置传感器的缺点是抗污能力差，发光元件和光敏元件受到污染后都会影响信号电压，因此，这种传感器对密封性要求很高，由于这个原因，使得这种传感器远不如电磁脉冲式曲轴位置传感器和霍尔式曲轴位置传感器应用广泛。

306. 光电式曲轴位置传感器如何工作?

光电式曲轴位置传感器的主要组成部分是发光二极管、光敏二极管和带光孔的信号盘，其工作原理为，两只发光二极管分别正对着两只光敏二极管，以光敏二极管为照射目标。信号盘位于发光二极管和光敏二极管之间，当信号盘旋转时，因信号盘上有光孔，于是产生透光和遮光的交替变化。当发光二极管的光束照射到光敏二极管上时，光敏二极管感光产生电压；当发光二极管的光束被遮挡时，光敏二极管的电压为零。将光敏二极管产生的脉冲电压送至整形电路放大整形后，传感器向ECU输出表示曲轴转角和活塞位置及工作过程的1°曲轴转角信号和120°判缸信号。

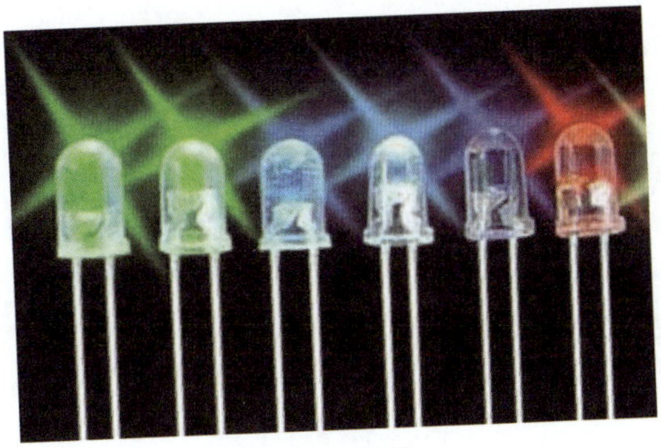

发光二极管

307. 如何检测光电式曲轴位置传感器?

（1）拔下传感器的导线连接器，将点火开关置于“ON”挡，用万用表检测传感器电源电压，正常值为5V或12V（因车型而异），否则应检查传感器至ECU之间的电源线路有无连接不良故障。检查传感器的搭铁情况，正常情况下应搭铁良好。

（2）插好传感器的导线连接器，起动发动机至2500rpm左右，检测传感器电压输出，正常值为2.0～3.0V，否则为传感器故障。

（3）运转发动机，用示波器检测传感器输出电压信号，该信号应为交变电压输出，且波形均匀，否则应更换传感器。

308. 光电式曲轴位置传感器会产生哪些故障?

光电式曲轴位置传感器的常见故障：发光二极管、光敏二极管脏污、损坏；信号盘上的光孔或弧形槽残缺、信号盘翘曲造成脉冲信号变形；内部电路断路或接触不良等，使信号减弱、变形或无信号产生，造成发动机不能正常工作。

309. 氧传感器有什么作用?

氧传感器随时检测排气中的氧浓度，并随时向发动机电脑反馈信号。发动机电脑根据反馈信号及时调整喷油量，如信号反映混合气偏浓，则减少喷油时间；反之，则增加喷油时间，从而使混合气的空燃比始终保持在理论空燃比附近。

目前使用的氧传感器有氧化锆式和氧化钛式两种，其中应用最多的是氧化锆式氧传感器。

氧传感器

310. 为什么使用两个氧传感器？

氧传感器是实现闭环控制必不可少的重要部件，它对发动机排放控制起着不可或缺的作用。现代电控发动机在三元催化转换器的前后分别装有氧传感器，前面的氧传感器监测空燃比的变化，而三元催化转换器效率的监测，必须使用位于三元催化转换器后面的第二个氧传感器。当三元催化转换器工作正常时，位于三元催化转换器前方的氧传感器的电压变动次数应高于后方的氧传感器，电脑比较前/后氧传感器的电压变动次数来判定三元催化转换器是否老化。

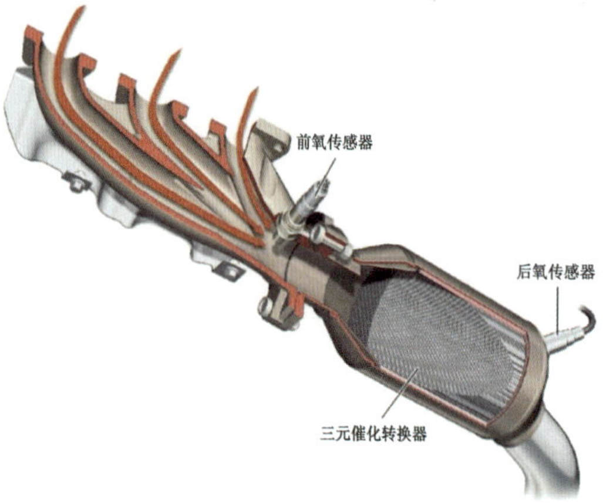

氧传感器安装位置示意图

311. 氧化锆式氧传感器如何工作？

氧化锆式氧传感器的基本元件是氧化锆陶瓷管，也称为锆管。锆管的陶瓷体是多孔的，渗入其中的氧气在温度较高时发生电离。由于锆管内、外侧氧含量不一致，存在浓度差，因而氧离子从大气侧向排气侧扩散，从而使锆管成为一个微电池，在两电极间产生电压。当混合气的实际空燃比小于理论空燃比，即发动机以较浓的混合气运转时，排气中氧含量少，但CO、HC等较多。这些气体在锆管外表面的铂催化作用下与氧发生反应，将耗尽排气中残余的氧，使锆管外表面氧气浓度变为零，这就使得锆管内、外侧氧浓差加大，两铂极间电压陡增。因此，锆管氧传感器产生的电压将在理论空燃比时发生突变：稀混合气时，输出电压几乎为零；浓混合气时，输出电压接近1V。

要准确地保持混合气浓度为理论空燃比是不可能的。实际上反馈控制只能使混合气在理论空燃比附近一个狭小的范围内波动，故氧传感器的输出电压在0.1～0.8V之间不断变化（通常每10s内变化8次以上）。如果氧传感器输出电压变化过缓（每10s少于8次）或电压保持不变（不论保持在高电位或低电位），则表明氧传感器有故障，需检修。

312. 宽频氧传感器是什么原理？

氧传感器的作用是监测尾气中氧的浓度，并将信息反馈给发动机电脑ECU，ECU来修正喷油量，实现发动机的闭环控制，减少有害气体的排放。随着发动机电控技术的发展，普通的4线制氧传感器由于其检测范围的局限性，已不能满足汽车工况的需求，因而宽频氧传感器在汽车上的应用越来越广泛。

在宽频氧传感器原理图中，废气流通过测量室，只有当“测量室氧浓度”是标准空燃比14.7时，窄频带氧传感器的反馈电压才在0.45V，这时，电脑控制单元泵不泵气，也不排出测量室内的氧气，信号电压在1.50V左右。

宽频氧传感器

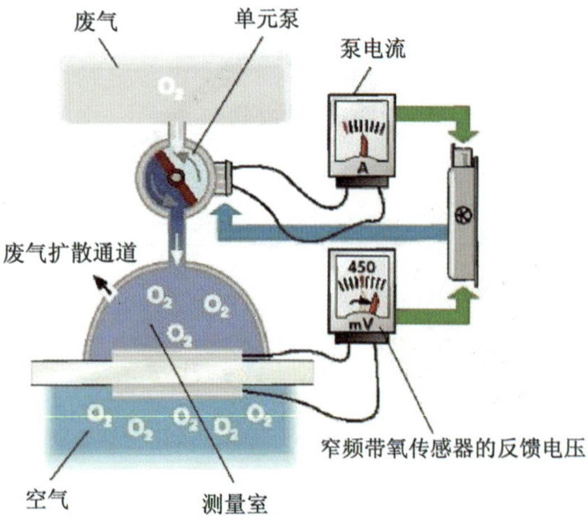

宽频氧传感器原理图

当混合气浓时，测量室内的氧气浓度会变低，电压高于0.45V时，电脑识别后让泵电流改变方向，这时向测量室内泵入氧气，电流越大，泵入氧气越多，测量室内氧气变多，浓度恢复到窄频带氧传感器的反馈电压为0.45V时，泵电流大小即可反映废气中氧的浓度，信号电压在1.00～1.50V之间。

当混合气稀时，测量室内的氧气浓度会变高，电压低于0.45V时，电脑识别后让泵电流改变方向，电流越大，排出越多，测量室内氧气变少，浓度恢复到窄频带氧传感器的反馈电压为0.45V时，泵电流大小即可反映废气中氧的浓度，信号电压在1.50～2.00V之间。

氧传感器

313. 氧传感器有哪些常见故障?

氧传感器一旦出现故障，发动机电脑就不能接收空燃比反馈信号，因而不能对空燃比进行反馈控制，会使发动机油耗和排气污染增加，发动机出现怠速不稳、缺火、喘振等故障现象。

1）氧传感器中毒

氧传感器中毒是经常出现并且较难防治的一种故障，氧传感器顶尖部位的正常颜色为淡灰色，当顶尖部位的颜色为白色则是硅中毒，颜色为棕色则是铅中毒。随着环保要求的日益提高，我国已全面禁止使用含铅汽油，这也避免了氧传感器铅中毒的问题。

2）积碳

积碳的氧传感器顶部是碳黑色的。积碳黏附在氧传感器表面，让对氧敏感的材料不能与排气充分接触，积碳少的情况下，可能出现输出信号失准；积碳过多的情况下，氧传感器会完全失效。

3）氧传感器陶瓷碎裂

氧化锆式氧传感器的陶瓷硬并且脆，在安装或维修过程中要避免用较硬的工具敲击或者用强烈气流吹洗，这样都有可能会使陶瓷碎裂，所以要特别注意。

4）加热器电阻丝烧断

加热器电阻丝用于给氧传感器进行加热，让其可以提前进入工作状态，如果加热器电阻丝烧蚀，就很难使传感器达到正常的工作温度而失去作用。

5）氧传感器内部线路断脱

氧传感器内部线路断脱的原因多是由线束和端子连接不良造成的，故障还可能是由于其他电系统干涉和机械或化学损坏所造成的，有时会因为检修或其他原因导致其线路断路或脱落。

314. 如何检测氧传感器加热器电阻?

将点火开关置于“OFF”挡位置，拔下氧传感器的线束连接器插头，用万用表欧姆挡测量氧传感器接线端的加热器端子与搭铁端子间的电阻（具体端子请查阅相关车型的维修手册），其电阻值应符合标准，一般为 4 ~ 40Ω（具体数值参见具体车型说明书）。如不符合标准，则应更换氧传感器。测量后，重新连接好氧传感器的线束连接器插头。

315. 如何检测氧传感器反馈电压?

测量氧传感器反馈电压时，应先拔下氧传感器线束连接器插头，使用汽车电路测试跨接线进行测量，在发动机运转时从引出线上测量反馈电压。在对氧传感器的反馈电压进行检测时，最好使用指针式万用表，以便直观地反映出反馈电压的变化情况，发动机氧传感器反馈电压检测的具体步骤如下：

（1）将发动机运转至正常工作温度。

（2）把万用表的负表笔连接搭铁端或负极，正表笔接氧传感器线束插头上引出的测试线。

（3）让发动机以 2500r/min 左右的转速保持运转，同时检查万用表读数能否在 0 ~ 1V 之间来回变化，记下 10s 内数值变化的次数。在正常情况下，随着反馈控制的进行，氧传感器的反馈电压将在 0.4V 上下不断变化，10s 内反馈电压的变化次数应不少于 8 次。

（4）若万用表数值在 10s 内的变化次数等于或多于 8 次，则说明氧传感器及反馈控制系统工作正常；万用表数值若在 10s 内的变化次数少于 8 次，则说明氧传感器或反馈控制系统工作不正常，可能是氧传感器表面有积碳而使灵敏度降低，此时应让发动机以 2500r/min 的转速运转约 2min，以清除氧传感器表面的积碳；若万用表数值变化依旧缓慢，则为氧传感器损坏或 ECU 反馈控制电路有故障。

316. 如何检查氧传感器是否损坏?

用突然踩下或松开油门踏板的方法来改变混合气浓度。在突然踩下油门踏板时，混合气变浓，氧传感器的反馈电压应上升；突然松开油门踏板时，混合气变稀，氧传感器的反馈电压应下降。如果在混合气浓度变化时，氧传感器输出电压不能相应地改变，则说明氧传感器有故障。

氧传感器

317. 什么是 OBD？

OBD 的全称为 On-Board Diagnostics，中文翻译为"随车自诊断系统"。这个系统随时监测发动机电控系统的工作状况，并从发动机的运行状况随时监控汽车的尾气是否超标，一旦电控系统元件有故障或尾气超标，会马上发出警示。当系统出现故障时，仪表盘内的故障警告灯（MIL）点亮，同时系统电脑 ECU 将故障信息存入存储器，但通过相应的诊断仪器可将其存入的故障信息读出来。根据故障信息的提示，维修人员能迅速准确地确定故障的性质和部位。

318. EVAP 是什么原理？

油箱中的燃油因外部空气和排气管的热辐射变热，加之从系统回油管流回的过量燃油，它在流过发动机零部件时，这些部件已被热的发动机辐射加热，结果油箱中的燃油受热挥发，这就产生了排放物，它主要就是油箱中的燃油蒸气。

EVAP 的中文含义为油箱蒸发物排放控制系统。该系统配备有安装在油箱通风管末端的活性碳罐，利用碳罐中的活性碳吸附燃油蒸气，为了使活性碳罐在饱和后具有再生功能，在发动机运行时，进气管中产生的真空将这股新鲜空气和汽油蒸气经过碳罐吸入进气管，并带到发动机中以供燃烧。为了使空燃比控制更精确和利于自诊断，在与进气管相通的导管上安装了碳罐电磁阀，以计算这股再生"清洁"气流。

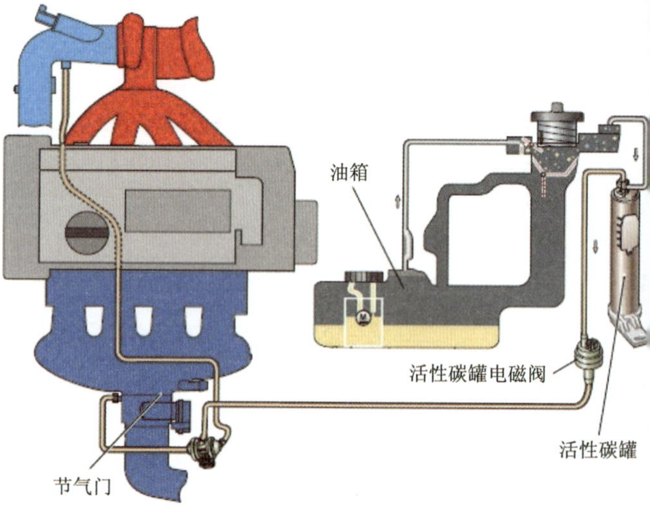

EVAP控制原理图

319. 二次空气喷射起到什么作用？

自从世界上第一个车辆排气污染控制标准实施以来，二次空气喷射系统已经被广泛地应用在汽车上，它实际上就是一种尾气排放控制实用技术，用以减少排气中碳氢化合物 HC 和一氧化碳 CO 的排放量。而且实践也已证明，二次空气喷射系统在汽、柴油发动机上都能取得良好的效果。

在发动机冷起动阶段，HC 和 CO 等有害物质排放相对较高，并且此时三元催化转换器尚未达到工作温度（300℃以上），因此，二次空气喷射主要是在冷起动阶段工作。在冷起动及怠速初始阶段，二次空气喷射系统工作，发动机控制单元 J220 控制二次空气泵继电器 J299 及二次空气进气阀 N112 同时启动，则二次空气泵 V101 将新鲜空气泵入到组合阀 A 和 B。与此同时，来自二次空气进气阀 N112 的真空压力将组合阀 A 和 B 打开，则从二次空气泵 V101 到缸盖的二次空气进气道之间的空气通路就被打开了，新鲜空气被送入到排气门的后部，这样，就可以增加废气中氧气的浓度，于是，碳氢化合物 HC 和一氧化碳 CO 就会再次燃烧。这个燃烧过程既帮助加热了三元催化转换器，使得三元催化转换器更快地达到工作温度，又降低了空气污染物的排放，可谓"一箭双雕"。

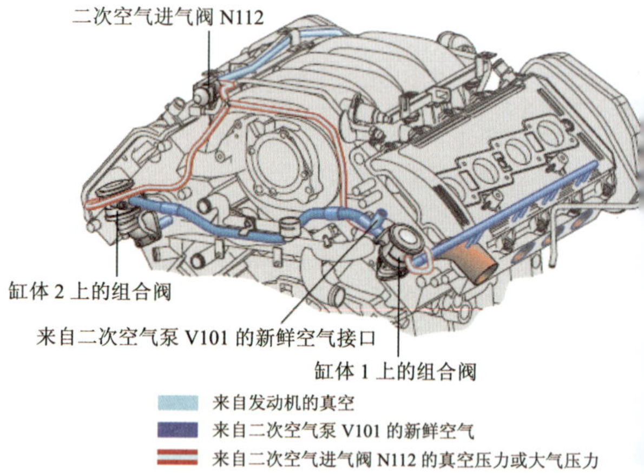

二次空气喷射系统结构图

冷起动后，发动机以怠速转速运行约 60 ~ 90 秒，发动机控制单元 J220 控制二次空气泵继电器 J299 及二次空气进气阀 N112 同时断电，来自二次空气进气阀 N112 的大气压力将组合阀 A 和 B 关闭，则从二次空气泵 V101 到缸盖的二次空气进气道之间的空气通路就被关闭了，从而可防止热的废气进入并损坏二次空气泵，二次空气喷射系统停止工作。

320. 三元催化转换器有什么作用?

三元催化是指将汽车尾气排出的一氧化碳 CO、碳氢化合物 HC 和氮氧化合物 NOx 等有害气体通过氧化和还原作用转变成无害的二氧化碳 CO_2、水 H_2O 和氮气 N_2，其主要是利用三元催化转换器，它是安装在汽车排气系统中最重要的机外净化装置。

三元催化转换器的载体部分是一块多孔陶瓷材料，安装在特制的排气管当中。之所以称它为载体，是因为它本身并不参加催化反应，而是在上面覆盖着一层铂、钯、铑等贵重金属。

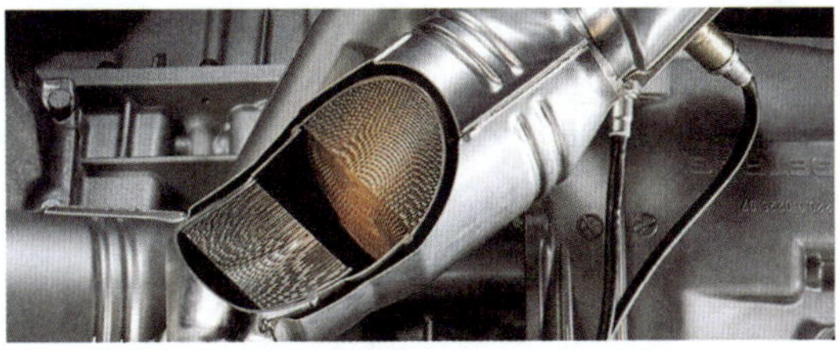

三元催化转换器

322. 什么是进气惯性增压?

当气体高速流向进气门时，如果进气门突然关闭，进气门附近气体的流动将突然停止，但是由于惯性，后面的气体仍在进入，于是进气门附近的气体将受到压缩，压力上升。当气体的惯性效应消减后，被压缩的气体开始膨胀，向进气气流的相反方向流动，压力下降。膨胀气体的膨胀波传到进气管口时又被反射回来，于是形成了压力波。

如果上述进气压力脉动波与进气门开闭配合好，使反射的压力波集中到要打开的进气门旁，在进气门打开时，就会形成对进气进行增压的效果。

一般而言，进气管长度长时，压力波波长长，可使发动机的中低转速区功率增大。进气管长度短时，压力波波长短，可使发动机的高速区功率增大。

321. 内部废气再循环如何工作?

发动机的内部废气再循环是通过气门重叠角实现的。那么，首先来了解一下什么是气门重叠。在进、排气冲程中，由于进气门提前开启、排气门迟后关闭而存在进、排气门同时开启的现象，称为气门重叠。进气门提前开启，以增加空气进气量；而排气门迟后关闭，以尽量排出气缸内的残余废气。通过合适的气门重叠角就可实现发动机内部废气再循环。

内部废气再循环可以降低氮氧化合物 NOx 的生成量。与外部废气再循环一样，氮氧化合物 NOx 生成量的减少也是通过引入废气来降低燃烧温度的方法实现的。

那么，内部废气再循环是如何工作的呢？在排气冲程过程中，进气门和排气门同时开启，于是借助于进气歧管产生的较高的真空度，燃烧室中一部分已经燃烧过的气体就又被吸入到进气道内，在下一个进气冲程会被吸入燃烧室再次参加燃烧。

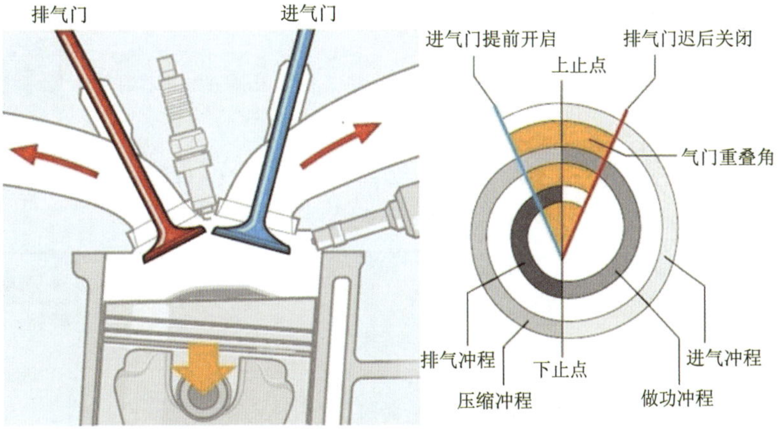

内部废气再循环原理图

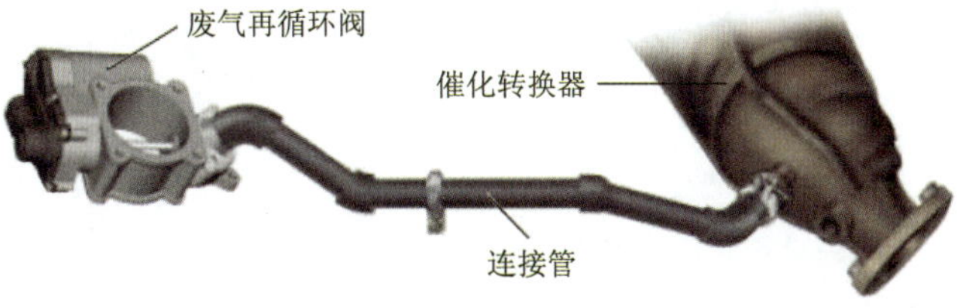

外部废气再循环构造原理图

外部废气再循环通过催化转换器上的一根连接管来抽取废气后，通过再循环阀导入发动机燃烧室内参加燃烧，用以降低最高燃烧温度，从而减少氮氧化合物 NOx 的生产量。

323. 为什么安装涡轮增压器?

汽车安装废气涡轮增压器的目的，是利用发动机排气气流的动能，推动涡轮和压气机高速旋转，对进气进行压缩，以便在加速和高负荷工况下增加进入气缸的空气量，提升发动机的输出功率。

涡轮增压发动机

324. 可调叶片式涡轮增压器什么样?

涡轮增压发动机是利用排气系统中的废气冲击泵轮来压缩进气系统中的空气的增压发动机，英文为 Turbocharger，简称为 T，我们在轿车尾部看到的 1.8T、3.0T 等，这里面的 T 表示该车采用涡轮增压发动机。

涡轮增压器有旁通支路式和可调叶片式两种控制废气流量的方式。由于可调叶片式涡轮增压器在任何转速下均可产生所需压缩力，因此，被越来越多地采用。

那么，可调叶片式涡轮增压器是如何工作的呢？举个例子，如果两个管内的压力相同，气体流过有颈缩的管要比流过无颈缩的管速度快很多，可调叶片式涡轮增压器就是采用这一原理。

为在发动机低速和满负荷工作时迅速产生足够的充气压力，叶片转动使进气口变小。进气口变小后，废气流速增大，从而提高了泵轮转速，加大增压效果。如果要减小充气压力，可转动叶片，进气口增大，增大废气流量，从而保证泵轮转速及充气压力恒定不变。

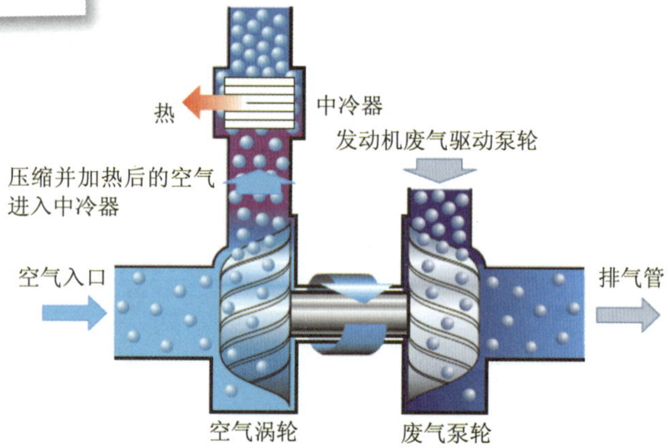

涡轮增压原理图

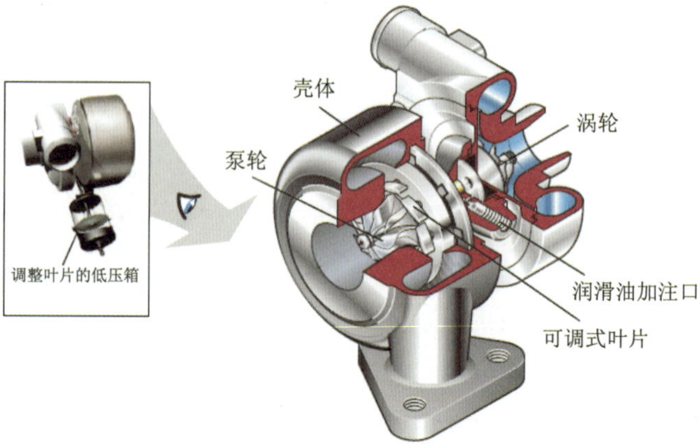

可调叶片式涡轮增压器构造图

325. 如何延长涡轮增压器的使用寿命?

（1）由于涡轮增压器在使用过程中温度较高，且其结构比较特殊，因此在机油选取方面有特殊的要求。普通汽油机车型在保养时使用的机油不能符合涡轮增压车型的使用要求。因此在保养过程中一定要使用涡轮增压车辆专用机油。

（2）发动机着火后，特别是在冬季，应让其怠速运转一段时间，以便在增压器转子高速运转之前让润滑油充分润滑轴承。刚起动后不能猛轰油门，以防损坏增压器油封。发动机大负荷、长时间运行后，在熄火前应怠速运转 3 ~ 5min，让增压器转子的转速降下来以后再熄火。

（3）由于很多情况下在城市道路行驶时，"T" 车的涡轮增压系统并不起太大作用，长期堵车可能会产生积碳。积碳过多，既会影响发动机工作，也容易危害涡轮增压系统。因此，建议在 20000 ~ 30000km 期间做保养时为车辆清除积碳。

326. 旁通支路式涡轮增压器如何工作?

这种增压器与可调叶片式涡轮增压器一样，是利用发动机排出废气的能量冲击装在排气系统中的废气泵轮，使之高速旋转，通过一根转轴带动空气涡轮以同样的速度高速旋转使之压缩空气，并强制地将增压后的空气压送到气缸中。由于发动机功率与进气量成正比，因此，可提高发动机功率。与可调叶片式利用叶片的角度来控制废气的流量及流速不同，它是利用废气阀来控制废气的流量及流速的。无论可调叶片式还是旁通支路式涡轮增压器，其整个增压过程基本不会消耗发动机本身的动力。

涡轮增压拥有良好的加速持续性，用通俗的话说就是后劲十足。而且最大扭矩输出的转速范围宽广，转矩曲线平直，但低速时由于涡轮不能及时介入，从而导致动力性稍差。

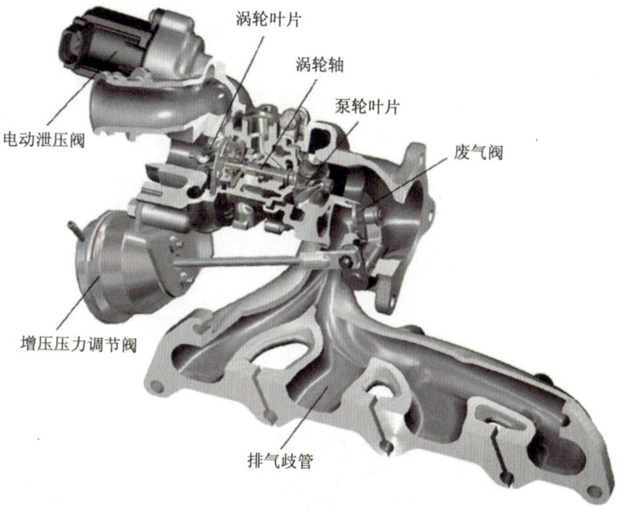

涡轮增压器构造图

327. 涡轮增压器为何设有废气阀?

废气涡轮增压器设置废气阀的目的，是让一部分废气从废气阀排出，从而适时降低涡轮增压器叶轮的转速，减小增压压力，以抑制发动机爆燃的产生。废气涡轮增压器的废气阀一般利用节气门后方的负压来驱动。

328. 涡轮增压器为何会变红?

废气涡轮增压器烧得通红是一种过热的表现。这种故障一般是因为气缸内混合气燃烧迟缓。燃烧迟缓的常见原因是点火提前角过小，以及混合气过稀。当混合气过稀时，过量空气系数变大，火焰的传播速度较慢，燃烧时间变长，燃烧气体与气缸壁接触的时间增长，因而容易引起发动机过热。另一方面，在排气行程终了时，气缸内还有燃烧火焰，当排气门一开启，含有未燃烧成分的废气排出，在排气管中继续燃烧，就会将增压器烧红。

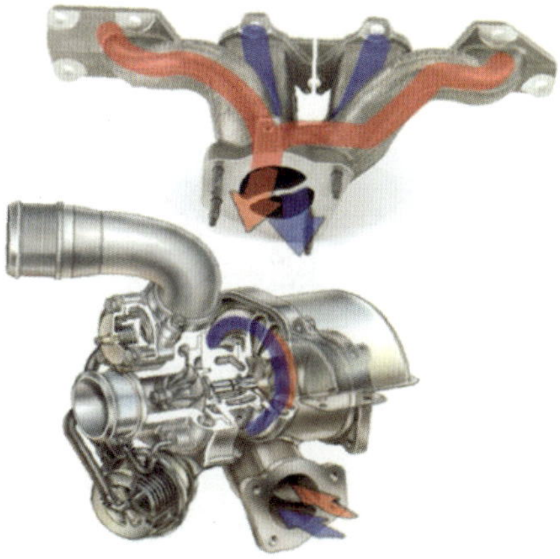
废气涡轮增压器

329. 如何检查排气管是否堵塞?

检查排气管是否堵塞的方法是测量排气管的背压。判断废气涡轮增压型发动机的排气管是否堵塞，不宜采取拆卸氧传感器的检查方法。这是因为废气涡轮增压器是依靠排气气流的动能来推动的，拆卸氧传感器后，虽然排气畅通了，但是由于排气背压大大下降，增压效果也会降低。在三元催化转换器堵塞的情况下，拆卸氧传感器后，涡轮增压型发动机的动力可能没有明显变化。

330. 排气系统堵塞对增压器有何影响?

从发动机的结构与原理看，气缸内的废气在排出前具有相当大的能量，从排气门排出后，驱动泵轮高速旋转，势能转化为动能，然后压力下降。因此，废气流的流速越快，驱动泵轮的能力越强。如果排气管堵塞，废气会在排气管内积聚，使排气背压升高，气缸内外的气压差减小，废气气流的速度和压力降低，造成泵轮转速及与泵轮同轴的涡轮转速降低，增压能力必然下降。另一方面，排气背压过高时，气缸内残留的废气增多，新鲜空气充入量减少，由于废气的稀释作用，使混合气相对稀薄，也会造成发动机功率下降。

331. 涡轮增压器漏油分为几种情况?

（1）对外漏油，会造成机油缺失，发动机的机油压力降低，影响发动机的正常润滑，增加增压器轴承的磨损。

（2）向进气系统漏油，会造成发动机冒蓝烟、积碳增加及怠速不稳。如果发动机冒蓝烟（可能是烧机油），需要检查废气涡轮增压器是否向进气管漏油。

（3）向排气系统漏油，不仅危害三元催化转换器，使其受到污染和失效，而且容易引起排气管路堵塞，降低发动机的输出功率。

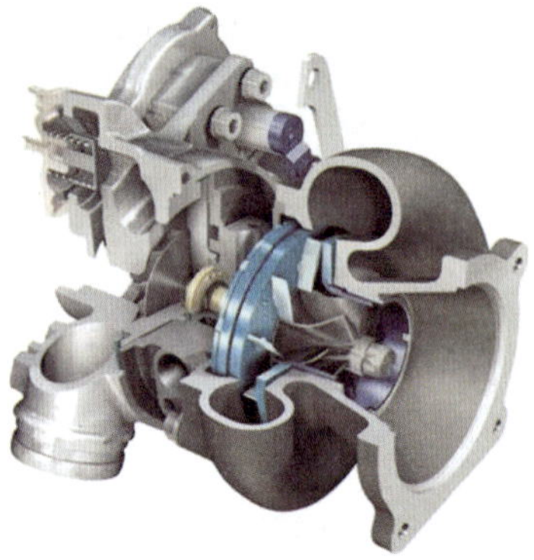

废气涡轮增压器

333. 废气涡轮增压发动机进气系统有哪些容易漏气的部位?

废气涡轮增压发动机的进气系统由空气滤清器、涡轮增压器、中冷器、进气歧管及连接管道组成。如果进气系统漏气，将降低增压效果，引起怠速不稳、加速不良和功率下降等现象。废气涡轮增压发动机进气系统容易漏气的部位有如下几处：

（1）空气滤清器至增压器压气机进气口之间的接头处，此处漏气还会引起气缸的过早磨损，加速增压器的损坏。

（2）增压器的进气口和排气接口处漏气。

（3）增压器至进气歧管之间的连接胶管，此处漏气会使进气压力下降，导致发动机的动力不足。

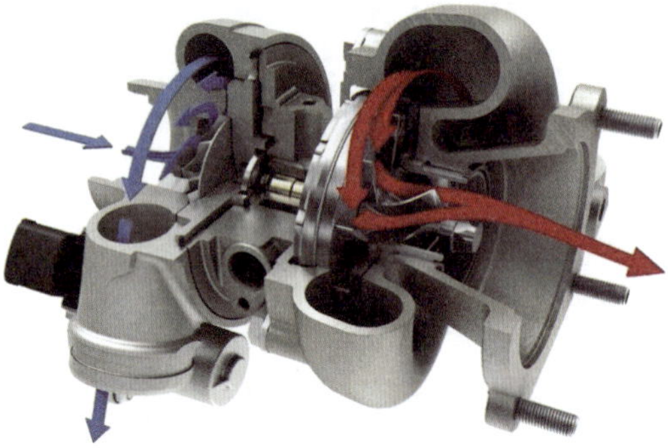

废气涡轮增压器

332. 如何减少涡轮增压器漏油?

（1）中间壳体上的机油进油口和出油口应当垂直安装。出油管从增压器接出后，应当逐渐地弯曲并连接到曲轴箱，中途不得有“死弯”，以防回油不顺畅而迫使机油向涡轮室或压气机渗漏。

（2）避免长时间怠速运转。若增压器长时间（10min 以上）怠速运转，因涡流室和压气机中的压力比较低，少量润滑油有可能通过密封件渗漏进来，使压气机叶轮上黏附润滑油，降低增压器的工作效率。

（3）保持中间壳体回油通道畅通、管道不变形、密封件（密封环、油封）不损坏。

334. 如何维护废气涡轮增压器?

（1）由于涡轮增压器多位于发动机的顶部，而所用的机油来自发动机的油底壳，机油经过机油冷却器和机油滤清器之后，才能到达涡轮增压器，中间需要一个较长的过程。因此，废气涡轮增压发动机应当用小油门启动，升温前不加速，怠速运转一段后再熄火，其目的是为了确保增压器全浮式轴承的润滑。

（2）在检测废气涡轮增压发动机的过程中，要防止发动机被憋灭。如果涡轮增压发动机在大负荷状态下被憋熄火，应当设法重新起动，以防热量大量聚积而造成增压器的轴承抱死。

（3）要防止发生运动干涉现象。建议发动机一熄火就倾听叶轮与泵壳之间有无“嚓嚓”的碰撞声音。如有，应当拆开检查转子轴的轴向间隙和径向间隙是否符合规定、浮动轴承是否磨损过甚、增压器机壳是否变形、转子轴是否失去动平衡等。

335. 如何判断废气涡轮增压器的工作性能?

（1）一个人踩住加速踏板，将发动机加速到 3000r/min 以上，使废气涡轮增压器起作用。另一个人用手握住节气门之前的进气软管，进气软管应该有膨胀感觉，此时软管内的气体压力激增（约为 160k ~ 180kPa）。如果手感进气管柔软甚至收缩，说明涡轮增压器工作失常。

（2）测量发动机进气歧管压力。在涡轮增压器起作用时应当大于 102kPa；在发动机熄火后，进气歧管的压力等于大气压力。

336. 如何更换废气涡轮增压器？

（1）发动机热机时，停机放净油底壳内的旧机油。

（2）向发动机内加入适量的清洗油（用75%柴油与25%机油勾兑），起动发动机运转3～5min后熄火，放掉清洗油，再加入适量的新机油后使发动机运行5～10min后放掉，从而保证发动机润滑油道干净。

（3）清洗或更换增压器进回油管，若有密封垫片，应检查其有无腐蚀、变形及堵塞油管。

（4）清洗油底壳，更换机油滤清器和空气滤清器芯，再按规定向发动机内添加新机油。

（5）拆下损坏的增压器，察看增压器进气管与发动机排气管内是否有杂物，以防杂物打坏泵轮、涡轮。

（6）检查新增压器，主要包括外观是否完好，型号是否与发动机相配，转子转动是否灵活。如果泵轮滞转或有碰擦壳体的感觉，要查明原因后再安装。

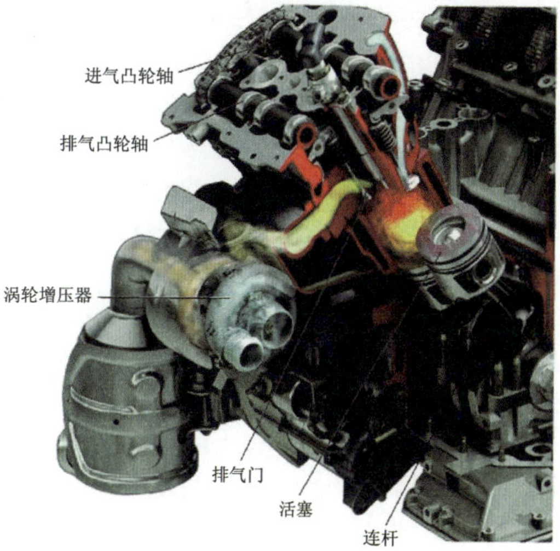

涡轮增压器工作示意图

（7）安装新增压器时，应先连接回油管，再向其进油口处加注少量机油，并用手转动泵轮，直到润滑油到达各轴承表面，最后安装进油管及其他管道。

（8）起动发动机，怠速工作3～5min，检查增压器，应无漏油漏气现象，所有连接部件应紧固密封，逐渐加大油门，应无异响。

337. 更换涡轮增压器时应注意哪些问题？

（1）安装前确保油、气管道的清洁干净。要确保增压器进回油管路的清洁通畅、布置合理适当，不能扭曲阻塞，增压器和进排气道内也不能有任何异物。

（2）通过查看增压器的铭牌，确定型号是否与发动机相匹配。

（3）安装新增压器时要轻拿轻放，不能把废气阀的推杆当成把手，以免影响废气阀执行机构的灵敏度和可靠性。

（4）新增压器使用前需要预润滑，但加入的机油不能浸没增压器。

（5）增压器的废气阀、调节阀及其相连接的零件不要随意拆装或更换，防止改变调节阀内的弹簧预紧力，影响增压器的正常工作压力。

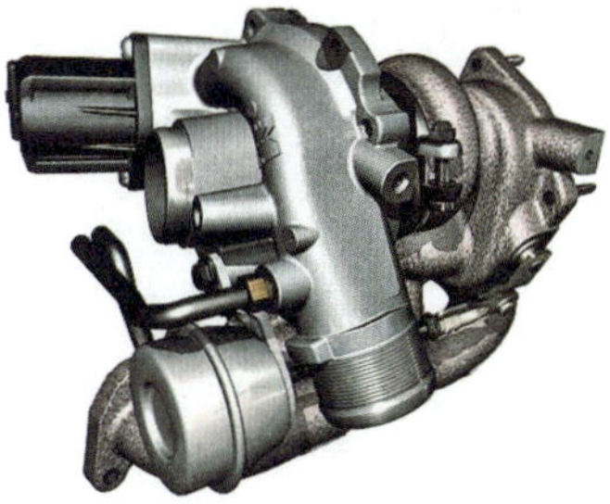

废气涡轮增压器

338. 什么是双增压器？

所谓双增压器就是利用机械增压器在低速阶段的优势和涡轮增压器在高速阶段的优势衔接在一起工作，其英文为Twincharger。

机械增压有助于低转速时的扭力输出，但高转速时功率输出有限；而废气涡轮增压在高转速时拥有强大的功率输出，但低转速时则力不从心。鉴于上述原因，发动机的设计师们把机械增压和涡轮增压结合在一起，来解决两种技术各自的不足，从而保证在低速、中速和高速时都有较佳的增压效果。

双增压发动机构造分解图

339. 什么是罗茨式增压器?

在某些资料里，我们看到的罗茨式增压器实际上就是机械增压器，英文为 Supercharger。它不像涡轮增压器那样通过废气驱动泵轮从而来提高进气压力，而是由发动机曲轴通过皮带驱动增压器的转子旋转，从而将空气增压吹到进气管。正因为机械增压是通过曲轴的带动来工作的，因此，会对发动机输出的动力造成一定程度的损耗。

因为机械增压的驱动原理，使其在低转速下便可获得增压。增压的动力输出也与曲轴转速成一定的比例，即机械增压发动机的动力输出随着转速的提高，也随之增强。因此，机械增压发动机的出力表现与自然吸气极为相似，但却能拥有较大的马力与扭力。但由于高转速时机械增压器会损失掉发动机的部分动力，在高转速时，其增压作用就不很明显。

以前的增压器配备的是双叶片转子。现在多数配备的是三叶片的螺旋形转子，这样，才能保证产生较高的增压压力，最重要的是产生恒定的增压压力（效率高）。

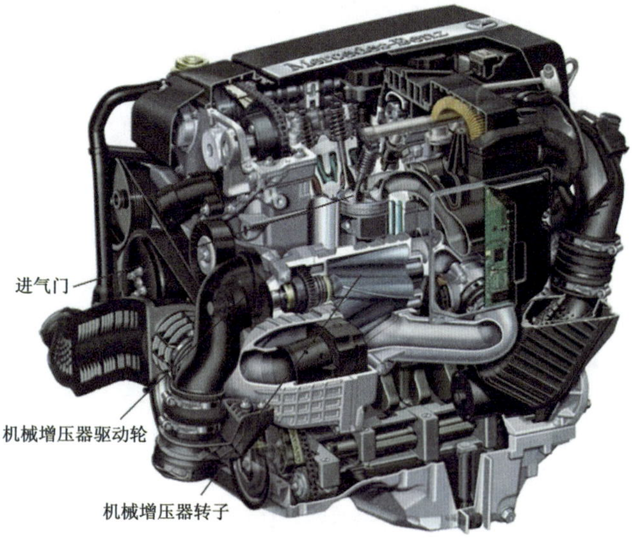

机械增压发动机构造图

340. 为什么需要中冷器?

进入增压发动机的空气首先经过增压器被压缩后，温度会升高。增压后的气体温度大概会升高多少呢？这要视增压器的工作情况而定，转速越高，增压压力越大，温度上升就越大，一般而言能够上升 40 ~ 60℃，加上空气本来的温度，增压后的气体会很烫。

高温空气对发动机燃烧特别不利，功率会减少、排放会变坏。在相同的燃烧条件下，增压空气的温度每上升 10℃，发动机功率就会下降 3% ~ 5%。这个问题就非常严重，好不容易增加的功率会因空气温度过高而抵消，为了解决该问题，在增压器与发动机进气歧管之间安装了散热器。由于该散热器位于发动机和增压器之间，所以，又将其称作中间冷却器，简称中冷器。

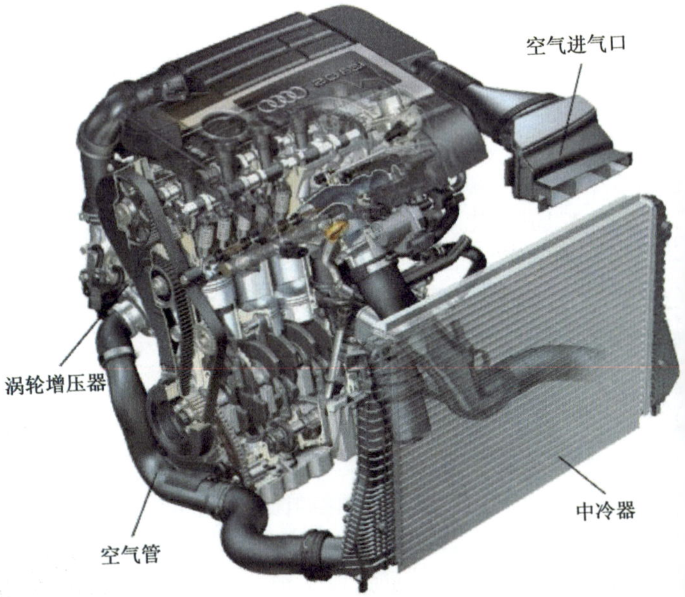

中冷器安装位置示意图

第一节　传动系统

CHAPTER

第二章

底盘

341. 传动系统包括哪些部件？

发动机所发出的动力靠传动系统传递给驱动轮。传动系统具有减速、变速、变向、中断动力、轮间差速和轴间差速等功能，与发动机配合工作，能保证汽车在各种工况条件下的正常行驶，并具有良好的动力性和经济性。

传动系统一般由离合器、变速器、万向传动装置和驱动桥（包括主减速器、差速器和半轴）等组成。

（1）离合器：按照需要适时地切断或接合发动机与变速器之间的动力传递。

（2）变速器：改变发动机输出转速的高低、转矩的大小及输出轴的旋转方向，也可以切断发动机的动力传递。

（3）万向传动装置：将变速器输出的动力传递给主减速器，并适应两者之间距离和轴线夹角的变化。

（4）主减速器：降低变速器的转速，增大其转矩，改变动力的传递方向。

（5）差速器：将主减速器传来的动力分配给左、右半轴，从而允许左、右驱动轮以不同的速度旋转，以满足左、右驱动轮在行驶过程中差速的需要。

（6）半轴：将差速器传来的动力传递给驱动轮，使驱动轮获得旋转的动力。

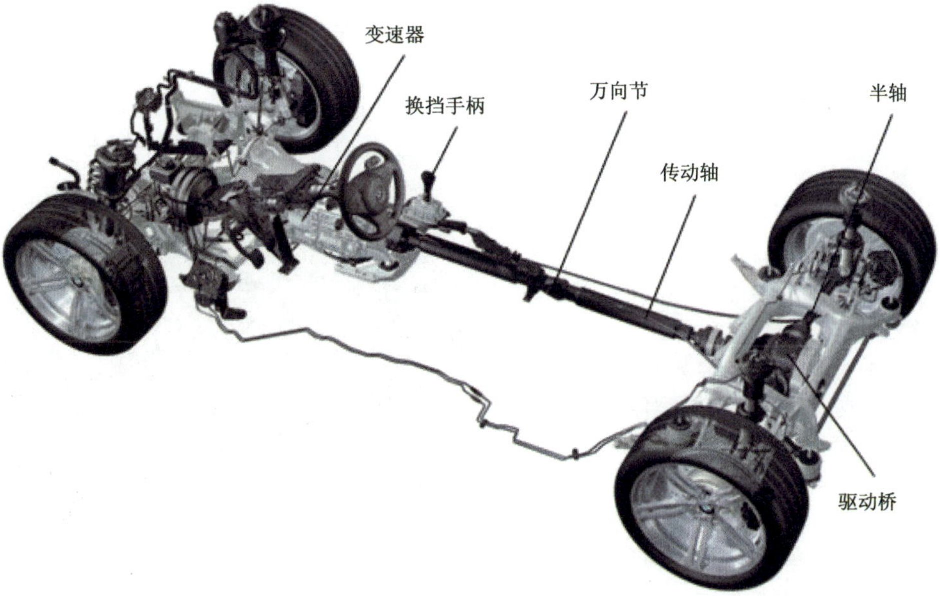

传动系统的组成及布置示意图

342. 传动系统有哪几种布置形式?

汽车传动系统的布置形式主要与发动机的安装位置及汽车的驱动形式有关。汽车的驱动形式通常用汽车车轮总数乘以驱动轮数来表示。现代轿车多采用 4 个车轮，其中只有 2 个驱动轮，其驱动形式可表示为 4×2。越野汽车的 4 个车轮全部为驱动轮，其驱动形式可表示为 4×4。

传动系统的布置形式主要有发动机前置前轮驱动、发动机前置后轮驱动、发动机后置后轮驱动和发动机前置四轮驱动。

343. 什么是发动机前置前轮驱动?

前置前轮驱动是指发动机和变速器放置在车前部，并采用前轮驱动（Front engine Front wheel drive，FF）。现在大多数中小型轿车都采用这种驱动形式，将变速器和驱动桥做成一体固定在发动机旁，将动力直接输送到车辆的前轮，用比较形象的话来说，就是“拉”着整个车辆前进。

前置前驱不需要像后轮驱动那样，通过一根长长的传动轴把动力传递到后轮上，所以它的能量传递效率比后驱车高得多。动力性能的充分发挥及燃油经济性的提升即可得以实现。由于没有传动轴通过车内驾驶舱，所以车内驾驶舱空间非常宽阔，从而提供有效的乘坐空间。

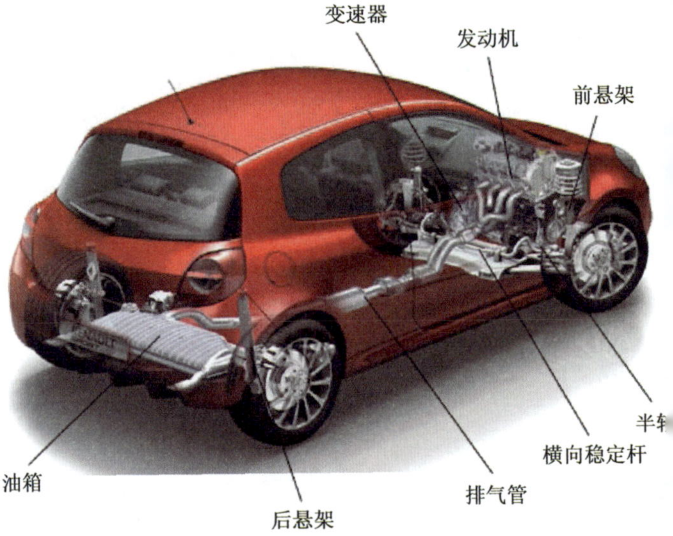

前置前轮驱动布置形式示意图

344. 什么是发动机前置后轮驱动?

前置后轮驱动是指发动机和变速器放置在车前部，并采用后轮驱动（Front engine Rear wheel drive，FR）。其中前轮负责转向，后轮来承担整车的驱动工作。在这种驱动形式中，发动机输出的动力由一根传动轴全部输送到后驱动桥，驱动后轮使汽车前进，也就是说，实际的行进中是后轮“推动”前轮，带动车辆前进。

这种驱动方式相比 FF 来说有更合理的重心分布，由于发动机和变速器的安装位置有些靠后，再加上传动轴和驱动桥，使得整车的重心比 FF 更趋于前后车轴之间，虽然它不能像中置发动机那样达到完美的前后 50:50 的效果。但是比起 FF 来说重心的位置要合理很多。当然，这还不算它最主要的优点，FR 最大的好处就是能提供更大的有效驱动力。这个道理跟 FF 一样，车辆在加速时重心是会后移的，那么前轮负荷减小而后轮负荷增大，这样给作为驱动轮的后轮带来好处。由于正压力的增大，它能产生更大的抓地力及摩擦力来驱动车身，所以打滑的机会更小。

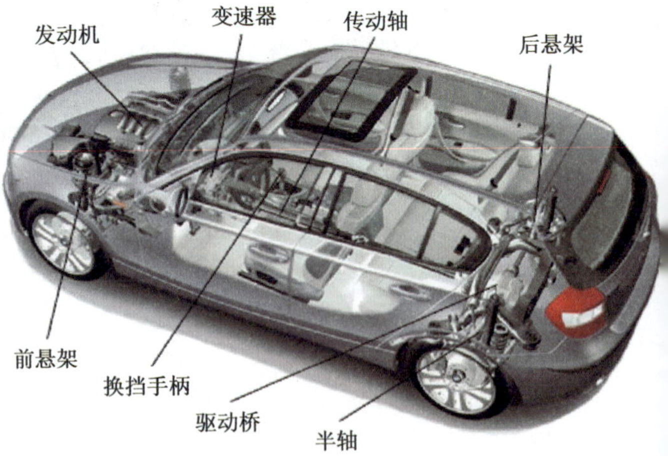

前置后轮驱动布置形式示意图

345. 什么是发动机后置后轮驱动?

后置后轮驱动是指发动机和变速器放置在车后部，并采用后轮驱动（Rear engine Rear wheel drive，RR）。它似乎是FF车的翻版，只不过是将车前的“五脏六腑”移到车后。此种车辆保持了FF车的优点，也消除了FF车的缺点，由于车内布置趋于合理，且对车内噪声和温度有所改善，以其独特的结构和良好的使用性能受到用户的欢迎。

后置后轮驱动最直接的好处就是传动系统的效率高，因为发动机离驱动轮近且省去了前置后驱车型上那根长长的传动轴。有了高效的传动系统，发动机的动力就能发挥得淋漓尽致。

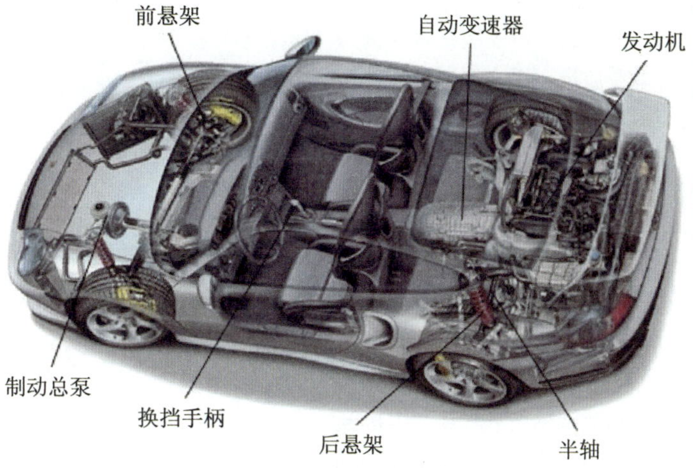

后置后轮驱动布置形式示意图

346. 什么是四轮驱动?

四轮驱动（4Wheel Drive，4WD）按照发动机和变速器的安装位置可分为前置四驱、中置四驱和后置四驱，而按照分动器的控制方式又可分为分时四驱、适时四驱和全时四驱。

当初创造四轮驱动（或称全轮驱动）的目的很简单，就是要在恶劣的路面环境下保证汽车拥有足够的牵引力。现如今这个理念已经发展到在包括普通干燥路面在内的各种路面环境下，提高汽车的牵引力。

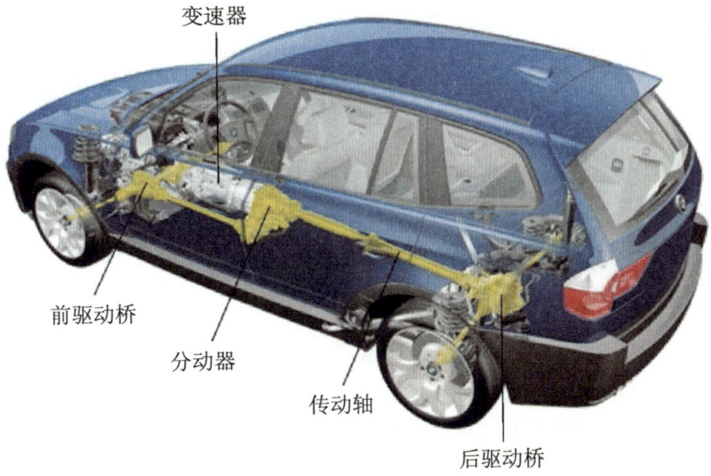

前置四驱布置形式示意图

四驱车的传动系统复杂，生产成本偏高。由于四驱系统增加车重，且其动力损耗较大，导致油耗上升，小排量发动机配四驱更是得不偿失的组合。此外，在维修保养上，四驱车也将花费更多金钱和时间。这些都是四驱不能在乘用车尤其是普通家用车领域普及的原因。

347. 全时四驱、分时四驱和适时四驱有何不同?

（1）分时四驱：驾驶员可以通过驾驶室内的四驱选择手柄来自由切换四驱或两驱模式。越野时就选择四驱模式；当在公路上行驶时，则可以选择两驱模式。这种分时四驱的形式在一些老式的JEEP车上可以见到，但在新式车型上已经淘汰。

（2）适时四驱：在不需要四轮驱动的时候就采用两轮驱动，需要四轮驱动的时候汽车会自动采用四轮驱动，它与分时四驱最大的区别就是这一切都是系统自动完成切换的，不需要人为控制。

（3）全时四驱：英文简称为AWD，指四个车轮时刻都能提供驱动力，无论直线行驶还是转弯。那么，为了避免转向干涉问题，全时四驱设置了一个中央差速器来调节前、后驱动桥的转速差。

348. 离合器有什么作用？

1）储存发动机的能量

由于离合器安装在发动机的飞轮上，加之离合器本身质量也很大，所以，它也起到发动机飞轮的作用，并储存发动机做功行程多余的能量，用于克服其他三个行程所产生的阻力，从而使发动机运转平稳。

2）传递发动机的转矩

在汽车机械式传动系统中，发动机的转矩是利用离合器的摩擦力矩传递给变速器，再通过万向传动装置及驱动桥使驱动轮获得转动的力矩。

3）保证汽车平稳起步

在起步时，驾驶员用左脚踩下离合器踏板使离合器分离，暂时切断发动机与变速器之间的联系。然后，驾驶员通过换挡手柄将变速器挂入所需挡位，左脚缓慢松开离合器踏板，同时，右脚逐渐踩下加速踏板使发动机发出的动力增加。于是，发动机的转矩便可由小变大地传给传动系统。

4）保证变速器换挡平顺

如果没有离合器或离合器分离不彻底使动力不能完全中断，原有齿轮副之间会因压力大而难以脱开，而待啮合齿轮副之间因圆周速度不同而难以进入啮合，勉强啮合也会产生很大的冲击和噪声，甚至会打齿。

5）防止传动系统过载

有了离合器，当传动系统承受载荷超过离合器所能传递的最大转矩时，离合器会通过主、从动部分打滑，从而起到对传动系统的过载保护作用。

离合器

349. 离合器如何分类？

汽车机械式传动系统中所用离合器都是利用摩擦来传递动力的，按从动盘、压紧机构、操纵机构的不同可分为不同的类型。

（1）按从动盘的数目不同可分为单片式、双片式和多片式。

（2）按压紧弹簧的形式和布置不同可分为膜片弹簧式、中央弹簧式、螺旋弹簧式和斜置弹簧式。

（3）按操纵机构不同可分为机械式、液压式和气压式。

350. 离合器包括哪些部件？

离合器位于发动机和变速器之间，用螺栓将其固定在飞轮的后平面上，负责将发动机的动力传递给变速器。目前，与手动变速器相配合的绝大多数离合器为膜片弹簧干摩擦式离合器。

平时，离合器处于接合状态，可以看作一个常闭开关，它主要由如下 5 部分组成。

（1）主动部分：飞轮、压盘和离合器盖。

（2）从动部分：从动盘，即离合器片。

（3）压紧机构：膜片弹簧。

（4）分离机构：分离套筒、分离轴承和分离拨叉。

（5）操纵机构：离合器踏板及调节装置。

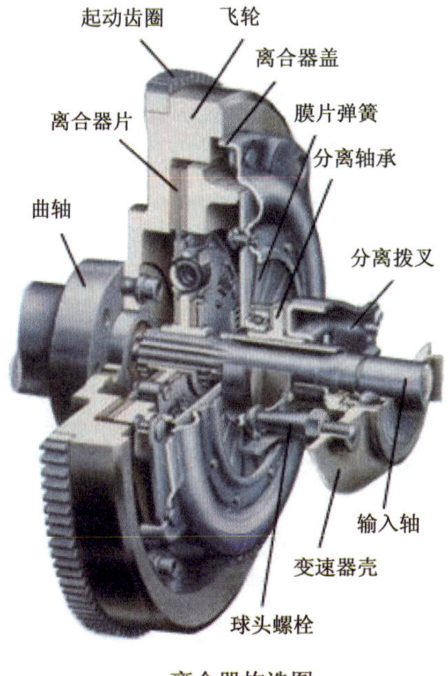

离合器构造图

351. 传动片有什么作用?

离合器盖通过螺栓固定在飞轮上。为了保证离合器拆装后不失去平衡，用定位销确保离合器盖与飞轮之间的安装位置。压盘和离合器盖之间是通过圆周均布的3组或4组传动片来传递转矩的。

传动片是用弹簧钢片制成的，每组两片，其一端用铆钉铆在离合器盖上，另一端用螺钉与压盘相连接，这样，在离合器接合与分离的过程中，依靠传动片产生的弯曲变形，压盘相对于离合器盖可作轴向平行移动。

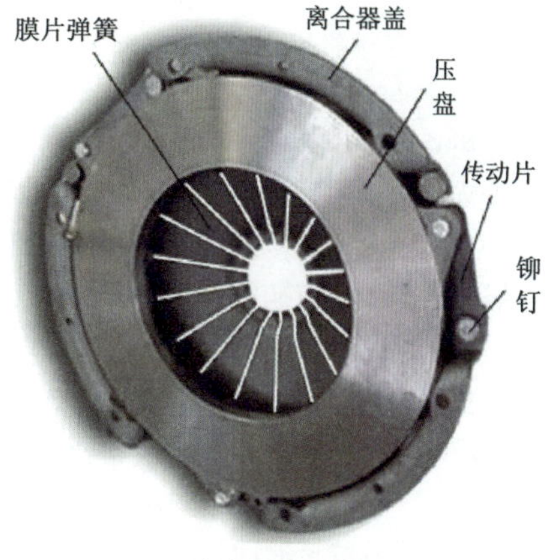

离合器主动部分

352. 如何检修离合器压盘?

压盘在使用中常见的损伤形式有工作面磨损不均、磨损过甚变薄、产生沟槽、翘曲及发蓝等。

离合器打滑或分离不彻底容易使压盘受热产生翘曲变形或不均匀磨损。压盘平面度误差的检查方法：将钢板直尺放置在压盘工作面上，用塞尺在其缝隙处测量。压盘工作面平面度误差不得超过0.12mm。摩擦片铆钉头外露擦伤压盘表面，使压盘表面磨出沟槽，其沟槽深度不得超过0.30mm。压盘的翘曲或沟槽可在平面磨床上磨平或在车床上车平。但加工后的压盘厚度应不小于标准厚度2mm。

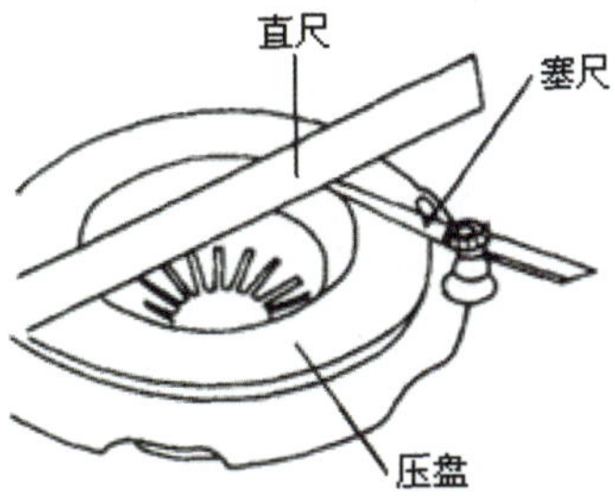

压盘平面度的检查

353. 从动盘的结构如何?

从动盘由从动盘钢片、摩擦片、扭转减振器和从动盘毂等组成。

发动机传到传动系统的转速和转矩是周期性变化的，使传动系统产生扭转振动，这将使传动系统的零部件受到冲击性交变载荷，使寿命下降、零件损坏。采用扭转减振器可以有效地防止传动系统的扭转振动。

从动盘钢片外圆周铆接有波浪形弹簧片，摩擦片分别铆接在弹簧片上，从动盘钢片与扭转减振器盘铆接在一起，这两者之间夹有从动盘毂。从动盘钢片、从动盘毂和扭转减振器盘上都有4个或6个圆周均布的窗孔，扭转减振器的弹簧装在窗孔中。特种铆钉将从动盘钢片和扭转减振器盘铆接成一体，但铆钉中部和从动盘毂上的缺口存在一定的间隙，从动盘毂可相对从动盘钢片和扭转减振器盘作一定量的转动。

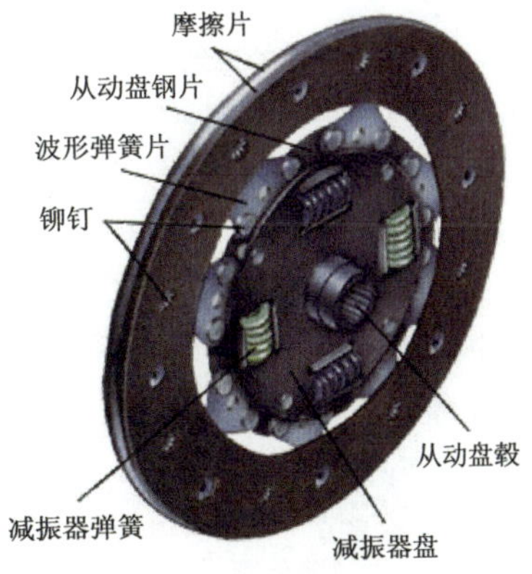

从动盘构造图

354. 如何检修从动盘?

（1）目视检查摩擦片，如有严重烧蚀、破裂、铆钉松动均应更换新摩擦片。

（2）摩擦片磨损的检查可用游标卡尺测量铆钉头的深度来确定。铆钉头部的埋入深度不得小于 0.3mm，否则，更换新摩擦片。

（3）若摩擦片有轻微油污，可用喷灯火焰烧去或用酒精清洁，表面的轻微烧焦可用砂纸打磨。如摩擦片磨损超过使用限度、有裂纹与脱落、烧焦面积大而深或有严重油污时，则需更换新摩擦片。

（4）从动盘毂和钢片的检修，用小锤轻轻敲击从动盘毂与钢片联接的铆钉以检查铆钉有无松动，若松动应更换离合器片；若铆钉孔磨损失圆，应更换离合器片。在从动盘钢片半径 120 ~ 150mm 处，用百分表测量钢片端面圆跳动公差应不大于 0.7mm，若超过应更换新离合器片。从动盘花键与变速器输入轴花键齿的配合间隙最大应不超过 0.6mm。否则，应更换新摩擦片。

（5）减振器弹簧的检修，其弹簧有裂纹或折断时应更换新摩擦片。钢片与减振器弹簧接触的部位，如有磨损应及时更换新摩擦片。

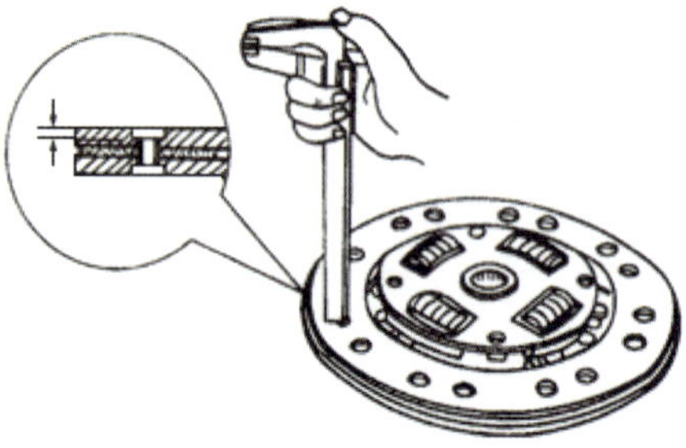

摩擦片磨损的检查

355. 扭转减振器如何工作?

当从动盘（离合器片）不受转矩作用时，减振器弹簧在从动盘毂与从动盘钢片和扭转减振器盘之间不起传力作用；当从动盘受转矩作用时，由摩擦片传来的转矩，首先传到从动盘钢片，再经减振器弹簧传给从动盘毂，这时弹簧被进一步压缩。因而，由发动机曲轴传来的扭转振动所产生的冲击即被弹簧所缓和，以及被摩擦片所吸收，而不会传到离合器以后的总成部件上。这样，发动机曲轴的转矩经从动盘毂的中间花键传递给变速器的输入轴。

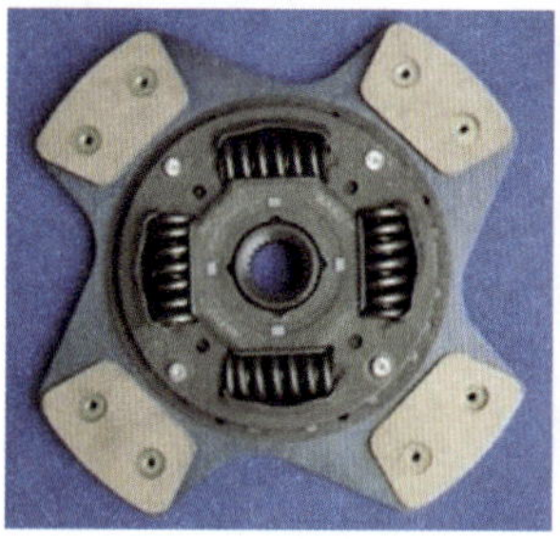

扭转减振器盘

安装离合器从动盘时，应具有方向性，以避免从动盘毂花键的连接长度不足、摩擦片悬空、顶分离轴承等现象，其安装方向因车型而异。

356. 什么是膜片弹簧?

膜片弹簧位于压盘和离合器盖之间，用来将压盘和从动盘压向飞轮，使压盘、从动盘和飞轮三元件压紧在一起。

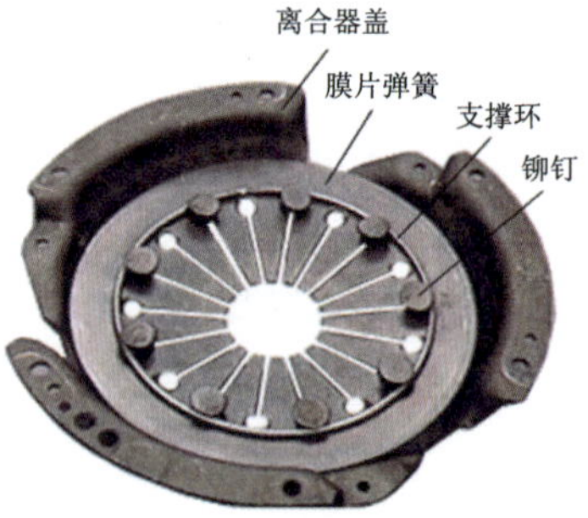

膜片弹簧

膜片弹簧用优质弹簧钢板制成，形状像一个碟子，在其具有锥形面的钢圆盘上，开有许多径向切槽，形成一圈有弹性的杠杆。在切槽的根部钻有圆孔以防止应力集中。真正产生压紧力的仅是圆孔以外的部分。膜片弹簧通过铆钉和支承环支承在离合器盖上，支承环为膜片压紧和分离的支承点。

357. 如何检修膜片弹簧?

1）膜片弹簧磨损的检查

用游标卡尺测量膜片弹簧与分离轴承接触部位磨损的深度和宽度。深度应小于 0.6mm，宽度应小于 5mm，否则，应更换。

2）膜片弹簧变形的检修

用专业工具盖住弹簧分离指内端（小端），然后用塞尺测量弹簧内端与专用工具之间的间隙。弹簧内端应在同一平面内，间隙不应超过 0.5mm。否则，用维修工具将变形过大的弹簧分离指翘起以进行调整。

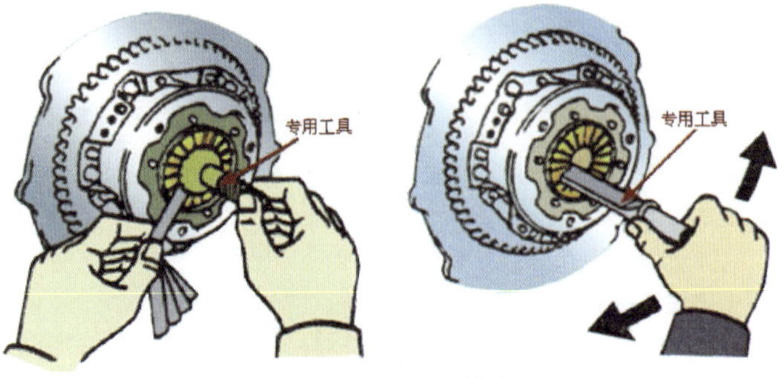

膜片弹簧变形的检查

358. 什么是离合器的自由间隙?

由离合器的工作原理可知，当摩擦片磨损变薄后，为了保证离合器能处于接合状态，传递发动机转矩，则压盘必须向飞轮方向移动。此时，膜片弹簧的外端和压盘一起向飞轮方向移动，其内端则向分离轴承方向移动。如果膜片弹簧内端与分离轴承之间没有间隙，则由于机械式操纵机构的干涉作用，压盘最终无法移向飞轮，即导致离合器不能完全接合，出现打滑现象。为此，在膜片弹簧内端与分离轴承之间预留一定的间隙，称为离合器的自由间隙，一般为几毫米。

膜片弹簧

359. 离合器是如何工作的?

离合器依靠接触面间的摩擦作用，离合器的主、从动部分之间可以暂时分离，又可逐渐接合，在传动过程中又允许两部分相互转动，具体工作原理如下：

（1）安装前状态。当离合器盖未固定到飞轮上时，膜片弹簧不受力，处于自由状态。此时，飞轮安装面与离合器盖之间有一定距离。

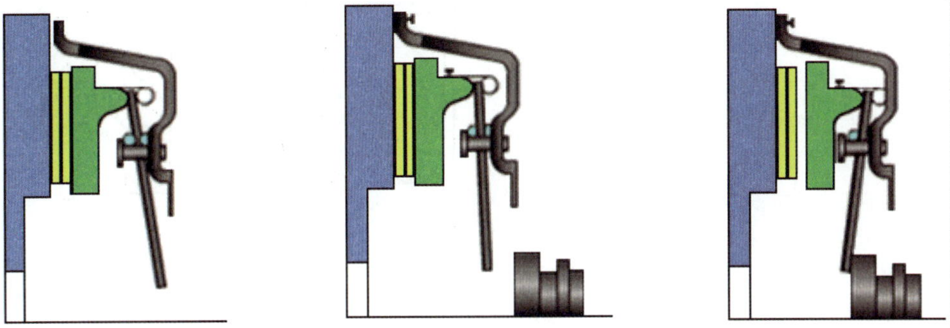

安装前位置　　接合位置　　分离位置

离合器工作原理图

（2）安装后状态。当离合器盖固定到飞轮上时，由于膜片弹簧发生弹性变形，这样膜片对压盘和从动盘产生压紧力，使飞轮、从动盘和压盘三者压紧在一起，离合器处于接合位置。发动机的转矩经飞轮及压盘，通过摩擦面的摩擦力矩传到从动盘，再经从动盘毂的中间花键传递到变速器输入轴。

（3）分离过程。踩下离合器踏板，分离拨叉推动分离套筒左移，通过分离轴承使膜片弹簧内端左移，膜片弹簧外端便拉动压盘右移，使其在进一步压紧膜片弹簧的同时，解除对从动盘的压力。于是，离合器的主、从动部分处于分离位置而切断动力传递。

（4）接合过程。当需要恢复动力传递时，缓慢抬起离合器踏板，分离轴承减小对膜片弹簧内端的压力，压盘便在膜片弹簧作用下逐渐压紧从动盘，并使所传递的转矩逐渐增大。当所能传递的转矩小于汽车起步阻力时汽车不动，从动盘不转。当所能传递的转矩达到足以克服汽车开始起步的阻力时，从动盘开始旋转，汽车开始移动，但仍低于飞轮的转速，即摩擦面间存在打滑现象。随着压紧力的不断增加和汽车的不断加速，主、从动部分的转速差逐渐减小，直到转速相等打滑现象消失，离合器完全接合为止，接合过程结束。由此可知，汽车平稳起步是靠离合器逐渐接合过程中滑磨程度的变化来实现的。

360. 如何检查离合器踏板的自由行程?

离合器分离时，为消除离合器自由间隙和分离机构、操纵机构零件的磨损及变形所需踩下的踏板行程称为离合器踏板的自由行程。

离合器踏板的自由行程一般为 15 ~ 20mm，检查时，用一个直尺抵在驾驶室底板上，先测量踏板完全放松时的高度，再用手轻按踏板，当感到阻力增大时再测量踏板高度，两次测量的高度差即为离合器踏板的自由行程。

刘总监提示：

离合器踏板的自由行程过小将引起离合器打滑；自由行程过大将引起离合器分离不彻底。

361. 如何检修离合器的分离轴承?

分离轴承应转动灵活，无尖锐响声或卡滞现象。其轴向间隙不得超过 0.60mm，内座圈磨损不超过 0.30mm。分离轴承为封闭式的，不能拆卸清洗或加润滑剂，在装车前，将轴承放在熔化的润滑油（采用钙基润滑脂和齿轮油各半的混合油）中浸透，待冷凝后才能装用，若损坏应更换新件。

分离轴承

362. 推式离合器与拉式离合器有何区别?

推式膜片弹簧离合器从曲轴开始依次安装着飞轮→从动盘→压盘→膜片弹簧→离合器盖；而拉式膜片弹簧离合器的结构形式与推式的大体相同，从曲轴开始依次安装着离合器盖→膜片弹簧→压盘→从动盘→飞轮。我国一汽大众生产的 Jetta、Golf 等轿车离合器即为拉式膜片弹簧离合器。

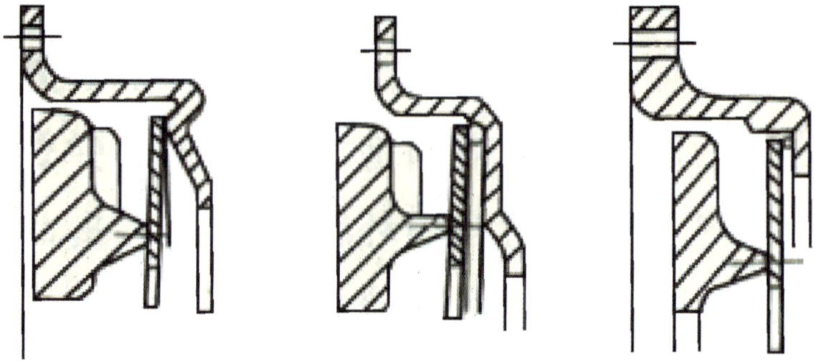

拉式膜片弹簧离合器的支承结构形式

拉式膜片弹簧离合器中的离合器盖用螺栓固定在发动机曲轴的法兰盘上，离合器压盘通过传动片与离合器盖相连，离合器盖和压盘中间安装的是膜片弹簧。膜片弹簧支承点和力的作用点的位置相对于推式有所改变，支承点由原来的中间支承环处移到膜片弹簧大端外径的边缘处，支承在离合器盖上。

363. 拉式离合器如何工作?

发动机飞轮通过螺栓固定到离合器盖上，离合器压盘和飞轮工作面之间是离合器从动盘，离合器分离盘通过卡环固定在膜片弹簧分离指上，离合器分离推杆安装在变速器输入轴的中心，一端作用在分离盘中部的凹坑内，另一端作用于安装在变速器壳体内的分离轴承端面上。

离合器分离时，变速器壳体内的分离轴承带动推杆前移，推杆将作用力传到分离盘并使其同样前移。此时，分离盘上的力作用在膜片弹簧的小端，则膜片弹簧以大端为支承点使小端前移，则膜片弹簧拉动压盘前移，从而使压盘、从动盘和飞轮三者处于自由状态，离合器处于分离状态。

364. 什么是离合器的操纵机构?

离合器的操纵机构是驾驶员可以使离合器分离，而后又使之柔和接合的一套机构，它起始于离合器踏板，终止于分离轴承。

按照操纵离合器的能源划分，离合器操纵机构分为人力式和助力式两种。前者是以驾驶员的人体作为唯一的操纵能源；后者则是以助力源为主要操纵能源，以人体作为辅助和后备的操纵能源。人力式操纵机构按所用传动装置的形式又分为机械式和液压式两种，而机械式操纵机构又分为杆系传动和绳索传动两种形式。

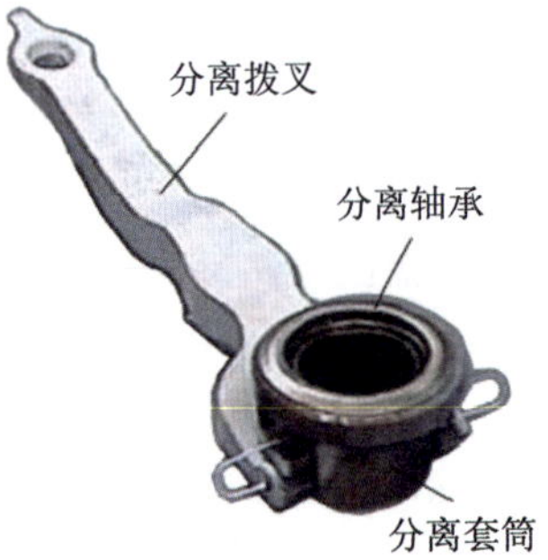

操纵机构

365. 杆系操纵机构有什么特点?

杆系操纵机构的结构简单，工作可靠，广泛应用于各种汽车上。但杆系传动中杆件间铰接多，摩擦损伤大，车架或车身变形及发动机位移时会影响其正常工作。

366. 绳索操纵机构有什么特点?

绳索式操纵机构可消除杆系传动形式的一些缺点，并能采用便于驾驶员操纵的吊挂式踏板，但绳索寿命较短，拉伸刚度较小，故只适用于轻型、微型汽车和轿车。例如，桑塔纳、捷达轿车离合器的操纵机构中，采用了绳索传动形式。

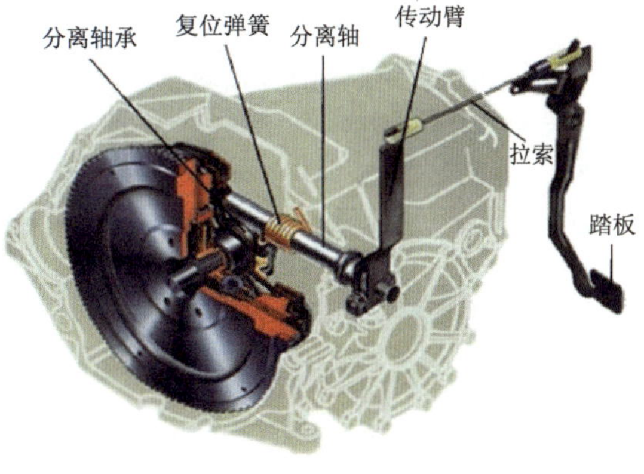

绳索操纵机构

367. 变速器有什么作用?

为了大范围改变发动机的转矩和转速，在传动系统中安装了变速器，其具体作用如下：

（1）变速器可以增大发动机传到驱动车轮上的转矩和调整转速的变化范围，以使汽车适应在各种情况下行驶的要求(前进挡位)。

（2）变速器能在保持发动机原转动方向不变的情况下，使汽车实现倒车功能(倒挡位)。

（3）变速器还能暂时地切断发动机与传动系统之间的动力传递，使发动机处于空转的怠速状态(空挡位)。

（4）利用变速器作为动力输出装置驱动其他机构，如自卸车的液压举升装置等。

368. 如何排出离合器液压系统中的空气?

（1）将主缸储液罐中的制动液加至规定高度，升起汽车。

（2）在工作缸的放气阀上安装一根软管，接到一个盛有制动液的容器内。

（3）排空气需要两个人配合工作，一人慢慢地踏离合器踏板数次，感到有阻力时踏住不动，另一人拧松放气阀直至制动液开始流出，然后再拧紧放气阀。

（4）连续按上述方法操作几次，直到流出的制动液中不见气泡为止。

（5）空气排除干净之后，需要再次检查及调整踏板自由行程，并添加制动液。

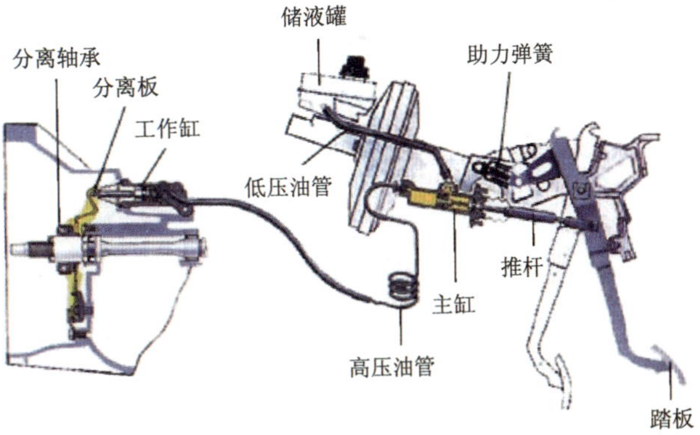

液压操纵机构

369. 变速器按所用轴的数目可分为几种?

按变速器所用轴的数目不同可分为两轴式手动变速器和三轴式手动变速器两种。

1）两轴式手动变速器

两轴式手动变速器通常与发动机前置前轮驱动的布置形式相配合。

2）三轴式手动变速器

三轴式手动变速器通常与发动机前置后轮驱动的布置形式相配合。

370. 变速器按操纵方式可分为几种?

1）手动变速器

手动变速器的英文为 Manual Transmission，缩写为 MT。通过驾驶员用手操纵换挡手柄来选定挡位，并直接操纵变速器的换挡机构进行挡位变换，换挡手柄的每一个位置对应一个挡位。

2）自动变速器

自动变速器的英文为 Automatic Transmission，缩写为 AT。自动变速器在驾驶室内没有离合器踏板，驾驶员只需操纵转向盘、加速踏板和制动踏板，变速器的控制系统就会根据发动机的负荷信号和车速信号来实现前进挡位传动比的自动变化。

3）手自动一体式变速器

这种变速器即可以按自动变挡方式运行，又可以以手动换挡方式运行。如下图所示，途锐 09D 自动变速器其换挡手柄除有 P-R-N-D-S 外，在另一侧还有两个操纵挡位"+"和"-"。通常中间缺口可以将换挡手柄在自动换挡 D 挡位和手动换挡之间互相转换。在手动换挡位置，向"+"位推动换挡手柄时升挡，向"-"位拉动换挡手柄时降挡。手自动一体换挡已成为 20 世纪 90 年代自动变速器 AT 发展的一个新特点。

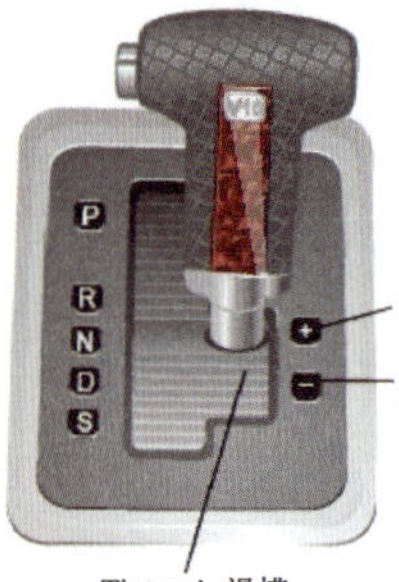

途锐09D手自动一体式变速器换挡手柄

371. 变速器按变速方式可分为几种?

1）有级变速器

采用齿轮传动，具有有限几个固定传动比(各挡的传动比是定值，也就是所谓的"级")的变速器，称为有级变速器，手动变速器 MT、液力式自动变速器 AT、电控机械式自动变速器 AMT、双离合器变速器 DCT、直接换挡变速器 DSG 等均属于有级变速器。比如，一挡传动比是 3.454，三挡是 1.370，再到五挡的 0.85，总共只有 5 个值（有 5 级），所以说它们是有级变速器。根据所采用的齿轮传动机构不同又分为：普通斜齿轮变速器和行星齿轮变速器两种。通常，手动变速器采用普通斜齿轮，而自动变速器采用行星齿轮。

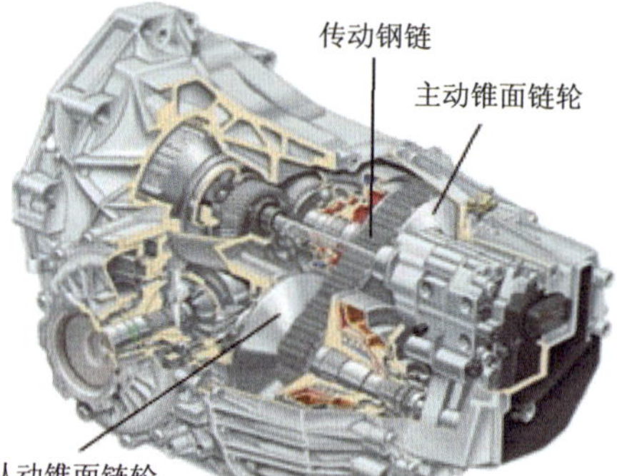

奥迪01J无级变速器

2）无级变速器

传动比在一定范围内连续变化的变速器称为无级变速器，它的传动比不是间断的点，而是一系列连续的值，譬如可以从 3.454 一直变化到 0.85。奥迪 01J 无级变速器 CVT、锥环式无级变速器 KRG 即是这类变速器。

372. 手动变速器由哪几部分组成?

虽然各厂家生产的手动变速器结构有所不同，但其基本组成仍可分为如下 4 个部分：变速器操纵机构、变速器传动机构、变速器换挡装置、变速器壳体和盖。

1）变速器操纵机构

变速器操纵机构的结构变化较大，主要和车身及底盘结构的形式和布置有关。根据其换挡手柄和变速器的相对位置不同有两种结构形式：直接操纵式和远距离操纵式。

2）变速器传动机构

变速器传动机构是变速器的主体，主要由齿轮、轴及轴承等组成，其作用是改变齿轮传动比及旋转方向。

手动变速器构造图

3）变速器换挡装置

现代汽车手动变速器所采用的换挡装置主要是同步器，它安装在两个浮动齿轮的中间，用来改善换挡质量。

4）变速器壳体和盖

变速器壳体和盖用来安装传动机构、换挡装置和部分操纵机构，同时储存润滑油。

373. 为什么倒挡噪声比前进挡大?

变速器内部靠不同的齿轮组合来获得不同的传动比，而齿轮最基本的形式是在圆柱体上加工出能够彼此啮合的牙状凸起。齿轮最简单的形式就是直齿轮，顾名思义，直齿轮的齿面沿直线切出，轮齿与齿轮轴线相平行。齿宽更大或希望啮合更平稳的齿轮在轮齿加工时通常都与其轴线呈一定角度，这就是斜齿轮的由来。由于轮齿与齿轮轴线呈一定角度，斜齿轮的轮齿在相互啮合时更为渐进，因此，斜齿轮在工作时要比直齿轮平稳、安静得多。正是因为这个原因，采用直齿轮的倒挡要比采用斜齿轮的前进挡噪声大。

直齿传动

斜齿传动

374. 什么是传动比?

主动齿轮(输入轴)的转速与从动齿轮(输出轴)的转速之比值称为传动比，但在实际中，转速一般很难获取，通常传动比用从动齿轮的齿数与主动齿轮的齿数之比值来表示。

变速器在倒挡时是3个齿轮啮合传动，其传动比如何计算呢？下面以图为例进行说明。3个齿轮的齿数依次为10、20和30，第1个齿轮到第2个齿轮间的传动比为2:1，即转速降低了一半。第2个齿轮到第3个齿轮间的传动比为3:2，因此，这个倒挡的总传动比为(2/1)×(3/2) = 2×1.5 = 3，也就是说，主动齿轮旋转3圈，从动齿轮才能旋转1圈。

倒挡传动比的计算

375. 手动变速器如何变速与变矩?

普通斜齿轮式手动变速器利用不同齿数的齿轮啮合传动来实现转矩和转速的改变。

例如，两个齿数分别为20和10的齿轮相啮合，20齿的齿轮每旋转一圈，10齿的齿轮就会旋转两圈。我们在此称输入动力的20齿的齿轮为主动齿轮。主动齿轮和从动齿轮上的每一个轮齿一一啮合。由于主动齿轮有20个轮齿而从动齿轮只有10个，因此，主动齿轮每转一圈，从动齿轮将会旋转两圈，这就是齿轮加速传动原理。齿轮减速传动原理与之相同，只需将上述的主、从动齿轮对掉即可，主动齿轮变为齿数较少的齿轮，从动齿轮变为齿数较多的齿轮，现在主动齿轮每转一圈，从动齿轮只旋转半圈。

齿轮传动的转矩与其转速成反比。由此可知，手动变速器在改变转速的同时，也改变了输出转矩。挡位越低，传动比越大，输出转速越低，则输出转矩越大；反之，挡位越高，传动比越小，输出转速越高，则输出转矩越小。手动变速器通过变换不同的齿轮组来改变输出转速和转矩，以适应汽车行驶条件的变化。

齿轮加速传动

齿轮减速传动

376. 手动变速器如何变向?

齿轮传动的旋转方向与齿轮的啮合方式和啮合个数有关，普通斜齿轮式手动变速器采用外啮合齿轮传动，其两个齿轮传动时的旋转方向相反。因此，只要改变外啮合齿轮的个数，就可以在不改变发动机曲轴旋转方向的条件下实现汽车的前进或倒退。

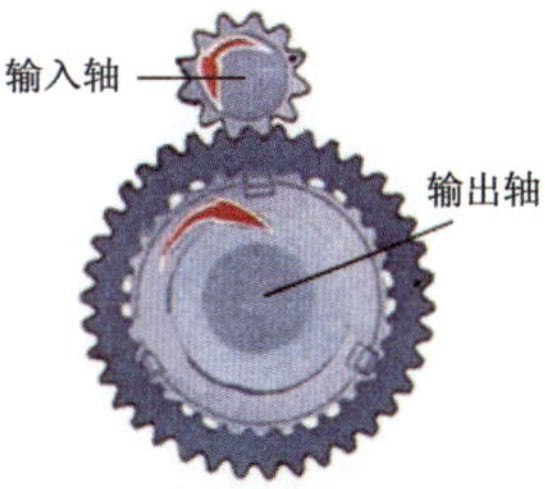

前进挡齿轮传动

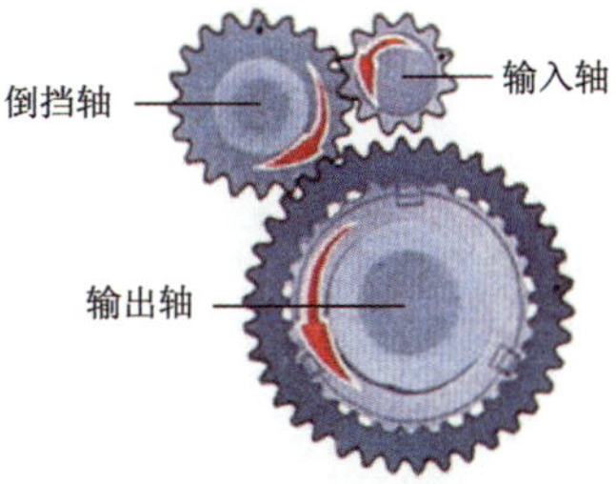

倒挡齿轮传动

377. 手动变速器如何切断动力?

在汽车行驶的过程中，手动变速器传递动力时都是在齿轮啮合的状态下进行的，因此，要切断动力就只有将原先啮合的齿轮退出啮合状态，即可实现切断动力传递的目的。

378. 变速器操纵机构有什么作用?

变速器操纵机构的作用是保证驾驶员能准确可靠地使变速器挂入所需要的任一挡位工作，并可随时使之退入空挡。操纵机构包括外操纵部分和内操纵部分，内操纵部分中的每一根拨叉轴最多实现 2 个挡位，挡位越多，换挡操纵机构越复杂。

379. 什么是直接操纵式?

根据其换挡手柄和变速器的相对位置不同，变速器操纵机构可分为直接操纵式和远距离操纵式两种类型。直接操纵式变速器操纵机构的换挡手柄设置在变速器盖上，驾驶员可直接操纵换挡手柄来拨动变速器壳体内的换挡拨叉机构。

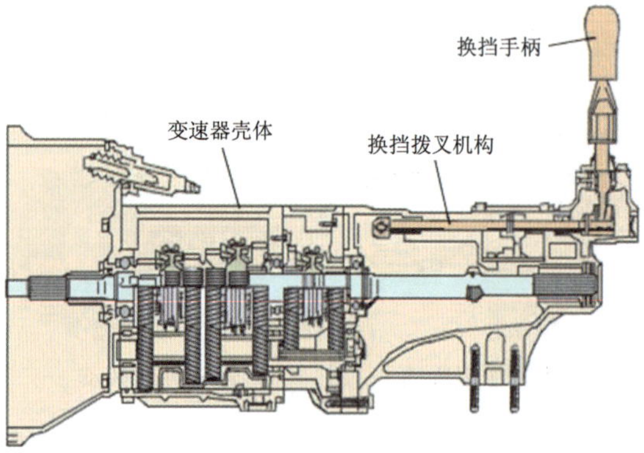

直接操纵式

380. 什么是远距离操纵式?

由于变速器的安装位置离驾驶员座椅较远，为此在换挡手柄和变速器之间加装了一套传动杆件或钢索，构成远距离操纵的形式。

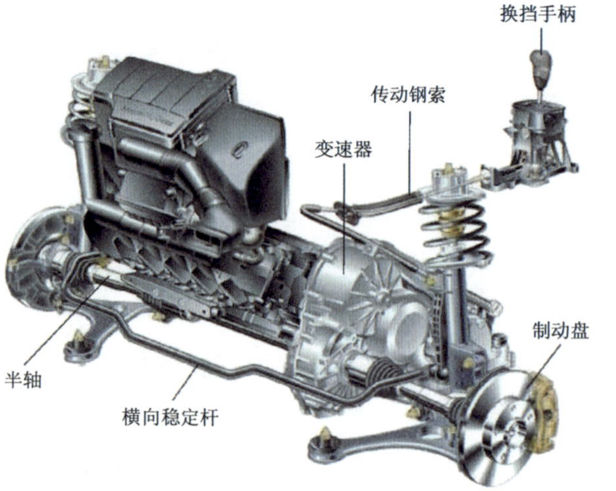

远距离操纵式

381. 换挡拨叉机构包括几部分?

换挡拨叉机构包括换挡手柄、拨叉及拨叉轴三部分。驾驶员通过拨动换挡手柄来带动变速器壳体内的拨叉轴移动，安装在拨叉轴上的拨叉便带动变速器换挡装置（同步器），从而挂入驾驶员预先选定的挡位。

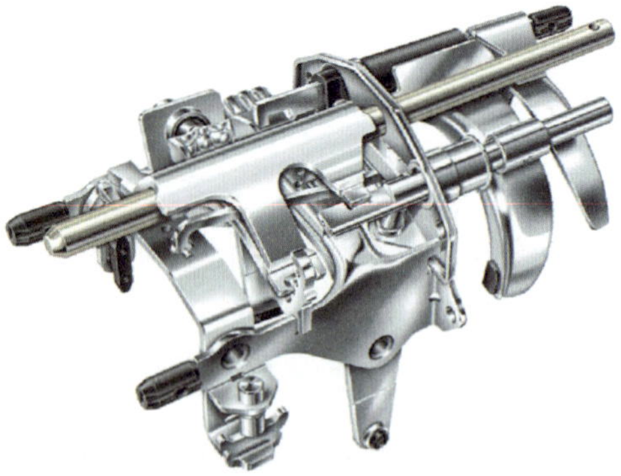
换挡拨叉机构

382. 什么是定位锁止装置?

为了保证变速器在任何情况下都能可靠地在所选挡位上工作，变速器操纵机构都设有定位锁止装置，包括自锁装置、互锁装置和倒挡锁装置。通常自锁装置和互锁装置设置在变速器盖或换挡拨叉机构上，倒挡锁装置与换挡手柄位置有关。

383. 自锁装置有什么作用?

自锁装置是对各挡拨叉轴进行轴向定位锁止，以防止其自动产生轴向移动而造成变速器自动挂挡或自动脱挡，保证全齿长啮合，使驾驶员具有手感。大多数变速器的自锁装置采用定位钢球对拨叉轴进行轴向定位锁止，其主要由拨叉轴上的凹槽、自锁钢球、自锁弹簧组成。

384. 自锁装置如何工作?

自锁装置是在变速器盖上凸起部钻的小孔中装有自锁弹簧及自锁钢球，其位置处于拨叉轴的正上方，拨叉轴对着钢球的表面沿轴向设有三个凹槽，凹槽的深度小于钢球的半径。中间的凹槽对正钢球时为空挡位置，前边或后边的凹槽对正钢球时则处于某一工作挡位置，相邻凹槽之间的距离保证齿轮处于全齿长啮合或完全退出啮合。

凹槽对正钢球时，钢球便在弹簧的压力作用下嵌入该凹槽内，拨叉轴的轴向位置便被固定，其拨叉及相应的接合套和接合齿圈被固定在空挡位置或某一工作挡位置，而不能自动挂挡或自动脱挡。当需要换挡时，驾驶员通过换挡手柄对拨叉轴施加一定的轴向力，克服弹簧的压力而将钢球从拨叉轴凹槽中挤出并推回孔内，拨叉轴便可滑过自锁钢球进行轴向移动，并带动拨叉及相应的接合套轴向移动。当拨叉轴移到另一凹槽与钢球对正时，钢球又被压入凹槽，此时，拨叉所带动的接合套便拨入空挡或另一工作挡位置。

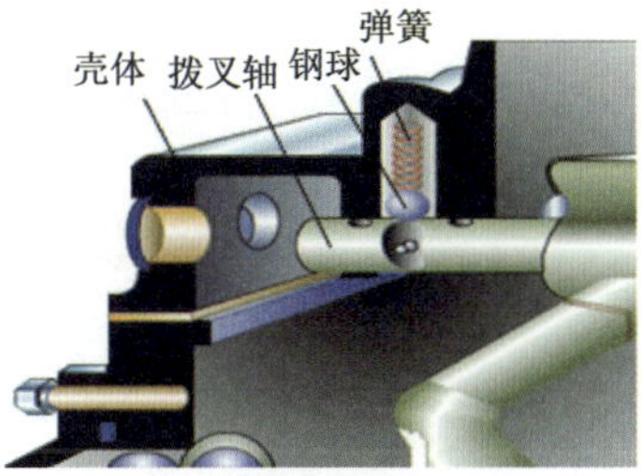

自锁装置原理图

385. 互锁装置有什么作用?

互锁装置用于防止两个拨叉轴同时移动，即当拨动一个拨叉轴轴向移动时，其他拨叉轴都被锁止，从而可防止同时挂入两个挡位而造成乱挡。互锁装置主要由拨叉轴上的凹槽、互锁钢球及互锁销组成。其中互锁销尺寸长 = 拨叉轴直径 − 1 个凹槽深度，相邻 2 个互锁钢球总尺寸长 = 两个相邻拨叉轴表面间距 + 1 个凹槽深度。

386. 互锁装置如何工作?

当移动中间拨叉轴时，由于尺寸保证，使得两侧互锁钢球分别落入上面拨叉轴和下面拨叉轴的凹槽内，从而防止上面拨叉轴和下面拨叉轴挂入工作挡位置，即起到了防止同时挂入两个挡位的设计目的。当需要移动另一拨叉轴时，则中间拨叉轴先退回空挡，这也为互锁钢球空出了一个凹槽位置，上面或下面的拨叉轴即可挂入某一工作挡位置。

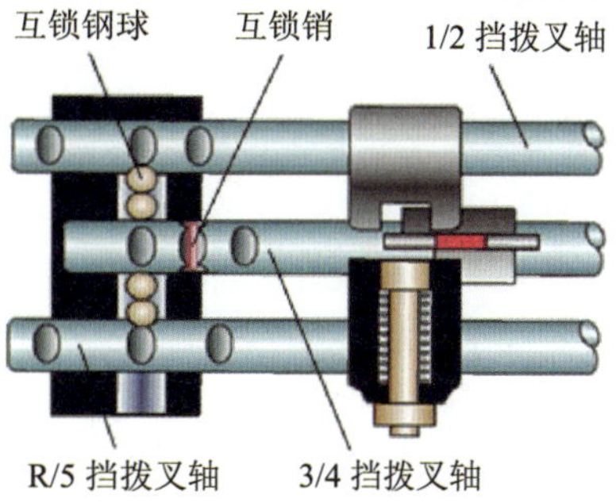

互锁装置原理图

387. 倒挡锁装置有什么作用?

为防止驾驶员误挂倒挡，变速器上都设有倒挡锁装置。现代汽车的倒挡锁是采用换挡手柄在倒挡时与前进挡位置在空间错开，挂倒挡需将换挡手柄压下方可挂入，以防误挂倒挡。

388. 倒挡锁装置如何工作?

当驾驶员想挂倒挡时，必须用较大的力使换挡手柄下端向倒挡拨叉轴移动，此时，换挡手柄下端顶动锁销，锁销克服弹簧弹力退入锁销孔内，换挡手柄下端进入拨块凹槽中进行换挡。当倒挡拨叉轴移动挂挡时，另外两个拨叉轴被互锁装置锁止。由此可见，倒挡锁装置的作用是使驾驶员必须对换挡手柄施加更大的力，才能挂入倒挡，起到警示注意作用，以防误挂倒挡。

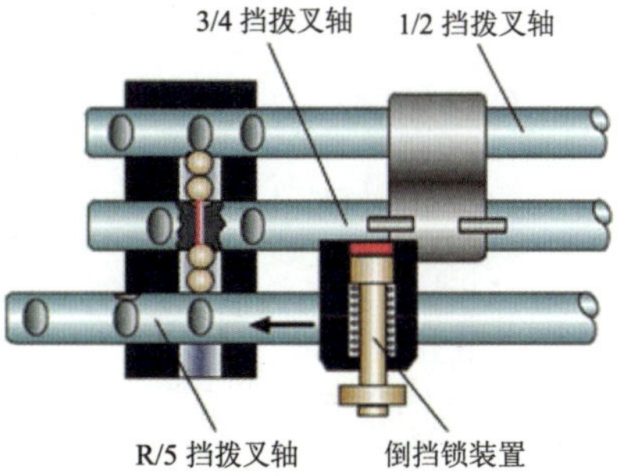

倒挡锁装置原理图

389. 如何检修操纵机构？

变速器操纵机构工作频繁，其损伤常表现为：磨损、变形、连接松动、弹簧失效等。

（1）检查变速器操纵机构各零件的连接情况，如有松动应及时紧固。

（2）检查换挡手柄、拨叉轴、拨叉等变形情况，如有变形应校正。

（3）检查拨叉与接合套、拨叉与拨叉轴、换挡轴等处的磨损，如磨损应更换。

（4）检查复位弹簧、锁止弹簧的弹性，如失效应更换。

汽车变速器随着行驶里程的增加，以及不正常的操作，使其零件的磨损、变形随之增加，这样会出现自动脱挡、乱挡、挂挡困难、异响及漏油等变速器常见故障。

390. 变速器传动机构有什么作用？

变速器传动机构是变速器的主体，主要由齿轮、轴及轴承组成，其作用是在变速器操纵机构的控制下改变齿轮传动比及旋转方向。按工作轴的数量（不包括倒挡轴）可分为两轴式变速器和三轴式变速器两种。

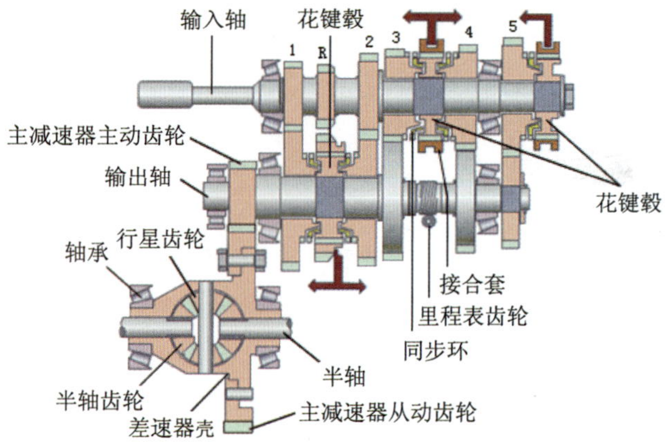

两轴式变速器构造示意图

391. 什么是两轴式变速器？

两轴式变速器用于发动机前置前轮驱动的汽车，一般与驱动桥合称为变速驱动桥，主要包括输入轴、输出轴、倒挡轴、各挡齿轮及轴承等。其特点是输入轴、输出轴及倒挡轴相互平行，且无中间轴。目前，国内常见的轿车均采用这种变速器，如迈腾、捷达、宝来、奥迪等。

前置发动机有纵向布置和横向布置两种形式，与其配用的两轴式变速器也有两种不同的结构形式。发动机纵置时，主减速器为一对圆锥齿轮，如桑塔纳轿车；发动机横置时，主减速器为一对圆柱齿轮，如捷达轿车。

392. 三轴式变速器什么样？

三轴式手动变速器通常与发动机前置后轮驱动的布置形式相配合。三轴式变速器广泛用于发动机前置后轮驱动的汽车上，主要包括输入轴、输出轴、中间轴、倒挡轴、各挡齿轮及轴承等。其特点是输入轴与输出轴轴线同心，且都与中间轴和倒挡轴平行，传动比的变化范围大，使传动效率提高。

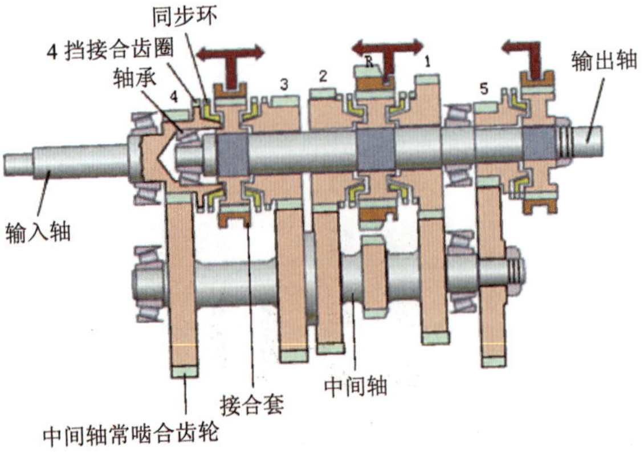

三轴式变速器构造示意图

393. 变速器为什么会打齿？

变速器打齿其实就是两个金属质地的齿轮之间的硬碰硬，从而加速齿轮磨损，最终的结果就是大修变速器。

变速器打齿是由于操作失误造成的变速器齿轮损坏的现象，对于手动变速器来说，在换挡时一定要将离合器踩到底，然后进行变挡操作，松开离合器，完成换挡，什么情况下容易打齿呢？往往是离合器没有彻底分离就进行变挡操作，换挡时不仅出现齿轮响声，还容易造成打齿；如果变速器里齿轮油杂质较大，比如长期磨损的铁屑，在齿轮转动中如果夹在了传动齿轮中间，也容易造成打齿；另外，手动变速器的结构内部有一个非常重要的设备——同步器，如果没有同步器，肯定会发生打齿的现象。

394. 同步器分为哪几种类型？

同步器安装在两个浮动齿轮的中间，它可分为常压式、惯性式和自增力式三种类型。目前，广泛采用的是惯性式同步器。

惯性式同步器是依靠摩擦作用实现同步的，其作用是保证接合套与待接合齿圈迅速达到同步，并阻止二者在未达到同步时进入啮合，从而消除换挡冲击，改善换挡质量。惯性式同步器按结构不同又可分为锁环式和锁销式两种。锁环式同步器结构紧凑，但传力小，故多用于轿车和轻型车辆的变速器中；锁销式同步器结构尺寸大，传递转矩大，故多用于中、重型车辆的变速器中。

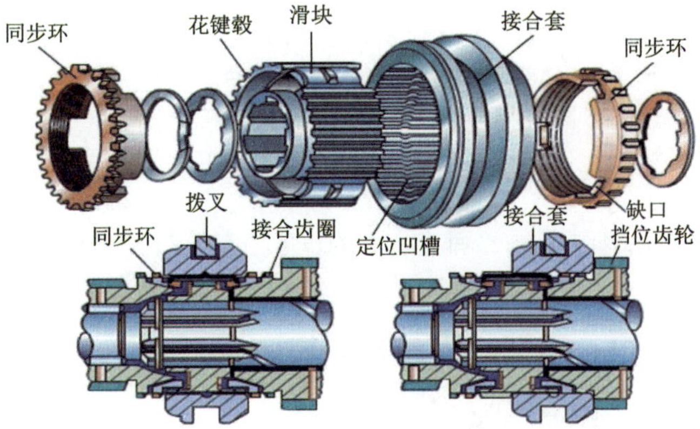

锁环式惯性同步器构造图

395. 锁环式惯性同步器构造如何？

锁环式惯性同步器由花键毂、接合套、锁环（也称为同步环）、滑块、弹簧圈等组成。花键毂以其内花键套装在相应轴的外花键上，并用卡环轴向固定，而且花键毂上制有三个均布的轴向槽，用于安装滑块。两个锁环分别装在花键毂与接合齿圈之间。锁环具有内锥面，接合齿圈则具有相同的外锥面，两者之间通过锥面相接触。为了增加其接触锥面之间的摩擦力，在锁环内锥面上车有细密的螺纹槽，以使两锥面接触后能够破坏锥面间的油膜，提高摩擦系数。锁环上有断续的短花键齿，其短花键齿的断面形状和尺寸与接合齿圈上的外花键齿均相同。接合齿圈和锁环上的花键齿，在对着接合套的一端都制有倒角，称为锁止角，且与接合套内花键齿齿端的倒角相同。锁环的端部沿圆周相间均布着三个缺口。三个滑块分别装在花键毂上三个均布的轴向槽内，沿槽可以轴向移动。安装在三个滑块下面的两个弹簧圈将滑块压向接合套，滑块中部的凸起部位压嵌在接合套中部的凹槽内，其作用是保证接合套在空挡处于中间位置。滑块两端伸入锁环的缺口中，滑块窄缺口宽，两者之差等于锁环上的花键齿宽。锁环相对于滑块顺转和逆转都只能转动一个齿宽，且只有当滑块位于锁环缺口的中央时，接合套与锁环才能接合。

396. 防止自动脱挡的措施有几种？

在手动变速器中，除自锁装置可以防止自动脱挡外，部分变速器的同步器也采取了一些防止自动脱挡的措施，其结构形式有减薄齿式和齿端倒斜面式。

397. 减薄齿如何防止自动脱挡？

减薄齿式防止自动脱挡机构的同步器花键毂外齿圈的两端，齿厚各减薄 0.3 ~ 0.4mm，使得齿中部形成一个凸台。当同步器的接合套左移与接合齿圈接合时，接合齿圈的转矩传给接合套的一侧，再由接合套的另一侧传给花键毂。由于接合套的后端被花键毂中部的凸台挡住，在接触面上作用一个力 N，其轴向分力 P 即为防止自动脱挡的阻力。

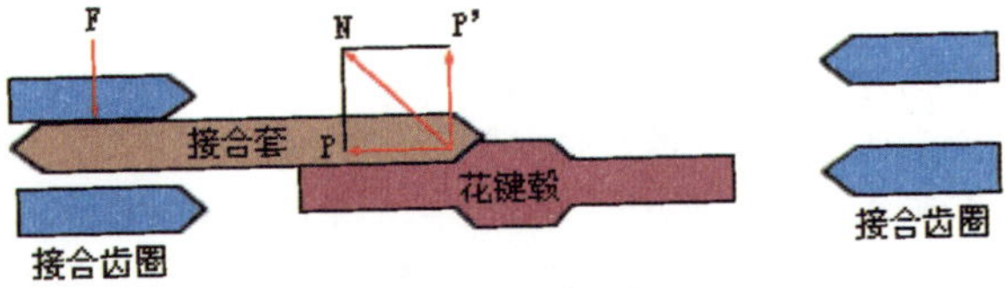

减薄齿防脱挡结构图

398. 齿端倒斜面如何防止自动脱挡?

齿端倒斜面式防止自动脱挡机构是将接合套内花键齿两侧齿端及接合齿圈的齿端都制有相同斜度的倒斜面。当同步器的接合套左移与接合齿圈接合时，接合齿圈将转矩传到接合套的一侧，再经过接合套的另一侧传给花键毂。由于接合齿圈与接合套齿端部都为斜面接触，便产生一个垂直斜面的正压力 N，其分力分别为 F 和 P，其轴向分力 P 即为防止自动脱挡的阻力。

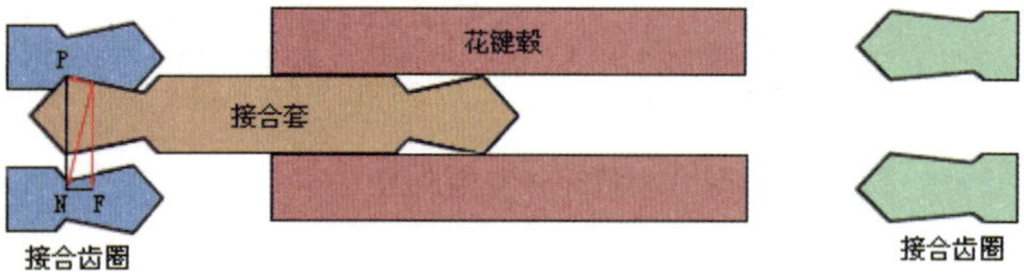

齿端倒斜面防脱挡结构图

400. 如何检修锁环式同步器?

锁环式同步器的损伤表现在锁环、滑块、接合套、花键毂和花键齿的损伤。锁环内锥面和滑块凸台的磨损都会破坏换挡过程的同步作用；锁环、接合套锁止角的磨损，会使同步器失去锁止作用，这都会出现换挡困难，发出机械撞击噪声。

锁环的检验方法是将同步器锁环压在换挡齿轮的端面上，检查摩擦效能，并用塞尺测量锁环和换挡齿轮接合齿圈之间的间隙，如下图所示。同步器滑块顶部凸台磨损出现沟槽，必须更换，否则，也会使同步作用减弱。

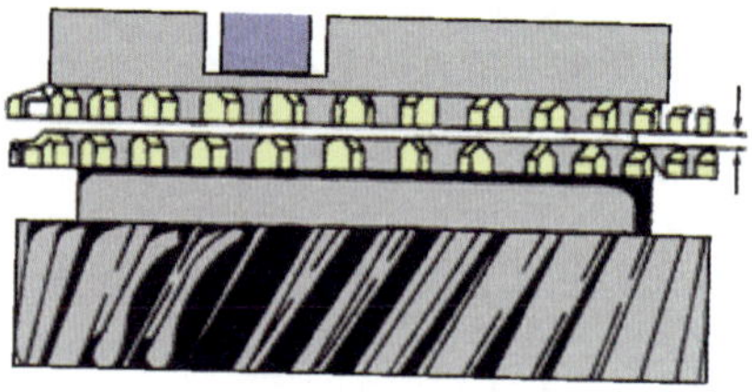

同步器间隙的检查

399. 三件式同步器有何优势?

宝来 02T 变速器内的同步器有两种形式，一种形式为三件式同步器，另一种形式为单件式同步器。三件式同步器相对于单件式同步器而言，只不过多了 2 个同步环。三件式同步器主要由内同步环、中间同步环和外同步环组成；而单件是指同步器只有一个同步环。装备有三件式同步器与单件式同步器相比，所提供的摩擦面要大很多，由于传热面积大，因此，可以大大提高同步效率。

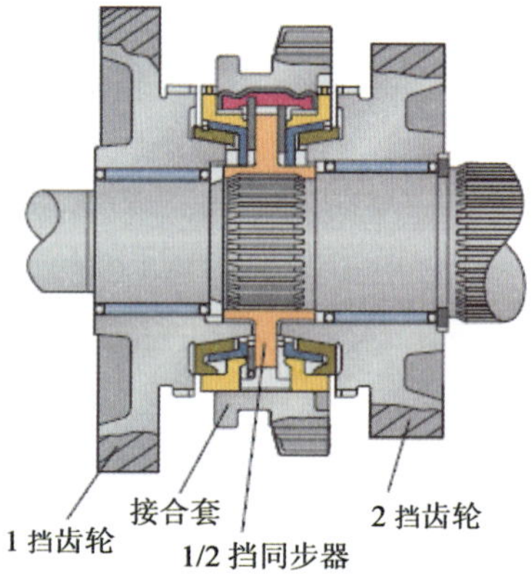

三件式同步器的安装位置

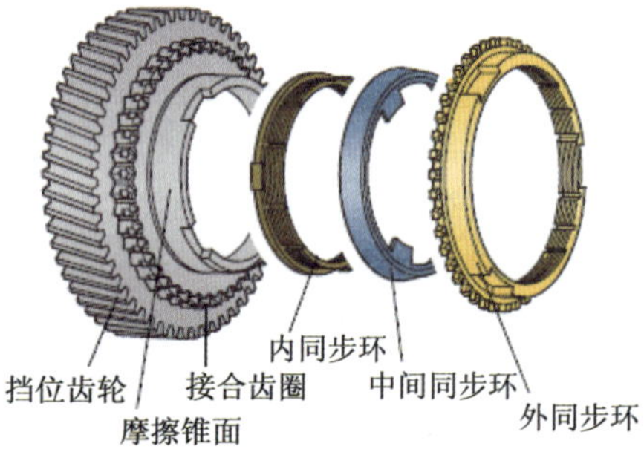

三件式同步器构造图

401. 锁销式惯性同步器构造如何?

锁销式惯性同步器主要由定位销、锁销、摩擦锥环、摩擦锥盘、接合套和花键毂等元件组成。

锁销式惯性同步器和锁环式惯性同步器相比，摩擦力矩大，体积也较大，故常用于中、重型车辆的变速器中。其结构特点是：两个带有内锥面的摩擦锥盘以其内花键分别固装在带有齿圈的斜齿轮上，随齿轮一起转动。与之相配合的两个带有外锥面的摩擦锥环（锥环上有螺纹），通过 3 个均布的锁销和定位销与接合套连接。定位销与接合套的相应孔为滑动配合，接合套可沿定位销轴向移动。定位销的正中间切有一小段环槽，相应的接合套上钻有斜孔，内装有弹簧、钢球。钢球在弹簧作用下落入定位销的环槽中，起到空挡定位作用。定位销的两端伸入两个锥环的内侧面，并留有间隙，可使锥环相对于接合套能转过一定的角度。锁销中间一段也制有环槽，其直径变化处切有倒角，接合套相应孔的两端也切有同样的倒角，故只有当锁销与接合套的相应孔对准时，接合套才能沿锁销轴向移动。锁销两端与锥环铆接，从而使 2 个摩擦锥环、3 个锁销、3 个定位销及 1 个接合套构成一个整体。

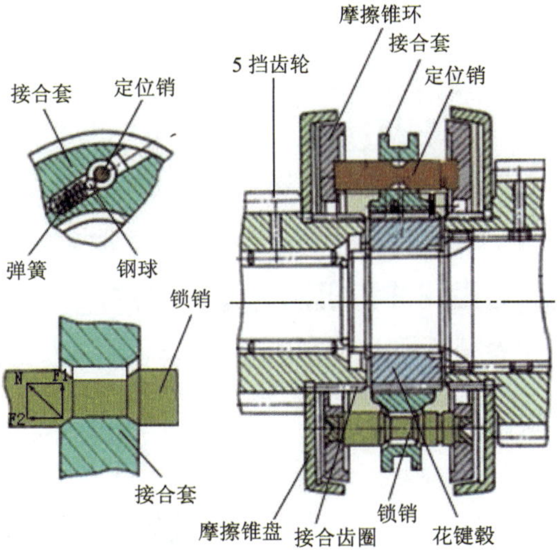

锁销式惯性同步器构造图

402. 锁销式惯性同步器如何工作?

以变速器挂入 5 挡为例进行说明。当要挂入 5 挡时，驾驶员通过换挡手柄、拨叉轴、拨叉推动接合套向左移动，接合套便通过定位钢球和定位销推动左侧摩擦锥环向左移动，使之与左侧的摩擦锥盘相接触。由于此时的摩擦锥环和摩擦锥盘转速不同，所以，两者一接触，便在其摩擦锥面摩擦力矩的作用下，使摩擦锥环连同锁销一起相对于接合套转过一个角度，使锁销中部倒角与接合套销孔端倒角的锥面互相抵触，从而使锁销产生锁止作用，阻止接合套向左移动，(见锁销放大图)。与锁环式同步器一样，在锁止倒角上的切向分力 *F2* 也形成一个拨环力矩而力图使锁销及锥环倒转，但在锥环与锥盘未达到同步前，由左侧锥盘所形成的摩擦力矩总是大于拨环力矩。因而可以阻止接合套与接合齿圈在同步之前进入啮合。而只有达到同步后惯性力矩消失，拨环力矩便可拨动锁销及摩擦锥环、锥盘和 5 挡接合齿圈等一起相对于接合套转过一个角度，使锁销重新与接合套的销孔对中，接合套便在轴向推力的作用下，压入定位钢球而沿定位销和锁销向左移动，与 5 挡接合齿圈进入啮合，即完成挂入 5 挡的换挡过程。

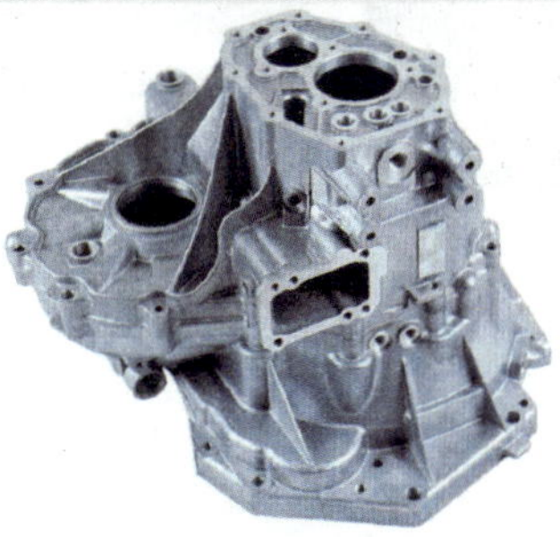

变速器壳体

403. 如何检修锁销式同步器?

锁销式同步器的主要损伤有锥盘的变形、锥环锥面、锁销、定位销磨损等。

锥盘的变形是由于换挡操作不当、冲击过猛，使锥盘外张，摩擦角变大造成同步效能降低。锥环锥面上的螺纹槽的磨损严重，使摩擦系数过低，甚至两者端面接触，使同步作用失效。同步器的锁销、定位销松动或有散架，锁止角异常磨损，都会使同步器失效，应换用新同步器。

404. 变速器壳体和盖有何作用?

变速器壳体和盖用来安装传动机构、换挡装置和部分操纵机构，同时储存润滑油。为了减轻汽车的自身重量，对于轿车来说，变速器壳体和盖常采用铝合金或镁合金制造。中、重型车辆的变速器壳体和盖一般用铸铁制造，以保证其强度要求。

405. 如何检修变速器壳体?

变速器壳体的主要损伤表现为：壳体的变形、螺纹，定位销孔、轴承孔、螺纹孔磨损等。

(1) 变速器壳体不得有裂纹。对受力不大的裂纹，可用环氧树脂黏接或焊接修复。如轴承、座孔、定位销孔、裂纹孔等重要部位出现裂纹时必须更换壳体。

(2)变速器壳体的变形将破坏齿轮的正常啮合，引起变速器故障。检查时，对于三轴式变速器要用专用量具检查如下内容：

① 上下两孔轴线间的距离。

② 上下两孔轴线的平行度。

③ 上孔轴线与上平面间的距离。

④ 前后两端面的平面度。

两轴式变速器壳体由前、后两部分组成，对其变形主要检查输入轴与输出轴的平行度、前后壳体接合面的平面度。超过规定时要进行修复。

当变速器轴承孔磨损超限、变形时，可采用镶套、刷镀的方法修复或更换；当壳体平面度误差超限时，可采用铲、刨、锉、铣等方法修复或更换。

(3) 壳体上所有连接螺孔的裂纹损伤不得多于 2 牙。裂纹孔的损伤可用换加粗螺栓或焊补后重新钻孔的方法修复。

406. 齿轮油有什么作用?

齿轮油是指汽车手动变速器和驱动桥的润滑油。它是以精制润滑油为基础油，加入抗氧化、防锈、消泡、耐压抗磨等多种添加剂调合而成，因此，具有良好的润滑性能。它与其他润滑油一样，具有润滑、减磨、冷却、清洗、密封、防锈和降低噪声等作用，但其工作条件与发动机机油不一样。因此，对性能的要求也不一样。

407. 齿轮油如何分类?

我国车辆齿轮油按100℃时的动力黏度和低温动力黏度达150000MPa·S时的最高温度，分为70W、75W、80W、85W、90、140、250七个指标。带W字母的为冬季用油。同时符合两个黏度级的齿轮油称为多级齿轮油。如SAE80W/90，即表示其低温黏度符合SAE80W的标准，而高温黏度又符合SAE90的要求，可以在某一地区全年使用，也可以根据当地温度选用。

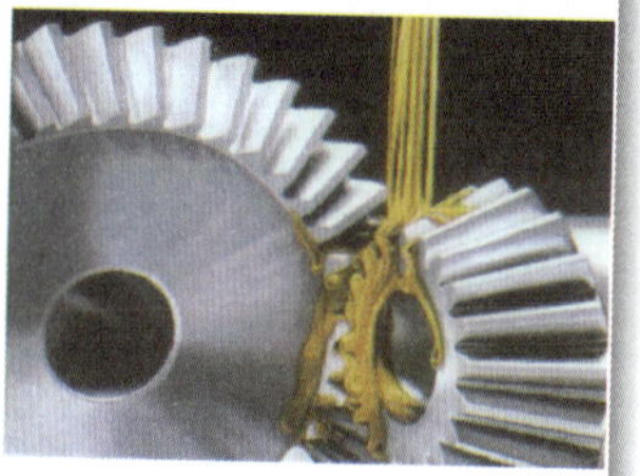
齿轮油润滑

408. 齿轮油和机油为何不能加混?

齿轮油主要指变速器和后桥的润滑油。它和机油在使用条件、自身成分和使用性能上均存在着差异。齿轮油主要起润滑齿轮和轴承，防止磨损和锈蚀，帮助齿轮散热等作用。而机油需要在高温、温度变化较大、其他杂质等条件下工作，这要求机油要有良好的抗磨性、在高温条件下不易老化变质、不易生成积碳，有良好的黏温性能，在温差较大的条件下能够保持相对稳定的黏度，如果将二者加混，变速器或后桥内的齿轮极易受损，寿命大减。

发动机机油

409. 变速器在装配时有哪些注意事项?

（1）装配前必须对零件进行认真的清洗，除去污物、毛刺、磨屑等。尤其要注意齿轮上润滑油孔的畅通。

（2）装配轴承时，应涂质量优良的润滑油进行预润滑。总成修理时，应更换所有的滚针轴承。

（3）对零件的工作表面不能用硬金属直接锤击，避免齿轮轮齿出现运转噪声。

（4）注意同步器锁环的装配位置。装配过程中，如有旧件时应原位装复，以保证两元件的接触面积。因此，在变速器解体时，应对同步器各元件做好装配标记，以免装错。

（5）组装输入轴、中间轴和输出轴时，应注意各挡齿轮、同步器花键毂、止推垫圈的方向及位置，以保证齿轮的正确啮合。

（6）安装轴承时，只允许用压套垂直压在轴承的内圈上，禁止施加冲击载荷，轴承内圈圆角最大的一侧必须朝向齿轮。

（7）装入油封前，需在油封的刃口涂少量的润滑脂，要垂直压入，并注意安装方向。

（8）变速器装配后，要检查各齿轮的轴向间隙和各齿轮副的啮合间隙及啮合印痕。常啮合齿轮的啮合间隙为0.15～0.40mm；滑动齿轮的啮合间隙为0.15～0.50mm。输入轴的轴向间隙≤0.15mm，其余各轴的轴向间隙≤0.30mm，各齿轮的轴向间隙≤0.40mm。

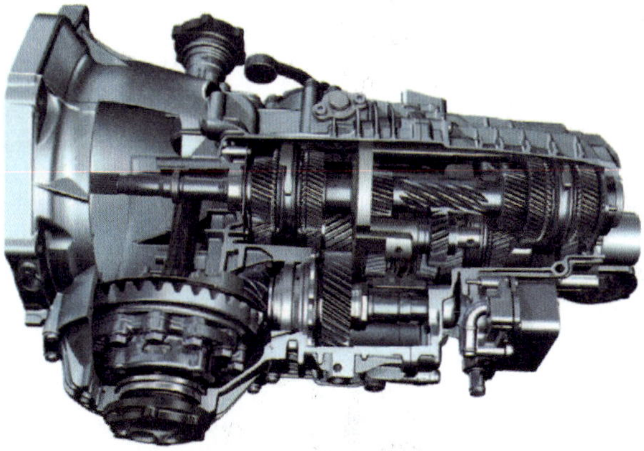
变速器装配

（9）装配密封衬垫时，应在密封衬垫的两侧涂以密封胶，确保密封效果。

（10）安装变速器盖时，各齿轮和拨叉均处于空挡位置。必要时，可分别检查各个常用挡的齿轮副是否处于全齿长啮合。

（11）按规定的力矩拧紧各部位的螺栓。

410. 如何检修齿轮和花键?

齿轮损伤表现为:齿面、齿顶、齿轮中心孔、花键齿磨损，齿面疲劳脱落、有斑点，严重时会出现轮齿断裂、破碎等现象。

（1）齿轮的齿面上出现明显的疲劳斑点、划痕或阶梯形磨损时，应更换；斑点小时可用油石修磨后继续使用。

（2）齿轮端面的磨损长度不允许超过齿长的15%，否则更换。

（3）齿轮的啮合面应在齿高的中部，接触面积不得小于齿轮工作面的60%。

（4）齿轮与齿轮、齿轮与轴及花键的啮合间隙要符合原厂的规定。

变速器传动机构

411. 如何检修变速器轴?

轴的损伤通常表现为:轴颈、花键齿的磨损，轴的变形，以及轴的破裂。

（1）轴的弯曲变形用百分表来测量，如下图所示，超过标准时应校正或更换。

（2）轴齿、花键齿损伤达到前述损伤的程度时应更换。

（3）用千分尺检查轴颈的磨损程度，其磨损达到规定值时，可堆焊后修磨、镀铬修复或更换。

（4）检查轴上定位凹槽的磨损，最大磨损量为0.5mm，超过应更换。

（5）轴出现任何形式的裂纹和破碎时，应更换。

轴的弯曲变形检查

412. 什么是碰撞式变速器?

赛车变速器也称为碰撞式变速器（Crash Box）或者犬式变速器（Dog Box），传统变速器内部的斜齿轮被直齿轮取代。直齿轮在啮合时彼此的接触面积更小，这意味着摩擦更小，动力损耗也就更低。这就是赛车发烧友钟情于直齿轮的原因。

通常直齿轮多半都浸没在润滑油中，而并非像传统变速器那样依赖飞溅润滑。因此，直齿轮产生的额外噪声被润滑油的消声效应减弱为一种非常刺耳的“高频电锯声”。

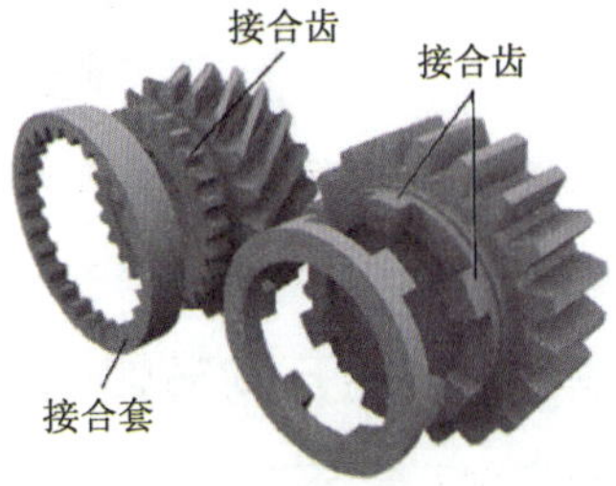

接合齿的区别

413. 万向传动装置的作用和组成是什么?

1）作用

万向传动装置的作用是实现汽车上任何一对轴间夹角且相对位置经常变化的转轴之间的动力传递。

2）组成

万向传动装置一般由万向节和传动轴组成，有的还加有中间支承。

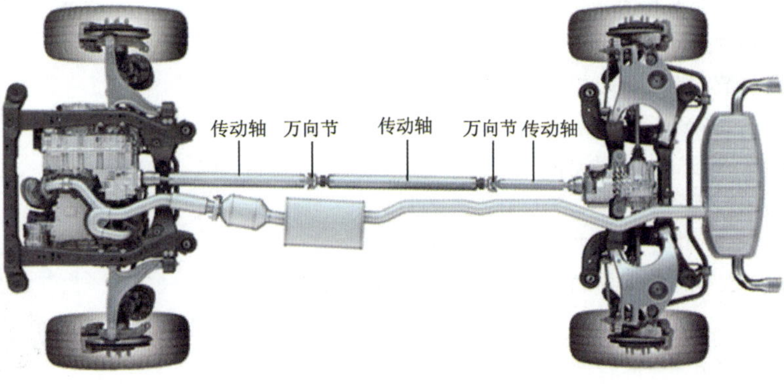

万向传动装置构造图

414. 万向传动装置应用在哪些地方?

1）转向传动机构中

在转向系统中，转向轴轴线与转向器输入轴轴线不能重合，因此，在转向轴与转向器之间安装有万向节。

2）变速器与驱动桥之间

发动机前置后轮驱动的布置形式中，发动机、离合器和变速器连成一体安装在汽车前部，而驱动桥安装在汽车后部，变速器与驱动桥之间利用万向传动装置实现动力传递。

3）变速驱动桥与驱动轮之间

发动机前置前轮驱动的布置形式中，变速器与驱动桥制成在一个壳体内，称为变速驱动桥，其同发动机、离合器连成一体安装在汽车前部，变速驱动桥的动力通过万向节传递给驱动轮。

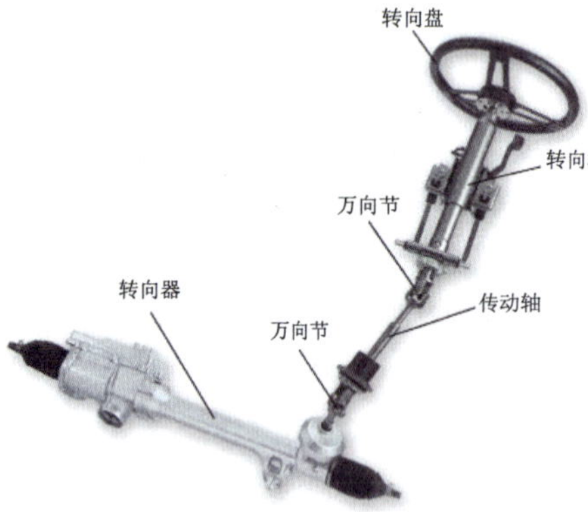

万向传动装置应用在转向传动机构

415. 万向节如何分类?

万向节按扭转方向是否有明显的弹性，可分为刚性万向节和挠性万向节。前者是靠零件的铰链式连接传递动力的；后者则靠弹性连接来传递动力，且有缓冲减振作用。刚性万向节是目前汽车中应用最广泛的一种万向节，其又可分为不等速万向节、准等速万向节和等速万向节三种。

所谓不等速是指从动轴在一圈内，其速度时而大于主动轴的速度，时而小于主动轴的速度，但主、从动轴的平均速度相等，即主动轴转一圈，从动轴也转动一圈。

416. 十字轴万向节有哪些部件?

十字轴式刚性万向节又称为普通万向节，是不等速万向节的一种，它允许相邻两轴的最大夹角为 15°～20°，主要应用在变速器与驱动桥之间的传动轴或转向传动机构中。

十字轴刚性万向节主要由十字轴、万向节叉及轴承等组成。两个万向节叉上的孔分别套在十字轴的四个轴颈上。在十字轴轴颈与万向节叉孔之间装有滚针轴承和套筒，用带有锁片的螺钉和轴承盖来使之轴向定位。为了润滑轴承，十字轴内钻有油道，且与油嘴、安全阀相通。为避免润滑脂流出及尘垢进入轴承，十字轴轴颈的内端套装着油封。安全阀的作用是当十字轴内腔润滑脂压力超过允许值时，阀打开润滑脂外溢，使油封不会因油压过高而损坏。现代汽车多采用橡胶油封，多余的润滑脂从油封内圆表面与十字轴轴颈接触处溢出，故无须安装安全阀。

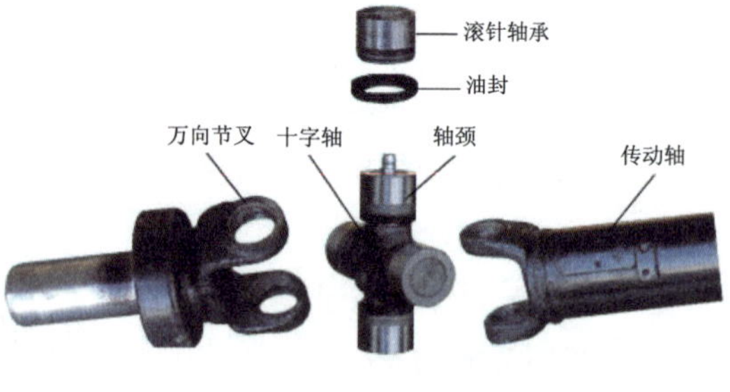

十字轴式万向节构造图

传动轴两端的十字轴万向节

417. 十字轴万向节如何实现等速传动?

十字轴万向节可以保证在轴间夹角变化时可靠地传动，结构简单，传动效率高，其缺点是，单个万向节的不等速性将使从动轴及其相连的传动部件产生扭转振动，从而产生附加交变载荷，加剧零件的磨损。为避免这一缺点，在汽车传动系统中均采用两个十字轴式刚性万向节，且中间以传动轴相连，利用第二个万向节的不等速效应来抵消第一个万向节的不等速效应，从而实现输入轴与输出轴等速传动。但要达到这一目的，还必须满足如下两个条件：

（1）第一个万向节的主动节叉与第二个万向节的从动节叉在同一平面内，即传动轴上的两个节叉在同一平面内。

（2）第一个万向节两轴之间的夹角与第二个万向节两轴之间的夹角相等。

418. 如何检修十字轴万向节？

万向节分解完成后，需要用汽油清洗各零件，以便暴露出零件的损伤、磨损情况，而且应按如下要求检查和修复。

（1）检查滚针轴承，如果滚针断裂、油封失效，应更换新件。

（2）检查十字轴轴颈磨损、压痕剥落等情况。十字轴轴颈轻微磨损、轻微压痕或剥落，仍可继续使用。如果轴颈磨损过甚、严重压痕（深度超过0.1mm）或严重剥落时，应予以更换。

（3）检查万向节叉不得有裂纹或其他严重损伤，否则应更换新件。

（4）万向节装配完毕后，可用手扳动十字轴进行检验，以转动自如没有松旷感觉为合适。若装配过紧或过松，应查明原因，必要时应拆检及重新装配。

419. 什么是双联式准等速万向节？

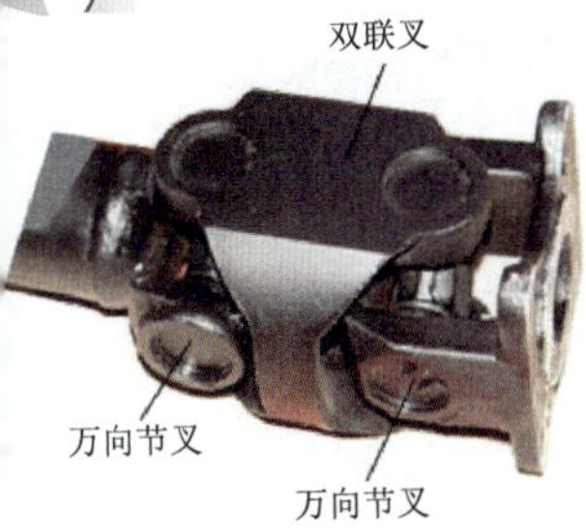

双联式准等速万向节

双联式准等速万向节实际上是一套将传动轴长度减缩至最小的双十字轴式万向节传动装置，主要由一个双联叉和两个万向节叉组成。双联叉相当于两个在同一平面内的万向节叉，即缩短至极限的传动轴。

420. 双联式准等速万向节如何工作？

当一侧万向节叉轴相对另一侧万向节叉轴在一定角度范围内摆动时，双联叉也被带动相应的角度，使两个“十”字轴中心连线与万向节叉轴线的夹角差值很小，两个万向节叉轴的速度接近相等，这种性能称为准等速性。因此，只要将两个“十”字轴中心连线与万向节叉轴线夹角的差值控制在一定范围内，双联式万向节就具有准等速性。轮胎的弹性变形可以吸收这微小的不等速，不会导致轮胎滑磨。

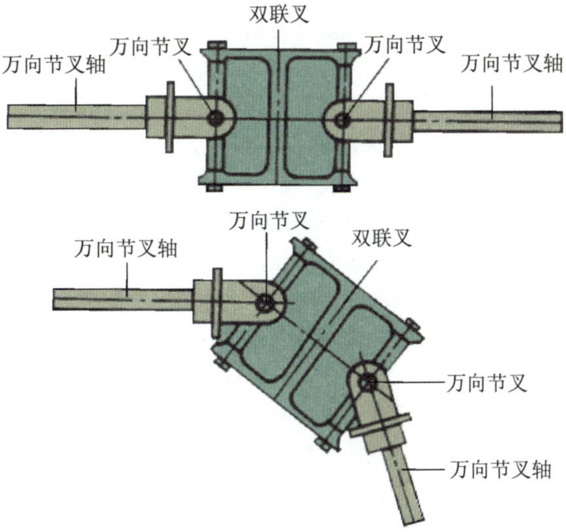

双联式万向节工作原理图

421. 什么是三销轴式准等速万向节？

三销轴式准等速万向节是由双联式万向节演变而来的准等速万向节。三销轴式万向节主要由两个偏心轴叉、两个三销轴及六个轴承、密封件等组成。主动偏心轴叉与从动偏心轴叉分别与变速驱动桥的内、外半轴制成一体。主、从动偏心轴叉都是偏心叉，叉孔中心线与叉轴中心线互相垂直但不相交，两叉由两个三销轴连接。三销轴的大端有一穿通的轴承孔，其中心线与小端轴颈中心线重合，靠近大端两侧有两个轴颈，其中心线与小端轴颈中心线垂直而不相交。装合时，每一偏心轴叉的两叉孔与一个三销轴的大端两轴颈配合，而后两个三销轴的小端互相插入对方大端的轴承孔内。

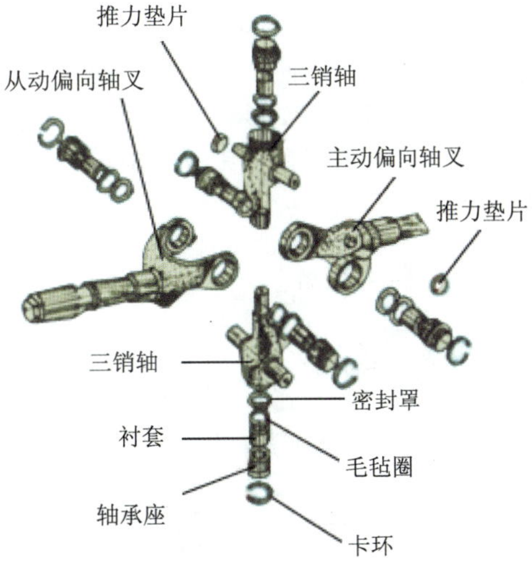

三销轴式准等速万向节

三销轴式万向节的最大特点是允许被连接的两轴有较大的夹角，最大可达45°。采用此万向节的转向驱动桥可使汽车获得较小的转弯半径，从而提高汽车的机动性。富康轿车前轮转向驱动桥中的半轴与轮毂之间采用了这种准等速万向节。其缺点是外形尺寸较大，零件形状复杂，制造困难。

422. 等速万向节有哪几种?

等速万向节多用于采用断开式驱动桥轿车的半轴上，常用的等速万向节有球叉式等速万向节、球笼式等速万向节和三叉销式等速万向节。其中，球笼式等速万向节按其内、外滚道结构不同又可分为球笼式碗形万向节、球笼式双补偿万向节、VL 型万向节。球笼式碗形万向节和 VL 型万向节应用最为广泛。

423. 什么是球叉式等速万向节?

球叉式等速万向节由主动叉、从动叉、四个传力钢球和一个定心钢球组成。其主动叉、从动叉分别与内、外半轴制成一体，叉内各有四条曲面凹槽，装合后，形成两条相交的环槽，作为钢球滚道，四个传力钢球装在槽中，定心钢球装在两叉中心凹槽内以实现定心。为顺利将传力钢球装入槽内，在定心钢球上铣出一个凹面，凹面中央有一深孔。装合时，先将定位销装入从动叉内，放入定心钢球，然后在两球叉槽中陆续装入三个传力钢球，再将定心钢球的凹面对向未放钢球的凹槽，以便装入第四个传力钢球，而后再将定心钢球的孔对准从动叉孔，提起从动叉轴使定位销插入球孔中，最后将锁止销插入从动叉上与定位销垂直的孔中，以限制定位销轴向移动，保证定心钢球的正确位置。

近年来，有些球叉式万向节中省去了定位销和锁止销，定心钢球上也没有凹面，靠压力装配。这样，结构更为简单，但拆装不便。

球叉式万向节允许最大夹角为 32° ~ 38° ，但由于工作时只有两个钢球传力，而另两个钢球在反转时传力。因此，钢球与曲面凹槽之间的接触压力大，磨损快，影响其使用寿命。所以，球叉式万向节通常使用在中、小型越野汽车转向驱动桥上。

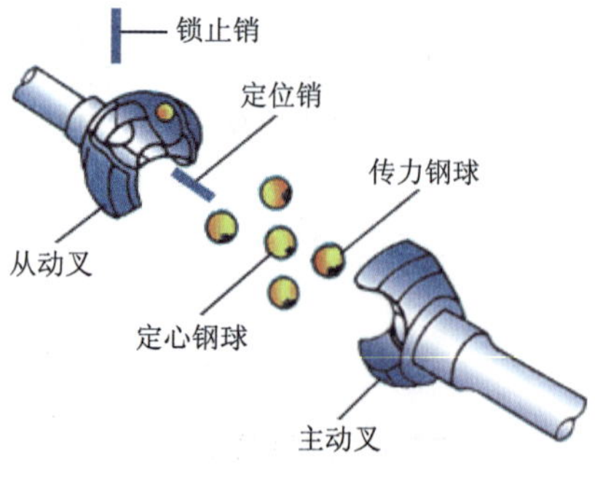

球叉式等速万向节

424. 什么是球笼式碗形万向节?

球笼式碗形万向节主要由碗形外球座、球笼、内球座、钢球等组成。碗形外球座与带外花键的外半轴制成一体，内表制有相应的六条曲面凹槽，形成外滚道。内球座通过中间花与内半轴相连，内球座的外表面有六条曲面凹槽，形成内滚道六个钢球分别装于六条凹槽中，并用球笼使之保持在一个平内。动力经内半轴传至内球笼，经六个钢球及外球座输出，递给驱动轮。

球笼式碗形万向节允许在轴间最大夹角为 42° 的情况下递转矩，且在工作时，所有钢球全部传力。由于其承载能力大磨损小，结构紧凑，拆装方便，因此，其广泛应用于轿车的外球笼

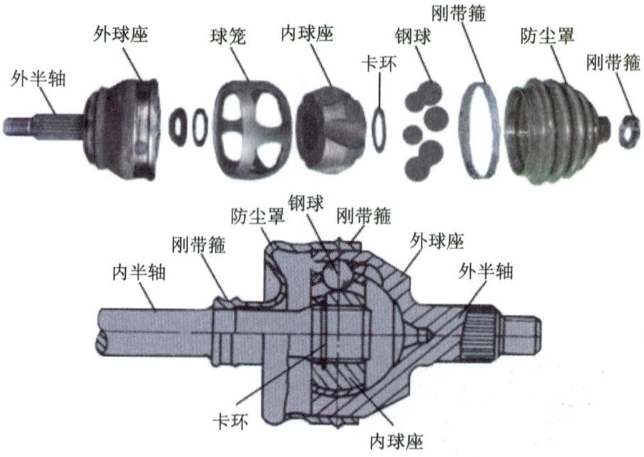

球笼式碗形万向节

425. 什么是 VL 型万向节?

VL 型万向节又称为伸缩型球笼式万向节，其内、外滚道圆筒形，只是圆筒中心线（滚道中心线）不与轴线平行，而是相同的角度相对于轴线倾斜着，而且同一零件上相邻的两条滚的倾斜方向相反，即成"V"形。装合后，同一轴向位置处内、外滚道的倾斜方向正好相反，即对称交叉，而钢球则处于内、外滚道的交叉部位。当内半轴与外半轴以任意角度相交时，由于内、外滚道及球笼的控制作用，使所有传力钢球都位于轴间夹角的平分面上，从而实现等速传动。

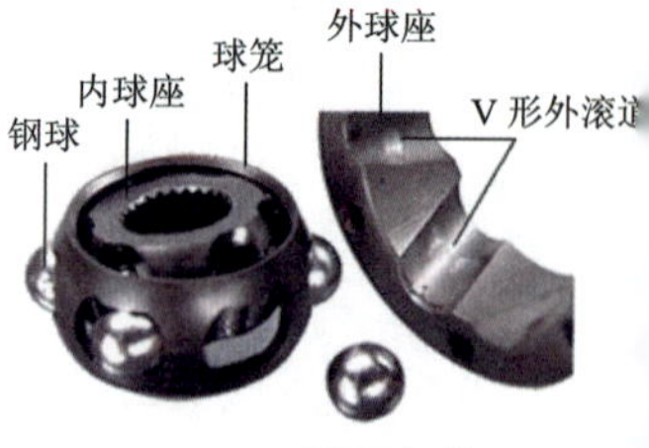

VL型万向节

因为这种万向节的内外滚道沿圆周方向呈"V"形布置，在动力传递过程中，内、外球座可以沿轴向相对移动，所以为 VL 型万向节。其允许最大的轴间夹角为 22° ，轴向伸缩量以达到 45mm。

426. 什么是三叉销式等速万向节？

三叉销式等速万向节也称为三角式万向节，它主要由三叉销总成和外球座组成。外球座与带外花键的外半轴制成一体，其内表面制有三条曲面凹槽，形成滚轮的滚道。三叉销总成的中间花键孔与半轴花键配合，三个滚轮安装在三叉销的三个轴颈上，为减小磨损，在轴颈与滚轮之间装有滚针轴承，这样三个滚轮即可在外球座的滚道内轴向伸缩。

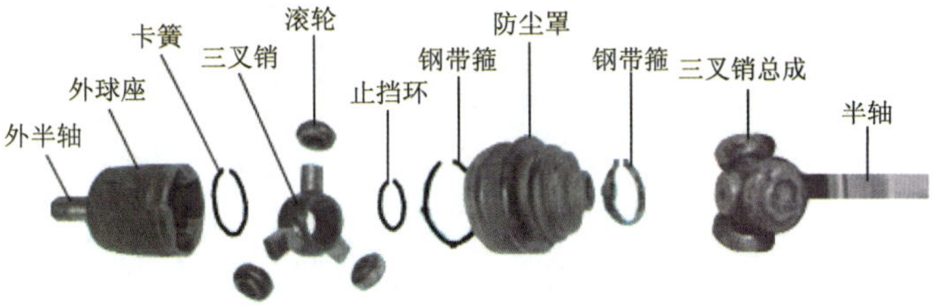

三叉销式等速万向节

三叉销式等速万向节结构简单，磨损小，并且可轴向伸缩，在轿车上广泛应用于内球笼，富康轿车转向驱动桥就采用了这种万向节。

427. 如何检修等速万向节？

检查防尘罩是否有刺破、撕裂等损坏现象，如有则更换。钢带箍、卡环等损坏时，应予以更换。

检查内、外等速万向节中各部件的磨损情况和装配间隙。一般外等速万向节酌情单件更换；内等速万向节，如某部件磨损严重，则应整体更换。

（1）外等速球笼式碗形万向节的 6 颗钢球要求有一定的配合公差，并与内球座一起组成配合件。检查轴、球笼、内球座与钢球有无凹陷与磨损，若万向节间隙过大，则需更换新的万向节。

（2）内等速三叉销式万向节应检查滚道、滚轮、滚针轴承和三叉销轴颈有无麻点、磨损，如磨损严重则应更换。

428. 传动轴构造如何？

传动轴有实心轴和空心轴之分。为了减轻传动轴的质量，节省材料，提高轴的强度、刚度，传动轴多为空心轴，一般用厚度为 1.5 ~ 3.0mm 的薄钢板卷焊而成，超重型货车则直接采用无缝钢管。

传动轴是高速转动件，为了避免由于离心力引起的剧烈振动，故要求传动轴的质量沿圆周均匀分布。

429. 为什么设有中间支承？

当传动轴过长时，其自振频率会降低，高转速下容易发生共振。为了防止传动轴的共振，常将传动轴制成两段，用三个十字轴式刚性万向节相连，并用中间支承将传动轴吊装在车架上。传动轴分成两段时，一般把前端称为主传动轴，后端称为从传动轴。主传动轴前端通过万向节与变速器相连，后端用中间支承悬挂在车架上。从传动轴前端通过万向节与主传动轴相连，后端与驱动桥通过万向节连接。采用两根传动轴，缩短了传动轴的长度，其临界转速提高，从而保证了传动轴的安全性和可靠性。

430. 传动轴为何能伸缩？

传动轴是万向传动装置中的主要传力部件。在发动机前置后轮驱动的汽车上，用来连接变速器和驱动桥；对于四驱车，传动轴用来连接分动器和驱动桥。

由于变速器和驱动桥的相对位置经常发生变化，为了避免运动干涉，通常在传动轴上制有伸缩叉，用滑动花键联接，以实现传动轴总长度的变化。

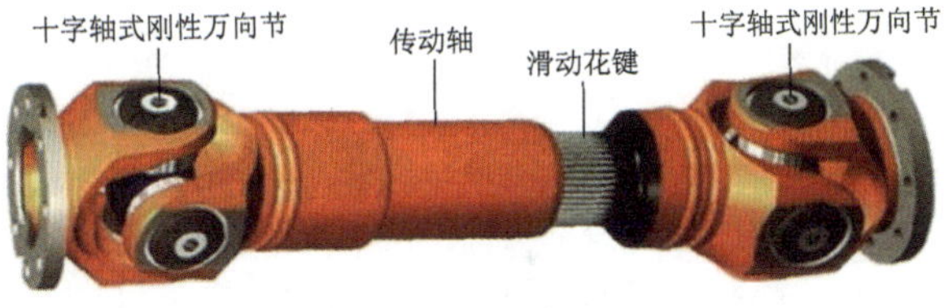

传动轴构造图

431. 如何检修传动轴?

传动轴不得有裂纹、凹陷，严重时要更换。

（1）传动轴弯曲程度的检查方法如下图所示，用V形架支起传动轴，用百分表在轴的中部测量径向跳动量。表所示为传动轴全长的径向全跳动公差应符合的规定值，轿车传动轴相应减小0.20mm。

传动轴全长的径向全跳动公差

轴长	<600mm	600～1000mm	>1000mm
径向全跳动公差	0.60mm	0.80mm	1.00mm

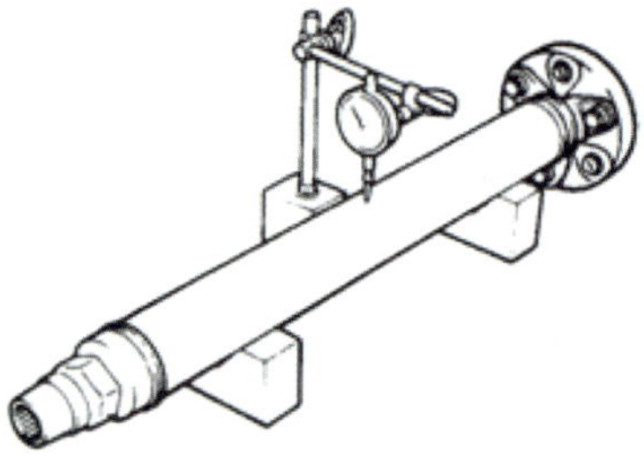

传动轴弯曲程度的检查

（2）检查传动轴花键轴与滑动叉的侧隙，轿车应不大于0.15mm，其他类型的汽车不大于0.30mm，装配后要滑动自如，否则应更换。

432. 中间支承构造如何?

中间支承主要由轴承托架、橡胶垫、轴承、油封和注油嘴等组成。中间支承应能补偿传动轴轴向和角度方向的安装误差，并能适应行驶过程中由于发动机窜动或车架的变形所引起的位移。

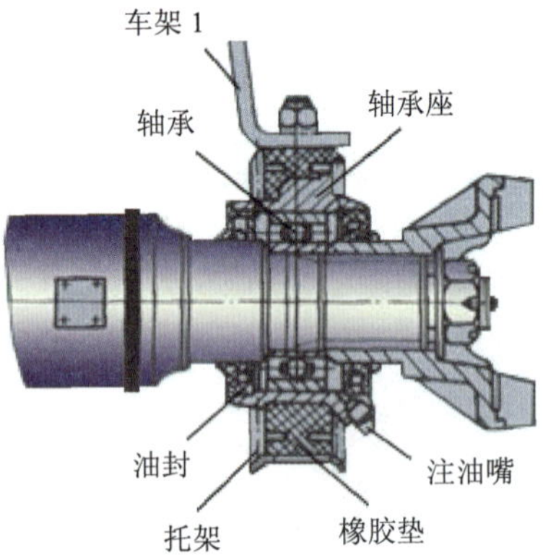

中间支承构造图

433. 如何检修中间支承?

检查中间支承轴承的旋转是否灵活，有无异响；油封和橡胶垫是否损坏。如果是，均应更换新的中间支承。

拆下中间支承前，可以在中间支承附近摇动传动轴，检查中间支承轴承的松旷程度。分解后，可进一步检查轴承的轴向和径向间隙，其轴向间隙应小于0.50mm，径向间隙应小于0.05mm。

中间支承

434. 驱动桥有哪些部件?

驱动桥主要由主减速器、差速器、半轴和桥壳组成。

驱动桥的作用是将万向传动装置输入的动力经降速增扭、改变动力传递方向后分配给左、右驱动轮，使汽车行驶，并允许左、右驱动轮以不同的转速旋转而驱动汽车行驶。

驱动桥是传动系的最后一个总成，发动机的动力传到驱动桥后，首先传到主减速器，在这里将转矩放大并降低转速后，经差速器分配给左、右半轴，最后通过半轴传到驱动车轮的轮毂。驱动桥的主要零部件都装在驱动桥的桥壳中。

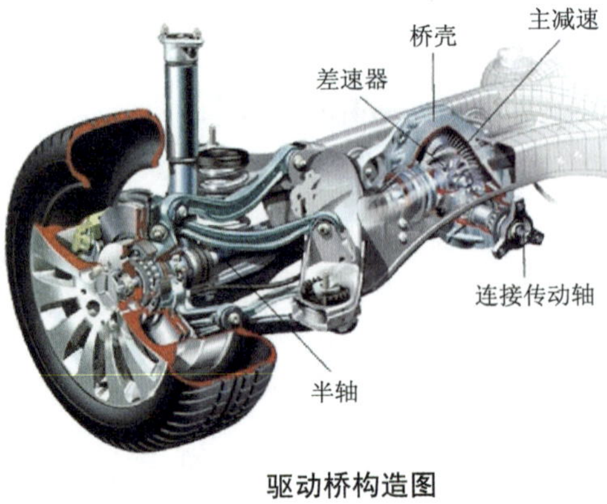

驱动桥构造图

435. 什么是整体式驱动桥?

整体式驱动桥又称为非断开式驱动桥，它与采用非独立悬架的车辆配合使用。由半轴套管和主减速器壳构成的驱动桥壳为一刚性的整体，主减速器、差速器和半轴安装在桥壳内。驱动桥两端通过悬架与车架或车身连接，由于半轴套管和主减速器壳是刚性的整体，因而两侧的半轴和驱动轮不可能相互独立地跳动。当某一侧驱动轮通过地面的凸出物或凹坑升高或下降时，整个驱动桥及车身都要随之发生倾斜，车身波动大，但其桥的刚度和强度较好。

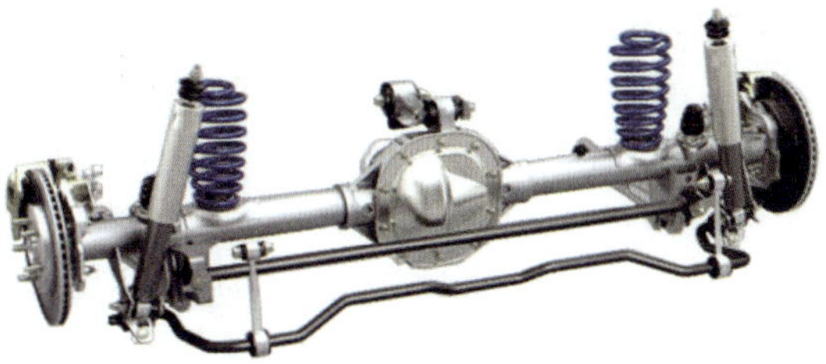

整体式驱动桥

436. 什么是断开式驱动桥?

断开式驱动桥与采用独立悬架的车辆配合使用。其取消了半轴套管，因此，半轴露在外面，半轴的两端通过万向节分别与主减速器壳内的差速器和驱动轮相连。主减速器壳固定在车架或车身上。驱动桥两端分别用悬架与车架或车身连接，这样，两侧驱动轮可以彼此独立地相对于车架或车身上下跳动。

断开式驱动桥

437. 主减速器有什么作用?

主减速器能将动力的传递方向改变 90°（发动机纵置时），并将转速降低，转矩增大，以保证汽车在良好路面上具有足够的牵引力和适当的速度。

轿车所采用的主减速器均为单级式主减速器，其主要由主动齿轮、从动齿轮、支承轴承等零件组成。目前，轿车和一般轻、中型货车都采用单级式主减速器，即可以满足汽车动力性的要求。它具有结构简单、体积小、重量轻和传动效率高等优点。

主从动齿轮

438. 主减速器如何分类?

（1）按参加传动的齿轮副数目不同可分为：单级式主减速器和双级式主减速器。有些重型汽车又将双级式主减速器的第二级圆柱齿轮传动设置在两侧驱动车轮附近，称为轮边减速器。

（2）按主减速器传动比个数不同可分为：单速式主减速器和双速式主减速器。单速式的传动比是固定的，而双速式则有两个传动比供驾驶员选择，以适应不同行驶条件的需要。

（3）按齿轮副结构形式不同可分为：圆柱齿轮式（又可分为定轴轮系和行星轮系）主减速器、圆锥齿轮式主减速器和准双曲面锥齿轮式主减速器。

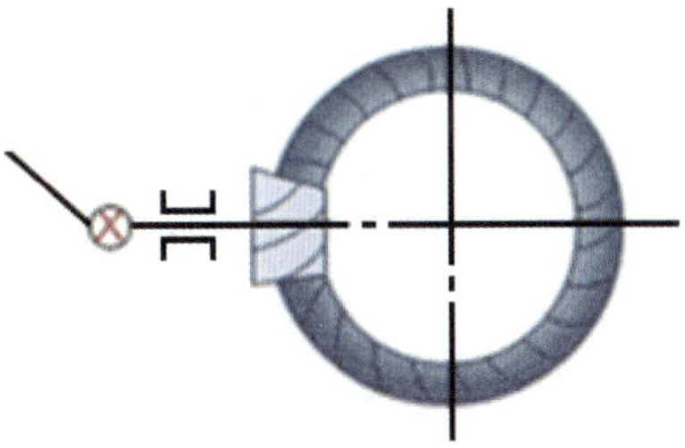

圆锥齿轮式主减速器

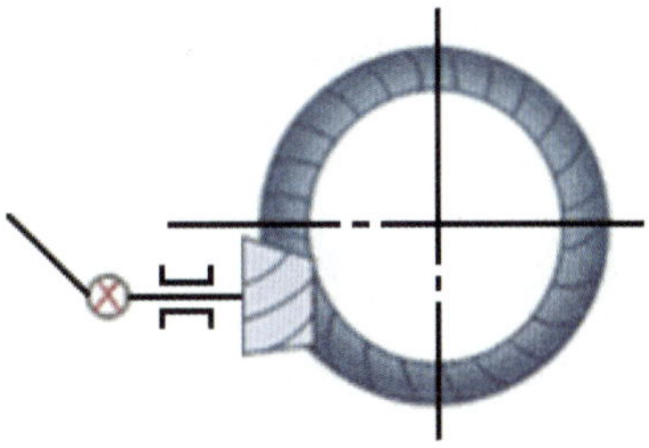

准双曲面锥齿轮式主减速器

439. 单级式主减速器构造如何?

单级式主减速器主要由主动齿轮、从动齿轮、支承轴承等零件组成。对于发动机纵向布置的汽车，由于需要改变动力传递方向，单级式主减速器都采用一对圆锥齿轮传动，如桑塔纳 2000；对于发动机横向布置的汽车，单级式主减速器采用一对圆柱齿轮即可，如捷达、宝来 1.8T 等。

目前，轿车和一般轻、中型货车都采用单级式主减速器，即可以满足汽车动力性的要求。它具有结构简单、体积小、重量轻和传动效率高等优点。

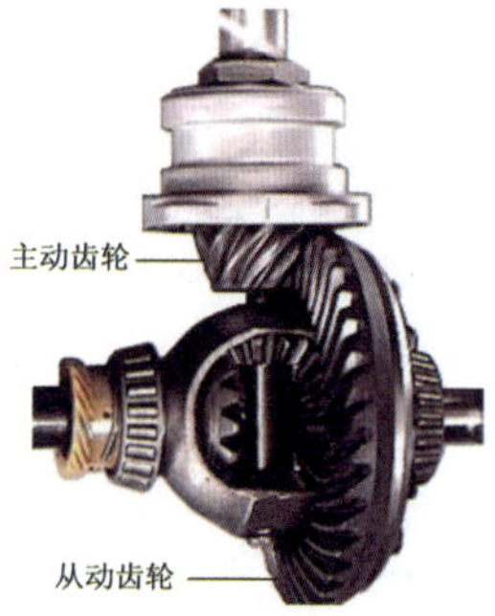

单级式主减速器构造图

440. 双级式主减速器构造如何?

根据发动机特性和车辆使用条件，要求主减速器具有较大的主传动比时，由一对锥齿轮构成的单级主减速器已无法保证足够的最小离地间隙，这时则需要采用两对齿轮实现降速的双级主减速器。双级式主减速器主要由两对常啮合的齿轮组成，其中一对为圆锥齿轮，另一对为圆柱齿轮，一些中型或重型汽车采用双级式主减速器。

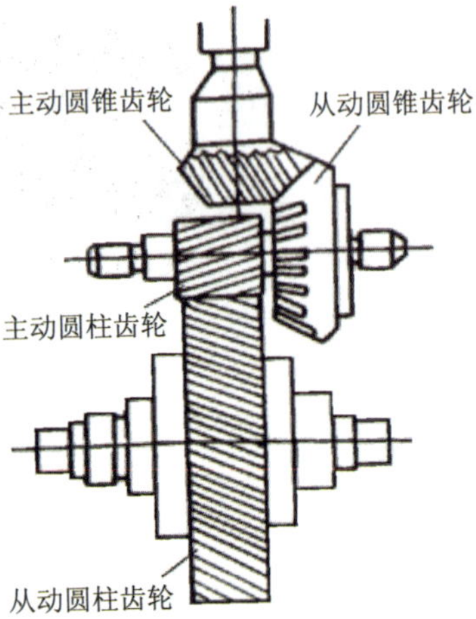

双级式主减速器构造图

441. 准双曲面锥齿轮式主减速器有何特点?

在准双曲面锥齿轮式主减速器广泛用于轿车的基础上，其越来越多地使用在中型、重型汽车上。这是因为它与圆锥齿轮式主减速器相比，不仅齿轮的工作平稳性好，弯曲强度和接触强度好，而且，其主动锥齿轮的轴线相对从动锥齿轮可以偏移。在保证一定的离地间隙的情况下，主动锥齿轮的轴线向下偏移，可降低主动锥齿轮和传动轴的位置，因而使车身和整个汽车的重心降低，提高了汽车的行驶稳定性。

准双曲面锥齿轮式主减速器工作时，由于齿面间的相对滑移量大，且齿面间的压力也大，齿面油膜易被破坏。为了减少摩擦，提高效率，必须使用专门级别的齿轮油，决不允许用普通齿轮油代替。否则，会使齿面迅速擦伤和磨损，降低主减速器的使用寿命。

442. 圆锥齿轮单级式主减速器为何要调整?

对于圆锥齿轮单级式主减速器来说，为了使主、从动锥齿轮之间啮合传动时冲击轻、噪声低，而且轮齿沿其长度方向磨损均匀，因此，必须有正确的相对位置。为此，在结构上一方面要使主、从动锥齿轮有足够的支承刚度，使其在传动过程中不至于发生较大变形而影响正常啮合；另一方面，应有必要的啮合调整装置。

圆锥齿轮单级式主减速器

443. 为何设有预紧度调整装置?

圆锥滚子轴承一般都是成对使用，装配时应使其具有一定的预紧度，即在消除轴承间隙的基础上，再给予一定的压紧力，其目的是为了减小锥齿轮在传动过程中因轴向力而引起的轴向位移，以提高轴的支承刚度，保证锥齿轮副的正确啮合。但轴承预紧度又不能过大，否则摩擦和磨损增大，传动效率低。为此，设有轴承预紧度的调整装置。

444. 如何调整轴承预紧度?

主动锥齿轮轴承预紧度由调整垫片来调整。增加垫片的厚度，轴承预紧度减小；反之，轴承预紧度增加。从动锥齿轮（差速器壳）轴承预紧度则通过拧动两侧的轴承调整螺母来调整。拧入调整螺母，轴承预紧度增加；反之，轴承预紧度减小。

轴承预紧度调整之前应先检查。一般是采用经验法，即用手转动主动（或从动）锥齿轮应转动自如，且轴向推动无间隙。

刘总监提示：

只有圆锥滚子轴承的预紧度可调，而圆柱滚子轴承无须调整，且圆锥滚子轴承预紧度的调整必须在齿轮啮合调整之前。

445. 如何调整齿轮啮合印痕?

先检查齿面啮合印痕，方法为：在主动锥齿轮上相隔120°的三处用红丹油在齿的正反面各涂2～3个齿，再用手对从动锥齿轮稍施加阻力并正、反向各转动主动锥齿轮数圈。观察从动锥齿轮上的啮合印痕，正确的啮合印痕如下图所示，应位于齿高的中间偏小端，并占齿宽60%以上。

如果啮合印痕位置不正确，应进行调整，方法是增减主减速器壳与主动锥齿轮轴承座之间调整垫片的总厚度，即增加调整垫片的厚度，使主动锥齿轮前移；反之则后移。

正确的啮合印痕

差速器

446. 如何调整齿侧啮合间隙?

调整啮合印痕移动主动锥齿轮后，主、从动锥齿轮的啮合间隙要发生变化。

啮合间隙的检查：将百分表抵在从动锥齿轮正面的大端处，用手把住主动锥齿轮，然后轻轻往复摆转从动锥齿轮即可显示间隙值。中、重型汽车应为0.15～0.50mm，轻型车约为0.10～0.18mm。

如果啮合间隙不符合要求应进行调整，方法是移动从动锥齿轮（差速器壳）。当从动锥齿轮远离主动锥齿轮时间隙变大，反之则变小。移动从动锥齿轮的方法是将一侧的轴承调整螺母旋入几圈，另一侧就旋出几圈。

刘总监提示：

（1）要先进行轴承预紧度的调整，再进行锥齿轮啮合的调整。（2）锥齿轮啮合调整时，啮合印痕首要，啮合间隙次要，否则将加剧齿轮磨损。但当啮合间隙超过规定时，应成对更换。

447. 为什么安装差速器?

汽车行驶过程中，车轮相对路面有两种运动状态：滚动和滑动，其中滑动又有滑转和滑移两种。当汽车转弯行驶时，内外两侧车轮在同一时间内移过的距离显然不同，即外侧车轮移过的距离大于内侧车轮。若两侧车轮用一根刚性轴连接，两侧车轮只能以相同的速度转动，这在转向时，外侧车轮必然是边滚动边滑移，内侧车轮必然是边滚动边滑转，因而导致车轮与路面之间不能作纯滚动。同样，汽车在不平路面上直线行驶时，两侧车轮实际移过的距离也不相等。即使路面非常平直，但由于轮胎制造尺寸误差，磨损程度不同，承受的载荷不同或充气压力不同等，两侧轮胎的滚动半径实际上不可能相等，因此，也会造成上述滑移和滑转的现象。

车轮对路面的滑动不仅会加速轮胎磨损，增加汽车的动力消耗，而且可能导致转向困难、制动性能恶化和行驶稳定性差等。为了消除上述不良现象，保证驱动轮相对路面作纯滚动，在传动系统中安装了差速器。

448. 差速器如何分类?

（1）按工作特性可分为普通差速器和防滑差速器。

（2）按装设位置可分为轮间差速器和轴间差速器。

布置在前驱动桥或后驱动桥内的差速器，分别称为前差速器或后差速器，它们都是轮间差速器；如果将它布置在四驱汽车的中间传动轴上，用来调节前轮和后轮之间的转速，则称为轴间差速器，也称为中央差速器。

449. 差速器有何作用?

差速器的作用是将主减速器传来的动力传给左、右两半轴，并在必要时允许左、右半轴以不同转速旋转，使左、右驱动轮相对路面作纯滚动而不是滑动。

防滑差速器

450. 普通差速器包括哪些部件?

行星齿轮式差速器由差速器壳、行星齿轮轴、两个行星齿轮、两个半轴齿轮、复合式推力垫片等组成。主减速器从动齿轮通过螺栓固定在差速器壳上，行星齿轮轴装入差速器壳轴颈孔后用止动销定位。两个行星齿轮套装在行星齿轮轴的两端，而两个半轴齿轮分别与行星齿轮啮合并通过中间花键孔与两侧半轴连接。行星齿轮和半轴齿轮的背面制成球面，差速器壳的内表面也制成球面，以保证四个齿轮能正确啮合。四个齿轮与差速器壳之间装有复合式推力垫片，用以减轻摩擦、降低磨损，以提高差速器的使用寿命，同时还可以用来调整齿轮的啮合间隙。差速器通过一对圆锥滚子轴承支承在驱动桥壳中。

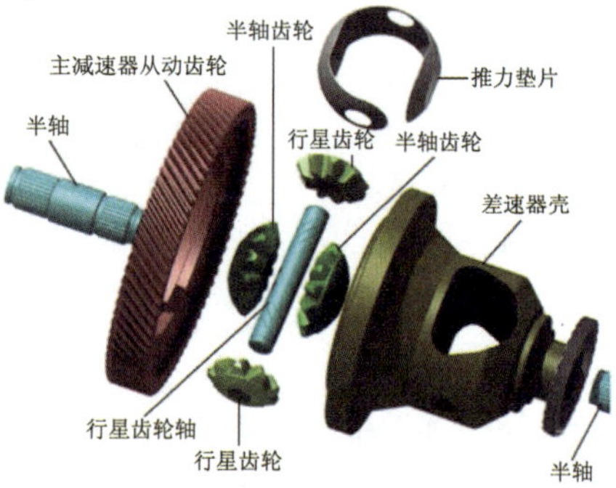

差速器构造分解图

工作时，主减速器从动齿轮的动力传至差速器壳，依次经行星齿轮轴、行星齿轮、半轴齿轮传给半轴，再由半轴传给驱动轮。

451. 差速器是如何实现差速的?

差速器壳与行星齿轮轴连成一体，并由主减速器从动齿轮带动一起转动，是差速器的主动件，设其转速为 $n0$。两个半轴齿轮分别与两侧半轴连接，设其转速分别为 $n1$ 和 $n2$。

行星齿轮有三种运动状态，即公转、自转和既公转又自转。当汽车直线行驶时，行星齿轮相当于一个等臂杠杆保持平衡，即行星齿轮不自转，而只随行星齿轮轴及差速器壳一起公转，所以，两半轴无转速差，差速器不起差速作用。

即 $n1 = n2 = n0$，且 $n1 + n2 = 2n0$

当汽车转弯行驶时，行星齿轮除了随差速器壳一起公转外，还绕行星齿轮轴自转，则半轴齿轮 1 的转速加快，半轴齿轮 2 的转速减慢，所以，半轴齿轮 1 转速的增加值等于半轴齿轮 2 转速的减小值。设半轴齿轮转速的增加值为 Δn，则两半轴齿轮转速分别为：

$n1 = n0 + \Delta n$，$n2 = n0 - \Delta n$

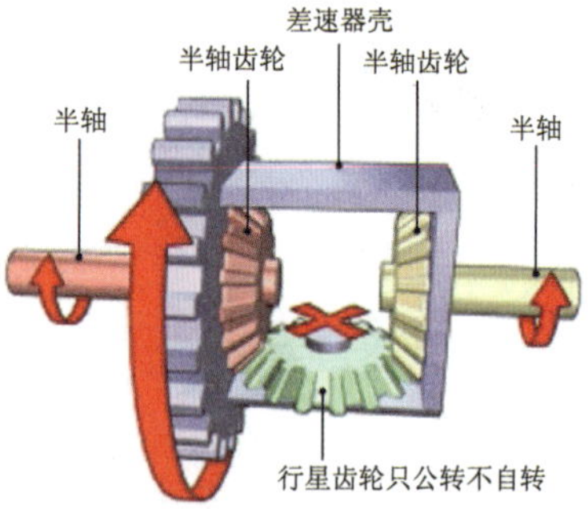

汽车直线行驶

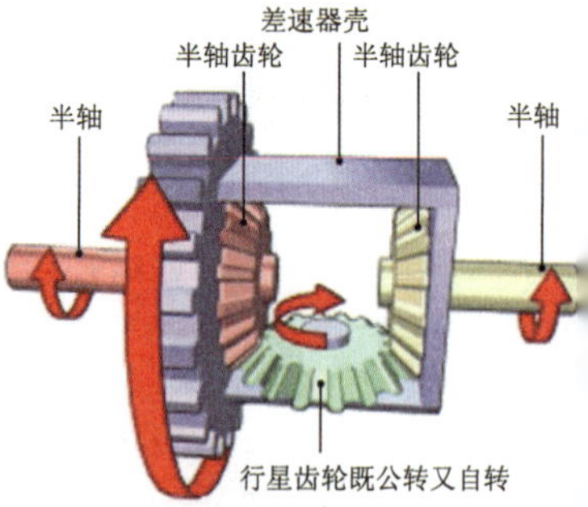

汽车转弯行驶

这就是差速器的差速作用。即汽车在转弯或其他情况下行驶时，两侧车轮可以不同的转速在地面上滚动，但仍然有：

$n1 + n2 = 2n0$

上式即为行星齿轮式差速器的运动特性方程。它表明，差速器无论差速与否，两半轴齿轮转速之和始终等于差速器壳体转速的 2 倍，而与行星齿轮自转转速无关。由上式可知：

（1）当任何一侧半轴齿轮的转速为零时，另一侧半轴齿轮的转速为差速器壳体转速的 2 倍。

（2）当差速器壳体转速为零时，若一侧半轴齿轮受其他力矩而转动时，另一侧半轴齿轮以相同的速度反转。

452. 差速器是如何分配转矩的?

差速器起差速作用的同时，还要分配转矩给左右两侧的驱动轮。主减速器传至差速器壳体的转矩为 $M0$，经行星齿轮轴和行星齿轮传递给两半轴齿轮，两半轴齿轮的转矩分别为 $M1$、$M2$。

（1）当汽车直线行驶时，行星齿轮只公转不自转，即 $n4 = 0$，$M4 = 0$（$M4$ 为行星齿轮自转时内孔和背面所受的摩擦力矩），行星齿轮相当于一个等臂杠杆，均衡拨动两半轴齿轮转动，所以，差速器将转矩 $M0$ 平均分配给两半轴齿轮，即 $M1 = M2 = M0/2$

（2）当汽车转弯行驶，行星齿轮既公转又自转（按 $n4$ 方向自转，即 $n1 > n2$），行星齿轮所受的摩擦力矩 M4 与其自转方向相反，从而使行星齿轮分别对半轴齿轮 1 和半轴齿轮 2 附加作用了两个大小相等而方向相反的圆周力 F1 和 F2，F1 使传到转得快的半轴齿轮 1 上的转矩减小，而却使传到转得慢的半轴齿轮 2 上的转矩增大，且 $M1$ 的减小值等于 $M2$ 的增大值，所以，当汽车转弯行驶时：

$$M1 = (M0 - M4)/2, \quad M2 = (M0 + M4)/2$$

即转得慢的驱动轮分配到的转矩大于转得快的驱动轮分配到的转矩，差值为差速器内部摩擦力矩 $M4$，由于 $M4$ 很小，可以忽略不计：

即 $M1 = M2 = M0/2$

可见，无论差速器差速与否，行星齿轮式差速器都具有转矩等量分配的特性。

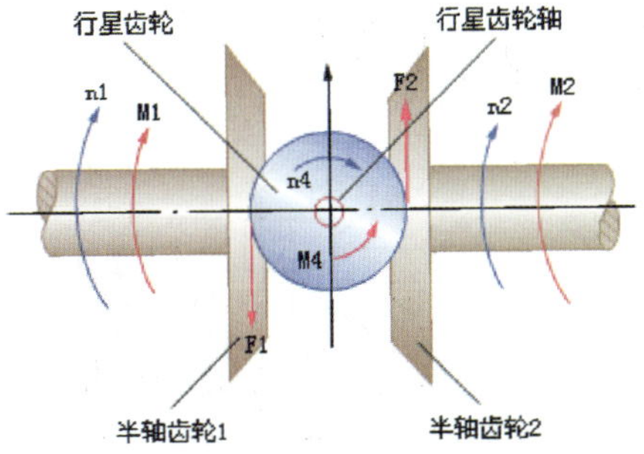

行星齿轮式差速器转矩分配示意图

453. 差速器的检查内容有哪些?

（1）差速器壳应无裂损，壳体与行星齿轮、半轴齿轮垫片的接触面应光滑无沟槽。

（2）与差速器轴承配合的轴颈径向圆跳动公差为 0.08mm，半轴齿轮孔的径向圆跳动公差为 0.08mm，行星齿轮轴与差速器壳及行星齿轮的配合间隙分别不大于 0.05mm 和 0.18mm。

454. 差速器为何要防滑?

行星齿轮式差速器转矩等量分配的特性对于汽车在良好路面上行驶是有利的，它能把相同大小的驱动力分配给两个转速不同的驱动轮，但汽车在坏路面上行驶时却会严重影响其通过能力。例如，当汽车的一个驱动轮处于泥泞路面因附着力小而原地打滑时，即使另一驱动轮处于附着力大的路面上未滑转，汽车仍不能行驶。这是因为附着力小的路面只能对驱动车轮作用一个很小的反作用力矩，而驱动转矩也只能等于这一很小的反作用力矩。由于差速器等量分配转矩的特性，附着力好的驱动轮也只能分配到同样小的转矩，以致于总的驱动力不足以克服行驶阻力，汽车便不能前进。此时，只有想办法在打滑车轮下垫干土、碎石等，增大打滑车轮的附着力，让差速器将转矩重新分配，以提高汽车的通过能力。

为了提高汽车通过坏路面的能力，可采用防滑差速器。汽车上常用的防滑差速器有人工强制锁止式和自锁式两大类。前者通过驾驶员操纵差速锁，人为地将差速器暂时锁住，使差速器不起差速作用；后者是在汽车行驶过程中，根据路面情况自动改变驱动轮间的转矩分配。

防滑差速器

455. 防滑差速器有几种?

汽车上常用的防滑差速器有人工强制锁止式和自锁式两种。前者通过驾驶员操纵差速锁，人为地将差速器暂时锁住，使差速器不起差速作用；后者是在汽车行驶过程中，根据路面情况自动改变驱动轮间的转矩分配。自锁式差速器又分为摩擦片式、滑块凸轮式和托森式等。

456. 人工强制锁止式防滑差速器构造如何?

强制锁止式差速器是在行星齿轮差速器上设计了差速锁。它的差速锁由牙嵌式接合器和操纵机构两大部分组成。牙嵌式接合器由固定接合套和滑动接合套组成。其中，固定接合套用花键与差速器壳左端连接，而滑动接合套用花键与半轴连接，并可在操纵机构的控制下轴向滑动。

当汽车在良好路面上行驶时，不需要锁止差速器，滑动接合套与固定接合套不嵌合，即处于分离状态，此时为行星齿轮式差速器；当汽车通过坏路面需要锁止时，通过驾驶员操纵仪表板上的按钮，使电磁阀接通压缩空气管路，压缩空气进入活塞缸，推动活塞右移，活塞推动滑动接合套右移与固定接合套接合，从而将左半轴与差速器壳连成一个整体，则左、右两半轴被连锁成一体转动，即差速器被锁止，不起差速作用。

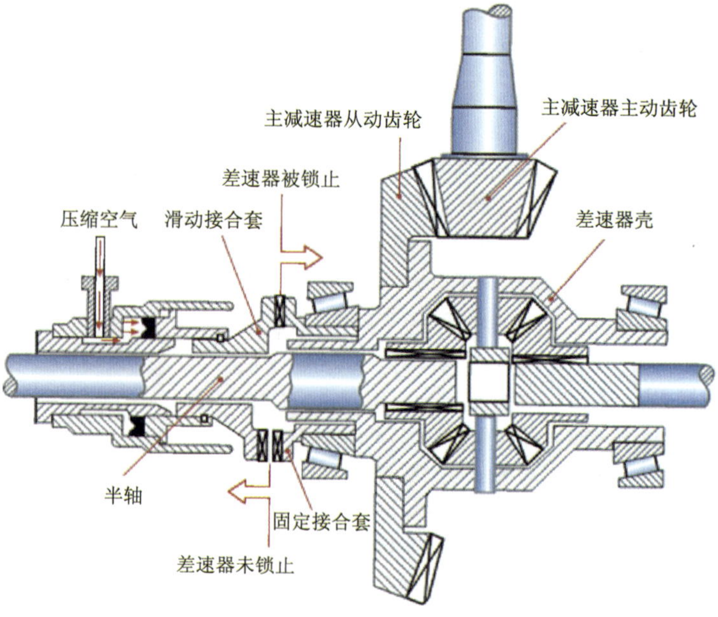

人工强制锁止式防滑差速器构造图

457. 自锁摩擦片式防滑差速器构造如何?

自锁摩擦片式差速器是在行星齿轮式差速器的基础上发展而成的。两半轴齿轮背面与差速器壳之间各安装了一套摩擦片式离合器，用以增大差速器的内部摩擦阻力矩。摩擦片式离合器由推力压盘，主、从动摩擦片组成。推力压盘的内花键与半轴相连，而其外花键与从动摩擦片的内花键连接。主动摩擦片的外花键与差速器壳的内花键连接。主、从动摩擦片及推力压盘均可作微小的轴向移动。十字轴由两根互相垂直的行星齿轮轴组成，其轴颈的端部均切有凸V形斜面，差速器壳上的配合孔较大，相应地也加工有凹V形斜面。两根行星齿轮轴的凸V面是反向安装的。

458. 自锁摩擦片式防滑差速器如何工作?

（1）当汽车直线行驶，两半轴无转速差时，转矩平均分配给两半轴。由于差速器壳通过V形斜面驱动行星齿轮轴，在传递转矩时，斜面上产生的平行于差速器轴线的轴向分力迫使两根行星齿轮轴分别向左、右方向略微移动，通过行星齿轮推动推力压盘压紧摩擦片。此时，转矩经两条路线传给半轴：一路经行星齿轮轴、行星齿轮和半轴齿轮将大部分转矩传给半轴；另一路则由差速器壳、主从动摩擦片、推力压盘传给半轴。

（2）当一侧驱动轮在坏路面上滑转或转弯时，差速器起差速作用，使两半轴转速不相等，即一侧半轴的转速高于差速器壳的转速，另一侧低于差速器壳的转速。这样，由于转速差及轴向力的存在，主、从动摩擦片间将产生摩擦力矩，且经从动摩擦片及推力压盘传给两半轴的摩擦力矩方向相反：与快转半轴的转向相反，而与慢转半轴的转向相同。因而使得慢转半轴所分配到的转矩大于快转半轴所分配到的转矩，从而提高了汽车的通过能力，其防滑原理就在于此。

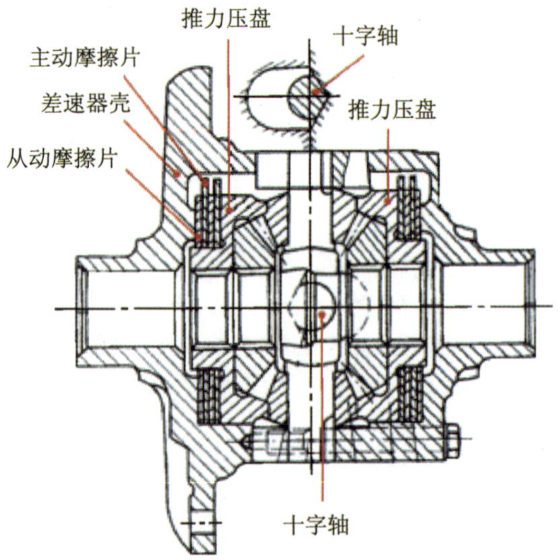

自锁摩擦片式防滑差速器构造图

459. 拖森差速器包括哪些部件?

"托森"一词表示"转矩－灵活",托森差速器采用蜗轮－蜗杆传动的不可逆性来工作,即蜗杆可以使蜗轮自由转动,而蜗轮不能使蜗杆自由转动。

拖森差速器主要由差速器壳、6个蜗轮、6根蜗轮轴、12个直齿圆柱齿轮及2个蜗杆组成。差速器壳通过螺栓与主减速器从动齿轮连接,6根蜗轮轴沿差速器壳分为前后两组,每组3根蜗轮轴沿差速器壳圆形断面等弦长安装,每根蜗轮轴上空套有1个蜗轮和2个直齿圆柱齿轮,且蜗轮和两侧的直齿圆柱齿轮刚性连接。同一弦长位置的前后蜗轮轴上的直齿圆柱齿轮相互啮合。与两侧半轴分别相连的2个蜗杆位于差速器壳内,2个蜗杆分别与轴向位置的3个蜗轮啮合,因此,构成6对蜗杆蜗轮啮合副。由主减速器从动齿轮传来的转矩经差速器壳、蜗轮轴、蜗轮传给2个蜗杆,然后分配给两侧半轴。

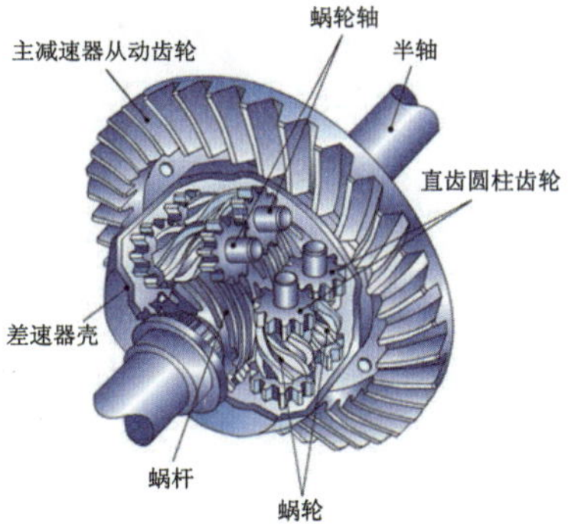

托森轮间差速器构造图

460. 拖森差速器如何工作?

(1)当汽车直线行驶时,蜗轮随差速器壳一起公转,即各蜗轮、蜗杆与差速器壳一体等速转动,所以,两侧半轴无转速差,差速器不起差速作用。

(2)当汽车转弯行驶时,蜗轮除公转传递动力外还要自转,由直齿圆柱齿轮的相互外啮合,使前后蜗轮的自转方向相反,从而使一个蜗杆转速增加,另一个蜗杆转速减小,实现了差速。由此可见,托森差速器起差速作用的同时,由于蜗杆蜗轮啮合副之间的摩擦作用,转速较低的蜗杆比转速较高的蜗杆分配到的转矩大,若转速较低的蜗杆分配到的转矩大到一定程度而出现滑转时,则转速较低的蜗杆转速升高一点,转矩又立刻重新分配给转速较高的蜗杆一些,所以,驱动力的分配可根据转弯的要求自动调节,使汽车转弯具有良好的驾驶性能。

461. 托森差速器与普通差速器有何异同?

托森差速器与普通差速器相同的是:在汽车转弯行驶时,差速器都起作用。当某一驱动轮因附着力小而出现滑转时,对于行星齿轮式差速器来说,驱动力大部分分配给附着力小的一侧驱动轮,汽车只能望而止步。但对于托森差速器来说,驱动力大部分分配给附着力大的一侧驱动轮,从而提高了汽车的通过能力,其防滑原理就在于此。

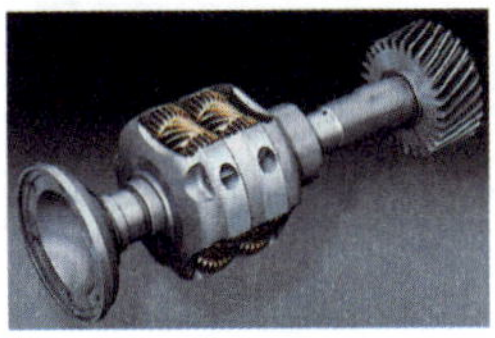

托森差速器

托森差速器制造成本极高,结构十分复杂,一般只作为四驱车辆轴间差速器使用,装在变速器后端。转矩由变速器输出轴传递给托森差速器,再由托森差速器分配给前驱动桥和后驱动桥。

462. 分动器有什么作用?

为了改善汽车在越野时或在泥泞、雪地行驶时的驱动条件,越野汽车和一些高级轿车都装备了四轮驱动来改进汽车的通过能力。分动器又称为分动箱,它是四驱汽车上所特有的部件。它的作用就是将变速器的动力分配给前、后驱动桥,这样可以极快地增加汽车的驱动力,同时在汽车转弯时能改善操纵性能,使动力作用在路面上的四个车轮上。

在分时四驱汽车上,分动器比较简单,驾驶员拉动手柄或按动驱动模式开关,即可以把汽车切换成两驱或四驱行驶方式。由于需要驾驶员经常切换两驱或四驱模式,造成操作的复杂性,如果发生误操作,又很容易出问题,所以这类四驱只是在一些较老的、强调越野的车辆上广泛使用,因此,这类分动器几乎见不到。

在适时四驱汽车上,分动器不需要人为控制,系统可以自动完成两驱或四驱的切换。由于其制造成本相对低廉,使得适时四驱广泛应用在一些城市SUV和轿车上。因此,这类分动器在现代汽车上可以见到。

在全时四驱汽车上,四个车轮时刻都能提供驱动力。因此,分动器的主要结构就是中央差速器,由它负责向前、后驱动桥分配动力。上面讲述的奥迪Quattro四驱系统就是此种形式。

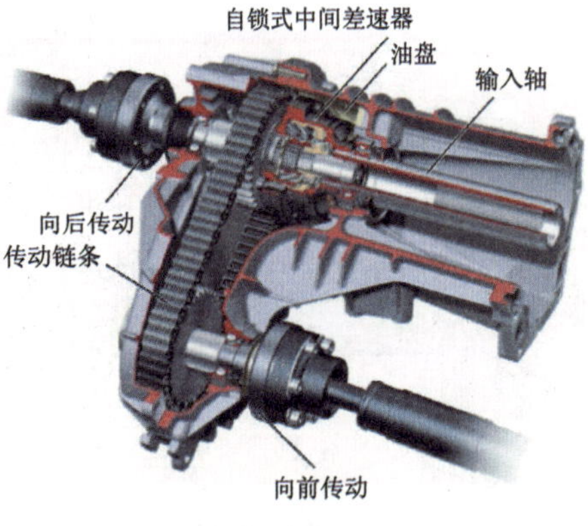

分动器构造图

463. 半轴有什么作用？

半轴的作用是将差速器传来的动力传递给驱动轮。因半轴传递的转矩较大，常制成实心轴。如果半轴断裂则汽车无法起步、行驶。

464. 半轴的结构如何？

半轴的结构因驱动桥结构形式的不同而异。整体式驱动桥中的半轴为一根刚性实心轴，内端有花键，与半轴齿轮相连，外端有凸缘，与驱动轮的轮毂相连。断开式驱动桥中的半轴也为实心轴，但其分段并用万向节分别与半轴齿轮和驱动轮毂相连。

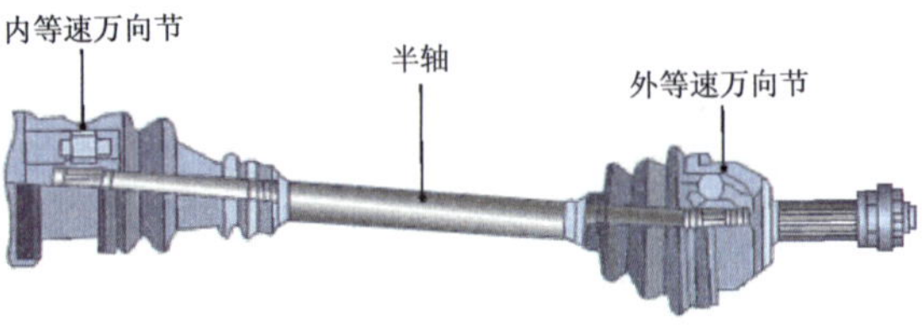

半轴

465. 什么是全浮式半轴支承？

全浮式半轴支承广泛应用于整体式驱动桥。半轴外端锻造有半轴凸缘，用螺栓紧固在轮毂上，轮毂用一对圆锥滚子轴承支承在半轴套管上，半轴套管与空心梁压配成一体，组成驱动桥壳。半轴内端用花键与差速器的半轴齿轮套合。这种半轴支承形式，半轴与桥壳没有直接联系，半轴只在两端承受转矩，不承受其他任何反力和弯矩，所以，称为全浮式半轴支承。

全浮式半轴支承便于拆装，只需拧下半轴凸缘上的轮毂螺栓，即可将半轴抽出，而车轮和桥壳照样能支撑住汽车。

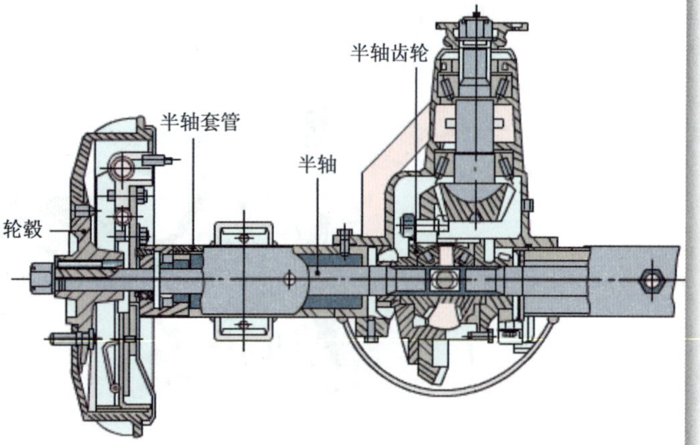

全浮式半轴支承示意图

466. 什么是半浮式半轴支承？

半浮式半轴支承广泛应用于断开式驱动桥。半轴分为两段，即外半轴和内半轴。外半轴与万向节的外球座制成一体，并铣有花键槽，最外端制有螺纹。内半轴的两端都铣有花键槽，并分别于内外万向节的内球座套合。因此，半轴不仅要承受转矩，而且还要承受各种反力及其形成的弯矩，故称这种支承形式为半浮式半轴支承。

半浮式半轴支承结构简单，但半轴受力情况复杂且拆装不便，多用于反力、弯矩较小的各类轿车上。

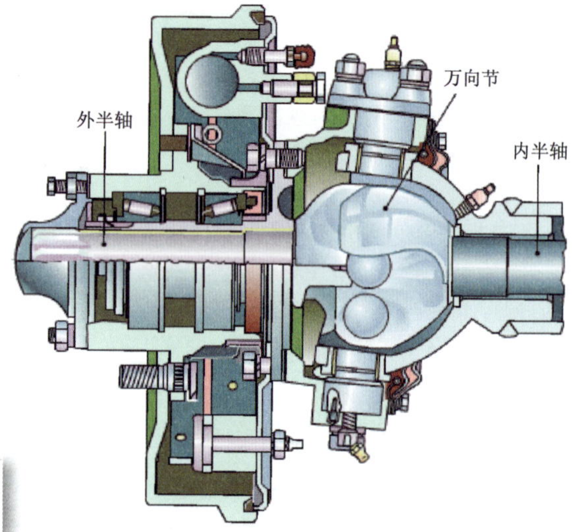

半浮式半轴支承示意图

467. 半轴的检修内容有哪些？

（1）半轴应进行隐伤检查，不得有任何形式的裂纹存在。

（2）半轴花键应无明显的扭转变形。

（3）以半轴轴线为基准，半轴中段未加工圆柱体径向圆跳动误差不得大于 1.3mm；花键外圆柱面的径向圆跳动误差不得大于 0.25mm；半轴凸缘内侧端面圆跳动误差不得大于 0.15mm。径向圆跳动超限，应进行冷压校正；端面圆跳动超限，可车削端面进行修正。

（4）半轴花键的侧隙增大量较原厂规定不得大于 0.15mm。

（5）对前轮驱动汽车的半轴总成（带两侧等速万向节）还应进行如下作业内容：

① 外球笼万向节用手感检查应无径向间隙，否则应予更换。

② 内侧三叉销式万向节可沿轴向滑动，但应无明显的径向间隙感，否则应予更换。

③ 防尘罩是否有老化破裂，钢带箍是否有效可靠。如失效，应予更换。

468. 驱动桥壳有什么作用?

驱动桥壳既是传动系统的组成部分，同时也是行驶系统的组成部分。作为传动系统的组成部分，其作用是安装并保护主减速器、差速器和半轴。作为行驶系统的组成部分，其作用是安装悬架或轮毂，和从动桥一起支承汽车悬架以上各部分质量，承受驱动轮传来的反力和力矩，并在驱动轮与悬架之间传力。

469. 什么是整体式桥壳?

驱动桥壳可分为整体式桥壳和分段式桥壳两种类型。

整体式桥壳常见有整体铸造、中段铸造压入钢管、钢板冲压焊接等形式。整体铸造式驱动桥壳的中部为一环形空心壳体，即主减速器壳，用于安装主减速器、差速器；两端为半轴套管，用来安装半轴。桥壳后盖上装有检查油面用的螺塞。

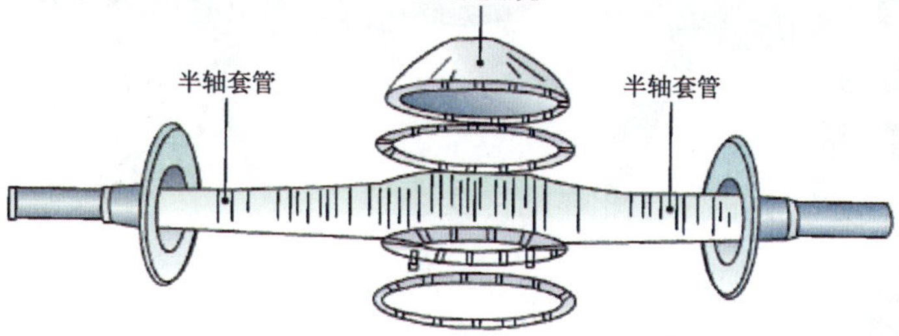

整体式桥壳

470. 什么是分段式桥壳?

分段式桥壳一般由两段式桥壳组成，即由主减速器壳、两个半轴套管组成。中间用螺栓连成一体。分段式桥壳铸造加工简便，但维修、保养十分不便。当拆检主减速器时，必须把整个驱动桥从汽车上拆卸下来，目前，很少采用。

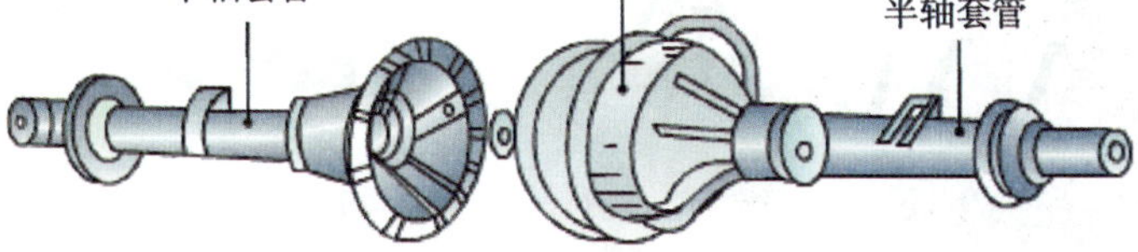

分段式桥壳

471. 桥壳有哪些检修内容?

（1）桥壳和半轴套管不允许有裂纹存在，半轴套管应进行探伤处理。各部位螺纹损伤不得超过 2 牙。

（2）钢板弹簧座定位孔的磨损不得大于 1.5mm，超限时先进行补焊，然后按原位置重新钻孔。

（3）整体式桥壳以半轴套管的两内端轴颈的公共轴线为基准，两外轴颈的径向圆跳动误差超过 0.30mm 时应进行校正，校正后的径向圆跳动误差不得大于 0.08mm。

（4）分段式桥壳以桥壳的结合圆柱面、结合平面及另一端内锥面为基准，轮毂的内外轴颈的径向圆跳动误差超过 0.25mm 时应进行校正，校正后的径向圆跳动误差不得大于 0.08mm

（5）桥壳承孔与半轴套管的配合及伸出长度应符合原厂规定，如半轴套管承孔的磨损严重，可将座孔镗至修理尺寸，更换相应的修理尺寸半轴套管。

（6）滚动轴承与桥壳的配合应符合原厂规定。

第二节 行驶系统

472. 行驶系统有何作用?

行驶系统的主要作用是将传动系统传来的转矩转化为汽车行驶的驱动力；将汽车构成一个整体，支承汽车的总重量；承受并传递路面作用于车轮上的力和力矩；减小振动、缓和冲击，保证汽车平顺行驶；与转向系统配合，以正确控制汽车的行驶方向。

473. 行驶系统有哪几种类型?

汽车行驶系统的结构形式因车型及行驶条件不同，有轮式、履带式、车轮－履带式和水陆两用式等几种类型。其中，绝大多数汽车经常在比较坚实的道路上行驶，其行驶系统中直接与路面接触的部分是车轮，因此，称之为轮式行驶系统。

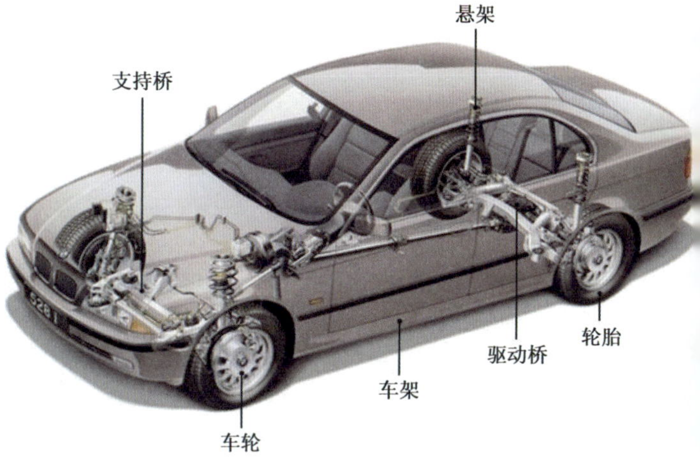

轮式行驶系统的组成

履带式行驶系统

474. 轮式行驶系统包括哪些部件?

轮式行驶系统由车架、车桥、悬架及车轮总成四部分组成。前、后车轮分别安装在前后车桥上，车桥又通过前、后悬架与车架相连接，车架是整个汽车的装配基体。这样，行驶系统就联结成一个整体，构成汽车的装配基础。

475. 车架有什么作用?

就像人的身体由骨架来支持一样，汽车也必须有一副“骨架”，这就是车架。车架俗称“大梁”，它是汽车的装配基体，汽车绝大多数的零部件、总成都要安装在车架上。另外，车架不仅承受各零部件、总成的载荷，还要承受汽车行驶时来自路面各种复杂载荷的作用，如汽车加速、制动时的纵向力，汽车转弯、侧坡行驶时的侧向力，不良路面传来的冲击等。

所以，车架的作用可以概括为两点：一是支承、连接汽车各零部件、总成；二是承受车内、外各种载荷的作用。

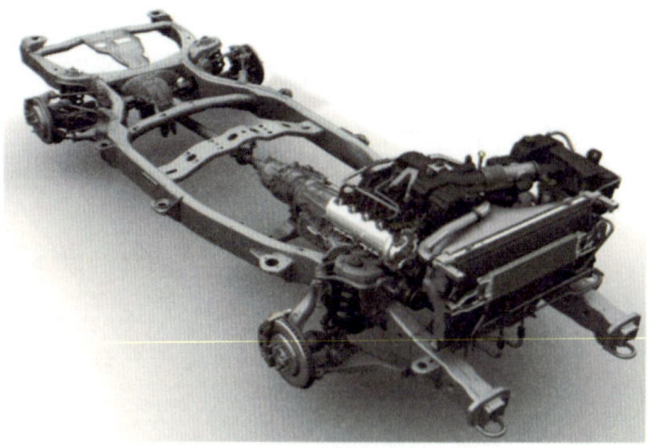

车架

476. 车架有哪几种类型?

汽车上采用的车架有 5 种类型：边梁式车架、中梁式车架、综合式车架、无梁式车架和特殊材料一体成型式。目前，汽车上多采用边梁式车架和无梁式车架。

477. 什么是边梁式车架?

边梁式车架由两根位于两边的纵梁和若干根横梁组成，用铆接法或焊接法将纵梁与横梁连接成坚固的刚性构架，常称作“阵式车架”，是最早出现的车架类型（从全世界第一部汽车开始一直沿用至今）。

纵梁常用低碳合金钢板冲压而成，采用抗弯能力较强的槽形断面，也有的制成工字形或箱形断面。根据车型不同及总成结构布置的要求，纵梁可以制成在水平面内或纵向垂直平面内弯曲的形状。其横断面可以是等断面的，也可以是不等断面的。横梁用来连接左、右两个纵梁，保证车架的扭转刚度和承受一定的纵向载荷，而且还可支承发动机、散热器等主要部件。因此，横梁的数量、结构形式、在纵梁上的布置应该满足汽车总体布置的需要和车架刚度、强度的要求。通常，载重汽车上采用5根以上的横梁。

由于边梁式车架承载能力和抗扭刚度强，结构简单，工艺要求较低，因而多用于大型载重的货车，中、大型客车，以及对车架刚度要求很高的车辆。

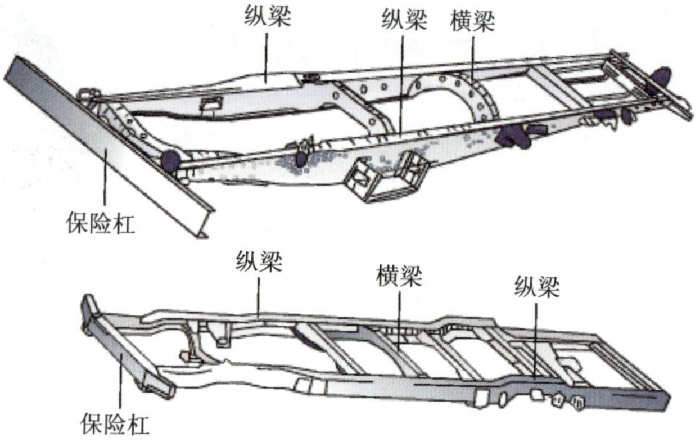

边梁式车架

478. 什么是综合式车架?

综合式车架是由边梁式和中梁式车架结合而成的。车架前段或后段近似边梁式结构，便于分别安装发动机或驱动桥。车架中部采用中梁式结构，传动轴从中梁中间穿过。这种结构制造工艺复杂，目前应用也不多。

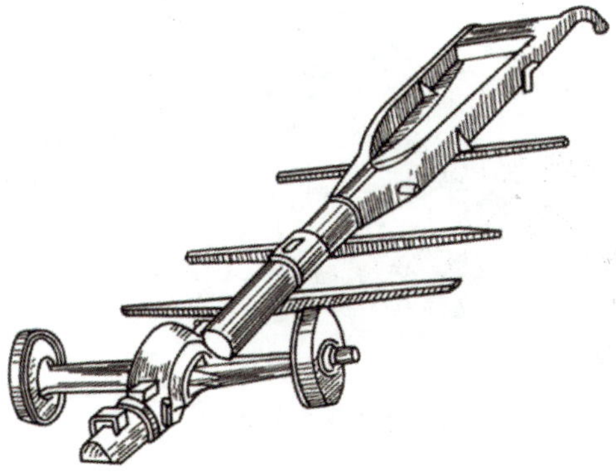

综合式车架

479. 什么是中梁式车架?

中梁式车架又称为脊梁式车架，它是由一根贯穿汽车纵向的中央纵梁和若干根横向悬伸托架构成。

传动轴由中梁内孔通过，主减速器壳通常固定在中梁尾端。中梁式车架的结构特点是中梁的断面可做成管形或箱形，中梁式车架有较大的扭转刚度并使车轮有较大的运动空间，便于采用独立悬架，车架较轻，减小了整车质量，重心也较低，行驶稳定性好。但这种车架制造工艺复杂，精度要求高，总成安装比较困难，维修也不方便，故目前应用不多。

中梁式车架

480. 什么是承载式车身?

对于家用车来说，非承载式车身最大的缺点就是车身重量太大，因而随着汽车技术的发展，人们取消了非承载式结构中独立的刚性车架，整个车身成为一个单体结构，这就是承载式车身。

承载式车身的外壳、车顶和地板及 A 柱、B 柱、C 柱都是连接在一起的。在冲压阶段，钢板先被冲压成不同的形状，然后焊接成一个完整的车身。其实这些部件按照功能可以大致分为两种：覆盖件和结构件。所谓覆盖件就是覆盖在车身表面的部件，如车门、车顶、翼子板等，它们通常起到美观和遮风挡雨的作用，一般都用厚度不超过 1mm 的钢板冲压而成，我们平时所说的某辆车钢板的薄厚就是指这些部位。结构件隐藏在车身覆盖件之下，对车身起到支撑和抗冲击的作用，分布在车身各处的钢梁是车身结构件的一种。

承载式车身

承载式车身最大的优点莫过于重量轻，而且重心较低，车内空间利用率也比非承载式车身结构更高，所以在家用轿车领域已经取代了非承载式车身结构。但承载式车身的抗扭刚性和承载能力相对较弱，所以，在越野车和载重货车领域还是非承载式车身的天下。

481. 承载式车身有哪几种类型?

承载式车身按其使用材料不同可分为全钢承载式车身、全铝合金承载式车身和碳纤维承载式车身三种类型。

482. 什么是全钢承载式车身?

全钢承载式车身由钢经冲压、焊接而成，对设计和生产工艺的要求都很高。成型的车架是一个带有坐舱、发动机舱和底板的骨架，我们所能看到的光滑的汽车车身则是嵌在骨架上的覆盖件。

483. 全铝合金承载式车身有何优点?

全铝合金承载式车身的最大优点是重量轻（相同刚度的情况下），但是成本高，不宜大量生产，而且铝合金本身的特性决定了其承载能力受限制，暂时只有少数车厂运用在小型的量产跑车上，如莲花 ELISE 和雷诺 SPIDER。

全铝合金承载式车身

484. 什么是碳纤维承载式车身?

碳纤维承载式车身即一体成型式车架。制造方法是用碳纤维浇铸成一体化的底板、坐舱和发动机舱结构，再装上机械零件和车身覆盖件。碳纤维车架的刚度极高，重量比其他任何车架都要轻，重心也可以造得很低。但是制造成本是它的致命伤。因此，目前都只用于不计成本的赛车和极少数量产车上。至今仅有的两部采用碳纤维车架的量产车是 1994 年的 MCLAREN F1 和 1995 年的 FERRARI F50。

485. 什么是非承载式车身？

非承载式车身的车架和车身是两个独立的部件。其有刚性的车架，又称为底盘大梁架，这种车架一般都是矩形或者梯形的，布置在车身的最底部，我们平时是看不到的。

车架承载着整个车体，发动机、悬架和车身都安装在车架上，从理论上说，即使没有车身，单是一个车架“裸奔”也是没有什么问题的。那么车身的作用又是什么呢？显而易见，是为了美观，以及给驾驶者和乘客提供一个舒适安全的环境。

非承载式车身的最大优点就是车身强度高，钢架能够提供很强的车身刚度，也有利于提高安全性，对于载重车和越野车来说这一点非常重要。其缺点就是整体重量大，用的钢材多，成本也会相对较高；其重心比承载式更高。

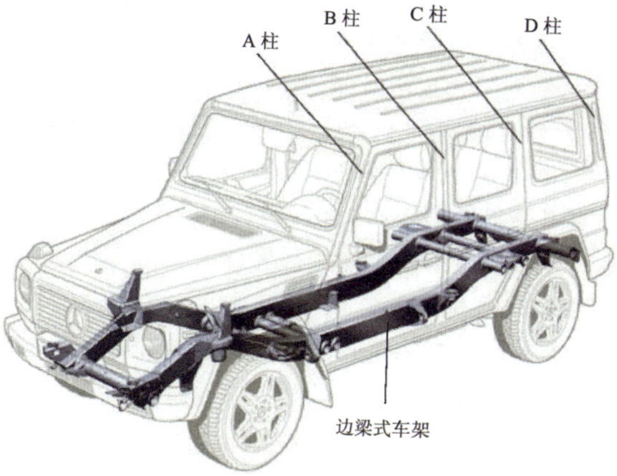

汽车车架

486. 什么是 A、B、C 柱？

一般轿车车身有三个立柱，从前往后依次为 A 柱（前柱）、B 柱（中柱）和 C 柱（后柱）。对于轿车而言，立柱除支撑作用，还起到门框的作用。

A 柱是在发动机舱和驾驶舱之间，左、右后视镜的上方，会遮挡你一部分的转弯视界，但为了减小安全的风险，应保证 A 柱的高刚度。

B 柱不但支撑车顶盖，还要承受前、后车门的支承力，在 B 柱上还要装置一些附加零部件，例如，前排座位的安全带，有时还要穿电线线束。因此，B 柱大都有外凸半径，以保证有较好的力传递性能。

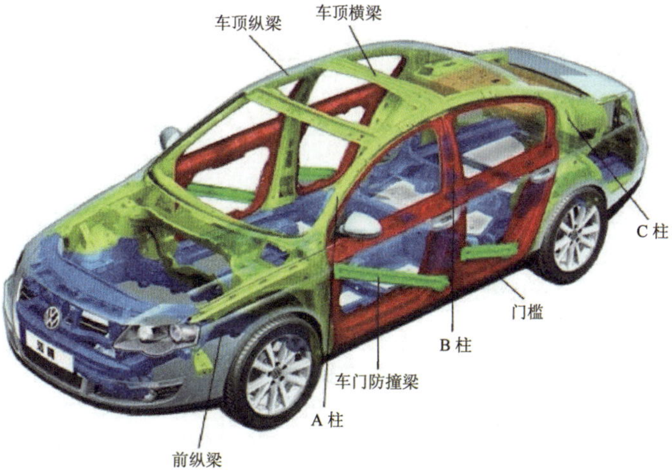

轿车车身

C 柱与 A 柱、B 柱不同的一点就是不存在视线遮挡及上下车障碍等问题。因此，构造尺寸大些也无妨，关键是 C 柱与车身的密封性要可靠。

487. 车桥有何作用？

车桥是通过悬架与车架连接的，两端用于安装和支撑车轮。当汽车行驶时，车轮受到的滚动阻力、驱动力、制动力和侧向力及其弯矩和扭矩均通过车桥传递给悬架和车架。同时，车架上的载荷也通过车桥传递给车轮。故车桥的作用是安装车轮，传递车架与车轮之间的各个方向的作用力及其产生的弯矩和扭矩。

车桥的安装位置图

488. 车桥如何分类?

1）根据悬架结构的不同分类

根据悬架结构的不同，车桥分为整体式车桥和断开式车桥两种。整体式车桥的中部是刚性实心或空心壳，与非独立悬架配用；断开式车桥为活动关节式结构，与独立悬架配用。

2）根据车桥的功用不同分类

根据车桥的功用不同，车桥分为转向桥、驱动桥、转向驱动桥和支持桥四种。

在后轮驱动的汽车中，前桥不仅用于承载，而且兼起转向作用，称为转向桥；后桥不仅用于承载，而且兼起驱动作用，称为驱动桥。

四驱汽车和前轮驱动汽车的前桥，除承载和转向作用外，还兼起驱动作用，所以，称为转向驱动桥。

只起支承作用的车桥称为支持桥。挂车的车桥就是支持桥。支持桥除不能转向外，其他功能和结构与转向桥相同。

489. 转向桥包括哪些部件?

安装转向轮的车桥称为转向桥，转向桥通常位于汽车前部，能使装在其两端的车轮偏转一定的角度，以实现汽车转向。同时，还要承受车架与车轮之间的作用力及其产生的弯矩和扭矩。转向桥主要由前轴、转向节、主销和轮毂四部分组成。

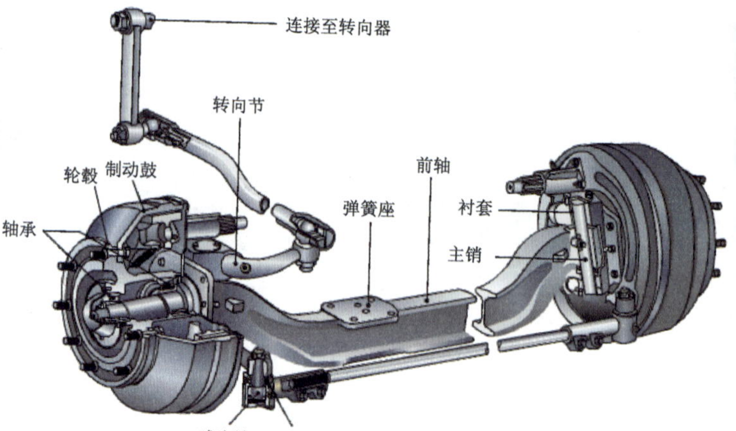

转向桥构造图

490. 前轴有何作用?

前轴是转向桥的主体，一般由中碳钢经模锻而成。其端面采用工字形断面以提高抗弯强度。接近两端逐渐过渡为方形，以提高抗扭刚度。中部加工出两处用以支承钢板弹簧的弹簧座，其上钻有 4 个安装 U 形螺栓的通孔和两个位于中心的钢板弹簧定位凹坑。中部向下弯曲，使发动机位置得以降低，从而降低汽车重心，扩展驾驶员视野。前轴两端各有一个加粗部分，呈拳形，称为拳部，其中有通孔，主销插入此孔内可将前轴与转向节铰接。

491. 转向节有何作用?

转向节是用中碳钢锻造而成的叉形部件，转向节与前轴通过主销采用铰接连接方式，形似羊角，故称为“羊角”。 上、下两叉制有同轴销孔，通过主销与前轴的拳部相连，使前轮可以绕主销偏转一定角度而使汽车转向。为了减小磨损，转向节销孔内压入青铜衬套，衬套上的润滑油槽在上面端部是切通的，用装在转向节上的油嘴注入润滑脂润滑。

转向节

492. 如何检修转向节?

转向节是用来支承前轮毂，并使前轮毂相对主销轴线做旋转运动的机件。当汽车沿不平路面行驶，转向节则承受不断变化的冲击载荷，因此容易产生断裂、变形及球头销孔磨损等故障。因此，必须进行细致的检查。

（1）通常用电磁探伤器或浸油敲击法检查裂纹。浸油敲击法是一种探测隐蔽裂纹缺陷简单有效的方法。检验时，先将转向节浸入煤油或柴油中片刻，取出后将外表擦干，撒上一层滑石粉，然后用小锤轻轻敲击转向节的工作表面，如果有裂纹，则浸入裂纹的煤油或柴油因振动而溅出，使裂纹处的滑石粉呈黄色线痕，根据线痕可判断裂纹位置。

（2）转向节如果出现裂纹、变形，轴承座孔严重磨损、刮伤，转向节球头销连接孔的孔径失圆及损伤等缺陷，应该立即更换转向节。

493. 主销有何作用?

主销的作用是铰接前轴与转向节，使转向节绕着主销摆动以实现车轮转向。常见的主销型式有实心圆柱形、空心圆柱形、圆锥形和阶梯形四种，主销中部一般都切有凹槽，通过带螺纹的楔形销将主销固定在前轴拳部孔内，使之不能转动。

主销

494. 什么是转向驱动桥?

在许多轿车和全轮驱动的汽车上，前桥除作为转向桥外，还兼起驱动桥的作用，故称为转向驱动桥。转向驱动桥具有如下结构特点：

（1）转向驱动桥具有一般驱动桥的主减速器、差速器和半轴，也具有一般转向桥所具有的转向节、主销和轮毂。

（2）转向驱动桥为活动关节式结构，与独立悬架配合使用。

（3）由于需要转向，半轴被分为两段（内半轴和外半轴），其间用等速万向节连接。

（4）结构简单，行驶平稳，转弯半径小，便于进行维修。

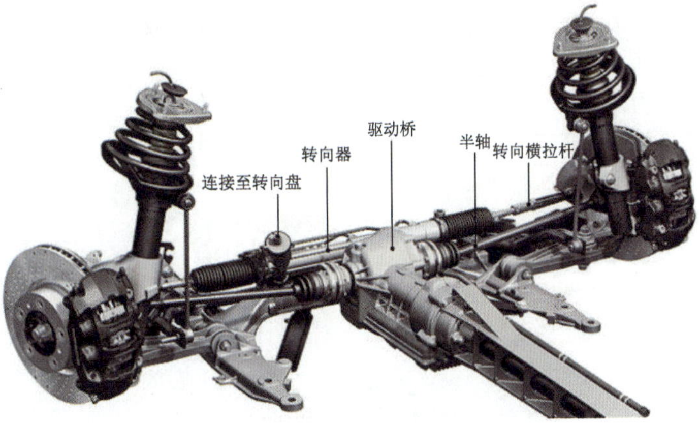

转向驱动桥构造图

495. 什么是四轮定位?

一般人认为汽车的四个车轮是垂直于地面的，实际上要想保证汽车在行驶中安全和舒适，必须考虑许多因素来确定车轮与地面的角度，也就是车轮定位。

所谓车轮定位就是指车轮、转向节和车桥与车架的安装应保持一定的相对位置。车轮定位参数有：主销后倾、主锁内倾、前轮外倾和前轮前束四个参数。通常车轮定位主要是指前轮（转向车轮）定位，现在也有许多车辆需除前轮定位外的后轮定位即四轮定位。

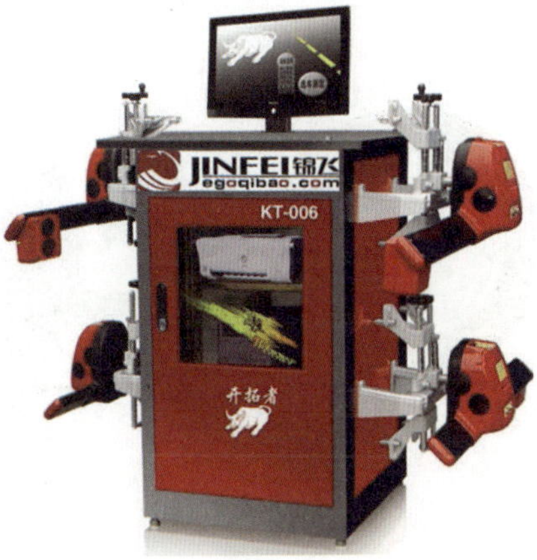

四轮定位仪

496. 四轮定位有何作用?

（1）自动回正。当转向轮在偶遇外力作用或转向后发生偏转时，在外力消失后，应能立即自动回到直线行驶的位置。

（2）使轮胎磨损均匀。使车轮轮胎尽量与地面接触，并尽量保证车轮轮胎与地面发生纯滚动，这样使轮胎磨损均匀。

（3）减轻轮毂外轴承的负荷。

（4）转向轻便。提高汽车安全性、经济性、降低驾驶员的疲劳强度。

497. 什么是主销后倾?

主销安装在前轴上，其上端略向后倾斜，这种结构形式称为主销后倾。在纵向垂直平面内，主销轴线与垂线之间的夹角 r 叫主销后倾角。

主销后倾的作用是形成回正力矩，保证汽车直线行驶的稳定性，并使汽车转向后回正操纵轻便。

主销后倾，使主销轴线的延长线与地面的交点 A 位于车轮与路面的接触点 B 之前，A、B 两点之间的距离称为主销后倾移距。设 B 点到主销轴线延长线之间的距离为 1。汽车直线行驶时，若转向轮偶然受到外力作用而偏转（图 b 所示为向右偏转），汽车将偏离行驶方向而右转弯。由于汽车本身离心力的作用，在轮胎与路面接触点 B 处将产生一个路面对车轮的侧向反作用力 Y，由于反作用力 Y 没有通过主销轴线，因而形成了一个使车轮绕主销轴线旋转的力矩 D（D = Y×1），其方向正好与车轮偏转方向相反。在此力矩作用下，将使车轮回复到原来中间的位置，从而保证了汽车直线行驶的稳定性，故此力矩称为回正稳定力矩。同理，在汽车转向后的回正过程中，此力矩具有帮助驾驶员使转向车轮回正的作用，使汽车转向后回正操纵轻便。

我们都熟悉的自行车前叉梁也是向后倾斜的，它就是自行车的“主销后倾”。我们可以松开自行车把骑车的原理就在于此。

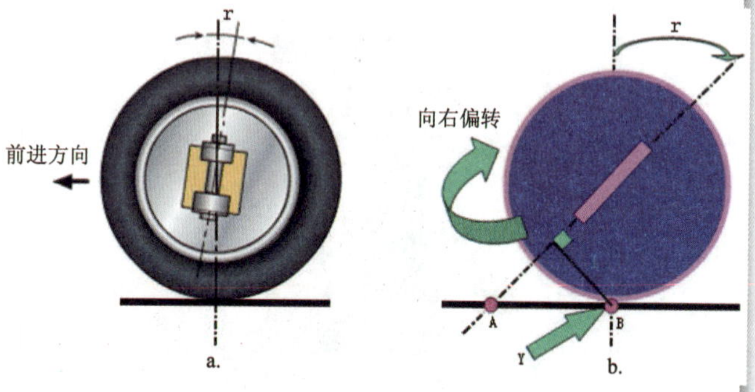

主销后倾

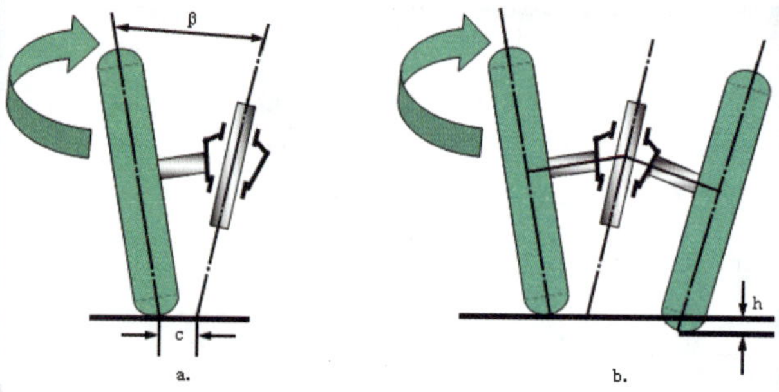

主销内倾

498. 什么是主销内倾?

主销安装在前轴上，其上端略向内侧倾斜，这种结构形式称为主销内倾。在横向垂直平面内，主销轴线与垂线之间的夹角 β 称为主销内倾角。

主销内倾的作用是使转向轮转向后能自动回正，并使转向操纵轻便。

主销内倾具有使转向轮转向操纵轻便的作用，如图 a 所示。由于主销内倾，使主销轴线的延长线与地面的交点至车轮中心平面与地面交点之间的距离 c 缩短（在有些维修资料中将此距离称为偏置或磨胎半径）。转向时，路面作用在转向轮上的阻力对主销轴线产生的力矩减小，从而可减少转向时驾驶员施加在转向盘上的力，使转向操纵轻便。同时，还可以减小因路面不平而从转向轮传到转向盘上的冲击力。

主销内倾具有使转向轮自动回正的作用，如图 b 所示。当转向轮在外力作用下绕主销旋转（为了解释方便，假设旋转 180°，即由图 b 中左边位置转到右边位置）而偏离中间位置时，由于主销内倾，车轮的最低点将陷入路面以下 h 处，即车轮必须将路面压低距离 h 后才能旋转过来，但实际上路面不可能被压低，车轮下边缘不可能陷入路面之下，而是车轮连同整个汽车前部被向上抬起相应高度。一旦外力消失，转向轮就会在汽车前部重力作用下力图自动回正到旋转前的中间位置。主销内倾角越大、转向轮偏转角越大，汽车前部就抬起得越高，转向轮自动回正的作用就越大。

499. 主销后倾角多大?

主销后倾角越大、车速越高，回正力矩越大，转向轮偏转后自动回正的能力也愈强。但主销后倾角也不宜过大，一般不超过 2° ~ 3°，否则，在转向时为了克服此力矩，驾驶员需在转向盘上施加较大的力，使转向变得沉重。

现代汽车为了提高行驶速度，普遍采用扁平低压胎。轮胎宽度增加，也增加了车辆行驶的稳定性。因此，主销后倾角可以减小甚至接近于零。

500. 主销内倾角多大?

主销内倾角既不宜过大，也不宜太小。主销内倾角过大（偏置 c 减小），转向时，车轮在滚动的同时将与路面产生较大的滑动，增加轮胎与路面的摩擦阻力，这不仅使转向沉重，而且加速了轮胎的磨损，故主销内倾角一般为 5° ～ 8°，偏置一般为 40 ～ 60mm；主销内倾角过小（偏置 c 增大），汽车行驶的稳定性和制动的稳定性将变差。在一些发动机前置前轮驱动的轿车上，为了使汽车具有良好的行驶稳定性，特别是制动稳定性，其主销内倾角均较大。

501. 主销后倾与主销内倾有何区别?

主销后倾和主销内倾都具有使转向轮自动回正及转向操纵轻便的作用，但其区别在于：主销后倾的回正作用与车速有关，而主销内倾的回正作用与车重有关。

502. 什么是前轮外倾?

当汽车升起时，从汽车前方看前轮，轮胎并非垂直于路面，而是稍微倾斜，这种现象称为前轮外倾。在横向垂直平面内，前轮中心线与垂线之间的夹角 α 称为前轮外倾角。轮胎呈现“八”字形张开时称为负外倾，而呈现“V”字形张开时称为正外倾。

前轮外倾的作用是提高车轮工作的安全性和转向操纵的轻便性。

举升汽车

如果空车时车轮的安装正好垂直于路面，则满载时车桥将因承载变形而可能出现车轮内倾，这样将加速轮胎的偏磨损。另外，路面对车轮的垂直反作用力沿轮毂的轴向分力将使轮毂压向轮毂外端的小轴承，加重了外端小轴承及轮毂紧固螺母的负荷，降低了它们的使用寿命，严重时会损坏外端的紧固螺母而使车轮外脱，造成交通事故。因此，为了使轮胎磨损均匀和减轻轮毂外轴承的负荷，安装车轮时应预先使其有一定的外倾角，以防止车轮内倾。车轮外倾与主销内倾相配合可进一步缩短偏置距离，使汽车转向轻便。此外，车轮有一定的外倾角也可以与拱形路面相适应。

503. 前轮外倾角多大?

前轮的外倾角是在转向节的设计中确定的。设计时使转向节轴颈的轴线与水平面成一角度，该角度即为前轮外倾角。在使用普通斜交轮胎的鼎盛时期，由于使轮胎倾斜触地便于转向盘的操作，所以外倾角设计得比较大。随着汽车装用扁平子午线轮胎的普及，并由于子午线轮胎的特性（轮胎花纹刚性大，胎体比较软，外胎面宽），若设定较大的外倾角，会使轮胎偏磨，缩短轮胎的使用寿命。现在的汽车一般都将外倾角设定为 1° 左右，有的接近垂直，有的为负值，这样在汽车转向时可避免车身过分倾斜。

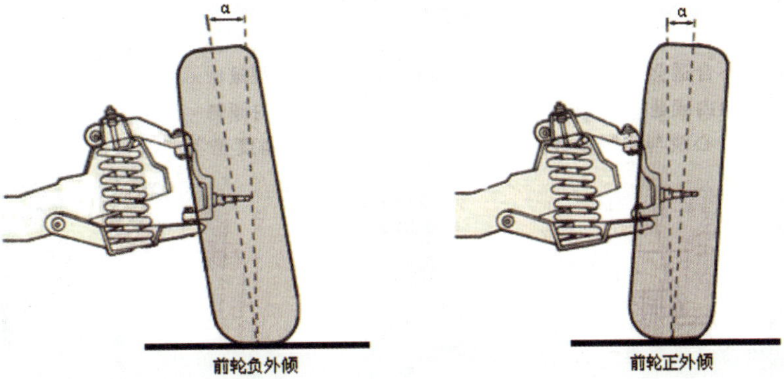

前轮外倾

504. 什么是前轮前束？

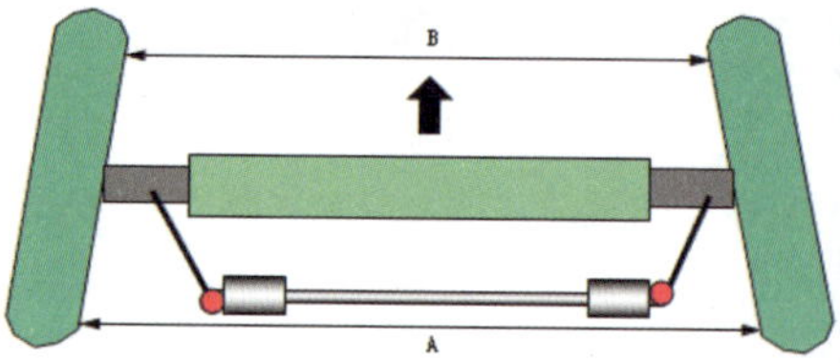

前轮前束

从汽车的上面往下看，左右两个前轮形成一个开口向后的"八"字形，这种现象称为前轮前束。两前轮后端距离 *A* 大于前端距离 *B*，其距离差 *A*–*B* 称为前轮前束值。

前轮前束的作用是消除因前轮外倾使汽车行驶时向外张开的趋势，减少轮胎磨损和燃油消耗。

由于前轮外倾，在汽车行驶时，两个车轮的滚动类似于两个锥体的滚动，其轨迹不再是直线而是逐渐向各自的外侧滚开。但因受车桥和转向横拉杆的约束，两侧车轮不可能向外滚开。这样，车轮在路面上滚动行驶的同时又被强制地拉向内侧，产生向内的侧滑，从而加剧轮胎的磨损。有了前束，车轮滚动的轨迹是向内侧偏斜，只要前束值与车轮外倾角配合适当，车轮向内、外侧滚动的偏斜量就会相互抵消，使车轮每一瞬间的滚动方向都朝着正前方，从而消除了侧滑，减轻了轮胎的磨损。

505. 如何测量前轮前束？

前束的测量在正式测量之前应首先保证前轮轮毂轴承松紧度适当和前轮轮胎气压正常，然后将汽车停放在平坦的场地上，使两前轮处于直线行驶的位置，并向前推动 4 ～ 5m 以消除影响检查效果的各个间隙。接着把前束尺两端水平地支撑在两前轮轮胎内侧最小距离处，即胎侧最高点，其高度应与前轮水平中心线同高。再将前束尺放好后移动标尺，使指针对准"0"位，然后向前推动汽车，当前束尺转动到后面与车轮中心线同高时为止。此时，标尺上指针所指的数值就是测得的前束值。

506. 如何调整前轮前束？

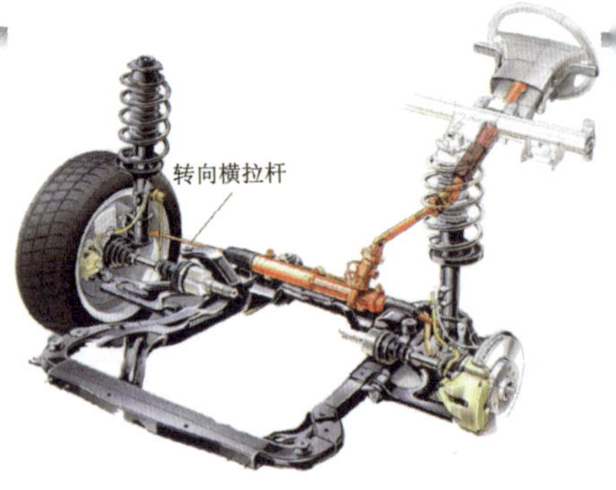

转向横拉杆位置图

前轮前束可通过改变转向横拉杆的长度来调整。调整时可根据汽车生产厂家规定的测量位置，使两轮前后距离差符合规定的前束值，一般前束值在 0 ～ 12mm 之间为正常。有的汽车为与负前轮外倾角相配合，其前束也取负值即负前束，如桑塔纳轿车前束为 – 1 ～ – 3mm。

（1）如果转向横拉杆是平直的，可以先旋松横拉杆两端接头的锁紧螺栓，用扳手扭转横拉杆，使横拉杆伸长或缩短。拉杆伸长，前束值增大，拉杆缩短，前束值减小。直到前束符合标准后，拧紧螺栓。

（2）如果转向横拉杆是弯曲的，在调整时不能旋转横拉杆，而应旋转横拉杆两端的拉头。又因为左右两端螺纹螺距不同，因此在调整时应先旋转某一边的横拉杆接头，如果旋转一圈就会超过前束值而退回一圈又达不到要求时，可以再旋转另一边的拉杆接头，配合调整，直到符合要求时为止调整好后将锁紧螺栓拧紧。

507. 后轮为什么要定位？

汽车

随着道路条件的改善，现代轿车的行驶速度愈来愈高，现在有许多高级轿车都设置了四轮定位，即不仅要求前轮定位，还需要后轮定位。其原因是对前轮驱动汽车和独立后悬架汽车，如果后轮定位不当，即使前轮定位良好，仍然会有不良的操纵性和轮胎早期磨损。为了防止高速行驶时汽车出现的"激转"及自动转向现象，在结构设计上应确保汽车具有不足转向特性。汽车后轮具有一定程度的外倾角和前束可使后轮获得合适的侧偏角，提高高速行驶的操纵稳定性。

508. 什么是后轮外倾角？

像前轮外倾角一样，后轮外倾角也对轮胎磨损和操纵性有影响。理想状态是四个车轮的运动外倾角均为零，这样轮胎和路面接触良好，从而得到最佳的牵引性能和操纵性能。

车轮外倾角不是静态的，它随悬架的上下移动而变化。车辆加载后悬架下沉就会引起车轮外倾角改变。为了对载荷进行补偿，采用独立后悬架的大多数车辆常有一个较小的后轮正外倾角。以保护外轴承和外端锁紧螺母，避免后轮飞脱的危险及轮胎磨损。

509. 什么是后轮前束？

如同前轮前束一样，后轮前束也是后轮定位的一个重要项目。如果前束不当，后轮轮胎也会被擦伤，另外，还会引起转向不稳定及降低制动性能。而设置后轮前束，就是为了避免上述原因及后轮外倾所带来的不良后果。

510. 什么是驱动力作用线？

两后轮前端连线的中点与两后轮后端连线的中点的连线称为驱动力作用线。正常情况下，驱动力作用线将垂直于后轴并与车辆纵轴线重合。但如果一个后轮前端偏里或偏外，或者一个车轮相对于另一个略为后缩，驱动力作用线就要偏离车辆纵轴线，从而产生一个驱动力偏离角并使车辆朝与偏离角相反的方向偏行。例如，驱动力作用线偏右时，汽车向左侧跑偏；**驱动力作用线偏左时，汽车向右跑偏。**

汽车

驱动力偏离角的出现使得车辆在冰、雪或湿路面上的方向稳定性变差。在车辆制动或急剧加速时它有时会使车辆跑偏。用于转向控制的前轮要克服后轮的这种作用，所以，驱动力偏离角还使轮胎磨损加剧。只有消除驱动力偏离角才能解决上述问题。通过重新设置后轮前束，可使驱动力作用线回中。其后轮前束调整可根据厂家提供的调整方法进行调整。

511. 四轮定位多久做一次？

一般新车在驾驶3个月后就应做四轮定位，以后根据底盘使用情况最少应每半年检查一次。更换轮胎或减振器及发生碰撞后都应及时做四轮定位。

512. 车轮总成有何作用？

汽车车轮总成由车轮和轮胎两大部分组成，是汽车行驶系的重要部件，其主要作用如下：

（1）支承整车重量。

（2）缓和由路面传来的冲击载荷。

（3）通过轮胎和路面之间的附着作用来产生驱动力和制动力。

（4）保证汽车正常转向行驶的同时，通过轮胎产生自动回正力矩，使汽车保持稳定的直线行驶方向。

此外，车轮和轮胎还是汽车重要的安全件，几乎所有的汽车行驶性能都与轮胎有关。

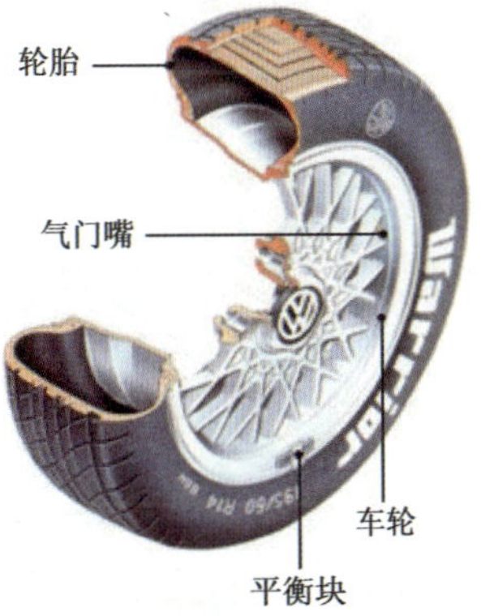

车轮总成

513. 车轮有哪几种类型?

车轮是介于轮胎和车桥之间承受负荷的旋转部件，其作用是安装轮胎、连接车桥并承受轮胎与车桥之间的各种载荷。车轮一般由轮毂、轮辋和轮辐组成，轮毂通过螺栓将车轮固定在车桥上；轮辋用于安装和固定轮胎；轮辐用于将轮毂和轮辋连接起来。

按轮辐结构的不同，车轮可以分为辐板式车轮和辐条式车轮两种。

按车轮所用材料的不同，车轮可以分为铝合金车轮和钢材质车轮两种。

辐条式车轮

514. 什么是辐板式车轮?

车轮中用以连接轮毂和轮辋的钢质圆盘称为辐板，大多是冲压制成的。目前，普通轿车和货车普遍采用辐板式车轮。

货车的辐板与轮辋通过焊接或铆接的方式固定成为一个整体。货车后桥负荷比前桥大得多，为使后轮轮胎不致过载，后桥一般装用双式车轮，在同一轮毂上安装了两套辐板和轮辋。为了防止汽车在行驶中固定轮毂的螺母自行松脱，汽车两侧车轮上的轮毂固定螺栓一般采用旋向不同的螺纹，左侧用左旋螺纹，右侧用右旋螺纹。目前，在一些载货汽车上（如黄河 JN1150D 型汽车），采用了球面弹簧垫圈，可以防止螺母的自行松脱，故汽车左、右车轮上固定轮毂的螺栓均可用右旋螺纹。

轿车辐板式车轮

刘总监提示：

轿车的辐板所用板料较薄，常冲压成起伏多变的形状，以提高其刚度。

515. 什么是辐条式车轮?

按辐条结构的不同，辐条式车轮又分为钢丝辐条式车轮和铸造辐条式车轮。钢丝辐条式车轮的结构与自行车车轮完全一样，由于其价格昂贵、维修安装不便，故仅用于赛车和某些高级轿车上。另外，钢丝辐条式车轮还不能与无内胎轮胎组合使用。因此，现代轿车广泛采用铝合金辐条式车轮，即辐条与轮毂铸成一体，其质量轻，尺寸精度高，生产工艺好，美观大方，可以明显改善车轮的空气动力学特性，降低汽车油耗。

钢丝辐条式车轮

铸造辐条式车轮

516. 铝合金车轮有何优势?

铝合金车轮，顾名思义为铝合金材质，它与传统钢材质车轮比，具有如下优势：

（1）散热好，铝合金车轮相比钢材质车轮能够更快地将热量传导到空气中，增加了安全系数。

（2）重量轻，更轻的车轮可减小起步和加速时的阻力。

（3）精度高，铝合金车轮铸造的精度远高于钢材质车轮，失圆度及不平衡重较小。

（4）更美观，表面抗腐蚀处理及静电粉体涂装让其历久如新。

铝合金车轮

517. 轮辋有哪几种形式？

轮辋也称为钢圈，用于安装和固定轮胎。按其轮廓结构不同，轮辋的常见形式有：深槽式轮辋、平底式轮辋和对开式轮辋。此外，还有半深槽轮辋、深槽宽轮辋、平底宽轮辋和全斜底轮辋等。

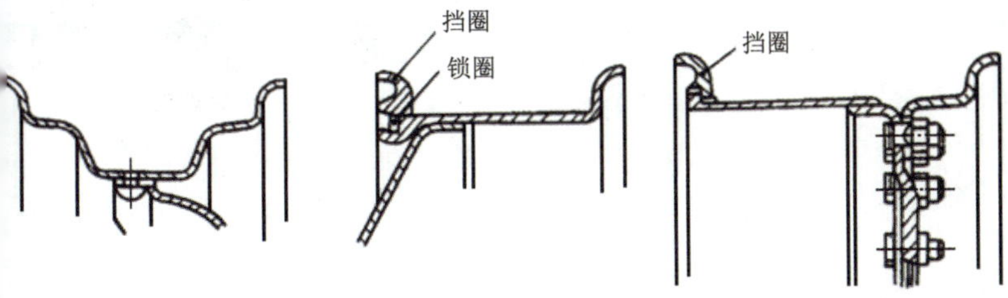

轮辋结构形式示意图

518. 什么是深槽式轮辋？

深槽式轮辋主要用于轿车及轻型越野车，适宜安装尺寸小弹性较大的轮胎。因为尺寸较大、较硬的轮胎则很难装进这样的整体轮辋内。深槽式轮辋有带肩的凸缘，用以安放轮胎的胎圈，其肩部通常略向中间倾斜，倾斜部分的最大直径称为轮胎胎圈与轮辋的着合直径。为便于轮胎的拆装，断面的中部制成深凹槽。深槽式轮辋的结构简单、刚度大、质量较小。

519. 什么是平底式轮辋？

平底式轮辋多用于货车，其挡圈是整体的，且用一个开口锁圈来防止挡圈脱出。在安装轮胎时，先将轮胎套在轮辋上，而后套上挡圈，并将它向内推，直至越过轮辋上的环形槽，再将开口的弹性锁圈嵌入环形槽中。东风EQ1090E 和解放 CA1091 型汽车均采用这种形式的轮辋。

520. 什么是对开式轮辋？

对开式轮辋由内外两部分组成，其内外轮辋的宽度可以相等，也可以不相等，二者用螺栓连成一体。拆装轮胎时拆卸螺栓上的螺母即可。图中所示挡圈是可拆的。有的无挡圈，而由与内轮辋制成一体的轮缘代替挡圈，内轮辋与辐板焊接在一起。这种轮辋主要用于载重量较大的重型货车和大型客车。

刘总监提示：

为了适应提高轮胎负荷能力的需要，国内外均朝宽轮辋的方向发展，如美国的货车已全部采用宽轮辋，欧洲各国也在积极普及宽轮辋，我国也在进行由窄轮辋向宽轮辋的过渡。实验表明，采用宽轮辋可以提高轮胎的使用寿命，并可改善汽车的通过性和行驶稳定性。

对开式轮辋

轮毂电机

521. 轮毂电机技术有什么特点？

新能源车现在已经成为汽车行业颇具前瞻性的领域，而新能源车型的驱动技术和传统内燃机汽车有着不小的区别，而其中有一类驱动技术有着很大的发展前景，这就是轮毂电机技术。

轮毂电机技术又称为车轮内装电机技术，它的最大特点就是将动力、传动和制动装置都整合到轮毂内，因此，将电动车辆的机械部分大大简化。轮毂电机技术并非新生事物，早在 1900 年，保时捷就首先制造出了前轮装备轮毂电机的电动汽车，在 20 世纪 70 年代，这一技术在矿山运输车等领域得到应用。而对于乘用车所用的轮毂电机，日系厂商对于此项技术研发开展较早，目前处于领先地位，包括通用、丰田在内的国际汽车巨头也都对该技术有所涉足。目前，国内也有自主品牌汽车厂商开始研发此项技术，在 2011 年上海车展展出的瑞麒 X1 增程电动车就采用了轮毂电机技术。

522. 防盗螺栓有哪些结构形式?

防盗螺栓

防盗螺栓也称为防拆卸螺栓，是一种为了防止长期置于户外公共环境下的固定设施被盗的紧固件。一般按照结构和种类可分为可装可卸式和可装不可卸式两种，前者又分为内五角防盗螺栓、内梅花防盗螺栓、Y型防盗螺栓、外三角防盗螺栓、内三角防盗螺栓、两点防盗螺栓、偏心孔防盗螺栓和内多齿形等多种结构。

车用防盗螺栓就是可装可卸式防盗螺栓的一种，我们常见的车用防盗螺栓通常是内梅花结构的，通过对梅花齿形的微调来起到防盗的作用，而每组防盗螺栓只为用户配备一把解锁钥匙。一般的轿车一个车轮只有一个防盗螺栓，但少数豪华车的一个车轮上的螺栓却全是防盗的。

安装了防盗螺栓也不能百分百地防盗，只能最大限度地保护轮毂不被贼偷走。所以，切记不能将防盗这一目的全部寄希望于防盗螺栓上。

523. 车轮上为何安装平衡块?

车轮上的平衡块

任何物体各部位质量本身都有差异，在静态和低速旋转下，质量的不均匀就会影响物体旋转的稳定性，转速越高，震动就会越大。众所周知，随着我国公路条件改善和汽车技术水平的迅速发展，车辆的行驶速度也越来越快。如果汽车车轮的质量不均匀，在这种高速行驶过程中，不仅会影响乘车的舒适性，还会增加汽车轮胎和悬架系统的不正常磨损，增加汽车在行驶过程中控制的难度，导致行车不安全。为了避免这种情况的发生，车轮在安装之前必须经过专用设备 - 车轮动平衡机进行动平衡测试，在车轮质量偏小处增加适当的配重，使车轮在高速旋转下保持动平衡，这种配重就是车轮平衡块。

524. 如何拆卸车轮总成?

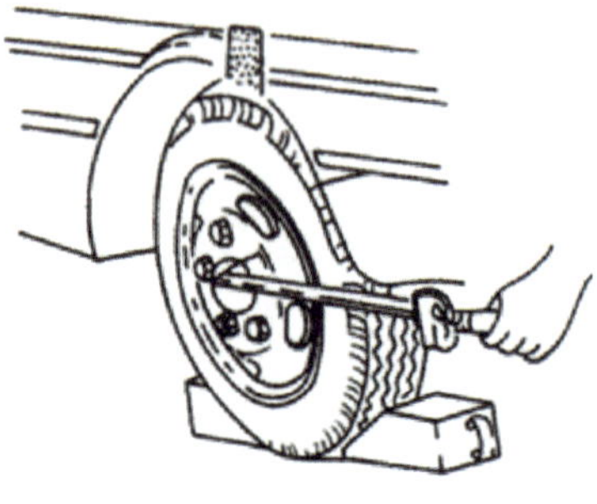
车轮总成的拆卸

（1）停稳车辆，拉起驻车制动手柄，必要时用三角木掩住各车轮。

（2）取下车轮上的装饰罩，弄清汽车左、右侧车轮轮毂紧固螺母的旋转方向，使用随车防盗扳手和轮胎扳手初步拧松各紧固螺母。

（3）用千斤顶顶在指定的位置，使被拆车轮稍离地面。也可将车辆停在举升机上，升起车辆，使车轮稍离开地面。

（4）拧下车轮轮毂全部螺母，取下垫圈，并摆放整齐。

（5）边向外拉边左右晃动车轮，从车桥上取下车轮总成。

525. 如何安装车轮总成?

安装车轮总成

（1）升起车辆，套上车轮，将螺母初步拧上。

（2）放下车辆并在车轮前后用三角木掩住，按对角线顺序分2～3次拧紧紧固螺母，最后一次要按规定力矩拧紧。

（3）安装后轮双胎时，要先拧紧内侧车轮的内螺母，再装外侧车轮。在安装过程中，应用千斤顶分两次顶起车桥，分别安装内、外两个车轮。双轮胎高低搭配要合适，一般较低的轮胎装于里侧，较高的轮胎装于外侧。应注意内侧轮胎和外侧轮胎的气门嘴应互成180°位置。

526. 怎样检修车轮轴承？

车轮轴承一旦过度磨损，将会使轴承的径向间隙和轴向间隙变大，此时应该更换轴承。车轮轴承轴向间隙的标准值为 0 ~ 0.05mm。

（1）检查其轴承轴向间隙，可在转向节拆卸之前进行。其方法如下：举升车辆，卸下车轮，并重新安装车轮固定螺栓。安装百分表，并将表头指在轮毂凸缘上测量车轮轴承轴向间隙。

（2）通过内外移动制动盘来测量轴承轴向间隙。检测后，如果轴承轴向间隙的测量值大于标准值，则要更换车轮轴承。

车轮总成

527. 轮胎有何作用？

轮胎安装在轮辋上，直接与路面接触，其作用如下：

（1）支承汽车的质量，承受路面传来的各种载荷。

（2）和汽车悬架共同来缓和汽车行驶中所受到的冲击，并衰减由此而产生的振动，以保证汽车有良好的乘坐舒适性和行驶平顺性。

（3）保证车轮和路面有良好的附着性，以提高汽车的动力性、制动性和通过性。

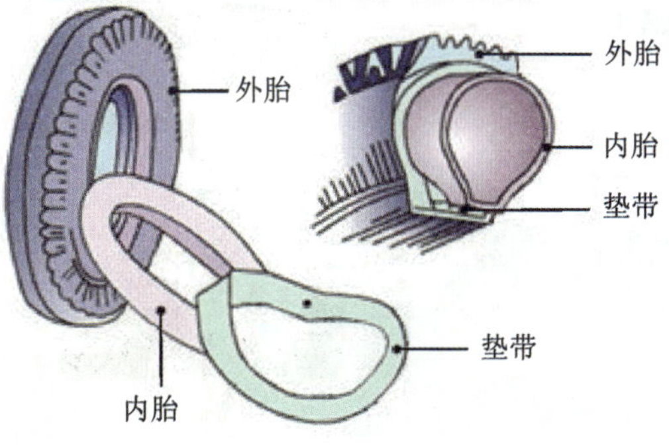

有内胎轮胎构造图

528. 轮胎如何分类？

（1）按轮胎内空气压力的大小，轮胎可分为高压胎（0.5M ~ 0.7MPa）、低压胎（0.2M ~ 0.5MPa）和超低压胎（0.2MPa 以下）三种。低压胎弹性好、减振性能强、壁薄散热性好、与路面接触面积大附着性好，因而广泛用于轿车。超低压胎在松软路面上具有良好的通过能力，多用于越野汽车及部分高级轿车。

（2）按轮胎有无内胎，轮胎可分为有内胎轮胎和无内胎轮胎（俗称真空胎）两种。目前，轿车上普遍采用无内胎轮胎。

（3）按轮胎帘布层帘线排列方式的不同，轮胎可分为斜交轮胎和子午线轮胎。

（4）按胎面花纹的不同，轮胎可分为普通花纹轮胎、越野花纹轮胎和混合花纹轮胎。

529. 轮胎为什么是黑色？

轮胎黑色的理由是为了提高耐久性。轮胎不是单纯的用橡胶来制造的，而是根据轮胎的用途和特性，合成多种物质来制造的。虽多种物质合成但其中必不可少的物质是碳黑，碳黑是燃烧炭化氢时发生的黑色粉末状的物质。当它和高分子结合时可增大橡胶的耐久性，因为这种黑色粉末的碳黑进入轮胎后呈黑色。那么有白色突出文字的彩色轮胎是怎么制造出来的？白色的突出文字是另外的采用碳白的橡胶黏贴出来的，这种碳白和橡胶的结合性低、磨损快，所以，只使用于一部分轮胎中。

轮胎

530. 有内胎轮胎由哪几部分组成？

有内胎轮胎由外胎、内胎和垫带等组成，使用时安装在汽车车轮的轮辋上。

内胎是一个环形的橡胶管，上面装有气门嘴，以便充入或排出空气，为使内胎在充气状态下不产生褶皱，其尺寸应稍小于外胎的内壁尺寸。内胎具有良好的弹性、耐热性和密封性。垫带是一个环形的橡胶带，它垫在内胎与轮辋之间，以保护内胎不被轮辋和胎圈磨伤，并防止尘土及水浸入胎内。

531. 真空胎由哪几部分组成?

无内胎轮胎俗称真空胎，在外观上与有内胎轮胎相似，但是没有内胎及垫带。它的气门嘴用橡胶垫圈和螺母直接固定在轮辋上，空气直接充入轮胎中，其密封性由胎圈和轮辋来保证。真空胎主要由胎面、胎肩、胎侧、胎圈、气密层、帘布层和缓冲层组成。

真空胎一旦被刺破，穿孔不会扩大，故漏气缓慢，胎压不会急剧下降，仍能继续行驶一定距离，可消除爆胎的危险。因无内胎，摩擦生热少、散热快，适用于高速行驶。此外，结构简单，质量较轻，维修也方便。但真空胎必须配用深槽式轮辋，在轿车上广泛应用。

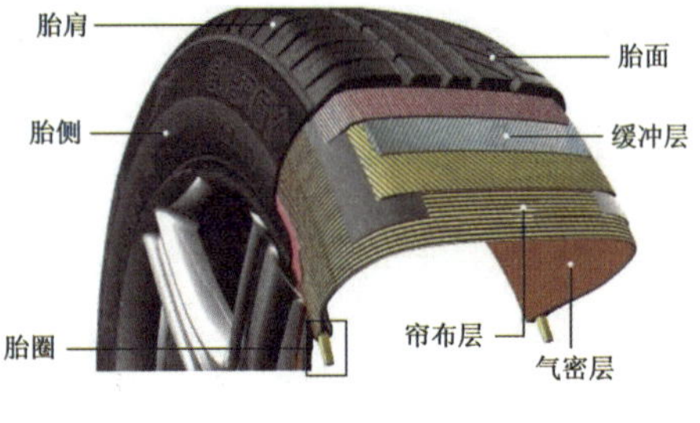

真空胎构造图

532. 轮胎花纹有什么作用?

轮胎花纹主要由花纹沟、花纹块及节距等构成，其主要作用就是增加胎面与路面间的摩擦力，以防止车轮打滑（这与鞋底部花纹的原理是一样的）。轮胎花纹具有提高胎面接地弹性的性能，在胎面和路面间切向力（如驱动力、制动力）和横向力的作用下，花纹块能相应产生较大的切向弹性变形。切向力增加，轮胎的切向变形随之增大，接触面的摩擦作用也就随之增强，进而阻止了胎面与路面间的打滑或打滑趋势。这种性能在很大程度上消除了无花纹（光胎面）轮胎易打滑的弊病，保障轮胎与路面间摩擦性能，使动力性、制动性、转向操纵性和行驶稳定性正常发挥。

533. 胎侧上标有哪些信息?

胎肩是较厚的胎面和较薄的胎侧间的过渡部分，一般也制有各种花纹，以提高该部位的防滑和散热性能。

胎侧又称为胎壁，由数层橡胶构成，贴在帘布层侧壁，用以保护帘布层，避免受潮湿和机械损伤。胎侧在行驶过程中，不断地在载荷作用下挠曲变形。胎侧上标有厂家名称、轮胎尺寸及其他资料等重要信息。

534. 胎面有哪些花纹?

胎面与路面直接接触，直接承受冲击与磨损，并产生附着力，使车辆行驶和制动。为使轮胎与地面有良好的附着性能，防止纵、横向滑移，在胎面上制有各种形状的花纹，主要有普通花纹、越野花纹、混合花纹等。普通花纹中的纵向折线花纹沟槽细而浅，花纹块的接地面积较大，因而耐磨性和附着性较好，最适合于在较好的硬路面上高速行驶，广泛用于轿车、客车及货车等各种车辆；横向花纹仅用于货车。越野花纹沟槽宽而深，花纹块接地面积较小，保证了轮胎与大片接地面积的“咬合”，防滑性能好。适用于矿山、建筑工地及其他一些在松软路面上使用的越野汽车轮胎。混合花纹由纵向折线花纹和横向花纹组合而成，在好路面和不良路面上都可提供稳定的驾驶性能，广泛用于客车和货车。

普通花纹　横向花纹　越野花纹　混合花纹

胎面花纹形状

535. 胎圈由哪几部分组成?

胎圈由钢丝圈、帘布层包边和胎圈包布组成。它有很大的刚度和强度，可以使轮胎牢固地安装在轮辋上，并对轮胎形成密封。在胎圈外侧也有一层橡胶密封层，用以加强胎圈与轮辋之间的气密性。

536. 气密层是内胎吗?

气密层由几乎无法渗透的丁基合成橡胶制成，一般厚度为 2 ~ 3mm。在现代无内胎轮胎中，气密层替代了原来的内胎。有的在气密层的下面还贴一层自黏层，起到自行将刺穿的孔黏合上。随着时间的推移，胎压可能降低，因此，应每个月检查一次胎压。

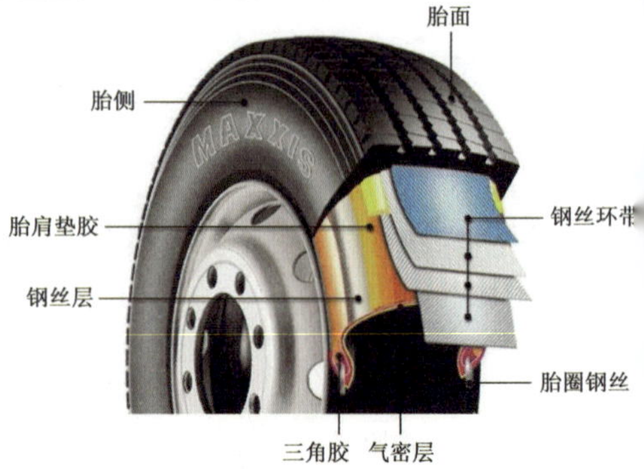

真空胎构造图

537. 帘布层是骨架吗？

帘布层是轮胎的骨架，由帘线黏合在橡胶上制成，主要用于承受载荷，保持轮胎的形状和尺寸，并使其具有足够的强度。帘布层相邻层的帘线交叉排列，帘线可以是棉线、人造丝、尼龙和钢丝。帘布层数越多，轮胎的强度越大，但弹性下降。按照帘布层帘线排列方式的不同，轮胎可以分为斜交轮胎和子午线轮胎。

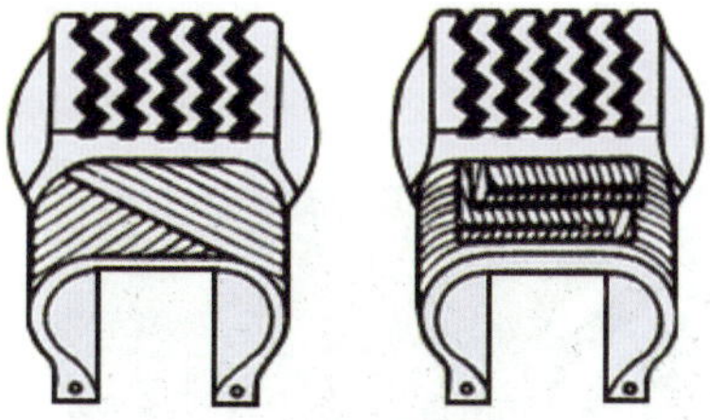

帘线排列方式

538. 斜交轮胎与子午线轮胎有何区别？

斜交轮胎帘布层的帘线按一定角度交叉排列，帘线与轮胎横断面的交角通常为 52° ~ 54° 。子午线轮胎帘布层帘线排列的方向与轮胎横断面一致，即成 90° 交角，类似于地球仪上的子午线，故称为子午线轮胎。子午线轮胎帘线的排列方式能使其强度被充分利用，故其帘布层数比斜交轮胎可减少一半，因而轮胎较柔软，在径向上容易变形，可以增加轮胎的接地面积，即使在充足气后，两胎侧上也有一个特殊的凸起部。但其缓冲层层数较多，从而提高了胎面的刚度和强度。

子午线轮胎与斜交轮胎相比较具有行驶里程长、滚动阻力小、承载能力大、缓冲性能好、附着性能强、胎面耐穿刺、胎温低、节约燃料、不易爆胎等优势，目前，在汽车上广泛应用。

539. 缓冲层有何作用？

缓冲层夹在胎面和帘布层之间，由数层较稀疏的帘布（或钢丝）和橡胶制成，弹性较大，其作用是加强胎面与帘布层之间的结合，防止汽车紧急制动时胎面与帘布层脱离，并缓和汽车行驶时所受到的路面冲击和振动。缓冲层还为轮胎提供了抵消离心力和侧向力的强度，并足够柔软，以确保驾乘舒适度。

刘总监提示：

由于空气体积受温度影响，为了提高行车安全性，避免爆胎发生，现在轮胎内可充入氮气。

540. 什么是应急轮胎？

应急轮胎也称为备胎，现代轿车装备的备胎大多数都是 T 型备胎。T 型备胎的 T 是英文“Temporary”的首字母，意思为“应急”或“临时”。当轮胎爆破或漏气时，装上它后可以保证汽车行驶到维修站，并尽快修复故障轮胎或换上正规轮胎，因此，其称为应急轮胎。备胎平时安装在后备箱下面。

由于应急轮胎成本低，作为轮胎的性能它不如标准轮胎。因此，装用这种备胎时，需要在行驶中避免高速行驶或紧急制动，而且最好不要用作驱动轮。

应急轮胎

541. 折叠备胎有何特点？

对于行李箱空间小的运动车，一般采用折叠备胎或紧凑型备胎，这种备胎也是应急用的，必须避免高速行驶，轮胎的胎侧为折叠结构，收装空间比 T 型备胎小。折叠备胎在折叠状态下不能使用，需用打气筒充气，待轮胎膨胀后才可使用。收装时，需要将空气放掉，按原状折好，轮胎外径骤然变小。

折叠备胎

542. 为什么使用防滑轮胎？

随着轮胎技术的发展，特种轮胎越来越多，如今在雪地上行驶可以装用防滑轮胎或防滑钉轮胎。这样在冰雪路面上行驶时就不需要装用防滑链，从而避免装卸防滑链的麻烦，而且还不会影响乘坐的舒适性和油耗，减少装用防滑链后带来的轮胎损伤，以及在不连续的冰雪道路上行驶的方便性。

轮胎规格

543. 子午线轮胎的规格如何表示？

以下图所示轿车轮胎的规格 195/60 R14 86H 为例进行说明。

（1）195——表示轮胎宽度为 195mm，货车子午线轮胎宽度一般以英寸为单位。有 145、165、175、185、195、205、215、245 八个级别。

（2）60——表示扁平比为 60 %，扁平比为轮胎高度 H 与宽度 B 之比，有 60、65、70、75、80 五个级别。

（3）R——表示子午线轮胎，即“Radial”的首字母。

（4）14——表示轮胎内径为 14 英寸。

（5）86——表示荷重等级，即最大载荷质量。荷重等级为 86 的轮胎的最大载荷质量为 530kg。

（6）H——表示速度等级，表明轮胎能行驶的最高车速。

刘总监提示：

在轮胎规格前加“P”表示轿车轮胎；在胎侧标有“REINFORCED”表示经强化处理，“RADIAL”表示子午线胎，“TUBELESS”（或 TL）表示无内胎（真空胎），“M + S”（Mud and Snow）表示适于泥地和雪地，“→”表示轮胎旋向，不可装反。

544. 更换轮胎有哪些注意事项？

（1）不能装用其他汽车型号的轮胎，否则，难以保证汽车的路面附着性和行驶的安全性。

（2）为了使轮胎磨损尽可能达到均衡，安装在汽车上的所有轮胎，应进行轮胎换位，轮胎换位要按规定进行，并保持轮胎的原滚动方向。

（3）轮胎与轮辋必须配套使用，不允许对轮辋进行敲击或使用撬棒，要用轮胎拆装机进行拆装。

（4）经修理过的或新的轮胎必须经过动平衡试验后方可使用。

轮胎磨损标记

545. 轮胎检查的内容有哪些？

轮胎检查的内容主要有检查轮胎磨损程度和轮胎气压，轮胎磨损程度的检查包括胎面花纹深度的检查和轮胎异常磨损的检查。

轮胎磨损过甚、花纹过浅，是行车重要的不安全因素。过度磨损的轮胎，除容易爆破外，还会使汽车操纵稳定性变坏。汽车在雨中高速行驶时，由于不能把水全部从胎下排出，轮胎将会出现浮滑现象，致使汽车失控。花纹越浅，浮滑的倾向越严重。而轮胎（包括备胎）气压的检查对于行车也是非常重要的。轮胎气压不足，会导致轮胎过热，并因轮胎的接地面积不均匀，而产生不均匀磨损或胎肩和胎侧快速磨损，缩短轮胎的使用寿命，同时会增加滚动阻力、加大油耗，而且影响车辆的操控，严重时甚至引发交通事故。轮胎气压过高则使车身重量集中在胎面中心上，导致胎面中心快速磨损，不但缩短轮胎的使用寿命，而且降低车辆的舒适性。所以，日常维护和各级维护时，对于轮胎的检查是非常必要的。

546. 如何正确使用轮胎?

轮胎的正确使用是延迟其使用寿命的根本途径。只有正确使用轮胎，才能防止轮胎的异常磨损和诸如爆胎、划伤、漏气等致命损坏，从而提高轮胎的行驶里程。

（1）保持轮胎气压正常。

（2）防止轮胎超载。

（3）合理搭配轮胎。

（4）精心驾驶车辆。

（5）保持良好的底盘技术状况。

车轮总成

547. 如何检查胎面花纹深度?

胎面磨耗标志或称防滑标记，即是稍微高出胎面花纹沟槽底部的凸台。随着轮胎行驶里程的增加、轮胎磨损、花纹沟槽变浅，此时露出凸台，说明轮胎花纹即将磨尽，若不更换，可能造成行驶中轮胎打滑、引发交通事故。因此，为了便于检查轮胎的磨损，通常在磨耗标志对应的胎肩处标出“TWI”或者“△”等符号，每条轮胎应沿周向等距离地设置不少于4个。

548. 车轮动不平衡有哪些危害?

汽车车轮是旋转部件，如果车轮动不平衡，在高速行驶时会引起车轮上下跳动和横向摇摆，这不仅影响汽车乘坐的舒适性，而且使驾驶员难以控制行驶方向，以及汽车制动性能变差，影响行车安全。车轮动不平衡还会大大增加各部件所受的力，加大轮胎的磨损和行驶噪声等。因此，汽车在使用和维修中必须进行车轮动平衡试验和校准。

549. 什么是悬架?

悬架把车架与车轮弹性地联系起来，关系到汽车的多种使用性能，是汽车最重要的三大总成之一（发动机、变速器和悬架）。从结构上看，汽车悬架是由弹性元件、减振器、导向机构和横向稳定杆等组成，但汽车悬架却是一个非常难达到完美要求的汽车总成。这是因为悬架既要满足汽车操纵稳定性的要求，又要保证汽车的舒适性要求，而这两方面又是相互矛盾的。为了取得良好的舒适性，需要大大缓冲汽车的振动，这样弹簧就要设计得软些，但弹簧软却容易使汽车发生刹车“点头”、加速“抬头”及严重侧倾偏向，不利于汽车的转向，容易导致汽车操纵不稳定等。

悬架

550. 悬架包括哪些部件?

悬架主要由弹性元件、减振器和导向装置三部分组成。在某些车辆上，为防止车身在转向等情况下发生过大的横向倾斜，还设有辅助的弹性元件——横向稳定杆。

（1）弹性元件：缓和冲击，承受、传递垂直载荷，使车桥和车架弹性连接。

（2）减振器：衰减路面冲击和振动，提高乘坐舒适性。

（3）导向装置：保证车轮相对于车架的正确运动关系。

（4）横向稳定杆：防止车身横向过度倾斜。

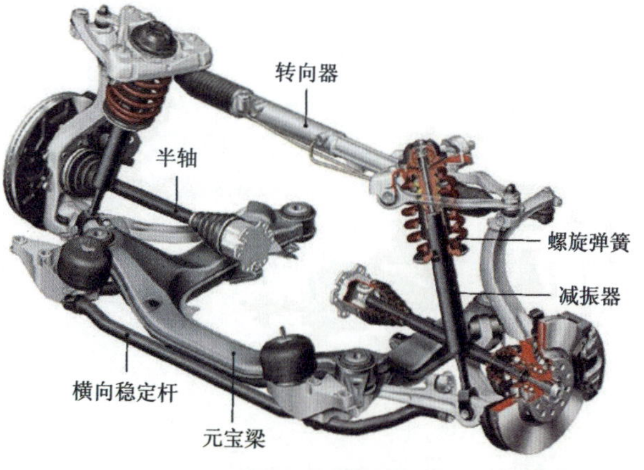

奥迪A4悬架系统

551. 悬架如何分类？

1）根据悬架结构不同分类

根据悬架结构不同分类，汽车悬架可分为两大类：非独立悬架与独立悬架。

2）根据控制方式不同分类

根据控制方式不同分类，汽车悬架可分为两大类：被动悬架与主动悬架。

552. 什么是非独立悬架？

非独立悬架是左、右两侧的车轮装在一个整体式车桥上，车轮连同车桥一起通过悬架与车架相连接，当一侧车轮因路面不平等原因相对于车架的位置发生变化时，另一侧车轮的位置也随之发生变化。这样自然不会得到较好的操纵稳定性及舒适性，同时由于左、右两侧车轮的互相影响，也容易影响车身的稳定性，在转向的时候较易发生侧翻。

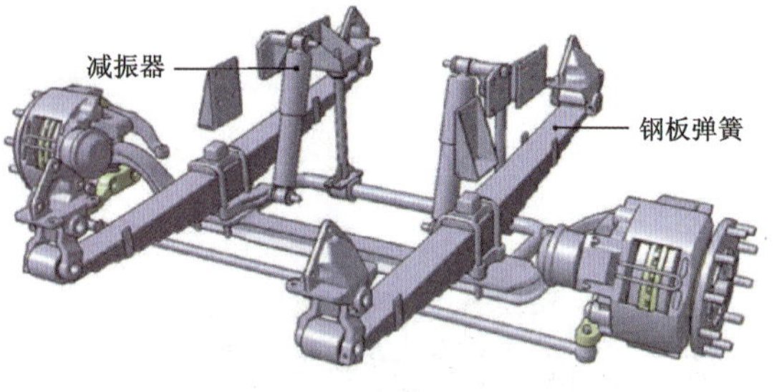

非独立悬架构造图

553. 什么是独立悬架？

独立悬架是两侧车轮各自独立地通过悬架与车架相连接，其配备的车桥都是断开式的，每个车轮都能独立地上下运动。因此，从使用过程来看，当一侧车轮受到冲击、振动后可通过弹性元件自身吸收冲击力，这种冲击力不会波及另一侧车轮，使得厂家可在车型的设计之初通过适当的调校使汽车在乘坐舒适性、稳定性、操纵稳定性三方面取得合理的配置。

非独立悬架由于结构简单，制造成本低，至今仍然应用于许多客、货车上。但是，随着汽车行驶速度的不断提高，非独立悬架已不能满足行驶平顺性与操纵稳定性等方面的要求，现代轿车大多采用独立悬架。

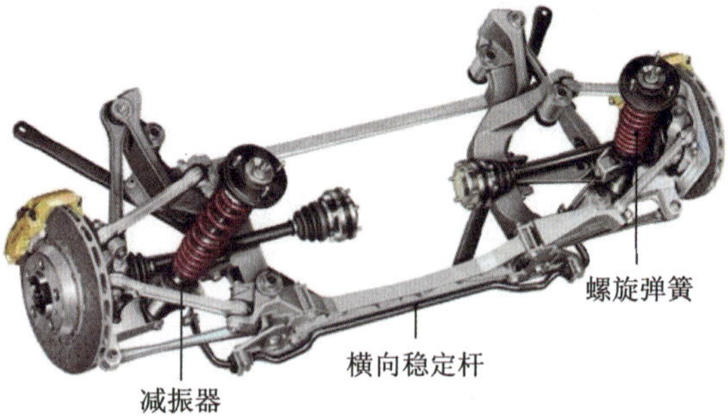

独立悬架构造图

554. 被动悬架与主动悬架有何区别？

目前，大多数汽车采用被动悬架。被动悬架的含义：汽车姿态（状态）只能被动地取决于路面、行驶状况和汽车的弹性元件、导向装置及减振器这些机械零件；主动悬架可以根据路面和行驶工况自动调整悬架刚度和阻尼，从而使车辆能主动地控制垂直振动及其车身或车架的姿态。

主动悬架

555. 弹性元件有哪些类型？

为了缓和冲击，汽车在行驶系统中，除采用弹性的充气轮胎外，在悬架中还需要装有弹性元件，使车架与车桥之间作弹性连接。弹性元件具有如下特点：

1）弹性

弹性是弹性元件本身的一种特性，其发生弹性形变后可以恢复原来的状态。

橡胶弹簧

2）弹簧刚度

弹性元件的变形程度与对它施加的力（载荷）成正比。作用力除以变形量所得到的常数称为弹簧刚度。如果对两个弹性元件施加的载荷相同，弹簧刚度小的弹性元件的变形量要大于弹性刚度大的弹性元件的变形量。弹性刚度小的弹簧称为"软"弹簧；弹性刚度大的弹簧称为"硬"弹簧。

3）弹簧振动

当车轮驶过凸起路面时，弹性元件迅速压缩。由于每个弹性元件有弹性，要立即恢复原状，就会回弹，使车身上下运动。由于惯性，弹簧在恢复到原始长度后还要被拉伸；当弹簧拉伸到极限位置时开始收缩，使车身朝下运动，弹簧在恢复到原始长度后还要被压缩；压缩到极限位置后又拉伸。弹簧的压缩和拉伸不断交替出现，从而使车身作上、下振动。

汽车悬架常用的弹性元件包括钢板弹簧、螺旋弹簧、扭杆弹簧、气体弹簧和橡胶弹簧等。

556. 钢板弹簧有哪些部件组成？

钢板弹簧是由若干片等宽不等长、弧度不等、厚度相等或不等的钢板弹簧片组合而成的一根近似等强度的弹性梁，被绝大部分非独立悬架所采用，其主要由弹簧片、弹簧夹、卷耳、套管和螺栓等组成。

钢板弹簧的第一片最长，称为主片，其两端弯成卷耳，内有套管，用钢板销与车架上的支架或吊耳作铰链连接。钢板弹簧的中心部位用U形螺栓与车桥固定。

中心螺栓用以连接各弹簧片，并保证装配时各片的相对位置。中心螺栓到两端卷耳中心的距离可以相等，称为对称式钢板弹簧；距离不相等，称为非对称式钢板弹簧。为了增加主片及卷耳的强度，常将第二片两端做成加强卷耳，3/4包在主片卷耳外面。主片与第二片卷耳间通常留有较大间隙，以便主片受力变形时有较大的滑动余地。

钢板夹的主要作用是当钢板弹簧反向变形，即车架离开车桥时，使各片不致互相分开，而将反力传给较多的弹簧片，以免主片单独承载，同时还可防止各片横向错动。装配钢板夹时，应将螺栓头朝向车架一面，而使螺母在车轮一面，以防止螺栓松脱时刮伤轮胎。

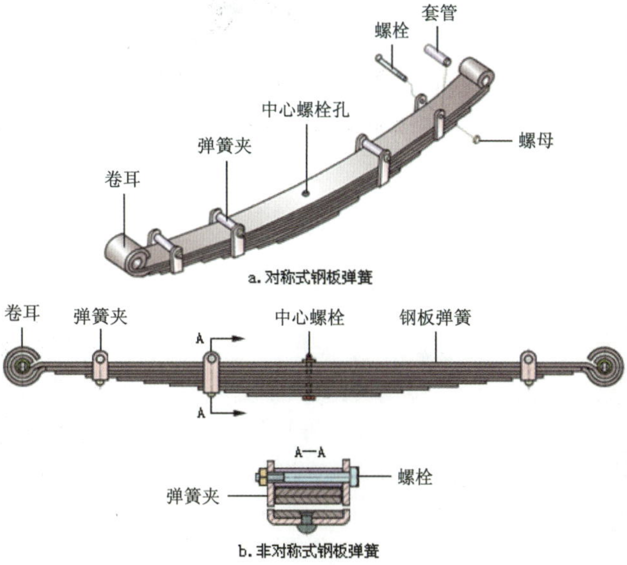

钢板弹簧

557. 如何检修钢板弹簧？

钢板弹簧长期使用会产生弹性下降甚至折断，钢板销、支架与吊耳产生磨损等。

采用钢板弹簧的车辆

（1）钢板弹簧不能有裂纹、折断，如有应更换新件。

（2）钢板弹簧弹性下降表现在钢板弹簧的弧高减小，一般在弹性实验器上检查有负荷或无负荷下弧高的减小。钢板弹簧弹性下降也表现在叶片的曲率半径变化上，可用新片来进行靠合实验。

（3）左、右两侧的钢板弹簧的总片数要相等，总厚度差不大于5mm，弧高差不大于10mm。

（4）钢板弹簧的夹子、夹子螺栓应完整，U形螺栓要按规定的力矩拧紧。

（5）装配好并压紧的钢板弹簧，片与片之间应紧密配合，相邻两片在总接触长度的1/4长度内，间隙不大于1.2mm。

558. 钢板弹簧应用于哪些车型?

钢板弹簧在载荷作用下变形，各片之间因相对滑动而产生摩擦，可使车架的振动衰减。各片之间处于干摩擦，同时还要将车轮所受冲击力传递给车架，因此，增大了各片的磨损。为了减小弹簧片的磨损，在装合弹簧片时，各片须涂上较稠的石墨润滑脂。有些弹簧片间还夹装塑料衬片或橡胶衬片，也有的将弹簧片装在保护套内，以防止润滑脂流失或尘土污染。

由于钢板弹簧有足够的刚性使车轮适当定位，不需要导向装置。钢板弹簧一般用在货车或大型客车上，钢板弹簧之间的摩擦可控制弹簧自身的振荡，因此，也可不设减振器，但小面包车采用的钢板弹簧一般都有减振器。

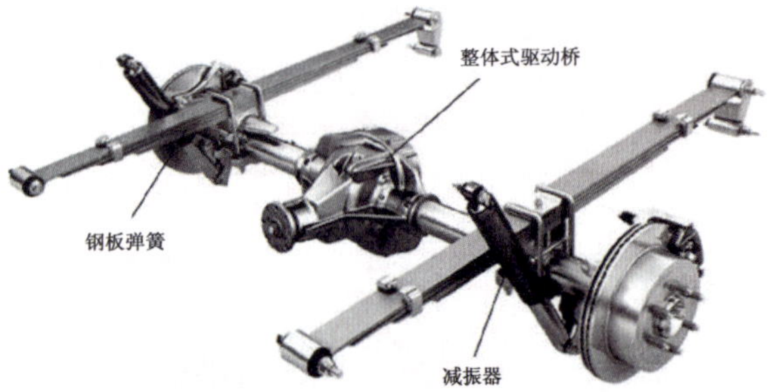

钢板弹簧安装位置图

559. 什么是螺旋弹簧?

螺旋弹簧用弹簧钢料卷制而成，有刚度可变的圆锥形螺旋弹簧和刚度不变的圆柱形螺旋弹簧两种。螺旋弹簧大多应用在独立悬架上，尤其是前轮独立悬架中。在有些轿车上，后轮非独立悬架中也使用螺旋弹簧作为弹性元件。

与钢板弹簧相比，螺旋弹簧具有无须润滑，不怕油污，质量小，所占空间不大，具有良好的吸收冲击能力，可改善乘坐舒适性，因此，在现代轿车上被广泛采用。由于螺旋弹簧只能承受垂直载荷，用它做弹性元件的悬架要加设导向装置。另外，螺旋弹簧变形时，不产生摩擦力，所以，在其悬架中也必须装有减振器，用于衰减因冲击而产生的振动。

圆锥形螺旋弹簧

圆柱形螺旋弹簧

560. 如何检修螺旋弹簧?

螺旋弹簧的检修主要是检查螺旋弹簧的自由长度，如自由长度比标准长度缩短了5%，则表示该弹簧已经永久变形，刚度变差，必须更换。更换时，要同时更换左、右两个螺旋弹簧，以保持车辆两侧高度相同。若螺旋弹簧上有裂纹也要更换。

561. 什么是扭杆弹簧?

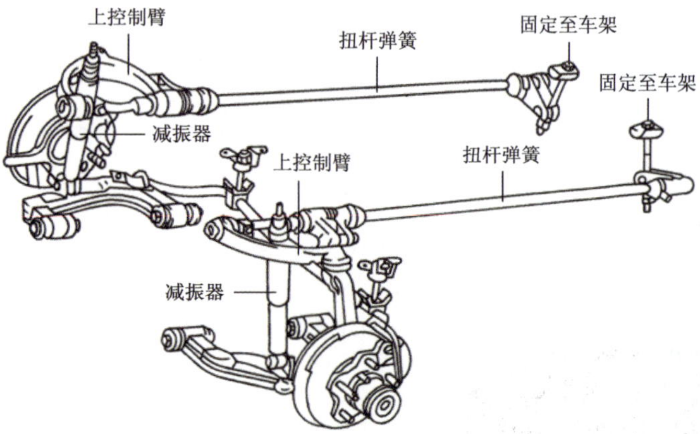

扭杆弹簧

扭杆弹簧是用铬钒或硅锰合金并具有扭曲刚性的弹簧钢制成的杆，它的表面经过加工很光滑，扭杆断面常为圆形，少数是矩形或方形。其两端形状可以做成花键、方形、六角形或带平面的圆柱形等，以便一端固定在车架上，另一端固定在悬架的控制臂上，控制臂则与车轮相连。当车轮跳动时，摆臂便绕着扭杆曲线而摆动，使扭杆产生扭转弹性变形，来保证车轮与车架的弹性关系。有的扭杆由一些矩形断面的薄条组合而成，这样，弹簧更为柔软。

为保护扭杆表面，可在其上涂抹环氧树脂，并包一层玻璃纤维，再涂一层环氧树脂，最后涂上沥青和防锈油漆，以防腐蚀和损坏表面，从而提高扭杆弹簧的使用寿命。

562. 扭杆弹簧有何特点?

扭杆弹簧在制造时，经热处理后施加一定方向的扭转力矩载荷，使它有一个永久变形，从而具有一定的预应力，以提高其弹性极限。左、右扭杆由于施加的预应力有方向性，装在车上时的扭转方向应与所预加的应力方向相一致。因此，在左、右扭杆做有标记，安装时应加以注意，否则，将使扭杆弹簧的实际工作应力加大而缩短寿命。

采用扭杆弹簧做弹性元件的悬架要设导向装置和减振器。扭杆弹簧与钢板弹簧相比，质量较轻，而且无须润滑，保养维修方便，节省纵向空间，适用于小型车及越野车辆的悬架系统。

563. 气体弹簧包括哪两种?

气体弹簧分为空气弹簧和油气弹簧两种类型。空气弹簧和油气弹簧都同螺旋弹簧一样，只能承受轴向载荷，因此，气体弹簧悬架中必须设置纵向和横向推力杆等导向机构，同时还必须设有减振器。气体弹簧可以通过专门的高度控制阀自动调节气室中的原始充气压力面的高度。

气体弹簧是在一个密封的容器中充入压缩气体，利用气体的可压缩性实现其弹簧作用的。这种弹簧的刚度是可变的，因为作用在弹簧上的载荷增加时，容器内的定量气体气压升高，弹簧的刚度增大。反之，当载荷减小时，弹簧内的气压下降，刚度减小，因此，它具有较理想的弹性特性。

564. 什么是空气弹簧?

空气弹簧是利用压缩空气作弹簧的，即在一个密闭的容器内装入压力为 0.5 ~ 1MPa 的压缩空气，利用气体的可压缩性实现弹簧的作用。空气弹簧又有囊式和膜式两种形式。

囊式空气弹簧

565. 囊式空气弹簧与膜片空气弹簧有何区别?

囊式空气弹簧由夹有帘线的橡胶制成的气囊和密闭在其中的压缩空气构成。气囊外层由耐油橡胶制成单节或多节，节数越多弹簧越软，节与节之间围有钢质腰环，防止两节之间摩擦。气囊上下盖板将空气封于囊内。

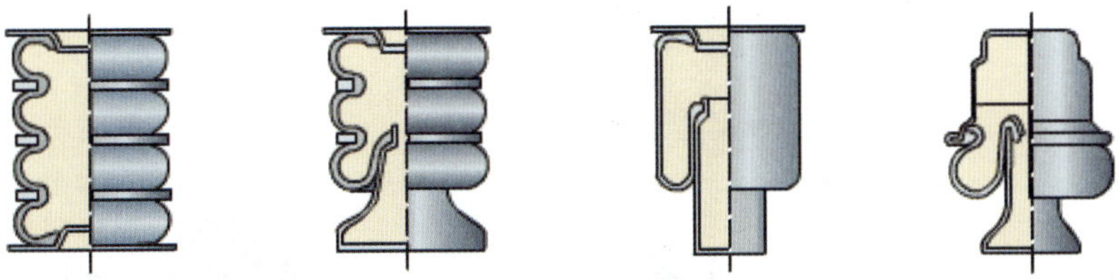

a. 囊式空气弹簧　　b. 膜式空气弹簧

空气弹簧

膜片空气弹簧由橡胶片和金属压制件组成。它比囊式空气弹簧的弹性曲线更为理想，固有频率更低些，且尺寸小，便于布置，因而多用于小轿车上。但其造价较贵，寿命较短。

566. 什么是油气弹簧?

油气弹簧是指在密封的容器中充入压缩空气（如氮气等惰性气体）和油液，利用气体的可压缩性实现其弹簧作用，这种弹簧弹性是可变的，而用油液作为传力介质。

球形室固定在工作缸之上，室内腔用橡胶隔膜将油液与气体隔开，充入高压氮气的一侧为气室，与工作缸相同而充满油液的一侧为油室。工作缸内装有活塞和阻尼阀及阀座。

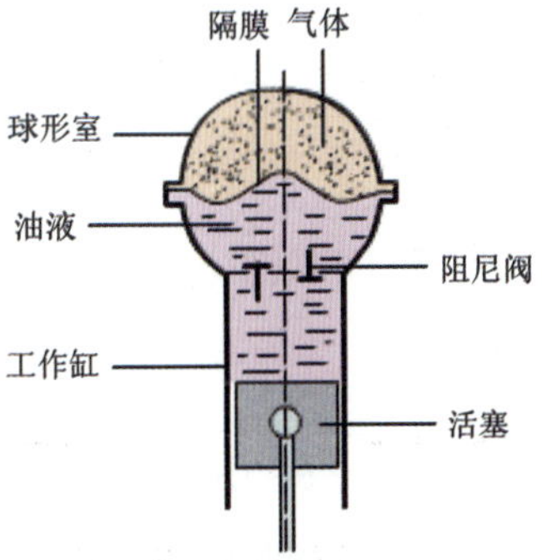

油气弹簧结构原理图

567. 油气弹簧如何工作?

（1）当汽车受到载荷增加变化时，活塞向上移动，使工作缸内油压升高，打开阻尼阀进入球形室下部，推动隔膜向气室方向移动，气室受到压缩压力升高，使油气弹簧刚度增加。

（2）当载荷减小时，气室内的高压氮气伸张，使隔膜向下方移动，油液通过阻尼阀流回工作缸，活塞下移使油压降低，同时气室容积变大压力下降，使油气弹簧刚度降低。随着汽车行驶中的姿态变化，工作缸内的油压与气室内的氮气压力也随之变化，此时，活塞处于工作缸中的不同位置。因此，油气弹簧具有可变刚度的特性。

568. 油气弹簧应用于哪些车型?

油气弹簧具有良好的行驶平顺性，而且体积小、质量轻，但是其对密封性要求很高，维护相对麻烦。目前，这种弹簧多用于重型汽车和部分客车上。

由于空气和油气弹簧只能承受垂直载荷，因此，采用这种弹簧的悬架也必须有导向装置和减振器。

采用油气弹簧的悬架

569. 减振器有什么作用?

减振器在汽车中的作用是迅速衰减由车轮通过弹性元件传给车架的冲击和振动，提高汽车行驶的平顺性能。

按工作原理分为单向作用式减振器和双向作用式减振器；按结构分为双筒式减振器和单筒式减振器；按工作介质分为液压式减振器和气压式减振器。

刘总监提示：

现代汽车大多采用双向作用单筒式液压减振器。在新型的汽车上，开始采用充气式减振器。在压缩和伸张两个行程中均能起阻尼减振作用的减振器称为双向作用式减振器；只在伸张行程中起阻尼减振作用的减振器称为单向作用式减振器。

570. 为什么减振器和弹簧缺一不可?

如果没有减振器，车辆在行驶时，因路面不平造成的承载质量振动就会非常强烈，这就使得车身振动越来越强烈，并会导致车轮与路面脱离接触。这样，车辆将失去操纵性。减振器的任务就是尽可能快地降低车身的振动能量并将振动能量转化为热能。为此，在弹簧的基础上又安装了减振器。

减振器与螺旋弹簧并联安装

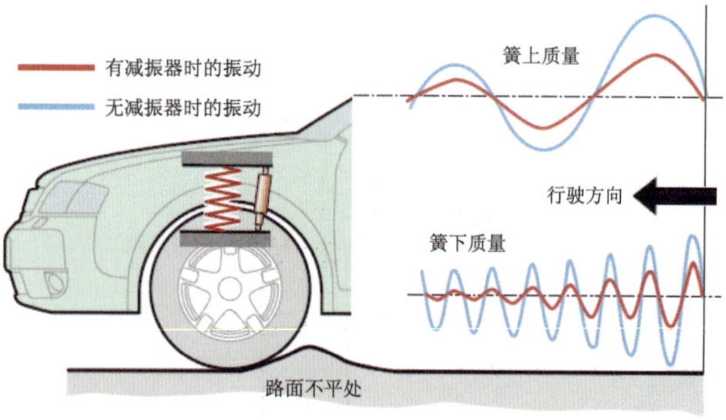

车辆振动强度示意图

571. 双向作用单筒式液压减振器构造如何?

双向作用单筒式液压减振器一般由几个同心钢筒、几个阀门和一些密封件等组成。里面的钢筒为工作缸，工作缸内装有活塞，活塞上装有伸张阀和流通阀，在工作缸下端的支座上装有压缩阀和补偿阀。流通阀和补偿阀是单向阀，较小的油压即可打开或关闭。伸张阀和压缩阀也都是单向阀，需要较大的油压才能打开，而油压稍降低，阀门即可关闭。

572. 双向作用单筒式液压减振器如何工作?

（1）压缩行程：当车桥移近车架时，减振器受压缩，活塞杆推动活塞下移，使下腔室容积减小，油压升高，油液经流通阀进入活塞上腔室。由于活塞杆占去了上腔室一部分容积，故上腔室增加的容积小于下腔室减小的容积，致使下腔室油液不能全部流入上腔室，多余的油液压开压缩阀流入储油缸筒。油液流经上述阀孔时，受到一定的节流阻力，为克服这种阻力而消耗了振动能量，使振动衰减。当车身振动剧烈，活塞高速运动时，活塞下腔室油压骤增，压缩阀的开度增大，油液能迅速通过较大的通道流回储油缸筒。这样，油压和阻尼力都不致过大，使压缩行程中弹性元件的缓冲作用能充分发挥。

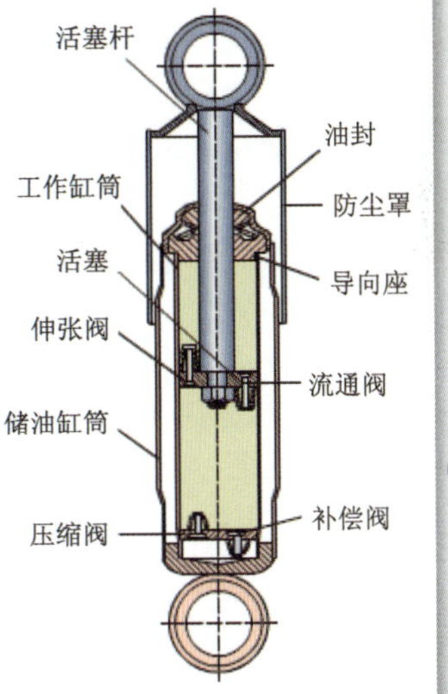

双向作用式减振器结构及工作原理图

（2）伸张行程：当车桥远离车架时，减振器受拉伸，活塞杆拉动活塞上移，使上腔室容积减小，油压升高，上腔室油液推开伸张阀流入下腔室。由于活塞杆的存在，下腔室形成一定的真空度，储油缸筒内的油液在真空度的作用下，推开补偿阀流入下腔室。由于伸张阀弹簧刚度和预紧力比压缩阀大，且伸张行程时的油液通道面积小。所以，在伸张行程产生的最大阻尼力远远超过了压缩行程内的最大阻尼力。减振器这时充分发挥减振作用，能迅速衰减振动。

573. 如何检修减振器?

减振器为不可拆卸式，属于一次性部件。目检时，若减振器存在弯曲或严重的凹陷或刺孔，应予以更换。进行减振器检查时应固定住减振器，在上下运动活塞杆时应有一定阻力，而且向上比向下的阻力要大一些。若阻力过大，应检查活塞杆是否弯曲；若无阻力，则表示减振器油已漏光或失效，必须更换。车辆行驶时，有缺陷的减振器会发出冲击噪声，因此，应更换减振器。减振器为免维护机构，减振器外面有轻微的油迹，不必更换减振器；如有大量油迹即漏油时，减振器在压缩到底或伸张时会发生跳动的现象，这时只能更换减振器。

574. 如何就车检查减振器是否缺油?

就车检查减振器是否缺油有两种方法：一是目检，看是否有漏油的痕迹；二是触摸检查，汽车运行一段时间后停车，迅速用手触摸减振器筒体，如果感到筒体发热、烫手，说明减振器工作正常，不缺油。若感觉筒体不发热或温度变化不大，则说明减振器缺油或失效。减振器缺油、漏油或失效时，应更换减振器。

575. 减振器缺油会怎样?

减振器缺油时，往往会导致减振器发响。这是因为减振器是靠其缸内的液压油在小孔中来回流动产生阻力作用而实现减振的。一旦减振器缺油，它就会失去减振功能。此时汽车在不平路面行驶时，就会发出“咯噔、咯噔”的撞击声。因此，一旦减振器有异常响声，应该更换减振器。新的减振器如果储存过一段时间，应在装车前来回拉动几次减振器活塞杆，使其能正常工作。

减振器

576. 怎样检查减振器的工作效能?

（1）就车检查。检查方法是使减振器处于工作状态，通常是用手把车辆压下，然后迅速地放开手，若车辆的反弹次数超过两次时，则说明减振器工作效能差，应该更换减振器。

（2）人工检查。将减振器从汽车上拆下来进行人工方法检查，其方法是固定减振器的一端，然后用手将减振器往复拉动2～3次，看其阻力是否恢复和有无因为缺油造成的空程。向上拉时，应当感觉到有沉重的阻力；向下压时，应当有较轻的阻力。在往复拉动减振器时，如果整个往复过程阻力均匀、无发卡和忽轻忽重现象，在试验台上试验阻力符合要求，表示其性能正常。

577. 如何辨别减振器失效?

在通常情况下，减振器的磨损或者失效比较难以察觉，往往是在极端条件下，例如紧急停车或避让才突然暴露出来，但是这个时候危险已经来临，对于驾驶人来说，想要补救为时已晚。

实践证明，以下几种情况能够帮助驾驶人和维修人员快速评估减振器的状态，以判断是否需要对减振器做进一步的检测和修理。

（1）感觉汽车的制动距离变长了。

（2）在转弯的时候，车辆有点不好控制。

（3）在转向时车轮抖动。

（4）汽车在通过减速带之后晃动得厉害。

（5）汽车在越过沟坑时，感觉减振器不起作用。

（6）橡胶轮胎出现了偏磨。

如果有2项及2项以上内容与自己车辆出现的情况相符合，建议对减振器进行专业检查，如果有必要，应当及时更换出现故障的减振器。即使没有发现任何异常，驾驶人每行驶2万千米就应对减振器进行一次性能检测。

578. 减振器失效有哪些危害性?

在许多行驶条件下，车辆减振器性能的好坏直接决定了汽车的操纵性能。一个性能优良的减振器，能够有效地减少制动距离。减振器失效后，极易导致一系列致命的后果。要知道，在紧急情况下，踩下制动踏板后，车辆少移动几米距离，就可能挽救车上乘员的性命。

（1）造成抓地力不足。由于车辆的抓地力不足，即使行驶在略微不平的道路上，驾驶汽车也有发生侧滑的危险。

（2）使制动距离延长。这是由于橡胶轮胎与地面的附着力降低，导致轮胎与地面的摩擦力下降，从而引起制动力不足。

（3）威胁转向时的安全。在汽车转向时，由于失效减振器的负面影响，造成转向不足或者转向过度，容易导致车辆偏离行车道，甚至冲出道路，引起行车事故。

（4）引起轮胎偏磨。不良的减振器会导致橡胶轮胎偏磨，给行车安全留下隐患。

（5）增加车轮的打滑。减振器失效会增加车轮的打滑，而车轮打滑会导致汽车失去控制。

（6）导致主动安全装置失灵。为了进一步提高安全性能，目前许多机动车装备了ABS、ESP、DSC等电子主动安全装置。但是，如果减振器失效，将影响电子主动安全装置功能的发挥。这是因为，上述电子主动安全装置需要依赖良好的路面附着力及完整的底盘运动信号。因此，在减振器失灵的情况下，所配备的主动安全装置无法发挥作用。

采用电磁减振器的四轮独立悬架系统

579. 什么是电磁减振器?

电磁减振器英文为Electromagnetic Absorber，它是利用电磁反应而产生阻尼的一种新型智能化减振器，它可以针对路面情况，在1毫秒时间内做出反应。电磁减振器的电子控制单元ECU根据加速度传感器检测到的路面实际状况和悬架行程传感器检测到的实际运动行程，来发出指令控制电磁式减振器内线圈的电流大小，从而控制减振器的阻尼力。

电磁式减振器的控制方式有两种：纯电磁控制和电液一体控制。

580. 电磁减振器有何优点？

（1）以磁代油，以电磁场瞬时消能减振代替油摩擦滞时消能减振，本质上解决了传统液压式减振器漏油失效的困境。

（2）根据路况，自动调整阻尼力，以减少车身晃动和倾斜，满足舒适性和平稳性。

（3）以振消振，利用振动能量驱动磁场产生电磁场，形成最优磁阻尼，达到平稳消能吸振的目的。

（4）电磁场工作区间呈悬浮状态，关键部件采用耐磨、耐蚀、高强度的特殊材质制造，正常使用寿命是传统液压式减振器的3倍以上。

（5）减振效果好，延长了变速器、车轮和轮胎等部件及整车的使用寿命。

（6）紧急制动时，瞬时产生的振动能量可通过电磁场的能量转化迅速消耗掉，控制轮胎紧贴路面，明显提高制动效率，急刹车时稳定性好，驾乘更安全。

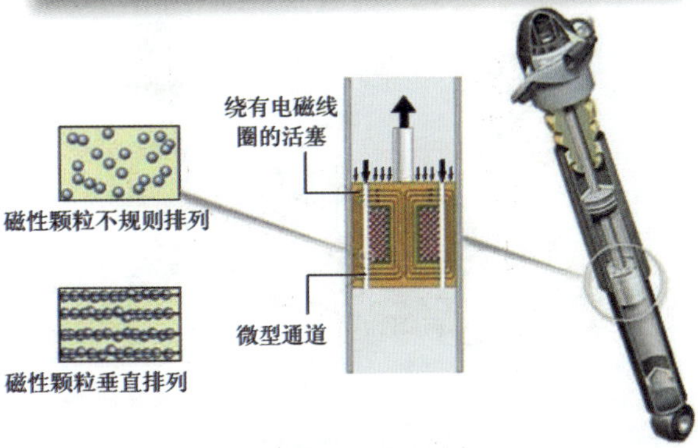

奥迪TT用电液一体化电磁减振器

581. 纯电磁控制式电磁减振器如何工作？

下图所示为帕萨特 CC 轿车所采用的纯电磁减振器。减振器内没有了传统液压式减振器的油液，电磁式减振器活塞外侧有定子线圈，通过控制定子线圈的电流强度，从而精确控制电动机反方向运动的阻尼力和减振力，缓和路面的冲击与振动。输入的电流越大，定子线圈中产生的磁场就越强，电动机产生反方向运动的阻尼力和减振力也就越大；反之，阻尼力和减振力就越小。另外，该减振器还提供了“COMFORT”舒适模式和“SPORT”运动模式两阶段阻尼调整模式，可调的阻尼模式能够适应不同驾驶风格及多种路况要求。相比传统的液压式减振器，该减振器的动作要快得多。当选择“COMFORT”舒适模式时，减振器的阻尼作用变弱；当选择“SPORT”运动模式时，减振器的阻尼作用变强。

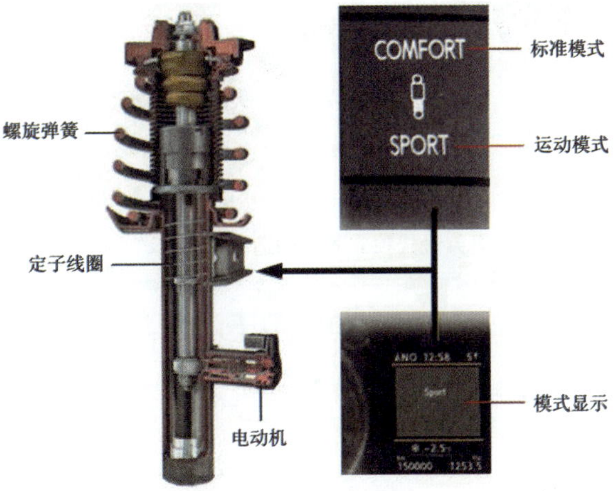

帕萨特CC用纯电磁减振器

582. 电液一体控制式电磁减振器如何工作？

奥迪 TT 跑车所采用的电液一体化电磁减振器和传统液压式减振器一样，依靠油液在节流孔的流动实现阻尼效果，只是减振器内的油液是一种新型的电磁液，它是由合成碳氢化合物及 3 至 10 微米大小的磁性粒子组成的。一旦控制单元发出脉冲信号，线圈内便会产生电压，从而形成一个磁场，改变其中粒子的排列方式。

（1）该减振器活塞上绕有电磁线圈。当电磁线圈中无电流通过时，活塞内 4 个微型通道中的电磁液未被磁化，不规则排列的磁性颗粒呈均匀分布状态，产生的阻尼力与传统液压式减振器相同。

（2）一旦控制单元发出脉冲信号，线圈内便会产生电压，从而形成一个电磁场，并改变粒子的排列方式。此时，这些粒子马上会按垂直于活塞运动的方向排列，阻碍油液在活塞微型通道内流动，提高阻尼效果。活塞线圈中输入的电流强度越大，形成的电磁场强度越强，磁性颗粒被磁化的程度越好，产生的阻尼力就越大；反之，则阻尼力就越小。

ECU 可在 1 秒时间内让减振器的阻尼力和减振力连续改变 1000 次，与单独使用弹簧液压式减振器相比，既能提高响应速度，又可提高舒适性，堪称全球动作最快、最先进的智能悬架系统。

583. 什么是麦弗逊式独立悬架?

麦弗逊式独立悬架是以发明者 Macphersan 的名字命名的，在中级以下轿车中使用很广泛。

麦弗逊式独立悬架由减振器、螺旋弹簧、A 字形下摆臂组成，绝大部分车型还会加上横向稳定杆。减振器与套在它外面的螺旋弹簧合为一体，构成悬架的弹性支柱。支柱上端与车身挠性连接，支柱下端与转向节刚性连接。下摆臂的外端通过螺栓与转向节的下部连接，内端与元宝梁铰接。车轮所受的侧向力经转向节大部分由下摆臂承受，其余部分由减振器承受。

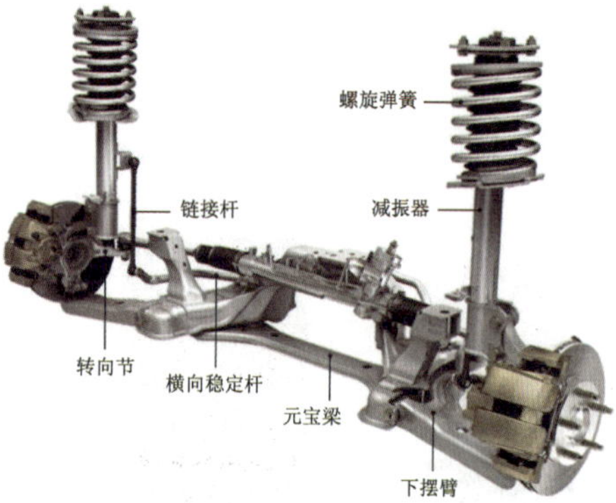

麦弗逊式独立悬架构造图

584. 麦弗逊式独立悬架有何结构特点?

麦弗逊式独立悬架没有传统的主销实体，转向轴线为上、下铰接中心的连线。麦弗逊式悬架结构简单，布置紧凑，用于前悬架时能增大两轮内侧的空间，故多用于发动机前置前轮驱动的汽车。转向轮采用麦弗逊式独立悬架时，前轮定位参数的变化较小，除前束可调整外，其他参数有的车型规定不可调整，有的车型规定可以调整。

585. 麦弗逊式独立悬架有何优缺点?

麦弗逊式独立悬架由于结构简单，所以，它轻量、响应速度快，并且在一个下摆臂和支柱的几何结构下能自动调整车轮外倾角，让其能在过弯时自适应路面，让轮胎的接地面积最大化，虽然麦弗逊式悬架并不是技术含量很高的悬架结构，但麦弗逊式悬架在行车舒适性上的表现还是令人满意，不过由于其构造为直筒式，对左、右方向的冲击缺乏阻挡力，抗刹车点头作用较差，悬架刚度较弱，稳定性差，转弯侧倾明显。

麦弗逊式独立悬架

586. 麦弗逊式独立悬架应用于哪些车型?

麦弗逊式独立悬架占用空间小，适合小型车及大部分中型车使用。国内常见的广州本田飞度、东风标致 307、一汽丰田卡罗拉、上海通用君越、一汽大众迈腾等前悬架均采用了麦弗逊式独立悬架。

刘总监提示：

超级跑车保时捷 911 也采用了麦弗逊式前悬架，这足以证明这款悬架具有广泛的适应性。

587. 什么是双叉臂式独立悬架?

双叉臂式独立悬架是在中、高级轿车中使用很广泛的一种悬架。双叉臂式独立悬架又称为双 A 臂式独立悬架，其拥有上、下两个叉形摆臂。其中，上、下叉臂的一端分别通过叉臂轴与车身铰接，另一端分别通过上、下球头销与转向节相连。减振器与套在它外面的螺旋弹簧合为一体，构成悬架的弹性支柱。支柱上端与车身挠性连接，支柱下端与转向节刚性连接。横向力由两个叉臂同时吸收，支柱只承载车身重量，因此，横向刚度大。垂直力通过转向节、下球头销、下摆臂和减振器及螺旋弹簧传递给车身；而纵向力、侧向力及其力矩由转向节、下摆臂、上摆臂、下球头销、上球头销传递给车身。由于此种悬架使用上下球头销来代替主销，故属于无主销式悬架。

双叉臂式独立悬架构造图

588. 双叉臂式独立悬架有何结构特点?

双叉臂式独立悬架的上、下两个A字形叉臂可以精确地定位前轮的各种参数。前轮转弯时，上、下两个叉臂能同时吸收轮胎所受的横向力，加上两个叉臂的横向刚度较大，所以，转弯的侧倾较小。双叉臂式独立悬架通常采用上、下不等长叉臂(上短下长)，让车轮在上、下运动时能自动改变外倾角并且减小轮距变化、减小轮胎磨损，并且能自适应路面，轮胎接地面积大，贴地性好。

589. 双叉臂式独立悬架应用于哪些车型?

相比麦弗逊式独立悬架，双叉臂式独立悬架多了一个上摆臂，不仅需要占用较大的空间，而且其定位参数较难确定，因此，小型轿车的前桥出于空间和成本考虑一般不会采用此种悬架。但其具有侧倾小，可调参数多、轮胎接地面积大、抓地性能优异。因此，绝大部分纯正血统的跑车的前悬架均选用双叉臂式独立悬架，可以说双叉臂式独立悬架是为运动而生的悬架。法拉利、玛莎拉蒂超级跑车及F1方程式赛车均采用了双叉臂式前悬架。而国内采用双叉臂式前悬架的轿车主要有一汽丰田皇冠和锐志，以及奥迪的豪华SUV Q7、大众途锐等。

双叉臂安装位置图

590. 双叉臂式独立悬架有何优缺点?

双叉臂式独立悬架的主要优点：横向刚度大、抗侧倾性能优异、抓地性能好、路感清晰；主要缺点：制造成本高、悬架定位参数设定复杂。

591. 什么是双横臂式独立悬架?

双横臂式独立悬架是在双叉臂式独立悬架的基础上改变而来的，二者有着许多共性，双横臂式独立悬架只是结构比双叉臂式独立悬架简单些，可以称之为简化版的双叉臂式独立悬架。同双叉臂式悬架一样，双横臂式悬架的横向刚度也较大，一般也采用上、下不等长摆臂设置。

592. 双横臂式独立悬架应用于哪些车型?

双横臂式悬架设计偏向运动性，其性能优于麦弗逊式悬架，但比起真正的双叉臂式悬架及多连杆悬架要稍差一些。国内采用双横臂式前悬架的轿车主要有广州本田雅阁、一汽轿车马自达6及克莱斯勒300C；而采用双横臂式后悬架的有东风本田思域。

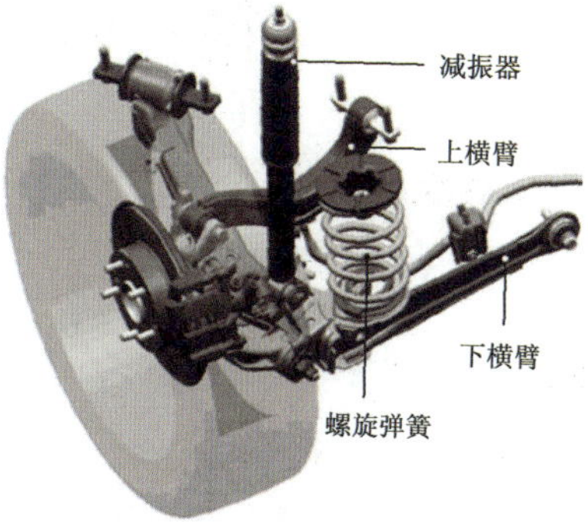

双横臂式独立悬架构造图

593. 什么是连杆支柱式独立悬架?

连杆支柱式独立悬架严格意义上来说没有这种称谓，但是，随着国内广州丰田凯美瑞的热销，连杆支柱这个名字被越来越多的人所熟悉，我们也就姑且把这种悬架称为连杆支柱式独立悬架。

连杆支柱式悬架与麦弗逊式悬架一样，其用来支撑车体的也是减振器支柱，它把减振器和螺旋弹簧组装成一体。连杆支柱式悬架也有一根粗大的减振器支柱，与麦弗逊式悬架的主要区别在于：悬架下部与车身连接的"A"字形下摆臂改成了三根连杆定位。转弯时产生的横向力主要由减振器支柱和横向连杆来承担。它具有与麦弗逊式悬架相近的操控性能，又有比麦弗逊式悬架更高的连接刚度和相对较好的抗侧倾性能。但是，同样也存在麦弗逊式悬架的缺点，就是稳定性不好，转弯侧倾还是较大，需要加装横向稳定杆来减小转向侧倾。

594. 连杆支柱式独立悬架应用于哪些车型？

连杆支柱式独立悬架占有空间小于真正的多连杆式悬架，成本也低于多连杆式悬架，因此，被不少厂家采用。国内采用这种后悬架的主要有昌河铃木利亚纳、东风悦达起亚赛拉图、北京现代伊兰特、广州丰田凯美瑞等；而采用连杆支柱式后悬架的有汉兰达。

595. 连杆支柱式独立悬架有何优缺点？

连杆支柱式独立悬架的主要优点：结构简单、占用空间较小、制造成本较低；主要缺点：横向刚度依然有限、稳定性不佳、容易加剧前驱车的转向不足特性。

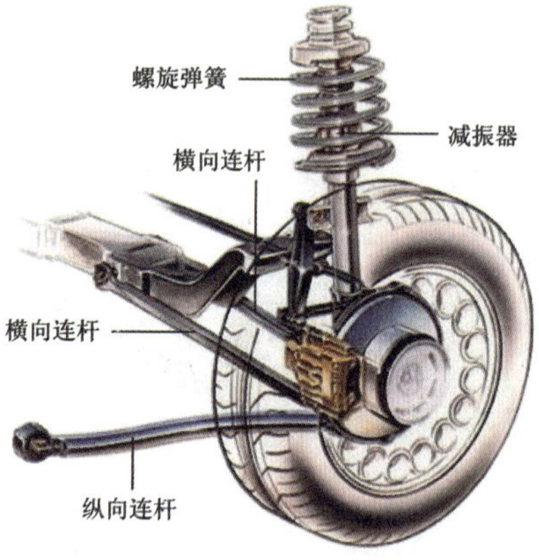

连杆支柱式独立悬架构造图

596. 什么是多连杆式独立悬架？

多连杆式独立悬架可分为多连杆式前悬架和多连杆式后悬架。其中前悬架一般为 3 根连杆或 4 根连杆式独立悬架；后悬架则一般为 4 根连杆或 5 根连杆式独立悬架。其中，5 连杆式后悬挂应用较为广泛。

多连杆式独立悬架能实现主销后倾角的最佳位置，大幅度减少来自路面的前后方向力，从而改善加速和制动时的平顺性和舒适性，同时也保证了直线行驶的稳定性。因为由螺旋弹簧拉伸或压缩导致的车轮横向偏移量很小，不易造成非直线行驶。在车辆转弯或制动时，多连杆式悬架结构可使后轮形成正前束，提高了车辆的控制性能，减少转向不足的情况。

597. 多连杆式独立悬架有何结构特点？

多连杆式独立悬架在收缩时能自动调整外倾角、前束角，以及使后轮获得一定的转向角度。通过对连接运动点的约束角度设计使得悬架在压缩时能主动调整车轮定位，能完全针对车型做匹配和调校，最大限度地发挥轮胎抓地力，从而提高整车的操控极限。

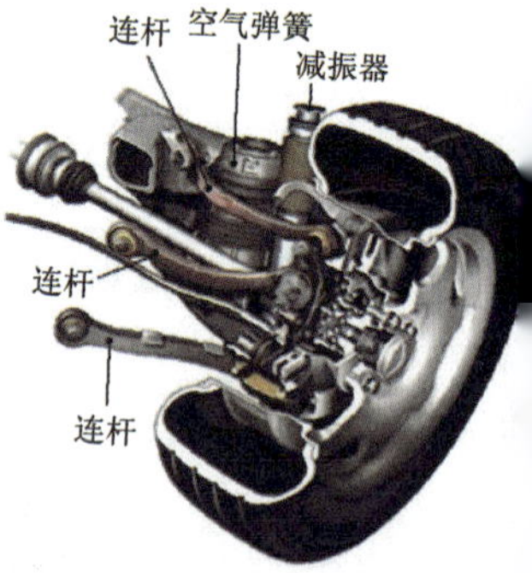

多连杆式独立悬架构造图

598. 多连杆式独立悬架应用于哪些车型？

多连杆式悬架结构相对复杂，材料成本、研发实验成本及制造成本远高于其他类型的悬架，而且其占用空间大，中小型车出于成本和空间考虑极少使用这种设计。但多连杆式悬架的舒适性能是所有悬架中最好的，操控性能也和双叉臂式悬架难分伯仲。高档轿车由于空间充裕且注重舒适性能和操控稳定性，所以，大多使用多连杆式独立悬架，可以说多连杆式独立悬架是高档轿车的绝佳搭档。

国内前、后悬架均采用多连杆的车型有：奔驰 E 级轿车、华晨宝马的 3 系及 5 系轿车、一汽大众奥迪 A4 及 A6L；采用多连杆前悬架的车型有上海大众的帕萨特领域；采用多连杆后悬架的有长安福特福克斯、一汽大众速腾、广州本田雅阁、上海通用君越、一汽丰田皇冠及锐志、一汽轿车马自达 6、东南汽车三菱戈蓝等。

多连杆式独立悬架

599. 如何检修独立悬架？

独立悬架常在汽车的前桥上，独立悬架的检修包括弹性元件、减振器、横向稳定杆等的检修。其弹性元件多为螺旋弹簧，因在上文已经提到过，故不再赘述。

检查元宝梁、横向稳定杆和下摆臂有无变形或裂纹。若存在变形或裂纹，不允许在前悬架支承装置和导向装置部件上进行焊接和矫直修复，只能更换新件。另外，需要检查横向稳定杆的橡胶支座和橡胶衬套、下摆臂的前衬套和后衬套的损坏和老化情况，若损坏需要及时更换。

600. 什么是横向稳定杆？

横向稳定杆又称为防倾杆，是汽车悬架系统中的一种辅助弹性元件。它的作用是防止车身在转弯时发生过大的横向侧倾，目的是防止汽车横向倾翻和改善平顺性。

横向稳定杆是用弹簧钢制成的扭杆弹簧，形状呈“U”形，安装在汽车紧靠悬架的前端或后端（有的轿车前后端都装有横向稳定器）。稳定杆中部的两侧自由支承在两个固定于车架上的橡胶套内，稳定杆的两端通过铰接杆与减振器相连。

当车身只作垂直运动时，两侧悬架变形相同，横向稳定杆不起作用。当车身侧倾时，两侧悬架跳动不一致，横向稳定杆发生扭转，杆身的弹力成为继续侧倾的阻力，起到横向稳定的作用。

601. 横向稳定杆如何工作？

当车身受到振动而两侧悬架变形量相同时，横向稳定杆中部的两个固定点在橡胶套内自由转动，此时，横向稳定杆不起作用。当两侧悬架变形不等，车身相对路面发生侧向倾斜时，如转弯，一侧车身降低，另一侧车身升高，此时，横向稳定杆两端相对于车身的移动方向相反。由于车身倾斜时，横向稳定杆的中部与车身并无相对运动，只是稳定杆两端及其纵向部分向不同方向偏转，于是稳定杆中部便被扭转，具有弹性的稳定杆抵抗扭转的内力矩就阻碍了悬架弹簧的变形，因而减小了车身的横向倾斜和横向角振动。另外，横向稳定器还可起平衡两侧车轮载荷的作用。

602. 为什么要减小簧下质量？

簧下质量是指不由悬架系统中的弹性元件所支撑的质量，一般包括车轮、制动分泵、弹簧、减振器及其他相关部件等。

当车轮遇到来自路面的凸起或凹陷时，如果簧下质量较大，那么它自然也会有更大的运动惯性，在随着路面起伏时也需要相对较长的时间。如果在车速一定的情况下，还来不及改变运动轨迹的悬架系统会将这种路面的起伏直接传递给车身，而悬架系统并没有完成自身应该过滤震动、吸收冲击的工作。

更小的簧下质量必然会使悬架系统拥有更好的动态响应，以达到车身平稳，而车轮快速地随路面起伏来缓和冲击的状态。

簧下质量示意图

603. 什么是 TPM？

轮胎气压不足是导致事故和故障的一个常见原因。大多数情况下，轮胎损坏是由于轮胎的充气压力过低造成的。虽然正确的轮胎压力对行驶安全性、乘坐舒适性、轮胎耐用性和燃油消耗起关键作用，但轮胎压力是少数几个未处于持续监控下的量中的一个。因此，在行车时驾驶员无法得知轮胎上的实际气压。但随着电子装置的微型化及蓄电池容量的提高，现在开发出一种轮胎压力监控系统，英文为 Tyre Pressure Monitor，简称 TPM。该系统可在车辆行驶和静止时对轮胎压力进行持续监控，但前提是驾驶员须保证轮胎的充气压力达到厂家规定值。

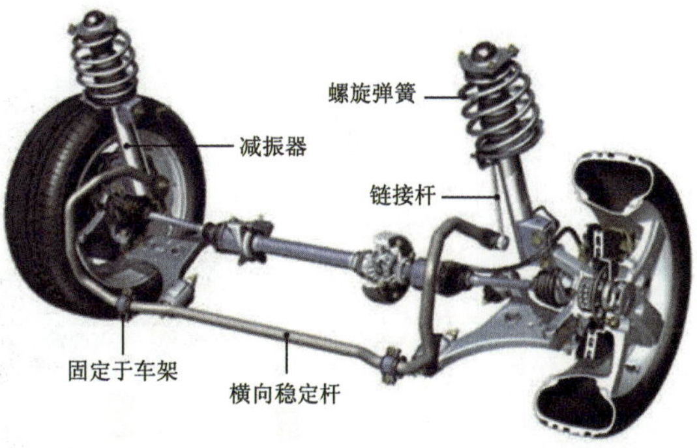

横向稳定杆

第三节　转向系统

604. 转向系统有什么作用？

汽车在行驶时会遇到各种情况，有时需要沿直线行驶，有时需要改变车道或转弯，有时则需要沿曲线行驶，所以汽车上需要一套系统来改变或保持汽车的行驶方向，这套系统就是转向系统。转向系统的作用就是改变和保持汽车的行驶方向。

汽车转向系统按转向动力源的不同，可分为机械式转向系统和动力式转向系统两种。其中动力转向系统又可以分为液压式、气压式和电动式。尽管现代汽车转向系统的结构形式多种多样，但都包括转向操纵机构、转向器和转向传动机构三个基本组成部分。

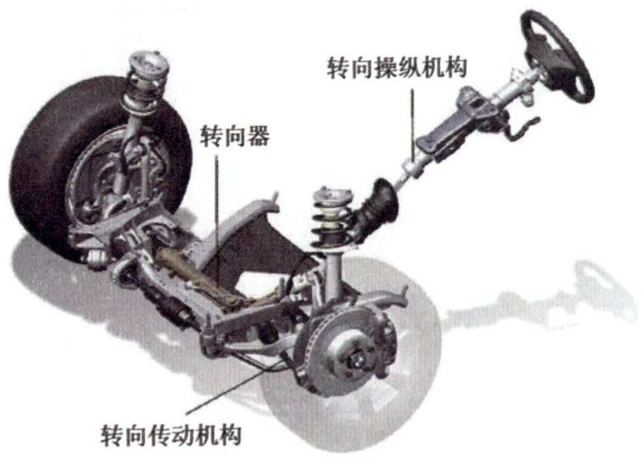

转向系统的组成

605. 什么是机械式转向系统？

机械式转向系统以驾驶员的体力作为转向动力源。汽车转向时，驾驶员作用于转向盘上的力，经过转向轴（转向柱）传到转向器，转向器将转向力放大后，又通过转向传动机构的传递，推动转向轮偏转，致使汽车行驶方向改变。

汽车的转向，完全由驾驶员所付的操纵力来实现，操纵较费力，劳动强度较大，但其具有结构简单、工作可靠、路感性好、维护方便等优点，多应用于中小型货车或轿农用车。

606. 什么是液压式助力转向系统？

液压式助力转向系统是在机械式转向系统的基础上，增加了转向控制阀、转向油泵、转向动力缸等一套液压助力装置。

当汽车转向时，由发动机驱动的助力转向油泵产生高压油，高压油在控制阀的作用下，进入动力缸推动转向轮偏转，此时，作用在转向盘的作用力就很小，从而减轻了驾驶员的劳动强度。

液压式助力转向系统操纵轻便，灵活省力，维护简单。目前，其广泛应用于高速轿车和重型货车。

607. 什么是电动式助力转向系统？

电动式助力转向系统的英文为 Electric Power Steering，简称 EPS 系统。与液压式助力转向系统相比，电动式助力转向系统有很多优点。它可帮助驾驶员减轻体力上和精神上的劳累程度，这是通过"按需"方式来实现的，也就是说，只有当驾驶员需要转向助力时，助力系统才会工作。

电动式助力转向系统是在机械式转向系统的基础上，增加了电控单元、电源、电机、转向传感器等。

当汽车转向时，电控单元根据传感器检测的转向力矩及转向速度等参数，计算出最佳作用力后，使电机工作、推动转向、减轻驾驶员的劳动强度。

电动式助力转向系统具有节能，无须油压管路系统，并不直接消耗发动机功率，环保优势强、安装自由度大等优点，但电能动力不如液压动力大，目前，只用于前轴负荷较小的轿车。

电动式助力转向系统

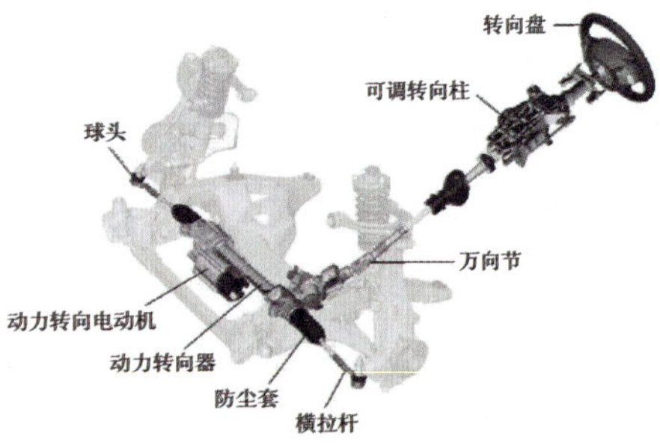

电动式助力转向系统构造图

608. 转向操纵机构有什么作用？

转向操纵机构的作用是产生转动转向器所必需的操纵力，并具有一定的调节性和安全性。

转向操纵机构要将驾驶员操纵转向盘的力传给转向器，同时为了驾驶员的舒适驾驶，还要求转向操纵机构可以进行调节，以满足不同驾驶员的需求；为了防止车辆撞击后对驾驶员的损伤，还要求转向操纵机构具有一定的安全保护装置。

转向操纵机构一般由转向盘、转向轴、转向管柱、万向节和转向传动轴组成。

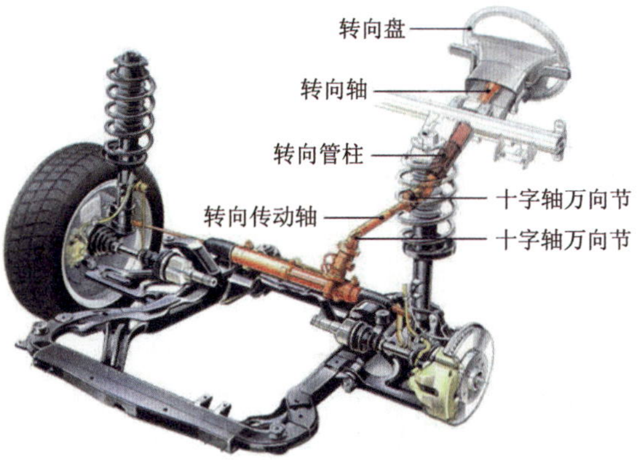

转向操纵机构构造图

609. 转向盘包括哪几部分？

转向盘也称为方向盘，内部是成形的金属骨架，通过带锥度的细花键将转向盘毂与转向轴相连，端部通过螺母轴向压紧固定。金属骨架外面一般包有柔软的合成橡胶或树脂，也有皮包革，以具有良好的手感，并防止手心出汗时转向盘打滑。当汽车发生碰撞时，转向盘骨架能产生变形，以吸收冲击能量、减轻驾驶员的伤害程度。

转向盘由轮圈、轮辐和转向盘毂三部分组成，其按照轮辐的数目可分为三辐式转向盘和四辐式转向盘。

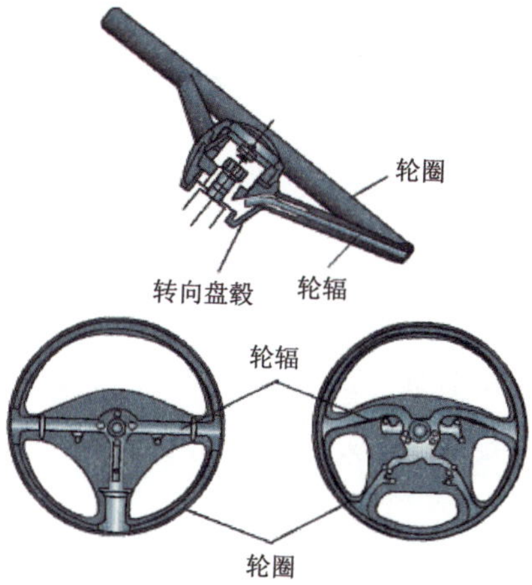

转向盘结构图

610. 如何检查转向盘的自由行程？

转向盘在空转阶段的角行程称为转向盘的自由行程，这主要是由于转向系统各传动件之间的装配间隙和弹性变形所引起的，一般要求小于 10° 或 10 ~ 15mm。

具体检查方法：使汽车前轮处于直线行驶状态，用指尖向左、向右侧轻轻推动转向盘，在转向盘外圆周上测量手感变重时（轮胎开始转动）的自由行程。如该值在规定值之内，说明状况正常。 否则需要调整，不同的转向器，调整的方法也不同。

611. 什么是多功能转向盘？

多功能转向盘是指在转向盘两侧或者下方设置一些功能键，包括音响控制、车载电话等，还有的将定速巡航键也设置在转向盘上。

多功能转向盘的好处在于驾驶员可以直接在转向盘上操控车内很多的电子设备，从而不需要在中控台上去寻找各类按钮，可以更专心地注视前方，大大提高行车的安全性。这本属于中级车的装备随着技术的进步也逐渐向家用车转移。

宝马多功能转向盘

612. 什么是吸能式转向盘?

吸能式转向盘可以在发生碰撞时吸能溃缩，降低外部冲击力，同时避免对驾驶员的胸部及腹部造成伤害。其在转向盘下面的连接杆上有溃缩机构。当受到前方撞击时，驾驶员向转向盘方向移动，有了这个吸能机构后，就不会伤到驾驶员，其原理就像在一个铁筒里面套了一根棍，筒不动，棍在筒内移动。

613. 什么是转向柱?

为了保证驾驶员的安全，同时也为了更加舒适、可靠地操纵转向系统，现代汽车（特别是轿车）通常在转向操纵机构上增设相应的安全、调节装置。这些装置主要反映在转向轴和转向管柱的结构上。为了叙述方便，将转向轴和转向管柱统称为转向柱。

614. 如何机械调整转向柱位置?

为了保证驾驶员的安全，同时也为了更加舒适、可靠地操纵转向系统，现代汽车（特别是轿车）通常在转向操纵机构上增设相应的安全、调整装置。转向柱位置调整包括倾斜角度调整和轴向位置调整。

转向柱位置调整的原理：铁片束 1 包括 8 片铁片，平均分配在转向柱的左、右两侧。铁片束 2 包括 10 片铁片，同样平均分配在转向柱的左、右两侧。铁片束 1 和铁片束 2 按前后方向进行排列，则在转向柱的每一侧，铁片束 1 和铁片束 2 的铁片相互插入。当驾驶员需要调整倾斜角度和轴向位置时，将提拉手柄下压，此时转向柱左、右两侧的铁片不受压力，驾驶员可根据个人特点进行倾斜角度和轴向位置调整。当调整完毕后，松开提拉手柄，止点弹簧将手柄推向转向柱，则位于铁片两侧的偏心轮将铁片压紧在一起，实现对转向柱的固定。

举一个简单的例子，我们把两只手的手指叉开，然后互相插入，如果我们用力，则两排手指的夹角和位置即被固定。

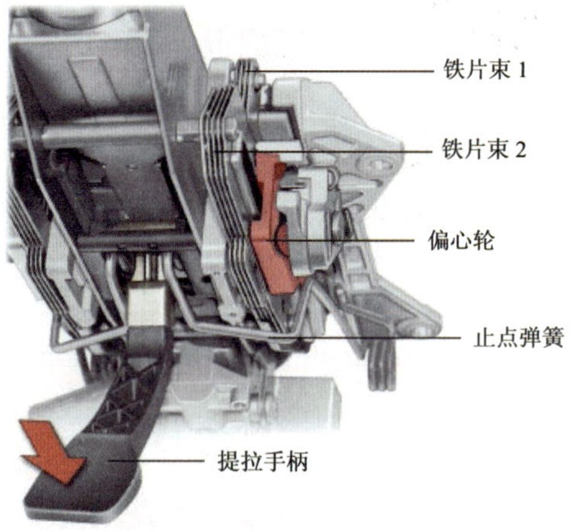

转向柱位置调整原理图

615. 转向器有什么作用?

转向器是转向系中减速增扭的传动装置，其作用是增大由转向盘传到转向器的力并改变力的传递方向，获得所要求的摆动速度和角度。

转向器按传动副的结构形式可分为蜗杆曲柄指销式、循环球式和齿轮齿条式三种。其中齿轮齿条式转向器又分为两端输出式和中间（或单端）输出式两种。

转向器按其作用力的传递情况，可分为可逆式和极限可逆式两种。

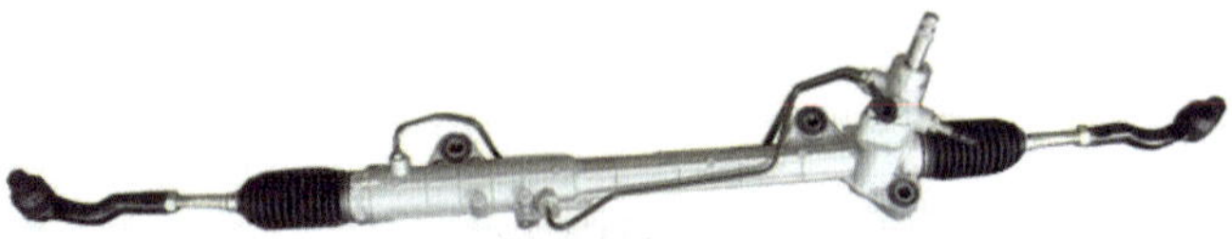

两端输出式转向器

616. 什么是可逆式转向器?

作用力很容易地由转向盘经转向器传到转向轮，而转向轮所受的路面冲击也比较容易地经转向器传到转向盘，这种转向器称为可逆式转向器，其正、逆传动效率都很高，有利于汽车转向后转向轮的自动回正，转向盘“路感”很强，但也容易在坏路行驶时出现“打手”现象。所以，其主要应用于经常在良好路面行驶的车辆。

617. 什么是极限可逆式转向器?

当作用力可以由转向盘很容易地经转向器传到转向轮，而转向轮所受的路面冲击只有在很大时，才能经转向器传到转向盘，这种转向器称为极限可逆式转向器，其正传动效率远大于逆传动效率。采用这种转向器时，也能实现汽车转向后转向轮的自动回正，路面冲击力只有很大时，方能部分地传到转向盘，“路感”较差。所以，其主要应用于中型以上的越野汽车、工矿用自卸汽车等。

618. 齿轮齿条式转向器有哪些部件?

齿轮齿条式转向器主要由转向齿轮、转向齿条、转向器壳体、调整螺塞等组成。

转向器通过转向器壳体的两端用螺栓固定在车身上。转向器输入轴通过滚珠轴承、滚柱轴承垂直安装在壳体中，其上端通过花键与转向传动轴上的万向节相连，其下部分是与轴制成一体的转向齿轮。转向齿轮是转向器的主动件。它与相啮合的从动件转向齿条水平布置，齿条背面装有弹簧和压块。在弹簧的作用下，压块将转向齿条压靠在转向齿轮上，保证二者无间隙啮合，有效地减小转向自由行程，提高操纵灵敏度，而其弹力的大小可由调整螺塞调整。弹簧不仅起消除啮合间隙的作用，而且还是一个弹性支承，可以吸收部分振动能量，缓和冲击。

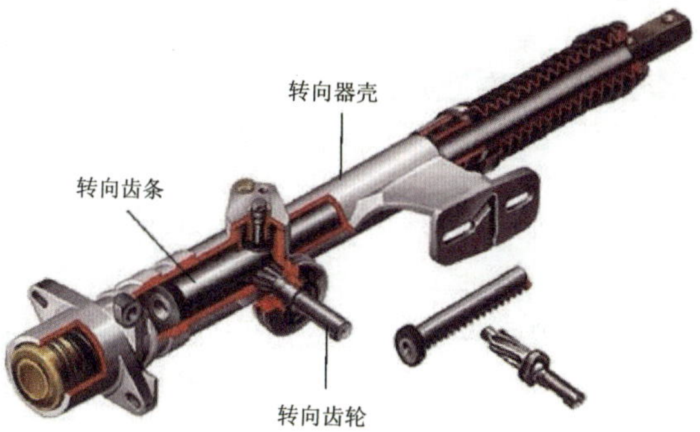

齿轮齿条式转向器构造图

转向齿条的两端分别与左、右转向横拉杆连接。转动转向盘时，转向齿轮转动，与之相啮合的转向齿条左右直线运动，从而使左、右转向横拉杆带动转向节转动，使转向轮偏转，实现汽车转向。

619. 如何检修齿轮齿条式转向器?

用检视法检查，转向器壳体应无裂纹，零件出现裂纹应更换，横拉杆、齿条在总成修理时应进行隐伤检验。转向齿条的直线度误差不得大于标准值，无法调整时应更换。更换磨损的转向齿轮轴承。转向齿轮及转向齿条应运动灵活，无卡滞现象。检视齿条密封套及防尘套是否老化、磨损。转向器各零件不允许进行焊修或整形。

如转向齿轮与转向齿条的间隙过大，可通过拧紧调整螺塞使压块压向齿条，从而使转向齿条与转向齿轮紧密啮合。

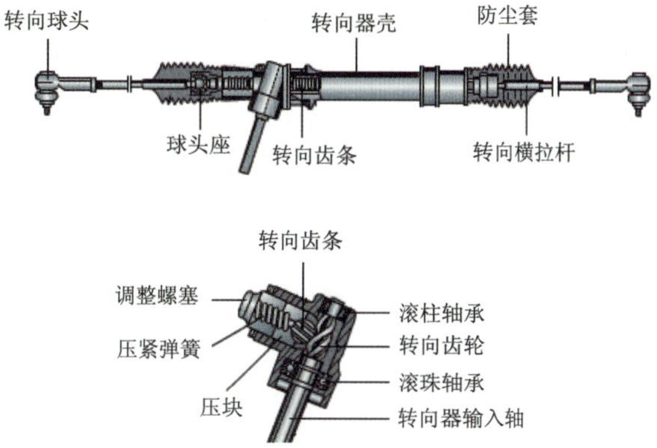

齿轮齿条式转向器构造图

620. 循环球式转向器有哪些部件?

循环球式转向器是目前国内外应用最广泛的结构形式之一，一般有两级传动副，第一级是螺杆螺母传动副，第二级是齿条齿扇传动副。因此，循环球式转向器是由螺杆、螺母、齿条、齿扇、轴承、转向器壳等组成的。

转向螺杆在转向操纵机构的转动力作用下，通过钢球将力传给转向螺母，使螺母沿螺杆轴向移动。同时，在螺杆及螺母与钢球间的摩擦力作用下，所有钢球便在螺旋管状通道内滚动，形成“球流”。在转向器工作时，两列钢球只是在各自的封闭流道内循环，不会脱出。随着螺母沿螺杆作轴向移动，其位于螺母上的齿条便带动齿扇作圆弧运动，通过转向传动机构使转向轮偏转，实现汽车转向。

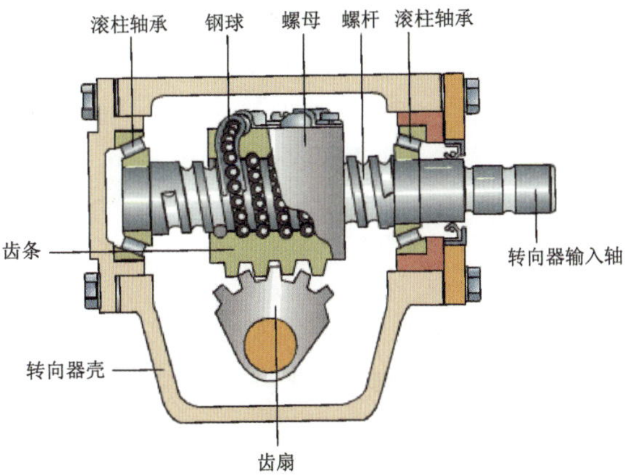

循环球式转向器构造图

621. 循环球式转向器有何特点?

循环球式转向器与其他形式的转向器相比，其在结构上的主要特点是有两级传动副。其主要性能优点是传动效率高（正效率最高可达 90% ~ 95%），故操纵轻便，转向结束后自动回正能力强，使用寿命长。但因其逆效率也很高，故容易将路面冲击传给转向盘而产生"打手"现象，不过，随着道路条件的改善，这个缺点并不明显。因此，循环球式转向器广泛用于各类各级汽车。

622. 如何检修循环球式转向器?

用检视法检查，转向器壳体出现裂纹，应予以更换。用直尺、厚薄规检查壳体与侧盖结合面的平面度误差大时，应将其修磨平整。

转向器壳体及端盖上各轴承孔磨损严重，摇臂轴与衬套配合松旷，均应换用新件。轴端法检查摇臂轴齿扇表面出现轻微点蚀可用油石修整后继续使用，点蚀严重应换用新件。

转向螺杆与转向螺母的钢球滚道无疲劳磨损、划痕等耗损，钢球与滚道的配合间隙不得大于 0.10mm。检验钢球与滚道配合间隙的方法：将转向螺母夹持固定后，把转向螺杆旋转到一端止点，然后检验转向螺杆另一端的摆动量，其摆动量不得大于 0.10mm，转向螺杆的轴向窜动量也不得大于 0.10mm。

总成修理时，应检查转向螺杆的隐伤，若产生隐伤、滚道疲劳剥落、三角键有台阶形磨损或扭曲，应更换。

转向螺杆的支承轴颈若产生疲劳磨损，会引起明显的转向沉重、转向迟钝。

623. 蜗杆曲柄指销式转向器有哪些部件?

蜗杆曲柄指销式转向器主要由转向器壳体、转向蜗杆、转向摇臂曲柄、指销、侧盖等组成。

转向器壳体固定在车身（车架）的转向器支架上。壳体内装有传动副，其主动件是转向蜗杆，从动件是装在摇臂曲柄端部的指销。具有梯形截面螺纹的转向蜗杆支承在转向器壳体两端的两个滚珠轴承上。

汽车转向时，驾驶员通过转向盘转动转向蜗杆（主动件），与其相啮合的指销（从动件）一边自转，一边以曲柄为半径绕摇臂轴轴线在蜗杆的螺纹槽内作圆弧运动，从而带动曲柄、进而带动转向摇臂摆动，实现汽车转向。

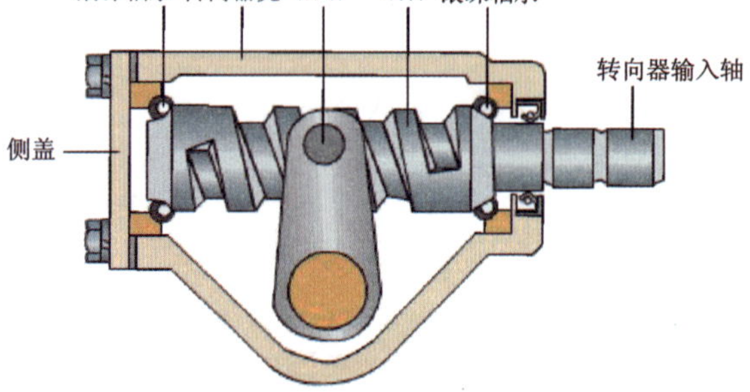

蜗杆曲柄指销式转向器结构图

624. 转向传动机构有何作用?

转向传动机构的作用是将转向器输出的力和运动传给转向轮，使两侧转向轮偏转以实现汽车转向。转向传动机构的类型根据汽车采用悬架的不同可分为两种：与非独立悬架配用的转向传动机构和与独立悬架配用的转向传动机构。

625. 转向传动机构包括哪些部件?

与独立悬架配用的转向传动机构主要包括左、右转向横拉杆和转向球头。

左、右横拉杆分别通过螺纹与转向齿条连接，两个螺纹旋向不同，一个为左旋，另一个为右旋，锁紧螺母将转向横拉杆与转向齿条锁紧在一起。横拉杆还可以调整转向轮的前束。调整时，先松开锁紧螺母，拧动横拉杆，使两端同时内收或外张，调整好后，用锁紧螺母锁紧。

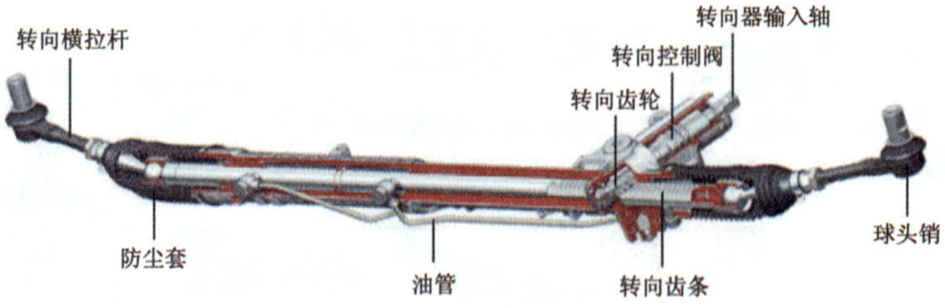

转向器构造图

转向球头将横拉杆与转向节臂连接，这样，驾驶员作用在转向盘上的力通过转向器→转向横拉杆→转向球头→转向节臂传递给转向轮，从而使汽车实现转向。

626. 什么是助力转向？

机械式转向系统很难兼顾汽车转向操纵省力且反应灵敏两方面的要求，为解决这一矛盾，现代汽车基本上都采用了助力转向系统。

助力转向，顾名思义，就是通过增加外力来抵抗转向阻力，让驾驶员只需要更少的力就能够完成转向，也称为动力转向，英文为 Power Steering，简称 PS。助力转向最初是为了让一些自重较重的大型车辆能够更轻松地操作，但是现在已经非常普及，它让驾驶变得更加简单和轻松，并且让车辆反应更加敏捷，在一定程度上提高了行驶安全性。

627. 助力转向系统有何作用？

采用助力转向系统主要有如下作用：

（1）在汽车转弯时，减小对转向盘的操纵力。

（2）原地转向时能提供必要的助力。

（3）限制车辆高速或在薄冰上的助力，具有较好的转向稳定性。

（4）在动力转向系统失效时，能保持机械转向系统有效工作。

液压助力泵

628. 助力转向有哪几种类型？

汽车助力转向系统按其动力源不同可以分为液压式助力转向、电动式助力转向和电动液压式助力转向三种。

液压式助力转向是基于机械式的齿轮齿条式转向器，增加了一整套液力系统，包括助力油罐、液压助力泵、与转向柱相连的控制阀、转向器上的液压缸和能够推动转向横拉杆的活塞等；电动式助力转向是利用电动机的力量作为转向助力；电动液压式助力转向是将液压式助力转向用发动机带动的液压助力泵改由电动机驱动，取代了由发动机驱动的方式。

采用助力转向系统的高尔夫

629. 液压助力泵有哪几种类型？

液压助力泵是液压式助力转向系统的动力源，固定于发动机机体，由发动机驱动产生转向助力油压，经转向控制阀向液压缸提供一定压力和流量的工作油液。液压助力泵有三种类型：齿轮式、转子式和叶片泵。其中，叶片式液压助力泵由于其结构紧凑、输油压力脉动小、输油量均匀、运转平稳、性能稳定、使用寿命长等优点，被现代汽车广泛采用，但叶片式转向助力泵中的双作用式叶片泵应用最广泛。这种助力泵有两种结构形式，一种是潜没式助力泵，它与储油罐是一体的，即助力泵潜没在储油罐的油液中；另一种为非潜没式转向助力泵，它的储油罐与转向助力泵分开安装，用油管与转向助力泵相连接。

630. 双作用式叶片泵如何工作？

双作用式叶片泵由转子、定子、叶片和端盖等组成。其中，转子与定子的中心相重合。定子内表面不是圆形而是一个近似的椭圆形，它由两条长半径和两条短半径所决定的圆弧及四段过渡曲线所组成。转子每转一周，叶片在转子切槽内往复运动两次，完成两次吸油和两次压油，故称为双作用式叶片泵。为了使转子受到的径向油压力完全平衡，工作油腔数（叶片数）应当为偶数。

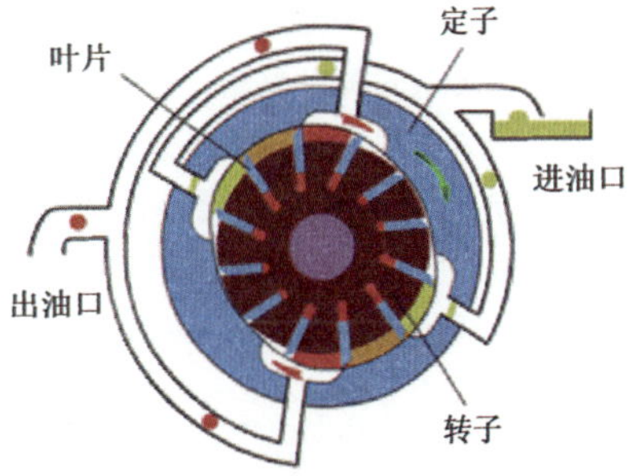

双作用式叶片泵构造图

631. 如何检查转向油面?

助力油罐储存定量的油液，保证供给充足的油量并有散热冷却油液的作用。如果液面高度太低，将使助力转向系统渗入空气，造成汽车转向操作不稳，忽轻忽重或有噪声。转向助力油罐油面的检查：

（1）将车辆停放在平坦的地面上，使前轮处于直行位置。

（2）起动发动机，并使其达到正常的工作温度。

（3）使发动机怠速运转大约 2min，打几次转向盘，使油温达到 40 ~ 80℃，关闭发动机。

（4）观察储油罐的液面，此时，液面应处于"MAX"（上限）与"MIN"（下限）之间，液面低于"MIN"时，应加至"MAX"。

（5）对于用油尺检查的汽车：拧下带油尺的封盖，用布将油尺擦净，将带油尺的封盖插入储油罐内拧好，然后重新拧出，观察油尺上的标记，应处于"MAX"与"MIN"之间，必要时将转向油加至"MAX"处。

储油罐油面的检查

632. 什么是可变齿比转向?

可变齿比转向系统与传统齿轮齿条式转向系统上疏密一致的齿条构造有所不同，而是采用两边稀疏、中间细密的齿比结构。这样方向盘转向时，齿轮与齿距不相等的齿条啮合，转向比就会发生变化。中间位置的齿距较密，齿条在这一范围内的位移较小，在小幅度转向时（例如变线、方向轻微调整时），车辆会显得沉稳；而齿条两侧远端的齿距较疏，在这个范围内，转动方向盘，齿条的相对位移会变大，所以在大幅度转向时（如泊车、掉头等），车轮会变得更加灵活。它的优势也很明显：完全的机械结构，可靠性较高，耐用性好，结构也非常简单。

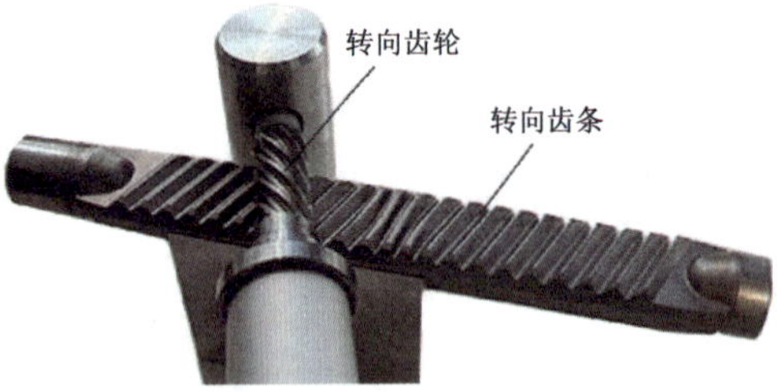

可变齿比转向工作原理图

633. 什么是可变助力转向?

可变齿比转向仍然只是少数品牌车型才能够享受到的"高级装备"，相比之下，可变助力转向应用广泛，普及程度也非常高。

所谓可变助力转向即随速助力转向系统，其助力大小可以随车速的变化而变化。在泊车等低速行驶状态下，转动方向盘更加轻盈省力，对臂力较小的女性尤为方便；而当车辆高速行驶时，则能够减少助力，使方向盘转动阻力增大，路感清晰，手上的方向感强，不再像低速时那样灵敏，车辆的方向会变得更容易控制，从而提升车辆的高速行驶稳定性和安全性。

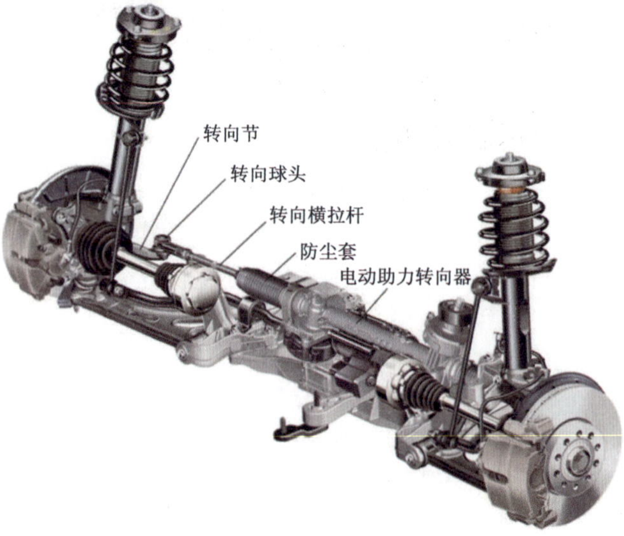

电动式可变助力转向系统构造图

第四节　制动系统

634. 制动系统有什么作用?

为了确保汽车在复杂多变的道路交通情况下能够高速安全行驶，提高其运输效率，行驶中需要随时控制车速。这就需要有一个能使汽车及时减速以至停车，确保汽车稳妥停放的系统，这套系统就是制动系统。其作用是：根据需要使汽车减速或在最短的距离内停车，使已停驶的汽车在各种道路条件下稳定驻车，使下坡行驶的汽车速度保持稳定。

635. 制动系统有哪些类型?

（1）按功用分：行车制动系统、驻车制动系统、应急制动系统和辅助制动系统。

① 行车制动系统是由驾驶员用脚来操纵的，故又称为脚制动系。它的作用是使正在行驶中的汽车减速或在最短的距离内停车。

② 驻车制动系统是由驾驶员用手来操纵的，故又称为手制动系。它的作用是使已经停在各种路面上的汽车驻留原地不动。

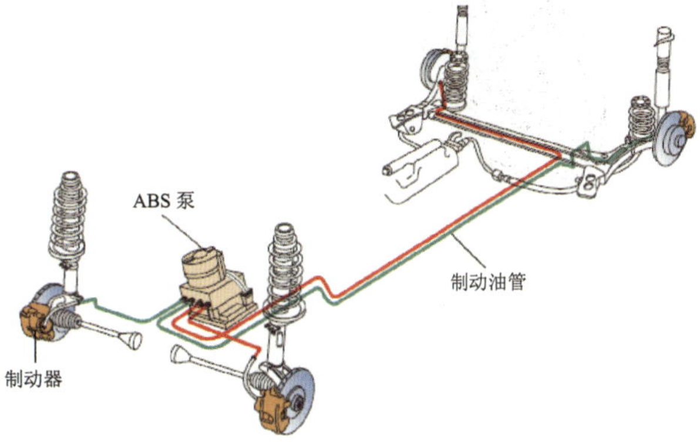

制动系统

③ 应急制动系统是用独立的管路控制车轮的制动器作为备用系统。其作用是当行车制动系统失效的情况下保证汽车仍能实现减速或停车。在许多国家的制动法规中规定，应急制动系统也是汽车必须具备的。

④ 辅助制动系统用于经常在山区行驶的汽车及某些特殊用途的汽车，为了提高行车的安全性和减轻行车制动系性能的衰退及制动器的磨损，用以在下坡时稳定车速。其中，利用发动机排气制动应用最广。

（2）按制动能量传输分：机械式、液压式、气压式、电磁式和组合式。

（3）按回路多少分：单回路制动系统和双回路制动系统。

（4）按能源分：人力制动系统、动力制动系统和伺服制动系统。

① 人力制动系统：以驾驶员的肌体作为唯一的制动能源的制动系统。

② 动力制动系统：完全靠由发动机的动力转化而成的气压或液压形式的势能进行制动的制动系统。

③ 伺服制动系统：兼用人力和发动机动力进行制动的制动系统。

636. 制动系统由哪几部分组成?

汽车上设置有彼此独立的制动系统，它们起作用的时刻不同，但其组成却是相似的，一般由如下几个部分组成。

（1）供能装置：包括供给、调节制动所需能量及改善传能介质状态的各种部件，如气压制动系统中的空气压缩机、液压制动系统中的液压油泵、人的肌体等。

（2）控制装置：包括产生制动动作和控制制动效果的各种部件，如制动踏板等。

（3）传动装置：包括将制动能量传输到制动器的各个部件，如制动总泵、制动分泵及连接管路等。

（4）制动器：产生阻碍车辆的运动或运动趋势的力（制动力）的部件。

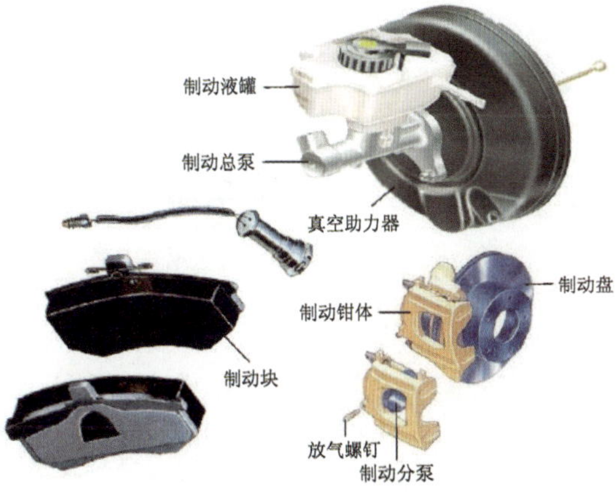

制动系统的组成

较为完善的制动系统还具有制动力调节装置、报警装置、压力保护装置等附加装置。

637. 鼓式制动器与盘式制动器有何区别？

目前，汽车用的车轮制动器可分为鼓式和盘式两种。它们的区别在于：前者的摩擦副中的旋转元件为制动鼓，其工作表面为圆柱面；后者的旋转元件则为圆盘状的制动盘，以端面为工作表面。旋转元件固装在车轮上，即制动力矩直接作用于两侧车轮上的制动器称为车轮制动器。

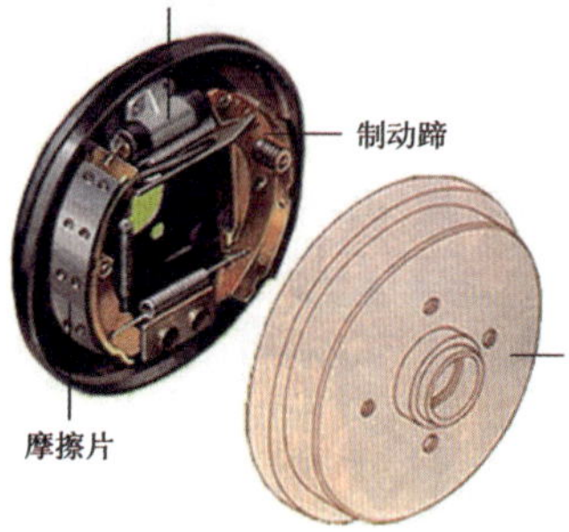

鼓式制动器

638. 什么是鼓式制动器？

鼓式制动器主要由制动分泵、制动蹄、制动鼓、支承销等组成。鼓式制动器应用在汽车上面已经近一个世纪的历史了，但是由于它的可靠性及强大的制动力，使得鼓式制动器现在仍配置在许多车型上(多使用于后轮)。

鼓式制动器的制动鼓内圆柱面就是制动装置产生制动力矩的位置。在获得相同制动力矩的情况下，鼓式制动器的制动鼓直径可以比盘式制动器的制动盘还要小许多。因此，载重用的大型车辆为获取强大的制动力只能在轮圈的有限空间之中安装鼓式制动器。

简单地说，鼓式制动器就是利用制动器内静止的制动蹄去摩擦随着车轮转动的制动鼓，以产生摩擦力使车轮转动速度降低的制动装置。在踩下刹车踏板时，脚的作用力会使制动总泵内的活塞将制动液往前推并在油路中产生压力。压力经制动液传送到每个车轮的制动分泵活塞上，制动分泵活塞再推动制动蹄向外，使制动蹄和制动鼓的内圆柱面发生摩擦，并产生足够的摩擦力去降低车轮的转速，以达到制动的目的。

639. 鼓式制动器有何优缺点？

（1）鼓式制动器具有如下优点：

①有自动刹紧作用，使制动系统可以使用较低的油压，或使用直径比制动盘小很多的制动鼓。

②驻车制动装置的安装容易，有些后轮装有盘式制动器的车型，会在制动盘中心部位安装鼓式制动器的驻车制动装置。

③零件的加工与组成较为简单，而有较为低廉的制造成本。

（2）鼓式制动器具有如下缺点：

①鼓式制动器的制动鼓在受热后直径会增大，而造成踩下制动踏板的行程加大，容易发生制动反应不如预期的情况。因此，在驾驶采用鼓式制动器的车辆时，要尽量避免连续制动造成制动蹄因高温而产生热衰退现象。

②制动系统反应较慢，踏板的踩踏力道较不易控制，不利于做高频率的制动动作。

③构造复杂零件多，制动间隙需做调整，使得维修不易。

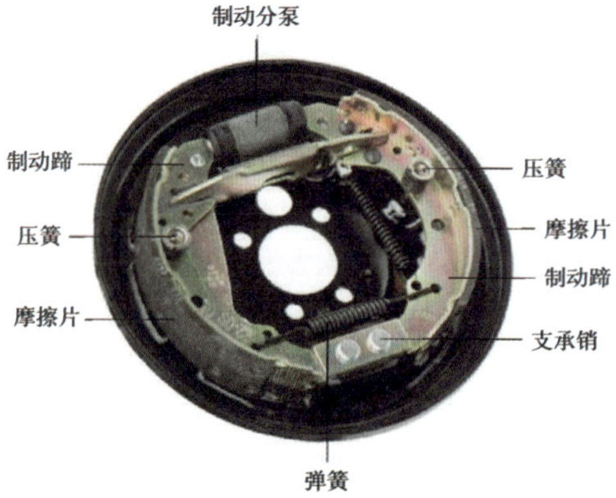

鼓式制动器构造图

640. 什么是领从蹄式制动器？

汽车前进时，如果制动鼓逆时针旋转，制动蹄的支承点在前端，制动分泵所施加的促动力作用于其后端，因而该制动蹄张开时的旋转方向与制动鼓的旋转方向相同，具有这种属性的制动蹄称为领蹄。与此相反，制动蹄的支承点在后端，促动力加于其前端，其张开时的旋转方向与制动鼓的旋转方向相反，具有这种属性的制动蹄称为从蹄。当汽车倒车时，即制动鼓反向旋转时，领蹄变成从蹄，而从蹄变成领蹄。这种在制动鼓正向旋转和反向旋转时，都有一个领蹄和一个从蹄的制动器即称为领从蹄式制动器。

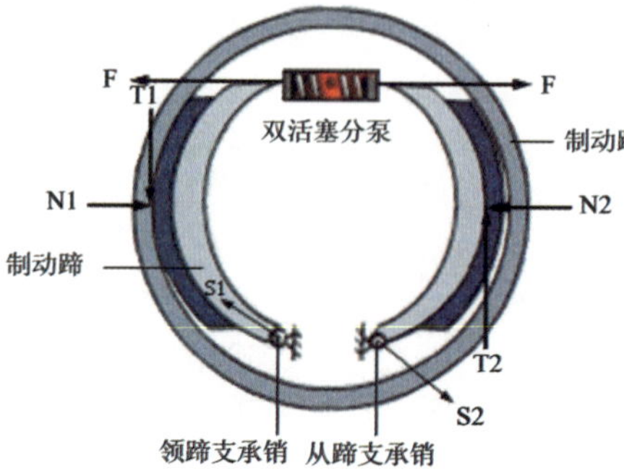

领从蹄式制动器示意图

641. 什么是双领蹄式制动器?

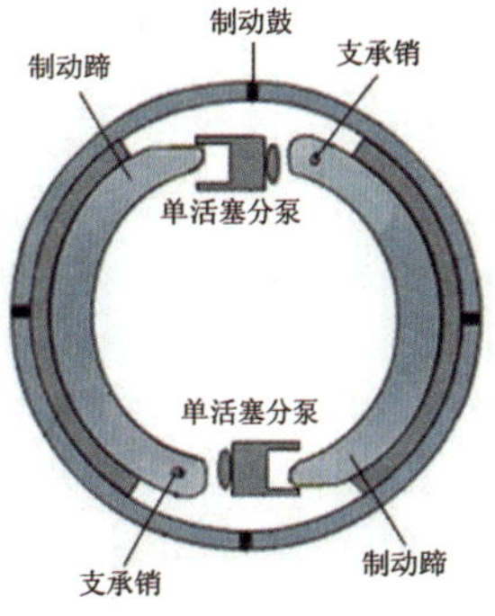

双领蹄式制动器

在制动鼓逆时针旋转时，两蹄均为领蹄的制动器称为双领蹄式制动器。双领蹄式制动器与领从蹄式制动器在结构上主要有两点不同：一是双领蹄式制动器的两制动蹄各用一个单活塞式制动分泵，而领从蹄式制动器的两蹄共用一个双活塞式制动分泵；二是双领蹄式制动器的两套制动蹄、制动分泵、支承销在制动底板上的布置是中心对称的，而领从蹄式制动器中的制动蹄、制动分泵、支承销在制动底板上的布置是轴对称布置的。双领蹄式制动器在汽年前进制动时，两制动蹄都是领蹄；当汽车倒车时，两制动蹄又都是从蹄，导致前进制动效能提高，倒车制动效能降低。

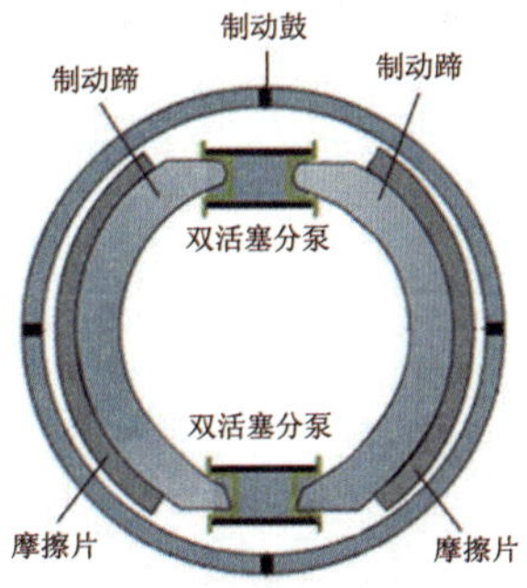

双向双领蹄式制动器

642. 什么是双向双领蹄式制动器?

无论是前进制动还是倒车制动，两制动蹄都是领蹄的制动器称为双向双领蹄式制动器。与领从蹄式制动器相比，双向双领蹄式制动器在结构上有三个特点：一是采用两个双活塞式制动分泵；二是两制动蹄的两端都采用浮式支承，且支点的周向位置也是浮动的；三是制动底板上的所有固定元件，如制动蹄、制动分泵、回位弹簧等都是成对的，而且既按轴对称，又按中心布置对称。

643. 什么是双从蹄式制动器?

前进制动时两制动蹄均为从蹄的制动器称为双从蹄式制动器。这种制动器与双领蹄式制动器结构很相似，二者的差异只在于固定元件与旋转元件的相对运动方向不同，即每个制动蹄的支承销和单活塞分泵互换位置。虽然双从蹄式制动器的前进制动效能低于双领蹄式和领从蹄式制动器，但其效能对摩擦系数变化的敏感程度较小，即具有良好的制动效能稳定性。

644. 什么是单向自增力式制动器?

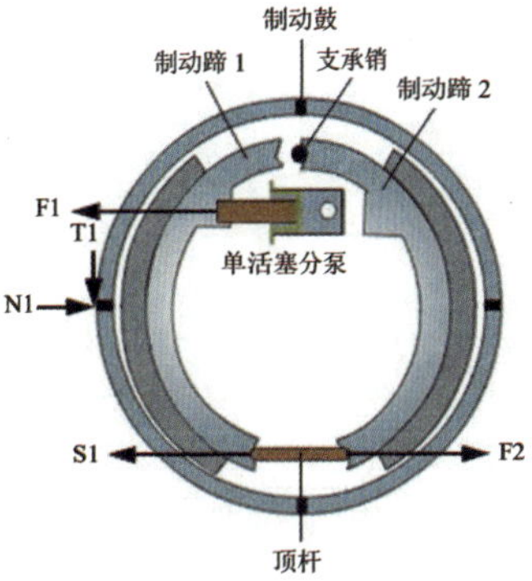

单向自增力式制动器

制动蹄 1 和制动蹄 2 的下端分别浮支在浮动的顶杆两端。制动器只在上方有一个支承销。不制动时，两蹄上端均靠各自的回位弹簧拉靠在支承销上。

汽车前进制动时，单活塞式分泵只将促动力 $F1$ 施加于制动蹄 1，使其上端离开支承销，整个制动蹄绕顶杆左端支承点旋转，并压靠在制动鼓上。显然，制动蹄 1 是领蹄，并且在促动力 $F1$、法向合力 $N1$、切向（摩擦）合力 $T1$ 和沿顶杆轴线方向的 $S1$ 作用下处于平衡状态。由于顶杆是浮动的，自然成为制动蹄 2 的促动装置，而将与力 $S1$ 大小相等、方向相反的促动力 $F2$ 施加于制动蹄 2 的下端，故制动蹄 2 也是领蹄。正因为顶杆是完全浮动的，不受制动底板约束，作用在制动蹄 1 上的促动力和摩擦力的作用没有如一般领蹄那样完全被制动鼓的法向反力和固定于制动底板上的支承件反力的作用所抵消，而是通过顶杆传到制动蹄 2 上，形成制动蹄 2 的促动力 $F2$。对制动蹄的受力分析可知 $F2 > F1$。此外，$F2$ 对制动蹄 2 支承点的力臂也大于 $F1$ 对制动蹄 1 的力臂。因此，制动蹄 2 的制动力矩必然大于制动蹄 1 的制动力矩。由此可见，在制动蹄尺寸和摩擦系数相同的条件下，这种制动器的前进制动效能不仅高于领从蹄式制动器，而且高于双领蹄式制动器。

倒车制动时，制动蹄 1 上端压靠支承销不动。此时，制动蹄 1 仍是领蹄，且促动力 $F2$ 仍可能与前进制动时的相等，但其力臂却大为减小，因而制动蹄 1 此时的制动效能比一般领蹄的制动效能低得多；制动蹄 2 则因未受促动力而不起制动作用。故此时整个制动器的制动效能甚至比双从蹄式制动器的制动效能还低。

645. 什么是双向自增力式制动器？

前进制动时，两制动蹄在促动力F的作用下张开，压向制动鼓。此时，两制动蹄的上端均离开支承销，沿逆时针方向旋转的制动鼓对两蹄产生摩擦力矩，带动两蹄沿旋转方向转过一个不大的角度，直到制动蹄2又顶靠到支承销上为止。此时，制动蹄1为领蹄，但其支承为浮动的推杆。制动鼓作用在制动蹄1上的摩擦力和法向力的一部分对推杆形成一个推力S，推杆又将此推力完全传到制动蹄2的下端。制动蹄2在推力S的作用下也形成领蹄，并在分泵液压促动力F的共同作用下进一步压紧制动鼓。推力S比促动力F大得多，从而使制动蹄2产生的制动力矩比制动蹄1更大。倒车制动时，作用过程与此相反，与前进制动时具有同等的自增力作用。

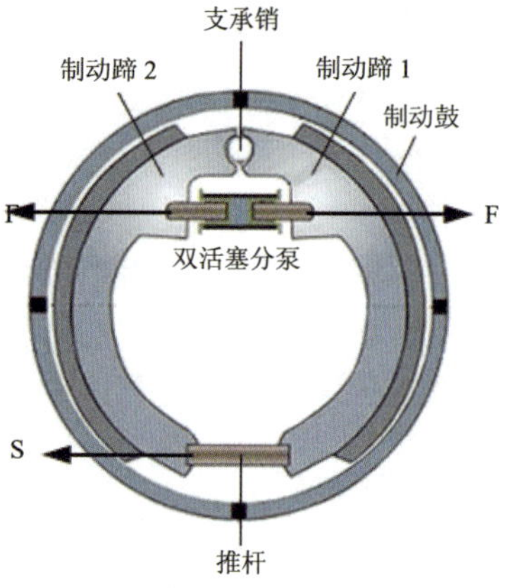

双向自增力式制动器

646. 如何检查制动蹄片的磨损情况？

（1）制动蹄片又称为刹车片，属于消耗品，在使用中会逐渐磨损，当磨损到极限位置时，必须更换，否则将降低制动效果，甚至造成安全事故。

（2）在正常行驶条件下每行驶5000km时，应对制动蹄片检查一次。不仅要检查剩余的厚度，还要检查蹄片磨损的状态、两边磨损的程度是否一致及回位是否自如等，发现不正常情况必须立即处理。

（3）检查时，可从制动钳体上的检查孔中查看制动蹄片厚度。若有必要，可以使用刻度尺进行测量。一些车辆带有制动蹄片报警功能，一旦达到了磨损极限，仪表会报警提示更换制动蹄片。

647. 如何检查制动鼓？

检查制动鼓的磨损和圆度误差。一般情况下，制动鼓在直径方向磨损成椭圆，在轴向磨损成锥形。同时，制动鼓摩擦表面与轮毂的旋转轴线，即同轴度产生偏差，都会影响制动效能。制动鼓测量时，首先，把带有制动鼓的轮毂总成擦拭干净，平整地放在工作台上，把中心杆用两个夹板固定在轴承内圈上。然后，把百分表支架通过锁紧装置固定在中心杆上，在支架的端部安装百分表，并使百分表的触头抵住制动鼓内表面。缓慢而均匀地推动百分表，使百分表在制动鼓内转动一周，百分表指针摆动的最大值与最小值之差，即为制动鼓与轮毂轴承的同轴度误差。

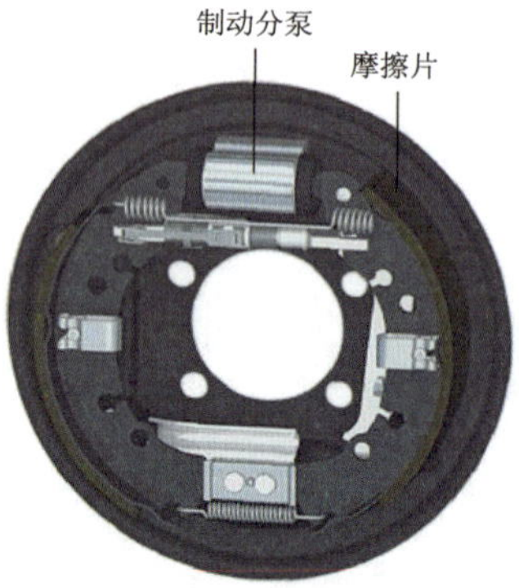

鼓式制动器

648. 如何调整鼓式制动器间隙？

随着制动磨损、制动间隙的增大，可导致踏板行程加长、各制动器间隙不一致、制动响应时间延长、车轮跑偏、车辆甩尾甚至制动失效。为解决上述问题，需要定期检查并对制动器制动间隙进行手动调节，并使之保持一致。

（1）自动调整式，制动器自动调节该间隙。执行驻车制动或脚制动时，自动间隙调整装置工作，通过调整杆调整制动间隙。

（2）手动调整式，转动制动器间隙调节器来调节制动蹄片的外径，使其大约比制动鼓的内径小1mm。具体操作方法是用螺丝刀拨动调节螺母，向外扩展制动蹄片，直到制动鼓锁住为止，然后把调节螺母拨回规定的槽口数。

649. 什么是盘式制动？

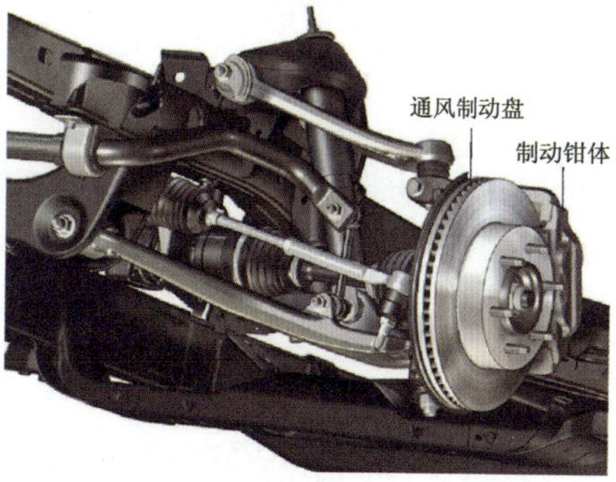

盘式制动器

在现实生活中，应用更多、更值得信赖的刹车方式是盘式，也就是我们经常听到的“碟刹”。由于车辆的性能与行驶速度与日俱增，为增加车辆在高速行驶时制动的稳定性，盘式制动器已成为当前制动系统的主流。由于盘式制动器的制动盘暴露在空气中，使得盘式制动器有优良的散热性。当车辆在高速状态做紧急制动或在短时间内多次制动时，制动性能较不易衰退，可以让车辆获得较佳的制动效果，以增进车辆的安全性。并且由于盘式制动器的反应快速，有能力做高频率的制动动作。因此，现代车型采用盘式制动器与 ABS 系统、ESP 系统等搭配，以满足此类系统需要快速动作的需求。

盘式制动器的工作原理就类似于自行车上的刹车，在制动过程中，制动钳将制动块挤压到制动盘上，随着制动盘和衬块之间的摩擦逐渐将速度降下来。

650. 盘式制动器有哪些部件？

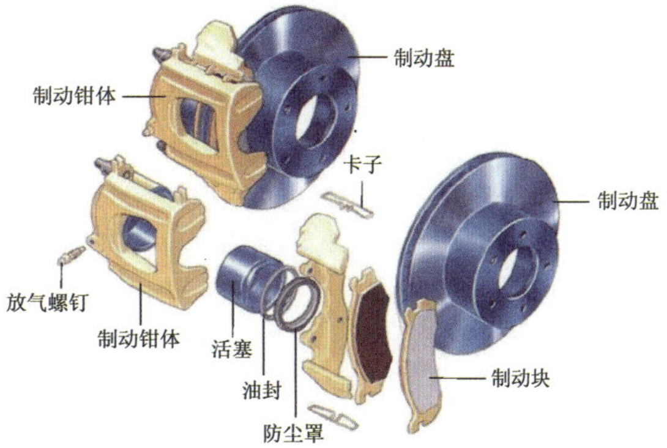

盘式制动器结构图

盘式制动器主要由制动钳体、制动盘、活塞、制动块和放气螺钉等组成。

盘式制动器摩擦副中的旋转元件是以端面工作的金属圆盘，称为制动盘。其固定元件则有着多种结构形式，大体上可分为两类：一类是工作面积不大的摩擦块与其金属背板组成的制动块，每个制动器中有 2 个。这些制动块及其促动装置都装在横跨制动盘两侧的夹钳形支架中，总称为制动钳体。这种由制动盘和制动钳组成的制动器称为钳盘式制动器。另一类固定元件的金属背板和摩擦片也呈圆盘形，制动盘的全部工作面可同时与摩擦片接触，这种制动器称为全盘式制动器。钳盘式制动器过去只用作中央制动器，但目前越来越多地被各级轿车和货车用作车轮制动器。全盘式制动器只有少数重型汽车将其作为车轮制动器。

钳盘式制动器又可分为两种：一种是定钳盘式制动器，另一种是浮钳盘式制动器。

651. 盘式制动器有何优缺点？

（1）盘式制动器具有如下优点：

① 盘式制动器散热性较鼓式制动器好，在连续踩踏制动时一般不会造成制动衰退而使制动失灵的现象。

② 制动盘在受热之后尺寸的改变并不使踩制动踏板的行程增加。

③ 盘式制动器的反应快速，可作高频率的制动动作，因而较为符合 ABS 系统的需求。

④ 盘式制动器没有鼓式制动器的自动刹紧作用，因而左、右车轮的制动力比较平均。

⑤ 因制动盘的排水性较佳，可以降低因为水或泥沙造成制动不良的情形。

⑥ 与鼓式制动器相比较，盘式制动器的结构简单，且容易维修。

（2）盘式制动器具有如下缺点：

① 因为没有鼓式制动器的自动刹紧作用，所以盘式制动器的制动力较鼓式制动器低。

② 盘式制动器的制动片与制动盘之间的摩擦面积比鼓式制动器的面积小，使制动的力量也比较小。

③ 为改善盘式制动器的上述缺点，因此，需要较大的踏板力量或油压。因而必须使用直径较小的制动盘，或提高制动系统的油压，以提高制动的力量。

④ 驻车制动装置不易安装，有些后轮使用盘式制动器的车辆为此而加设一组鼓式制动的驻车机构。

⑤ 制动片磨损较大，致使更换频率可能较高。

652. 什么是定钳盘式制动器?

跨置在制动盘上的制动钳体固定安装在车桥上，它既不能旋转也不能沿制动盘轴线方向移动，其内的两个活塞分别位于制动盘的两侧。制动时，制动总泵内的制动液经进油口进入钳体中两个相通的油缸，将两侧的制动块压向与车轮固定连接的制动盘，从而产生制动力。

653. 定钳盘式制动器有何缺点?

定钳盘式制动器中的油缸的结构和制造工艺与一般制动分泵相近，故在上世纪 50 年代中期，盘式制动器问世时即采用了这种结构，直到上世纪 60 年代末仍然盛行。但是，这种制动器存在着如下缺点：油缸较多，使制动钳结构复杂；油缸分置于制动盘两侧，必须用跨越制动盘的钳内油道或外部油管来连通，这必然使得制动钳的尺寸过大，难以安装在现代化轿车的轮辋内；热负荷大时，油缸和跨越制动盘的油管或油道中的制动液容易受热汽化；若兼用于驻车制动，则必须加装一个机械促动的驻车制动钳。这些缺点使得定钳盘式制动器难以适应现代汽车的使用要求，故自上世纪 70 年代以来，其逐渐让位于浮钳盘式制动器。

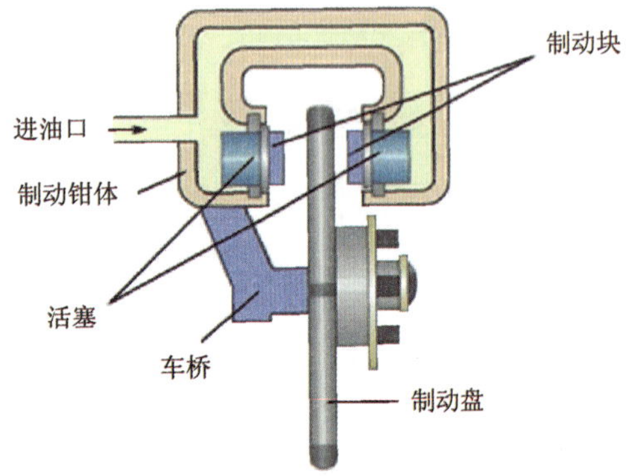

定钳盘式制动器结构示意图

654. 什么是浮钳盘式制动器?

制动钳体通过导向销与车桥相连，可以相对于制动盘轴向移动。制动钳体只在制动盘的内侧设置油缸，而外侧的制动块则附装在钳体上。制动时，来自制动总泵的制动液通过进油口进入制动油缸，推动活塞及其上的制动块向右移动，并压到制动盘上，于是，制动盘给活塞一个向左的反作用力，使得活塞连同制动钳体整体沿销钉向左移动，直到制动盘右侧的制动块也压到制动盘上。此时，两侧的制动块都压在制动盘上，夹住制动盘使其制动。

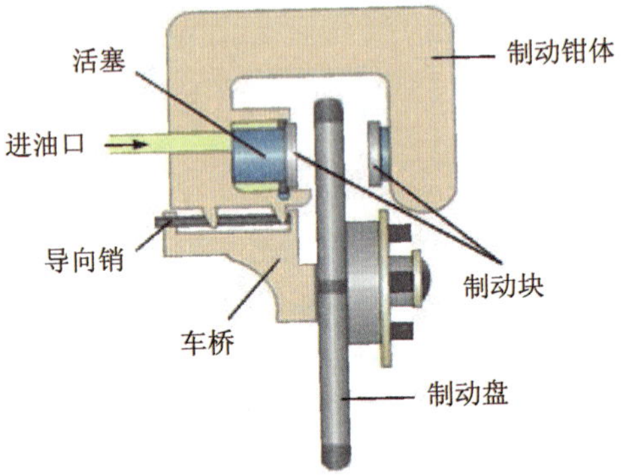

浮钳盘式制动器结构示意图

655. 浮钳盘式制动器有何优势?

与定钳盘式制动器相反，浮钳盘式制动器轴向和径向尺寸较小，而且制动液受热汽化的机会较少。此外，浮钳盘式制动器在兼充行车和驻车制动器的情况下，只需在行车制动钳油缸附近加装一些用以推动油缸活塞的驻车制动机械传动零件即可。因此，浮钳盘式制动器逐渐取代了定钳盘式制动器。

656. 如何检查制动盘?

（1）检查制动盘摩擦面是否有粗糙裂纹或剥落。

（2）使用百分表测量其端面跳动量。

至少使用两个螺母将制动盘紧固在轮毂上，测量前确认车轮轴承轴向间隙应在规定值以内，其最大跳动量应为 0.07mm。若跳动量超出规定应检查原因，如是制动盘原因，则更换。

表面修整、更换制动鼓或制动盘后，以及更换制动蹄或制动块后，或在行驶很少里程就出现制动发软时，都应磨合制动结合面。

657. 盘式制动器的间隙如何自动调整?

盘式制动器具有间隙自动调节的功能，它是利用矩形密封圈的弹性变形来实现的。

矩形密封圈嵌在制动钳体油缸的矩形槽内，密封圈内圆与活塞外圆配合较紧。制动时活塞被压向制动盘，密封圈发生弹性变形。解除制动时，密封圈要恢复原状，于是将活塞拉回原位。当制动盘与制动块磨损后引起的制动间隙增大超过活塞的设置行程时，活塞在制动液压力作用下克服密封圈的摩擦阻力而继续前移，直到实现完全制动为止。活塞与密封圈之间这一不可恢复的相对位移便补偿了由于磨损而产生过量的间隙，即对制动间隙进行了自动调整，始终保持制动间隙的正常数值，保证了制动的可靠性。这是盘式制动器使用最简单的间隙自动调整方式。

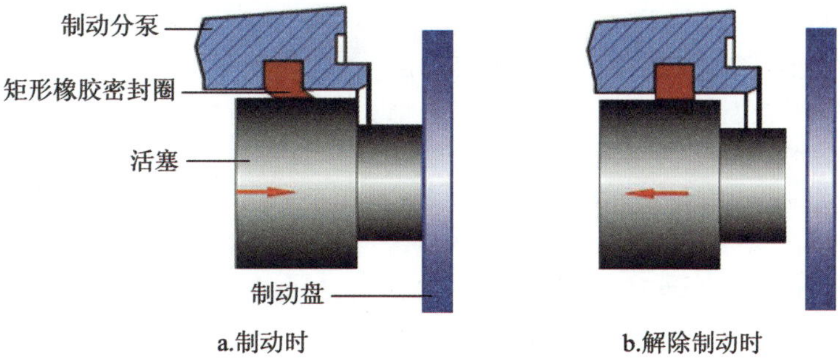

制动间隙自动调整原理图

658. 什么是通风制动盘?

通风制动盘顾名思义就是内部是中空的，冷空气可以从中间穿过进行降温。从外表看，它在圆周上有许多通向圆心的空洞，它利用汽车在行驶中产生的离心力能使空气对流，达到散热的目的。

既然可以给制动盘“通风”，聪明的设计人员进一步想到了给制动盘降温的更好的方法，于是打孔通风制动盘也应运而生。打孔通风制动盘是在通风制动盘的基础上对盘面进行打孔，最大限度地保证空气流通，降低热衰退。

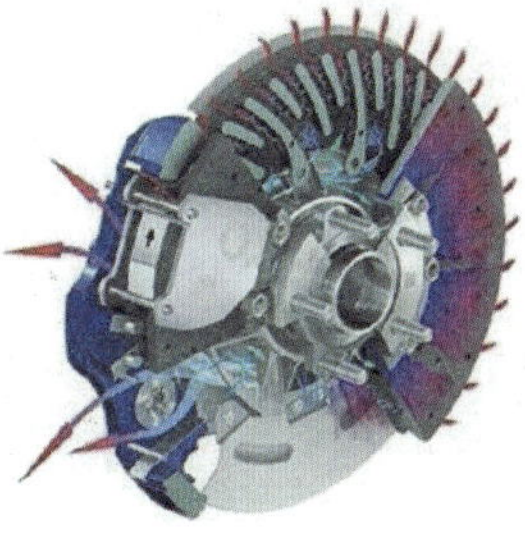
打孔通风制动盘散热示意图

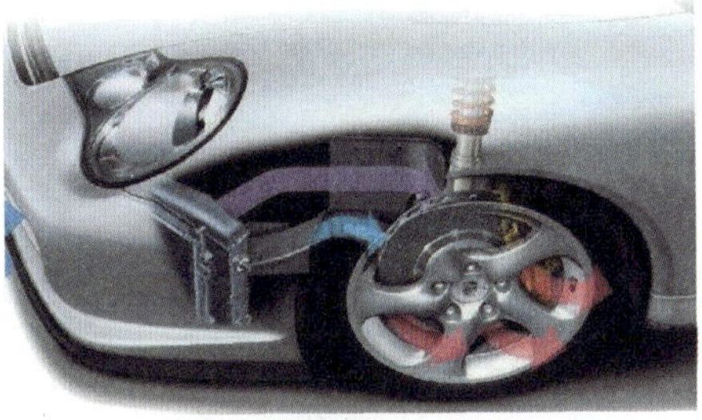
打孔通风制动盘通风示意图

659. 什么是前盘后鼓制动系统?

盘式制动器已广泛应用于轿车，但除了在一些高性能轿车上用于全部车轮外，大都只用作前轮制动器。它与后轮鼓式制动器配合，以保证汽车制动时有较高的方向稳定性，即我们平时所说的前盘后鼓制动系统。

660. 什么是陶瓷制动盘?

对于那些“唯快不破”的“超跑”们来说，“身上”多余的重量还是让它们夜不能寐，陶瓷制动盘应运而生。

陶瓷制动盘并非普通陶瓷，而是在1700℃高温下碳纤维与碳化硅合成的增强型复合陶瓷，陶瓷式制动盘的质量不到普通铸铁制动盘的一半。更轻的制动盘就意味着簧下质量的减轻，这令悬架系统的反应更快，因而能够提升车辆整体的操控水平。铸铁制动盘容易在全力制动下因高温产生热衰退，而陶瓷制动盘能有效而稳定地抵抗热衰退，其耐热效果比铸铁制动盘高出许多倍。另外，陶瓷制动盘有非凡的耐用性，如果正常使用可终生免更换，而普通的铸铁制动盘一般用上几年就要更换。

尽管陶瓷制动盘的制动性能十分优异，但是其价格却十分昂贵，如保时捷和奥迪的高性能跑车上的选装价格都在10万元以上。

陶瓷制动盘

661. 陶瓷制动盘有何优势?

更轻的制动盘就意味着簧下质量的减轻，这令悬架系统的反应更快，因而能够提升车辆整体的操控水平。另外，普通的制动盘容易在全力制动下因高温产生热衰退，而陶瓷制动盘能有效而稳定地抵抗热衰退，其耐热效果比普通制动盘高出许多倍，还有，陶瓷制动盘在制动最初阶段就能立刻产生最大的制动力，因此，甚至无须制动辅助系统，而整体制动比传统制动系统更快、距离更短。为了抵抗高温，在制动活塞与制动片之间有陶瓷来隔热，陶瓷制动盘有非凡的耐用性，如果正常使用可终生免更换，而普通的铸铁式制动盘一般用上几年就要更换。

陶瓷制动盘

662. 制动块有几种报警形式?

制动块也称为刹车片，在汽车制动系统中，制动块是最关键的安全零件。所有制动效果的好坏都是制动块起决定性作用。所以，好的制动块是人和汽车的保护神。

制动块一般由钢板、黏接隔热层和摩擦块构成，其中隔热层由不传热的材料组成，目的是隔热。摩擦块由摩擦材料、黏合剂组成，制动时被挤压在制动盘或制动鼓上产生摩擦，从而达到车辆减速刹车的目的。由于摩擦作用，摩擦块会逐渐被磨损，一般来讲，成本越低的制动块磨损得越快。摩擦材料使用完后要及时更换制动块，否则，钢板和制动盘就会直接接触，最终会丧失制动效果并损坏制动盘。

制动块的报警形式基本上分为两种：欧、美车型刹车片磨穿报警线搭铁报警，此时，仪表台上指示灯会亮；日、韩车型制动块基本上都有报警片，磨到一定程度报警片刮制动盘而发出响声报警，提示车主更换制动块。

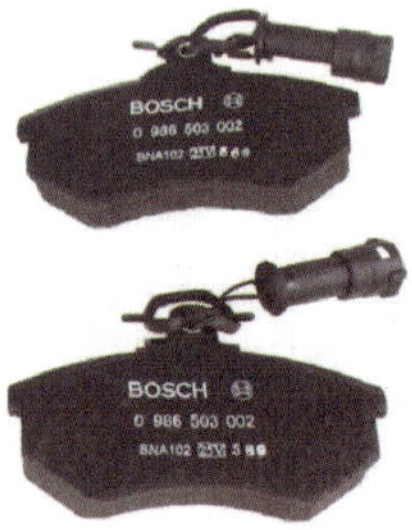

报警线搭铁报警

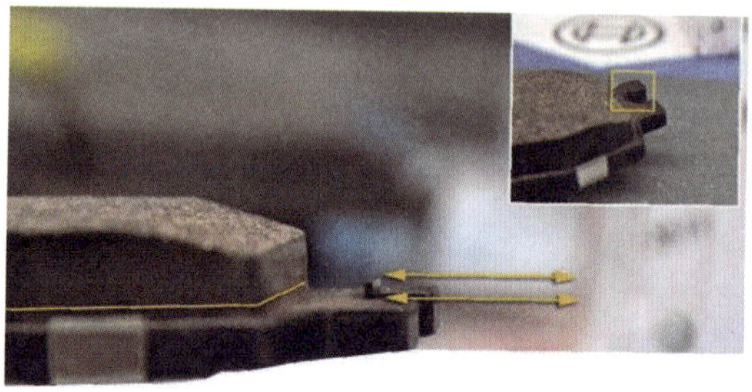

刮磨报警片报警

663. 驻车制动器有什么作用?

驻车制动器又称为手制动器，其作用是车辆停驶后防止滑溜；坡道上顺利起步；行车制动效能失效后临时使用或配合行车制动器进行紧急制动。

664. 驻车制动器有哪些类型?

驻车制动器按其安装位置可分为中央制动式和车轮制动式两种。中央制动式通常安装在变速器的后面，其制动力矩作用在传动轴上；车轮制动式通常与车轮制动器共用一个制动器总成，只是传动机构是相互独立的，由于其结构简单紧凑，已在轿车上得到普遍应用。

按操纵方式不同，驻车制动器分为两种：手操纵式驻车制动器和脚踏式驻车制动器。

按控制方式不同，驻车制动器分为两种：机械控制式驻车制动器和电子控制式驻车制动器。

电子控制式驻车制动器按钮

665. 如何检查驻车制动器的性能?

汽车每行驶 12000km 左右时，应对驻车制动器的性能进行检查。驻车制动器应满足如下性能：

（1）在空载状态下，驻车制动装置应能保证车辆在坡度为 20%，轮胎与路面间的附着系数不小于 0.7 的坡道上正、反两个方向保持固定不动的时间应不小于 5min。

（2）拉紧驻车制动器时，空车在平整路面用二挡应不能进行起步。

（3）驻车制动器操纵手柄的工作行程不能超过全行程的 3/4。

（4）放松驻车制动器操纵手柄，变速器处于空挡时，支起一只驱动轮，制动鼓应能用手转动且为摩擦声。

666. 手操纵式驻车制动器如何工作?

制动时，将操纵手柄上端向后拉，作用力通过拉索将两制动蹄张开，并压紧制动鼓产生制动作用。此时，棘爪和齿扇将操纵手柄锁止在制动位置。

解除制动时，按下操纵手柄上端的按钮，使下端的棘爪脱离齿扇，然后将制动操纵手柄推向最前端位置，各机件的运动方向与制动时方向相反，从而使制动蹄与制动鼓恢复原来的间隙，制动解除。

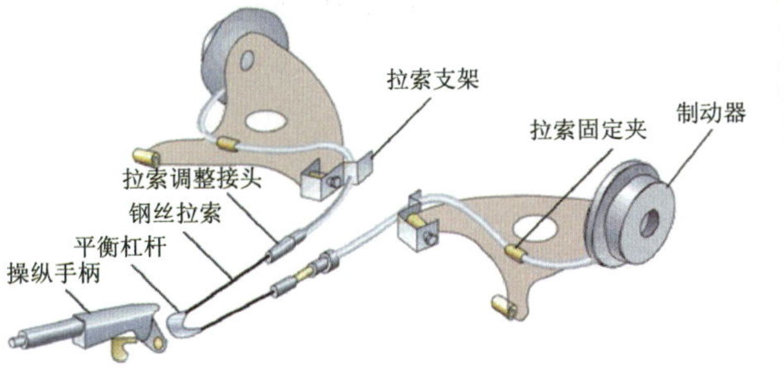

手操纵式驻车制动器

667. 如何检修驻车制动器传动装置?

传动机构中的拉索通常是涂有塑料材料的钢丝索。拉紧或松开驻车制动器时，拉索既不能松弛也不能受阻滞。因此，拉索不得有磨损或腐蚀，不得有扭结或卡住现象。

锁止机构中的棘爪和扇形齿不得有磨损或断齿。

668. 如何调整驻车制动手柄的行程?

如果在使用中发现驻车制动手柄行程变大，驻车制动器不灵敏，可以通过调整驻车制动拉索来解决。

（1）首先拆卸驻车制动手柄的装饰盖，然后举升车辆使后轮悬空。

（2）反复拉紧、放松驻车制动手柄 10 次后，将驻车制动手柄拉至第 4 ~ 6 齿（响）处。

（3）拧紧驻车制动调整螺母直到后轮不能转动、完全抱死为止。

（4）放松和用力拉驻车制动手柄 4 ~ 5次，检查后轮是否抱死，否则重复上述操作。

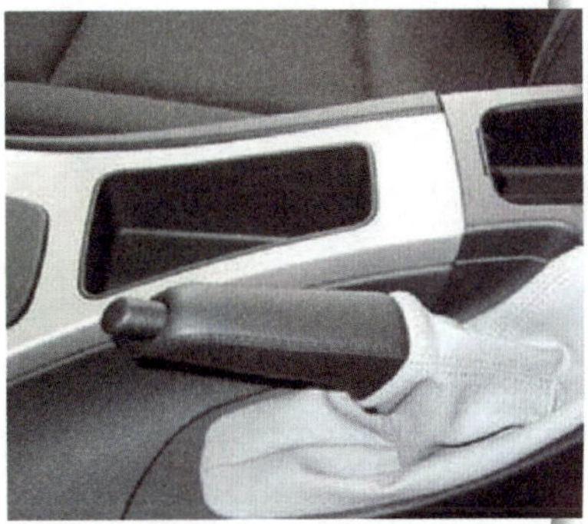

驻车制动手柄

（5）松开驻车制动手柄，确保用手可以转动后轮。

669. 如何正确操作驻车制动?

（1）进行驻车制动时，向下踏住制动器踏板，向上全部拉出驻车制动手柄。欲松开驻车制动，向下踏住制动器踏板，将驻车制动手柄向上稍微拉动，用拇指按下手柄端上的按钮，然后将驻车制动手柄放低到原始的位置。

（2）对装备有自动变速器的汽车而言，一定要先施加驻车制动，再将变速杆移动到 P（驻车）位。在倾斜地面停车时，如果先换挡到 P 位，然后才进行驻车制动，车身的重量将使驾驶人在准备开动汽车时难于从 P 位换出来。在准备开动汽车时，应在松开驻车制动之前先将变速杆从 P 位换出来。

（3）不得在开动汽车时拉紧驻车制动器，否则会因过热使后轮制动作用下降，制动器寿命缩短或产生永久性制动器损坏。

670. 什么是电子手刹?

电子手刹也就是电子驻车制动系统，英文缩写为 EPB（Electrical Park Brake）。电子驻车制动系统是指将行车过程中的临时性制动和停车后的长时性制动功能整合在一起，并且由电子控制方式实现停车制动的技术。

电子驻车制动系统展现给我们最大的不同就是把传统手刹的拉杆变成了一个触手可及的按钮。它比传统的拉杆手刹更安全，不会因驾驶员的力度而改变制动效果。

电子手刹按钮

电子驻车制动系统通过内置在其电脑中的纵向加速度传感器来测算坡度，从而可以算出车辆在斜坡上由于重力而产生的下滑力，电脑通过电机对后轮施加制动力来平衡下滑力，使车辆能停在斜坡上。当车辆起步时，电脑通过离合器踏板上的位移传感器及油门的大小来测算需要施加的制动力，同时通过高速 CAN 与发动机电脑通信来获知发动机牵引力的大小。电脑自动计算发动机牵引力的增加，相应地减少制动力。当牵引力足够克服下滑力时，电脑驱动电机解除制动，从而实现车辆顺畅起步。

671. 什么是视觉驻车辅助系统？

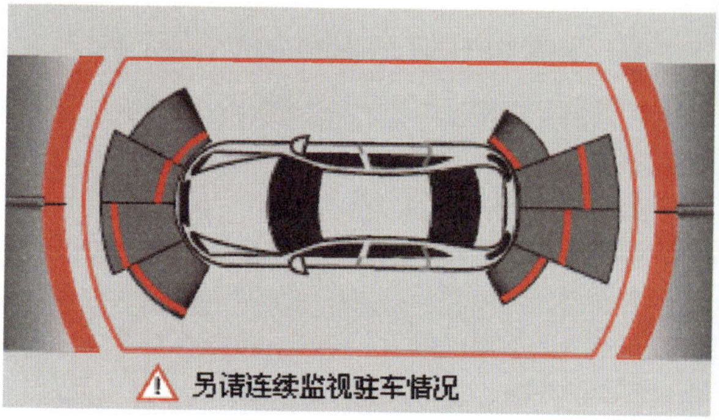

视觉驻车辅助系统

新型视觉驻车辅助系统（OPS）是一种 8 通道系统。除已有的声音传感器分析外，还在 MMI 显示屏上向用户显示图像，以视觉方式显示每个驻车辅助传感器与障碍物之间的当前距离。

挂入倒车挡时，驻车辅助系统自动激活，并向驾驶员发出声音和图像反馈。如果在报警区域内识别到一个障碍物，将会发出距离报警。随着与障碍物距离的减小，脉冲报警声的时间间隔也缩短，直至达到临界距离时发出持续音。视觉驻车辅助系统（OPS）除声音警告外还会在 MMI 显示屏上显示驻车辅助传感器的当前距离测量值。为此，每个传感器都分配一个扇区，对于 8 通道系统来说，车前有 4 个扇区和车后有 4 个扇区。每个扇区内用一个红色线段表示障碍物至汽车或至测量传感器的当前距离。如果障碍物与汽车间的距离减少，那么图像中的线段也会靠近汽车。

控制电脑安装在行李箱地板下面右后部

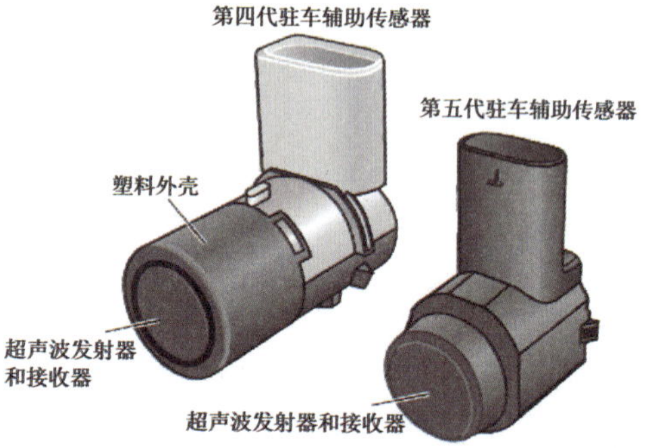

驻车辅助传感器

672. 制动传动装置有何作用？

汽车制动传动装置是将驾驶员或其他动力源的作用力传到制动器，同时控制制动器工作，从而获得所需要的制动力矩。制动传动装置按传力介质的不同可分为液压式、气压式和气－液综合式；按制动管路的套数不同可分为单管路式和双管路式。由于交通法规的要求，现代汽车的行车制动系统必须采用双管路制动传动装置，单管路制动传动装置已被淘汰。现代轿车广泛采用双管路式液压制动系统。

673. 双管路液压制动传动装置有什么特点？

双管路液压制动传动装置利用彼此独立的双腔制动总泵，通过两套独立管路，分别控制两桥的车轮制动器。其特点是若其中一套管路发生故障而失效，另一套管路仍能继续起制动作用，从而提高了汽车制动的可靠性和行车安全性。

双管路的布置力求当一套管路发生故障而失效时，只引起制动效能的降低，但其前、后桥制动力分配的比值最好不变，以保持汽车良好的操纵性和稳定性。双管路的布置方案应用最广泛的是如下两种形式：前后独立式（Ⅱ形）和交叉式（X 形）。

674. 液压式制动传动装置是何原理？

液压式制动传动装置利用制动液作为传力介质，将驾驶员施于制动踏板上的力转换为油液压力，并通过管路传至车轮制动器，推动制动蹄或制动块产生制动作用。

液压式制动传动装置特点：制动柔和灵敏，结构简单，维护方便，不消耗发动机功率。但操纵较费力，制动力不太大，制动液受温度变化而降低其制动效能，液压制动传动装置已广泛应用在轿车和重型汽车上。

车轮制动器

675. 什么是前后独立式制动传动装置？

由双腔制动总泵通过两套（一轴对一轴）独立管路分别控制车轮制动器，它主要用于对后轮制动依赖性较大的发动机后置后轮驱动的汽车。

制动时，踩下制动踏板，推杆推动双腔制动总泵的前、后活塞前移，使总泵前、后腔油压升高，制动液分别同时流至前、后车轮制动分泵。分泵的活塞在制动液压力的作用下向外移动，进而推动制动蹄张开压向制动鼓产生制动效能。当松开制动踏板时，制动蹄和分泵活塞在回位弹簧作用下各自回位，并将制动液压回制动总泵，从而解除制动。

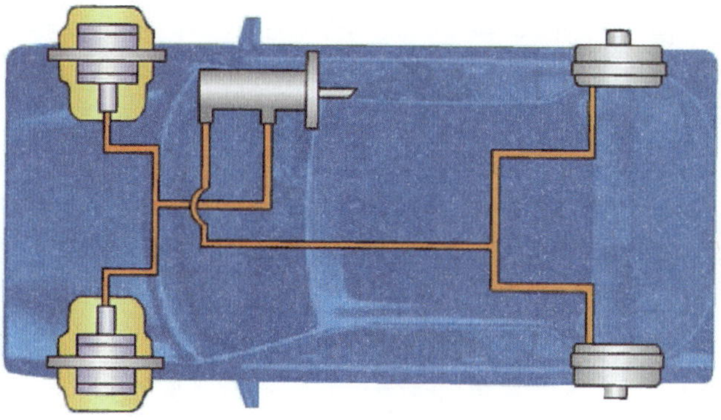

前后独立式液压制动传动示意图

676. 什么是交叉式制动传动装置？

由双腔制动总泵通过两套独立（交叉）管路分别控制车轮制动器，它主要用于对前轮制动力依赖性较大的发动机前置前轮驱动的汽车。

这种双管路对角线布置的特点是，每套管路连接一个前轮和对角线上的一个后轮。当制动系统中任一回路失效，剩余制动力仍能保持正常总制动力的 50%。当汽车在高速状态下制动时，均能保证后轮不抱死或者前轮比后轮先抱死，避免制动时后轮失去侧向附着力、造成汽车失控，确保行车安全。

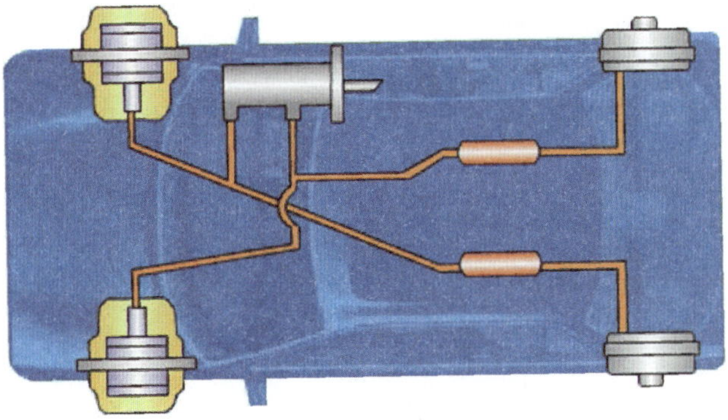

交叉式液压制动传动示意图

677. 什么是制动踏板的自由行程？

对于制动踏板一般有踏板力和踏板行程两方面的要求，如轿车的踏板力要小于 500N，踏板行程小于 120mm；载货车的踏板力要小于 700N，踏板行程小于 150mm。另外，汽车驾驶时，需要制动踏板有合适的路感。所谓制动踏板路感是指在轮胎和路面间的附着力足够的情况下，汽车所受到制动力与踏板力成线性关系的性能。在不制动时，制动总泵的推杆与活塞之间应保持一定间隙，以保证活塞能够在回位弹簧作用下退到极限位置时皮碗不致堵住旁通孔。制动时，为了消除这一间隙所需的踏板行程称为制动踏板自由行程，一般为 5 ~ 20mm。

制动踏板

678. 对制动液有何要求？

汽车制动液是液压制动系统采用的非矿物油型传递压力的介质。制动液的质量是保证液压系统工作可靠的重要因素。对制动液的要求是：高温下不易汽化，否则，将在管路中产生气阻现象，使制动系统失效；低温下有良好的流动性；不会使与之经常接触的金属（铸铁、钢、铝或铜）腐蚀，橡胶件发生膨胀、变硬或损坏；能对液压系统的运动件起良好的润滑作用；吸水性差而溶水性良好，即能使渗入其中的水汽形成微粒而与之均匀混合，否则，将在制动液中形成水泡而大大降低汽化温度。

679. 制动总泵如何工作？

缸体呈筒形，内有两个活塞。前活塞位于缸筒的中间位置，将主缸分成前、后两个工作腔。每个工作腔内产生的液压经各自的油管分别传至前、后轮制动器。每个工作腔分别通过补偿孔和进油孔与储液罐相通。前活塞两端都承受弹簧力，当总泵不工作时，前活塞处在正确的中间位置，使各腔的补偿孔和进油孔都与储液罐相通。后活塞在弹簧的作用下压靠在限位环上，使其处于后工作腔的补偿孔和进油孔之间。每个活塞上都有轴向小孔，皮碗的端部通过垫片压在小孔的一侧，以便两腔建立油压并保持密封。

当踩下制动踏板时，真空助力器推动后活塞左移，直到皮碗盖住补偿孔后，后工作腔中液压升高，制动液一方面通过腔内后出液口进入右前和左后制动管路，一方面又推动前活塞左移。在后腔液压和弹簧的作用下，前活塞向左移动，前工作腔压力也随之提高，制动液通过腔内前出液口进入右后和左前制动管路。当继续踩下制动踏板时，前、后工作腔的液压继续提高，使前、后轮制动器制动。

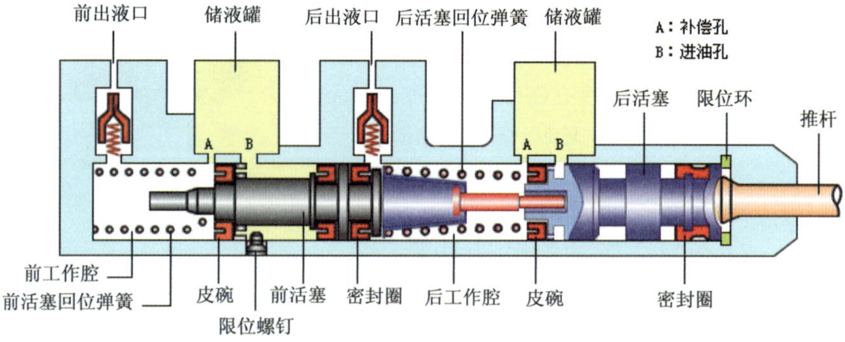

制动总泵构造图

解除制动时，活塞在弹簧作用下复位，制动液自制动油管流回制动总泵。如活塞复位过快，工作腔容积迅速增大，油压迅速降低，制动管路中的制动液由于管路阻力的影响，来不及充分流回工作腔，使工作腔中形成一定的真空度，于是储液罐中的制动液便经补偿孔和活塞上的轴向小孔推开垫片及皮碗进入工作腔。当活塞完全复位时，补偿孔开放，制动管路中流回工作腔的多余制动液经补偿孔流回储液罐。

680. 制动总泵有何作用？

制动总泵也称为制动主缸，其作用是将制动踏板输入的机械能转换成液压能。制动总泵有的与储液罐铸成一体，也有二者分制而装合在一起或用油管连接的。

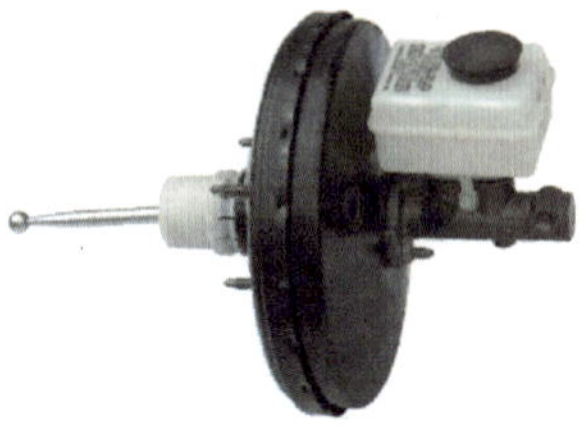

制动总泵与真空助力器

682. 如何检修制动总泵？

（1）检查缸体，不得有任何性质的裂纹、缸口及破损等损伤。轻微应予以焊修，严重应予以更换。

（2）检查储液罐是否破损，若出现破损应更换。

（3）检查泵体内孔和活塞表面，其表面不得有划伤和腐蚀。

（4）检查制动总泵皮碗、密封圈是否老化、损坏与磨损，否则应更换。

681. 制动油管漏油时制动总泵如何工作？

若与前工作腔连接的制动管路损坏漏油，则在踩下制动踏板时只有后工作腔中能建立液压，前工作腔中无压力。此时，在压力差作用下，前活塞迅速移到其前端顶到总泵缸体上。此后，后工作腔中液压方能升高到制动所需的值。

若与后工作腔连接的制动管路损坏漏油，则在踩下制动踏板时，起先只是后活塞前移，而不能推动前活塞，因而后工作腔中不能建立液压。但在后活塞直接顶触前活塞时，前活塞便前移，使前工作腔建立必要的液压而制动。

制动总泵

683. 制动分泵有何作用？

制动分泵也称为制动轮缸，作用是把油液压力转换为分泵活塞的推力，推动制动蹄或制动块压靠在制动鼓或制动盘上，产生制动作用。制动分泵有双活塞式和单活塞式两种。

缸体用螺栓固定在制动底板上，缸内有两个活塞，二者之间的内腔由两个皮碗密封。制动时，制动液自油管接头和进液孔进入，活塞在液压作用下外移，通过顶块推动制动蹄。弹簧保证皮碗、活塞、制动蹄紧密接触，并保持两活塞之间的进油间隙。防护罩除防尘外，还可防止水分进入，以免活塞和分泵生锈而卡住。在分泵缸体上方还装有放气螺钉，以便放出液压系统中的空气。

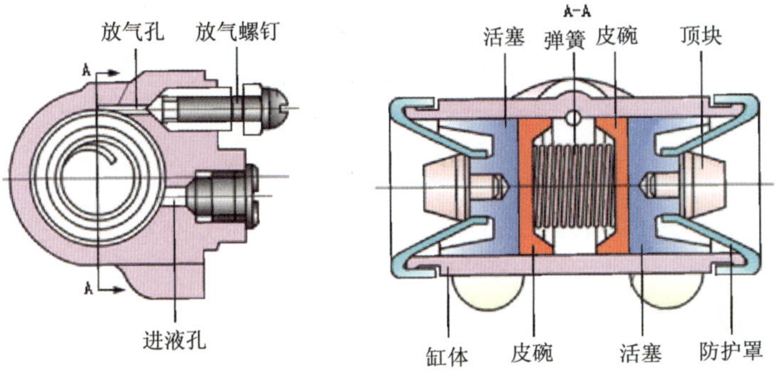

双活塞制动分泵结构图

684. 如何检修制动分泵？

（1）同一车桥上的两只分泵的内径必须相同，以保证得到相等的制动力，防止制动跑偏。

（2）检查制动分泵皮碗、密封圈是否老化、损坏与磨损，否则应更换。

（3）检查防护罩是否破损。

双活塞制动分泵

685. 制动油管有几种类型？

制动总泵装在发动机舱内，与装在车轮附近的制动分泵之间用油管互相连通。串联双腔制动总泵的前后工作腔分别用各自的管路连接前后轮制动器，管路中还有各种管接头。油管一般采用金属管（铜管）制成，由于车轮是通过弹性悬架与车架相连的，位于减振器或车架上的金属油管与车轮的位置经常变化。因此，连接油管除用金属管外，部分有相对运动的区段还用高强度的橡胶软管连接。

686. 储液罐有什么作用？

储液罐一般装在制动总泵上方，与制动总泵工作腔相通。制动前整个系统充满了制动液。当系统制动液不足时，可通过储液罐进行补充。储液罐盖上一般装有液位报警开关，当液面高度过低时，报警开关将点亮位于仪表盘内的制动警告灯以警示驾驶员。

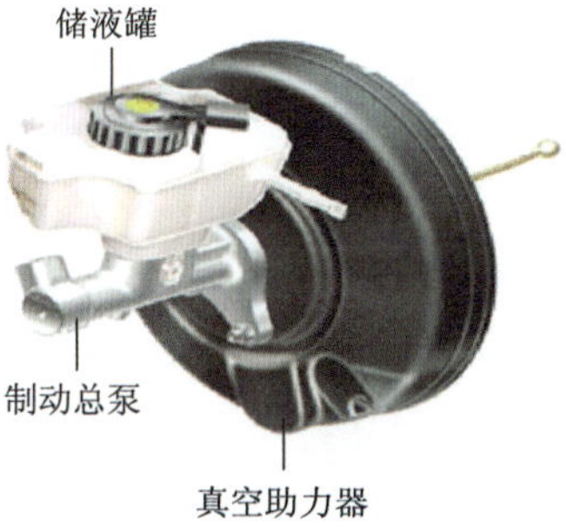

储液罐

687. 真空助力器有什么作用？

真空助力器是把发动机进气产生的真空度与大气压力差转变为机械推力，将制动总泵输出的制动液进行增压后输入各分泵，从而增大了制动力，减轻了驾驶员操纵力。

688. 如何拆卸真空助力器？

（1）从真空助力器上分离真空软管。

（2）拆卸制动主缸。

（3）从制动踏板上拆卸扣环和叉杆销。

（4）拆卸真空助力器和制动踏板零部件上的螺母。

（5）从发动机舱侧面的隔离板上拆卸真空助力器。

689. 真空助力器怎样助力?

真空助力器右端通过螺栓与车身前围板固定，并通过推杆和调整叉与制动踏板机构连接，左端与制动总泵连接。膜片及控制阀体将加力气室分为前、后两个腔室，前腔经真空单向阀与发动机进气管相连。控制阀体上真空通道连通前腔和控制阀腔，大气通道连通后腔和控制阀腔。外界空气可经滤环滤清后通过真空阀、大气通道进入加力气室的后腔。

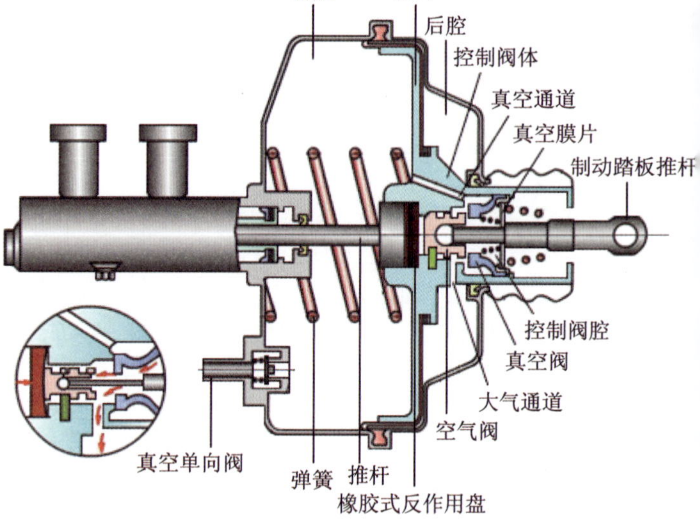

真空助力器结构及原理图

未踩下制动踏板时，弹簧将控制阀体推至右极限位置，真空阀与空气阀紧密贴合，真空阀开启，空气阀关闭。发动机运转后，真空单向阀被吸开，加力气室前、后两腔内都有一定的真空度。

刚踩下制动踏板时，加力气室尚未起作用，控制阀体固定不动，来自踏板机构的控制力可以推动制动踏板推杆和空气阀相对于控制阀体左移，当与橡胶式反作用盘之间的间隙消除后，控制力便经反作用盘、推杆传给制动总泵。此时，总泵内的制动液以一定压力流入制动分泵。与此同时，真空膜片也在弹簧作用下左移，直至与控制阀体上的真空阀接触，使真空通道和大气通道隔断。然后，制动踏板推杆继续推动空气阀左移到其后端面离开真空阀一定距离。于是，外界空气经过滤环、控制阀腔和大气通道进入助力器室的后腔，使其中真空度降低，在加力气室前、后腔之间产生一个压力差，推动制动总泵活塞增加制动压力。

690. 如何检测真空助力器性能?

检查真空助力器时，将发动机熄火。首先，用力踩几次制动踏板，以消除真空助力器中残留的真空度。确认踏板高度无变化时，踩住踏板，然后起动发动机，使真空系统重新建立起真空，并观察制动踏板。如踏板位置有所下降，说明真空助力器性能良好。

691. 如何检测真空助力器密封性?

起动发动机并运转 1 ~ 2min，在不熄火的情况下踩下制动踏板。在保持踏板力不变的情况下，关闭发动机，在 30s 内踏板的高度若无变化，表示真空助力器密封良好，若踏板升高则为密封性不好。

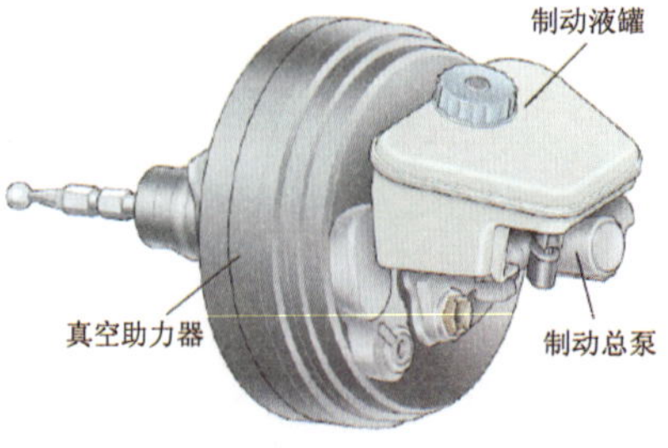

真空助力器

692. 液压式制动系统如何排气?

在维修过程中，由于拆检液压制动系统、接头松动或制动液不足等原因，造成空气进入管路时，应及时将系统中的空气排出。排气从离制动总泵最远的分泵开始，具体操作程序如下：

（1）取下放气螺钉的护套，将一根胶管装在放气螺钉上，另一端插入一个玻璃瓶内。

（2）一人坐在驾驶室内，连续踩下制动踏板，直至踏板一次比一次增高，且踏不下去时为止，这时要保持踏板不动。

（3）另一个人在车下把分泵放气螺钉稍旋松，此时，空气随制动液一起从胶管喷入玻璃瓶内，然后，尽快将放气螺钉旋紧。

（4）在排出制动液的同时，踏板高度会逐渐降低，在未旋紧放气螺钉之前，绝不可将踏板抬起，以免空气再次进入。

（5）一个分泵应反复排气几次，直到将空气完全排出（制动液中无气泡）为止。

（6）按照由远及近的原则：应按右后轮、左后轮、右前轮、左前轮的顺序将各制动分泵逐个排气完毕。

（7）在排气过程中，应及时向储油罐内添加制动液，保持液面的规定高度。

693. 什么是BAS？

事故统计表明，在2012年双节长假全国发生交通事故68422起，这其中就有多起事故是由于驾驶员原因而发生的。其中，由于诸如不注意让道、行错车道、速度不当或车距不足等原因造成的许多事故都可以通过改善制动过程避免。

目前，交通事故已经成为“世界第一害”。这意味着什么？研究表明，许多驾驶员由于缺乏经验，在紧急情况下未能采取足够的制动措施。这就是说，因为驾驶员未能将制动踏板踩到足够的位置，制动器未起到所能达到的最大制动作用。由于这个原因，人们开发出了制动辅助系统，英文为Brake Assist System，简称为BAS。它的作用是在紧急情况下对驾驶员的制动进行加强，在保持车辆操纵性的前提下达到最短的制动距离。

BAS系统原理图

无BAS系统

有BAS系统

694. 什么是自动驻车？

自动驻车英文名称为AUTO HOLD，是一种“自动替你拉手刹”的功能，启动该功能以后，比如在停车等红绿灯的时候，就相当于不用拉手刹了，这个功能特别适应于上下坡及频繁起步停车的时候。

传统的手刹在斜坡起步时需要依靠驾驶者通过释放手刹或者熟练的油门、离合配合来起步。而自动驻车功能通过坡度传感器由控制器给出准确的驻车力。在起步时，驻车控制单元通过计算离合器距离传感器、离合器啮合速度传感器、油门踏板位置传感器等提供的信息，当驱动力大于行驶阻力时，自动释放驻车制动，从而使汽车能够平稳起步。

自动驻车功能可使车辆在等红灯或上下坡停车时自动启动四轮制动，即使是在D挡位或N挡位，你也无须一直脚踩刹车或使用手刹，车子始终处于静止状态，当需要解除静止状态时，也只需轻点油门即可解除制动。

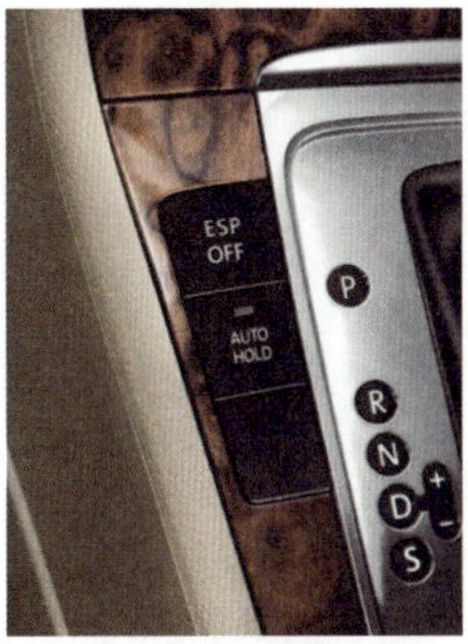

自动驻车按钮

695. 什么是ABS？

在汽车制动时，应防止车轮抱死在路面上滑拖，以提高汽车制动过程中的方向稳定性、转向控制能力和缩短制动距离，使汽车制动更为安全有效。因此，现代轿车广泛采用了主动安全装置——ABS。ABS是英文Anti-lock Braking System的缩写，中文意思是防抱死制动系统，其能防止车轮制动时抱死，通过在制动过程中自动控制和调节制动压力的大小，消除制动过程中的跑偏、侧滑、丧失转向能力等非稳定状态，它已经成为现代轿车的标配。

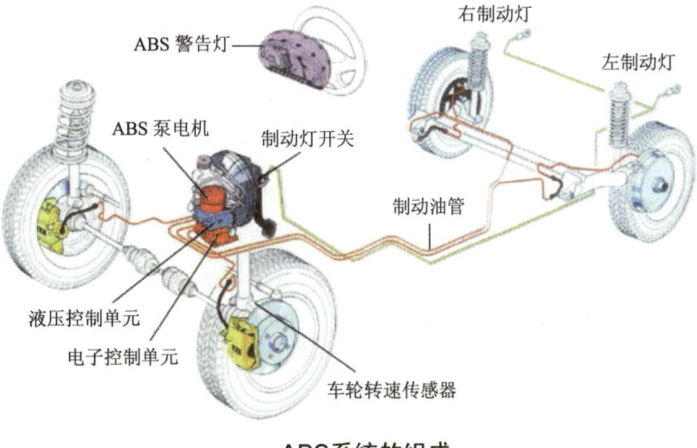

ABS系统的组成

696. ABS 如何工作?

1）建压阶段

制动时，通过总泵/助力器建立制动压力，此时，常开阀和常闭阀均处于断电状态，则常开阀打开，常闭阀关闭。此时，制动总泵与制动分泵相通，制动总泵的高压制动液进入制动分泵，车轮速度迅速降低，直到 ABS 电子控制单元通过轮速传感器的信号识别出车轮有抱死的倾向时为止。

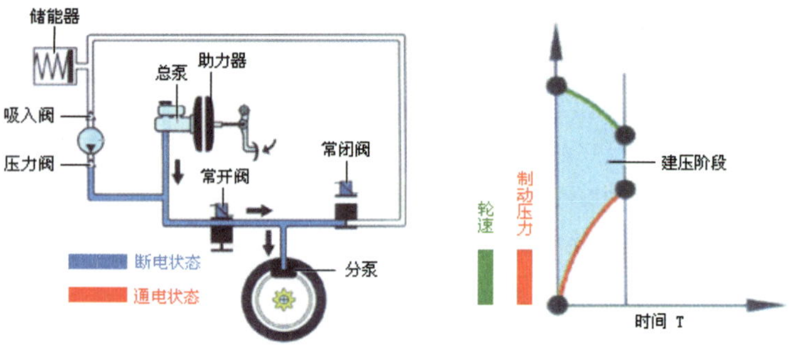

建压阶段原理图

2）保压阶段

ABS 电子控制单元通过轮速传感器得到的信号识别出车轮有抱死倾向时，ABS 电子控制单元控制常开阀处于通电状态，则常开阀处于关闭状态；常闭阀仍处于断电状态，则常闭阀此时仍关闭。此时，制动总泵、制动分泵和回油孔相互隔离，分泵中的制动压力保持一定。

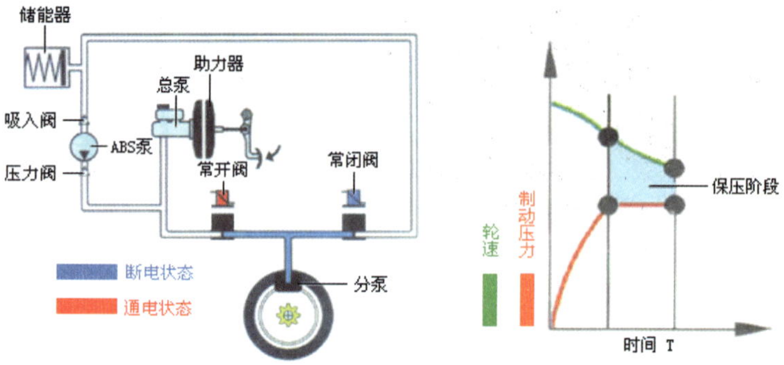

保压阶段原理图

3）降压阶段

如果在保压阶段，车轮抱死倾向进一步加大，则进入建压阶段。此时，ABS 电子控制单元控制常开阀和常闭阀均处于通电状态，则常开阀关闭，常闭阀打开，ABS 泵开始工作，制动液经储能器被送回制动总泵和储液罐，为下一个制动周期做好准备。此时，制动压力降低，制动踏板出现抖动，车轮抱死程度降低，车轮转速增大。

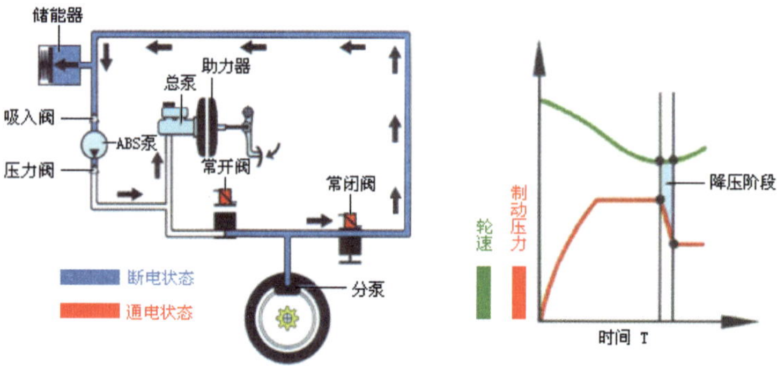

降压阶段原理图

4）增压阶段

当制动压力下降后，车轮的转速增加，当 ABS 电子控制单元检测到轮速增加太快时，ABS 电子控制单元控制常开阀和常闭阀均处于断电状态，则常开阀打开，常闭阀关闭。此时，制动总泵与制动分泵再次相通，制动总泵的高压制动液再次进入制动分泵，制动压力增加。随着制动压力的增加，车轮再次被制动和减速。

制动时，上述过程反复进行，直到解除制动为止。

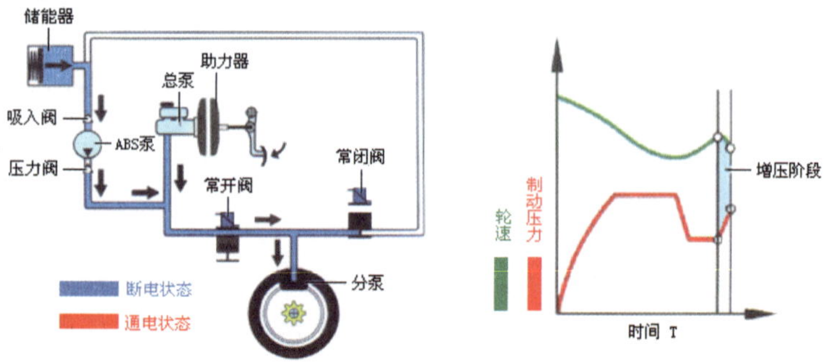

增压阶段原理图

697. ABS 有什么优点?

（1）缩短制动距离。在同样紧急制动条件下，ABS 系统可以将滑移率控制在最大附着系数范围内，从而可获得最大的纵向制动力。

（2）改善轮胎的磨损状况。ABS 系统可以防止车轮抱死，从而避免了因制动车轮抱死造成的轮胎局部异常磨损，延长了轮胎的使用寿命。

（3）提高了汽车制动时的稳定性。ABS 系统可防止车轮在制动时完全抱死，能将车轮侧向附着系数控制在较大的范围内，使车轮具有较强的侧向支承力，以保证汽车制动时的稳定性。

（4）使用方便、工作可靠。ABS 系统的运用与常规制动装置的运用几乎没有区别，制动时驾驶员踩下制动踏板，ABS 系统就根据车轮的实际转速自动进入工作状态，使车轮保持在最佳工作状态。

ABS泵总成

698. 检修 ABS 时应注意哪些问题?

（1）在点火开关处于 ON 位置时，不要拆装系统中的电器元件和线束插头，以免损坏电子控制单元。

（2）在车上用外接电源给蓄电池充电时，要先断开蓄电池正、负极柱上的电缆线，然后对蓄电池充电，以免损坏电子控制单元。

（3）电子控制单元对高温环境和静电都很敏感，为防止其损坏，在对汽车进行烤漆作业时，应将电子控制单元从车上拆下；在对车体进行电焊之前，应拔下电子控制单元的插接器，并戴好防静电器。

（4）在拆卸制动管路或与其关联的部件之前，应首先释放 ABS 系统蓄电器内的压力，防止高压制动液喷射伤人。

（5）在更换 ABS 系统的制动管路或橡胶件时，应按规定使用标准件（高压耐腐蚀件），以免管路破损而引起制动突然失灵。

（6）为保证维修质量，应保持维修场地和拆卸器件的清洁干净，防止尘埃物进入压力调节器或制动管路中。

（7）制动液侵蚀油漆能力较强，因此，在维修液压部件和加注制动液时，应防止制动液溅污油漆表面而使油漆失去光泽和变色。

（8）在维修轮速传感器时，应防止碰伤齿圈的轮齿和传感器头；也不可将齿圈作为支点撬动。否则，将造成轮齿变形，致使轮速传感器信号不正常，影响 ABS 系统的正常工作。

699. 如何更换与补充 ABS 系统的制动液?

制动液具有较强的吸湿性，当制动液中含有水分后，其沸点降低，制动时容易产生“气阻”，使制动性能下降。因此，一般要求每 2 年或 1 年更换制动液。

很多 ABS 系统具有液压助力，由于储能器可能蓄积有制动液。因此，在更换或补充制动液时应按一定的程序进行，更换或补充制动液的程序如下：

（1）先将新制动液加至储液罐的最高液位标记处。

（2）如果需要对制动系统中的空气进行排除，应按规定的程序进行空气排除。

（3）将点火开关置于 ON 位置，反复踩下和放松制动踏板，直到 ABS 泵开始运转为止。

（4）待 ABS 泵停止运转后，再对储液罐中的液位进行检查。

（5）如果储液罐中的制动液液位在最高液位标记以上，先不要泄放过多的制动液，而应重复上述（3）和（4）过程。

（6）如果储液罐中的制动液液位在最高液位标记以下，应向储液罐再次补充新的制动液，使储液罐中的制动液液位达到最高标记处，但切不可将制动液加注到超过储液罐的最高标记，否则，当蓄能器中的制动液排出时，制动液可能会溢出储液罐。

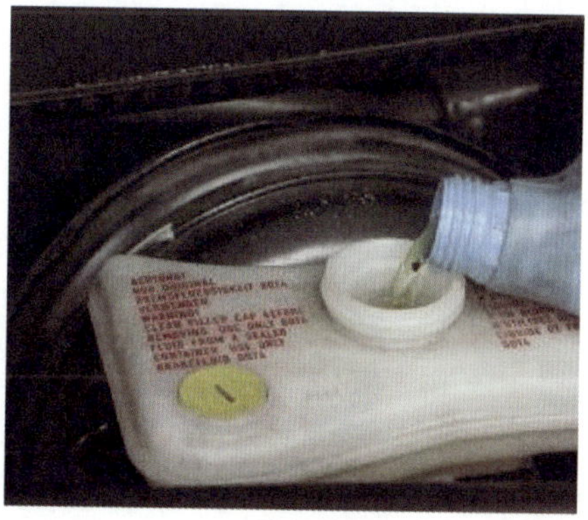

补充制动液

700. 如何对 ABS 系统排气?

液压式制动系统有空气渗入时，驾驶员就会感到制动踏板无力，制动踏板行程过长，致使制动力不足，甚至制动失灵。当 ABS 系统的液压回路内混入空气后，同样会引起制动效能不良。因此，在空气渗入液压系统中后，必须对制动液压系统进行空气的排除。

ABS 系统的排气方法有仪器排气和手动排气等。应根据不同的车型和条件进行选择。

1. 仪器排气

① 将车辆停放在水平地面上，抵住车轮前后，将变速器置于停车位置。

② 松开驻车制动器。

③ 安装 ABS 检测仪（具有排气的控制功能）或专用放气试验器的接线端子。用 ABS 检测仪器或专用放气试验器代替 ABS 电子控制单元对 ABS 泵等进行控制。

④ 向储液罐加注制动液到最大液面高度。

⑤ 起动发动机并以怠速运转几分钟。

⑥ 稳稳地踩下制动踏板，使检测仪器进入排气程序，并且感到制动踏板有反冲力。

⑦ 按规定顺序打开排气螺钉。

2. 手动排气

1）排气前的准备

① 准备必要的工具、制动液容器、擦布和软管等，仔细阅读对应车型的维修手册中的相关内容。

② 清洗储液罐盖及周围区域。

③ 拆下储液罐盖，检查储液罐中的液面高度，必要时，加注到正确液面高度。

④ 安装储液罐盖。

2）制动总泵及制动分泵的排气

① 将排气软管装到后排气螺钉上，将软管的另一端放在装有一些制动液的清洁容器中。踩下制动踏板并保持一定的踏板力，缓慢拧开后排气螺钉 1/2 ~ 3/4 圈，直到制动液开始流出。关闭该排气螺钉后松开制动踏板。重复进行上述步骤，直到流出的制动液内没有气泡为止。

② 拆下储液罐盖，检查储液罐中的液面高度，必要时，加注到正确液面高度。

③ 按规定的排气顺序，在其他车轮上进行排气操作。

刘总监提示：

排气顺序通常为右后轮→左后轮→右前轮→左前轮。

车尾ABS标识

701. 什么是 ASR？

驱动防滑控制系统英文为 Acceleration Slip Regulation，简称为 ASR，也称为牵引力控制系统 Traction Control System，简称 TCS 或 TRC，是继防抱死制动系统 ABS 之后应用于轿车的主动安全装置。ASR 系统能在车轮开始滑转时，降低发动机的输出扭矩，同时控制制动系统，以降低传递给驱动车轮的扭矩，使之达到合适的驱动力，使汽车的起步和加速达到快速而稳定的效果。

702. ASR 的控制方式有几种?

汽车驱动防滑控制系统常用的控制方式有如下几种。

1）发动机输出功率控制。

发动机输出功率控制通常有如下几种方法：

（1）调整进气量。如调整节气门的开度和辅助空气装置。

（2）调整点火时间。如减小点火提前角或停止点火。

（3）调整喷油量。如减少供油或中断供油。

2）驱动轮制动控制

这种方法是对发生滑转的驱动轮直接加以控制。该方式响应时间最短，是防止滑转的最迅速的一种控制方式，但为了制动过程平稳，并考虑舒适性，其制动力应缓慢升高。该控制方式与调整进气量的控制模式组合，能达到较好的效果。

3）发动机输出功率和驱动轮制动同时控制

控制信号同时启动 ASR 制动压力调节器和辅助节气门调节器，在对驱动轮施以制动的同时，减小发动机的输出功率，以达到理想的控制效果。

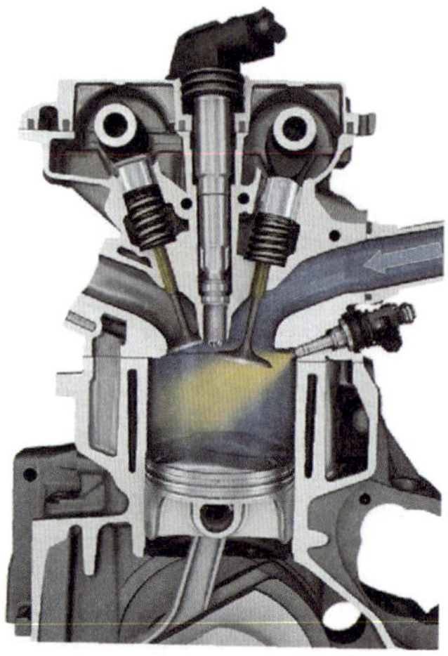

4）控制差速器锁止程度

这是一种防滑差速器（Limited Slip Differential，LSD）控制，这种差速器锁止范围可从 0 变化到 100%。当驱动轮单边滑转时，控制器输出控制信号，使差速器锁止装置动作，控制驱动轮的滑转率。

703. ABS与ASR有何异同?

1）ABS和ASR的相同之处

（1）ASR和ABS采用相同的控制技术，都是通过控制车轮和路面的滑移率或滑转率来实现各自的控制功能。

（2）ASR和ABS密切相关，通常结合在一起使用，共享许多系统部件来控制车轮的转动，以更好地保证汽车的行驶安全。

2）ABS和ASR的不同之处

（1）ABS可防止制动时车轮抱死滑移，主要用来提高制动效果，确保制动安全；ASR可防止驱动轮的滑转，主要用来提高汽车在起步、加速及滑溜路面行驶时的驱动力，提高汽车行驶性能，确保行驶稳定性。

（2）ABS对前后车轮都起控制作用，而ASR只对驱动轮起控制作用。

（3）ABS在制动时工作，在车轮出现抱死趋势时起作用，在车速很低（小于8km/h）时不起作用，所以，装有ABS的车辆在制动时有可能在路面上留下一条黑色的拖印；ASR则在整个行驶过程中都工作，在车轮出现滑转时起作用，当车速高（80km/h～120km/h）时不起作用。

704. 什么是ESP？

据统计，在欧洲每年有5万人死于车祸，190万人受伤。另据德国保险业公会前些年的研究表明，在涉及严重人身伤害的车祸中，有1/4由汽车侧滑引发，且60%的致命车祸都是因为侧滑导致的侧面撞击。在国内每年死于交通事故的人数达到10万人之多，居世界第一。引起侧滑的主要原因有：路况突变，使轮胎失去侧向力从而失去操控；路面突现险情，驾驶员紧急避让时猛打转向盘过度等。

电子稳定程序控制系统英文为Electronic Stability Program，简称ESP系统，最早由德国Bosch公司于1995年推出，在大众、奥迪、奔驰车型上使用此简称。在其他车型上，相同或相近功能的系统采用了不同的名字，例如：

（1）BMW、Jaguar和Land Rover称为DSC-Dynamic Stability Control，动态稳定性控制系统。

（2）Honda、Acura称为VSA-Vehicle Stability Assist，车辆稳定辅助系统。

（3）Toyota称为VSC-Vehicle Stability Control，车辆稳定控制系统。

ESP工作状态示意图

705. ESP具有哪些功能?

ESP系统综合了ABS、BAS和ASR三个系统，功能更为强大。例如，行驶车辆前方突然滚出一个足球，ESP系统能够帮助驾驶员避免车辆出现不稳定状态，并通过对制动系统、发动机管理系统和变速器管理系统实施控制，从而有针对性地弥补车辆滑动，做到防患于未然。但全神贯注地驾驶，注意路牌和交通警示，仍是驾驶员的首要职责。

无ESP车辆躲避足球图一

无ESP车辆躲避足球图二

有ESP车辆躲避足球图一

有ESP车辆躲避足球图二

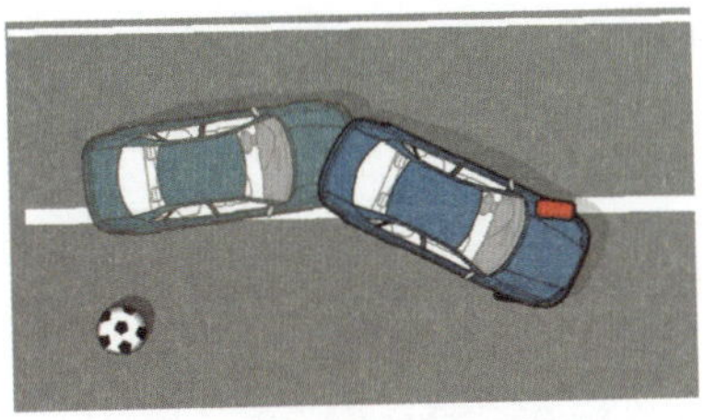
有ESP车辆躲避足球图三

有ESP车辆躲避足球图四

706. ESP 具有哪些特点?

ESP 系统是一个防离心力系统，它能识别出离心力危险，并校正车辆状态。它具有如下特点：

1）实时监控

ESP 系统能够实时监控驾驶员的操控动作、路面反应、汽车运动状态，并不断向发动机管理系统、变速器管理系统和制动系统发出指令，是汽车上的智能安全技术。

2）主动干预

ABS 系统等安全技术主要是对驾驶员的动作起干预作用，但不能调控发动机和变速器。ESP 系统则可以通过主动调控发动机的转速，并调整每个车轮的驱动力和制动力，来修正汽车的过度转向和转向不足。

3）事先提醒

当驾驶员操作不当或路面异常时，ESP 系统会用警告灯警示驾驶员。换句话说 ESP 实际上是一种牵引力控制系统，与其他牵引力控制系统比较，ESP 不但控制驱动轮，而且可以控制从动轮。

车辆转向不足

车辆转向过度

707. ESP 是 ABS 的升级吗?

ESP 以可靠的车轮滑移调节系统为基础。这个系统有一些关键的附加特征：该系统能较早识别和校正车辆的不稳定状况，如离心力。为此还需要一些附加部件。

在 ESP 系统中，相对于 ABS、ASR 的升级是加装了三个重要的附加部件：转向角传感器、横向偏摆率传感器和横向加速度传感器。

（1）转向角传感器提供表示转向盘旋转角度的输出信号。

（2）横向偏摆率传感器根据车辆绕其纵轴的旋转角度产生对应的输出信号电压，用来记录汽车转向行驶时偏摆角度即侧滑的方向是转向不足还是转向过度。

（3）横向加速度传感器根据车轮侧向滑移量产生对应的输出信号电压，用来检测汽车转向行驶时横向滑移距离。

第一节 电源系统

CHAPTER

第三章

电器

708. 电源系统包括哪些部件?

电源系统的作用是向全车用电设备提供电能。电源系统主要包括蓄电池、发电机、电压调节器和充电指示装置等。

蓄电池、发电机与汽车用电设备都是并联的。在汽车装备的蓄电池和发电机两个直流电源中，蓄电池是辅助电源，发电机是主要电源。在发动机正常工作时，发电机向用电设备供电和向蓄电池充电。电压调节器的作用是使发电机在转速变化时，能保持其输出电压稳定。充电指示装置用来指示蓄电池的充放电状态。

发电机位置图

709. 电源系统是怎样工作的?

交流发电机内置二极管整流器将交流电整流为直流电，在交流发电机 B + 端子产生直流电，通过发动机室熔丝和继电器盒向各种电器系统供电，并给蓄电池充电。

（1）发动机未起动时，点火开关置于 ON 位，仪表盘内的充电指示灯点亮。

（2）发动机运转时，充电指示灯熄灭。交流发电机通过 B + 端子向蓄电池充电。

（3）当发电机输出电压超过设定值时，电压调节器工作以降低产生的电压。当电压降至低于设定值时，电压调节器将磁化励磁线圈继续产生电压，以保持发电机输出电压恒定。

充电指示灯

710. 蓄电池有什么作用?

蓄电池是一种可逆的低压直流电源，即能将化学能转化为电能（充电），也能将电能转化为化学能（放电），可看作能量转换器。在发动机正常工作时，用电设备所需电能主要由发电机供给。那么，蓄电池有什么作用呢?

（1）在起动发动机期间，它为起动系统、点火系统、电子燃油喷射系统和汽车的其他电器设备供电。

（2）当发动机停止运转或低怠速运转、发电机不发电或电压较低时，由蓄电池给汽车用电设备供电。

（3）当出现用电需求超过发电机供电能力时，蓄电池也参加供电。

（4）当发动机中高转速运转、发电机正常发电时，蓄电池将发电机多余的电能存储起来，即充电。

（5）蓄电池相当于一个大容量电容器，不仅能够保持汽车电压的稳定，而且还能吸收电路中出现的瞬时过电压，防止损坏电子设备。

711. 蓄电池有哪几种类型?

汽车上常用的蓄电池类型有普通蓄电池、干荷蓄电池和免维护蓄电池等。这几种蓄电池都是利用铅酸反应来工作的，因此，称为铅酸蓄电池。因铅酸蓄电池内阻小、电压稳定、在短时间内能提供较大的电流，并且结构简单、原料丰富，因而在汽车上得到广泛应用。

免维护蓄电池

712. 蓄电池的构造有哪些?

现代汽车用的铅酸蓄电池由 6 只单格电池串联而成，每只单格电池的电压约为 2V，串联后蓄电池电压为 12V。蓄电池主要由极板、隔板、联条、电解液、外壳和极柱等部件组成。

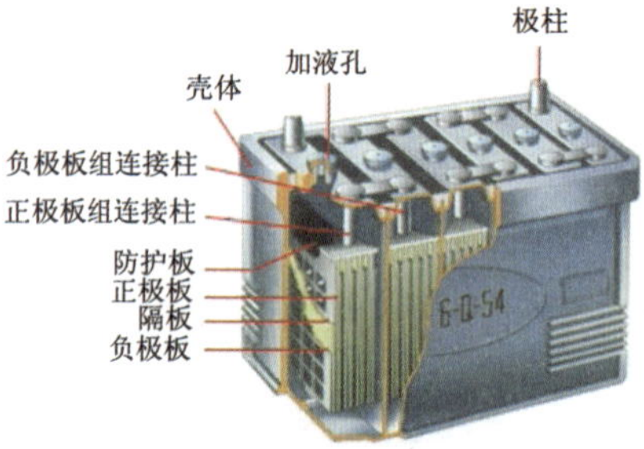

普通铅酸蓄电池构造图

（1）极板是蓄电池的核心部分，分正、负极板，在蓄电池充、放电过程中，电能与化学能的转换就是通过正、负极板上的活性物质与电解液中的硫酸进行电化学反应来实现的。

（2）隔板放置在正、负极板之间，以避免正、负极板之间接触而短路。隔板应具有多孔性，以便电解液渗透，且化学稳定性要好，具有耐酸和抗氧化性。

（3）联条是将 6 个单格电池串联起来，以提高整个蓄电池的端电压。

（4）电解液是由硫酸和蒸馏水按一定比例配比而成的，其作用是与极板上的活性物质发生电化学反应，进行电能和化学能的相互转换。

（5）外壳用于安放电解液和极板组，使蓄电池构成一个整体。外壳应耐酸、耐热、耐振动冲击，它有硬橡胶外壳和聚丙乙烯塑料外壳两种形式，但大都采用聚丙乙烯塑料外壳。

（6）极柱是将蓄电池的电压引出，分为正极柱和负极柱。

713. 什么是干荷蓄电池?

干荷蓄电池指极板组在干燥状态的条件下，能够较长时间（一般两年）地保存在制造过程中所得到的电荷。

如果干荷蓄电池在规定的保存期内需要使用，只要加入规定密度的电解液，搁置 15 ~ 20min，调整液面高度和密度至规定标准后，不需要进行充电即可使用。

714. 干荷蓄电池与普通蓄电池有何不同?

干荷蓄电池与普通蓄电池相比，主要是负极板的制造工艺不同。普通蓄电池负极板上的活性物质——海绵状铅（Pb），由于面积大，化学活性高，容易氧化，而使其电量消失。干荷蓄电池在负极板的铅膏中加入松香、油酸、硬脂酸等防氧化剂，并且在化学反应过程中有一次深放电循环，或者反复地进行充电、放电。化学反应后的负极板，先用清水冲洗后，再放入防氧化剂（硼酸、水杨酸混合液）中进行浸剂处理，让负极板表面生成一层保护膜，并采用特殊干燥工艺，即制成干荷电极板。正极板的活性物质——二氧化铅化学活性比较稳定，其荷电性能可以较长期地保持。

干荷蓄电池

715. 什么是免维护蓄电池?

免维护蓄电池指在有效使用期(一般四年)内无须进行添加电解液等维护工作的蓄电池,其英文名称为 Maintenance-Free Battery,简称 MF 蓄电池。免维护蓄电池的结构具有如下特点:

(1)极板栅架采用铅钙锡合金材料制成,彻底消除锑的副作用。

极板栅架采用铅低锑合金(含锑 2% ~ 3%)材料制作的蓄电池称为少维护蓄电池。锑的存在,不仅会在电化学反应中不断地从正极板析出并迁移到负极板表面为自放电创造条件,而且使蓄电池电动势降低,充电电流增大,水的电解速度加快。

(2)采用袋式聚氯乙酸隔板,将正极板装在隔板袋内,既能避免活性物质脱落,又能防止极板短路。

(3)通气孔塞采用新型安全通气装置,孔塞内装有氧化铝过滤器和催化剂钯。过滤器能阻止水蒸气和硫酸气体通过,避免其与外部火花直接接触,以防爆炸。催化剂钯能帮助排出的氢氧离子结合生成水再回到蓄电池中去,减少了水的消耗。

(4)单格电池间采用穿壁式连接,减小了内阻,提高了起动性能。

(5)外壳为聚丙乙烯塑料热压而成,壳底没有凸肋,极板组直接座落在蓄电池底部,这样可使极板上部容积增大,电解液储量增大,且壳体内壁薄,与同容量电池相比,其重量轻,体积小。

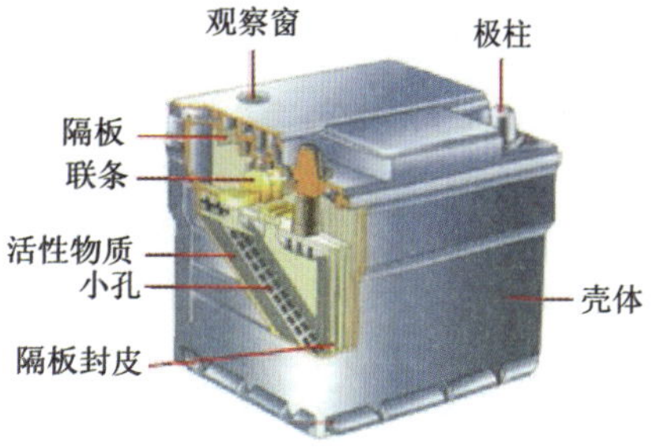

免维护蓄电池构造图

716. 免维护蓄电池的使用有何特点?

(1)免维护蓄电池合理使用过程中不需添加蒸馏水,无须维护,使用方便。

(2)蓄电池盖上设有安全通气装置,可阻止水蒸气和硫酸气体的通过,减少了电解液的消耗,并能减弱极柱和附近机件的腐蚀。

(3)自放电少,可储存 2 年以上,使用寿命长,一般在 4 年左右,几乎是普通蓄电池的 2 倍。

(4)耐过充电性能好,免维护蓄电池的过充电电流在充满电时可接近零,减少了电和水的损耗。

(5)内阻小,起动性能好。

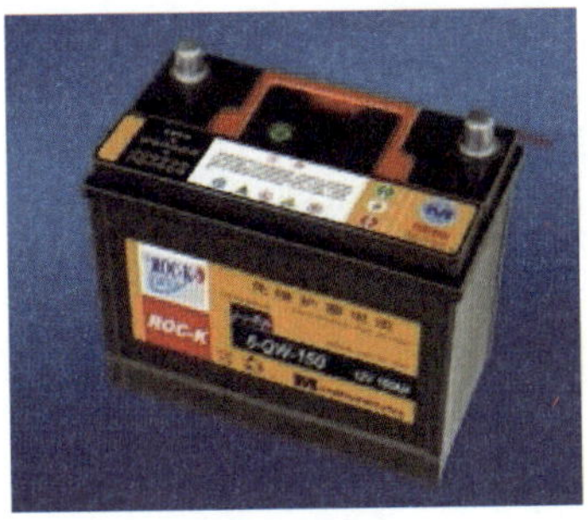
免维护蓄电池

717. 蓄电池传感器的作用是什么?

车辆有许多电器设备的控制模块,这些模块根据不同传感器的信息控制自身系统。当不同传感器传递各种信息时,电源的稳定是非常重要的。蓄电池传感器安装在蓄电池负极端子上,使用内部元件测量控制系统需要的蓄电池液体温度、电压和电流值,并使用 LIN 通信线将这些信号发送到 ECM 。ECM 利用这些信号的占空比,周期性地控制交流发动机,使之产生需要的稳定电压。

718. 蓄电池有哪些评价指标?

进口蓄电池的容量规格是蓄电池国际协会(BCI)和汽车工程协会(SAE)联合制定的。蓄电池国际协会用储备容量和冷起动功率两个指标来评价蓄电池。更换蓄电池时,需按应用表来选择具有正确的 BCI 组码的蓄电池。为满足起动和车辆其他电器的需要,所换新蓄电池的额定值一定不能比原来使用的蓄电池的额定值低。

719. 什么是蓄电池的储备容量？

蓄电池的储备容量（RC）指标是用时间来表示的，单位为分钟。它是指汽车在充电系统不工作的情况下，在夜间靠蓄电池点火和提供最低限度的电路负载所能运行的大约时间，可具体表述为：完全充足电的12V蓄电池，在25±2℃的条件下，以25A恒流放电至蓄电池端电压下降到10.50±0.05V时的放电时间。

720. 什么是冷起动电流？

冷起动电流（CCA）指标是指在－17.8℃和－28.9℃的条件下，可获得的某特定意义下的最小电流。这个指标把蓄电池的起动能力与发动机的排量、压缩比、温度、起动时间、发动机和电器系统的技术状态，以及起动和点火的最低使用电压这些重要的变量联系起来。它是指充满电的蓄电池在30s内，其端电压下降到7.2V（12V蓄电池）时，蓄电池所能供给的最小电流。冷起动额定值给出的是总电流值，如300CCA、400CCA等。

721. 铅蓄电池的内电阻包括哪些内容？

铅蓄电池的内电阻包括电解液电阻、极板电阻、隔板电阻和联条电阻。

在正常使用条件下，极板电阻很小，只有极板发生硫化故障时，极板的电阻才会明显增大。电解液电阻与电解液的密度、温度有关。密度大，温度低，电解液的黏度增大，渗透力下降，电解液电阻增大。隔板电阻主要取决于隔板的材料、厚度及多孔性。至于联条电阻，其值本来就很小，尤其是采用了穿壁式结构后，已降到了最低值，可忽略不计，但在使用中因维护不当，形成氧化腐蚀时，电阻将显著增大。

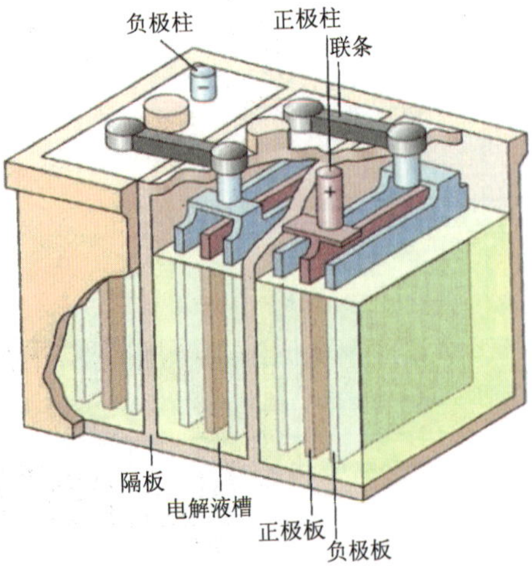

铅蓄电池构造图

722. 蓄电池充电终了的标志有哪些？

充电时，蓄电池的正、负极板分别与直流电源的正、负极相连，当充电电源的端电压高于蓄电池的电压时，在电场的作用下，电流从蓄电池的正极流入，从负极流出，这一过程称为充电。蓄电池的充电过程是电能转换为化学能的过程，其充电终了的标志如下：

（1）电解液呈沸腾状（因析出氢气和氧气所致）。

（2）电解液相对密度上升至最大值，且2～3h内不再上升。

（3）单格端电压上升至最大值（2.7V），且2～3h内不再升高。

极板

723. 什么是过放电？

通常把端电压急剧下降的临界点称为放电终了。当蓄电池到放电终了时，必须停止放电。放电终了后再继续放电，称为过放电。由于极板孔隙被大颗粒的硫酸铅堵塞，电解液无法渗入内部参加化学反应，极板孔隙内电解液密度急剧下降到零，端电压也将急剧下降到零，这将影响蓄电池的使用寿命和容量。

724. 什么是定电压充电?

在充电过程中，充电电压始终保持不变的充电方法称为定电压充电，也称为恒压充电。蓄电池在汽车上由发电机对其充电就属于定电压充电。

采用定电压充电时，要选择好充电电压，若充电电压过高，会发生过充电现象，易造成极板弯曲、活性物质脱落等故障；若充电电压过低，则蓄电池充电不足。对 12V 蓄电池充电，充电电压应为 15 ~ 16V。多个蓄电池需要充电时，必须并联在充电电源之间。

定电压充电的优点是充电电流大、充电速度快、时间短，蓄电池充足电后便自动停止充电而无须人工调节；其缺点是蓄电池不能彻底充足电，所以汽车使用的蓄电池规定每个月要拆下来，在充电间充电一次。

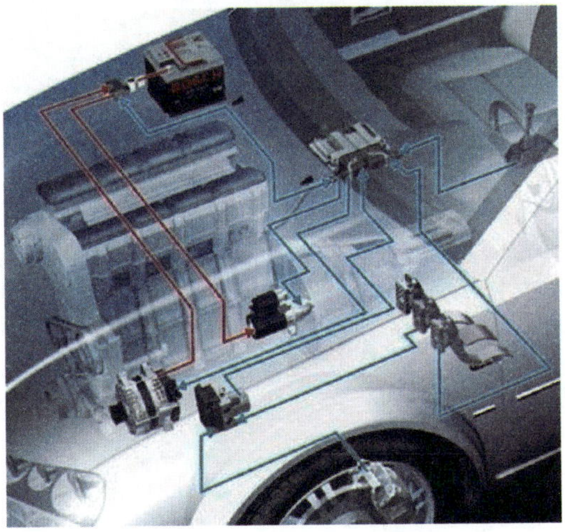

发电机对蓄电池进行定电压充电

725. 什么是定电流充电?

在充电过程中，充电电流始终保持不变的充电方法称为定电流充电，也称为恒流充电。

采用定电流充电时，被充电的蓄电池不论是 6V 或 12V 都可串联在一起。所串联的蓄电池最好容量相同，否则充电电流的大小必须按照容量最小的蓄电池来选定，而容量大的蓄电池则充电太慢。定电流充电可以分两个阶段来进行，充电第一阶段用较大电流进行恒流充电，当单格电池电压上升到 2.4V 时，电解液中开始产生气泡，将充电电流减少一半，进入第二阶段恒流充电，直到蓄电池完全充足电为止。

定电流充电的优点是有较大的适应性，可以任意选择和调整充电电流的大小，有利于延长蓄电池的使用寿命。由于充电电流可以任选，因此既适用于蓄电池的初充电，又适用于补充充电和去硫化充电；其缺点是充电时间长，并且需要经常调节充电电流。

726. 什么是智能快速充电?

因定电流充电法完成一次初充电需要 60 ~ 70h，补充充电也需 20h 左右，充电时间太长，使用不方便。若用加大充电电流的方法缩短充电时间，会使极板硫化增大和气泡增多，造成活性物质脱落而缩短蓄电池的使用寿命。国内从开始研究快速充电机理论和技术以来，已研制生产出可控硅快速充电机和智能快速充电机，使蓄电池的初充电缩短到 5h，补充充电缩短到 0.5 ~ 1.5h。

智能快速充电的优点是充电速度快，空气污染轻，省电节能，便于管理，对电池集中，充电频繁的修配厂优越性尤为突出；其缺点是控制电路复杂，控制技术较高。

蓄电池充电

727. 什么是脉冲快速充电?

脉冲快速充电法又称为分段充电法，即采用自动控制电路对蓄电池进行正反向脉冲充电。

（1）充电初期：充电初期采用大电流，使蓄电池在较短时间内达到额定容量的 60% 左右，当单格电压上升到 2.4V，电解液开始分解冒出气泡时，由于控制电路的作用，停止大电流充电，进入脉冲期。

（2）充电脉冲期：在脉冲期，先停充 24 ~ 40ms，接着再放电或反充，使蓄电池反向通过一个较大的脉冲电流，以消除活性物质孔隙内外浓差影响和极板孔隙形成的气泡，然后停止放电 25ms，最后按脉冲期循环充电直到充足。

脉冲快速充电机

728. 什么是暗电流?

所谓暗电流，是指汽车在静止休眠状态（拔出点火钥匙、关闭车门一段时间后）时，仍然在流动的电流，又称为“静态电流”。正因为这些暗电流的存在，以及蓄电池自然地放电，车辆长期停放则使蓄电池容量不足，从而导致汽车无法起动。

729. 为什么会存在暗电流?

暗电流存在的原因如下：

（1）一些电器设备为了保持数据的记忆功能，必须长期供电。

（2）防盗系统需要长期供电，以保证全天候的监视功能。

车辆暗电流一般为 20 ~ 50mA，但对于更高级的车辆，由于电器设备的增多，暗电流也同时增大。

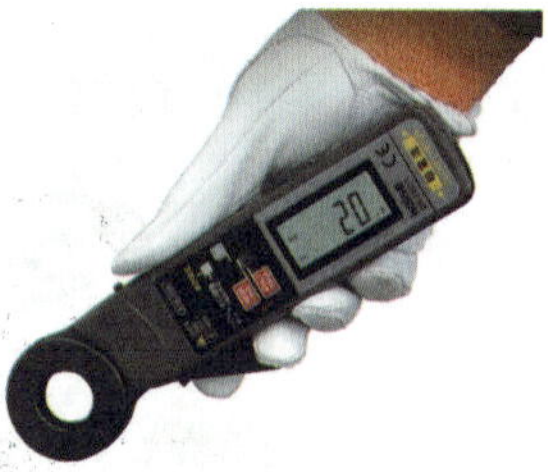

暗电流表

732. 如何维护蓄电池?

（1）经常清除蓄电池表面的灰尘污物。电极桩和电线夹头上出现氧化物时，应及时清除。

（2）检查各单格内电解液的液面高度，如发现不足及时补充。

（3）根据当时的季节，及时调整电解液密度。

（4）放完电的蓄电池在 24h 内及时充电。

（5）停驶车辆的蓄电池，每两个月应进行一次补充充电。

（6）常用车辆的蓄电池，放电程度冬季达 25%，夏季达 50% 时即应充电，必要时及时进行补充充电。

（7）拆卸蓄电池电缆时，应先拆下蓄电池负极，再拆下蓄电池正极；安装时与此相反。

730. 怎样检查车辆暗电流?

可以使用电流钳测量车辆暗电流，也可以用如下方法准确测量暗电流。

（1）关闭一切电器部件和点火开关。

（2）除发动机罩，关闭所有门并锁止所有门。

（3）等待几分钟，直到车辆的电器系统转至休眠模式。

（4）在蓄电池（－）端子和搭铁线束中串联一个电流表，然后缓慢从蓄电池（－）端子分离夹具，这样做的目的是使车辆供电不中断。

（5）读取电流表的电流值。

① 如果实际电流超过界限值，用拆卸熔丝或拔插头的方式判断异常电路，检查实际电流。

② 再次检查暗电流，通过一个接一个地拆卸与异常电路相连的装置搜索可疑装置。

731. 如何拆装蓄电池?

点火开关处于 OFF 位置，先拆下负极柱上的电缆，后拆正极柱上的电缆，最后，从车上取下蓄电池。若发现蓄电池极柱螺栓锈蚀难以取出，切莫用手锤或钳子敲打，以避免极柱断裂，极板活性物质脱落；可用热水冲洗后，拧开螺栓；取下蓄电池时应小心轻放，避免撞击损坏壳体。

在安装蓄电池时，将蓄电池放到相应的位置上并认清正、负极柱，先接正极柱上的电缆，再接负极柱上的电缆，以防止扳手跌落搭铁引起蓄电池短路。

733. 如何正确使用蓄电池?

（1）不要连续使用起动机。每次起动时间不得超过 5s，如果一次未能起动，应停顿至少 10s 以上再做第二次起动，连续三次起动不成功者，应查明原因，排除故障后再起动发动机。

（2）安装和搬运蓄电池时，应轻搬轻放，不可敲打或在地上拖拽。蓄电池在汽车上应固定牢靠，以防行车时振动和移位。

（3）要检查检查蓄电池电解液的液面高度，如发现电解液不足，要及时进行补充。

（4）要经常检查蓄电池的放电情况，若发现容量不足，应及时充电。

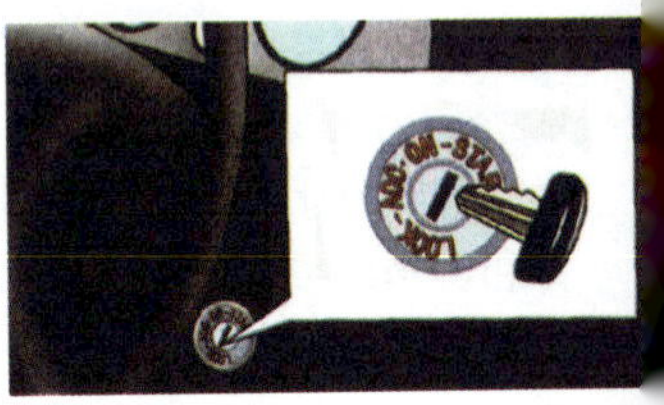

734. 保存蓄电池时应注意哪些问题?

（1）应存放在室温为 5 ~ 30℃，干燥、清洁及通风的地方。

（2）不要受阳光直射，离热源距离不小于 2m。

（3）避免与任何液体和有害气体接触。

（4）不得倒置或卧放，不得叠放，不得承受重压，相邻蓄电池之间应相距 10cm 以上。

（5）新蓄电池的存放时间，从出厂之日算起不得超过两年。

735. 冬季使用蓄电池有哪些注意事项?

（1）冬季使用蓄电池时，应特别注意保持其处于充足电状态，以免电解液密度降低而结冰。

（2）冬季补加蒸馏水，应在充电前进行，以便蒸馏水较快地与电解液混合而不致结冰。

（3）冬季蓄电池容量降低，因此，在起动冷态发动机前，应进行预热，以减少起动阻力。

（4）冬季气温低，充电较困难，因此，可适当调高调节器的调节电压，以改善蓄电池的充电状态，但仍需避免过充电。

736. 如何检查蓄电池?

（1）检查蓄电池封胶有无开裂和破损，极桩有无破损，壳体有无泄漏，否则应修理或者更换。

（2）疏通加液孔盖的通气孔。

（3）清洁蓄电池外壳，并用钢丝刷或极桩接头清洁器清洁极桩和电缆卡子上的氧化物，清洁后抹一层凡士林或润滑脂。

737. 如何检查电解液液面高度?

（1）用玻璃管测试法。将内径为 35mm 的玻璃管从加液孔垂直插入蓄电池内，直到与保护网或隔板上边缘接触为止，用大拇指按紧玻璃管管口，提起玻璃管，测量玻璃管内的液面高度，即为蓄电池电解液液面高度，其标准值为 10 ~ 15mm，液面过低时应加入电解液使之符合标准。

（2）观察液面高度指示线法。使用透明塑料外壳的蓄电池，在外壳上刻有两条高度指示线。正常液面高度介于两线之间。

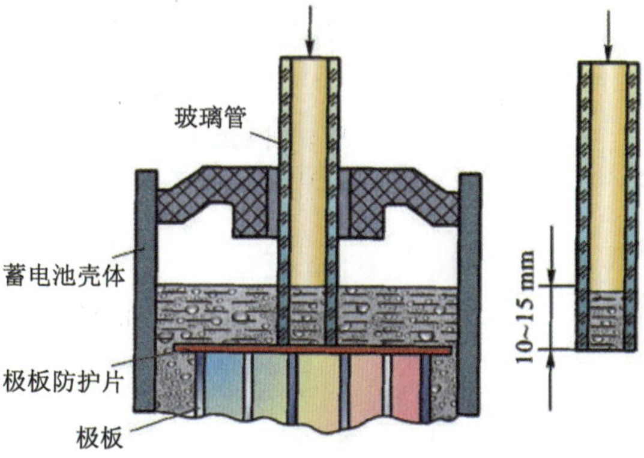

玻璃管测试法

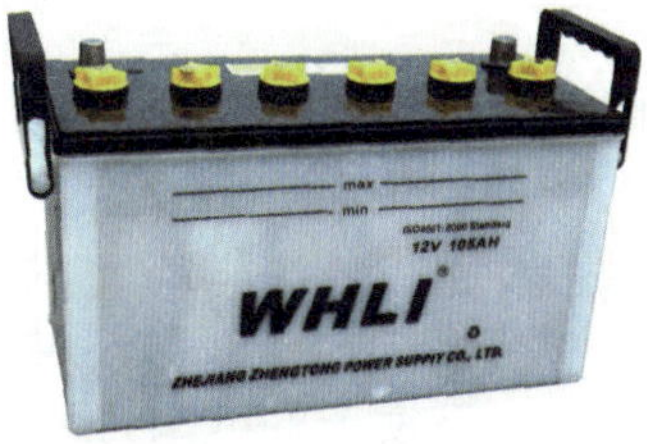

液面高度指示线法

738. 如何配制电解液?

配制电解液前，应选择符合标准的纯硫酸和蒸馏水，根据当地的气温条件，选择合适的电解液密度。配制电解液时，应用耐酸的容器装蒸馏水，然后将纯硫酸慢慢注入水中，同时用清洁的玻璃棒搅拌，使其混合均匀。测量其密度和温度，若不符合要求，适当调整，直至合格为止。

739. 如何检查电解液密度？

电解液密度的大小是判断蓄电池容量的重要标志。测量蓄电池电解液密度时，蓄电池应处于稳定状态。蓄电池充、放电或加注蒸馏水后，应静置半小时后再测量。

用吸式密度计测量电解液密度。测量时，首先，捏住密度计的橡皮球，将密度计下端的吸管插入单格电池的加液孔内，慢慢放开橡皮球，使电解液吸入到玻璃管中，吸入的电解液的量以能使密度计浮子浮起而不会顶住为宜。然后，使密度计的浮子浮在玻璃管中央（不要与管壁接触），读出电解液密度值。要求读数时密度计刻度线与眼睛保持平齐，测得的密度值应用标准温度（+25℃）予以校正。通过对各个单格电池电解液密度的测量，可以确定蓄电池是否失效。如果单格电池之间的密度相差 0.05g/cm3，则该电池失效。当所有的单格电池具有相同的相对密度值，即使相对密度偏低，通常该电池可以通过补充充电后得到再生。

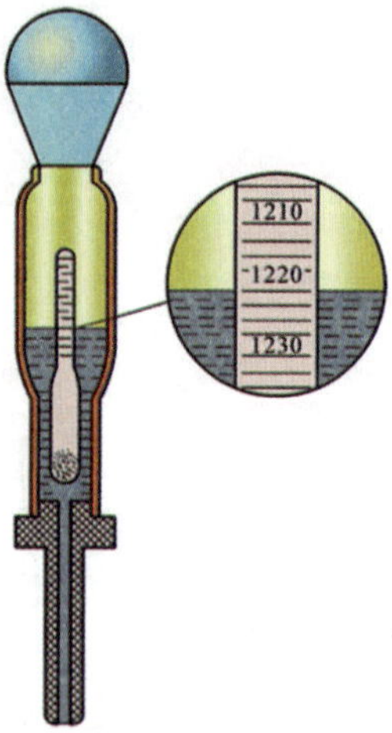

吸式密度计测量电解液密度

电解液密度与放电程度的关系是：密度每下降 0.01g/cm3 相当于蓄电池放电 6%，蓄电池在夏季放电超过 50%，冬季放电超过 25%时不宜再继续使用，应及时进行补充充电，否则会使蓄电池早期损坏。

740. 如何检测蓄电池的放电程度？

（1）用高率放电计测量放电电压。测量时，将两叉尖分别紧密接触蓄电池的正、负极，保持 15s，若其电压能保持在 9.6V 以上，则说明蓄电池性能良好，但存电不足；若能稳定在 10.6V ~ 11.6V 之间，则说明蓄电池存电充足；若电压迅速下降，则说明蓄电池已损坏。

（2）就车起动检测。先设法使发动机不能着火，将电压表连接于蓄电池的两极，然后接通起动机，约 15s 后，电压表的读数应不低于 9.6V（12V 蓄电池）且基本稳定。

741. 蓄电池测试仪有什么作用？

蓄电池测试仪主要用于对蓄电池工作能力、健康状况和车上开关的检测。具有操作方便、使用可靠、性能稳定等特点。蓄电池对于汽车来说，尽管在成本上所占的比重不高，但它对整个汽车却起着举足轻重的作用。所以，了解蓄电池是否仍然良好，提前更换将要报废的蓄电池，能有效提高汽车维修企业的服务水平和用户满意度。

蓄电池测试仪

742. 蓄电池测试仪由哪些部件组成？

蓄电池测试仪由直流电压表、负载电阻、测试夹、锥形触头和外壳等组成。仪表盘标有各种蓄电池容量、状态显示，以白、绿、黄、红分别表示“充足”、“正常”、“重充”、“放完”四种状态。仪表正面附有各种气缸容积的汽车发动机所需蓄电池规格的对照表，供使用时检测数值时参考。

743. 如何使用测试仪检测蓄电池？

将测试仪的夹子接在蓄电池的负极上，红色表棒接在蓄电池的正极。测试 2V 的单格蓄电池时，读视左端 0 ~ 2.5 的刻度（刻度旁的数字表示伏特数）。测试 6V 的蓄电池时，按不同的容量读视 6V 箭头所指的 6 条刻度（刻度旁的数字表示蓄电池的容量范围，如 200Ah 等）。测试 12V 的蓄电池时，按按不同的容量读视 12V 箭头所指的 5 条刻度。当所测蓄电池的额定容量与测试仪的仪表盘上所列刻度有出入时，可选读相近的刻度，如测试 150Ah 的蓄电池时，可读视 200（6V）或 100 ~ 200（12V）的刻度。

744. 使用蓄电池测试仪应注意哪些事项？

（1）使用前，应先检查测试仪指针是否指在仪表盘左端的零位上，如果不是指在零位，可旋转表盖中部的调零器，将指针调至零位。

（2）每次测试时间不得超过 3 秒，并且蓄电池的电解液不足时不能测试。

（3）测试仪左下端的锥形触头与夹子同为负极，测试时也可用触头测量。

（4）测试仪初次使用时，可能会产生轻微烟雾，这是正常现象，使用几次后就会消失。

745. 如何测量蓄电池的开路电压?

测量蓄电池开路电压时，蓄电池应处于稳定状态，蓄电池充、放电或加注蒸馏水后，应静置半小时后再测量。蓄电池开路电压可用万用表的电压挡测量，将万用表的红、黑表笔分别与蓄电池正、负极相接即可。

746. 怎样判定蓄电池损坏失效?

（1）长时间充电后电解液仍无变化，不冒气，密度不变，端电压低，蓄电池外壳发热。

（2）电解液混浊，呈棕色或青色，正极板或负极板脱落严重。

（3）从加液口观察极板，可以看到极板厚度不均，负极板两面的隔板膨胀，几乎碰到正极板，出现弯曲。

（4）原来蓄电池存电不足，充电时端电压快速上升、电解液沸腾、密度不变，待停止充电不久，端电压又下降。

（5）塑料蓄电池壳四壁向外凸起，主要是极板脱落物质挤落在极板间、向外挤胀极板形成的。

747. 交流发电机有什么作用?

汽车上所用的发电机为交流发电机，它是汽车电器的主要电源，由发动机驱动，其功用是在发动机怠速以上运转时，向除起动机以外的所有用电设备供电，并向蓄电池充电以补充蓄电池在使用中所消耗的电能。

748. 交流发电机管理系统起什么作用?

交流发电机管理系统通过检测车辆工作状态（加速或减速）、车辆用电负荷和蓄电池再充电状态来调节交流发电机负荷，控制输出电压，以改善燃油经济性并保持蓄电池在最佳再充电状态。ECM 根据蓄电池再充电状态和车辆工作状态，执行再充电控制、放电控制或正常控制。

（1）车辆加速时，ECM 执行蓄电池放电控制以消耗蓄电池电源，降低交流发电机产生的电压，减小交流发电机负荷。

（2）车辆减速时，系统执行充电控制。车辆增加交流发电机负荷并给蓄电池充电。

交流发电机

749. 发电机包括哪些部件?

汽车所用的发电机为交流发电机，它主要由转子总成、定子总成、整流器、前后端盖、电刷组件、风扇和皮带轮等组成。

（1）转子总成的作用是产生磁场，主要由两块爪极、磁轭、励磁绕组、转子轴和集电环等组成。

（2）定子总成也叫电枢，其作用是产生三相交流电，主要由定子铁芯和定子三相绕组组成。

（3）整流器的作用是将定子绕组产生的三相交流电整流成为直流电，主要由硅整流二极管组成。

（4）前后端盖上均装有滚珠轴承，用以支承转子总成，它们在组装时已由生产厂商加注了润滑油并密封起来，使用时一般不需要润滑。通常前后端盖上设有通风口，用以通风散热。

（5）电刷组件安装在后端盖内，两只电刷装在电刷架的方孔内，利用弹簧的弹力使其与滑环保持良好的接触。

（6）皮带轮安装在发电机的前端，由发动机通过皮带驱动，以带动转子总成旋转。

（7）风扇一般用 1.5mm 厚的钢板冲制或用铝合金压制而成，其安装在皮带轮的后面，靠风扇的离心作用给发电机强制通风。

750. 交流发电机分为哪些类型?

（1）按总体结构分。

① 普通交流发电机：普通交流发电机由三相交流发电机和6只硅整流二极管组成，使用时需要配装电压调节器。

② 整体式交流发电机：整体式交流发电机采用内装式电压调节器，即发电机和调节器制成一个整体的发电机。

③ 带泵交流发电机：这种发电机是与汽车制动系统用真空助力泵安装在一起的发电机，多用于柴油机。

④ 无刷交流发电机：无刷交流发电机是指无电刷和集电环结构的交流发电机。

⑤ 永磁交流发电机：转子磁极采用永磁材料制成的交流发电机。

（2）按整流器结构分。① 6管交流发电机；② 8管交流发电机；③ 9管交流发电机；④ 11管交流发电机。

（3）按励磁绕组搭铁形式分。① 内搭铁型交流发电机；② 外搭铁型交流发电机。

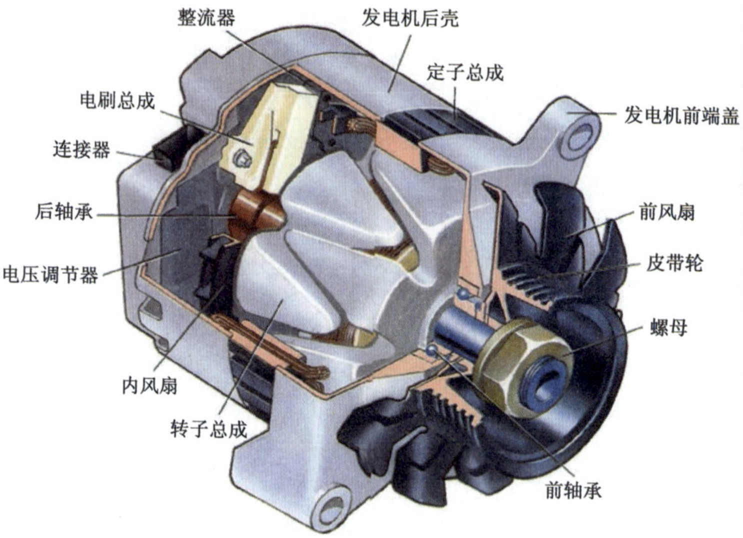

交流发电机构造图

751. 转子总成有何结构特点?

交流发电机转子总成中的转子轴上压装着两块爪极，两块爪极各有6个鸟嘴形结构，爪极空腔内装有励磁绕组和磁轭。励磁绕组的两端引线分别焊在两个彼此绝缘的集电环上（集电环与转子轴绝缘）。两个集电环与装在后端盖上的两个电刷相接触。

发电机工作，两个电刷与直流电源接通，当两个集电环通过电刷而通入直流电时，励磁绕组中就有电流通过，并产生轴向磁通，使爪极一块被磁化为N极，另一块被磁化为S极，从而形成6对相互交错的磁极。当转子转动时，就形成了旋转的磁场。

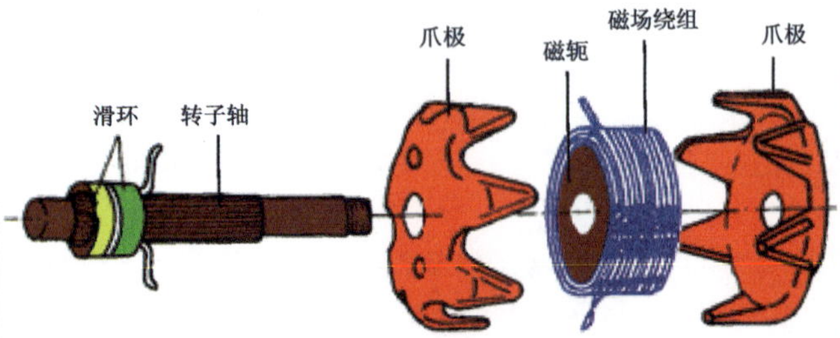

转子总成构造图

752. 定子三相绕组有几种连接方法?

交流发电机定子总成中的定子铁芯由相互绝缘的内圈带槽的环状硅钢片叠加而成，定子绕组的导线就嵌放在铁芯的槽中。定子绕组有三相，三相绕组采用星形连接或三角形连接，都能产生三相交流电。目前，大多数车用交流发电机采用星形连接，即三相绕组的尾端相互连接在一起称为中性点，如桑塔纳、奥迪等轿车的交流发电机的定子绕组均采用星形连接；而神龙富康轿车、北京切诺基汽车发电机定子绕组则采用三角形连接，即三相绕组的首尾相互连接在一起而形似三角形。

定子总成

753. 风扇与转子轴之间为何装有单向离合器?

交流发电机转子轴的前端装有皮带轮和风扇，即皮带轮和风扇与转子轴刚性连接。这样，当发动机带动发电机转子轴高速旋转时，风扇工作使空气流经发电机内部，对发电机进行冷却。对于一些高档轿车，其发电机的功率大、体积小，为了提高散热强度，在发电机转子轴的前后各装一个风扇。另外，部分轿车发电机的风扇与转子轴之间装有单向离合器，其目的也是提高发电机的散热强度，其原理如下：

（1）当发动机以正常转速带动发电机旋转时，其风扇的工作原理与普通风扇相同。

（2）当发动机收油门而使发电机转速下降时，即转子轴与风扇之间有转速差，此时，由于单向离合器的作用，风扇可以继续以高速旋转，增大流经发电机内部的空气流，提高散热强度。

754. 发电机为什么采用铝壳体?

交流发电机的端盖（壳体）分为前端盖和后端盖两部分，起固定转子、定子、整流器和电刷组件的作用。其端盖一般用非导磁性材料铝合金制造，一是可有效防止漏磁，从而减少电磁干扰其他用电设备；二是铝合金散热性能好，而且能够减轻发电机质量。

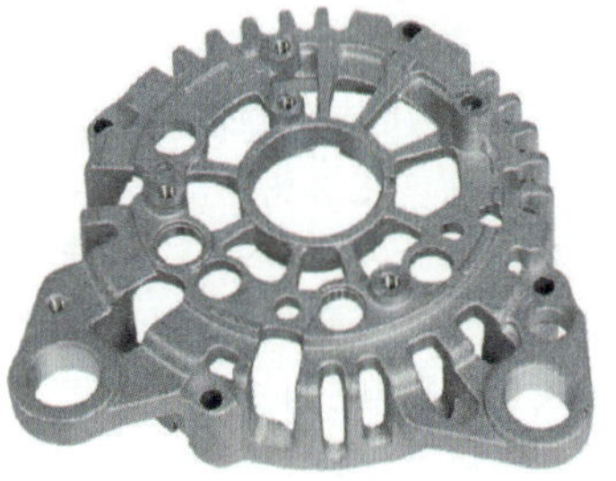
铝合金后端盖

755. 电刷有哪两种结构形式?

在交流发电机的后端盖上装有电刷组件，由电刷、电刷架和电刷弹簧及磁场接线柱组成，两个电刷分别装在电刷架的孔内，借助弹簧压力与集电环保持接触。

目前，交流发电机的电刷有两种结构形式：一种是电刷架可以直接从发电机的外部进行拆装，称为外装式；另一种是电刷架不可以从发电机的外部进行拆装，称为内装式。外装式电刷的拆装和更换在发电机外部即可进行，拆装检修十分方便，因此，被普遍采用；内装式电刷若需要更换，必须将发电机解体，由于拆装检修不便，因此，现在很少采用。

756. 整流器有什么作用?

从交流发电机定子三相绕组输出的是交流电，而汽车电器系统均采用直流电，那么，如何将交流电转变为电器系统所需的直流电呢？这就需要整流器。交流发电机整流器的作用是将定子绕组的三相交流电变为直流电，经滤波后对外输出供给用电设备。整流器是利用整流二极管的单向导电性将交流电变为直流电的。

整流器由整流板和整流二极管组成，6 管交流发电机的整流器是由 6 只整流二极管分别压装（或焊装）在相互绝缘的两块板上组成的，6 只整流二极管分为正极管和负极管两种。引出电极为正极的称为正极管，3 只正极管装在同一块板上，称为正极板；引出电极为负极的称为负极管，3 只负极管安装在负极板上，也可直接安装在后盖上。

整流器

（1）6 管交流发电机的整流器共有 6 只整流二极管，每相定子绕组有 2 只二极管。

（2）8 管交流发电机的整流器共有 8 只整流二极管，除定子三相绕组的 6 只整流二极管外，其余 2 只是中性点二极管。

（3）9 管交流发电机的整流器共有 9 只整流二极管，除定子三相绕组的 6 只整流二极管外，其余 3 只是励磁二极管。

（4）11 管交流发电机的整流器共有 11 只整流二极管，除定子三相绕组的 6 只整流二极管外，其余的是 2 只中性点二极管和 3 只励磁二极管。

757. 发电机如何产生交流电？

如下图所示，线圈的两端分别与滑环（集电环）连接，滑环通过电刷与灯泡连接。把线圈垂直放置在磁场中，当线圈转动作切割磁力线运动时，线圈中就产生了感应电流，表现出的现象就是灯泡发光，发电机的原理即在于此。

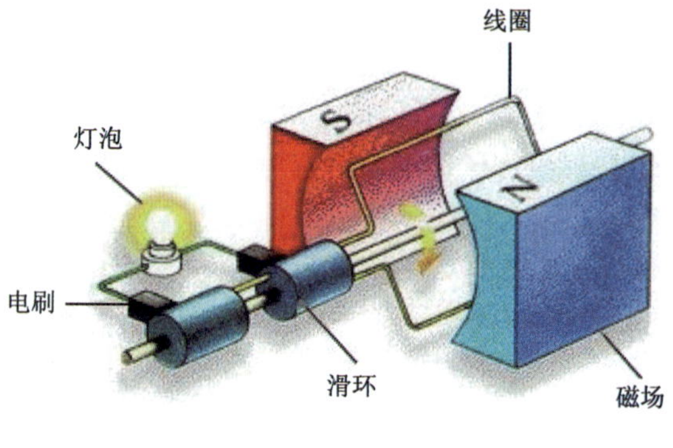

发电机发电原理图

交流发电机定子的三相绕组（相当于图示的磁场）按一定规律分布在发电机的定子槽中，内部有一个转子，转子上安装着爪极和磁场绕组（相当于图示的线圈）。当外电路通过电刷使磁场绕组通电时，便产生磁场，使爪极被磁化为 N 极和 S 极。当转子转动时，磁通交替地在定子绕组中变化。根据电磁感应原理可知，定子的三相绕组中便产生三相交流电，而后经整流器整流为直流电压输出。

在发电机发电原理图中，固定的是磁场，旋转的是线圈，而实际的交流发电机与此正好相反，即在交流发电机中，旋转的转子相当于磁场，固定的定子相当于线圈产生三相交流电。

758. 什么是无刷交流发电机？

无刷交流发电机的励磁绕组是不动的，因此，励磁绕组的两端引出线可以直接引出，省去了电刷和集电环，爪极在励磁绕组的外围旋转。

无刷交流发电机的特点是励磁绕组通过一个磁轭托架固定在后端盖上。两个爪极中只有一个爪极直接固定在发电机转子轴上，另一个爪极则用非导磁联接环固定在前述爪极上。当转子轴旋转时，一个爪极就带动另一个爪极一起在励磁绕组与定子绕组之间转动。

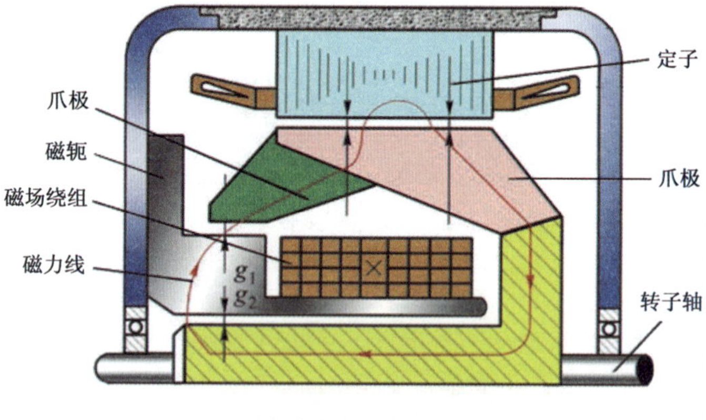

无刷交流发电机构造原理图

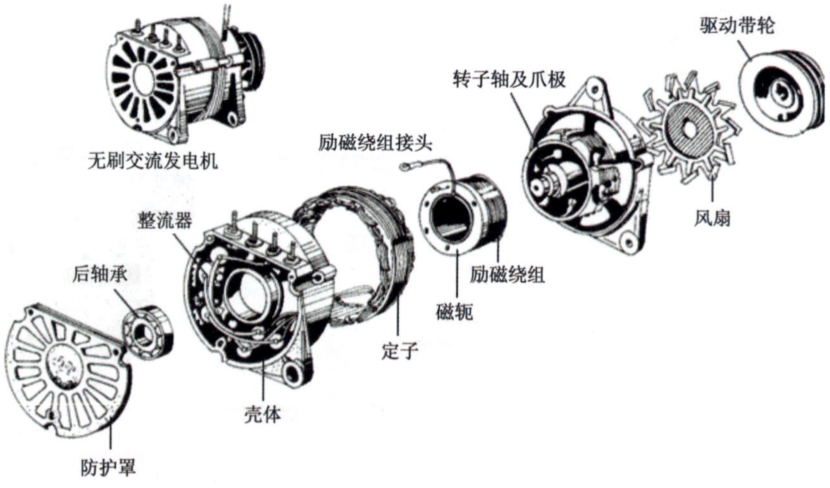

无刷交流发电机构造图

759. 什么是励磁电流?

发电机要想发电的条件是必须有磁场和线圈并且二者发生相对运动，而在发动机转子总成中的励磁绕组的作用就是负责产生磁场。发动机要想正常发电，必须由蓄电池或发电机本身向励磁绕组提供电流（用来产生磁场），这个被提供的电流就是励磁电流。

760. 他励与自励有何区别?

在发动机起动期间，即交流发电机开始发电时，由于二极管死区电压的存在，需先由蓄电池向励磁绕组提供励磁电流，以使转子总成产生磁场而使发电机发电，这种供给励磁电流的方式称为他励。这样，当转子总成转动时，磁通交替地在定子绕组中变化。根据电磁感应原理可知，定子的三相绕组中便产生三相交流电，而后经整流器整流为直流电输出。

随着发动机转速的提高，发电机的电压逐渐升高并能对外输出，一般在发动机怠速时发电机就能对外供电了，当发电机能对外供电时，就可以把自身发的电供给励磁绕组而生磁发电，这种供给励磁电流的方式称为自励。此时，发电机的励磁方式由他励转变为自励。

转子总成

761. 什么是水冷式发电机?

水冷式交流发电机利用水来代替风扇进行冷却，交流发动机主要的发热部位是定子，水冷式发电机重点冷却部分就是定子及其三相绕组。发电机的前端盖和后端盖用铝合金材料制成，开有水道槽。定子及三相绕组用合成树脂固定密封，定子与转子之间有铝制围板与水道隔离。水道与进水管和出水管连通，进水管和出水管分别与发动机冷却系统连通。这样，当发动机运转时，冷却水在发动机水泵的带动下循环流动，通过发电机壳体，可以有效地冷却定子及三相绕组、定子铁芯，同时也冷却转子、调节器和轴承等其他发热零部件。

762. 电压调节器有什么作用?

电压调节器是把发电机输出电压控制在规定范围内的调节装置，其作用是在发电机转速变化时，自动控制发电机电压，使其保持恒定，防止发电机电压过高而烧坏用电设备和导致蓄电池过量充电，同时也防止发电机电压过低而导致用电设备工作失常和蓄电池充电不足。

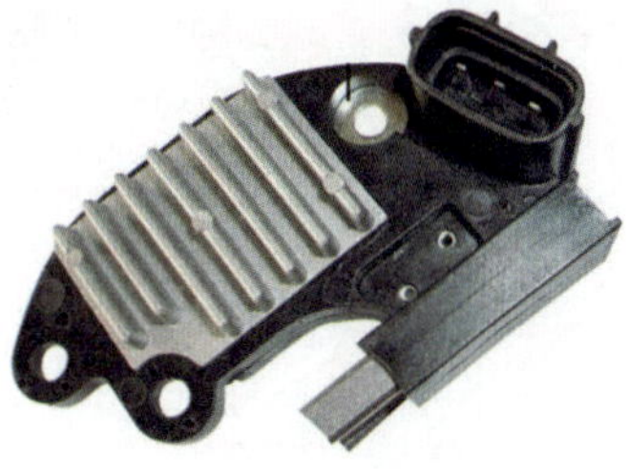

电压调节器

763. 电压调节器可分为哪些类型?

1）按工作原理分

（1）晶体管调节器：其特点是晶体管的开关频率高且不产生火花，调节精度高，还具有重量轻、体积小、寿命长、可靠性高、电波干扰小等优点，多用于中、低档车型。

（2）集成电路调节器：集成电路调节器除具有晶体管调节器的优点外，还具有超小型的特点，安装于发电机的内部（又称为内装式调节器），减少外接线，并且使冷却效果得到改善，现广泛应用于多种轿车车型上。

（3）电脑控制调节器：电脑控制调节器是现在轿车采用的一种新型调节器，由电负载检测仪测量系统总负载后，向发动机电脑发送信号，然后由发动机电脑控制发电机电压调节器，适时地接通和断开磁场电路，既能可靠地保证电器系统正常工作，使蓄电池充电充足，又能减轻发动机负荷，提高燃料经济性。

2）按所匹配的交流发电机搭铁形式分

（1）内搭铁型电压调节器。

（2）外搭铁型电压调节器。

764. 内搭铁与外搭铁有何区别?

（1）交流发电机的励磁绕组在发电机内部直接搭铁称为内搭铁，这样的交流发电机就叫作内搭铁型交流发电机，所采用的电压调节器即为内搭铁型电压调节器。

（2）交流发电机的励磁绕组经电压调节器搭铁称为外搭铁，这样的交流发电机就叫作外搭铁型交流发电机，所采用的电压调节器即为外搭铁型电压调节器。

第二节 起动系统

765. 发动机有哪几种起动方式?

发动机借助外力由静止状态过渡到能自行运转的过程，称为发动机的起动。发动机的起动方式有人力起动、辅助汽油机起动和电力起动 3 种方式。

（1）人力起动最简单，但不方便，劳动强度大，只适用于一些小功率的发动机，在一些汽车上仅作为后备方式保留着。

（2）辅助汽油机起动主要用在大功率的柴油机上。

人力起动柴油机

起动手柄

（3）电力起动方式操作简单，起动迅速，具有重复起动能力，并且可以远距离控制，因此被现代汽车广泛采用。

766. 对起动系统有哪些要求?

（1）起动机的小齿轮与发动机飞轮齿圈啮合要容易，尽量不发生冲击现象。

（2）发动机起动后，起动机的小齿轮应能自动打滑或脱离啮合，以免发动机起动后，飞轮带动起动机高速旋转，造成起动机的损坏。

（3）起动系统应结构简单、工作可靠。

（4）发动机在工作中，起动机的小齿轮不能再进入啮合，防止发生冲击。

767. 起动系统包括哪些部件?

要使发动机由静止状态过渡到工作状态，必须先用外力转动发动机的曲轴，使活塞作往复直线运动，气缸内的可燃混合气燃烧膨胀做功，推动活塞向下运动使曲轴旋转，发动机才能自行运转，工作循环才能自动进行。因此，曲轴在外力作用下开始转动到发动机开始自动地怠速运转的全过程，称为发动机的起动。完成起动过程所需的装置，称为发动机的起动系统。

目前几乎所有的汽车发动机都采用电力起动系统，它由蓄电池、点火开关、起动继电器和起动机等组成。

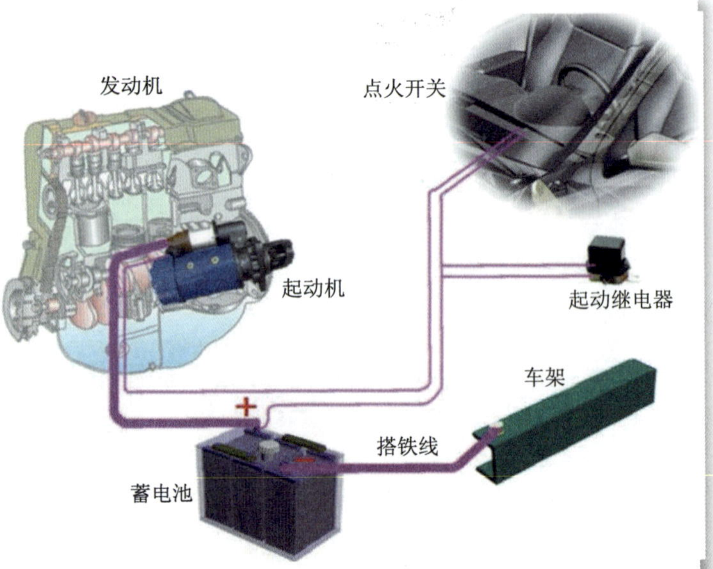

起动系统构成图

768. 起动机由哪些部件组成?

起动机（Starter）又叫马达，它由直流串励式电动机产生动力，经驱动齿轮传递动力给飞轮齿圈，带动飞轮、曲轴转动而起动发动机。现代汽车均采用电力起动机，它一般由直流串励式电动机、传动机构及电磁开关三部分组成。

（1）直流串励式电动机。电枢绕组与磁场绕组串联的直流电动机称为直流串励式电动机。电动机是起动的动力源，它将蓄电池的电能转化为电磁扭矩，用来带动曲轴旋转。

（2）传动机构。传动机构使起动机实现单向动力传递，在起动时将电动机的电磁扭矩传递给发动机飞轮；而当发动机起动后则自动断开发动机向起动机的逆向动力传递。

（3）电磁开关。电磁开关是起动的控制机构，用于控制起动机驱动小齿轮与发动机飞轮齿圈的啮合与分离，以及电动机电路的通断。

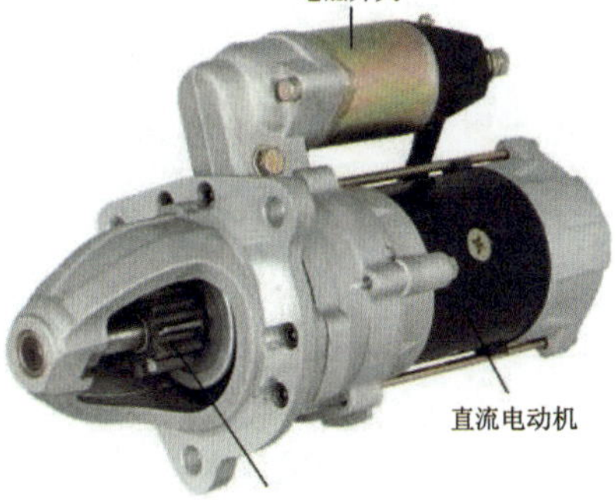

起动机构造图

769. 直流串励式电动机有何优点?

（1）磁场绕组和电枢绕组都是用大截面扁铜线绕制的，在静态起动时可通过近似短路的巨大电流。电枢电流达到最大值，转矩也相应地达到最大值。转矩与电枢电流的平方成正比，所以制动电流所产生的转矩很大，足以克服发动机的起动阻力矩，使发动机起动变得很容易。

（2）串励式电动机在输出转矩较大时，电枢电流较大，电动机转速随电流的增加而急剧下降；反之，在输出转矩较小时，电动机转速又随电枢电流的减小而很快上升。串励式电动机具有轻载转速高，重载转速低的特性，对保证起动安全可靠是非常有利的。

770. 直流串励式电动机包括哪些部件?

起动机的直流串励式电动机是将电能转换为机械能而产生电磁转矩，它主要由磁极、电枢、换向器、电刷和外壳等组成。

（1）磁极，由固定在外壳上的磁极铁芯和磁场绕组组成，一般采用 4 个磁极，磁场绕组一端接在外壳的绝缘接线柱上，另一端与两个非搭铁电刷相连。其作用是产生电枢转动时所需要的磁场。

（2）电枢，由外圆带槽的硅钢片叠成的铁芯和电枢绕组组成。起动机工作时，通过电枢绕组和磁场绕组的电流达几百安或更大，因此，其磁场绕组和电枢绕组一般采用矩形断面的裸铜线绕制。

（3）换向器，装在电枢轴上，它由许多换向片组成。换向片嵌装在轴套上，各换向片之间均用云母绝缘。

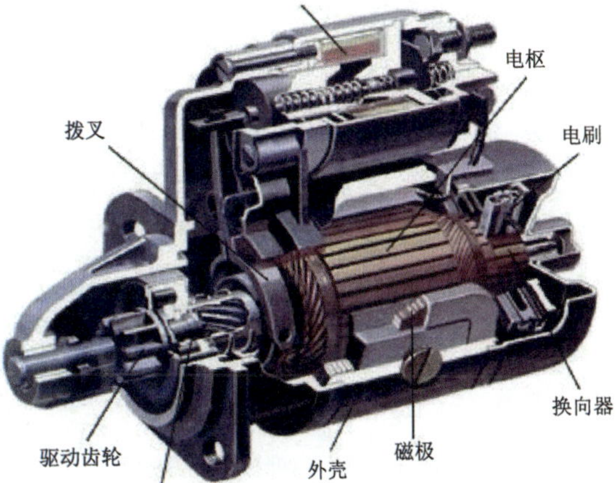

起动机构造剖面图

（4）电刷，装在端盖上的电刷架中，电刷弹簧使电刷与换向片之间具有适当的压力以保持配合。电刷和换向器配合使用，用来连接磁场绕组和电枢绕组的电路，并使电枢轴上的电磁力矩保持固定方向。4 个磁极的电动机装有 4 个电刷，其中两个与外壳绝缘，接磁场绕组的尾端，电流通过这两个电刷进入电枢绕组，另外两个为搭铁电刷，通过电枢绕组的电流通过这两个电刷搭铁。

（5）外壳，是磁极和电枢的安装机体，同时起动机的电磁开关也安装在外壳上，其上有一绝缘接线端，是电动机电流的引入线。

771. 直流串励式电动机如何工作？

两片换向片分别与环状线圈的两端连接，电刷一端与两换向器片相接触，另一端分别接蓄电池的正极和负极。在环状线圈中电流的方向交替变化，用左手定则判断可知，环状线圈在电磁力矩作用下按顺时针方向连续转动。这样在电源连续对电动机供电时，其线圈就不停地按同一方向转动。

为了增大输出力矩并使运转均匀，实际的电动机中电枢采用多匝线圈，随线圈匝数的增多换向片的数量也要增多。

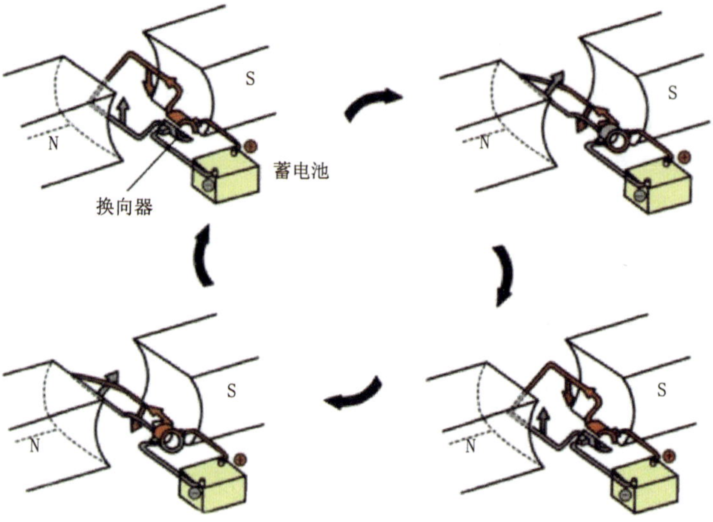

直流电动机工作原理图

772. 影响起动机功率的因素有哪些？

1）蓄电池的容量

蓄电池的容量越小，供给起动机的电流越小，于是产生的力矩就越小，导致功率减小。

2）温度

环境温度主要通过影响蓄电池的内阻而影响起动机功率。温度降低，蓄电池的内阻增加，容量减小，起动机的功率明显下降。故冬天对蓄电池适当保温，就可以提高起动机功率，改善起动性能。

3）接触电阻和导线电阻

接触电阻大、导线过长及截面积过小，都会造成较大的电压降，使起动机的功率减小。

773. 减速起动机有哪些结构特点？

与传统起动机相比，减速起动机的结构特点主要如下：

（1）在传动系统中增加了减速装置，增大了起动机电枢轴和飞轮之间的传动比。

（2）采用小型高速低转矩的电动机，减小了起动机的体积和质量。

（3）电枢轴的长度缩短，不易弯曲。

（4）部分减速起动机没有拨叉。

774. 减速起动机有哪些优点？

（1）起动机单位质量的输出功率（比功率）增加，在同样输出功率条件下减速起动机的质量比传统起动机减小 20% ~ 35%，既减轻了重量、节省了材料，又减小了体积，便于安装和维护。

（2）提高了起动机的输出扭矩，有利于发动机起动。

（3）降低了起动机主电路电流，从而使蓄电池的容量可以适当减小。

（4）减轻了蓄电池的负荷，有利于提高蓄电池的使用寿命。

减速起动机

减速起动机采用的驱动齿轮

775. 减速式起动机分为哪些类型?

减速式起动机根据其齿轮减速器的结构不同，可分为外啮合式减速起动机、内啮合式减速起动机和行星齿轮式减速起动机三种类型。

1）外啮合式减速起动机

外啮合式减速起动机的减速机构是利用惰轮作中间传动，且电磁开关铁心与驱动齿轮同轴心，直接推动驱动齿轮进入啮合，无须拨叉。因此，起动机的外形与普通起动机有较大的差别。通常分有惰轮外啮合式和无惰轮外啮合式。外啮合式减速机构的传动中心距较大，因此受起动机构的限制，其减速比不能太大，一般不大于5，多用在小功率的起动机上。

2）内啮合式减速起动机

内啮合式减速起动机的减速机构传动中心距小，可有较大的减速比，故适用于较大功率的起动机。但内啮合式减速机构噪声较大，驱动齿轮仍需拨叉拨动进入啮合，因此，起动机的外形与普通起动机相似。

3）行星齿轮式减速起动机

行星齿轮式减速起动机的减速机构结构紧凑、传动比大、效率高。由于输出轴与电枢轴同轴线、同旋向，电枢轴无径向载荷，振动轻，整机尺寸减小。另外，行星齿轮式减速起动机还具有如下优点：

（1）负载平均分配在三个行星齿轮上，可以采用塑料内齿圈和粉末冶金的行星齿轮，使质量减轻、噪声降低。

（2）尽管增加行星齿轮减速机构，但是起动机的轴向其他结构与普通起动机相同，故配件可以通用。

777. 单向离合器有什么作用?

传动机构中，结构和工作情况比较复杂的是单向离合器，它的作用是传递电动机力矩，起动发动机，而在发动机起动后自动打滑，保护起动机电枢不致飞散。

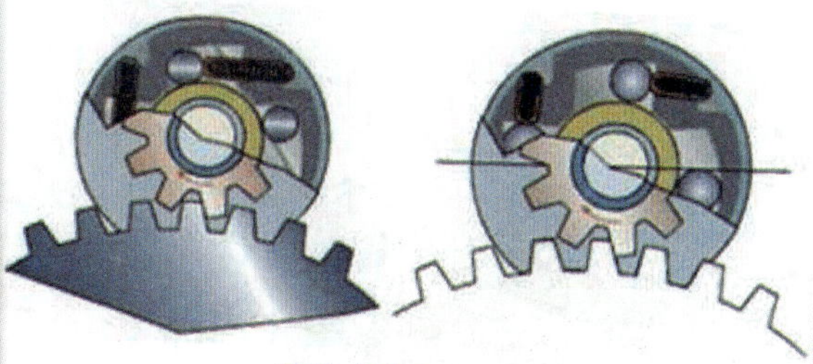

滚柱式单向离合器

778. 单向离合器如何工作?

起动机的单向离合器原理是单向接合，反向脱开。当起动时，拨叉动作将离合器推出，使驱动齿轮啮入飞轮齿圈后，电动机通电，再通过单向离合器带动曲轴旋转，由于这时电动机的转速高于发动机（发动机相对静止或在起动前转速很低）的转速，从而起动发动机。当发动机起动后，由于发动机的转速高于电动机的转速，则飞轮齿圈带动驱动齿轮高速旋转，驱动齿轮通过单向离合器相对于飞轮齿圈就是反向转动，所以就把起动电动机与发动机的转动脱开，各自自由转动，起飞散保护作用，避免损坏电动机。

飞速保护装置

776. 传动机构包括哪些部件?

传动机构由驱动齿轮、单向离合器、拨叉、啮合弹簧等组成。起动时，传动机构使驱动齿轮沿起动机轴移出与飞轮齿圈啮合，将电动机产生的力矩通过飞轮传递给发动机的曲轴，使发动机起动；起动后，飞轮转速提高，将通过驱动齿轮带动电机轴高速旋转，引起电动机超速。因此，在发动机起动后，传动机构应使驱动齿轮与电动机轴自动脱开，防止电动机超速。

779. 电磁开关包括哪些部件？

电磁开关主要由固定铁芯、活动铁芯、吸引线圈和保持线圈等组成。固定铁芯固定不动，活动铁芯可以在铜套里做轴向移动。活动铁芯前端固定有推杆，推杆前端安装有开关接触盘，活动铁芯后段用调节螺钉和连接销与拨叉连接。铜套外面安装有复位弹簧，作用是使活动铁芯等可移动部件复位。

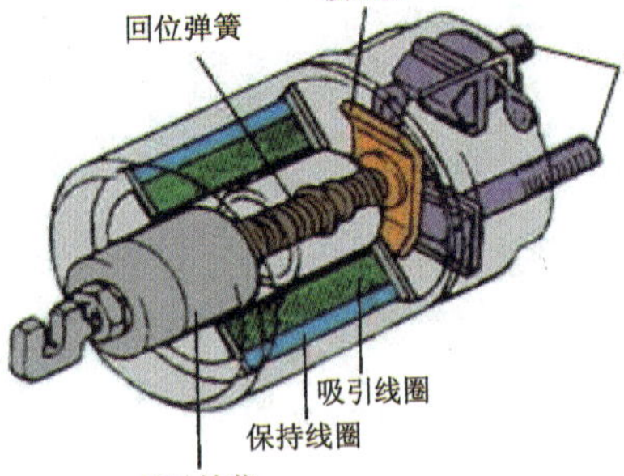

电磁开关构造图

780. 电磁开关是怎样工作的？

（1）吸引。当点火开关置于 STA 位置时，蓄电池电流同时流到吸引线圈和保持线圈。电流然后从吸引线圈经磁场线圈到电枢线圈，以低速旋转电枢。这样，电磁开关的动铁心被吸入极芯。通过这一吸入操作，驱动小齿轮被推出，并与飞轮齿圈啮合，接触盘将主接触点闭合。

（2）保持。当接触盘的主接触点闭合时，无电流流经吸引线圈，磁场线圈和电枢线圈直接从蓄电池得到电流。电枢随后便开始高速旋转，发动机进行起动。因为无电流流过吸引线圈，动铁心只是由保持线圈所施加的磁力保持在固定位置。

（3）返回。当点火开关从 STA 返回 ON 位置时，电流从主接触侧经吸引线圈流到保持线圈。此时，由于吸引线圈与保持线圈形成的磁力相互抵消，它们失去了保持住动铁心的力。因此，动铁心由复位弹簧的力拉回，并且接触盘的主接触点断开，起动机停止旋转。

781. 起动机是怎样工作的？

当起动电路接通后，吸引、保持线圈同时通电，保持线圈的电流经起动机接线柱进入，经线圈后直接搭铁，吸引线圈的电流也经起动机接线柱进入，但通过线圈后未直接搭铁，而是进入电动机，经电动机后再搭铁。两线圈通电后产生较强的电磁力，克服弹簧弹力使活动铁芯移动，一方面通过拨叉带动驱动齿轮移向飞轮齿圈并与之啮合，另一方面推动接触盘移向两个主接线柱触点，在驱动齿轮与飞轮齿圈进入啮合后，接触盘将两个主触点接通，使电动机通电运转。在驱动齿轮进入啮合之前，由于经过吸引线圈的电流经过了电动机，所以电动机在这个电流的作用下会产生缓慢旋转，以便于驱动齿轮与飞轮齿圈进入啮合。在两个主接线柱触点接通之后，蓄电池的电流直接通过主触点和接触盘进入电动机，使电动机进入正常运转，此时通过吸引线圈的电路被短路，因此，吸引线圈中无电流通过，主触点接通的位置靠保持线圈来保持。发动机起动后，切断起动电路，保持线圈断电，在弹簧的作用下，活动铁芯回位，切断了电动机的电路，同时也使驱动齿轮退出与飞轮齿圈啮合。

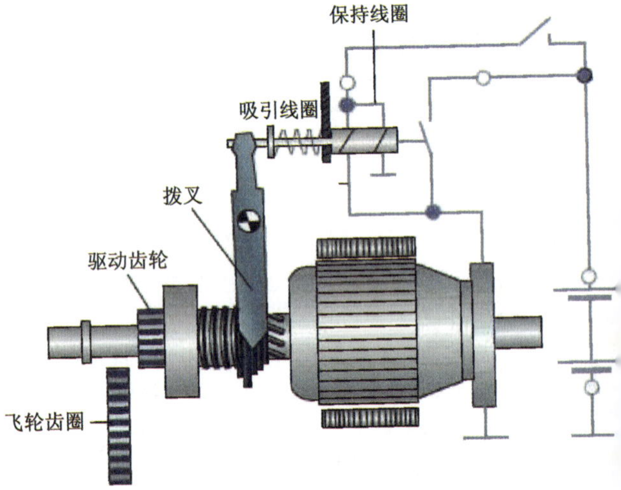

起动机工作原理图

782. 起动时间为什么不要超过 5 秒？

起动机是汽车上大的用电设备，其起动电流一般为 200 ~ 600A，如果长时间起动，线路会过热，并且对蓄电池的损害也非常大，因此，起动时间最好不要超过 5 秒。如果到 5 秒了没有起动，可以停 15 秒以上再起动一次，如果试了 3 次以上都打不着，就表明有故障。

另外，为了顺利起动，可先将点火开关打到 ON 挡位置，不起动发动机，稍等片刻，待汽油泵运转一会再起动，这会使燃油系统建压，便于顺利起动。

783. 什么是远程起动?

所谓远程起动，顾名思义就是通过遥控钥匙来远程起动发动机。其原理也很简单，车辆通过遥控钥匙发来的信号来起动发动机。

整套过程省去了人为进入车内操作的不便，发动机在运转时，中控锁还处于闭锁状态,有效提供了安全保障。通常来说,远程起动发动机后，车辆会连续工作十分钟，之后若无收到其他指示则会自动熄火。此种方式同样可以达到提升驾驶室温度的作用。

该功能在国外非常常见，在寒冷地区的使用率也颇高，但由于国内大多地区并不处于寒带，为节约成本，此功能没有被广泛采用。

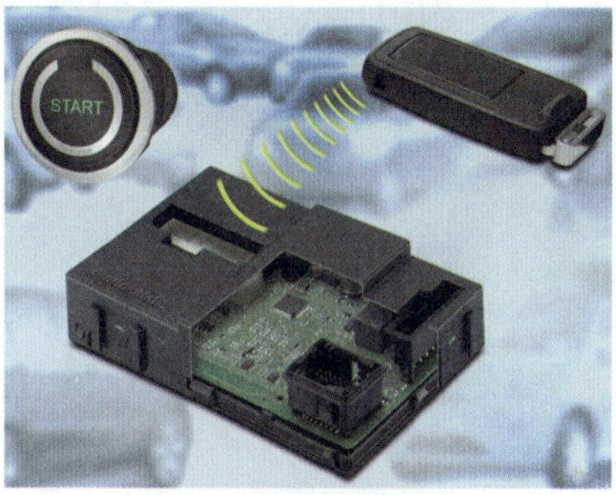

远程起动原理图

784. 无钥匙起动有哪些类型?

无钥匙起动的方式可分为两类：一类是按钮式，点火按钮位于中控台伸手可及之处，因此也称为“一键起动”，如宝马、奔驰等；另一类是旋钮式，一般就位于原始的钥匙插口处，但是无须插车钥匙，直接拧动旋钮即可起动，如日产、马自达等。但无论是按钮式还是旋钮式，都必须在接受到智能钥匙的存在时才能起动，这种感应距离一般在 50cm 左右。

按钮式无钥匙起动

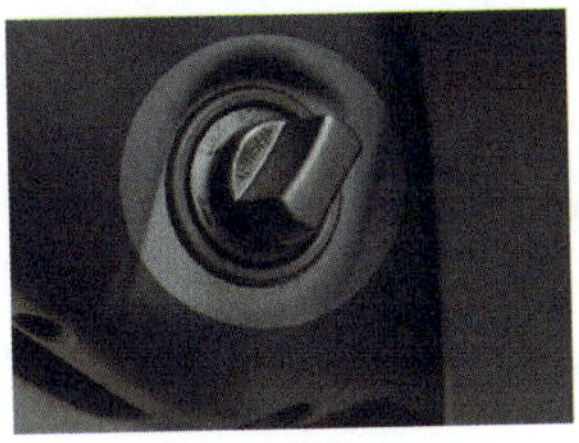
旋钮式无钥匙起动

无钥匙起动采用无线射频识别技术，通过车主随身携带的智能钥匙里的芯片感应自动开关门锁，也就是说当车主走近车辆一定距离时，门锁会自动打开并解除防盗;当车主离开车辆时，门锁会自动锁上并进入防盗状态。一般装备有无钥匙进入系统的车辆，其车门把手上有感应按钮，同时也有钥匙孔，是以防智能钥匙损坏或没电时，车主仍可用普通方式开启车门。

785. 什么是无钥匙进入系统?

汽车无钥匙进入系统英文表示为 PASSIVE KEYLESS ENTER，简称 PKE。但汽车厂商对于自己的产品叫法不一。该产品采用了世界上最先进的 RFID 无线射频技术和最先进的车辆身份编码识别系统，率先应用小型化、小功率射频天线的开发方案，并成功地融合了遥控系统和无钥匙系统，沿用了传统的整车电路保护，真正地实现了双重射频系统，双重防盗保护，为车主最大限度地提供便利和安全。

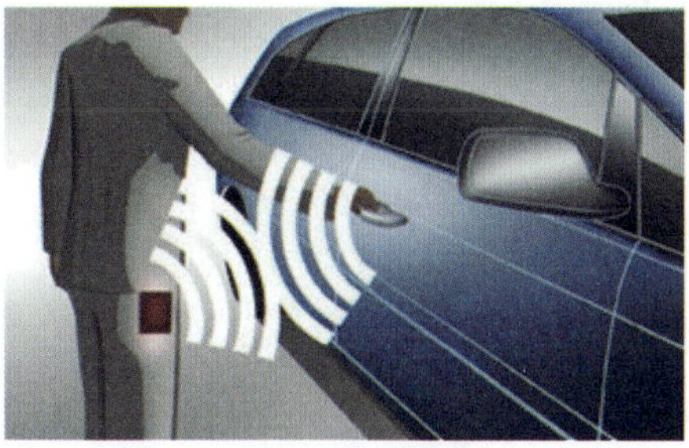
无钥匙进入系统

无钥匙进入系统的智能钥匙

无钥匙进入系统不是传统的钥匙，而是一个带有智能电子芯片的钥匙。当车主踏进指定范围时，该系统即可识别出车主就是授权的驾驶者并自动开门。如今的智能钥匙还能“锁定”钥匙本身，防止车主将自己锁在外面。

需要注意的是，具备无钥匙进入功能的车辆，不一定具备无钥匙起动功能。

786. 发动机自动起停是怎么回事？

发动机自动起停就是在车辆行驶过程中临时停车（如等红灯）的时候，自动熄火，当需要继续前进的时候，系统自动重起发动机的一套系统。起停技术就是致力于最大限度减少发动机怠速时燃油的损耗，避免这部分能源的浪费，同时对节省能源与降低排放有着重要的意义。

对于手动变速器的车辆来说，当遇到红灯或塞车时，驾驶员制动使车辆停下来后，将换挡手柄换入空挡并完全释放离合器踏板，这时控制系统会自动将发动机熄火。当绿灯放行后，驾驶员踩下离合器踏板，发动机则自动重新起动，挂入挡位后即可前行。而自动挡车型操作更为简单，当变速器处于D挡位时，驾驶员只要施加制动使车辆停止大概两秒钟后发动机就会自动熄火。在释放制动后或者转动方向盘，发动机将自动起动，又可以立即踩油门起步。

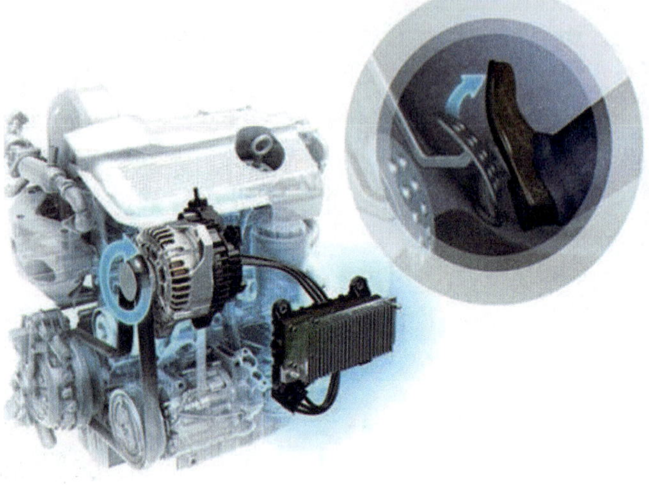

发动机自动起停示意图

787. 怎样正确使用起动机？

（1）经常检查各部连接状态及导线的松紧情况。

（2）清除导线、接线柱的氧化物及起动机外部灰尘和油污，使之保持干净。

（3）冷天起动应使发动机预热10～15s，再使用起动机。

（4）起动机只能短时间工作，每次起动时间不能超过5s。若一次起动不着，应间隔1～2min后再起动。

（5）发动机起动后，应立即松开起动开关，避免不必要的空转，减少单向离合器的磨损。

788. 使用起动机时应注意哪些问题？

（1）起动前应将变速器挂上空挡，自动变速器的汽车应将变速杆置于P位或N位，起动同时踩下离合器踏板。

（2）每次接通起动机的时间不应超过5s，重复起动时应停歇15s以上，否则，会严重影响蓄电池和起动机的使用寿命。

（3）冬季和低温地区冷车起动时，应先预热发动机，然后再起动发动机。

（4）发动机起动后，应立即松开点火开关，使起动机停止工作，以减小单向离合器不必要的磨损。

（5）发动机工作时，严禁拧点火开关至起动挡。

（6）当发动机连续几次不能起动时，应对起动机电路及发动机有关系统进行检查，如蓄电池的容量、极柱的连接、油电路等，否则蓄电池的容量将严重下降，起动发动机变得更加困难。

（7）发动机起动后，如起动机不能停转，应立即拆除蓄电池搭铁线，查找故障。

789. 如何维护起动机？

（1）经常检查起动电路各导线连接是否牢固，绝缘是否良好。

（2）经常保持起动机和各部件的清洁干燥。

（3）汽车每行驶5000～6000km后，应检查电刷的磨损及电刷弹簧的压力。

（4）经常检查传动机构和控制装置的活动部件，并按规定加以润滑。

（5）起动机一般每年应进行一次维护性检修，可视实际情况适当地缩短或延长。

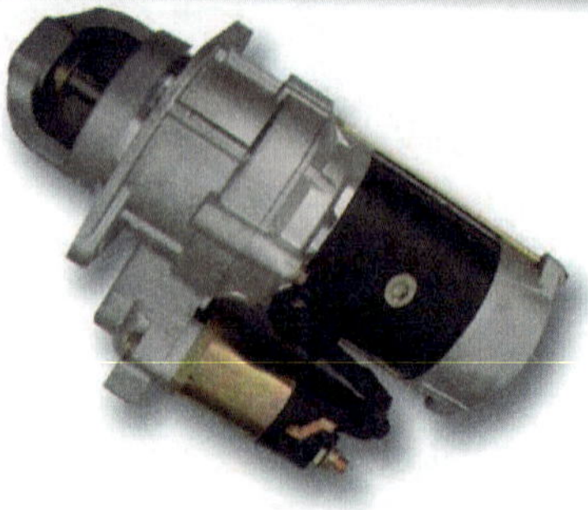

起动机

790. 维修起动机时应注意哪些问题?

（1）在车上进行起动检测之前，一定要将变速器挂上空挡，并实施驻车制动。

（2）在拆卸起动机之前，应先拆下蓄电池的搭铁电缆线。

（3）有些起动机在起动机与法兰盘之间使用了多块薄垫片，在装配时应按原样装回。

791. 怎样检查起动机继电器?

（1）从熔丝盒内拆下起动机继电器。

（2）使用万用表检查起动机继电器各端子的导通性，端子 30 和 87 应不导通；端子 85 和 86 应导通。

（3）在端子 85 上提供 12V 电压，端子 86 搭铁，检查端子 30 和 87 之间是否导通，如果没有导通，则起动机继电器损坏，应更换。

792. 如何分解起动机?

起动机解体前应清洁外部的油污和灰尘，然后按如下步骤进行解体：

（1）从电磁开关接线柱上拆开直流电动机与电磁开关的连接导线。

（2）松开电磁开关总成的两个固定螺母，取下磁力开关总成。

（3）拆下两个紧固穿心螺栓，取下后端盖。

（4）拆下电刷架及定子总成。

（5）将起动机电枢总成及移动拨叉一起从起动机机壳上拉出来。

（6）从电枢轴上拆下电枢止推挡圈的右半环、卡环，电枢止推挡圈左半环，拆下单向离合器总成。

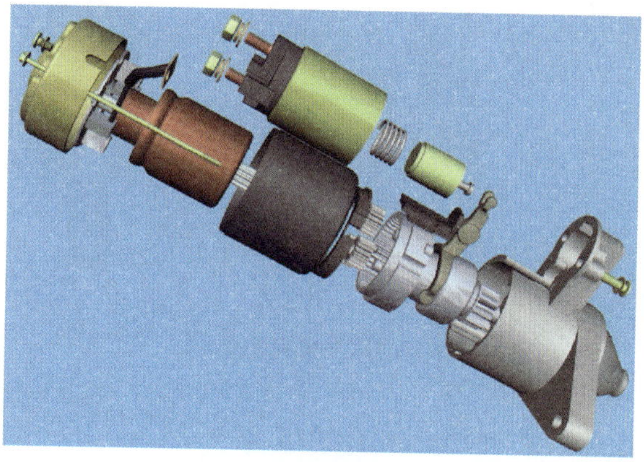

起动机分解图

793. 装复起动机时应注意哪些问题?

起动机的形式不同，具体装复的步骤不可能完全相同，但基本原则是按分解时的相反步骤进行。

（1）注意检查各轴承的同心度。电枢轴有三个轴承支撑，往往不易同心，若不同心度过大，就会增加电枢轴运转的阻力。检查的方法是：各轴颈与每个铜套配合时，既能转动自如又感觉不出有明显的间隙（中间轴承间隙可稍大一点）。在中间轴承支撑与后端盖结合好后，应将电枢轴装入试转，此时应转动自如，无卡滞现象。装上前端盖后，再次转动电枢，也应转动灵活，否则为轴承不同心。发现轴承不同心时，轻者可以修刮轴承，严重时应更换个别铜套。

（2）各铜套、电枢轴颈、键槽垫圈等摩擦部位，都应使用机油予以润滑。固定中间轴承支撑板的螺钉，一定要带有弹簧垫圈。否则，工作中支撑板振动，使螺钉松动，便会造成起动机不能正常工作，甚至损坏起动机。

（3）驱动小齿轮端面的止推垫圈和换向器端面的胶木垫圈及中间轴承支撑板靠离合器一面的胶木垫圈，装复时不要遗漏。

（4）磁极与电枢铁芯间应有 0.82 ~ 1.80mm 的间隙，最大不应超过 2mm，不可有相互碰刮的现象。

（5）电枢轴轴向间隙不宜过大，一般应为 0.2 ~ 0.7mm，不合适时，可在轴的前端或后端改变垫圈的厚度进行调整。

第三节　点火系统

794. 点火系统包括哪些部件?

汽车点火系统是汽油发动机为了正常工作，按照各缸点火次序，定时地供给火花塞以足够高能量的高压电（15000 ~ 30000V），使火花塞产生足够强的火花，点燃气缸内的可燃混合气。

传统点火系统主要由点火线圈、火花塞、高压线、分电器、点火开关及控制电路等组成。现代轿车大多采用无分电器式电子点火系统。

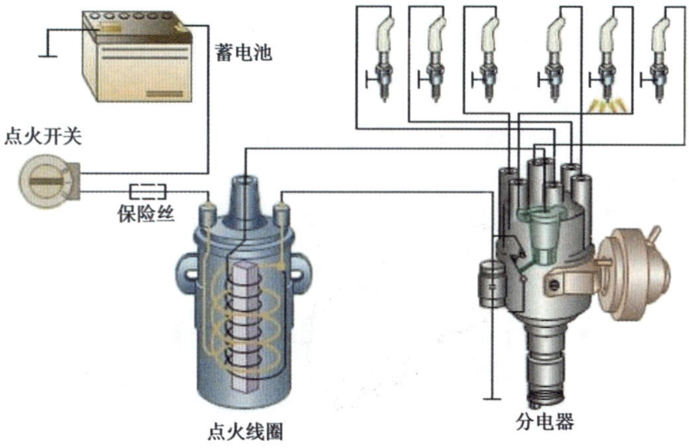

点火系统构成图

795. 点火系统有什么作用?

点火系统的作用是按照汽油机工作的要求，产生电火花，点燃气缸内的混合气。不管汽车上采用何种点火系统，都必须满足发动机对点火系统的基本要求：

（1）点火系统应能够产生足以击穿火花塞间隙的高压电。

（2）火花塞产生的电火花应具有足够的能量。

（3）点火的时间应能适应发动机的工作情况。

（4）工作可靠。

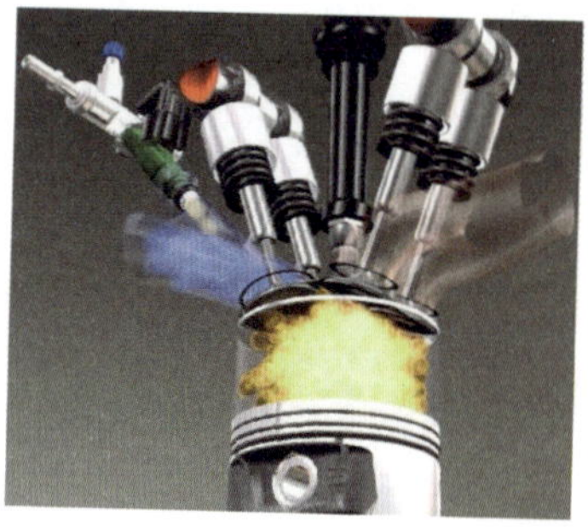

796. 点火线圈的原理是什么?

点火线圈之所以能将车上的低压电变成高电压，是由于有与普通变压器相同的形式，即点火线圈里面有两组线圈：初级线圈和次级线圈。次级线圈通常用 0.1mm 左右的漆包线绕 15000 ~ 25000 匝；初级线圈通常用 0.5 ~ 1mm 左右的漆包线在次级线圈外绕 200 ~ 500 匝。初级线圈一端与车上低压电源联接，另一端与点火器联接；次级线圈一端与初级线圈联接，另一端与高压线输出端联接并输出高压电。

点火线圈的工作原理就是变压器（升压器）的原理。初级线圈匝数少，次级线圈匝数多，在给初级线圈接通低压电后断开，由于互感原理，在匝数较多的次级线圈中会感应出几万伏的高压电。

797. 影响次级电压的因素有哪些?

（1）发动机气缸数的影响。

（2）火花塞积碳的影响。

（3）电容器的影响。

（4）断电器触点间隙的影响。

（5）点火线圈温度的影响。

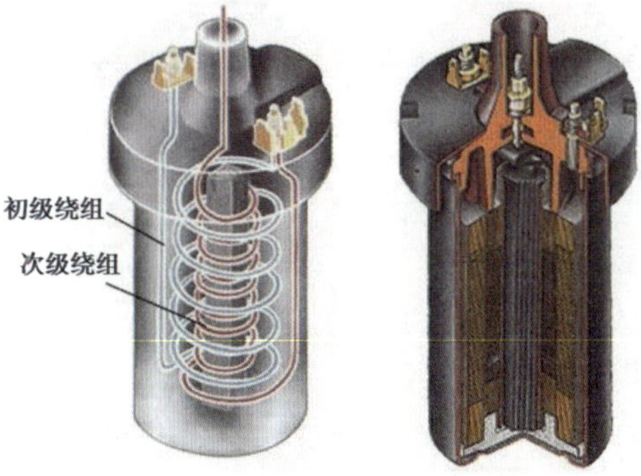

传统式点火线圈构造图

798. 什么是开磁路点火线圈?

开磁路点火线圈的中心部分是一个软铁芯，由硅钢片叠成，包在硬纸板套内。在纸板套外先绕制次级绕组，用直径为 0.06 ~ 0.10mm 的漆包线绕 11000 ~ 26000 匝；再在次级绕组外面用 0.5 ~ 1.0mm 的漆包线绕制初级绕组，匝数为 230 ~ 370 匝。在绕组与外壳之间装有导磁钢套，用来加强磁通。外壳的底部有绝缘瓷杯，用来防止高压电击穿次级绕组的绝缘向铁芯和外壳放电。点火线圈的上部是胶木盖，中央突出的部分是高压线插口，高压线插口两侧的接线柱是低压接线柱。

799. 什么是闭磁路点火线圈?

闭磁路点火线圈的铁芯加工成日字形，铁芯的内部先绕初级绕组，初级绕组的外面绕次级绕组。采用热固性树脂作为绝缘充填物，外壳以热熔性塑料注塑成形，其绝缘性、密封性均优于开磁路点火线圈。闭磁路点火线圈的磁力线可由铁芯构成闭合磁路，因而漏磁少，能量损失小，能量变换效率高。另外，闭磁路点火线圈还具有结构紧凑、体积小的优点。

笔式点火线圈

800. 点火模块有什么作用?

点火模块的作用是按照点火信号发生器发出的点火信号接通和断开点火系统的初级电路，使点火线圈的次级产生高压。现代汽车的电子点火模块中除最基本的电路外，还增加了闭合角控制电路、初级电路、电阻可变电路、停车断电保护电路、点火能量恒定控制电路等，使点火系统的性能更加完善。

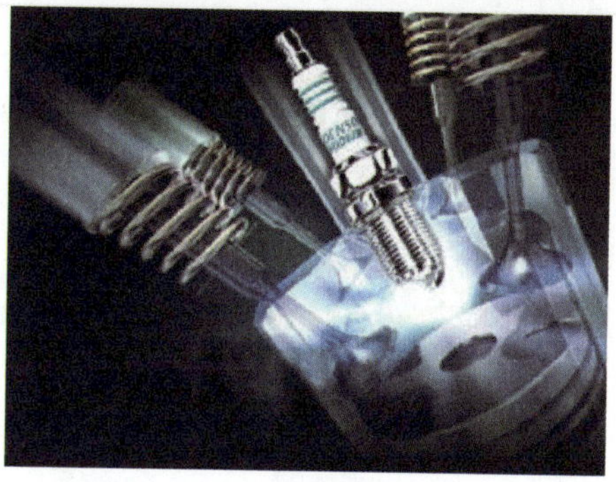

火花塞

801. 火花塞有什么作用?

火花塞的作用是将点火线圈产生的高压电引入发动机的燃烧室内，通过本身的间隙产生火花放电，点燃可燃混合气。对火花塞提出了较高的要求,具体如下:

（1）火花塞应能承受冲击性高压电的作用，其绝缘体应在 30000V 高压的作用下保证良好的绝缘性能。

（2）发动机气缸内燃烧气体的温度与进入气缸的新鲜混合气的温度相差很大，火花塞要能承受这种温度的剧烈变化，并保持一定的温度，不得产生局部过热或过冷。

（3）火花塞要能承受住混合气燃烧所产生的巨大的冲击力，因此，火花塞要有足够的机械强度。

（4）火花塞在工作中要受到燃烧产物中多种活性气体的腐蚀作用，因此，要求火花塞的电极采用难熔、耐蚀的材料制成。

802. 火花塞有哪些类型?

（1）断电触头尖型火花塞。
（2）多极火花塞。
（3）突出型火花塞。
（4）细电极型火花塞。
（5）铜芯电阻型火花塞。
（6）沿面跳火型火花塞。

火花塞类型

803. 火花塞的结构有哪些？

火花塞的主要部件是绝缘体、接线柱和电极，而火花塞电极包括中央电极和侧电极，两者之间的间隙为火花塞间隙，一般不到1mm。火花塞的放电部分是中央电极和侧电极，两者之间用高氧化铝陶瓷绝缘体隔开。绝缘体内部的中心导电部分分为三段，最下面一段为中央电极。中间是膨胀系数与陶瓷绝缘体相差不大的导电玻璃，确保火花塞在各种温度下的密封性，最上面是金属杆，金属杆的上部制有螺纹，中央电极接线柱拧在其上，高压导线接在中央电极接线柱上。绝缘体的外面是钢制壳体，壳体与陶瓷绝缘体之间有两个铜质的内垫圈，起密封和导热作用。壳体上部加工有供拆装火花塞用的六方壳体，其下部制有螺纹，拧入气缸盖相应的火花塞座孔，壳体的下端固定有侧电极。为保证火花塞在装入气缸盖后气缸的密封性，固定螺纹的上端还有金属密封圈。

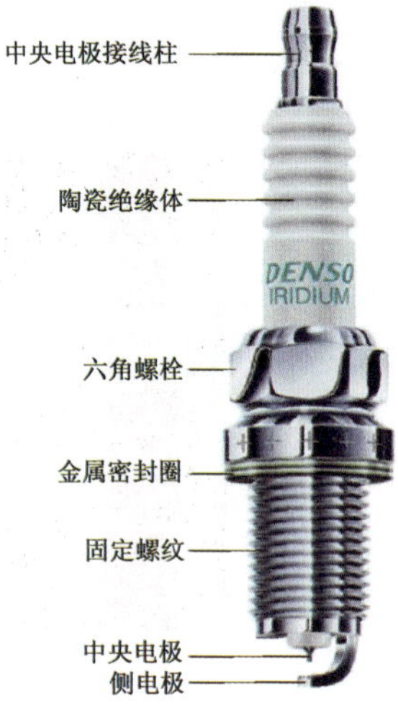

火花塞结构图

804. 火花塞点火的原理是什么？

火花塞点火的原理有点类似雷电，火花塞头部有中央电极和侧电极（相于两朵带相反极性离子的云），两个电极之间有一个很小的间隙，当通电时能产生高达1万～3万伏的电火花，可以瞬间“引爆”气缸内被压缩后温度非常高的可燃混合气。

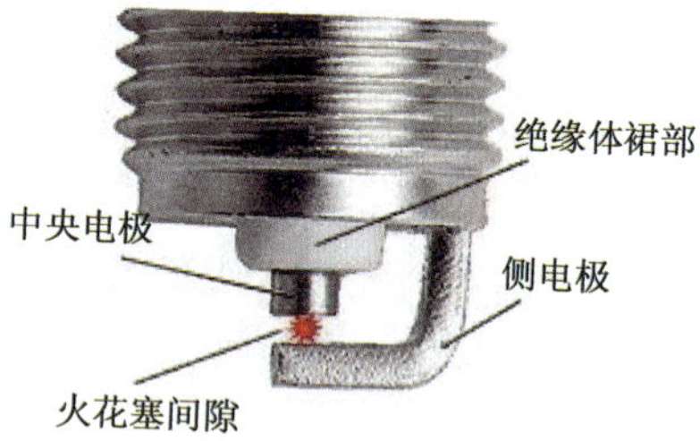

火花塞点火原理

805. 影响火花塞跳火性能的因素有哪些？

（1）火花塞电极形状的影响。火花塞电极的形状对放电性能有很大影响，一般电极有比较尖锐的棱角，比较容易放电，如果电极是球面的形状，则放电最困难。

（2）火花塞电极间隙的影响。一般火花塞的电极间隙越大，所需要的放电电压越高。为保证发动机在任何情况下可靠点火，火花塞的间隙为0.6～0.8mm。

（3）气缸压缩压力的影响。气缸的压缩压力越大，火花放电就越困难，所需的电压也就越高。

（4）电极温度的影响。火花塞电极的温度越高，所需的电压越低。

806. 火花塞的自洁温度是多少？

要使火花塞工作良好，必须使火花塞保持在适当的温度范围以内，此适当的温度范围的下限称为火花塞的自洁温度，大约为450℃。如果火花塞在工作中低于此温度，燃油不完全燃烧所产生的积碳就会沉积在火花塞的陶瓷绝缘体表面，导致火花塞漏电。积碳严重时，将造成火花塞不能点火；高于此温度，沉积的积碳会被烧掉，因此，称此温度为自洁温度。温度范围的上限称为早燃温度，大约为950℃。如果火花塞中央电极的温度超过此温度，火花塞不跳火就能将混合气点燃，这种情况称为早燃。发生早燃，会造成发动机的输出功率下降，甚至造成活塞顶烧熔。因此，火花塞的温度必须在950℃以下。其正常工作温度范围为450～950℃。

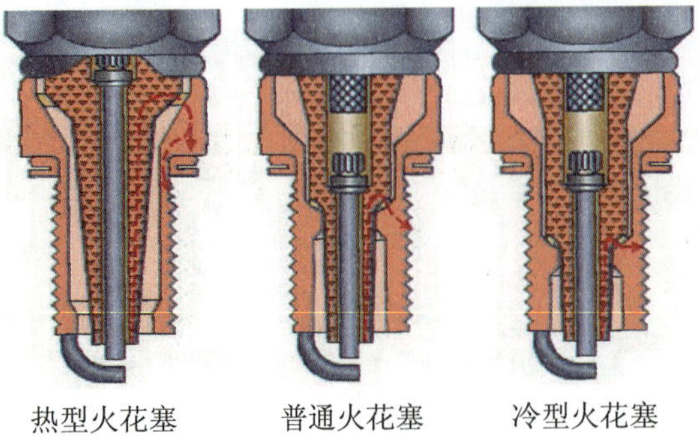

火花塞形式

807. 热型火花塞与冷型火花塞有何区别？

就火花塞本身的结构来说，影响火花塞工作温度的因素主要是陶瓷绝缘体暴露在燃烧室内的部分，通常将这部分称为火花塞的裙部。在相同的工作条件下，裙部长的火花塞受热面积大，传热的路径长，散热困难，因此工作温度高，我们把这样的火花塞称为热型火花塞。反之，裙部短的火花塞，受热面积小，传热路径短，散热容易，因而工作温度低，我们把这样的火花塞称为冷型火花塞。

808. 火花塞热值对发动机有何影响?

热值较高的火花塞反应迅速，较适合市区走走停停的路况，但气温较高时使用容易使发动机出现过热的现象。反之，热值较低的火花塞在走停间不如热值高的火花塞反应迅速，不过当汽车长时间以高速行驶时，热值低的火花塞就会有较佳的表现。只求稳妥的车主，还是换用与出厂所备火花塞完全相同的品牌、型号较为保险。

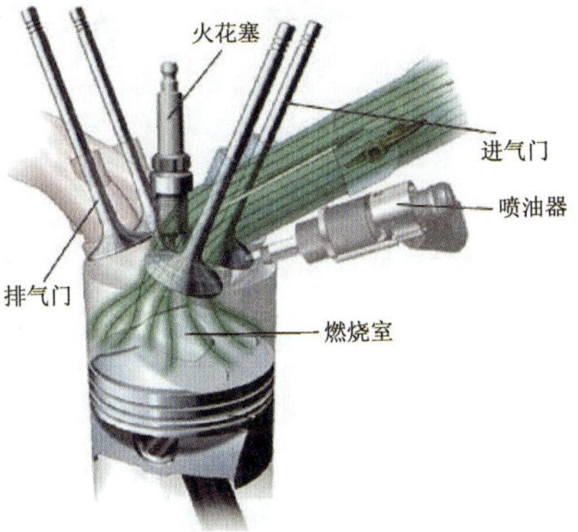

火花塞在发动机中的安装位置

809. 火花塞的使用寿命有多长?

普通火花塞的使用寿命为 15000km，长效火花塞的使用寿命为 30000km。发动机工作时，火花塞的绝缘体裙部的温度应保持在 500 ~ 600℃。如果温度过低，绝缘体容易产生积碳，可能引起漏电而产生缺火现象；如果温度过高，容易引起早燃和爆震。

810. 火花塞烧蚀的现象及原因有哪些?

（1）电极熔化且绝缘体呈白色。此现象表明燃烧室内温度过高，其原因可能是燃烧室内积碳过多，也可能是火花塞未按规定力矩拧紧等。

（2）电极变圆且绝缘体有疤痕。此现象表明发动机早燃，其原因可能是点火时间过早或者汽油辛烷值低，火花塞热值过高等。

（3）绝缘体顶端碎裂。爆震燃烧是绝缘体破裂的主要原因，而点火时间过早、汽油辛烷值低、燃烧室内温度过高，都可能导致发动机爆震燃烧。

（4）绝缘体顶端有灰黑色条纹。这种条纹标志火花塞已经漏气，应更换新件。

电极烧蚀

811. 火花塞有沉积物的现象及原因有哪些?

（1）油性沉积物。火花塞上有油性沉积物，表明机油已经进入燃烧室内。如果只是个别火花塞上有油性沉积物，则可能是气门油封损坏。如果各缸火花塞都黏有油性沉积物，表明气缸窜油，应检查空气滤清器和通风装置是否堵塞等。

火花塞上的油性沉积物

（2）黑色沉积物。火花塞电极和内部有黑色沉积物，表明混合气过浓，可以增高发动机运转速度，并持续几分钟，就可烧掉留在电极上一层黑色的煤烟层。

812. 柴油机没有火花塞吗?

柴油机是燃烧柴油来获取能量释放的内燃机。它是由德国发明家鲁道夫·狄塞尔（Rudolf·Diesel）于 1892 年发明的，为了纪念这位发明家，柴油就是用他的姓 Diesel 来表示，柴油机也被称为狄塞尔发动机。

柴油机在进气冲程中吸入的是纯空气，在压缩冲程接近终了时，柴油经喷油泵将油压提高到 100bar 以上，通过喷油嘴喷入气缸，在很短的时间内与压缩后的高温空气混合，形成可燃混合气。由于柴油机压缩比高（一般为 16 ~ 22），所以，压缩终了时气缸内的空气压力可达 35 ~ 45bar，同时温度高达 500 ~ 800℃，大大超过了柴油的自燃温度。因此，柴油在喷入气缸后，在很短时间内与空气混合后便立即自行燃烧。气缸内的气压急速上升到 60 ~ 90bar，温度也升到 1800 ~ 2300℃。燃烧所产生的高温高压燃气在气缸内膨胀，推动活塞向下运动并带动曲轴旋转而做功。因此，柴油机没有点火线圈、火花塞等，也就没有点火系统。

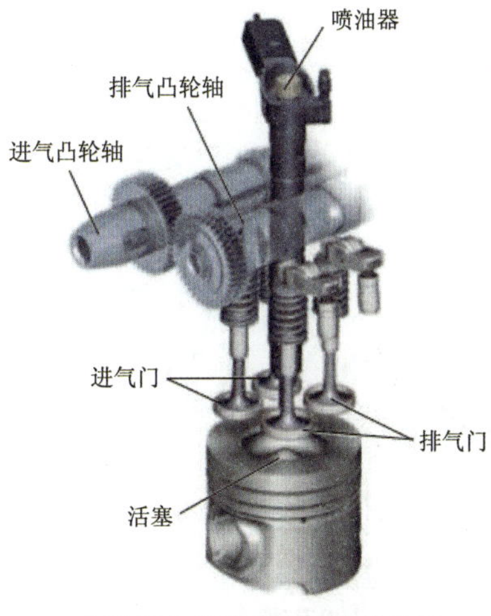

喷油器在发动机中的安装位置

813. 铱金火花塞有什么优势?

普通火花塞、铂金火花塞和铱金火花塞，这是对火花塞电极材料的不同而区分出来的特殊称谓。一般汽车的原厂火花塞，其电极材料由镍锰合金制成，即普通火花塞，它们一般在行驶 1 万 km 或 1 年后都要进行检查或更换。铂金火花塞则可实现 10 万 km 内免检查更换，而近来才出现的铱金火花塞同样能达到这样的水平。

由于银、金的熔点太低所以不能用作电极材料，而镍则有接近 1500℃的熔点且价格便宜，所以就制成了普通火花塞。铂金则接近 2000℃才被熔掉，其稳定性和抗烧蚀性自然比镍要好，而铱金材料则比铂金有更高的熔点，所以更加适合高性能发动机长时间、高转速情况下使用。另外，化学特性比较稳定是衡量金属的本质，所以铂金、铱金在极高转速的高温、高压下，依然能提供准时、强劲的火花。要知道在这种极限情况下，普通火花塞极有可能发出不稳定、不准时的火花，甚至有可能“失火”，发动机的工作因此大打折扣。

814. 铂金火花塞有什么优势?

火花塞寿命往往用电极的消耗来衡量，火花塞的寿命定义为“直到电极不能跳正常的火花为止”，可见电极的消耗对火花塞寿命的影响之大。

铂金火花塞的电极采用的就是铂金，其寿命是普通火花塞寿命的 5 倍，铂金火花塞的平均寿命能达到 16 万 km。铂金电极火花塞的优越性主要有如下几个方面：

（1）提高了发火性。

（2）提高了跳火性能。

（3）容易稳定在燃烧的最佳工作温度内。

（4）扩大了热范围。

（5）优良的耐久性。

铂金火花塞

815. 如何清理火花塞?

（1）将火花塞从气缸上取下之前，切记要将吸附在火花塞周围的尘土和油污擦拭干净。防止取下火花塞时，这些尘土和油污进入气缸内。在取下火花塞后，也要将火花塞安装孔盖好，以免异物掉入气缸。

（2）取下火花塞后，先用小刀或废旧钢锯条刮掉火花塞上的污物和积碳（如果污物和积碳不易刮掉，可先将火花塞用火烧一下。注意不要使用强火，以免烧坏火花塞的绝缘材料）。当污物和积碳清理完毕后，用汽油清洗干净、烘干。

火花塞

（3）在重新安装火花塞之前，还要检查火花塞的电极间隙，应符合相应车型火花塞间隙规定值。火花塞电极间隙如果不符合要求，可用木制器具调整火花塞的侧电极，一般不要动火花塞的中间电极，以免损坏火花塞的绝缘体。

816. 什么情况下需要更换火花塞?

如果发现火花塞顶端起疤、破裂或电极熔化、烧蚀，这就说明火花塞已经烧坏，应该更换。另外，若绝缘体顶端有灰黑色条纹，也要更换火花塞，因为这表示该火花塞已经漏气。如果火花塞电极头被油泥附着，或看起来颜色不太正常，最好找时间到修理厂进行检查，因为这说明发动机的工作状况可能有问题。

817. 自己如何更换火花塞?

首先选择规格合适的火花塞套筒。将火花塞上的高压线轻轻拔下，此时如果抓着高压线本身用力拉，可能会拉伤高压线，可抓住高压线根部（靠近火花塞侧）用力拉。用抹布或刷子清理火花塞周围的污垢，再将火花塞套筒正确套上。为避免弄乱高压线与火花塞的搭配顺序，应该一缸一缸地进行操作，或在高压线头标明它是属于哪个缸的线，以免复原时装错。

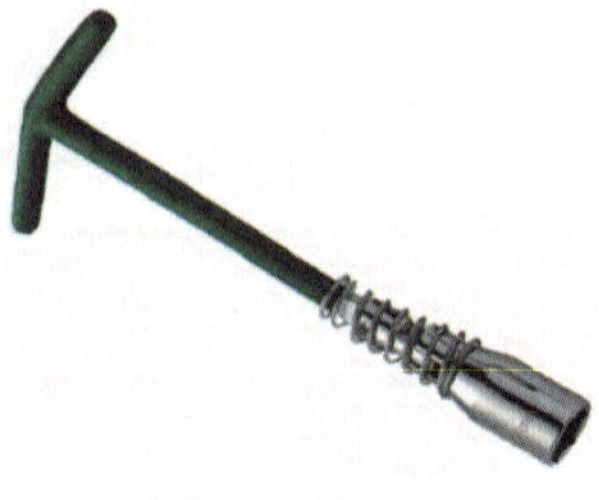

火花塞套筒扳手

818. 点火提前角受哪些因素影响?

影响点火提前角的因素主要有发动机转速和发动机负荷。

当发动机转速高时，应增大点火提前角。这是由于在发动机转速升高时，在相同的时间内活塞的移动距离变大，曲轴转过的角度变大，如果燃烧速率不变，则点火提前角应增大。

当发动机负荷大时，应减小点火提前角。这是由于在发动机负荷增大时，吸入气缸的混合气增多，压缩终了时的压力和温度增高，残余废气相对减少，混合气燃烧速度加快，点火提前角应减小。

820. 高压线有什么作用?

高压线用来将点火线圈的高压电送至分电器盖的中心插孔，再从分电器盖的旁电极插孔传至火花塞。现在使用的高压线，大多采用电阻型的高压线，以抑制点火系统所产生的无线电干扰。

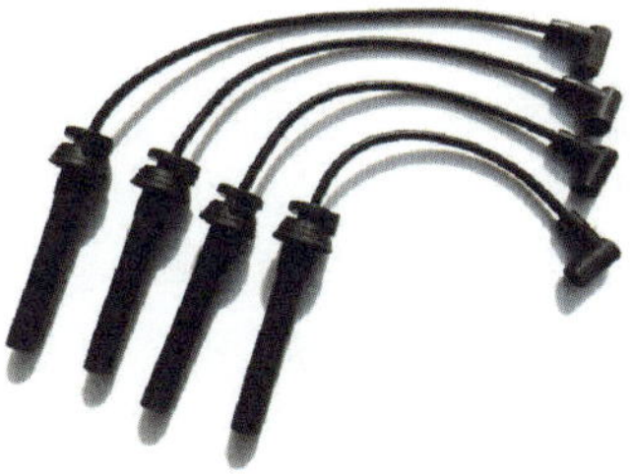

高压线

高压线两端的金属接头分别与火花塞和分电器盖的旁电极插孔相连，两端的胶皮套要套住火花塞和分电器，以保证密封和绝缘。

821. 什么是爆震燃烧?

汽油机在燃烧过程中，燃烧室内有明显的火焰前锋在推进。在火焰前方的未燃混合气受到已燃混合气强烈的压缩和热辐射作用，其压力和温度都急剧增高。如果火焰前锋到达以前，未燃混合气已达到它的自燃温度而自行着火，形成新的火焰中心，产生新的火焰传播，这种现象称为爆震燃烧，简称爆燃。

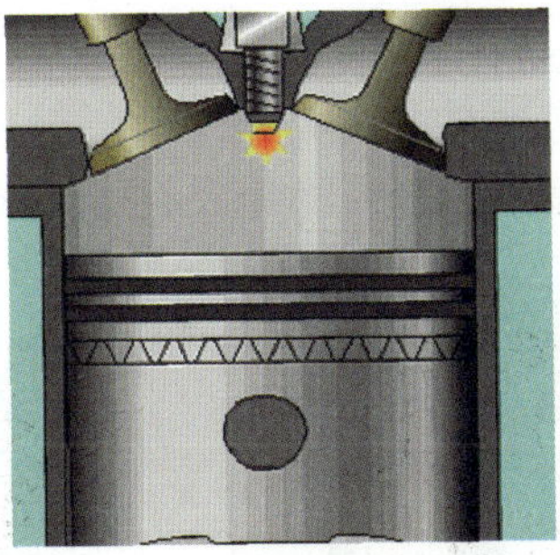

正常燃烧

819. 分电器是如何分电的?

分电器是按气缸点火次序定时地将高压电分配给各缸火花塞，那么它是如何分配的呢？下面来看一下分电器的结构。分电器通常由配电器（分电器盖）、断电器、电容器和点火提前调节装置组成。这里面的分电器盖就起到分配高压电的作用。

分电器盖的中心插孔通过高压线与点火线圈相联接，则点火线圈的高压电通过分电器盖上的中心电极传给分火头，分火头转动将高压电通过旁电极和分缸高压线传递给各缸火花塞，从而点燃各缸的可燃混合气。

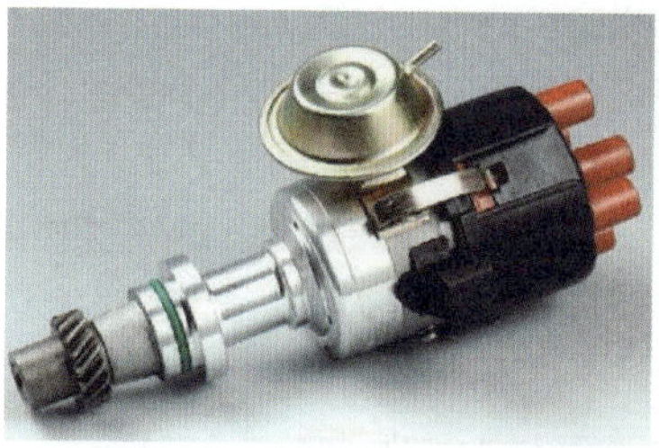

分电器

822. 爆震燃烧有什么危害?

1）机件过载

强烈爆燃时的冲击波使缸壁、缸盖、活塞、连杆、曲轴等机件过载，使机件变形甚至使机件损坏。

2）机件烧损

爆燃时，汽油机燃烧终了的温度可达 2000℃～2500℃，而活塞顶、燃烧室壁及气缸壁的温度仅为 200℃～300℃。除冷却液的作用外，能够维持这样低的温度的原因是在这些壁面上形成了气体的附面层，它起了隔热作用。强烈爆燃的冲击波会破坏这一附面层，使机件直接与高温燃气接触，而严重爆燃时局部燃气温度可达到 4000℃以上，使活塞头部和气门等机件烧损。

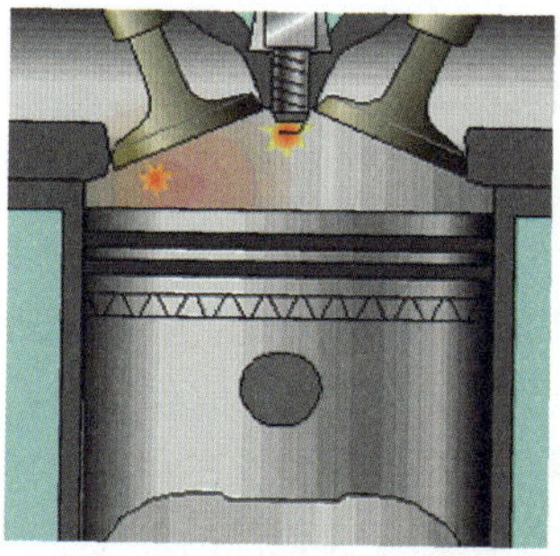

爆震燃烧

3）性能指标下降

严重爆燃时的局部高温产生严重的热分解现象，燃烧产物分解为 CO、H_2、O_2、NO 及游离碳的现象增多。游离碳已不能再燃烧，形成排气冒烟。CO、H_2、O_2 等在膨胀过程中重新燃烧，使补燃增加，排气温度增高，附面层破坏，向缸壁散出的热量增加，发动机过热，有效功率降低，有效耗油率增加。

严重爆燃时，即使机件没有损坏，其寿命也会降低。试验表明，严重爆燃时气缸的磨损量比正常燃烧时高 27 倍左右。

823. 爆燃传感器能精确控制点火吗?

发动机工作时因点火时间提前过度（点火提前角）、发动机的负荷、温度及燃料的质量等影响，会引起发动机爆燃。发生爆燃时，由于气体燃烧在活塞运动到上止点之前，轻者产生噪声及降低发动机的功率，重者会损坏发动机的机械部件。为了防止爆燃的产生，爆燃传感器是不可缺少的重要部件，以便通过电子控制系统去调整点火提前时间。

爆燃传感器

爆燃传感器安装位置示意图

发动机发生爆燃时，爆燃传感器把发动机的机械振动转变为信号电压送至 ECU。ECU 根据其内部事先储存的点火及其他数据，及时计算修正点火提前角，去调整点火时间，防止爆燃的发生。

824. 什么是表面点火?

表面点火是指在发动机工作时，气缸内混合气不是被火花塞点燃，而是被燃烧室内局部机件炽热表面及炽热的高温点（其温度在 850℃以上）所点燃，它是一种不正常的燃烧现象。在正常火花塞点火前的表面点火称为"早火"；在正常火花塞点火后的表面点火称为"后火"。表面点火的外部特征与爆震燃烧相似，有强烈而沉闷的敲击声，而且工作不正常，负荷增加，加剧了零部件的磨损，对发动机有严重的破坏作用。

引起表面点火的原因：燃烧室内炽热物，如过热的排气门、过热的火花塞电极和燃烧室内积碳等。

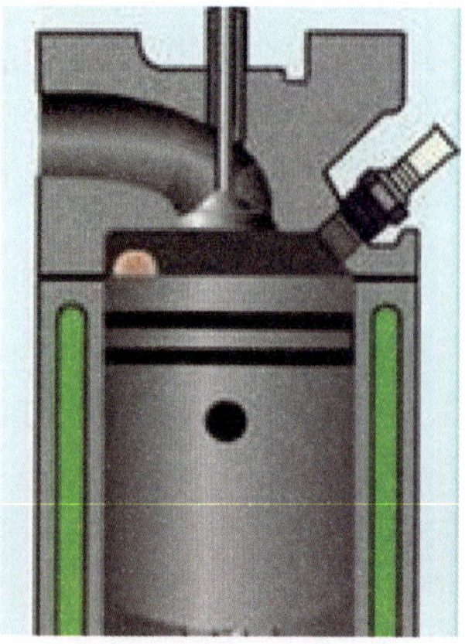

表面点火示意图

825. 表面点火和爆震燃烧有何区别?

表面点火与爆震燃烧是两种完全不同的不正常燃烧现象。爆震燃烧是燃烧室内末端混合气的自燃现象，而表面点火是由炽热物点燃混合气所致。表面点火时火焰传播速度比较正常，没有压力冲击波，但二者之间存在着相互促进的内在关系。

表面点火与爆震燃烧的区别在于：表面点火是混合气为炽热表面所点燃的结果，而爆震燃烧是未燃混合气因受已燃混合气的加热压缩而引起自燃的结果，它发生在火花点火之后，并有压力波产生。表面点火的加剧可以引起爆震燃烧，而爆震燃烧又将形成更多的炽热表面，使表面点火更为剧烈。

826. 点火开关有什么作用?

点火开关（Ignition Switch）主要用来接通和切断点火电路，同时还控制起动电路、发电机励磁电路、仪表电路及其他辅助电器设备的电路，是汽车电路中的一个重要的控制开关。

点火开关通常有 LOCK、ACC、ON、START 四个挡位。

（1）LOCK 挡，一般的点火钥匙放到这个挡位就等于锁死了方向盘，方向盘不能有太大的活动。

（2）ACC 挡，ACC 挡是可以使用部分用电设备的，如收音机、车灯等，但不可以使用空调等大的用电设备。

（3）ON 挡，正常行车时点火钥匙处于 ON 状态，这时全车所有电路都处于工作状态。

（4）START 挡，是发动机起动挡，起动后会自动恢复到 ON 挡。

点火开关

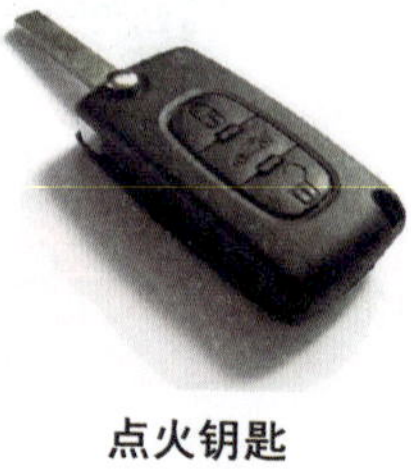

点火钥匙

827. 什么是单缸独立点火?

独立点火，英文为 Coil On Plug，简称为 COP，Coil On Plug 中文直译为线圈在火花塞上，线圈直接安装在火花塞上，即一个气缸分配一个点火线圈，这样还取消了高压线，俗称单缸独立点火。

单缸独立点火方式适用于任何缸数的发动机，特别适合每缸 4 气门的发动机使用。因为点火线圈和火花塞"合二为一"，可安装在双顶置凸轮轴 DOHC 的中间，充分利用了间隙空间。由于取消了分电器和高压线，能量传导损失及漏电损失极小，没有机械磨损，而且各缸的点火线圈和火花塞装配在一起，外用金属包裹，大幅减少了电磁干扰，可以保障发动机电控系统的正常工作。

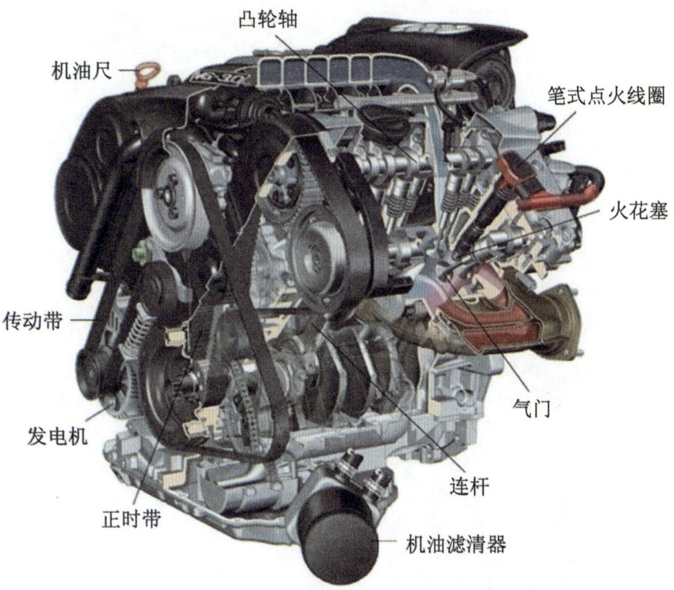

单缸独立点火发动机构造图

828. 什么是双缸同时点火?

双缸同时点火方式是指用一个点火线圈同时为两个气缸点火，因此，这种点火方式只能用于气缸数目为偶数的发动机。如果在 4 缸汽油机上，两个气缸的活塞同时接近上止点（一个是压缩，另一个是排气），两个火花塞共用同一个点火线圈且同时点火，则这时候一个是有效点火，另一个是无效点火。前者处于高压低温的混合气之中，后者处于低压高温的废气中，因此两者的火花塞电极间的电阻完全不一样，产生的能量也不一样，导致有效点火的能量大得多，约占总能量的 80 %左右，所以可以可靠点火。

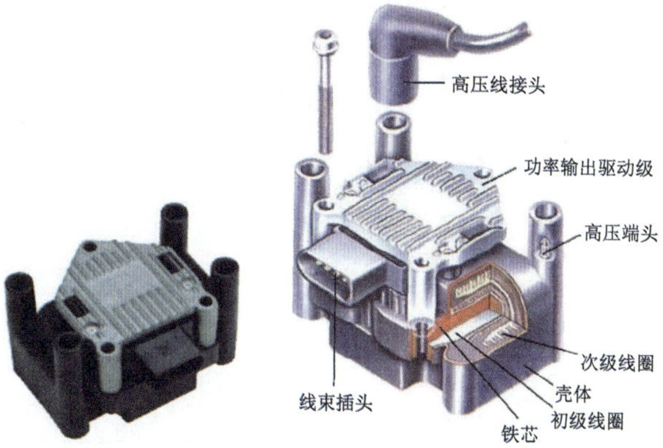

双缸同时点火用点火线圈构造图

829. 什么是连续点火?

连续点火是使每个气缸在工作过程中产生连续两个以上甚至几十个高压火花，能够使放电时间所覆盖曲轴旋转的角度延长十几倍，也就是气缸在每个工作过程产生一串火花而不是仅一个火花。为此，有的制造厂采取在一个火花塞上连续数次放电的方式，也有的制造厂采取每个气缸安装两个火花塞依次放电的方式。宝马一般采用在一个火花塞上连续 3 ~ 8 次放电的连续点火控制方式，其连续点火只是发生在发动机处于怠速工况时，当发动机转速增加时，连续点火方式即转变为普通 1 次点火方式；而福特嘉年华的连续点火控制转速范围远远超过怠速转速，根据实际测试的结果，在发动机转速低于 1700r/min 时，电脑仍执行每缸 2 次的连续点火控制，但当发动机转速超过 1700r/min 时，点火次数也会从 2 次连续脉冲点火转变为普通 1 次点火方式。

830. 连续点火有什么优势?

连续点火通过增加点火次数和延长放电时间实现了增强点火能量的目的。由于增加点火次数、延长放电时间，向混合气提供了更多的能量，同时连续击穿放电产生较强的电磁场，这些都使混合气中的氧分子吸收大量能量而转化为活化氧分子、新生氧原子和臭氧。活化氧分子键比普通氧分子键容易断裂，它们和新生氧原子都表现出较强的化学活泼性，强烈地参与同汽油类分子的氧化反应，这样就使得反应速度加快，燃烧更加充分。

831. 什么是双火花塞点火系统?

本田飞度使用的双火花塞点火系统是在半球形燃烧室两侧对称布置两个同型号火花塞，这两个火花塞与燃烧室中心的距离相等，两个火花塞同时点火，不仅火焰传播距离缩短了一半，而且两个火花塞同时着火爆炸燃烧，急速形成较强烈的涡流，大幅度加快了火焰的传播速度。

双火花塞点火系统

832. 双火花塞点火系统有什么优势?

本田飞度是配备了本田新一代 23km/L 低耗油发动机"i-DSI 发动机"。智能化双火花塞顺序点火 i-DSI 系统，把通常 1 个气缸 1 个火花塞控制点火方式改为在 1 个气缸上安装 2 个火花塞，分别设在进气侧和排气侧，缩短了燃烧室内火焰传播的时间，实现了全域范围内的急速燃烧，同时降低了爆燃的倾向，使得大幅度提高压缩比成为可能，实现了高输出功率、高输出扭矩及低油耗的统一。

833. 双火花塞点火系统怎样工作?

本田独有的双火花塞点火系统是根据发动机转速和负荷状况来编制的。当可燃混合气进入燃烧室，靠近进气侧的第一个火花塞点火。接着，靠近排气侧的第二个火花塞点火，促进燃烧过程。与单一的火花塞系统相比，这个系统使燃烧更加完全，使发动机输出功率更大，油耗更少，排放降低。

834. 什么是高压高频交流点火?

在连续点火控制技术逐步应用在汽车电子点火系统的同时，一种更加先进的电子点火控制技术也在最新型的车辆上得到采用，这就是高压高频交流点火技术。

在最新的奔驰 S600 轿车上，M137.970 发动机控制系统就采用了这一新的点火系统。这一点火系统专门使用了一个 ECI 主控单元，为点火模块提供 180V 的直流电压，以及一个 23V 的辅助电压（用于爆震监控）。来自 ECI 主控单元的 180V 直流电压提供给两个点火模块。在点火瞬间，直流电压被转换为频率为 25kHz 的交流电压，这意味着每一次点火时，在点火线圈内每秒钟会产生 2.5 万次的磁场变化，也即是说会产生同等次数的电火花，这使得在整个燃烧过程中能够拥有持续不断的火花放电。

火花塞

835. 什么是点火正时?

在发动机的压缩冲程终了，活塞到达压缩冲程的顶点时，点火系统向火花塞提供高压火花以点燃气缸内被压缩的可燃混合气作功，这个时间就是点火正时。为使点火能量最大化，点火正时一般要提前一定的量，所以是在活塞即将到达压缩冲程上止点的那一刻点火，而不是正好到达压缩冲程上止点时才点火，这个提前量称为点火提前角。

836. 点火正时对发动机有什么影响?

点火正时过早会造成发动机的爆震燃烧，使发动机产生局部过热，燃料消耗增加，功率下降；点火正时过晚会使发动机燃烧所产生的最大压力下降，功率下降，温度升高，经济性下降。

837. 点火正时灯有什么作用?

点火正时灯是专门用于测试发动机运转中点火时间是否正确的测试仪器，它用正时灯泡与高压电同时发光作为正时记号来测试点火时间。

838. 点火正时灯由哪些部件组成?

点火正时灯由闪光灯、传感器、整形装置、延时触发装置和显示装置组成。正时灯是一种频率闪光灯，每闪光一次表示第 1 缸的火花塞发火一次，因此，闪光与第 1 缸点火同步。当正时灯对准发动机第 1 缸压缩终了上止点标记，并按实际跳火时间进行闪光时，若飞轮或曲轴传动带盘上的标记还未到达固定指针，即第 1 缸活塞还未到达压缩终了上止点。此时，可调整正时灯电位器，使闪光时机推迟至转动部分上的标记正好对准固定指针之时，那么推迟闪光的时间就是点火提前的时间，将其显示到表头上，便可读出要测的点火提前角。

点火正时灯

839. 如何使用点火正时灯?

（1）将正时灯的红色电源夹夹在蓄电池的正极上，黑色电源夹夹在蓄电池的负极上。

（2）将正时灯的外卡式传感器卡在一缸高压线上，如果是独立点火系统，应在 1 缸点火线圈上贴感应片，使用专用片式感应器。

（3）发动机运转到正常工作温度，打开正时灯开关。

（4）在发动机稳定怠速下，正时灯对准转动标记，调整正时灯延时旋钮，直到转动标记与缸体固定标记对齐，此时，正时灯上的指示装置上的读数即为发动机怠速下点火提前角。用同样的方法可以测出不同工况下的点火提前角。

（5）检测完毕，关闭正时灯，取下电源夹和外卡式传感器。

第四节 照明与信号系统

840. 对照明系统有哪些要求?

（1）照明设备能提供车前 100 ~ 200m 明亮均匀的照明，在会车时，不应对迎面来车的驾驶员造成眩目。

（2）驾驶员在夜间倒车时能看清车后的情况。

（3）在夜间，其他行驶车辆驾驶员和行人在一定距离内能看清车辆的牌号。

（4）采用特殊照明，提高能见度，改善雾天行车条件。

（5）车内要有足够的照明装置，当车内光线强度不够时，可以增强车内光线强度，既便于驾驶员操纵车辆、观察仪表等，又满足乘客阅读等要求。

（6）车厢和发动机罩下面应有照明装置，便于车辆使用和检修。

841. 照明与信号系统包括哪些部件?

前照灯组合开关

汽车照明及信号系统是汽车安全行驶的必备系统之一。它主要包括照明灯具和信号灯具两种。

（1）照明灯具有前照灯、雾灯、牌照灯、仪表灯、顶灯、工作灯等。

（2）信号灯具有转向信号灯、危险警报灯、示位灯、制动灯、倒车灯等。

842. 照明系统各灯具安装在什么位置?

（1）前照灯俗称大灯，安装于汽车头部的两侧，用于夜间或光线昏暗路面上汽车行驶时的照明。

（2）雾灯安装于车头和车尾，装于车头的雾灯称为前雾灯，安装在车尾的雾灯称为后雾灯。雾灯用于在雨雾天气行车时照明道路和为迎面来车及后面来车提供信号。

组合前照灯

（3）牌照灯安装于汽车牌照的上方或两侧，用于汽车夜间行驶时，牌照的照明，灯光一般为白色，其亮度应保证在车后 20m 处能看清牌照号码。

（4）仪表灯用于夜间行车时仪表的照明，安装在仪表板总成内，以便于驾驶员观察汽车和发动机的工作状况。

（5）顶灯又称为室内灯，安装于驾驶室和车厢顶部，作为内部照明之用，可用相应的开关控制。

（6）为了便于汽车维修，有的汽车配备了配有插头的工作灯，插座安装在发动机罩下或其他位置。

843. 信号系统各灯具安装在什么位置?

组合尾灯

（1）倒车灯装于汽车尾部，用于倒车时为汽车后方道路照明和警告其他车辆和行人，表示该车正在倒车，兼有灯光信号装置的功能。

（2）转向信号灯装于汽车前、后、左、右角，用于汽车转弯时发出明暗交替的闪光信号，使前后车辆、行人、交警知其行驶方向。

（3）制动灯安装在汽车的尾部，用于指示车辆的制动或减速信号。

（4）示位灯安装在汽车前面、后面和侧面。前位灯（也称为小灯，示宽灯）光色为白色或黄色；后位灯（也称为尾灯）光色为红色，侧位灯光色为琥珀色。夜间行驶接通前照灯时，示位灯与仪表灯、牌照灯同时发亮，用于标志车辆的位置。

844. 前照灯包括哪几部分?

前照灯的光学系统包括反射镜、配光镜和灯泡三部分。

1）反射镜

反射镜又称反光镜，其作用是最大限度地将灯泡发出的光线聚合成强光束，以增加照射距离。

2）配光镜

配光镜也称为散射玻璃，它是由透明玻璃压制而成的棱镜和透镜的组合体，装于反射镜之前，可将反射光束扩散分配，使路段的照明更加均匀。

3）灯泡

前照灯的灯泡是充气灯泡，是将玻璃泡内的空气抽出后，再充满保护气体。但即使这样，灯丝的钨仍然会蒸发，使灯丝损耗。而蒸发出来的钨沉积在灯泡上，使灯泡发黑。近年来，国内外已使用了一种新型的卤钨灯泡，即在灯泡内充入的保护气体中掺入某些卤族元素物质。

845. 前照灯分为哪几类?

1）可拆式前照灯

这是最早使用的一种前照灯，其反射镜边缘的齿簧与配光镜组合，再用箍圈和螺钉安装于灯壳上，灯泡的拆装必须将全部光学组件取出后才能进行，因而密封性很差，反射镜易受外界环境气候的影响而污染变黑，严重降低照明效果，目前已趋淘汰。

2）半封闭式前照灯

半封闭式前照灯的配光镜是靠卷曲反射镜周缘的牙齿而紧固在反射镜上，两者之间垫有橡皮密封圈，其灯泡拆卸只可从反射镜的后方进行。

3）全封闭式前照灯

全封闭式前照灯又称为真空灯，其灯丝焊在反射镜底座上，反射镜与配光镜熔合为一体，形成灯泡，里面充入惰性气体。

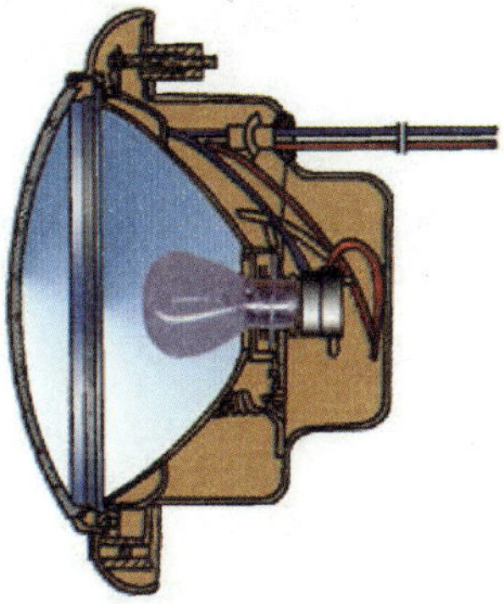

半封闭式前照灯

846. 对前照灯有什么要求?

（1）前照灯应能保证车前有明亮而又均匀的照明，使驾驶员能够看清车前 100m 内路面上的物体。随着现代汽车行驶速度的不断提高，对前照灯的要求也越来越高，现代高速汽车前照灯的照明距离应达到 200 ~ 250m。

（2）前照灯应具备防止眩目的功能，以避免夜间两车相会时，使对方驾驶员眩目而造成交通事故。

前照灯照射距离示意图

847. 防止眩目的措施有哪些?

夜间会车时，前照灯强烈的灯光可造成迎面驾驶员眩目，容易引发交通事故，所以必须采取有效的防眩目措施。

1）利用交通法规强制约束

我国交通法规规定，夜间会车时，必须在距对方来车 150m 以外互闭远光灯，改用防眩目近光灯。

2）采用双丝灯泡

前照灯一般采用双丝灯泡，一个灯丝为远光灯丝，功率较大（45 ~ 60W），位于反射镜的焦点位置，射出的光线远而亮；一个灯丝为近光灯丝（功率为 22 ~ 55W），位于反射镜焦点的上方或前方并稍向右偏斜，由于光线弱，且经反射后光线大部分向下倾斜，从而减少了对迎面来车驾驶员的眩目作用。

3）加装配光屏

在近光灯丝下加装配光屏（遮光罩），当接通近光灯时，配光屏能将近光灯丝下部分的光线完全遮住，消除了向上的反射光线；而接通远光灯丝时，配光屏不起作用。

双丝灯泡

848. 什么是大灯延时关闭?

大灯延时关闭也称为伴我回家功能，其本质就是大灯在车辆熄火后的延时关闭功能，为车主下车后提供一段时间的外部照明。

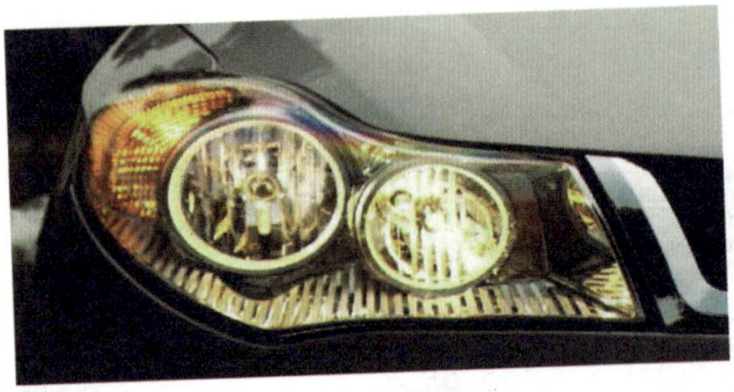

大灯延时关闭

849. 大灯清洗装置如何工作?

汽车在夜晚或光线较暗的行驶过程中，雨水和尘埃会将前大灯的照明度减少 90%，驾驶者的视线受到严重影响，对行驶安全来说，存在较大的隐患。保障大灯的足够照明并给予驾驶者清晰的视线成为这种情况下亟待解决的重要课题。大灯清洗装置则为解决这一问题提供了简单而有效的方法。

大灯清洗装置就是在大灯的下方利用高压水喷嘴随时清洗大灯的灰尘及污垢，保持灯罩清洁，改善照明状况和夜间视线，对夜间行车，尤其是夜间高速公路行车，能大大提高行驶安全性。一般高级一些的车型都具备此功能。

大灯清洗装置

850. 什么是主动大灯?

主动大灯技术，其英文为 Active High Beam Technology。它利用位于车头和前风挡内的两处光学摄像头扫描前方路面行驶的车辆与行走的行人。

当光学摄像头扫描到路面有前车或对向出现来车时，位于大灯组内的挡板会根据前车或对向来车的宽度，自动挡住大灯组内相应区域的灯光，并且摄像头会不断扫描本车与前车、来车的距离，不断控制挡板位置与遮挡面积，通过遮挡灯光起到减轻灯光对前车或对向来车驾驶者视线干扰的作用，直到前车或对向来车超过本车驾驶者视线范围才会取消遮挡。

当探测到路边行人时，会自动调整灯光高度，让灯光始终低于行人头部，避免灯光直射行人眼部的情况。这项功能也将随着本车与行人的距离，不断调整灯光高度，达到既保护行人又不丧失照明范围的效果。

探测前方车辆

探测前方车辆和行人

851. 什么是自适应大灯?

自适应大灯英文为 Adaptive Front-lighting System，简称 AFS。自适应大灯也被称为随动转向大灯，当汽车直线行驶时，自适应大灯与普通大灯没有太大的区别。

自适应大灯能够根据行车速度、转向角度等不断对大灯进行动态调节，适应当前的转向角，保持灯光方向与汽车的当前行驶方向一致，以确保对前方道路提供最佳照明并对驾驶者提供在任何时刻都能拥有的最佳的可见度。如在行驶过程中，当驾驶者转动方向盘的同时，自适应大灯也会转动一定的角度。而普通大灯具有固定的照射范围，当夜间汽车在弯道上转弯时，由于无法调节照明角度，常常会在弯道内侧出现“盲区”，极大地威胁了驾驶者夜间的安全驾车。

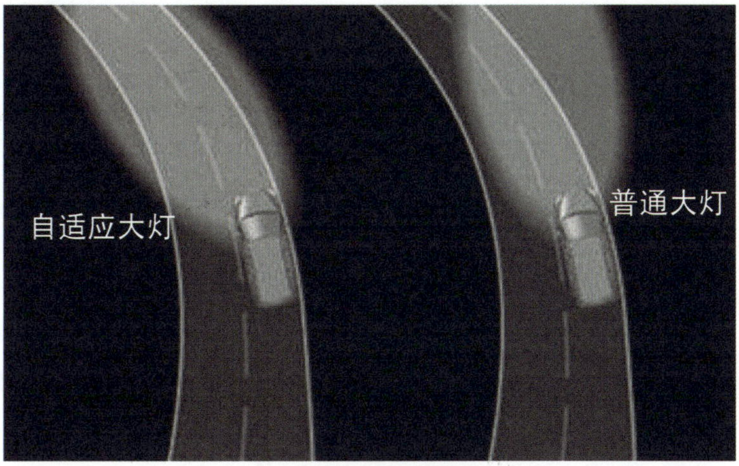

灯光照亮区域示意图

自适应大灯灯光照亮区域

852. 什么是卤素车灯?

卤素车灯（Halogen Lamp）是在灯泡内渗入少量的惰性气体碘，从灯丝蒸发出来的钨原子与碘原子相遇产生反应，生成碘化钨化合物，当碘化钨化合物一接触白热化的灯丝（温度超过 1450℃），又会分解还原为钨和碘，钨又重新回到灯丝中去，碘则重新进入气体中，如此循环，灯丝几乎不会烧断，灯泡也不会发黑。所以，它要比传统的白炽车灯寿命更长、亮度更大。

卤素灯泡

853. 什么是氙气车灯?

氙气车灯（High Intensity Discharge）是指内部充满包括氙气在内的惰性气体混合体，没有卤素车灯所具有的灯丝的高压气体放电灯，简称 HID 氙气车灯，也可称为重金属灯。

氙气车灯的发光原理是在 UV-cut 抗紫外线水晶石英玻璃管内，以多种化学气体充填，其中大部分为氙气与碘化物等，然后再通过升压器将车上 12V 的直流电压瞬间升高至 23000V 的电压，经过高压震幅激发石英玻璃管内的氙气电子游离，在两电极之间产生光源，这就是所谓的气体放电。而由氙气所产生的白色超强电弧光，可提高光线色温值，类似白昼的太阳光芒。HID 氙气车灯工作时所需的电流仅为 3.5A，亮度是传统卤素灯泡的 3 倍，使用寿命比传统卤素灯泡长 10 倍。

854. LED车灯有何优势?

2008年，奥迪首先在A4上使用了LED示宽灯，首先开启了LED车灯时代。LED车灯是指采用LED（Light Emitting Diode）发光二极管为光源的车灯。因为LED具有亮度高、颜色种类丰富、低功耗、寿命长的特点，LED被广泛应用于汽车领域。其主要有如下优势：

（1）寿命长，一般可达几万乃至十万小时。有人认为如果未来的汽车照明灯使用LED，则整个汽车使用期限将不用更换灯具。

（2）高效率、低能耗。LED光源不需要滤色就能直接产生汽车灯具需要的红色、琥珀色等颜色，无损耗，电能利用率高达80%以上。

（3）光线质量高，属于环保产品，基本上无辐射，“绿色”光源。

（4）LED的结构简单。内部支架结构，四周用透明的环氧树脂密封，抗震性能好。

（5）点亮无延迟，亮灯响应速度快（纳秒级）。

（6）LED占用体积小，设计者可以随意变换灯具模式，令汽车造型多样化。

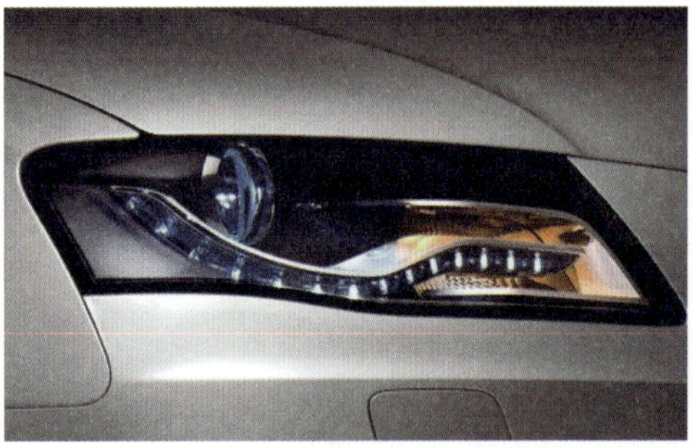

LED前照灯

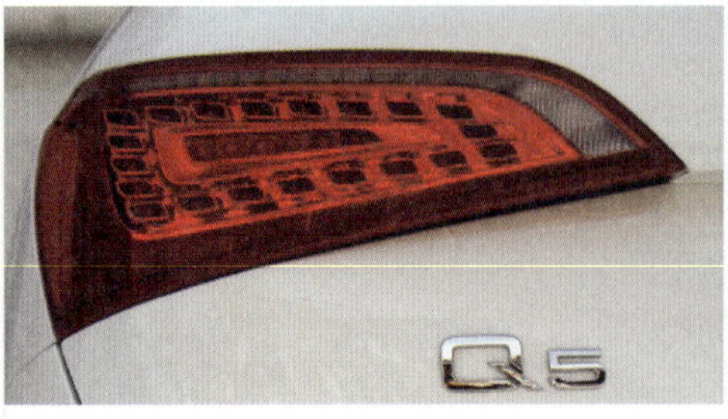

LED尾灯

855. 什么是LED大灯?

LED大灯是指前大灯所有的光源均采用LED（Light Emitting Diode）发光二极管。现在大多数车型仍然在使用普通的卤素大灯，好一点的车型会使用氙气大灯。最多是在灯组的构造上做一些创新，利用透镜、反射灯光学原理来提高灯光的效率，但是灯组本身技术创新不足。

采用LED大灯的色温在5400K左右，点亮效果更接近普通日光，照明效果看起来更自然。同时耗能要比普通氙气大灯要低，使用寿命能够达到终身免更换。当然，外力造成的破坏除外。

LED大灯几乎所有的特性都超越了现有的氙气大灯，而且成本更低。当然，现在这项技术还未普及，厂家肯定会拿这项技术作为卖点，虽然成本低，但价格肯定不便宜。所以，LED大灯没有理由不取代传统的大灯，这只是时间问题。

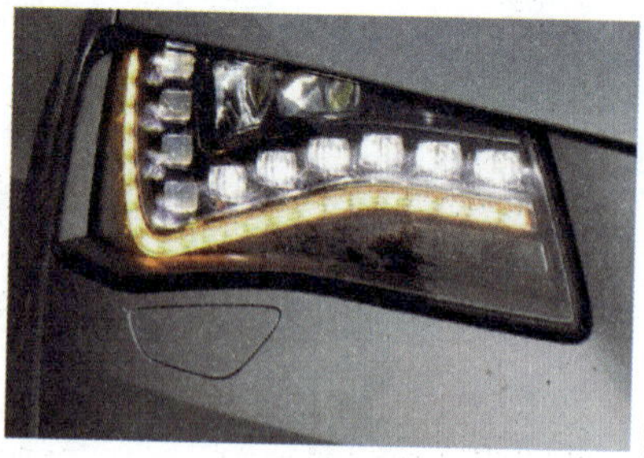

LED大灯

856. 什么是光纤照明?

光导纤维是一种远距离传输光线的装置，可作为单一光源照明多个物体的工具，它主要用在只需微弱光线且不易安装灯泡的地方，如仪表表面、烟灰盒、钥匙孔、杂货箱等处。

光导纤维由有机玻璃丝制成，它的外部包有具有隔光作用的聚合物，当灯泡的光线照在光导纤维的一端时，在其内部进行多次反射，曲折前进传导到另一端，发出微光，照亮一定范围。将很多根光导纤维合在一起就组成了光缆，光缆外部包有不透明的软管。

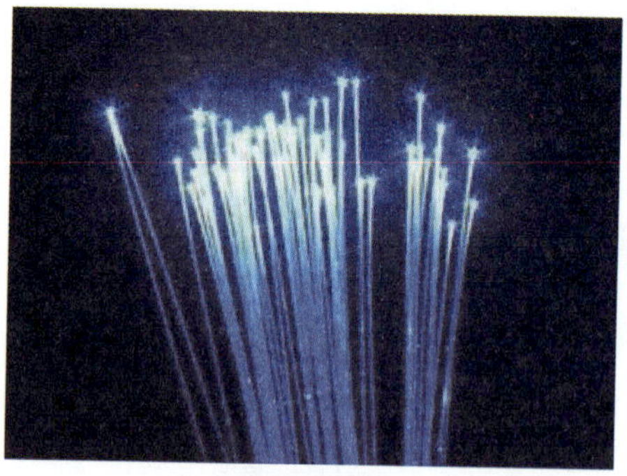

光纤照明

857. 制动灯有什么作用?

制动信号灯也称为刹车灯，装于汽车后面，一般为红色。当踩下汽车制动踏板，制动信号灯电路被接通，警告后面的车辆及行人，近年小型车辆要求装配高位刹车灯。

858. 高位刹车灯有什么作用?

高位刹车灯一般安装在后风挡内，以便后面行驶的车辆易于发现前方车辆刹车，起到防止追尾事故发生的目的。没有高位刹车灯的车辆，尤其是底盘较低的轿车和微型汽车在刹车时由于后刹车灯位置较低，通常亮度也不够，导致在其后面跟随行驶的车辆特别是底盘较高的卡车、客车和公共汽车的司机有时很难看清楚，因此，发生追尾事故的隐患就比较大。高位刹车灯能够有效地防止和减少汽车追尾事故的发生。

高位刹车灯

859. 危险警告灯有什么作用?

危险警告灯由转向信号灯兼任。当汽车发生故障或遇有特殊情况时，按下标有△的红色按钮，此时汽车两侧的转向信号灯同时闪烁作为危险警告灯信号。国标规定，危险警告灯装置不受电源总开关的控制。

危险警告灯开关

860. 转向信号灯有什么作用?

转向信号灯也称为转向灯，装于汽车的四个角，对于车身较长的车辆，其中部也装有转向信号灯。转向信号灯一般为橙色，当汽车转向或变更车道时，发出明暗相间的灯光，示意本车的行驶方向。

861. 倒车灯有什么作用?

当汽车挂上倒挡时，倒车灯开关接通倒车灯电路，装于车后面的白色倒车灯点亮，警告后面的车辆及行人，兼起照明作用；有些车还装配了倒车蜂鸣器或语音警告装置，在倒车的同时发出声响信号，示意汽车倒车。

862. 喇叭有什么作用?

喇叭是汽车的信号装置。在汽车的行驶过程中，驾驶者根据需要和规定发出必需的音响信号，警告行人和引起其他车辆注意，保证交通安全，同时还用于催行与传递信号。

863. 电喇叭是怎样工作的?

汽车喇叭分为电喇叭和气喇叭两种，电喇叭有盆型喇叭、蜗牛喇叭和警笛喇叭，主要用在轿车上，利用电能作为重要的动力；气喇叭主要用在大车上，利用空气作为动力。

无论哪种类型的电喇叭，其基本工作原理是一样的，都由铁心、磁性线圈、触点、衔铁、膜片等组成。当驾驶者按下喇叭按钮时，电流经触点通过线圈，线圈产生磁力吸下衔铁强制膜片移动，衔铁移动使触点断开，电流中断磁力消失，膜片在本身的弹性和弹簧片作用下又同衔铁一起恢复原位，触点闭合电路接通，电流再通过触点流经线圈产生磁力，重复上述动作。如此反复循环膜片不断振动，从而发出声响。

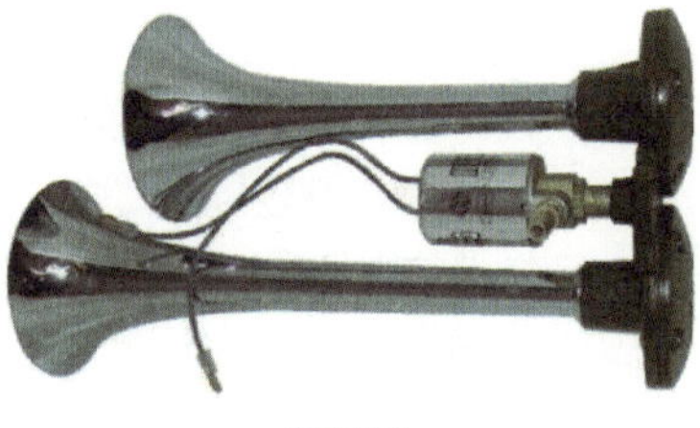

气喇叭

864. 什么是环保喇叭?

随着科技的不断发展，一种新型喇叭即环保喇叭出现了。环保喇叭采用语音压缩技术，由集成电路制成，是一种结构简单、制作容易、耗能少、无噪声污染、低分贝、声音轻细柔和、音质悦耳动听的发声装置。

环保喇叭不需要更改汽车线路设备，直接并联到警示灯上。只要按下警示灯开关，就有声音、灯光双重提示，既完善了汽车警示功能，又解决了城市禁鸣喇叭的难题。

第五节 仪表与报警系统

865. 仪表与报警装置包括哪些部件?

为了使驾驶者能够随时掌握汽车及各系统的工作情况，在驾驶室的仪表板上装有各种指示仪表及各种报警装置。

（1）仪表主要有发动机转速表、车速里程表、燃油表、水温表等。

（2）报警装置主要有机油压力警报灯、发动机故障灯、安全气囊指示灯、安全带指示灯、ABS指示灯、水温警报灯、充电指示灯、燃油指示灯、车门状态指示灯、驻车制动指示灯、前后雾灯指示灯、转向指示灯、远光指示灯和胎压监测指示灯等。

汽车常见仪表

867. 什么是炮筒式仪表?

炮筒式仪表主要是针对它的样式来说的，因为造型有些像炮筒，因而得名。在早些时候，炮筒式仪表在跑车或者高性能车辆上出现得较多，那种深邃的设计多多少少地带着些张扬，力量感也从此被营造出来。但是，这种炮筒的造型在设计上并不具备什么难度，因此，它被越来越多的平民车型采用也不足为奇。在炮筒式仪表刚刚植入平民车的时候，不少人可能会觉得有些张扬，炮筒式仪表在增强视效的同时，对实用性也有帮助，因为它的仪表“檐”很长，在一定程度上避免了反光问题，使仪表内的数据更加易读。

炮筒式仪表

866. 仪表盘内各指示灯有什么作用?

（1）驻车制动指示灯：驻车制动手柄拉起时，该指示灯点亮；驻车制动手柄放下时，该指示灯自动熄灭。制动液不足时，该指示灯也会点亮。

（2）充电指示灯：显示蓄电池工作状态的指示灯。打开点火开关后，该指示灯亮起，发动机起动后熄灭。如果不亮或常亮应立即检查发电机及电路。

（3）机油压力警报灯：显示发动机机油压力的指示灯，该指示灯亮起时表示润滑系统压力过低，此时需立即停车并关闭发动机进行检查。

（4）水温警报灯：显示发动机冷却液温度过高的指示灯，该指示灯点亮报警时，应立即停车并关闭发动机，待冷却至正常温度后再继续行驶。

（5）安全气囊指示灯：显示安全气囊工作状态的指示灯，接通电源后点亮，约3～4s后熄灭，表示系统正常，不亮或常亮表示系统存在故障。

（6）ABS指示灯：指示ABS系统工作状态或是否有故障。

（7）燃油指示灯：提示燃油不足的指示灯，该灯亮起时，表示燃油即将耗尽。

（8）前后雾灯指示灯：该指示灯用来显示前后雾灯的工作状况。

（9）转向指示灯：转向灯亮时，相应的转向指示灯按一定频率闪烁。按下双闪警示灯按键时，两指示灯同时亮起，转向灯熄灭后，指示灯自动熄灭。

（10）远光指示灯：显示前照灯是否处于远光状态。

（11）安全带指示灯：显示安全带状态的指示灯。

868. 小计里程表怎样清零?

里程表功能集成于组合显示屏，它管理总里程的功能。里程表有如下两种运行模式：

（1）总里程表。总里程表记录和显示车辆的总行驶里程，是自车辆投入使用以来的行驶里程数。

（2）小计里程表。小计里程是自小计里程表上一次清零以来所行驶的里程数。当点火开关在 ON 位置时，小计里程表可随时清零。小计里程表的清零过程如下：

①若非小计里程表模式，则先转为小计里程表模式。

②按下组合仪表的按钮 500ms 以上。

③小计里程表闪烁，按住按钮并保持 3s 以上，小计里程表清零。

④松开按钮，小计里程表的显示固定不动，清零结束。

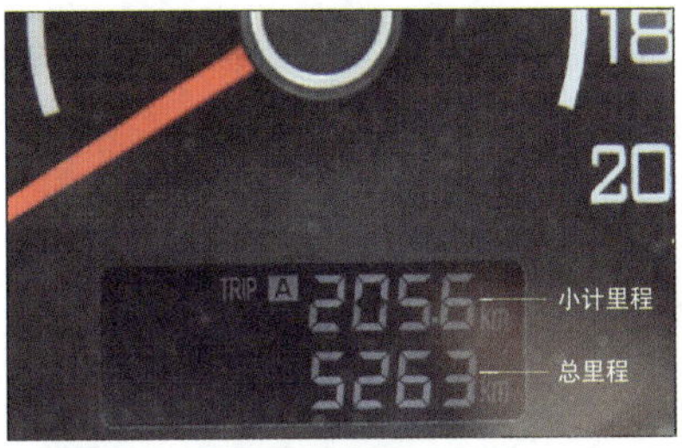

里程表

869. 机械式里程表怎样计算汽车行驶里程?

机械式里程表由蜗轮蜗杆机构和数字轮组成。汽车行驶时，主动轴经 3 对蜗轮蜗杆驱动里程表最右边的第一数字轮，使第一数字轮上的数字显示 1/10km。从第一数字轮向左，每两个相邻的数字轮之间，又通过本身的内齿和进位数字轮传动齿轮，形成 1:10 的传动比。当第一数字轮转动一周，由 9 转到 0 时，由内传动齿拨动左侧第二个数字轮转动 1/10 圈，形成 1km 数递增；当第二数字轮转动一周，由 9 转到 0 时，其左侧第三个数字轮转动 1/10 圈，以 10km 数递增。其余数字轮由低位到高位的显示，计数方式均依次类推，即可显示汽车行驶里程数。

870. 电子式里程表怎样计算汽车行驶里程?

电子式车速里程表由车速传感器（安装在车轮上变速器蜗轮组件的蜗杆上，有光电藕合式和磁电式）、微机处理系统和显示器组成。由传感器传来的光电脉冲或磁电脉冲信号，经仪表内部的微机处理后，可在显示屏上显示车速。里程表则根据车速及累计运行时间，由微机处理计算并显示汽车行驶里程数。

871. 水温表的作用是什么?

发动机水温表用于指示发动机冷却液的温度，冷却液温度信号由装在发动机缸盖上的发动机冷却液温度传感器提供。

发动机正常工作时，其显示值应在 80 ~ 100℃之间。当发动机冷却液温度达到 97℃时，冷却风扇低速运转，发动机冷却液温度低于 94℃时，冷却风扇停止运转；当发动机冷却液温度高于 105℃时，冷却风扇高速运转，发动机冷却液温度低于 101℃时，冷却风扇停止运转；当发动机冷却液温度达到 89℃时，节温器部分开启，当发动机冷却液温度达到 101℃时，节温器全部开启。若发动机冷却液温度达到或超过 112℃，冷却液温度警告灯点亮，此时应立即停车并使发动机熄火，检查冷却液液面及冷却管路。

仪表盘内的水温表和燃油表

872. 车速表的作用是什么?

车速表的作用是显示车辆的行驶速度。根据车速传感器的脉冲信号的快慢，使车速表的偏转电流发生相应的变化，从而使表针做相应的偏转，指示汽车的行驶速度。

车速表

873. 燃油表的作用是什么?

燃油表用于指示油箱内燃油液面的高低，即剩余油量的多少。当燃油表指示"0"位时，最低燃油液面警告灯点亮，此时油箱中大约还有 6 ~ 8L 燃油，应尽快到加油站加油。油表通过燃油传感器取得液面信息。

燃油传感器是一个滑片式电阻电位计，浮子随燃油箱液面的变化而上下浮动，带动滑片移动而改变传感器串入燃油表电路中的电阻值，通过燃油表的电流相应变化，使表针摆向相应的油面示值。

874. 机油压力警报灯点亮说明什么?

机油压力警报灯通常称为机油表，指示发动机内部机油压力的大小。至于油底壳中的机油量，需要发动机旁的机油尺测量。

现今多数汽车以机油压力警报灯代替机油压力表，当把点火开关拧到 ON 位但不起动发动机时，机油压力警报灯闪烁几秒后熄灭。在发动机正常运行时，该警报灯是熄灭的，如果警报灯点亮则说明发动机内部机油压力过低，因为车辆使用过程中运动部件磨损造成间隙过大，同时如果油底壳破损、放油螺栓或者机滤滤清器安装未到位均会引起机油泄漏，从而造成机油压力低，警报灯点亮来警告驾驶者尽快检修。

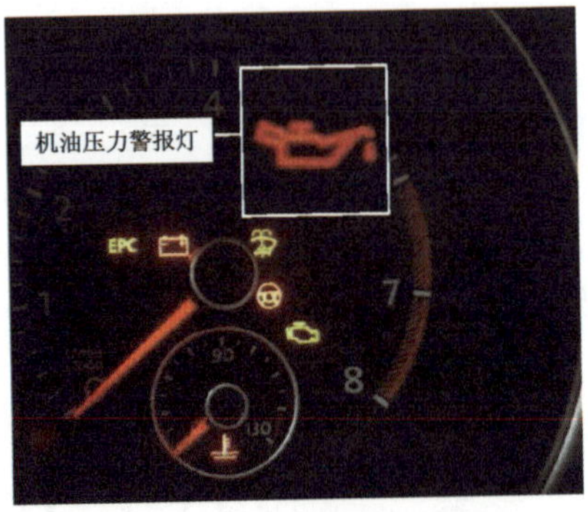

机油压力警报灯

875. 机油压力警报灯点亮的原因有哪些?

机油压力正确时才能保证将机油输送到发动机所有摩擦件表面，过高或过低都会影响发动机正常工作，甚至造成发动机零部件的损伤。所以，当机油压力警报灯点亮时应立即停机查找原因，待排除故障后方可继续工作。如下原因都可能使机油压力警报灯点亮。

（1）机油油量不足，使机油泵的泵油量减少或因进空气而泵不上油，致使机油压力下降。

（2）发动机温度过高，容易使机油变稀，从配合间隙中大量流失而导致油压下降。

（3）当机油泵零部件损坏或因磨损、装配等问题出现间隙过大时，将会造成机油泵不出油或出油不足的故障。

（4）曲轴与大、小瓦之间的配合间隙不当。间隙过小会使机油压力升高，间隙过大会使机油压力降低。

（5）集滤器、机油滤清器堵塞同样会使机油压力降低。

（6）回油阀损坏或失灵：若主油道回油阀弹簧疲劳软化或调整不当，阀座与钢珠的配合面磨损或被脏物卡住而关闭不严时，回油量便明显地增加，主油道的油压也随之下降。

（7）机油选用不当：如果用错或牌号选用不当，发动机运转时会因机油黏度太低而加大泄漏量，从而使油压降低。

（8）机油管路中有漏油、堵塞现象。

机油压力警报灯

876. ABS 指示灯是怎样工作的?

（1）打开点火开关到 ON 位置时，警告灯亮，ABS 系统进行自检，并在确认系统能正常工作时约 3s 后熄灭。

（2）如果行驶时，ABS 指示灯持续点亮，或点火开关转至 ON 位置时不亮，表明 ABS 系统存在故障。当 ABS 系统发生故障时，制动操作与未配备 ABS 车辆的操作方法相同。

仪表盘内ABS指示灯

877. TCS 灯亮是怎么回事?

TCS 是牵引力控制系统的英文缩写，在实际使用中的作用就是防止驱动轮打滑，从而减少轮胎磨损和提高湿滑路面的起步能力。有的车有 TCS 控制开关，正常行车不要关闭，否则会影响安全。如果遇到泥泞路面汽车被淤泥打滑而无法开出去的时候，可以暂时关闭，车会出现小幅侧滑，出去后记得打开。

第六节 辅助电器系统

878. 汽车上有哪些辅助电器系统？

汽车辅助电器系统主要向舒适、娱乐、保障安全等方面发展。汽车上的辅助电器除汽车用音响设备、通信器材和汽车电视等服务性装置外，都是一些与汽车本身使用性能有关的电器设备。如电动雨刮器、电动喷洗器、风窗除霜装置、电动车窗、电动后视镜、电动座椅、汽车防盗系统等。

879. 为什么使用雨刮器和喷洗器？

为了清除挡风玻璃上的细小污物或在下雨天保持良好的视线，在汽车上都配有雨刮器。为了防止划破挡风玻璃和损坏雨刮器胶条，在使用雨刮器前，要喷射玻璃水或确保挡风玻璃表面浸湿挡风玻璃在干燥的状态下，不得使用雨刮器。

雨刮器

880. 雨刮器和喷洗器包括哪些部件？

雨刮器和喷洗器包括如下部件：雨刮器开关、雨刮器电动机、雨刮器摇臂、连杆、喷洗器开关、喷洗器喷嘴、喷洗器电动机、喷洗器储液罐、间歇继电器等。

881. 什么是无骨雨刮？

无骨雨刷本身由雨刷胶条、无骨雨刷钢片、雨刷护套和塑料件四种配件组成。其中，支架为不锈钢材质，钢片为碳钢且长度为 10 ~ 28 英寸，厚度为 0.80 ~ 0.90mm，宽度一般为 7.00 ~ 14.00mm。无骨雨刷中的钢片利用一整根导力钢片条来分散压力，使雨刮片各部分受力均匀，以达到减少水痕、擦痕的效果。钢片外层包裹有电镀层，使其更加耐锈。另外，无骨雨刷钢片的弹性比一般有骨雨刷钢片更好，可降低抖动磨损，其具有受力均匀、防日晒、结构简单、重量更轻等特性。因此，无骨雨刷的电机和刮片寿命比传统雨刮至少要延长一倍。

无骨雨刮

882. 风窗除霜（雾）装置有什么作用？

在较冷的季节，有雨、雪或雾的天气，空气中的水分会在冷的风窗玻璃上凝结成细小的水滴甚至结冰，从而影响驾驶员的视线。为了防止水蒸气在风窗玻璃上凝结，设置风窗除霜（雾）装置，需要时可以对风窗玻璃加热。

风窗除霜按钮

883. 前风窗为什么采用曲面玻璃?

汽车前风窗玻璃已经采用单件式曲面玻璃，因为它涉及车型、强度、隔热、装配等诸多问题。汽车风窗采用曲面玻璃首先出于空气动力学角度的考虑。另外，曲面玻璃具有较高的强度，可以采用较薄的玻璃，对汽车轻量化有一定的意义。现代汽车风窗的曲面玻璃要做到弯曲拐角处的平整度高，不能出现光学上的畸变，从驾驶座上的任何角度观看外面的物体均不变形、不眩目。

前风窗玻璃

884. 什么是安全玻璃?

安全玻璃包括钢化玻璃与夹层玻璃两种。钢化玻璃是在玻璃处于炽热状态下使之迅速冷却而产生预应力强度较高的玻璃，钢化玻璃破碎时分裂成许多无锐边的小块，不易伤人；夹层玻璃共有 3 层，中间层韧性强并有黏合作用，被撞击破坏时内层和外层仍黏附在中间层上，不易伤人。汽车用的夹层玻璃，中间层加厚一倍，有较好的安全性而被广泛采用。

夹层玻璃

885. 什么是绿色玻璃?

现在汽车上的玻璃都采用陶瓷釉，阻挡从玻璃窗观察附属设施，并保护在阳光下暴晒可能引起老化的黏结剂，即所谓“黑边框”。有许多汽车风窗玻璃还通过镀膜，采用反射涂层工艺或改善玻璃的成分，只让太阳可见光进入车厢内，挡住紫外线和红外线，在很大程度上减轻了乘员受到的炎热之苦，这种称为“绿色玻璃”的现代汽车玻璃，已经广泛使用。

886. 什么是汽车导航?

汽车导航系统内置的 GPS 天线会接收到来自环绕地球的 24 颗 GPS 卫星中的至少 3 颗所传递的数据信息，结合储存在车载导航仪内的电子地图，通过 GPS 卫星信号确定的位置坐标与此相匹配，进行确定汽车在电子地图中的准确位置，这就是平常所说的定位功能。在定位的基础上，可以通过多功能显视器，提供最佳行车路线、前方路况及最近的加油站、饭店、宾馆等信息。假如不幸 GPS 信号中断，车主因此而迷了路，也不用担心，GPS 已记录了车主的行车路线，车主还可以按原路返回。当然，这些功能都离不开已经事先编制好的使用地区的地图软件。

汽车导航地图

887. 组合显示屏有什么作用?

组合显示屏管理里程表、挡位显示等多项功能，它根据车速传感器的脉冲信号计算车辆行驶里程，将里程显示在组合显示屏上。中高档车上的组合显示屏还有图像和文字显示，显示内容更丰富，也更直观。

888. 双画面液晶显示有何优势?

美国通用汽车日前使用可左右显示不同信息的“双画面(Dual View)液晶”,可根据不同的视角,显示两种画面。例如，可向驾驶者显示车载导航画面，向副驾驶席播放DVD影片。

双画面液晶是由夏普和夏普欧洲研究所开发的，发布于2005年7月。应用了可立体显示的3D液晶技术，通过向左右两个方向同时显示不同的信息，在不妨碍驾驶者注意力的情况下，可播放视频等内容。另外，与使用两个普通显示器相比，不仅节省空间，而且在成本上还有优势。

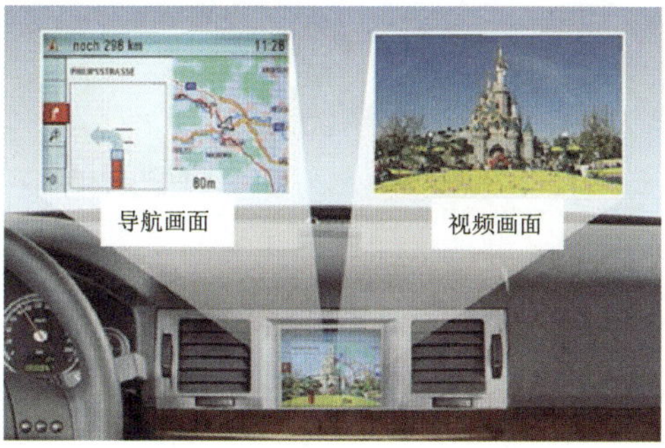

双画面液晶显示

双画面液晶操作

889. 什么是太阳膜?

汽车贴膜就是在车辆前后风挡玻璃、侧窗玻璃及天窗上贴上一层薄膜状物体，而这层薄膜状物体也叫作太阳膜或者防爆隔热膜。汽车贴膜有如下好处：

(1)隔热防晒。贴膜能很好地解决红外线产生的大量热量。

(2)隔紫外线。紫外线中的中波、长波能穿透很厚的玻璃，贴上隔热膜能隔断99%的紫外线。防止皮肤受伤害，也能减轻汽车内饰老化。

(3)安全与防爆。膜的基层为聚酯膜，有非常耐撕拉防击穿的功能，加上膜的胶层，贴膜后玻璃强度能增加100倍。防止玻璃意外破碎对司乘人员造成二次伤害。

(4)营造私密空间。贴膜后，车外看不清车内,保留隐私和安全。

太阳膜

(5)降低空调省耗。空调省耗降低近15%。贴上隔热膜，空调制冷能力损失可以得到弥补，能瞬间降低车内温度，达到一定程度的节省油耗。

(6)增加美观。根据个人喜好，通过贴膜能个性化美观爱车。

(7)防眩光。保持眼睛舒适，降低因为眩光因素造成的意外情况。

890. 电动天窗有什么作用?

（1）节能。夏日里汽车在阳光下暴晒，车内温度可高达 60℃，这时打开天窗比开空调降温速度快 2 ~ 3 倍，亦可节约能耗 30% 左右。

（2）除雾。春夏两季雨水多、湿度大，前风窗玻璃常有雾气，车内空气也容易污浊，这时打开天窗至后翘通风位置，顷刻间雾气消失，空气清新，又无雨水进入车内，给开车增加了舒适与安全。

（3）开阔视野。天窗可以使我们的视野开阔，并且能够亲近自然和沐浴阳光，驱除被封在车厢内的压抑感。

电动天窗

891. 电动天窗由哪些部件组成?

电动天窗主要由滑动机构、驱动机构、控制系统和开关等组成。滑板式驱动机构由支架导轨、驱动电动机、减速齿轮器、离合器、钢索带、位置传感器及限位开关构成。整个驱动机构装置在车顶前面，由钢索带动玻璃窗在导轨上移动。当驱动机构工作时，限位开关可检测出玻璃窗全开、全闭、倾斜向上等状态。为防止发生玻璃窗移动时受阻导致电动机超负荷运转，还设置了超载保护离合器。

892. 什么是全景天窗?

汽车全景天窗实际上是相对于普通天窗而言的，一般来说，全景天窗首先面积较大，甚至是整块玻璃的车顶，坐在车中可以将上方的景象一览无余。目前，较多的全景天窗为前后两块单独的玻璃，分别使得前后座位都有天窗的感受。但是全景天窗也分为两种类型：第一种是整个车顶都是玻璃覆盖，但是不能打开，如欧宝雅特 GTC；第二种则是全景天窗分为前后两部分，前半部分跟普通天窗一样可以打开，如日产天籁、宝马 5 系 GT 等。

百叶式天窗

893. 什么是百叶式天窗?

百叶式天窗就是将数块玻璃以百叶的形式安装在车顶，开启时向后滑动而使玻璃都聚集在一起，跟家里的百叶窗帘类似。百叶式天窗可以在保证开启面积的情况下更大限度地节约空间，关闭时又能起到全景天窗般的透光效果。目前，在国内能见到的应用百叶式天窗的车型只有奔驰 B 级，而在奔驰 A 级上，百叶式天窗以选装的形式出现在配置单上。

894. 太阳能天窗有何优势?

简单地说，太阳能天窗拥有普通天窗一样的功能，但同时在普通天窗玻璃下方又集成了人们熟知的太阳能电池板，它能将光能转换为电能并存储在车辆蓄电池中。

太阳能天窗最为显著的一个特点就是，在夏天高温天气里，汽车在烈日下停车熄火，完全没有能源供给时，能自动调节车内温度。其利用内置在天窗内部的太阳能集电板依靠阳光所产生的电力，经过控制系统来驱动鼓风机，将车厢外的冷空气导入车内，驱除车内热气，达到降温的目的。

太阳能天窗

895. 座椅由哪些部件组成?

轿车座椅由座垫、靠背、侧背支撑、头枕等组成，它们具有一定的表面形状，座面和靠背的外形曲线应与人体放松状态下的背部曲线相吻合，乘员进入座后座椅的表面形状与体压分布能使乘员的肌肉处于最放松的状态，能支撑到腰椎部位，不会因血液循环不良而引起肢体麻木，长时间乘坐不易感到疲劳。通过对座椅的前后上下、靠背的倾斜角度、头枕前后上下等位置的有限调节，可以使大部分人处于舒适状态。

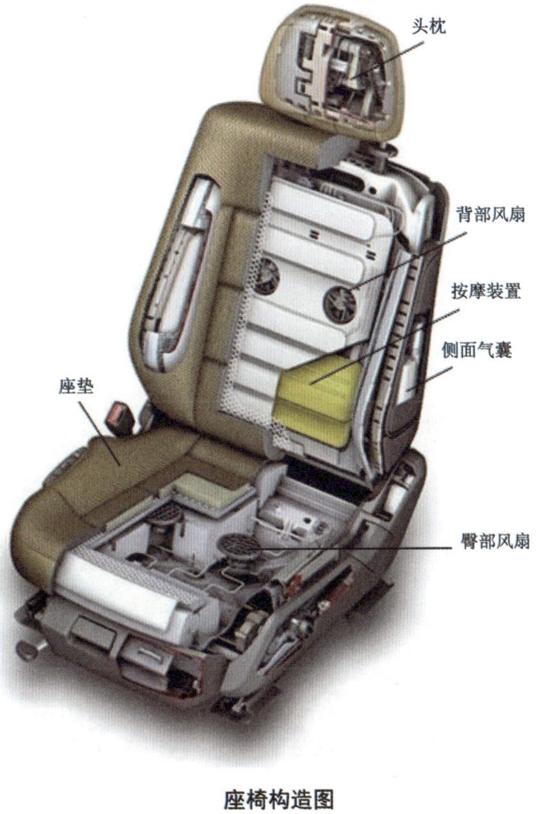

座椅构造图

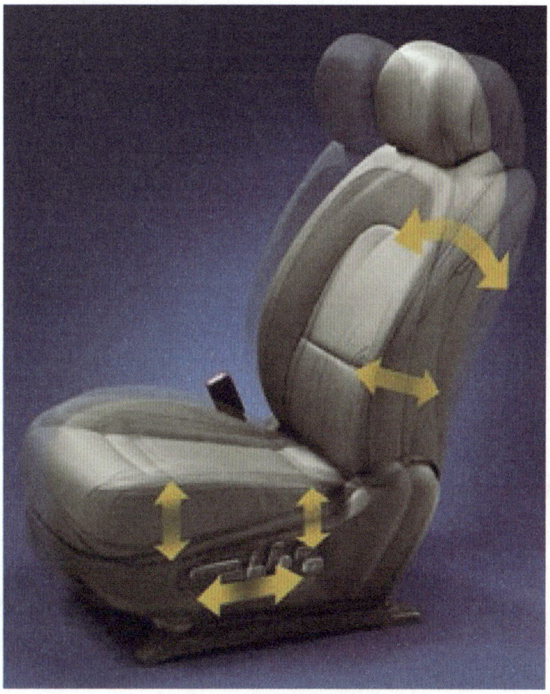

方向可调电动座椅

896. 座椅设计应满足哪些基本要求?

汽车座椅的主要功能是为驾驶者提供便于操纵、舒适、安全和不易疲劳的驾驶座位。座椅设计时应同时满足如下 5 点基本要求：

（1）座椅的合理布置。

（2）座椅外形要符合人体生理功能。

（3）座椅应具有调节机构。

（4）座椅有良好的振动特性。

（5）座椅必须十分安全可靠。

897. 座椅的弹簧性对汽车有何影响?

座椅的弹簧性能是构成座椅振动特性的关键。试验证明，车辆行驶时尽管地板振动大，但由于座椅弹簧的作用，仍有可能在座椅上获得良好的舒适性，如果弹簧性能不好，则汽车的舒适感会比较差。目前多数座垫采用整体泡沫尿烷缓冲垫，它用螺旋弹簧或者 S 形弹簧埋于泡沫尿烷之中而成，具有结构简单，成本低、无噪声的优点。

898. 座椅为什么要通风?

在炎炎夏日，人们常深有体会：尽管空调温度调至最低，风量开到最大，但后背仍然不断地冒汗；尽管身体前面吹得发冷，而后背和坐垫却不透气，尤其皮肤黏在真皮座椅上那种难受的感觉。这时前排座椅通风的优势就显示出来了。

前排座椅通风分为送风式和吸风式两种。前排座椅通风的原理就是用风扇向座椅内注入空气，空气从椅面上的小孔中流出，实现通风功能。座椅通风有效改善了人体与椅面接触部分的空气流通环境，即使长时间乘坐驾车，身体与座椅的接触面也会干爽舒适。

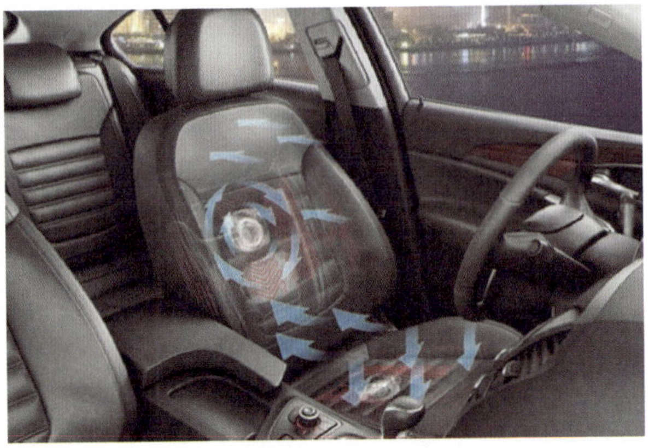

座椅通风示意图

900. 什么是儿童安全座椅?

儿童安全座椅就是一种专为不同体重（或年龄段）的儿童设计，安装在汽车内，能有效提高儿童乘车安全的座椅。欧洲强制性执行标准 ECE R44/03 的定义是，能够固定到机动车辆上，带有 ISOFIX 接口的安全带组件或柔性部件、调节机构、附件等组成的儿童安全防护系统。在汽车碰撞或突然减速的情况下，可以减少对儿童的冲压力和限制儿童的身体移动，从而减轻对他们的伤害。

电加热座椅

899. 座椅加热是什么原理?

电加热座椅是轿车的"豪华标志"之一。在"豪车"的真皮座椅里装上电加热装置，到了寒冷的冬天，一屁股坐下去，就不会感到冷冰冰的，而是让你有一种"温馨、舒适"的感觉，在北方特别受用。

座椅加热装置原理是利用电阻丝加热，除做工精细度上略有差别外，没有过多的优劣之分。一般来说，座椅加热装置除遭到外部撞击外并不易被损坏，加上因为是内部装置，检修起来较为麻烦，并不是常规保养检查的项目。在使用加热装置时，时间开得不易较长，温度也不宜设置过高，车主觉得温度适中即可关掉。另外，空座椅被开启加热装置时，上面不要放置易于导热的物品，如衣物、纸张等，以免加速座椅升温，引发事故。

儿童安全座椅安放位置

901. 为什么要设有头枕?

对于轿车低靠背座椅而言，头枕是座椅上一个附件。随着车速的增加，它对人身安全日益重要。汽车一旦发生追尾碰撞，汽车受后面冲击力作用瞬间急速向前，由于惯性作用乘员的头部却会突然向后仰，颈椎因承受到很大的加速度力而容易伤害。有了头枕承托，减少头部自由移动的空间就可以降低对颈椎的冲击力。

902. 主动头枕如何工作?

主动头枕是一种纯机械系统，由一条连杆连接至座椅靠背内的压力板来控制头枕工作。当汽车遭后方车辆追撞时，乘客的身体因撞击力的作用会撞向靠背，将压力板往后推，促使头枕往上、往前推动，以便在头颈猛烈晃动之前，托住乘客的头颈，提供充分的头颈椎保护，防止或降低受伤的可能。追撞结束后后，主动头枕会自动回复到原来的位置，以备下次使用，无须进行维修。

主动头枕工作原理示意图

903. 乘员头颈保护系统如何工作?

乘员头颈保护系统简称WHIPS(Whiplash Protection System),属于汽车被动安全装置,一般设置于前排座椅。当轿车受到后部的撞击时，头颈保护系统会迅速充气膨胀起来，其整个靠背都会随乘坐者一起后倾，乘坐者的整个背部和靠背安稳地贴近在一起，靠背则会后倾以最大限度地降低头部向前甩的力量，座椅的椅背和头枕会向后水平移动，使身体的上部和头部得到轻柔、均衡的支撑与保护，以减轻脊椎及颈部所承受的冲击力，并防止头部向后甩所带来的伤害。

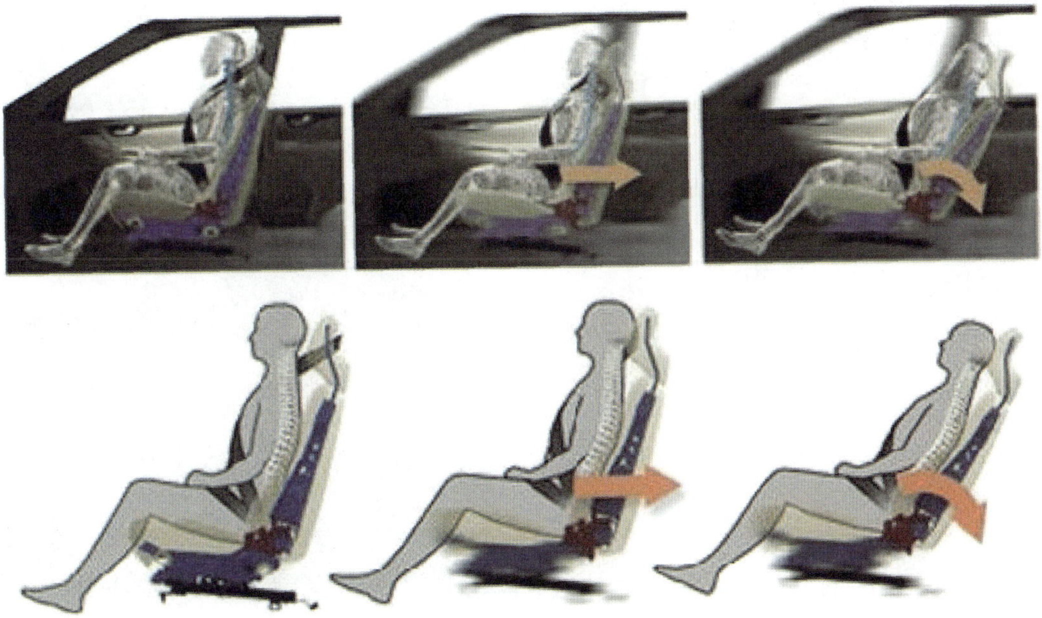

乘员头颈保护系统工作过程示意图

904. 侧门防撞杆起什么作用?

当汽车受到侧面的撞击时更危险，因为车内乘员的身体与车门间没有多大间隙，从而更容易伤害到车内乘员。为了提高汽车的安全性能，不少汽车公司就在汽车两侧门夹层中间设置一到两根非常坚固的钢梁，即常说的侧门防撞杆。防撞杆的作用：当侧门受到撞击时，坚固的防撞杆能大大减轻侧门的变形程度，从而减少汽车撞击对车内乘员的伤害。

轿车车门防撞杆示意图

905. 什么是感应式电动后备厢门?

全新感应式电动后备厢门，配有智能传感器，可以感应你脚/腿部的轻踢动作，自动开启和关闭后备厢门。尤其在搬运大件物品时，无须放下手中物品，即可轻松开关后备厢门摆放物件。

感应式电动后备厢门

906. 什么是行车记录仪?

行车记录仪可说是汽车使用的黑匣子，透过高清镜头摄影记录车辆行驶途中的影像及声音，当意外发生时，立刻提出证据，保障驾驶者自我权利。

安装行车记录仪后，能够记录汽车行驶全过程的视频图像和声音，内部的传感器能够设置冲击力的敏感度，当外界的冲击力大于所设置的值，则导致该冲击力的现场数据将被记录下来，可为交通事故提供证据。喜欢自驾游的人，开车时边走边录像，同时把时间、速度、所在位置都记录在录像里。

行车记录仪

907. 主动防追尾是怎么回事?

主动防追尾系统是在车辆的前端装上传感器、雷达、摄像机等设备，能够自动探测出与前车的距离，并与本车的制动、灯光等系统联动。当跟车距离低于安全距离时，系统会在零点几秒内启动，以强制拉大跟车距离。东风标致 206、207 装备有主动防追尾安全系统，在紧急制动时，危险警示灯自动频闪，尽早提醒后面车辆，预防后车追尾。

标致206主动防追尾系统工作示意图

908. 开门警示系统是怎么回事？

你是否有过停车之后开门时忽视看后视镜，而被呼啸而来的车辆吓一跳的经历？这并不是开玩笑，这是一个非常危险的动作，很多人间惨剧就发生在这一瞬间。奥迪为了尽可能地避免此类情况的发生，开发了一套开门警示系统。

奥迪的解决办法是，如果检测后方有车辆驶来，门把手处会亮起红色的警示标志。如果执意要开门，拉动把手的一瞬间（还未解锁）会有更加不刺眼的红光亮起，此时你的手或许会猛然缩回去，此时奥迪的目的也就达到了。不仅仅是汽车，后方若有摩托车或许自行车，其也能起到同样的作用，总之是尽量避免悲剧的发生。

奥迪开门警示系统

夜视系统工作示意图

910. 夜视系统如何工作？

在夜视系统的帮助下，驾驶者在夜间或弱光线的驾驶过程中将获得更高的预见能力，它能够针对潜在危险向驾驶者提供更加全面、准确的信息或发出早期警告。

目前，汽车夜视系统主要使用热成像技术，也称为红外线成像技术。其原理就是，任何物体都会散发热量，不同温度的物体散发的热量不同。人类、动物和行驶的车辆与周围环境相比散发的热量要多。夜视系统就能收集这些信息，然后转变成可视的图像，把本来在夜间看不清的物体清楚地呈现在眼前，增加夜间行车的安全性。

909. 堵车辅助系统如何工作？

建立在自适应巡航系统和车道保持辅助系统基础上的堵车辅助系统，真是为像北京这样高度拥堵的大城市量身打造的智能系统。当车速低于 60km/h 时，位于车前部的两个雷达传感器可以对前方 250m 范围内的 40° 扇形区域进行扫描。此外，还有 8 个超声波传感器监视前方及边角区域。电脑根据相关数据，随时分析周围环境，引导车辆自动按照车道行驶在走走停停的车流中。对于突然插队在前方的车辆，系统也能自动避让，在前车摆正之后，自动重新开启堵车跟车功能。

堵车辅助系统工作示意图

当车速在 0 ~ 60km/h 范围内时，该系统在一定限制下帮助驾驶者进行自主转向、加速及制动等操控。无论高速公路还是城市交通，只要路线不是过于复杂，堵车辅助功能都可以使用。这样，驾驶者手和脚都可以处于放松状态，减轻在低速状态下的疲劳度。

911. 疲劳监测系统如何工作?

疲劳监测系统在车辆进入容易使驾驶者进入放松状态的笔直、平坦的道路，容易使驾驶者分神和打盹的环境，以及当车速超过 65km/h 时，均会被激活。疲劳监测系统是基于驾驶者生理图像反应，由传感器、电脑 ECU 和摄像头三大模块组成,利用驾驶者的面部特征、眼部信号、头部运动性等推断驾驶者的疲劳状态。当推断的结果是高风险时，即通过声音信号向驾驶者发出警示。此外，在仪表盘上还显示一段文字信息，用一个咖啡杯的符号提示驾驶者休息一会儿，对驾乘者给予主动智能的安全保障。

疲劳监测系统示意图

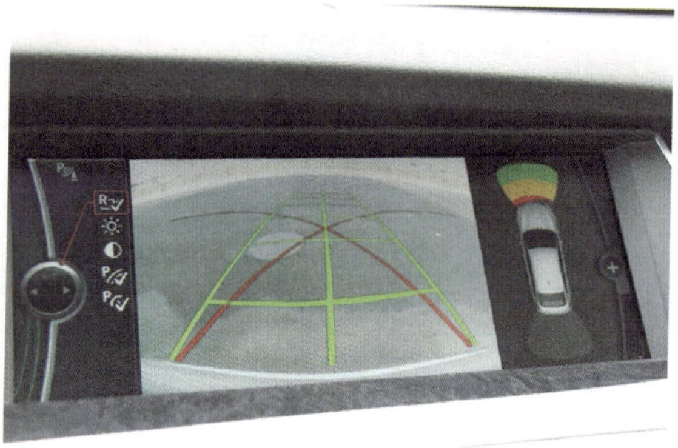

倒车影像系统

912. 倒车影像系统如何工作?

倒车雷达是依靠回音探测距离并以通过不同频率的声音进行提示的，但光凭声音提示显然没有视觉来得直观，而且对声音的判断也必然会存在误差。因此，现代轿车越来越多地采用倒车影像系统。倒车影像系统采用安装在车后的远红外线广角摄像装置，通过车内的显示屏，清晰可见车后的障碍物。即使在晚上通过红外线也能看得一清二楚。

当挂倒挡时，该系统会自动接通位于车尾的高清倒车摄像头，将车后状况清晰地显示于液晶显示屏上，让驾驶者准确把握后方路况，倒车亦如前进般自如、自信。显然，倒车影像系统比起全方位的倒车雷达更加直观和实用。

913. 什么是智能安全保护系统?

智能安全保护系统能够对行人采取主动保护，在事故发生以前就及时通知驾驶者，避免车祸的发生或者将伤害降至最小。这些车载设备包括安装在车身各个部位的传感器、激光雷达、红外线传感器、超声波传感器、盲点探测器等，具有事故监测功能，能随时通过声音、图像等方式向驾驶者提供车辆周围及车辆本身的必要信息，并可以自动或半自动地进行车辆控制，从而有效地防止事故的发生。

智能安全保护系统工作示意图

914. 自动泊车如何工作?

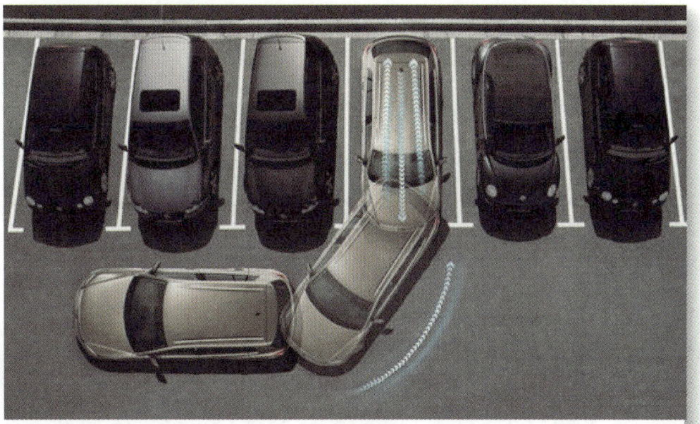

自动泊车示意图

顾名思义，自动泊车系统就是不用人工干预，自动停车入位的系统。自动泊车系统是在车子的前后保险杠上安装了十组超声波感应器，当车速低于36km/h，车辆便开始自动搜索长于车身1.2～1.3m的停车区域。之后感应器发射出的超声波可以扫描车身两侧来精确计算判断停车空间。当发现合适的停车位置后，车内仪表盘的液晶显示器会亮起指示信号，驾驶者只需轻触按钮将停车指令下达给电动辅助转向系统，然后控制油门和刹车就可以轻松地停车入位。不过，经过实际使用可知该系统需要停车的空间较大，前后左右要有足够的空位，并且只能对右侧平行路面的车位才可以应用。

平视显示系统

915. 什么是平视显示系统?

平视显示系统又称为风挡玻璃仪表显示系统，它可以把重要的信息映射在风挡玻璃上的全息半镜上，使驾驶者不必低头就能看清重要的信息，从而避免分散对前方道路的注意力。这种显示系统的作用是提高汽车的安全性，当然这种系统成本昂贵，目前，只在少数高档车中采用。

916. 车道保持辅助系统如何工作?

车道保持辅助系统是一种通过报警的方式辅助驾驶者减少汽车因车道偏离而发生交通事故的系统。

安置在前风挡玻璃上的前摄像头，全程监视前方路面的车道标记，一旦车辆在无意识（驾驶者未打转向灯）情况下偏离车道，就能在偏离车道0.5秒之前发出警报，车道保持辅助系统将通过振动方向盘和仪表盘显示信息向驾驶者提醒，随后可自行调整电动助力辅助转向系统的输出扭矩力，辅助驾驶者恢复当前行驶的车道，避免交通事故的发生。而如果驾驶者打开转向灯，正常进行变线行驶，那么，车道保持辅助系统不会做出任何提示。

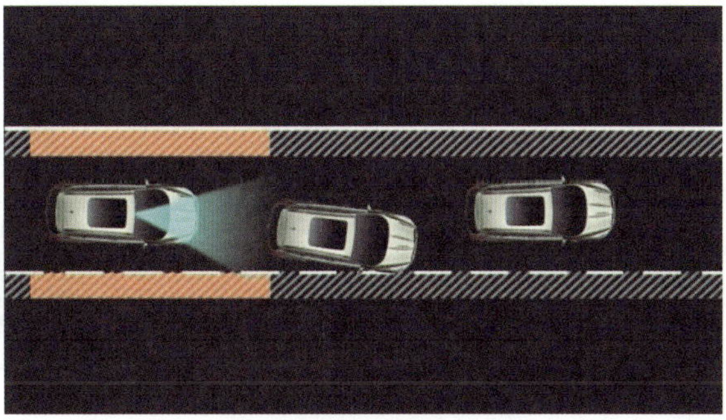

车道保持辅助系统示意图

917. 盲区监测系统如何工作?

盲区监测系统在车速超过10km/h时起作用，它利用安置在车尾的雷达传感器确认是否有车辆隐蔽在驾驶者的视线盲区内。当有车辆靠近或已进入驾驶盲区时，后视镜上将亮起警示光点，使驾驶者能轻易察觉，避免行车安全隐患。

后视镜亮起警示光点

918. 低速行车安全系统如何工作?

低速行车安全系统会在驾驶者车速低于 30km/h、突遇前车紧急刹车时，自动进行制动减缓速度，避免事故发生；当前、后车速差在 15 ~ 30km/h 时，能尽量减少损失；当前、后车速差 < 15km/h 时，能够尽量避免追尾，时刻替驾驶者保驾护航。

低速行车安全系统工作示意图

919. 什么是 CCS？

汽车巡航控制系统英文为 Cruise Control System，简称为 CCS，它是现代汽车的一种舒适装备。巡航用于控制汽车的定速行驶，汽车一旦被设定为巡航状态，发动机的供油量便由电脑控制，电脑会根据道路状况和汽车的行驶阻力不断地调整供油量，使汽车始终保持在所设定的车速行驶，驾驶者可以不必踩加速踏板，从而大大减轻长途驾车的疲劳，同时匀速行驶也可以减少燃油的消耗。一般情况下，当驾驶者踩下刹车踏板、油门踏板或按下 Cancel 按钮将取消定速巡航系统

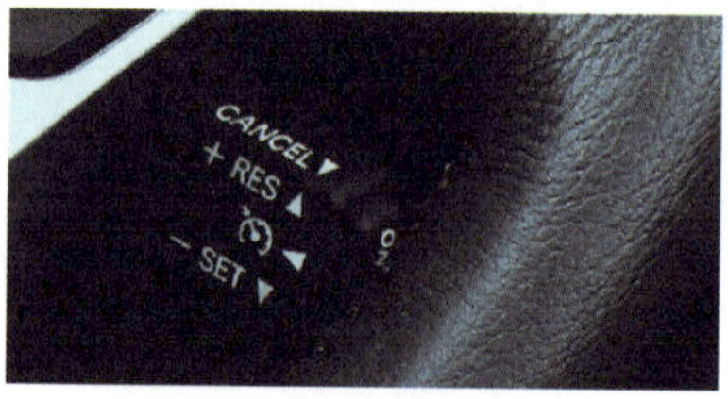

巡航系统控制按钮

920. 自适应巡航控制系统如何工作?

自适应巡航控制系统英文简称为 ACC，其主要由车距传感器（雷达）、轮速传感器、转向角传感器及控制单元组成。在车辆行驶过程中，安装在车辆前部的车距传感器（雷达）持续扫描车辆前方道路，同时轮速传感器采集车轮转速信号。当与前车之间的距离过小时，控制单元可以通过与防抱死制动系统、发动机控制系统协调动作，使车轮适当制动，并使发动机的输出功率下降，以使车辆与前方车辆始终保持安全距离。当与前车之间的距离增加到安全距离时，控制单元控制车辆按照设定的车速行驶，无须反复调节巡航控制，为驾驶者减轻疲劳，确保驾驶无忧

自适应巡航控制系统

921. 什么是无线门锁遥控系统?

无线门锁遥控系统是一个从发射器发送信号的系统，此发射器可以是钥匙内装式的，或钥匙座型的，它即使离开车辆有一段距离，也能用来锁定 / 解锁车门。

车辆的车门控制接收器接收此发射器发出的信号，并将操作信号送到集成继电器。集成继电器收到操作信号时控制门锁电动机动作，使车门闭锁或解锁。除这一功能外，集成继电器有自动锁定功能、重复锁定功能、应答及其他功能。

第一节　液力变矩器

922. 自动挡车辆动力如何传递?

在手动变速器中，通过离合器将发动机的动力传递给变速器。而自动变速器中没有离合器，那么发动机的动力又是如何传递给变速器的呢？这是由于在发动机与变速器之间安装了液力传动装置，它起到手动变速器中离合器的作用。

液力传动装置安装位置图

923. 液力耦合器由哪些部件组成?

液力耦合器由三个基本元件组成：两个直径相同的工作轮（泵轮和涡轮）及壳体。泵轮和涡轮的形状就像一个圆环的两半，沿直径方向布置有从中心向外辐射的叶片，通常将泵轮和涡轮的叶片数目制成不相等，目的是避免因液流脉动对工作轮周期性的冲击而引起振动，使液力耦合器的工作更加平稳。液力耦合器的泵轮和涡轮大多数为铝铸成，但也有采用冲压和焊接方法制造的，两轮装合后的相对端面之间有 3 ~ 4mm 的空隙，它们的内腔共同构成圆形或椭圆形的环状空腔。液力耦合器壳体内充满了自动变速器油液，除后端与油泵连接以外，其余部分都是密封的。液力耦合器壳体与发动机的飞轮连接，其泵轮叶片直接连接在外壳上，与发动机的转速和转向均相同，作用就像一个油泵，因此称为泵轮，是液力耦合器的输入元件。位于壳体内的涡轮中心部分通过花键与变速器的输入轴连接，是液力耦合器的输出元件，涡轮转动时将动力输入到变速器。

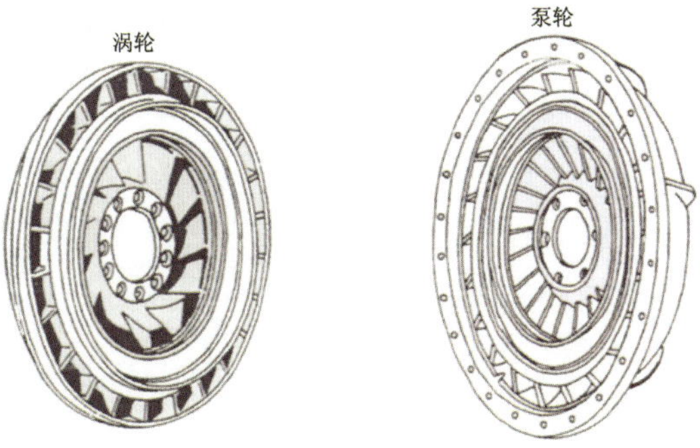

液力耦合器结构示意图

924. 环流与涡流有何区别？

液力传动装置的工作完全取决于其内部油液的流动。当发动机带动泵轮，泵轮叶片内的自动变速器油液由于离心力的作用沿叶片外缘喷出，流向涡轮。因此，在液力传动装置内部的油液发生两种流动形式：圆周流动和循环流动。这两种不同的流动形式相互复合而产生的螺旋状旋转流动，取决于泵轮和涡轮之间的转速差。

圆周流动的方向与泵轮的转动方向一致，又称为环流，它是由泵轮叶片的圆周运动推动自动变速器油液引起的。当流动的油液冲击转速较低或静止的涡轮叶片时，会将转动的力施加到涡轮上。

循环流动指的是自动变速器油液由泵轮流向涡轮，而后又流回泵轮，在泵轮和涡轮叶片槽之间形成的油流的循环流动，称为涡流。这种循环流动在泵轮与涡轮之间存在转速差异时才发生。

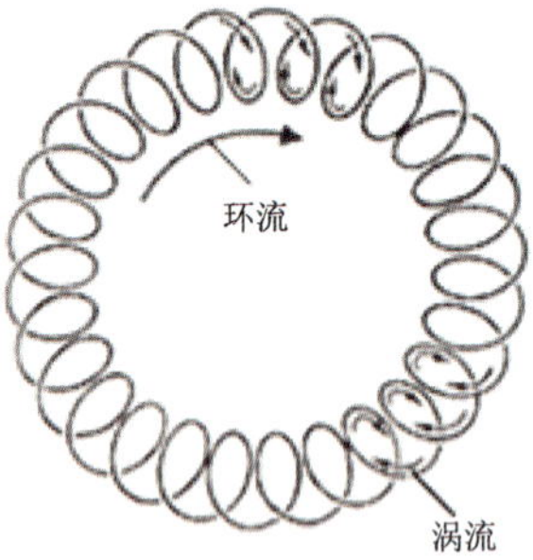

油液流动形式示意图

925. 液力耦合器如何工作？

液力耦合器的原理相当于两台对吹的电风扇。当通电的电风扇转动时，它的气流就会带动另一台没有通电的电风扇跟着转动。

实际上，由于空气密度较小，它不可能进行有效的动力传递。液力变矩器采用自动变速器油液作为动力传递介质后，能够产生更高的传递效率。液力变矩器的工作过程类似两个电风扇的工作过程，泵轮相当于电风扇A，涡轮相当于电风扇B，而且泵轮和涡轮之间的距离非常近，自动变速器油液相当于空气。

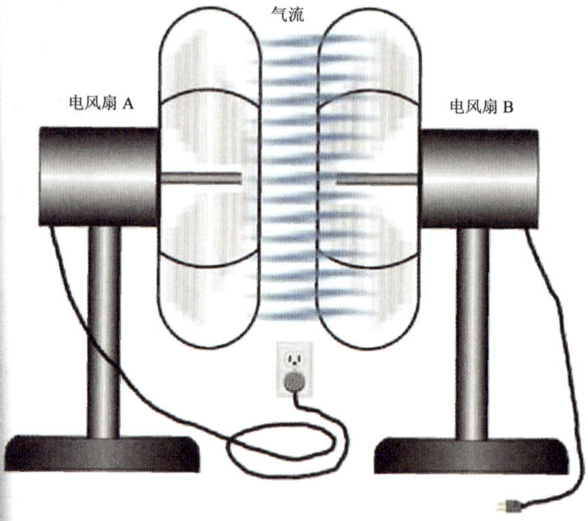

液力变矩器工作过程示意图

926. 液力耦合器有什么特点？

在耦合器传递动力的过程中，存在着能量损失。油液从泵轮流至涡轮，驱动涡轮与发动机同向旋转输出动力。当油液回流到泵轮时，其流动方向由于涡轮叶片的反作用，变为其与泵轮的转向相反，使发动机的运转阻力增加。油液流动时，以多种方向回跳和散射，以至油液的流动受到扰动，这种现象称为冲击损失，另外，油液的动能还会因为摩擦而转换为热量产生能量损失，因此，耦合器的输出转矩与输入转矩的理论比值为1:1，但耦合器的输出转矩与输入转矩始终不会相等，更不可能超出输入转矩。

液力耦合器可以传递发动机的动力，但是没有增扭作用，同时，在油液的流动中产生紊流和大量的热，消耗了能量，从而降低了耦合器的传动效率（耦合器最大的传动效率约为90%，其传动效率与工作液种类、泵轮和涡轮叶片的形状、汽车的载荷和发动机的转矩有关）。

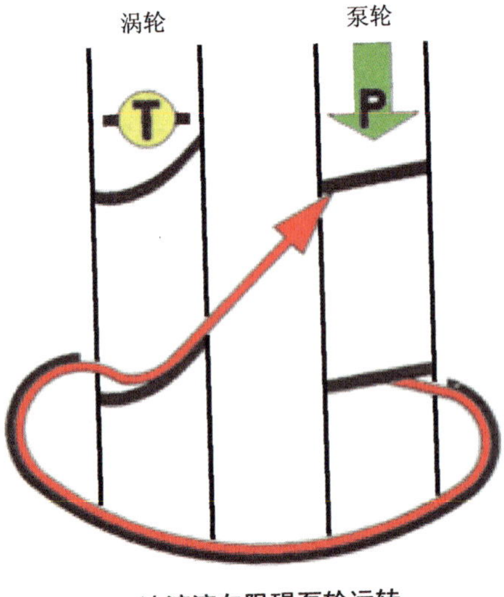

油液流向阻碍泵轮运转

927. 液力耦合器与液力变矩器有何区别？

液力耦合器和液力变矩器在功能上有相似之处，它们都传递转矩，但实际上有很大的区别。

1）液力耦合器

从泵轮流出的油液以一定的力推动涡轮叶片，但部分发动机转矩被消耗以补偿冲击损失。泵轮和涡轮之间的转速差较大，或者油液涡流速度加快（涡轮转速低）时，这种现象比较明显；而当泵轮和涡轮之间的转速差较小、油液涡流速度较小（涡轮转速高）时，这种损失较小。因此，当泵轮和涡轮的转速几乎相等时，液力耦合器传递转矩的效率最高。如果这两个部件的转速相差甚大，则转矩传递的效率趋近于很低。另外，液力耦合器只能传递发动机的动力，并不能改变发动机的输出转矩。

2）液力变矩器

就液力变矩器而论，泵轮和涡轮叶片的形状设计能将油液流动的扰动减小至最小，能将转矩较少损失地传递，即使两个部件的转速相差很大时亦是如此。另外，液力变矩器增加第三个元件，双向锁止导轮，这样，液力变矩器不仅能传递发动机的动力，还能改变发动机的输出转矩。

928. 液力变矩器由哪些部件组成？

液力变矩器是为了改善液力耦合器的性能而在其基础上发展起来的，除液力耦合器的泵轮、涡轮和壳体外，液力变矩器在涡轮和泵轮之间增加了双向锁止导轮。

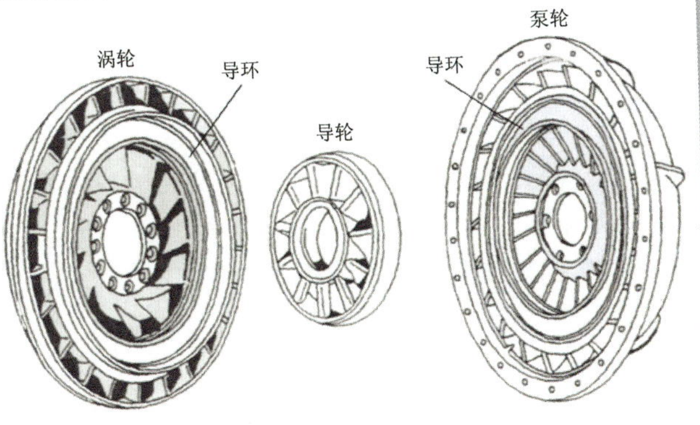

液力变矩器构造图

929. 泵轮是输入元件吗？

泵轮是液力变矩器的输入元件，封装于变矩器壳体内，靠近自动变速器一侧。许多呈一定曲率、一定方向的叶片沿径向安装在变矩器的壳体上，叶片的内缘上有导环，提供一个通道以便油液顺畅流动。液力变矩器通过螺栓与飞轮相连接，所以其转速与转向都和发动机相同。当发动机运转时，液力变矩器也同速、同向旋转，这样，位于变矩器壳体上的泵轮叶片内的油液依靠离心力的作用从泵轮外缘向外喷出。随着发动机转速的升高，油液所受离心力的增大，从泵轮向外喷射油液的速度亦随之升高。

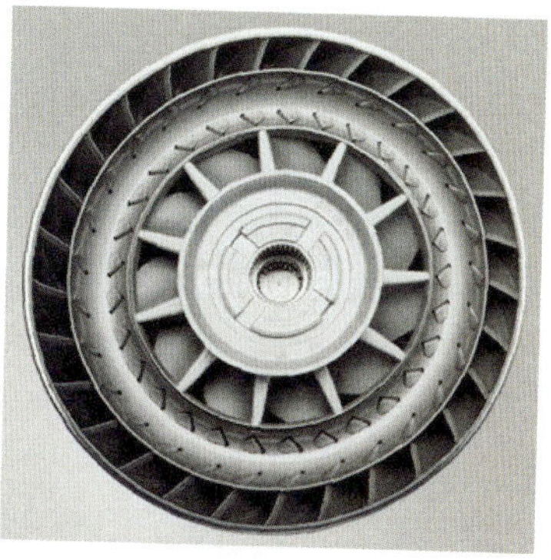

泵轮

930. 涡轮是输出元件吗？

涡轮是液力变矩器的输出元件，与泵轮相对安装，通过止推轴承保持3～4mm的间隙，且靠近发动机一侧。在涡轮内部有与泵轮类似的叶片，叶片的曲线方向与泵轮叶片的曲线方向相反。涡轮与自动变速器的输入轴连接，通过自动变速器油液作为介质，把泵轮的转矩传递给变速器的齿轮变速机构。

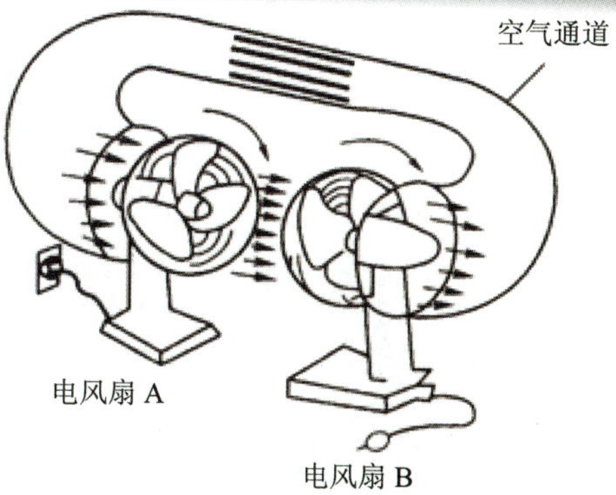

液力变矩器工作原理示意图

931. 双向锁止导轮是反应元件吗？

双向锁止导轮是液力变矩器的反应元件。导轮的直径大约是泵轮或涡轮直径的一半，并且位于泵轮与涡轮之间，并与泵轮和涡轮保持一定的轴向间隙。其上也有许多具有一定曲率、一定方向的叶片组装在导轮架上，导轮架的中心部分通过花键槽与自动变速器壳体上的轴配合，因此，导轮被双向固定在壳体上。

932. 液力变矩器是如何工作的？

（1）低车速时，从涡轮内缘返回的液体逆时针冲击双向锁止导轮，经导轮叶片反射后顺时针冲击泵轮叶片，泵轮扭矩增加，推动涡轮的扭矩增加。

（2）高车速时，从涡轮内缘返回的液体顺时针冲击双向锁止导轮，经导轮叶片反射后逆时针冲击泵轮叶片，泵轮扭矩减少，推动涡轮的扭矩减少。

933. 液力变矩器有什么特点？

当涡轮转速较低时，液力变矩器的传动效率高于液力耦合器的传动效率；当涡轮的转速增加到某一数值时，液力变矩器的传动效率等于液力耦合器的传动效率；当涡轮转速继续增大后，液力变矩器的传动效率将小于液力耦合器的传动效率，其输出扭矩也随之下降。

液力变矩器也可以传递发动机的动力，但在发动机低速运转时，液力变矩器可以增大发动机的输出转矩，而在发动机高速运转时，液力变矩器却降低了发动机的输出转矩（由于采用双向锁止导轮的原因）。因此，这种液力变矩器是不适合实际使用的。

934. 综合式液力变矩器由哪些部件组成？

综合式液力变矩器与液力变矩器相似，也是由泵轮、涡轮、壳体和导轮组成。泵轮和涡轮的构造与液力变矩器基本相同。而导轮不是完全固定不动的，而是通过单向离合器支承在导轮支撑套上（导轮支撑套固定不动），即导轮由双向锁止导轮变为单向锁止导轮，同样也安装在泵轮与涡轮之间。

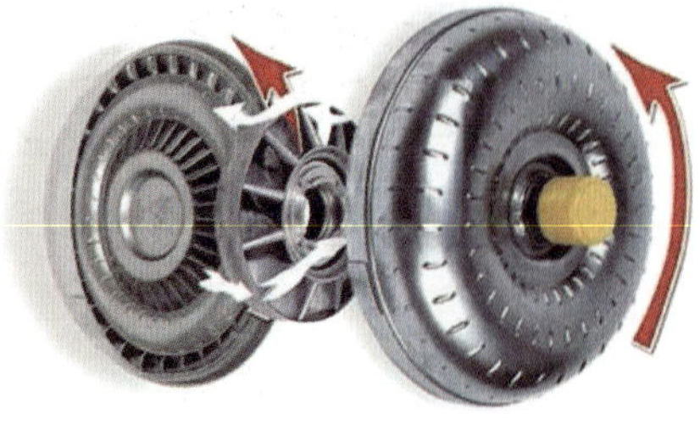

综合式液力变矩器内的油液流动

935. 综合式液力变矩器内的油液如何流动？

油液在综合式液力变矩器中的流动总体上从泵轮流向涡轮，在泵轮旋转时，离心力将油液从泵轮内缘向外缘甩出而进入涡轮外缘。油液进入涡轮后，推动涡轮叶片使涡轮转动，在油液推动涡轮旋转之后，油液由叶片引导而进入涡轮中心部位，然后通过导轮回流到泵轮。

像液力耦合器一样，在综合式液力变矩器内的油液流动也具有两种类型：环流和涡流。这两种油液流动的速度，取决于综合式液力变矩器的工作条件，以及泵轮和涡轮之间的转速差。当发动机低速运转时，泵轮和涡轮的转速差增加，则涡流的速度增加，环流的速度减小；当发动机高速运转时，泵轮和涡轮的转速差减小，则涡流的速度减小，环流的速度增加。换言之，随着泵轮和涡轮之间的转速不同，涡流和环流的速度也不同。综合式液力变矩器的转矩增大由涡流实现，因此随着涡流速度的升高，油液的动能和转矩增大的幅度将增大。

936. 综合式液力变矩器如何工作？

当汽车处于低速时，泵轮与涡轮之间的转速差大，自动变速器油液离开泵轮冲击涡轮时，把油液能量传递给涡轮并使其转动。此时，在泵轮和涡轮之间循环的油液涡流强度大，而环流强度小，这时流经涡轮的油液从中间流出，变矩器中来自涡轮的油液将冲击在导轮叶片的前表面。由于单向离合器锁止使导轮固定不动，则油液经导轮叶片反射后顺时针冲击泵轮叶片的后表面，增加泵轮转动的转矩，即液力变矩器放大了发动机的转矩。

随着车速逐渐提高，来自涡轮的液体逐渐偏离作用在导轮叶片前表面的方向。当涡轮转速接近于泵轮转速时，涡轮喷射的油液作用在导轮叶片的后表面。单向离合器使导轮处于自由状态，使油液回流到泵轮。此时，变矩器只能传递转矩而不能增大转矩。

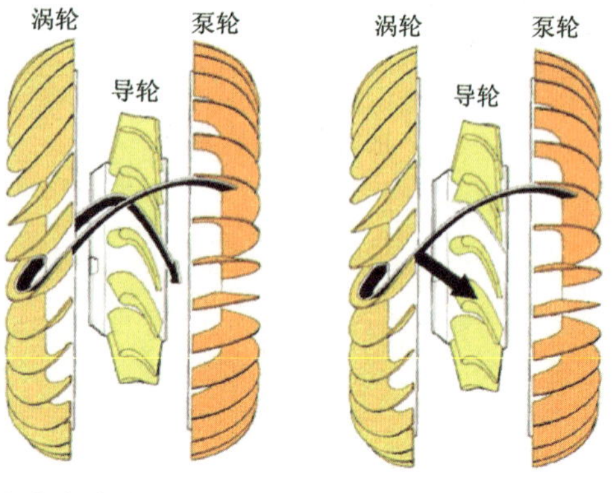

汽车车速较低时的工况　汽车车速较高时的工况

937. 综合式液力变矩器如何增大转矩?

由于单向离合器的作用，使导轮固定不动，油液将受到导轮叶片前表面的阻挡而产生液体反射，具有方向性的油液返回到泵轮叶片上，而这种具有方向性的油液起到了帮助发动机转动泵轮的作用。流动的油液对导轮产生的作用力矩，可以使变矩器的输出转矩提高两倍甚至更多。但是必须注意，变矩器转矩增大值并不是一个恒定值，转矩增大值和汽车的车速有关。当汽车处于起步阶段，变矩器具有最大的转矩增大值，通常可达 1.8 ~ 2.5 倍。随着车速的提高，转矩增大值逐渐下降，当涡轮和泵轮转速比达到 0.8 ~ 0.85 时(所谓的耦合点)，变矩器的转矩增大值就变成一倍。

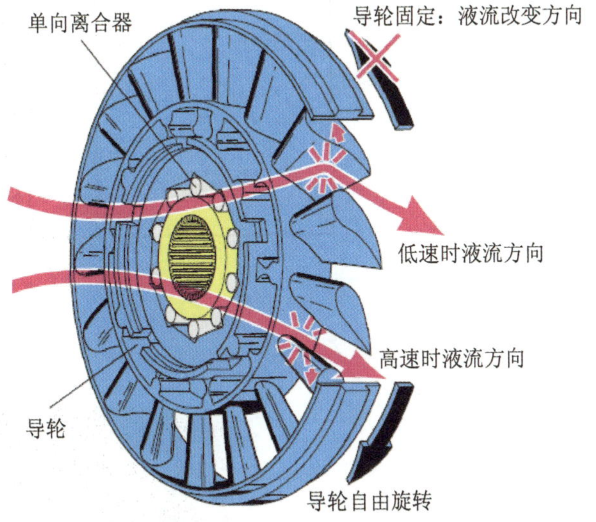

导轮与单向离合器的连接关系

938. 导轮有什么作用?

综合式液力变矩器中涡轮叶片呈曲线形能提供最有效的转矩传递。但是，从涡轮排出油液流动的方向与输入的油液流动方向相反。当涡轮的转速较低或停止旋转时，油液从涡轮回流到泵轮时会冲击泵轮叶片的前表面，以阻止泵轮旋转，这样就增加了发动机的运转阻力。而导轮的叶片能使油液流动的方向再次反向，使油液回流到泵轮的中心部位，推动泵轮叶片的后表面，以促使泵轮的旋转而增加泵轮的转矩。由于导轮能够改变从涡轮回流到泵轮的油液方向，以促使油液冲击泵轮叶片的后表面，所以，来自发动机的转矩与从涡轮回流的转矩合成后传递到涡轮。换言之，泵轮将原始输入转矩增大后再传至涡轮。当然，在转矩传递的过程中，转矩的增加是通过涡轮转速的降低获得的，否则将破坏能量守恒定律。

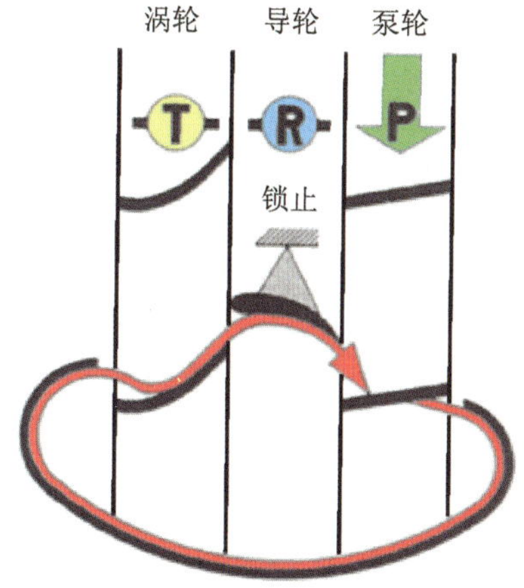

油液推动泵轮叶片的后表面

939. 单向离合器有什么作用?

当转速差大时，在泵轮和涡轮之间循环的油液涡流强度也大，油液按阻止泵轮旋转的方向从涡轮流向导轮，推动导轮叶片的前表面，促使导轮按泵轮旋转的相反方向转动。因此，为防止导轮转动而破坏变矩器的工作，导轮被单向离合器锁住而不能旋转，其叶片促使油液的流动方向改变，即油液推动泵轮叶片的后表面，增加泵轮转动的转矩。

当涡轮的转速接近于泵轮的转速时，在涡轮内旋转的油液环流强度增加，油液的涡轮强度下降。因此，油液从涡轮流往导轮的方向与泵轮旋转的方向相同，冲击导轮叶片的后表面，如果导轮固定将阻挡油液流动。在这种状态下，单向离合器使导轮处于自由状态，使油液回流到泵轮。

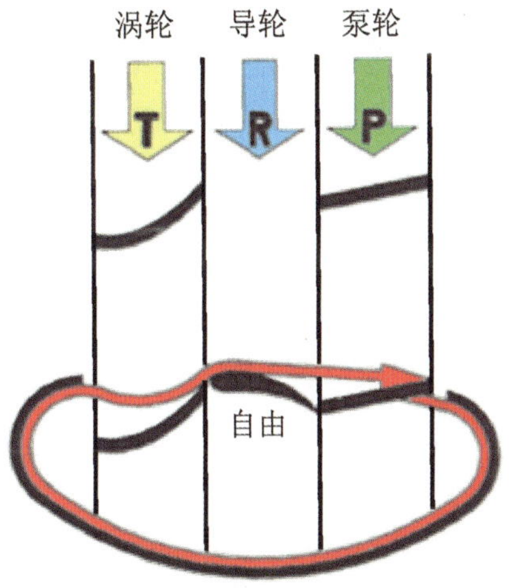

涡轮转速接近于泵轮转速

940. 综合式液力变矩器有哪些工作区域？

综合式液力变矩器的工作区域可分为两个，即变矩器工作区和耦合器工作区。转矩增大仅发生在变矩器工作区，在以耦合点为界限的耦合器工作区内，仅有转矩的传递而无转矩的增大。所以，自动变速器车辆之所以能够平稳起步而不会引起发动机熄火，就是因为它能够在变矩器工作区内获得增大的转矩。

941. 什么是耦合点？

随着涡轮旋转速比的逐渐上升，涡轮和泵轮之间的转速差开始减小，工作液的涡流速度开始降低，由导轮增大的转矩量开始减小。当速比达到规定值时，流过泵轮和涡轮工作液的涡流速度达到最小值，此时转矩比大约为 1:1。因为从涡轮流出的工作液以高速冲击导轮叶片的后表面，单向离合器允许导轮按泵轮的旋转方向旋转，即液力变矩器在耦合器工作区时变成液力耦合器以防止转矩比下降过多。导轮开始转动的转速称为耦合器工作点，简称为耦合点。

942. 什么是失速点？

涡轮固定不动而泵轮仍在旋转时的工况称为失速工况。失速转速是涡轮处于静止时发动机所能达到的最高转速，失速发生在汽车起步或汽车停车时。当今，大多数综合式液力变矩器的失速转速处于 2000 ~ 3000rpm 之间。一般配用较低功率发动机的综合式液力变矩器失速转速高，而配用较高功率发动机的综合式液力变矩器失速转速低。

当涡轮完全不旋转（如换挡手柄在 D 挡位而车辆被制动时），泵轮和涡轮之间的转速差达到最大值，此时工作液的涡流速度和转矩增大的作用也达到最大值，即综合式液力变矩器的最大转矩比是在失速点时，它通常在 1.7 ~ 2.5 范围之内。在失速点，工作液具有很大的能量用于克服车辆起步时的静止阻力。

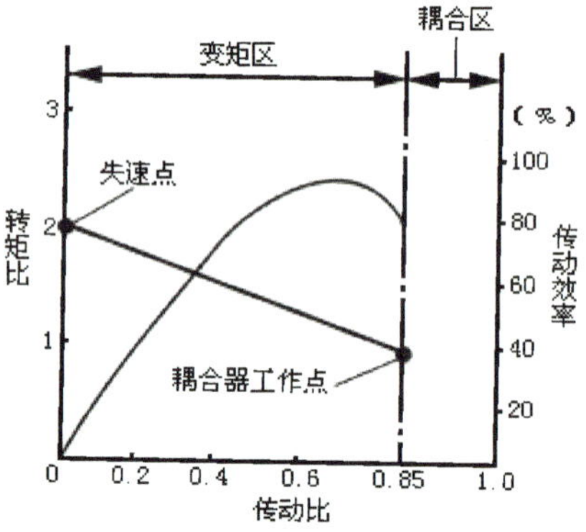

耦合点和失速点

943. 综合式液力变矩器的工作过程是怎样的？

1）车辆静止，发动机怠速运转

当发动机怠速时，由发动机产生的转矩为最小值。由于采用制动器制动车辆使涡轮固定（换挡手柄处于动力挡时），因此，综合式液力变矩器不能克服载荷使涡轮旋转，而一旦涡轮上的载荷减小（抬起制动踏板时），便能够迅速地以高转矩旋转。

2）车辆起步阶段

当抬起制动踏板时，作用在涡轮上的载荷减小。随着踩下加速踏板，综合式液力变矩器在变矩器工作区的增扭作用迅速发挥出来，使涡轮以大于发动机产生的转矩开始旋转，用于克服车辆起步时的阻力，车辆开始起步。

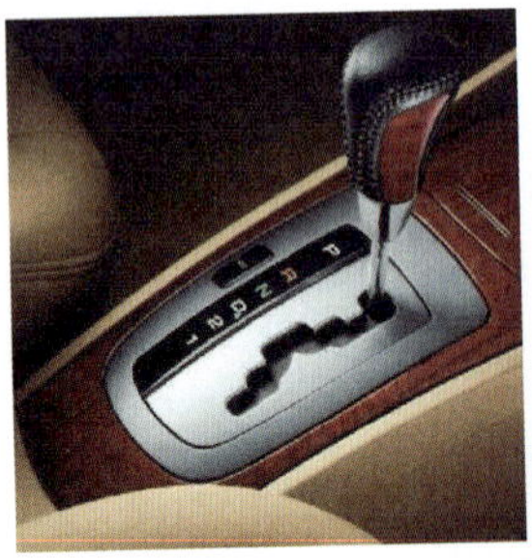

换挡手柄

3）车辆低速行驶阶段

当车辆速度上升时，涡轮的转速快速接近泵轮的转速，因此，变矩比快速接近 1。当综合式液力变矩器达到耦合器工作点时，导轮开始旋转并停止转矩增大的作用，综合式液力变矩器开始进入耦合器工作区内工作。这时，车辆速度与发动机转速成正比直线上升。

4）车辆以中速至高速行驶阶段

此时，综合式液力变矩器能起到液力耦合器的作用，涡轮几乎和泵轮以一样的转速旋转。在车辆正常起步 2 ~ 3s 后，综合式液力变矩器达到液力耦合器工作点继而进入耦合区。但是，如果在中速或高速行驶时，载荷增加引起车速下降，则综合式液力变矩器可能退回在变矩区工作。

5）发动机制动阶段

如果驾驶员在车辆行驶过程中放松加速踏板，泵轮由于与发动机连接，因此，以怠速转速运转，而涡轮与输出轴连接，其转速与车速有关。在车速较高时，涡轮的转速将会高于泵轮，并反向带动发动机转速增加，产生发动机制动作用。因此，涡轮的转速有可能高于泵轮的转速。

944. 综合式液力变矩器有什么特点？

综合式液力变矩器在失速点时，泵轮旋转而涡轮静止。在这种状态下，涡轮接受的转矩达到最大值，但因为涡轮没有转动，传动效率为零。当涡轮开始旋转时，涡轮输出的转速与转矩成正比，传动效率急剧上升，传动效率在综合式液力变矩器达到耦合点前达到最大值。在最大效率之后，因为部分油液从涡轮流出被引入导轮叶片的后表面，传动效率开始下降。在耦合点时，从涡轮流出的大部分油液冲击导轮叶片的后表面，导轮开始旋转以防止传动效率进一步下降，综合式液力变矩器开始变成液力耦合器。由于综合式液力变矩器借助流体传递能量，泵轮和涡轮之间必须存在转速差，否则油液就不会循环，也不会产生动力传递。另外，由于摩擦和冲击导致油液升温，也造成能量损失，导致传动效率下降。因此，综合式液力变矩器的传动效率不可能达到100%，一般可以达到95%左右。

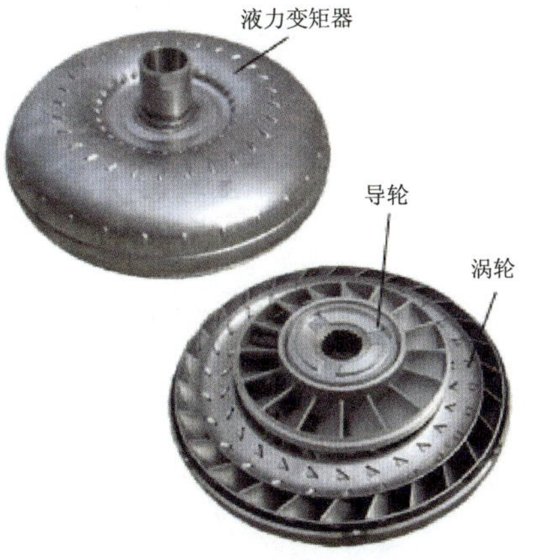

综合式液力变矩器

945. 单级双相三元件闭锁式变矩器是何含义？

目前，轿车上广泛采用由泵轮、涡轮、单向锁止导轮、锁止离合器、导环和壳体组成的单级双相三元件闭锁综合式液力变矩器，即带锁止离合器的综合式液力变矩器。其中单级指只有一个导轮，双相指有变矩和耦合两种工况，三元件指泵轮、涡轮和单向锁止导轮，闭锁式指有锁止离合器功能。

946. 带锁止离合器的综合式液力变矩器有什么作用？

（1）具有自动离合器的作用。将发动机输出的动力传递给自动变速器的输入轴，起到离合器的作用，从而在使用自动变速器的汽车上，取消了传统的膜片弹簧式离合器，大大减轻了驾驶者的劳动强度。

（2）具有自动无级变矩、变速的作用。液力变矩器的涡轮转矩，可随着汽车行驶中负荷的增大或减小而自动增大或减小，同时涡轮转速也会随之自动降低或升高。

（3）具有飞轮的作用。内部充满自动变速器油液的液力变矩器具有较大的转动质量，完全可以起到传统的飞轮使发动机运转平稳的作用，因此配置自动变速器的发动机飞轮的质量较小，只满足起动发动机的需要。

（4）具有减振隔振的作用。由于液力变矩器是通过液力作用进行耦合传动的装置，主、从动件之间无刚性连接(锁止离合器分离时)，所以能通过自动变速油液的阻尼作用，吸收减小发动机的扭振，并隔离这种扭振向底盘传动系统的传递，从而提高了汽车发动机和底盘传动系统的使用寿命。

（5）具有发动机制动作用。当汽车下长坡行驶时，可以通过液力变矩器的耦合作用，实现动力反传回发动机，利用气缸压力对滑行产生制动作用。

（6）具有过载保护作用。当汽车行驶工况突然变化而出现过载时，使用液力变矩器可以对发动机起到保护作用。

（7）驱动液压油泵工作。通过液力变矩器轮毂上的缺口(又称为油泵驱动轴套)，可以机械地驱动自动变速器油泵工作。

（8）实现机械连接。需要时可以通过锁止离合器的锁止实现机械连接，把来自发动机的动力直接机械地传给变速器，从而提高燃油经济性。

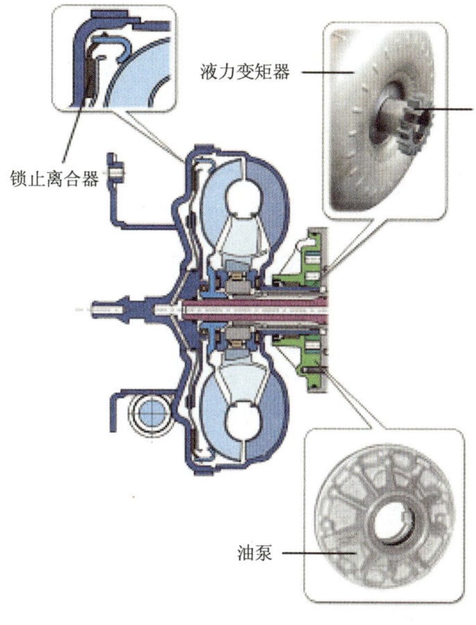

驱动油泵工作示意图

947. 带锁止离合器的综合式液力变矩器各部件关系如何?

带锁止离合器的综合式液力变矩器主要由泵轮、涡轮、单向锁止导轮、锁止离合器、导环和壳体等组成。其中，泵轮和壳体制成一体，与发动机同步旋转，因此称为泵轮；涡轮通过中间花键与自动变速器的输入轴连接。这样，泵轮旋转时带动自动变速器油液流动，通过自动变速器油液将发动机的动力传递给涡轮继而传递给变速器输入轴。

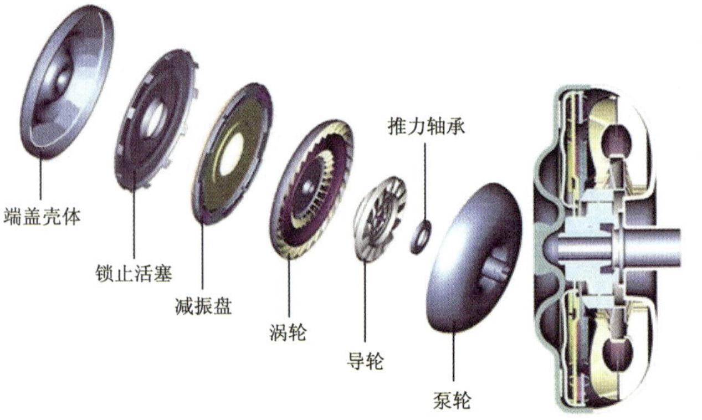

带锁止离合器的综合式液力变矩器构造图

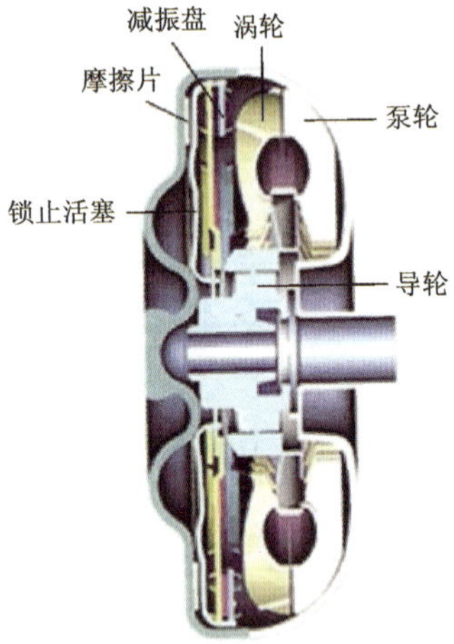

带锁止离合器的综合式液力变矩器构造图

948. 为什么设有锁止离合器?

在液力变矩器中，泵轮与涡轮之间的转速差最少也有 4% ~ 5%，这相当于泵轮与涡轮之间存在滑转现象，从而使变矩器内部的油液因摩擦产生一定的能量损失，因此，传动效率低，无法达到 100%，长期以来，配备自动变速器的轿车油耗高的主要症结就在于此。

为了提高变矩器的传动效率，减小燃油消耗，现代汽车采用的液力变矩器均为带锁止离合器的综合式液力变矩器，即在原有的液力变矩器中加装了锁止离合器，使用机械的方式直接连接泵轮和涡轮，解决了泵轮和涡轮之间的转速差问题，提高了液力变矩器的传动效率，使其达到 100%，从而减小燃油消耗。

949. 什么是锁止离合器?

锁止离合器简称 TCC，是英文 Torque Converter Clutch 的缩写。其分为两种类型：一种是摩擦片与减振盘制成一体；另一种是摩擦片与锁止活塞制成一体。锁止离合器可以将泵轮和涡轮直接连接起来，即将发动机与自动变速器机械地连接起来，这样可减少液力变矩器在高速比时的能量损耗，提高传动效率，提高汽车在正常行驶时的燃油经济性，并防止自动变速器油液过热。

950. 锁止离合器在什么条件下工作?

尽管锁止离合器的作用条件在各种轿车上有所不同，但如下几点基本上都在执行：

（1）汽车的车轮制动器处于非制动状态。

（2）多功能开关指示变速器处于行驶挡(P 位和 N 位不能锁止)。

（3）发动机的冷却液温度不低于规定值，通常为 50 ~ 60℃(因车型而异)。

（4）发动机的节气门开度不处于怠速状态，节气门位置传感器必须有最小的电压输出。

（5）车速必须高于 37 ~ 65km/h (因车型而异)，大部分自动变速器在三挡进入锁止工况，少数自动变速器在所有挡时都进入锁止工况。

951. 锁止离合器如何工作?

1）锁止离合器分离

当车辆行驶速度较低时，由阀体内的锁止继动阀控制液压油的流动方向，如下图所示。加压油液流至锁止活塞前侧，从锁止活塞后侧流出进入油冷却器(这时由于变矩器内油液产生大量热量，流出变矩器的油液要经冷却器冷却后再送回变速器)。这时在锁止活塞前后侧的压力相等，于是锁止离合器的锁止活塞处于脱开状态，不与变矩器壳体接触，锁止离合器处于分离状态。

2）锁止离合器锁止

当车辆以中、高速(通常为 60km/h)行驶时，由阀体内的锁止继动阀控制液压油的流动方向，如下图所示。从锁止活塞的后侧进入加压油液而从前侧泄压。这时，锁止活塞被油压推动压靠在变矩器壳体上，与变矩器壳体连接成一体并同步旋转，即锁止离合器锁止。由于锁止活塞与涡轮连接，而泵轮与壳体本来即为一体，锁止活塞与壳体的连接等于将泵轮与涡轮连接成为一个整体，即泵轮与涡轮转速差为零，没有涡流产生，因而油液在变矩器内产生的热量很小，流出变矩器的油液不需要冷却，直接流回变速器。

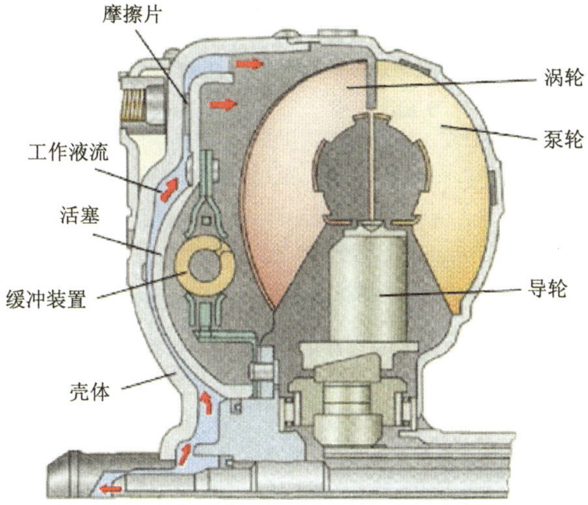

锁止离合器分离时的液流示意图

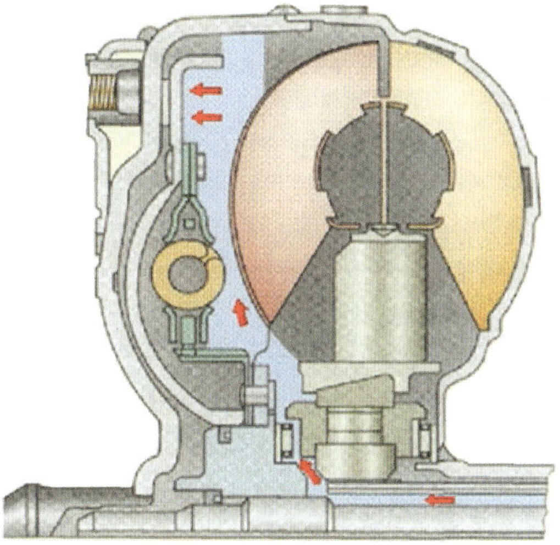

锁止离合器锁止时的液流示意图

952. 什么原因能造成锁止离合器损坏?

锁止离合器是液力变矩器中最容易损坏的部件，01M、01N 变速器一般使用 6 ~ 7 年，行驶 20 万 km 左右会出现锁止离合器磨损打滑现象，此时汽车以 60 ~ 80km/h 行驶，节气门开度较小时，车身有窜动感，节气门开度增大，窜动消失，松开节气门再次踩下时，窜动明显，使用劣质油或油脏是造成锁止离合器磨损的主要原因。

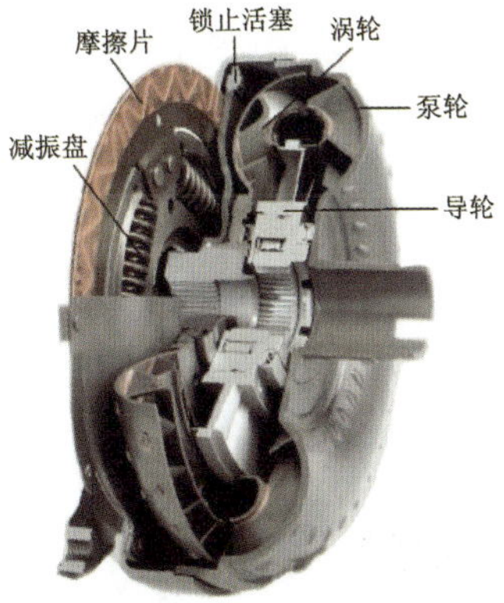

带锁止离合器的综合式液力变矩器构造图

第二节 自动变速器油泵

953. 自动变速器油泵有什么作用?

自动变速器中油泵是重要总成之一，其技术状况的好坏，对自动变速器的性能和使用寿命有很大影响。油泵通常安装在液力变矩器之后，用螺栓固定在变速器前端面上，由飞轮通过液力变矩器上的油泵驱动轴套的驱动来工作，其转速与发动机转速相同。其作用是产生一定压力的液压油，用于供给液力变矩器、执行元件、电子控制系统和阀体，并向变速器内部需要润滑的部件提供润滑。

油泵实物图

954. 自动变速器油泵有哪些类型?

在自动变速器中，油泵通过集滤器从油底壳中吸取自动变速器油液。自动变速器上常见的油泵有三种类型：内啮合齿轮泵、转子泵和叶片泵。其中，前两种类型的油泵称为定量泵，原因在于它们转动一圈时所排出的油量相同。如果油泵的转速增加，则其单位时间内所排出的油量也增加，这是由于油泵在单位时间内的转动圈数增加的缘故。这两类油泵的缺点在于随着泵转速的升高，其所需的驱动能量也增大，即便在自动变速器的工作不需要过量的油液供应时也是如此；而叶片泵又分为定量叶片泵和变量叶片泵两种。由于自动变速器的液压系统属于低压系统，其工作油压通常不超过 2MPa，所以，应用最广泛的仍然是内啮合齿轮泵。

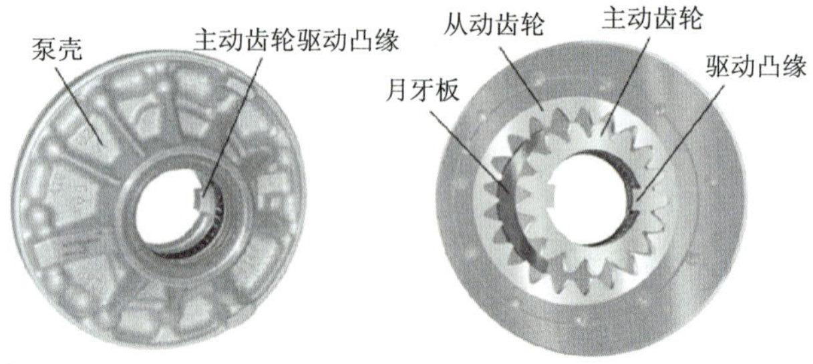

内啮合齿轮泵构造图

955. 转子泵如何工作?

转子泵是由内啮合齿轮泵变形而来的，主要由内转子、外转子、泵壳、泵盖等组成。

转子泵的内转子是主动齿轮，外转子是从动齿轮，内、外转子不同心，有一定的偏心距。发动机运转时，内、外转子朝相同方向旋转，但外转子的转速比内转子每周慢一个齿。由于内转子的齿廓与外转子的齿廓是一对共轭曲线，它能保证油泵在旋转时，无论内、外转子转到什么位置，各齿均处于啮合状态，即内转子每个齿的齿廓曲线和外转子每个齿的齿廓曲线相接触，从而在内、外转子之间形成与内转子齿数相同的工作腔。

工作腔从进油口一侧通过时，由于内、外转子不断退出啮合，空腔容积不断增大，形成局部真空，将油液从油泵进油口吸入，并且随着齿轮的旋转，齿间的油液被带到另一个工作腔；在另一个工作腔内，由于内、外转子不断进入啮合，空腔容积不断减小，从而产生挤压，迫使油液通过油泵出油口排出。

转子泵具有结构简单、尺寸紧凑、噪声低、运转平稳、高速性能良好的优点，其缺点是流量脉动大、加工精度要求高。

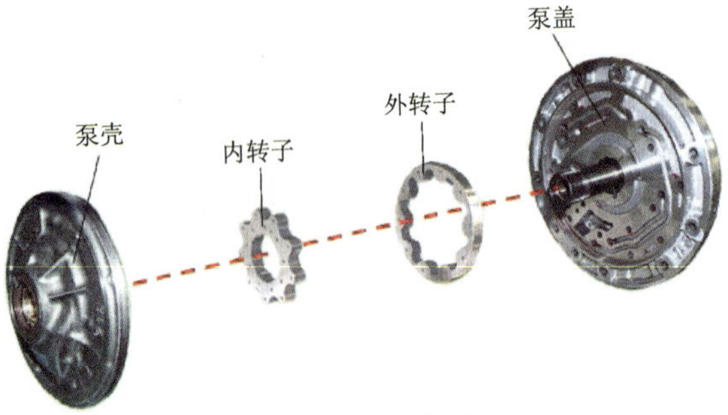

转子泵构造分解图

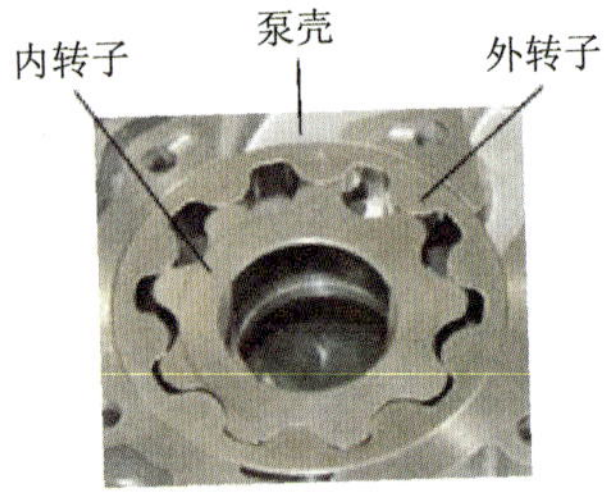

转子泵工作原理图

956. 内啮合齿轮泵如何工作?

内啮合齿轮泵也称为月牙形齿轮泵，主要由主动齿轮、从动齿轮、月牙形隔板、泵壳、泵盖等部件组成。

油泵的主、从动齿轮紧密地装在泵壳的内腔里，月牙形隔板将主、从动齿轮不啮合的部分隔开，形成两个工作腔即吸油腔和出油腔。主、从动齿轮紧靠月牙形隔板，三者相互之间有微小间隙。

发动机运转时，主动齿轮由液力变矩器壳体驱动做顺时针旋转，从动齿轮也被主动齿轮驱动做顺时针旋转。此时，在吸油腔，由于主、从动齿轮不断退出啮合，空腔容积不断增大，形成局部真空，将工作液从油泵进油口吸入，并且随着齿轮的旋转，齿间的油液被带到出油腔；在出油腔内，由于主、从动齿轮不断进入啮合，空腔容积不断减小，从而产生挤压，迫使油液通过油泵出油口排出。

内啮合齿轮泵具有结构紧凑、尺寸小、重量轻、自吸能力强、流量波动小、噪声低等特点，在自动变速器中应用最广泛。

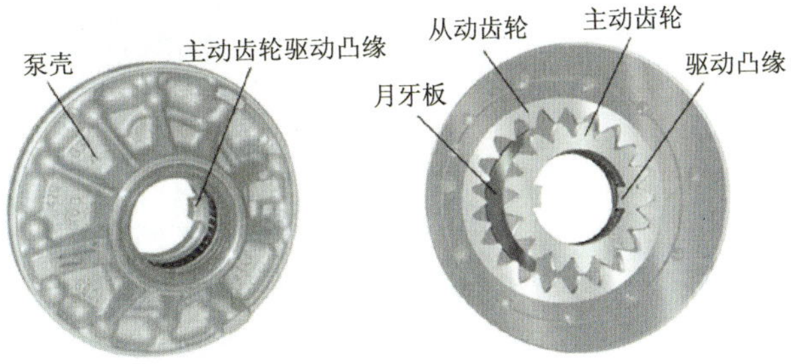

内啮合齿轮泵构造图

957. 定量叶片泵如何工作?

叶片泵由定子、转子、叶片、定位环等组成。按其进油腔的数目可分为单作用式和双作用式两种。

定子固定不动，转子由液力变矩器驱动。定子与转子不同心，二者之间有一定的偏心距。定子内表面为圆柱形，转子上有均匀分布的径向狭槽，矩形叶片安装在槽内，并可在槽内往复运动。

转子转动时，叶片被离心力向外甩出并紧贴在定子的内壁上，并随转子转动，在转子叶片槽内往复运动，这样，相邻叶片形成多个工作腔。叶片在沿定子内壁的轮廓滑动时，工作腔的容积不断地增大和减小。在工作腔容积逐渐增大的一侧，形成真空，将油液从油泵进油口吸入，在工作腔容积逐渐减小的一侧，不断挤压油液，迫使油液通过油泵出油口排出。

叶片泵具有运转平稳、泵油量均匀、噪声小、容积效率高等优点，但它结构复杂，对工作液的污染比较敏感。

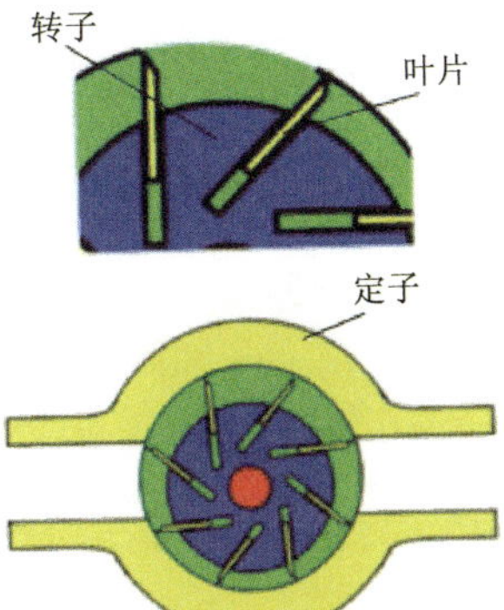

单作用叶片泵工作原理图

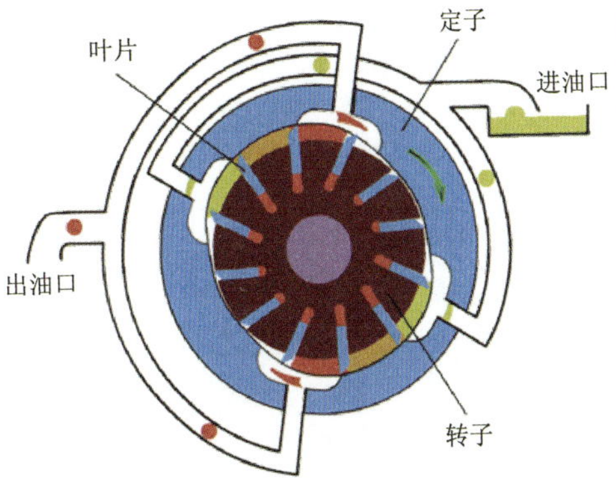

双作用叶片泵工作原理图

958. 什么是变量叶片泵?

为了保证自动变速器的正常工作，油泵的排量应足够大，以便在发动机怠速运转的低速工况下也能使油泵为自动变速器各部分提供足够大的流量和压力的工作液。但发动机在中高速运转时，油泵的泵油量将大大超过自动变速器的实际需要，此时，油泵泵出的大部分工作液将通过油压调节阀返回油底壳。由于油泵泵油量越大，其运转阻力也越大，因此，定量泵在高转速时增加了发动机的负荷和油耗，造成了一定的动力损失。

为了减少油泵在高转速时泵油量过多而引起的动力损失，目前，用于汽车自动变速器的叶片泵大部分都设计成排量可变的形式，即称为变量叶片泵。这种叶片泵的定子不是固定在泵壳上，而是可以绕一个销轴做一定的摆动，以改变定子与转子之间的偏心距，即改变了工作腔的容积，油泵的排量就会变化。

959. 变量叶片泵如何工作?

变量叶片泵由泵体、叶片、定位环、定位销、回位弹簧、转子、可摆动的定子等组成。

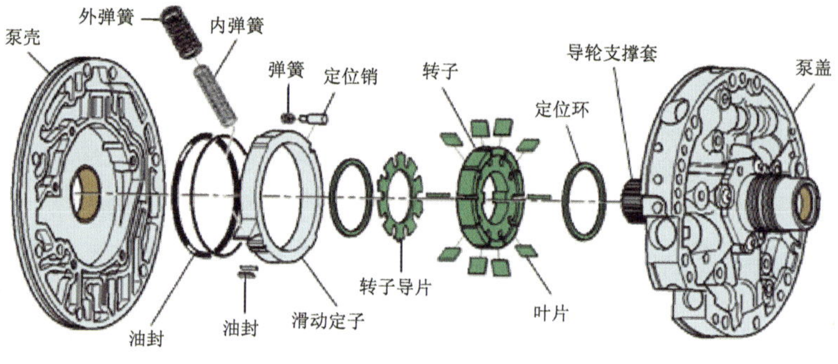

变量叶片泵构造分解图

变量泵的油液输出取决于自动变速器的需要，而不依据发动机的转速，因此，它比定量泵节省能量。这种变量叶片泵的定子不是固定在泵体上的，而是可以绕定位销做一定的摆动，以改变定子与转子之间的偏心距，从而改变油泵的排量。在油泵运转时，定子的位置由定子侧面控制腔内来自调压阀的反馈油压来控制。当油泵转速较低时，泵油量较小，调压阀将反馈油道关小，使反馈压力下降，定子在回位弹簧的作用下绕定位销顺时针方向摆动一个角度，加大了定子与转子之间的偏心距，油泵的排量随之增大;当油泵转速增高时，泵油量增大，出油压力随之上升，推动调压阀将反馈油道开大，使控制腔内的反馈油压上升，反馈油压推动定子，使定子在推力的作用下绕定位销向逆时针方向摆动，定子与转子之间的偏心距减小，油泵的排量也随之减小，从而降低了油泵的泵油量。

960. 自动变速器车最忌讳什么?

配备自动变速器的车辆要禁止在行车中将换挡手柄推入 N 挡位滑行，更不允许熄火后挂入 N 挡位滑行。如果挂入 N 挡位滑行，那么发动机在怠速下运转，自动变速器内由发动机通过液力变矩器驱动的油泵出油量减少，而自动变速器内的齿轮等零件在汽车的带动下仍作高速旋转，这时润滑状况恶化，容易烧坏变速器。同理，熄火后挂入 N 挡位滑行，油泵根本不工作，变速器内无润滑油压，车轮带动变速器从动件高速旋转，容易烧损行星齿轮、铜套、止推轴承、止推垫等，导致变速器损坏。所以，自动变速器车辆空挡滑行，弊处多多。

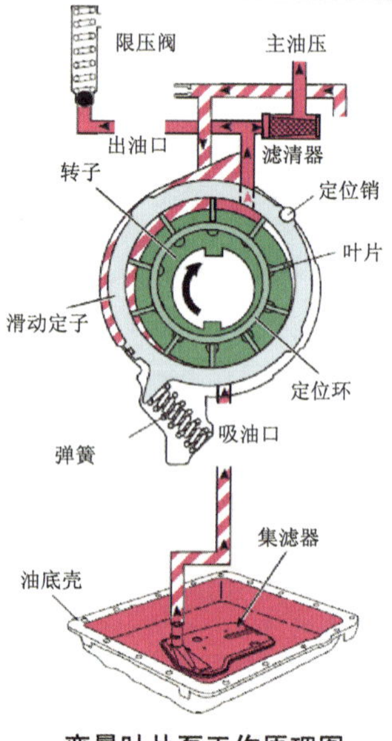

变量叶片泵工作原理图

961. 变量叶片泵应用于哪些车型?

定量泵的泵油量和发动机的转速成正比，并随发动机转速的增加而不断增加；变量泵的泵油量在发动机转速超过某一数值后就不再增加，保持在一个能满足油路压力的水平上，从而减少了油泵在高转速时的运转阻力，提高了汽车的燃油经济性。

采用这种油泵的车型有福特、马自达、大宇等轿车。

962. 自动变速器如何进行拖车?

当故障车辆被拖时，由于发动机不工作，所以自动变速器的油泵也不工作，因此，变速器内无润滑油压。如果故障车辆被高速或长距离牵引，各种旋转部件上的保护润滑油膜就会消失，从而造成自动变速器的磨损。那么，该如何进行拖车呢？有两个方法：一是按照厂家提供的说明提示，通常会有拖车时的距离和车速要求，但一般情况下允许的距离不长，如牵引速度不超过 30km/h，牵引距离不超过 50km；二是让驱动轮离地，不让其在拖车时转动，如拖车时悬空驱动轮或者将整车整体拉走。

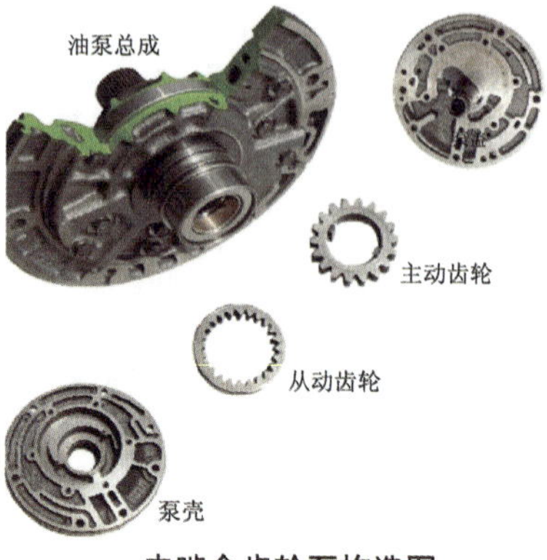

内啮合齿轮泵构造图

963. 自动挡车辆能推着吗?

当手动变速器的车辆起动系统发生故障时，可用牵引或溜车的方法起动发动机。但是，这个方法不适用配备自动变速器的车辆。因为自动变速器的车辆在发动机不工作时，油泵也不运转，变速器内没有工作油压。因此，齿轮变速机构不会接受到工作油液的压力。即使换挡手柄位于动力挡，但变速器内齿轮变速机构仍保持在空挡状态，输出轴的动力无法反传到发动机，发动机不可能着火。

964. 如何检修自动变速器油泵?

（1）用厚薄规分别测量油泵从动齿轮外缘与油泵体之间的间隙(侧隙)、主/从动齿轮分别与月牙形隔板之间的间隙(齿隙)、主/从动齿轮的端面与油泵体端面的间隙(端隙)。将测量结果与表对照，如不符合标准，应更换齿轮、泵壳或油泵总成。

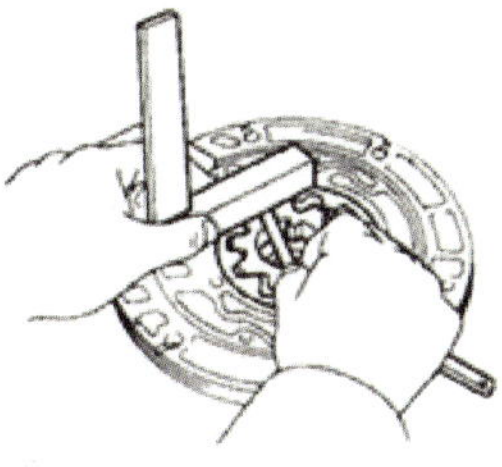

端隙的测量

侧隙的测量

齿隙的测量

油泵测量标准

测量项目	标准间隙（mm）	最大间隙（mm）
侧隙	0.07～0.15	0.3
齿隙	0.11～0.14	0.3
端隙	0.02～0.05	0.1

（2）检查油泵主动齿轮、从动齿轮、泵壳端面有无肉眼可见的磨损痕迹。如有，应更换新件。

965. 如何分解自动变速器油泵?

油泵分解如下图所示。

（1）拆下油泵后端轴颈上的密封环。

（2）按照对称交叉的顺序依次松开油泵螺栓，打开油泵。

（3）用记号笔在主动齿轮和从动齿轮上作一记号，取出主、从动齿轮。

（4）拆下泵壳上的油封。

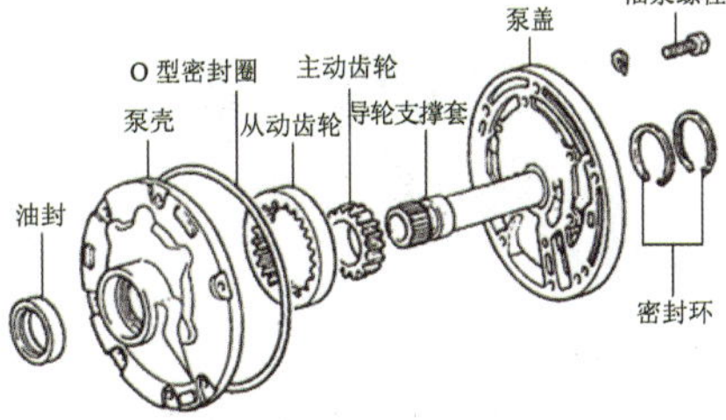

油泵的分解

刘总监提示：

在分解油泵时应注意，不要损伤油泵体内各密封面，不可用冲子在油泵齿轮和油泵壳体上作记号。

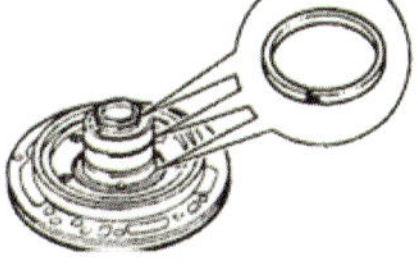

密封环的安装位置

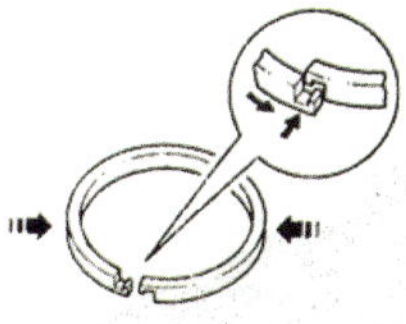

密封环接口相互钩住

966. 如何组装自动变速器油泵?

用干净的煤油或汽油清洗油泵的所有零件，在清洗后的零件上涂少许液压油，按如下步骤组装：

（1）在泵壳上装入新的油封。

（2）更换所有的 O 型密封圈，并在新的 O 型密封圈上涂液压油。

（3）按分解时相反的顺序组装油泵各零件。

（4）按照对称交叉的顺序，依次拧紧油泵盖螺栓，拧紧力矩为 10N·m。

（5）在油泵后端轴颈上的密封环槽内涂上凡士林，安装新的密封环。

（6）检查油泵运转性能：将组装后的油泵插入变矩器中，转动油泵，油泵齿轮转动应平顺，无异响。

第三节 齿轮变速机构

967. 什么是齿轮变速机构?

齿轮变速机构是自动变速器的主要组成部分。液力变矩器虽能传递和增大发动机转矩，但变矩和变速范围有限，且不能改变发动机曲轴的旋转方向，使汽车能够实现前进、倒退双向行驶，为此在液力变矩器后端又安装了一套变矩、变速、变向的装置，即齿轮变速机构。

968. 为什么增设齿轮变速机构?

液力变矩器虽然能够在一定范围内无级地改变转矩比和传动比，但其增扭作用只有 2 ~ 4 倍，不能很好地满足汽车的使用要求。因此，在汽车上广泛采用液力变矩器与齿轮变速机构组成的液力式自动变速器。

发动机的动力经液力变矩器传至自动变速器，经变速器输出给驱动轮。液力变矩器在自动变速器中的主要作用是使汽车起步平稳，并在换挡时减缓传动系统的冲击载荷。汽车在使用过程中主要靠齿轮变速机构实现变速，即可使转矩再增大 2 ~ 4 倍。

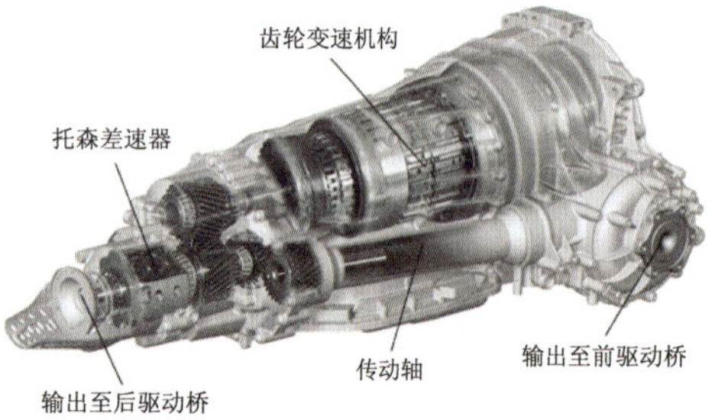

齿轮变速机构透视图

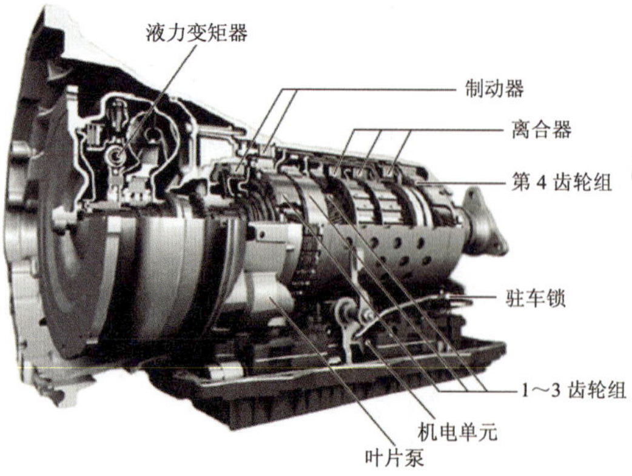

行星齿轮式变速机构

969. 齿轮变速机构分为哪两种?

齿轮变速机构有普通齿轮式和行星齿轮式两种，采用普通齿轮式的主要是本田车系。目前，绝大多数汽车自动变速器的齿轮变速机构采用行星齿轮式。

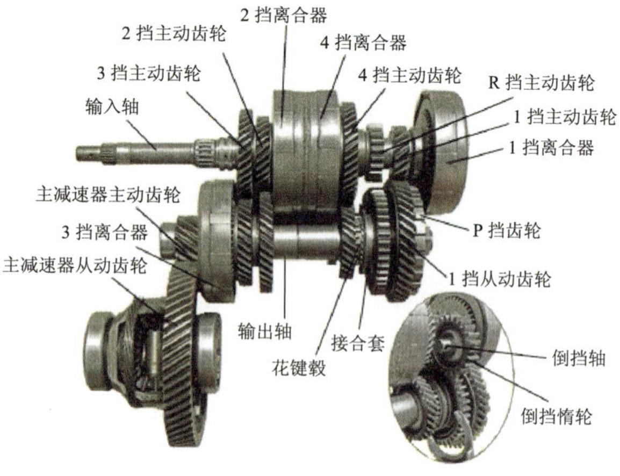

普通齿轮式变速机构结构图

970. 行星齿轮机构因何得名?

行星齿轮机构中的太阳轮、内齿圈和行星架有一个共同的固定轴线。太阳轮位于行星齿轮机构的中心，位于最外侧的是内齿圈，行星齿轮支承在固定于行星架上的行星齿轮轴上，并同时与太阳轮和内齿圈啮合。当行星齿轮机构工作时，行星齿轮一方面可以绕着行星齿轮轴自转，另一方面又可以随着行星架一起绕着太阳轮公转。这种运动，与太阳系里行星的运动相似，行星齿轮机构由此得名。

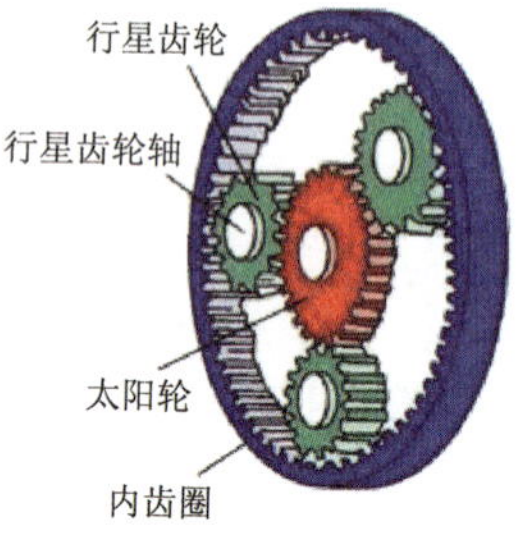

行星齿轮机构

971. 行星齿轮式变速机构包括哪两部分?

行星齿轮式变速机构的组成包括行星齿轮机构和换挡执行元件两部分。

（1）行星齿轮机构（基本元件）：包括太阳轮、内齿圈、行星架。其作用是在换挡执行元件的控制下改变传动比和传动方向，从而构成不同的挡。

（2）换挡执行元件（伺服元件）：等同于手动变速器中的拨叉，包括离合器、制动器、单向离合器。其作用是限制和约束行星齿轮机构的运动状态，进而改变传动比，实现自动换挡。

972. 什么是行星排?

最简单的行星齿轮机构由 1 个太阳轮、1 个内齿圈、1 个行星架和支承在行星架上的 3 ~ 4 个行星齿轮组成，称为单个行星排。

刘总监提示：

自动变速器中行星排的个数取决于自动变速器所需挡数的多少；行星齿轮的个数取决于自动变速器的设计负荷，个数越多承担负荷越大。

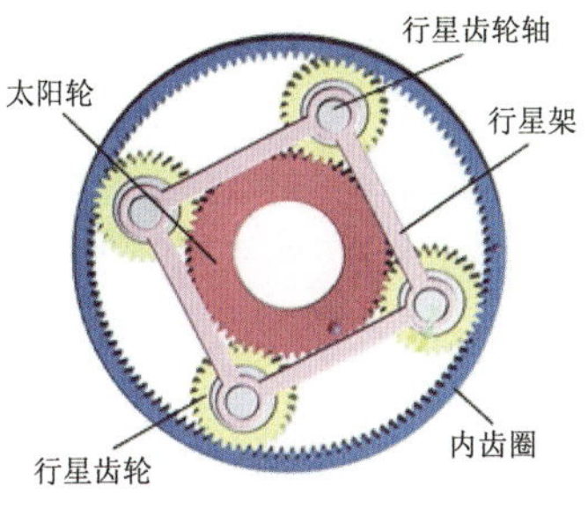

单个行星排结构图

973. 基本元件中为何没有行星齿轮?

在行星排中，具有共同的固定轴线的太阳轮、内齿圈和行星架称为行星排的三个基本元件。在基本元件中，为什么没有行星齿轮呢？这是因为基本元件的确立条件是，看它们在换挡执行元件的限制或约束下能否实现不同的传动比，而行星齿轮只起到传力和换向的作用，并不改变传动比，因此，行星排的基本元件中无行星齿轮。

974. 行星齿轮机构如何分类?

（1）按照齿轮的排数不同，行星齿轮机构可以分为：单排行星齿轮机构和多排行星齿轮机构两种。

（2）按照太阳轮和内齿圈之间的行星齿轮组数的不同，行星齿轮机构可以分为：单级行星齿轮机构和双级行星齿轮机构两种。

单级行星齿轮机构在太阳轮和内齿圈之间有一组行星齿轮，各行星齿轮同时与太阳轮和内齿圈啮合；而双级行星齿轮机构在太阳轮和内齿圈之间有两组互相啮合的行星齿轮，其中外面一组行星齿轮与内齿圈啮合，里面一组行星齿轮与太阳轮啮合

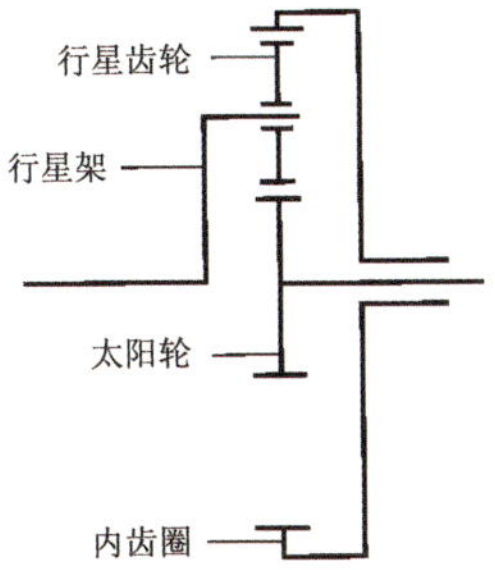

单排行星齿轮机构

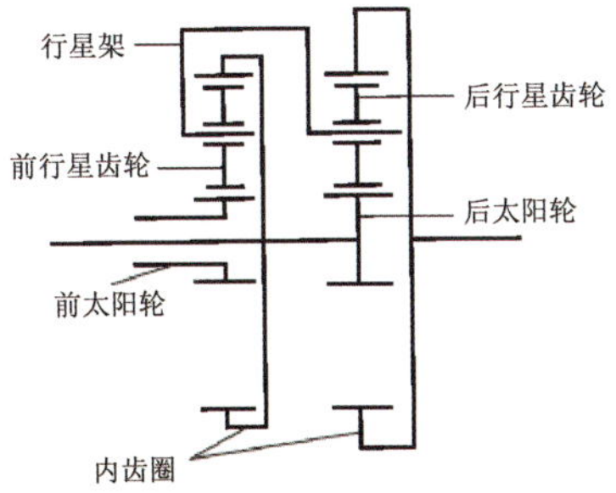

双排行星齿轮机构

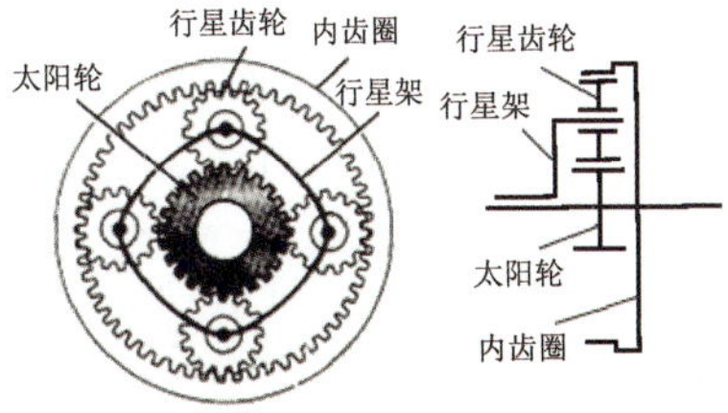

单级行星齿轮机构结构图

单级行星齿轮机构实物图

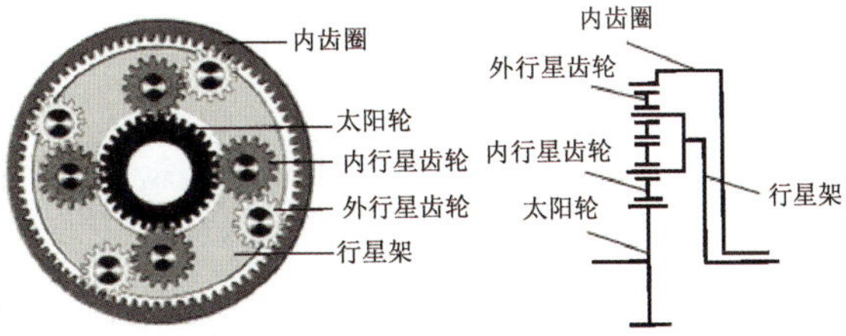

双级行星齿轮机构结构图

双级行星齿轮机构实物图

975. 齿轮啮合方式与旋向有何关系？

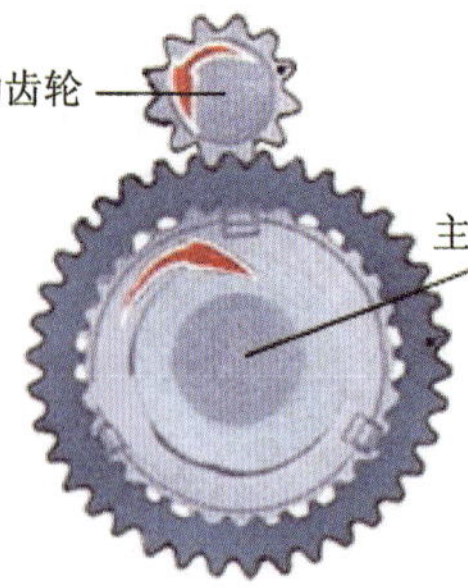

外啮合方式换向原理图

（1）两个齿轮采用外啮合方式传递动力时，其二者的旋转方向相反，行星齿轮机构中的太阳轮和行星齿轮即为外啮合。

（2）两个齿轮采用内啮合方式传递动力时，其二者的旋转方向相同，行星齿轮机构中的行星齿轮和内齿圈即为内啮合。

976. 如何限制单排行星齿轮机构的自由度为 1？

单排行星齿轮机构具有两个自由度，限制自由度为 1 的方法如下：

（1）在三个基本元件中，去掉输入元件和输出元件，剩下的第三元件被固定，如变速器的高速挡、低速挡和倒挡。

（2）在三个基本元件中，任意两元件转速相同，则第三元件转速与另外两元件转速也相同，如变速器的直接挡。

（3）在三个基本元件中，输入元件、输出元件和固定元件均已被确定，则输出元件以不可抗扭矩转动，如滑行时的发动机制动，即驱动轮的动力可以经变速器反传回发动机。

977. 太阳轮、内齿圈和行星架有什么关系？

（1）齿数关系：$Z1 < Z2 < Z3$ 且 $Z1 + Z2 = Z3$。其中，$Z1$ 为太阳轮齿数，$Z2$ 为内齿圈齿数，$Z3$ 为行星架虚拟齿数。规定 $Z2/Z1 = \alpha$，明显 $\alpha > 1$。

（2）转速关系：$n1 + \alpha n2 - (1 + \alpha)n3 = 0$。其中，$n1$ 为太阳轮转速，$n2$ 为内齿圈转速，$n3$ 为行星架转速。

（3）旋向关系：

①太阳轮固定，内齿圈和行星架的旋转方向相同。

②内齿圈固定，太阳轮和行星架的旋转方向相同。

③行星架固定，太阳轮和内齿圈的旋转方向相反。

978. 如何计算行星齿轮变速器的传动比？

（1）首先列两个行星排的运动方程式。

（2）确定哪两个转速（输入转速和输出转速）的比值为所求的传动比。

（3）消去共用速度项。

（4）乘积化交叉求出传动比。

刘总监提示：

运动方程 $n1 + \alpha n2 - (1 + \alpha)n3 = 0$ 和 $n1 - \alpha n2 - (1 - \alpha)n3 = 0$ 对理解德国大众、宝马等自动变速器的传动原理至关重要，在使用运动方程计算变速器传动比时应注意如下两点：

（1）第一个 n 必须是太阳轮转速，第二个 n 必须是内齿圈转速，第三个 n 必须是行星架转速，而与 n 的小脚标没有关系，只与假设有关。

（2）在利用运动方程计算传动比时会出现负值的情况，如倒挡传动比为 -3.416，这里的负号没有实际意义，只与汽车的行驶方向有关。

979. 什么是辛普森式行星齿轮机构?

辛普森式行星齿轮机构是一种十分著名的行星齿轮机构，以设计发明者 H.W.Simpson 工程师命名。从 20 世纪 40 年代至今广泛应用于世界各国的汽车自动变速器中。辛普森式行星齿轮机构由两个单级单排行星齿轮机构组合连接在一起，其结构特点是，两个单级单排行星齿轮机构共用一个太阳轮；前行星架和后内齿圈或者前内齿圈和后行星架连接在一起作为整个行星齿轮机构的动力输出端；前太阳轮和后内齿圈通常作为动力输入端。

整个行星齿轮机构有 4 个独立元件，即前、后行星齿轮机构共用的太阳轮、前内齿圈、后行星架、前行星架与后内齿圈组件。4 个独立元件或者前、后行星齿轮机构共用的太阳轮、后内齿圈、前行星架、前内齿圈与后行星架组件。

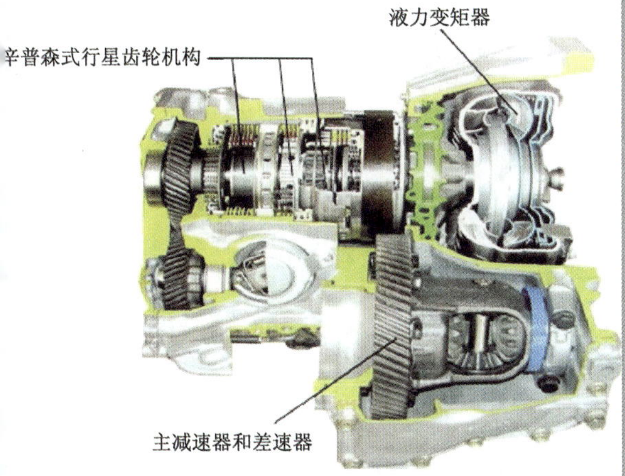

辛普森式行星齿轮机构变速器

980. 什么是改进辛普森式行星齿轮机构?

改进辛普森式行星齿轮机构是在原有辛普森式行星齿轮机构的基础上进行改进的，改变了原有行星齿轮机构的连接关系，即将原有辛普森式行星齿轮机构中的太阳轮拆开，两个行星排中的太阳轮各自独立，前架后圈或前圈后架连接在一起作为整个机构的输出部分，通过两个单级单排行星齿轮机构，加之相应的换挡执行元件，最多可以实现四个前进挡和一个倒挡。目前，日本的马自达、日产；美国的通用、福特汽车公司采用的变速器多为改进辛普森式行星齿轮机构。

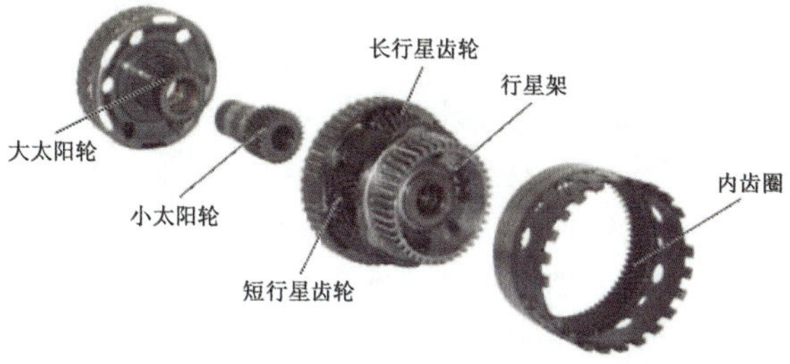

拉维萘尔赫式行星齿轮机构实物图

981. 什么是拉维萘尔赫式行星齿轮机构?

拉维萘尔赫式行星齿轮机构具体结构实质是由两个单排行星齿轮机构组成的，即由一个单排单级行星齿轮机构和一个单排双级行星齿轮机构组合而成：前大太阳轮、长行星齿轮、共用内齿圈及共用行星架共同组成一个单排单级行星齿轮机构；后小太阳轮、短行星齿轮、长行星齿轮、共用内齿圈及共用行星架共同组成一个单排双级行星齿轮机构。

两个行星排共用一个内齿圈和一个行星架。因此它只有 4 个独立元件，即前大太阳轮、后小太阳轮、共用内齿圈和共用行星架。这种行星齿轮机构具有结构简单、尺寸小、传动比变化范围大、灵活多变等特点，可以组成有 3 个前进挡或 4 个前进挡的行星齿轮变速器。

目前，德国的绝大部分汽车采用的自动变速器均为拉维萘尔赫(Ravigneaux)式行星齿轮机构。例如，捷达 01M、帕萨特 01N、奥迪 01V、宝马的 ZF6HP-26 等自动变速器均为拉维萘尔赫式行星齿轮机构。

982. 什么是威尔逊式行星齿轮机构?

目前，有很多自动变速器齿轮变速系统中的齿轮变速机构用的既不是辛普森、改进辛普森，也不是拉维萘尔赫式行星齿轮机构，如德国奔驰采用 W5A580 变速器。那么这种变速器采用的是何种结构形式的行星齿轮变速机构呢？在德国，自动变速器生产厂商把这类变速器的行星齿轮机构定义为威尔逊(Wilson)式行星齿轮机构。该行星齿轮机构的特点是，由 3 个单排单级行星齿轮机构组成，相应加之适当的换挡执行元件可以组成 5 个前进挡和 2 个倒挡共 7 速传动比。

983. 什么是普通齿轮式变速器?

普通齿轮式变速器主要由普通齿轮式变速机构、液压控制系统和电子控制系统三大部分组成。其中齿轮变速机构主要由平行轴、各挡齿轮和湿式多片离合器等组成。平行轴为 3 根，即输入轴、中间轴和输出轴。

输入轴与发动机曲轴主轴颈轴线同轴，其上安装有 3 挡和 4 挡离合器，以及 3 挡、4 挡、倒挡齿轮和输入轴常啮合齿轮；输出轴上装有最终主动齿轮、1 挡固定离合器及 1 挡、3 挡、4 挡、倒挡、2 挡和驻车挡齿轮及输出轴常啮合齿轮；中间轴上装有 1 挡、2 挡离合器和 1 挡、2 挡齿轮及中间轴常啮合齿轮。输出轴 4 挡齿轮及倒挡齿轮可以锁止在输出轴中部，工作时是锁止 4 挡齿轮还是倒挡齿轮取决于接合套的移动方式。

输入轴和输出轴上的齿轮与中间轴上的齿轮保持常啮合状态。行车中，当通过控制系统使变速器中某一组齿轮实现啮合时，动力将从输入轴和中间轴传递到输出轴，并由输出轴输出，同时仪表盘内的 A/T 挡位指示灯将显示正在运行的挡位。

普通齿轮式变速器位置图

984. 离合器有什么作用?

离合器的作用是将行星齿轮机构中的某个基本元件与变速器的输入轴连接，以将发动机的动力传递至变速器内部，或将前一个行星排的某一个基本元件与后一个行星排的某一个基本元件连接在一起，使之成为一个整体转动。

自动变速器采用的离合器是多片湿式离合器，它主要由离合器鼓、活塞、回位弹簧、回位弹簧座、钢片、摩擦片和卡环组成。

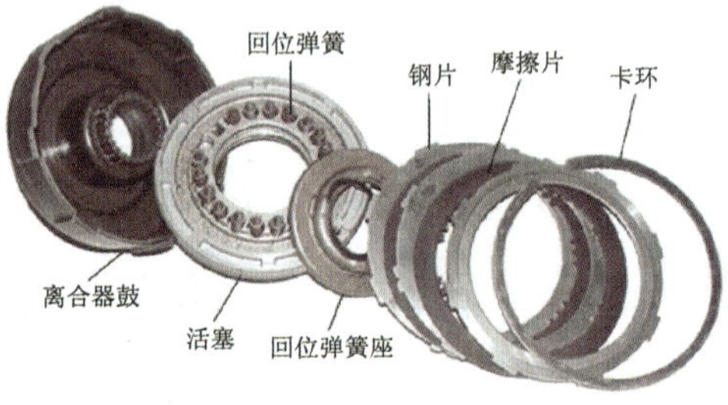

离合器构造分解图

985. 离合器的回位弹簧有几种形式?

离合器的回位弹簧通常有 4 种不同的形式：中央螺旋大弹簧、圆周均布螺旋小弹簧、膜片弹簧和波形弹簧。其中，螺旋弹簧应用最多。

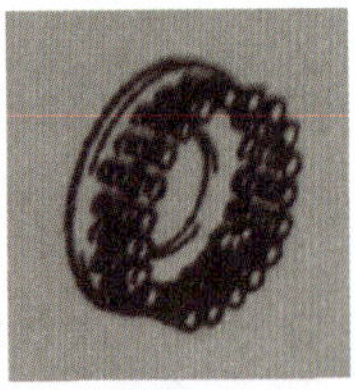

圆周均布螺旋小弹簧

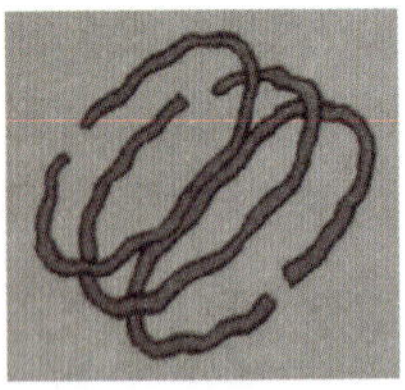

波形弹簧

中央螺旋大弹簧

膜片弹簧

986. 什么是碟形环?

有些离合器在活塞和钢片之间有一个碟形环，它具有一定的弹性，可以减缓离合器接合时的冲击力。钢片与摩擦片交错排列，两者统称为离合器片，通过卡环的限制而安装在离合器鼓内。钢片的外花键齿安装在离合器鼓的内花键齿圈上，可沿齿圈键槽轴向移动，但不能转动；摩擦片由其内花键齿与离合器毂的外花键齿连接，也可沿键槽轴向移动，但不能转动。摩擦片两面均为摩擦系数较大的铜基粉末冶金层或合成纤维层，受压力和温度变化影响很小，并且在摩擦衬面上都带有油槽，其作用是破坏油膜，提高滑动摩擦时的摩擦系数，同时保证工作液通过，以冷却摩擦表面。

987. 离合器如何工作?

当来自换挡阀的油液进入离合器液压缸时，此时，液压油的压力大于活塞上的单向球阀所受的离心力，单向球阀关闭，油压推动活塞，使之克服回位弹簧的弹力而右移，将所有的钢片和摩擦片相互压紧在一起，钢片和摩擦片之间的摩擦力使输入轴和输出轴连接为一个整体，此时离合器处于接合状态。

当液压控制系统将作用在离合器液压缸内的液压油的压力解除后，由于此时单向球阀所受的离心力大于液压力，单向球阀开启，液压缸外缘油液经单向球阀排出，内缘油液由回位弹簧推动活塞回位而排出，钢片和摩擦片不受轴向力而自动分离，此时，输入轴和输出轴可以朝不同的方向或以不同的转速旋转，离合器处于分离状态。

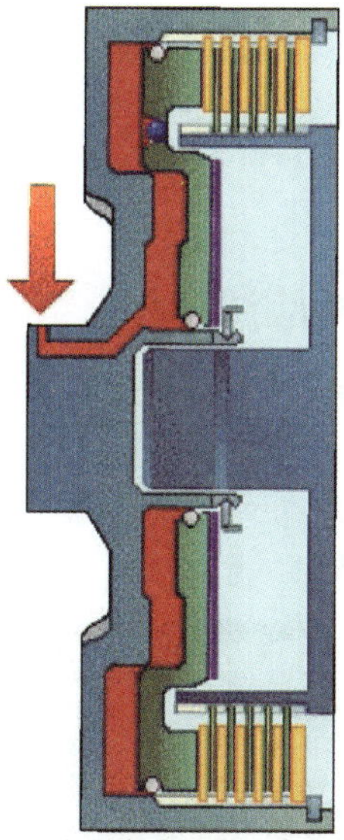

离合器接合状态示意图

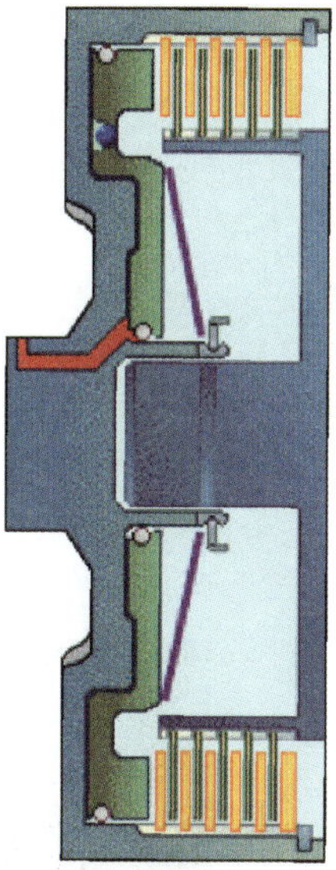

离合器分离状态示意图

988. 单向球阀有何作用?

一般在离合器内部只有一条油道，油道设在离合器的中心部位，进油和泄油均要通过这一条油道。在离合器接合时，推动活塞的液压油受到离心力的作用被甩到液压缸的外缘。在离合器分离时，其液压缸内仍残留有少量液压油不易排出。由于离合器鼓高速旋转，残留在液压缸内的液压油在离心力的作用下被甩向液压缸外缘处，并在该处产生一定的油压。若离合器鼓的转速较高，这一压力有可能推动活塞压向离合器片，使离合器处于半接合状态，导致钢片和摩擦片因互相接触摩擦而产生不应有的磨损，影响离合器的使用寿命。为了避免这种现象的出现，在离合器的活塞上装有单向球阀。

989. 单向球阀如何工作?

当离合器接合时，液压力使单向球阀压紧在阀座上，单向球阀处于关闭状态，液压缸成为密闭的油腔，离合器可以传递转矩；当离合器分离时，随着液压油的排出液压力下降，单向球阀在离心力的作用下离开阀座，使单向球阀处于开启状态，残留在液压缸内的液压油在离心力的作用下从单向球阀的阀孔中流出，保证了离合器的彻底分离。

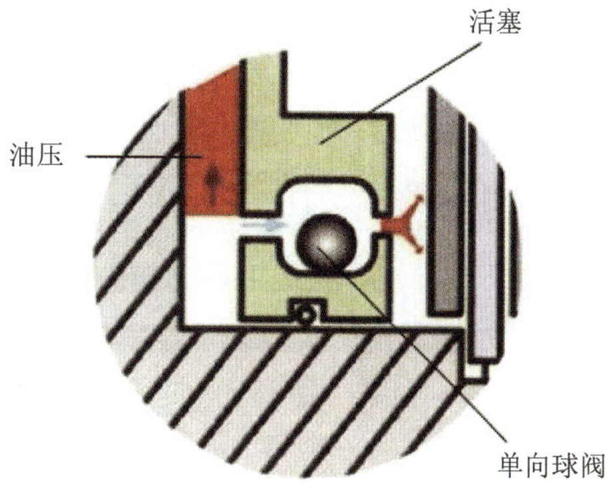

单向球阀工作原理示意图

990. 如何测量离合器自由间隙?

当离合器处于分离状态时，离合器活塞和离合器片或离合器片和卡环之间有一定的轴向间隙，以保证钢片和摩擦片之间无任何轴向压力，这一间隙称为离合器的自由间隙。离合器的自由间隙可用塞尺来测量，如下图所示。其间隙因摩擦片数不同而有所差异，一般离合器自由间隙的标准值为0.5～2.0mm，但其间隙的大小可用卡环或钢片的厚度来调整。

离合器自由间隙检查

991. 离合器传递动力的大小取决于什么?

离合器自由间隙的大小取决于离合器的片数和工作条件，通常离合器片数越多或该离合器的交替工作越频繁，其自由间隙就越大。

离合器在使用中必须十分注意离合器的自由间隙。间隙过小，离合器分离不彻底；间隙过大，当回位弹簧已被压紧至极限状态，而离合器仍未完全接合时，离合器将严重打滑，不能传递动力。

离合器所能传递动力的大小在不考虑自由间隙的影响外，主要取决于摩擦片的面积、片数，以及钢片和摩擦片之间的压紧力。钢片和摩擦片之间压紧力的大小由作用在离合器活塞上的液压油的油压及活塞的面积决定。当压紧力一定时，离合器所能传递动力的大小就取决于摩擦片的片数和面积。在同一个自动变速器中通常有几个离合器，它们的直径、面积基本上相同或相近，但它们所传递动力的大小往往有很大差异。

992. 为何两个摩擦片之间装有两个钢片?

为了保证动力的传递，每个离合器所使用的摩擦片的片数也各不相同。离合器所要传递的动力越大，其摩擦片的片数就应越多。一般离合器摩擦片的片数为 2 ~ 6 片。离合器钢片的片数应多于摩擦片的片数，以保证每个摩擦片的两面都有钢片。此外，同一厂家生产的同一类型的自动变速器可以在不改变离合器外形、尺寸的情况下，通过增减各个离合器摩擦片的片数来形成不同型号的自动变速器，以满足不同排量车型的使用要求。在这种情况下，当减少或增加摩擦片的片数时，要相应增加或减少钢片的个数或增减调整垫片的厚度，以保证离合器的自由间隙不变。因此，有些离合器在相邻两个摩擦片之间装有两个钢片，这是为了保证自动变速器在改型时的灵活性，并非漏装了摩擦片。

994. 摩擦片装配前应注意哪些问题?

（1）摩擦片还可以继续使用的，需单独进行清洗。离合器中其余的零件可以用工业酒精或化油器清洗剂清洗，除密封件外还可以用煤油清洗，但不可以用汽油清洗。用清洗剂作彻底清洗后，需用清洁的水反复冲洗零件表面，使其表面不含残存的清洗剂，然后用干燥洁净的压缩空气将所有的零件吹干，再在表面上涂一层自动变速器油液，等待装配。离合器、制动器的摩擦片具有较强的吸附能力，一旦沾了清洗剂就很难清除。摩擦片应用清洁的自动变速器油液清洗，清洗后自然干燥，等待装配。

（2）离合器的摩擦片在装配前，新片应在自动变速器油液中浸泡至少 2h 以上，旧片应浸泡至少 15min 以上，以使其充分膨胀和含油，浸泡后每个摩擦片要膨胀 0.03mm，工作时受高温影响每个摩擦片还要膨胀 0.03mm。不浸油或浸油时间过短，在离合器装配后，将无法准确地测量自由间隙。

995. 摩擦片装配时应注意哪些问题?

（1）旧片要换位。装配时如使用的是旧摩擦片，则最里面与最外面的摩擦片换一下位置。

（2）缺口要对正。部分离合器摩擦片花键上有一个缺口，是动平衡标记，装配时注意将各片的缺口对正。

摩擦片

993. 什么情况下更换摩擦片?

摩擦片的使用极限是片厚的 1/2，摩擦片上的油槽用来存自动变速器油液，油槽磨平后，自动变速器油液就无法进入摩擦片与钢片之间。失去了自动变速器油液的保护之后，磨损速度就会急剧加快，油槽磨平后必须更换。摩擦片表面上有一层保持自动变速器油液的含油层，新拆下来的摩擦片用无毛布将表面擦干，用手轻按摩擦表面时应有较多的自动变速器油液渗出。轻按时如不出油，说明摩擦片含油层已被抛光，无法保持自动变速器油液，必须更换。摩擦片上有数字记号，记号磨掉后必须更换，摩擦片出现翘曲变形、表面发黑、烧蚀时也必须更换，摩擦片表面出现剥落、有裂纹、内花键被拉毛或磨出倒角（容易造成卡滞）等现象必须更换。

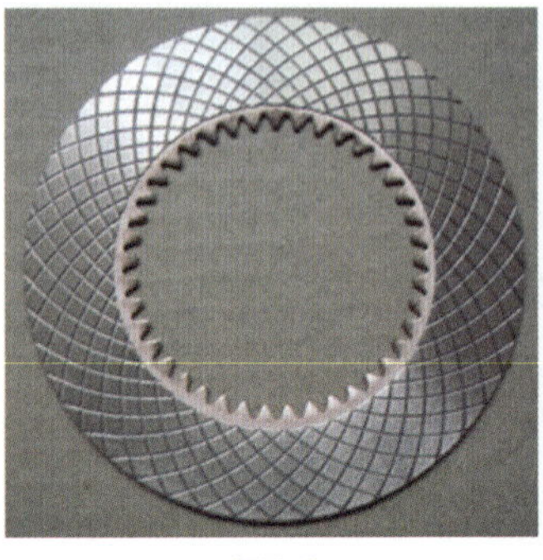

摩擦片

996. 如何检查离合器活塞的回位弹簧?

离合器和制动器的回位弹簧中，最容易损坏的是低速挡，尤其是倒挡制动器活塞的回位弹簧。它的工作行程和工作压力最大，所以，最容易损坏。损坏后弹簧折断、弯曲变形，同时许多弹簧散落在弹簧座外面。检查时一目了然，维修时需要整组更换回位弹簧。

离合器活塞回位弹簧工作行程和油压较小，很少损坏。拆卸离合器时，外观上看回位弹簧没有折断、散乱，就不必拆下回位弹簧的卡环。回位弹簧卡环安装时如没有专用工具，将十分困难，而且很容易造成回位弹簧座变形损伤。回位弹簧主要检查其自由长度。凡变形、过短、折断的弹簧必须更换。

997. 如何检查离合器压盘和钢片?

（1）压盘和钢片上的齿要完好，不能有拉毛，拉毛容易造成卡滞。

（2）压盘和钢片表面如有蓝色过热的斑迹，则应放在平台上用高度尺测量其高度，或将两片叠在一起，检查其是否变形。出现变形或表面有裂纹的必须更换。

离合器

998. 如何判断离合器摩擦片的早期磨损?

修理工管离合器摩擦片的早期磨损叫烧片子。烧片子是离合器也是自动变速器最易发生的故障。烧片子会直接导致离合器打滑。在没有拆自动变速器前，可以从如下几个方面检查离合器是否发生烧片子。

（1）检查自动变速器油的颜色和气味。颜色发黑，气味恶臭，说明发生了烧片子。

（2）上坡时做加速试验。上坡时猛踩节气门踏板，如发动机转速提高，但汽车行驶速度没有明显增加，说明发生了烧片子。

（3）看散热器水温。烧片子后离合器打滑，由此会带来自动变速器油温急剧升高，由于自动变速器油冷却器和发动机冷却系统的散热器设置在一起，发动机冷却液温度也随之上升，进而开锅。

刘总监提示：

在任何情况下，自动变速器维修中都不用使用润滑脂和底盘润滑油。这些油脂不能被自动变速器油溶解，会堵塞小孔和通道，甚至会使单向球阀与座圈隔开，使油压建立不起来，而造成离合器打滑。在装配钢的或塑料的止推垫片或轴承时，为防止其位移，可以用凡士林黏结。离合器烧片子后必须彻底清洗变速器、变矩器和冷却器。清洗过程中禁止用汽油和棉纱。

999. 离合器装配时有哪些注意事项?

（1）注意锥盘的装配方向。离合器片最里端为锥盘（在低挡、倒挡制动器中部分为膜片弹簧），大部分变速器锥盘的凸起面一般对着摩擦片。但具体装配时需要注意活塞的锥面，膜片弹簧和锥盘的锥面及活塞锥面锥角的方向是一致的。

（2）离合器片装配技巧。离合器鼓和离合器毂组合在一起时，一般可将离合器鼓保持不动，用手旋转离合器毂，在旋转离合器毂时，边旋转边往里轻按，这样，离合器毂即可轻松入位。

（3）压盘的装配。压盘的装配应注意装配方向，调整、选择压盘的厚度。绝大部分离合器压盘的平面应朝向摩擦片，但也有少数例外，拆卸前应做好标记。

离合器分解图

（4）卡环的装配。离合器卡环的拆装通常用小扁螺丝刀，如缝隙过小可用磨尖的旋具。自动变速器里所有的卡环即使是同一离合器壳内装两组离合器也不具有互换性，装配时，卡环的缺口要避开离合器壳上的切口。

（5）离合器活塞回位弹簧的拆卸。离合器活塞的回位弹簧的预紧力较大，在拆卸或安装离合器活塞回位弹簧的卡环时，最好使用专用的离合器弹簧压缩器。使用专用的离合器弹簧压缩器，一个人就可以轻松地完成拆装离合器活塞回位弹簧固定卡环的任务。

刘总监提示：

由于不同的离合器在外形和尺寸上都略有差异，所以离合器弹簧压缩器实际上都是专用的。在没有专用工具时，通常需3人配合，两个人用杠子往下压，一个人用卡簧钳进行拆装。

1000. 离心平衡式离合器有何优势?

有些自动变速器采用了离心平衡式离合器，它消除了离心液压力，增强了离合器的控制能力，取消了传统的单向球阀。

离心平衡式离合器在普通离合器液压缸的对面设有离心平衡室，其内一直充有来自涡轮轴的润滑油管送来的自动变速器油。离合器旋转时，离合器液压缸内的油液残压在离心力的作用下推压活塞，但离心力也作用于离心平衡室内的自动变速器油上，两个作用力方向相反，互相抵消，活塞不动作，离合器也不会结合。

1001. 离心平衡式离合器如何工作?

当离合器接合时，活塞液压缸内的离合器压力大大超过平衡室内的润滑油压力和弹簧压力，液压力推动活塞，离合器接合。离合器接合油液和平衡油液产生的离心力互相抵消，这使活塞在整个转动过程中能得到稳定的推力，减少换挡振动。

当离合器分离时，离合器液压缸内的油液残压离心力和平衡室内的液压离心力相互抵消，活塞在回位弹簧的作用下回位，取消了单向球阀，使离合器能迅速彻底分离。

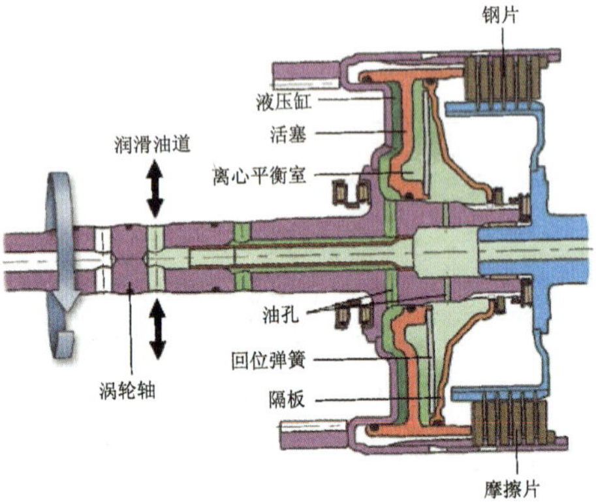

离心平衡式离合器工作原理示意图

1002. 制动器有什么作用?

制动器的作用是将行星齿轮机构中的太阳轮、内齿圈或行星架三者之一加以制动，以便在有动力输入的情况下，使行星齿轮机构获得固定的传动比将动力输出。

自动变速器中制动器的类型有两种：多片湿式制动器和带式制动器。

1003. 多片湿式制动器与离合器有何不同?

多片湿式制动器的结构和离合器的结构基本相同，但它与离合器的不同之处有两点：一是制动毂是变速器的壳体，因此它不是把两个基本元件连接起来使两元件一起旋转，而是把某一元件固定在变速器的壳体上；二是制动器的活塞不运动，因此在活塞上并无单向球阀。

1004. 多片湿式制动器由哪些部件组成?

多片湿式制动器由制动鼓、活塞、回位弹簧、弹簧座、钢片、摩擦片、制动毂及卡环等组成。多片湿式制动器的制动鼓（相当于离合器鼓）是固定在变速器壳体上的。钢片通过外花键齿安装在固定于变速器壳体上的制动鼓内花键齿圈中，或直接安装在变速器壳体上的内花键齿圈中，摩擦片则通过内花键齿和制动毂上的外花键齿连接。

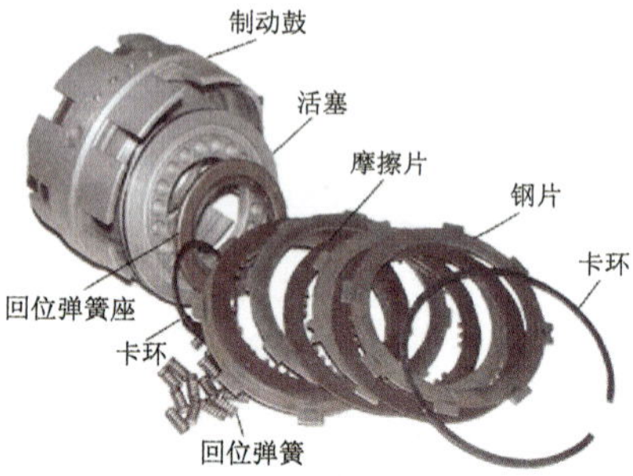

多片湿式制动器构造分解图

1005. 多片湿式制动器如何工作?

（1）制动器释放：当制动器释放时，液压缸内的液压油的压力被解除，回位弹簧推动活塞回位使钢片和摩擦片之间没有压力，制动毂可以自由旋转，制动器处于释放状态。

（2）制动器制动：当制动器制动时，来自控制阀的液压油进入制动鼓内的液压缸中，油压作用在制动器活塞上，推动活塞克服回位弹簧弹力而移动，将制动器摩擦片和钢片压紧在一起，与行星排某一基本元件连接的制动毂就被固定住而不能旋转，制动器处于制动状态。

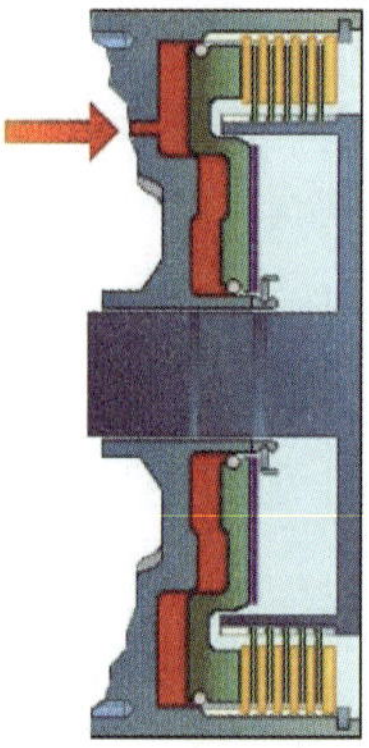

制动器接合状态示意图

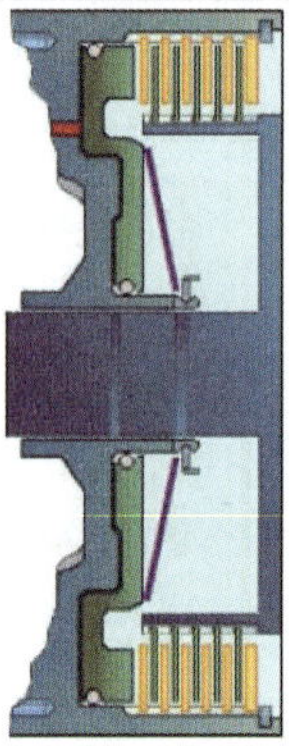

制动器分离状态示意图

1006. 为什么称为带式制动器?

此制动器是利用围绕在制动鼓周围的制动带收缩而产生制动效果的一种制动器，因此称为带式制动器。

带式制动器的优点：占用自动变速器较小的空间；制动器在工作时，具有方向自增力的特性；单向制动力强，同时释放快。

1007. 带式制动器由哪些部件组成?

带式制动器主要由制动鼓、制动带、活塞、油缸、回位弹簧、推杆、密封圈等组成。

制动带是带式制动器的关键元件之一，它是一种在卷绕的钢带底板上黏接摩擦材料的开口式环形钢带，开口的一端支撑在与变速器壳体固定的支座上，另一端与推杆接触。按变形能力制动带可分为刚性和挠性两种类型；按制动带结构可分为单边式和双边式两种类型。

黏接在钢带内表面上的摩擦材料，其摩擦性能对自动变速器的性能来说十分重要。用于自动变速器的摩擦材料有多种类型，在商用汽车上一般采用硬度较高的铜基粉末冶金材料和半金属摩擦材料，在小客车上采用纸基摩擦材料。

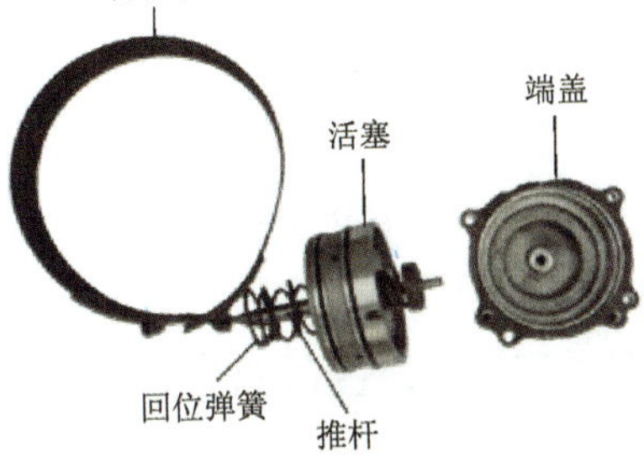

带式制动器构造分解图

1008. 带式制动器如何工作?

当液压油进入到液压缸内时，油压推动活塞，活塞推动推杆，同时，活塞克服回位弹簧的弹力。当推杆推动制动带至死点时，将制动带抱死在制动鼓上，而制动带固定在壳体上，则制动鼓连在壳体上，实现对基本元件的固定。

当液压缸内的液压油与油底壳相通时，回位弹簧将制动器活塞推回原位，制动带释放制动鼓，制动鼓可以自由转动，则基本元件被释放。

1009. 如何调整带式制动器自由间隙?

当带式制动器不工作或处于释放状态时，制动带与制动鼓之间应有适当的间隙，这一间隙称为自由间隙。一般其自由间隙的标准值为 2.0 ~ 3.0mm。在测量该间隙时，在壳体与推杆的交界处作一记号，向液压缸内打 400k ~ 800kPa 的压缩空气，看推杆上的记号与壳体间的距离，此距离就是自由间隙。间隙太大或太小都会影响制动器的正常工作。调整这一间隙的大小有如下两种方法：

（1）通过调整螺钉来调整。

（2）通过更换长度可调整的推杆。

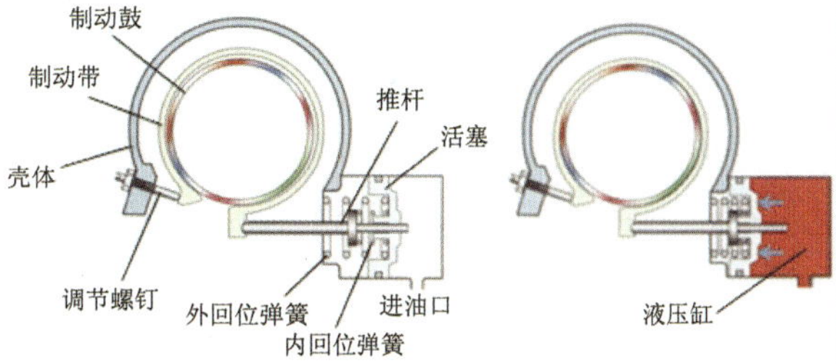

带式制动器工作原理示意图

1010. 如何检修带式制动器?

（1）外观检查。检查制动带内表面上的摩擦材料是否有剥落、烧蚀等缺陷，检查制动带的磨损是否均匀，检查摩擦材料上印刷的数字是否磨掉，如有上述现象之一，应更换制动带。

（2）推杆的检查。检查推杆是否磨损或弯曲变形，如有应更换。

（3）带式制动器组装后，可用 400k ~ 800kPa 的气压向液压缸内打气，此时制动带应抱紧制动鼓。

1011. 如何检查制动带摩擦表面的含油能力?

擦净制动带摩擦材料上的油液，然后用手指轻压制动带摩擦面，应有油浸出，而轻压后无油浸出，说明制动带摩擦表面含油能力下降，应更换，否则易烧蚀和造成制动鼓干磨。

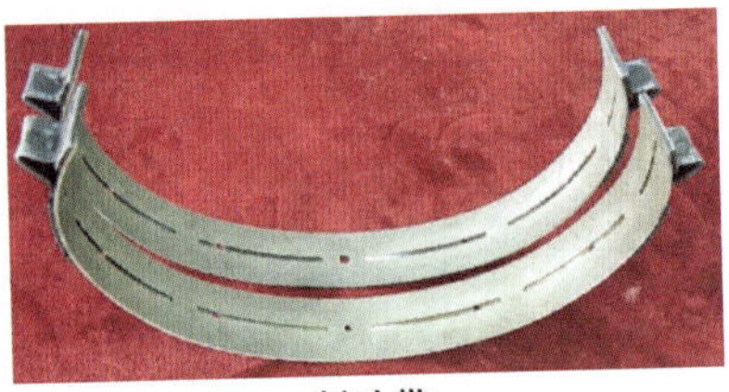

制动带

1012. 如何检查制动带?

拆检修理带式制动器时，不要将制动带随意展平或叠压，以免造成摩擦表面的裂纹或剥落，不要将制动带随意弯曲或扭转，以免造成制动带变形，安装时不能复位，使配合间隙发生变化，造成制动器工作不良。

1013. 如何检查制动鼓?

与制动带配合工作的制动鼓的摩擦表面也需检查。铸铁制动鼓的摩擦表面上如有刻痕，可用 180 号石英砂布沿旋转方向打磨；而钢板冲压的制动鼓，如磨损变形必须更换。

单向离合器

1014. 单向离合器有什么作用?

单向离合器是一种机械单向锁止装置，不需要液压进行控制。其作用是将行星齿轮机构中的某一基本元件与自动变速器的壳体连接，使之具有单方向固定的作用，或把某个行星排的三个基本元件中的两个连接在一起，从而将该行星排锁止，使某三个基本元件以相同的转速一起旋转，产生直接传动。

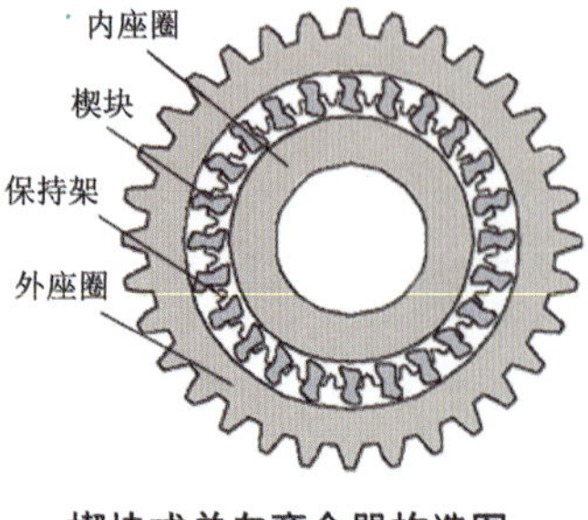

楔块式单向离合器构造图

1015. 滚柱式单向离合器如何工作?

滚柱式单向离合器主要由外座圈、内座圈、滚柱、滚柱回位弹簧等组成。

滚柱式单向离合器是利用弹簧把滚柱固定在离合器内外座圈之间的适当位置。外座圈的内表面有若干个凸轮状缺口，使滚柱在弹簧力作用下，使其介于内座圈和缺口表面之间。当某一座圈固定，而另一座圈以一定方向旋转时，滚柱楔紧在缺口滚道的狭窄端，则旋转座圈也锁止。当该座圈朝相反方向旋转时，滚柱朝缺口滚道较宽端运动，滚柱和缺口滚道无楔紧趋势，该座圈能自由转动。

单向离合器的锁止方向取决于外环上楔形槽的方向，在装配时不得装反，否则，会改变其锁止方向，使行星齿轮机构不能正常工作，切记装配前一定判断好方向。此种单向离合器应用在大众 01M 一挡，别克 4T65E 一、二挡，以及奔驰 722.3 或者 722.4 一、二挡。

有些单向离合器的楔形槽开在内环上，其工作原理与楔形槽开在外环上的相同。

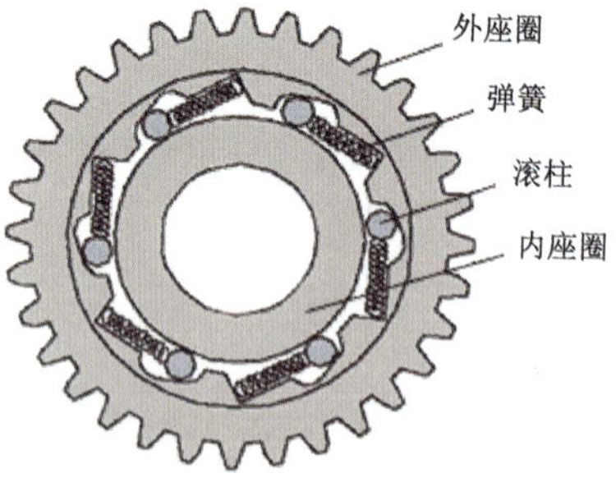

滚柱式单向离合器构造图

1016. 楔块式单向离合器如何工作?

楔块式单向离合器的结构与滚柱式单向离合器的结构基本相似，也是由内座圈、外座圈、楔块、保持架等组成。不同之处在于，它的内座圈或外座圈上都没有楔形槽，其楔块的形状类似于“S”形。

当其中一个座圈固定，而另一座圈往某一方向旋转时，其结果使“S”形楔块竖起，因自锁作用而被卡死在内、外环之间，使内环与外环无法相对滑动，此时，单向离合器处于锁止状态。当外环相对于内环朝逆时针方向旋转时，楔块在摩擦力的作用下倾斜，脱离自锁状态，内环与外环可以相对滑动，此时，单向离合器处于自由状态。

楔块式单向离合器的锁止方向取决于楔块的安装方向，维修时不得装反，否则，会改变其锁止方向，使行星齿轮机构不能正常工作。日本车系和美国车系多用此种结构。

1017. 检修单向离合器时有哪些注意事项？

对于结构为滚柱式的单向离合器，由于其旋转时易将自动变速器油抛出，而经常处于半干润滑状态，易发生损坏。所以，检修时，应拆开检查滚柱式单向离合器的每一个独立零件，特别是要注意滚柱表面应光滑，没有局部磨平的痕迹，与之配合的座圈也应光滑，没有任何剥落的痕迹，在旋转方向上不应有丝毫的卡滞。

楔块式单向离合器上有自动变速器油的油孔。变速器长期在恶劣环境下使用，工作温度过高，自动变速器油液使用的时间过长，氧化的自动变速器油液产生的积碳一旦堵塞了单向离合器上的油孔，单向离合器就会因半干摩擦而早期磨损。所以，维修时要反复地用化油器清洗剂冲洗单向离合器油孔，使其恢复完全畅通。

欧美自动变速器的单向离合器装错方向后通常装不进去，而日韩自动变速器的单向离合器装错方向时比正确装配方向时显得略感费劲，新手往往感觉不出来，但能够装配到位，装好旋转时能听到轻微的“咔咔”声，拆下检查时，可以看见部分滚柱已经发生弯斜。

装配单向离合器时，最好用双手一边按非锁止方向旋转一边往里压。

1018. 如何检修单向离合器？

（1）将单向离合器分解，检查单向离合器的滚柱或楔块有无严重磨损，内外环是否烧蚀、发蓝，润滑油道是否堵塞，弹簧有无变形，弹力是否下降，保持架是否松垮。如有上述现象，则更换单向离合器总成。

（2）单向离合器组合后，用专用工具转动所连接的元件，要求只能单方向转动。否则，单向离合器失效，应更换总成。但注意楔形槽的方向或楔块的方向不能装反。

1019. 自动变速器的挡如何形成？

自动变速器所处的挡位是由换挡手柄通过手控阀确定的，那么当自动变速器处于前进 D 挡位时，自动变速器的挡是如何确定的呢？

我们都知道，现在市场上的自动变速器都是电子控制的，电子控制的自动变速器都是由传感器、电脑和执行器组成的。通俗地讲，传感器相当于人的眼睛、耳朵和鼻子等；电脑相当于人的大脑；执行器相当于人的手和足等。传感器负责采集汽车运行状况的信息并将其传给电脑，电脑分析、处理这些信息后，向执行器发送控制指令，执行器通过控制相应的换挡阀完成换挡动作，从而形成不同的挡。

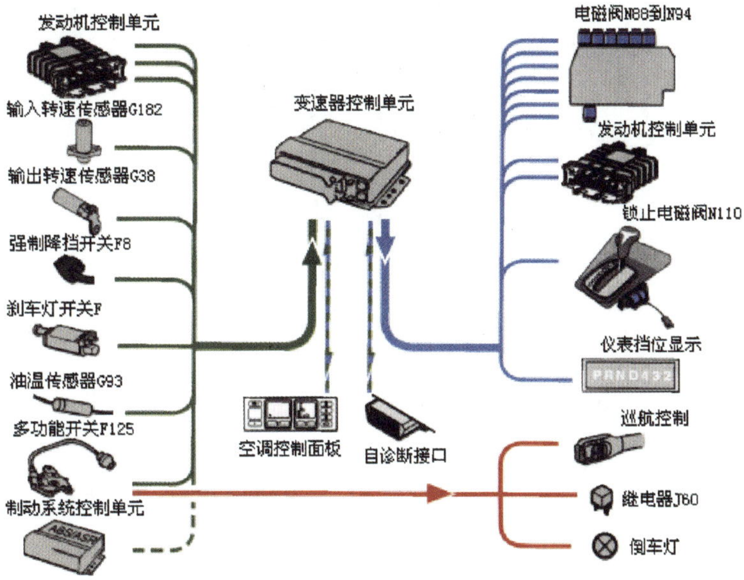

奥迪01V自动变速器电子控制系统结构图

1020. 什么是发动机制动？

在汽车上所产生的制动包括四种：行车制动、驻车制动、排气制动和发动机制动。所谓发动机制动是驾驶行为的一种术语，它是把汽车行驶的水平动能通过传动系传给涡轮，使涡轮旋转必强行带动曲轴旋转，促使气缸压力对滑行产生制动作用来有效地控制车速。而降挡和松油门两种措施都可以达到利用发动机制动作用来有效控制车速的目的。

发动机制动效果图

（1）松油门法：一般主要运用在高速公路行驶的状况下，即行驶速度较高时，如发现前方车流较大，需提前减速或避让，这时可采取此方式。其优点是可以避免频繁地换挡，降低驾驶员疲劳强度，节约燃油，提高车辆的经济性。

（2）降挡法：指在下陡坡或连续下坡时将车辆换入一个较低的挡，以此来控制车速的驾驶方式。

1021. 自动挡车辆的动力如何传递?

起动发动机，待暖机结束后，我们就可以根据需要将换挡手柄挂入相对应的挡位。当挂入挡位后，将制动踏板抬起，稍踩加速踏板就可以行车。此时，发动机的动力经液力变矩器传递给齿轮变速机构，经过齿轮变速机构再传到主减速器和差速器，而后经差速器传递给驱动轮，控制系统根据行车状况自动控制变速器的升降挡。

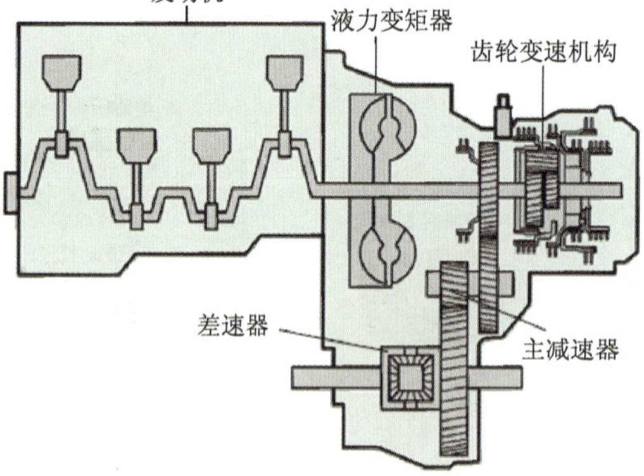

动力传递路线图

1022. 为何自动变速器不能应用于重型车上?

手动变速器利用离合器将发动机的动力传递给变速器，属于机械传动。在手动变速器内部，通过接合套使各挡位的常啮合齿轮工作，也属于机械传动。在自动变速器车辆中，用液力变矩器代替手动变速器中的离合器将发动机的动力传递给自动变速器。由于液力变矩器是依靠自动变速器油液来传递动力的，因此，属于液力传动。在自动变速器内部的离合器、制动器是通过油液的压力控制来工作的，属于液压传动。

由此可以看出，对于手动变速器，整个传递动力的过程属于机械传动，它可以传递大扭矩。而自动变速器的动力传递过程属于液力传动和液压传动，当其所传递的扭矩达到一定程度时，变速器内部的离合器、制动器将会打滑烧蚀，造成自动变速器及液力变矩器的损坏。因此，自动变速器不能应用在传递大扭矩的重型车上。

液体传动式自动变速器

机械传动式手动变速器

1023. 如何检修行星齿轮机构?

（1）检查太阳轮、行星齿轮、内齿圈的齿面，如有磨损或疲劳剥落，应更换整个行星排。

（2）检查行星齿轮与行星架之间的间隙，如下图所示。不同的自动变速器行星齿轮与行星架的正常工作间隙略有区别，一种是 0.20 ~ 0.70mm，另一种是 0.20 ~ 0.60mm，但使用极限是一致的，都是 0.80mm。超过 0.80mm 工作时容易产生异响。所以间隙超过 0.80mm 应更换止推垫片或行星架及行星齿轮组件。

（3）检查太阳轮、内齿圈、行星架等零件的轴颈或滑动轴承处有无磨损，如有异常，应更换新件。

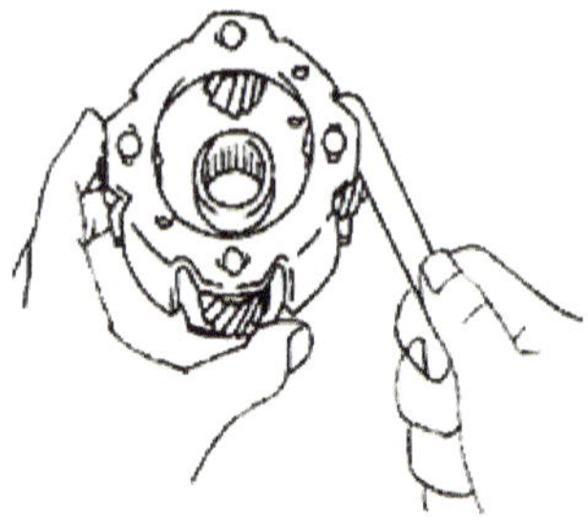

检查行星齿轮与行星架的间隙

1024. 清洗自动变速器零件时有哪些注意事项?

全部清洗过程严禁使用汽油。正确的清洗方法：首先把所有的摩擦件、摩擦片和制动带都拿出来，合成纤维具有很强的吸附能力，对于它们只能用洁净的自动变速器油液清洗，而不能用任何清洗剂。

其次在清洗过程中严格按程序操作才能保证质量。先用清洗剂，如酒精、化油器清洗剂（后者使用时浸泡不要超过 5min）清洗；无论用什么清洗剂，清洗干净后，都必须用温水再次清洗，以彻底清除清洗剂，然后用干燥洁净的压缩空气吹干每一个部件；最后在所有部件上均匀地抹上一层洁净的自动变速器油。为防止纤维会堵塞油道，不能戴手套，以及擦拭零件必须使用无毛布。

刘总监提示：

有些修理厂习惯于用汽油清洗零件，包括控制阀放到汽油盆里泡上几分钟，拿出来用压缩空气吹干后就进行装配，这是错误的。最好用酒精清洗，而且价格也比汽油低，挥发性还小。

第四节　电子控制系统

1025. 电子控制系统由哪几部分组成?

随着自动变速器的发展，目前采用电控液力式自动变速器的越来越多，它比液控液力式自动变速器更加先进，其主要由信号输入装置（传感器和开关）、电脑、执行器（电磁阀）三大部分及控制电路组成。

1026. 电子控制系统有什么作用?

自动变速器控制电脑 ECT 采集与行驶工况有关的各种传感器信号(主要采集节气门位置传感器信号和车速传感器信号)，根据传感器信号按照预先在 ROM 中设定的换挡程序来控制相应的执行器(阀体上的电磁阀)工作，以使自动变速器能够在各种行驶条件下理想地升降挡。

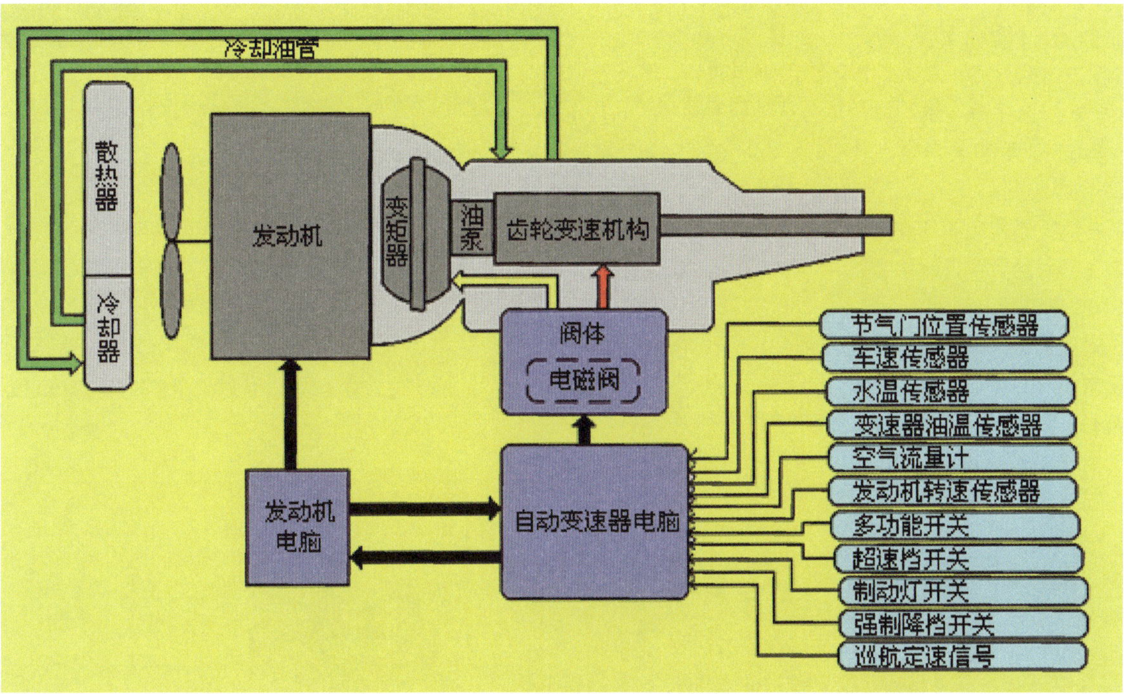

电子控制系统

1027. 全液压控制系统与电子控制系统有何区别?

全液压控制系统与电子控制系统的区别仅在于全液压系统是靠作用在换挡阀两端的速控油压和节气门油压的抗衡使换挡阀动作，完成自动换挡；而电子控制系统则是电脑主要根据节气门位置传感器和车速传感器的信号来控制换挡电磁阀泄油与否，使换挡阀动作，从而完成自动升降挡。由此可知，电控自动变速器中的节气门位置传感器信号相当于液控自动变速器中的节气门油压，而车速传感器信号相当于液控自动变速器中的速控油压。

1028. 电控自动变速器有什么特点?

（1）驾驶员可以选择适合自己的驾驶模式。
（2）换挡冲击小，乘坐舒适性好。
（3）经济性好。
（4）具有自诊断功能。
（5）具有失效保护功能。

1029. 控制电脑有什么作用?

控制电脑需要采集并处理庞大的信息量来作出决策，可谓日理万机。它是电子控制系统的中枢，其作用如下：

1）数据采集和存储

采集并存储各种传感器的信号。

2）数据分析和计算

根据设定的程序，对各种传感器的信号进行分析和计算，以了解车辆的运行状况，从而确定最佳的换挡时间和变矩器锁止时间。

3）指令控制

向各执行器发出工作指令，操纵电磁阀的通断以实现自动换挡等各种功能。

4）故障监测

实时监测整个电控系统的工作状况，一旦发现有异常状况，如某个传感器的信号超出预先设置的范围，则以故障码的形式在存储器中记录故障，同时通过故障指示灯发出故障指示，情况严重的，还将使变速器进入故障保护模式。

5）通信功能

包括与诊断仪通信和其他系统的控制电脑通信。维修人员将故障诊断仪接到自诊断接口上即可调取电脑中存储的故障码，也可以在行驶过程中读取电脑运行中的数据流，这对检测间歇性故障十分有用。变速器电脑还不断与发动机、ABS等控制电脑通信，以获得其他控制系统的状态参数，以实现更精确的全车综合控制。

1030. 控制电脑如何识别当前所处挡位?

自动变速器在换挡手柄下侧或变速器壳体上安装有多功能开关，当驾驶员操纵换挡手柄时，通过换挡轴控制多功能开关内的触点移动，将变速器当前所处的挡位信息传递给控制电脑，电脑由此识别变速器当前所处的挡位，然后控制相应的电磁阀工作，以实现自动换挡的目的。

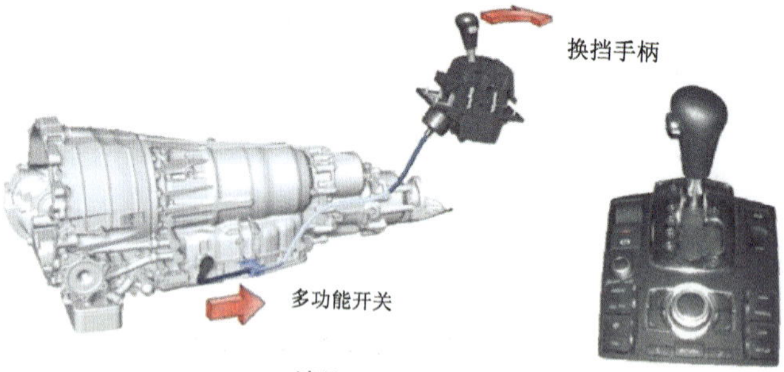

挡位识别控制图

1031. 电子控制系统都有哪些传感器?

传感器相当于人的眼睛，它负责获取汽车的运行参数并传递给电脑，电脑根据传感器所提供的参数来控制执行器工作，从而使汽车正常行驶。那么控制系统都有哪些传感器呢?

控制系统主要包括如下传感器：节气门位置传感器、车速传感器、输入转速传感器、输出转速传感器、油温传感器、油压传感器等。

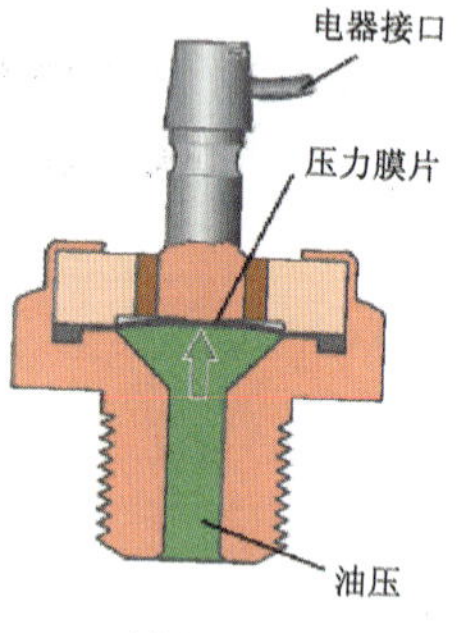

油压传感器

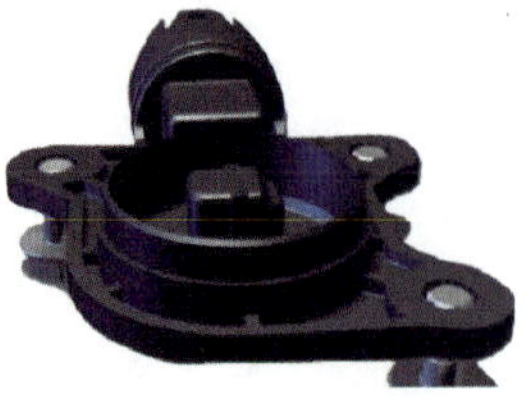

节气门位置传感器

1032. 为何要有节气门位置传感器?

人要行走，必须有眼睛来获知前方路线，自动变速器要自动换挡，也必须有“眼睛”来获取汽车运行条件，这个“眼睛”就是节气门位置传感器。节气门位置传感器将采集的信息传送给自动变速器控制电脑，控制电脑经过分析、处理来控制变速器降挡。

1033. 如何检测节气门位置传感器?

节气门位置传感器常见故障有线路故障、传感器本身故障、传感器安装调制不当。这些故障将导致发动机的怠速过高或不稳，甚至熄火，从而引起自动变速器产生换挡冲击，甚至不跳挡故障等。

1）检查传感器电阻

将点火开关关闭，拔下传感器连接器插头，用万用表的欧姆挡测量各端子间的电阻值，其标准值如下表所示。如果电阻值不正常，应更换节气门位置传感器。

节气门位置传感器各端子之间的电阻值

节气门开度	VTA-E端子	IDL-E端子	VC-E端子
全开	2.8～8.0kΩ	0Ω	固定值
全闭	0.2～0.8kΩ	∞	固定值
从全闭到全开	连续逐渐增大	∞	固定值

2）检查传感器电压

打开点火开关，但不起动发动机，用万用表的电压挡测量各端子间的电压值，其标准值如下表所示。如果电压值不正常，应更换节气门位置传感器。

节气门位置传感器各端子之间的电压值

节气门开度	VTA-E端子	IDL-E端子	VC-E端子
全开	3.5～5.0V	低于1V	5V
全闭	0.7V	4～5V	5V
从全闭到全开	连续逐渐增大	4～5V	5V

1034. 车速传感器为主控信号?

自动变速器要自动换挡，除节气门位置传感器这只“眼睛”外，还要有另一只“眼睛”，这就是车速传感器。车速传感器将采集的信息传送给自动变速器控制电脑，控制电脑经过分析、处理来控制变速器升挡。

电脑通过接收节气门位置传感器和车速传感器的信息，在某一时刻，如果节气门位置传感器信号大于车速传感器信号，电脑控制自动变速器降挡；相反，车速传感器信号大于节气门位置传感器信号，电脑则控制自动变速器升挡。我们平时所说的踩油门提前降挡、松油门提前升挡的道理即在于此。

1035. 如何检测车速传感器?

在电控自动变速器车型中，主要采用电磁式车速传感器。当车速传感器出现故障时，会造成液力变矩器内锁止离合器工作不正常，变速器换挡出现问题等。

（1）外观检查。检查转子是否有断齿、脏污等情况。

（2）检查转子齿顶与传感器之间的间隙。其方法是用标准间隙厚度的厚薄规插入转子齿顶与传感器之间，如果感觉阻力合适表明间隙符合标准，如果阻力大说明间隙过小，如果没有阻力说明间隙大。

（3）检查电磁线圈电阻。其方法是关闭点火开关，拔下传感器插头，用万用表欧姆挡测量电磁线圈的电阻值。不同车型自动变速器的车速传感器电磁线圈电阻值不同，一般为几百欧姆到几千欧姆。

（4）模拟检查。其方法是用万用表交流电压2V挡测量输出电压，起动时应高于0.1V，运转时应为0.4～0.8V；也可用示波器检测输出信号波形是否完整、连续、光滑等。

如果检查结果不符合要求，则应更换车速传感器。

1036. 输入转速传感器有何作用?

输入转速传感器安装在行星齿轮机构的输入轴或与输入轴连接的离合器鼓附近的壳体上，用于检测输入轴转速，即涡轮的转速 N_t，并将信号送入电脑，使电脑更精确地控制换挡过程，并监测速比是否正确。

电脑将该信号与发动机转速信号进行比较可计算出液力变矩器的传动比，使油路压力控制过程和锁止离合器的控制过程得到进一步优化，以改善换挡质量，提高汽车的行驶性能。

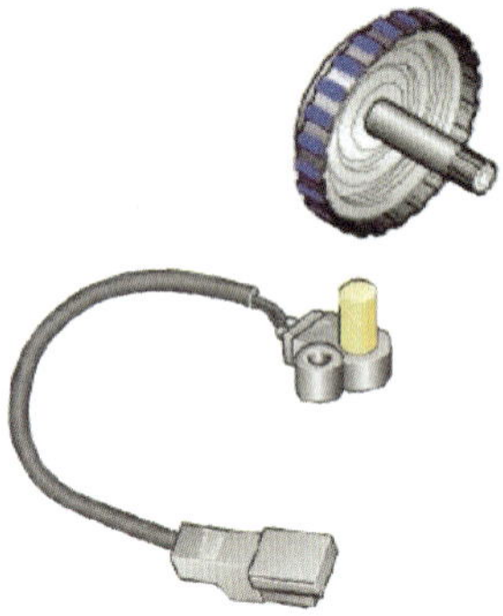

迈腾09G输入转速传感器

1037. 输出转速传感器有何作用?

输出转速传感器是一种电磁感应式传感器。输出转速传感器利用磁耦合线圈产生交流感应电压，由此获得输出轴转速 N_V。电脑将该信号和输入转速传感器信号做比较，从而判断传动比是否正确，以及离合器是否打滑。输出转速传感器信号还用来和节气门位置传感器信号比较，以判断自动变速器的换挡正时。在有些车型上输出转速传感器信号还被用来确定车速。

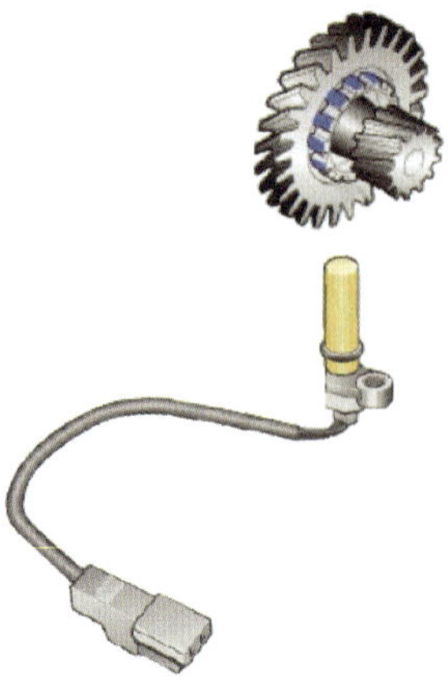

迈腾09G输出转速传感器

1038. 发动机转速传感器有何作用?

发动机转速传感器通常安装在曲轴前端或曲轴后端。通常使用脉冲信号式转速传感器测量发动机转速。发动机转速传感器除测量发动机转速，即泵轮转速 N_P 外，还可以测量发动机曲轴转角的位置。发动机转速传感器由安装在曲轴上的信号转子(脉冲轮)和安装在缸体上的转速传感器(由永久磁铁和线圈组成)组成。信号转子上带有凸起，当转子旋转时，它与线圈铁芯之间的间隙是变化的。因此在信号线圈的磁通量发生变化时产生感应电压。感应电压的频率与发动机的转速成正比。通常将此感应交流电压作为输入信号输入转速表，经 IC 电路放大整形后可使转速表指示出发动机转速。

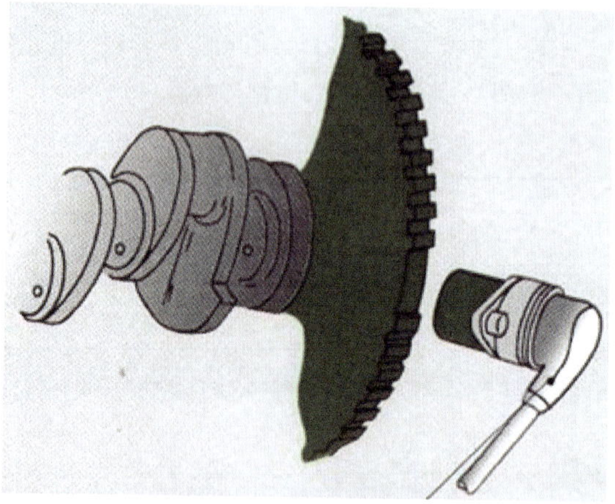

发动机转速传感器

1039. 冷却液温度传感器有何作用?

在某些车型上，冷却液温度传感器作为变速器控制的输入装置向变速器控制电脑提供信号，但通常是冷却液温度信号先供给 ECM，ECM 再通过信号线或 CAN 总线将此信号传递给 TCM。

冷却液温度传感器向控制电脑指示发动机冷却液温度。若发动机冷却液温度较低，电脑会略微地延迟升挡以改善驾驶性能，在发动机达到正常工作温度之前，电脑会阻止液力变矩器锁止；若发动机冷却液温度较高，电脑会将液力变矩器锁止，以帮助发动机冷却，从而防止变速器过热。

1040. 如何检测冷却液温度传感器?

冷却液温度传感器安装在发动机冷却水路上，一般都是一个负温度系数的热敏电阻，即温度升高，电阻下降。冷却液温度传感器在检测时可以将其放在水杯中进行加热，测量不同温度下的电阻值，并对照维修手册判断其好坏。

1041. 自动变速器油温传感器有何作用?

变速器油温传感器安装在自动变速器油底壳内的阀体线束或固定在阀板上，浸在 ATF 中，用于检测自动变速器的油液温度，作为自动变速器电脑进行换挡控制、油压控制和锁止离合器控制的依据。

变速器油温传感器也是一种负温度系数热敏电阻元件，其电阻值随温度的变化而变化。当温度升高时，传感器的阻值随之减小，电脑根据其阻值的变化测得自动变速器油的温度。其具体作用如下。

（1）油温低时：不升入高挡，锁止离合器也不锁止。

（2）油温高时：降挡，锁止离合器锁止。

（3）油温低于 60℃时，将主油压调到低于正常值，防止因油温低、黏度较大而产生换挡冲击。

（4）油温低于 –30℃时，电脑控制将主油压调到最大值，防止油温过低时，因油黏度过大

而使换挡过程过于平缓。

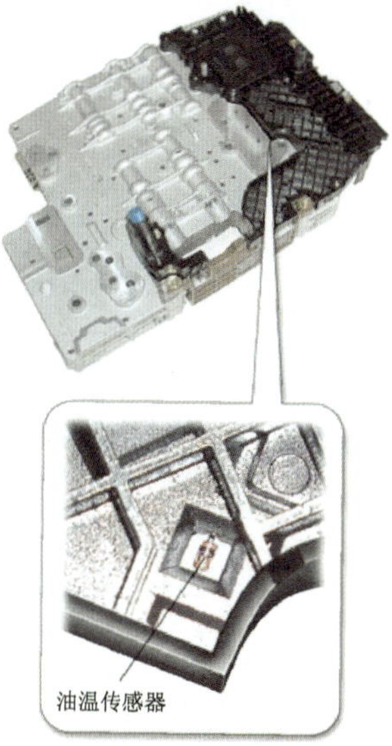

油温传感器位置图

1042. 多功能开关有何作用?

多功能开关位于自动变速器手控阀摇臂轴上或换挡手柄下方，用于检测换挡手柄的位置。同时，该开关也起安全开关的作用，只有在 P/N 挡位时，才能起动发动机，另外，多功能开关还可以向其他部件供电。

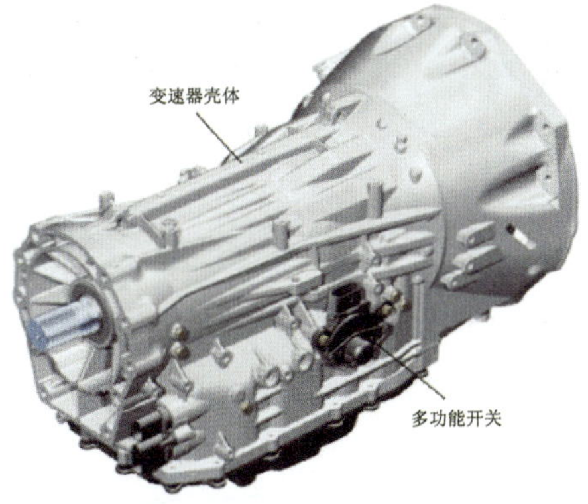

途锐09D多功能开关位置

1043. 多功能开关有哪些类型?

（1）触点式。它由几个触点组成，当换挡手柄位于不同位置时，相应的触点闭合。电脑根据闭合的触点，测得换挡手柄的位置，从而按照不同的程序控制自动变速器的工作。

（2）逻辑判断式。多功能开关的位置信息是利用开关的几条编码线路传递给变速器电脑的，分别表示换挡手柄位置 P、R、N、D、3、2 和 1，从而将挡位信号传送至自动变速器数字控制模块。

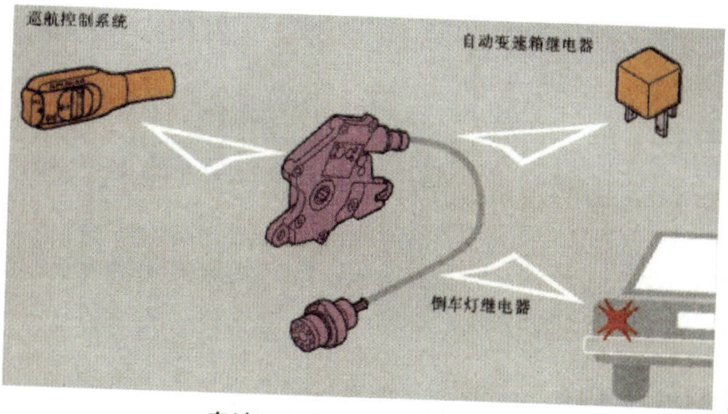

奥迪01V多功能开关供电图

1044. 强制降挡开关有何作用?

强制降挡开关安装在节气门拉索上，用来检测加速踏板是否达到了节气门全开位置，一般指节气门开度大于 85 %。当加速踏板达到节气门全开位置时，强制降挡开关便接通，并向自动变速器电脑输送信号。这时电脑即按其预设的程序控制换挡，并使变速器自动降一个或两个挡，从而提高汽车的加速性能。如果强制降挡开关短路，则电脑将忽略其信号，按换挡手柄位置控制换挡。

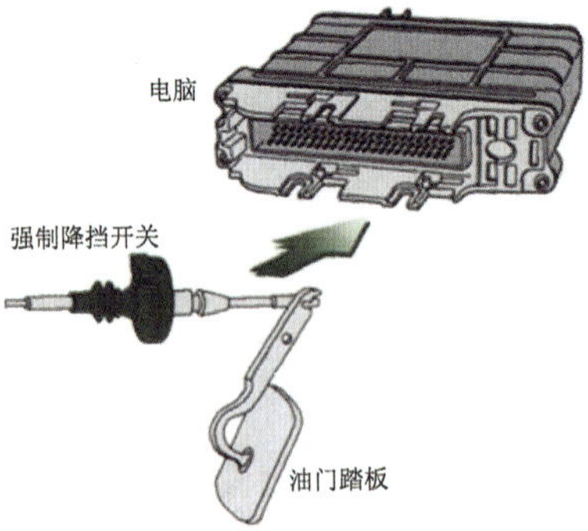

捷达01M强制降挡开关

1045. 制动灯开关有何作用?

制动灯开关安装在驾驶室内制动踏板支架上，用以判断制动踏板是否被踩下。如果被踩下，则该开关便接通，通知自动变速器电脑使汽车制动，解除锁止离合器的锁止，从而防止突然制动时发动机熄火；同时点亮制动灯，还用于控制换挡手柄锁止电磁阀的工作。

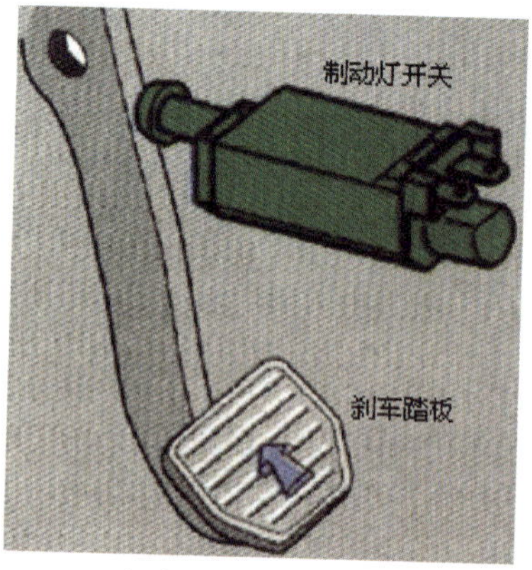

奥迪01V制动灯开关

1046. 如何检测制动灯开关?

制动灯开关安装在驾驶室内制动踏板支架上，用以判断制动踏板是否被踩下。测量制动灯开关线路的电源端子与搭铁之间的电压。在没有制动时，应为蓄电池电压。若不是蓄电池电压，则应检查制动灯线路及保险丝是否断路。

1047. 超速挡开关有何作用?

超速挡开关安装在换挡手柄上，用于在 D 挡位时，取消 D4 挡，防止自动变速器频繁跳挡。当超速挡开关闭合后，超速挡控制电路接通，此时，若换挡手柄位于 D 挡位，随着车速的提高，自动变速器最高可升至 4 挡(即超速挡)。超速挡开关断开后，超速挡控制电路断开，仪表板上的“O/D OFF”指示灯随之点亮(表示限制超速挡的使用)，自动变速器随着车速的提高而升挡时，最高只能升至 3 挡，不能升至超速挡。

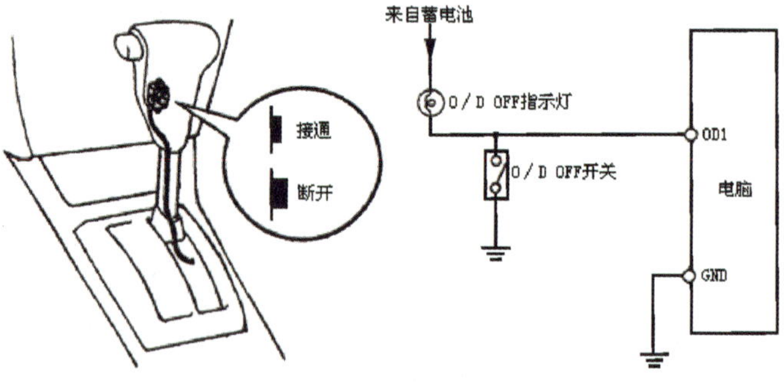

超速挡开关的位置及工作原理图

1048. 如何检测超速挡开关?

超速挡开关安装在换挡手柄上，用于在 D 挡位时，取消 D4 挡，防止自动变速器频繁跳挡。当按下超速挡开关(ON)时，仪表盘内“O/D OFF”指示灯应熄灭;当再次按下超速挡开关(OFF)时，仪表盘内“O/D OFF”指示灯应点亮。否则应检查“O/D OFF”指示灯、超速挡开关及线路。

1049. 电磁阀有何作用?

电控自动变速器中的执行器主要是各种电磁阀，其作用是根据变速器电脑的指令接通、切断或部分接通、部分切断液压回路，以实现自动变速器的换挡、变矩器内锁止离合器的锁止、主油压的调节等控制内容。

不同的自动变速器使用的电磁阀数量不同，一般为3～8个不等。例如，上海通用的4T65-E自动变速器电控系统有4个电磁阀，其中2个是换挡电磁阀、1个是油压电磁阀、1个是锁止离合器电磁阀，而一汽大众的01M自动变速器电控系统则采用7个电磁阀。

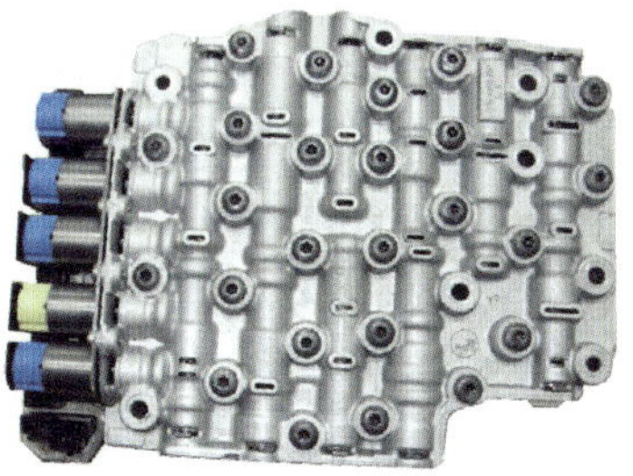

电磁阀的安装位置示意图2

1050. 电磁阀按功用不同如何分类?

电磁阀按功用不同可分为换挡电磁阀、锁止电磁阀和调压电磁阀三种，其作用分别为控制通向换挡阀的油压；控制通向锁止阀的油压；调节主油压的大小。

1051. 电磁阀按控制方式不同如何分类?

电磁阀按控制方式不同可分为间接控制式和直接控制式两类。所谓间接控制式，是指电磁阀安装在阀体上，由电磁阀控制机械滑阀的动作，再由机械滑阀控制通向执行元件的油路；而直接控制式，是指电磁阀直接位于齿轮变速机构的执行元件油路中，直接控制通向执行元件的油压。

目前，绝大部分电控自动变速器使用间接控制式电磁阀，只有少数电控自动变速器使用直接控制式电磁阀，如本田和日产车系后轮驱动的汽车采用直接控制式电磁阀。

1052. 电磁阀按工作方式不同如何分类?

电磁阀按工作方式不同可分为开关式电磁阀和脉冲式电磁阀两种，而开关式电磁阀又可分为常开式电磁阀和常关式电磁阀两种，分别有开/关两种状态。常开式电磁阀是指电磁阀未通电(OFF)时，阀芯离开阀座，泄油孔打开；常关式电磁阀是指未通电(OFF)时，电磁阀的阀芯顶住阀座，将油路封死，通电后阀打开，油路泄压。

1053. 什么是开关式电磁阀?

开关式电磁阀有接通(ON)和断开(OFF)两种状态，故称为开关式电磁阀。开关式电磁阀的作用是开启或关闭电控自动变速器的油路，以控制换挡阀及变矩器锁止离合器的锁止阀。换挡电磁阀一般均采用开关式电磁阀，目前，新款电控自动变速器的锁止离合器的控制都已采用脉冲式电磁阀。

1054. 如何检测开关式电磁阀?

(1)检查电磁阀的电阻。脱开电磁阀的连接器，测量电磁阀端子与车身搭铁之间的电阻，一般应为11～15Ω。

(2)检查电磁阀的工作。用蓄电池给电磁阀通电，检查是否有工作响声。

(3)检查电磁阀的漏气。拆下电磁阀，施加5kg/cm2的压缩空气，检查电磁阀是否漏气。

①对于常开式电磁阀：当给电磁阀通电时，向其施加5kg/cm2的压缩空气，电磁阀应能实现密封，不应有空气泄漏，如果不符合规定应更换电磁阀。

②对于常关式电磁阀：当电磁阀不通电时，向其施加5kg/cm2的压缩空气，电磁阀应能实现密封，不应有空气泄漏，如果不符合规定应更换电磁阀。

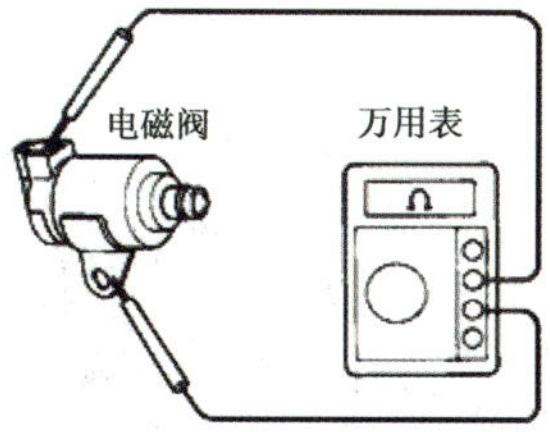

开关式电磁阀的电阻检测

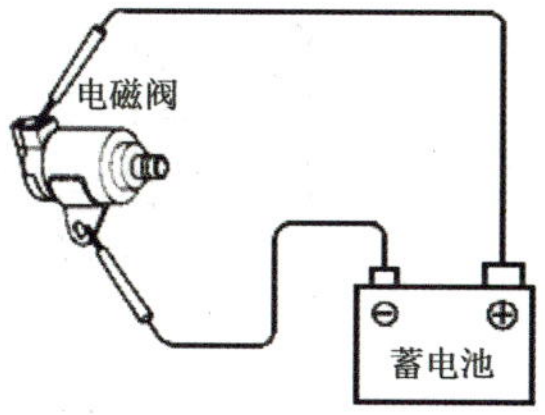

开关式电磁阀工作响声的检测

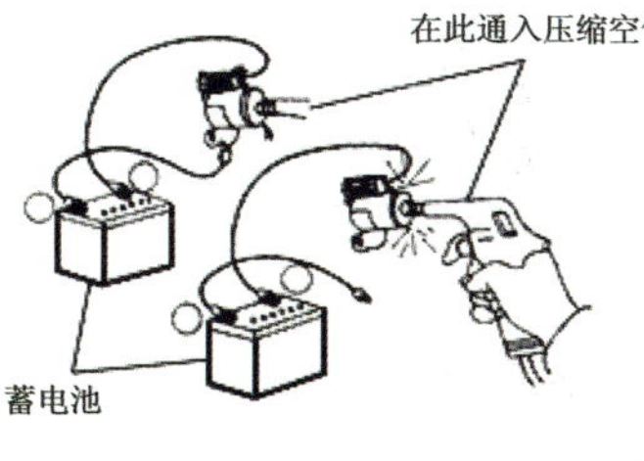

常开式电磁阀密封性的检测

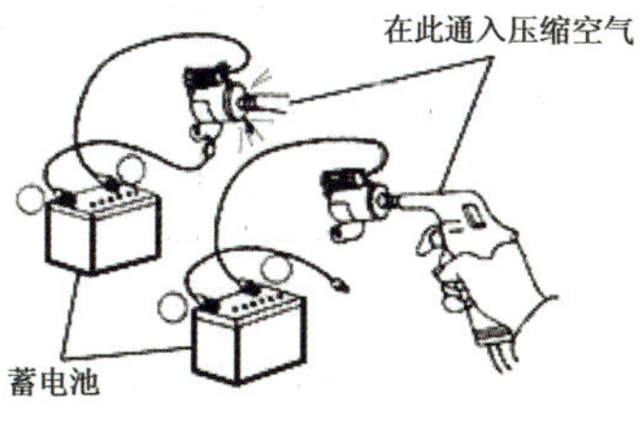

常关式电磁阀密封性的检测

1055. 脉冲式电磁阀有何作用?

脉冲式(PWM)电磁阀又称为渐进式电磁阀，它可以精确控制油压的增加或下降，减少换挡或锁止离合器结合时的冲击，使车辆行驶平稳。脉冲式电磁阀在电控自动变速器中的应用越来越多，主要用于油压调节、变矩器锁止离合器的接合与分离、换挡过程控制等。

1056. 如何检测脉冲式电磁阀?

1）检查电磁阀的电阻

脱开电磁阀的连接器，用万用表欧姆挡测量电磁阀线圈的电阻值，一般应为 3.6 ~ 4.0Ω，否则应更换电磁阀。

2）检查电磁阀的漏气

当电磁阀不通电时，向其施加 $5kg/cm^2$ 的压缩空气，电磁阀应能实现密封，不应有空气泄漏，如果不符合规定应更换电磁阀。

3）检查电磁阀的工作

由于脉冲式电磁阀线圈的电阻很小，不可与 12V 蓄电池直接相连，否则容易烧毁电磁阀线圈。因此，在检测时将电磁阀线圈串联一个低电阻，如一个 8 ~ 10W 的灯泡，然后再与蓄电池相连，电磁阀应当动作，否则应更换电磁阀。

1057. 脉冲式电磁阀与开关式电磁阀有何区别?

与开关式电磁阀不同之处在于，脉冲式电磁阀工作的电压信号不是恒定不变的，而是一个频率固定的脉冲电信号。电磁阀在脉冲信号的作用下，不断反复地开启和关闭泄油孔。电脑通过改变脉冲宽度，或者说每个脉冲周期内电流接通和断开的时间比率(占空比)来改变电磁阀开启和关闭的时间比率，从而达到控制油路压力的目的。占空比越大，经电磁阀泄出的变速器油就越多，油路压力就越低；反之，占空比越小，油路压力就越高。

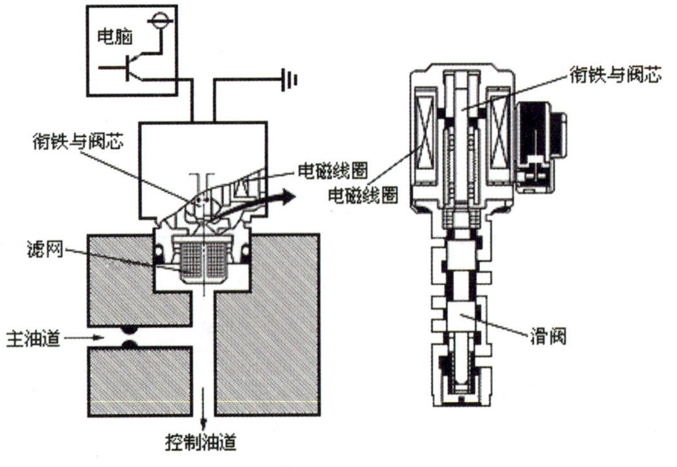

a. 普通的脉冲式电磁阀　b. 带滑阀的脉冲式电磁阀

脉冲式电磁阀

1058. 脉冲式电磁阀应用在哪些地方?

脉冲式电磁阀一般安装在主油路或蓄压器背压油路中，通过电脑控制，在变速器自动升挡及降挡的瞬间或者在锁止及解锁动作开始时使油压下降，以减少换挡和锁止、解锁的冲击，从而使车辆行驶平稳。

1059. 电子控制系统的控制内容有哪些?

(1)换挡控制。

(2)主油压控制。

(3)自动模式选择控制。

(4)锁止离合器控制。

(5)换挡品质控制。

(6)发动机制动控制。

(7)超速挡行驶控制。

(8)坡道逻辑控制。

(9)电脑通信控制。

(10)故障自诊断和失效保护控制。

1060. 什么是重叠换挡控制?

某些电控自动变速器(如 4HP-16 自动变速器)内部没有单向离合器，在换挡时，如果需放松的执行元件放松过早或待接合的执行元件接合过晚，会造成换挡时有空挡间隙；如果需放松的执行元件放松过晚或待接合的执行元件接合过早，会使换挡执行元件过度磨损。显然，这种换挡方式增加了换挡控制的难度，要求需放松的执行元件和待接合的执行元件的工作要有一定的重叠，同时通过调整发动机转矩来使换挡更加平顺。

1061. 什么是"模糊逻辑"控制?

目前一些新款汽车自动变速器取消了换挡模式开关，而是采用计算机"模糊逻辑"控制技术，"模糊逻辑"的英文含义是"目标确定得不精确"，电控单元根据如下因素确定最佳换挡时刻：

（1）行驶阻力。即路面状况，如上坡、下坡、风向造成的不同空气阻力等。

（2）行车状况。如车速、节气门位置、发动机转速、变速器油温等。

（3）驾驶习惯。驾驶员踩下加速踏板，就产生了一个运动参数(如踩加速踏板的深度和变化的速率)，模糊逻辑识别出该参数，即能识别驾驶类型，适配出最佳的换挡规律，从而按驾驶员的意愿确定最佳换挡时刻，这是模糊逻辑控制的关键。

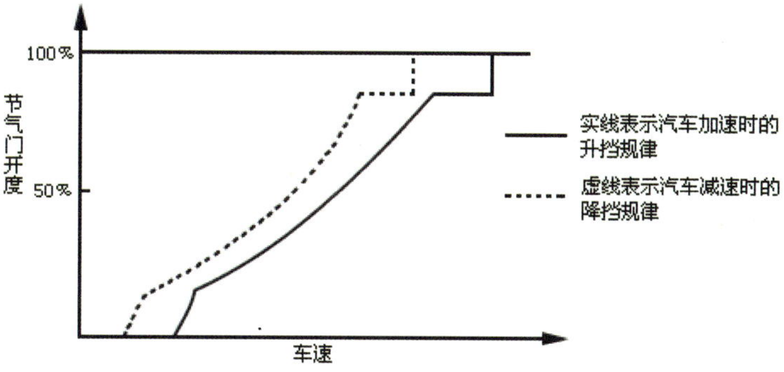

自动换挡图

1062. 对主油压有哪些要求?

（1）在节气门开度较小时，变速器所传递的转矩较小，各离合器和制动器不易打滑，主油路压力可以降低。当节气门开度较大时，因所传递的转矩较大，为防止离合器、制动器打滑，主油路压力要升高。

（2）车辆在低速挡行驶时，变速器所传递的转矩较大，主油路压力要升高。在高速挡行驶时，所传递的转矩较小，主油路压力可以降低。

（3）因变速器倒挡使用时间较少，为减小变速器尺寸，倒挡执行元件(离合器和制动器)的尺寸都做得较小，为避免出现打滑，在倒挡时需要提高主油压。

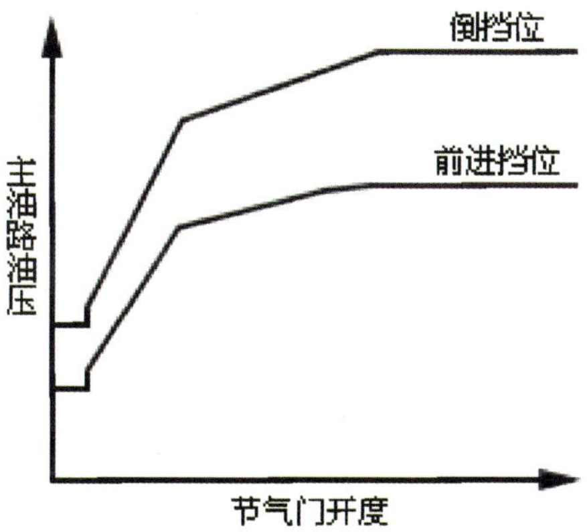

主油压曲线图

1063. 如何选择控制模式?

电脑在进行自动模式选择控制时，主要参考换挡手柄的位置及加速踏板被踩下的速率，以判断驾驶员的操作目的，自动选择控制模式。

（1）S、L(或 2、1)位时，电脑只选择动力模式。

（2）在前进 D 挡位时，电脑根据加速踏板被踩下的速率来确定换挡模式，但在不同的车速和节气门开度下，换挡模式转换的加速踏板踩下速率是不同的，为此，将车速和节气门开度划分成若干小区，每个区域有不同的加速踏板踩下的速率的程序值。当驾驶员踩下加速踏板的速率大于对应区域的程序值时，电脑选择动力模式;反之，当踩下加速踏板的速率小于对应区域的程序值时，电脑选择经济模式。这些区域中节气门开启速率程序值的分布规律是，车速越低或节气门开度越大，其程序值越小，即越容易选择动力模式。

（3）在前进 D 挡位时，电脑选择动力模式后，一旦节气门开度低于 1/8，电脑将由动力模式转换为经济模式。

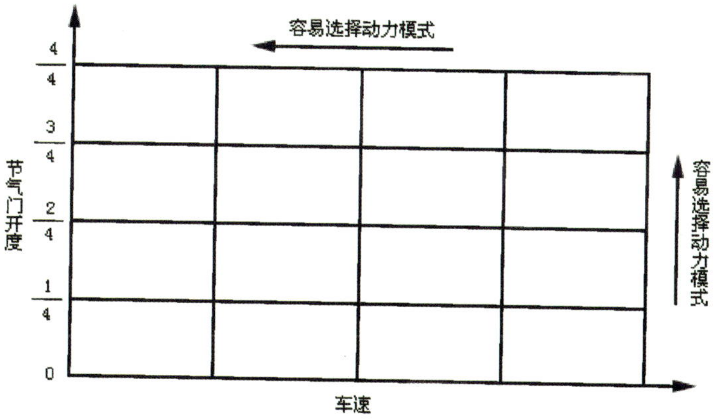

自动模式选择控制示意图

1064. 改善换挡品质的特殊控制功能有哪几种?

1）换挡油压控制

在升挡或降挡的瞬间，电脑通过调压电磁阀适当降低主油压，以减小换挡执行元件的工作压力，从而达到减缓换挡冲击力，达到改善换挡品质的目的。

2）减扭矩控制

在换挡的瞬间，通过延长发动机的点火时间或减少喷油量，暂时减少发动机的输出扭矩，以减少换挡冲击和汽车加速度出现的波动。

换挡手柄

3）N→D 和 N→R 换挡控制

这种控制是指换挡手柄由 P 或 N 位拉到 D 或 R 位，或相反地由 D 或 R 位推到 P 或 N 位时，自动变速器电脑通过减小主油压及发动机电脑通过调整发动机的点火提前角，暂时减小发动机的输出转矩，以减小换挡时的冲击，达到改善换挡品质的目的。

4）使用输入转速传感器控制

目前，一些新款电控自动变速器设有输入转速传感器，电脑通过这一传感器可以检测自动变速器输入轴的转速，并由此计算出液力变矩器的传动比及自动变速器的传动比，从而使电脑更精确地控制自动变速器的工作。特别是电脑在进行换挡油压控制、减扭矩控制和锁止离合器控制时，利用这一参数进行计算，可使这些控制的时间更加准确，从而获得最佳的换挡质量和乘坐舒适性。

1065. 如何进行上坡控制?

当自动变速器电脑确认车辆正在用 D 位置上坡时，系统会拓宽 2 挡、3 挡和 4 挡挡位区间，以防止变速器在 2 挡与 3 挡之间、3 挡与 4 挡之间频繁切换，这样车辆就可以平稳行驶，而且在需要时，有更多的动力。

存储在电脑内的 2 挡与 3 挡之间、3 挡与 4 挡之间的换挡程序，可以使车辆根据坡度的大小，自动选择最合适的挡。

1066. 如何进行下坡控制?

当自动变速器电脑确认车辆正在下坡时，为了拓宽 4 挡、3 挡和 2 挡的行驶范围，从 4 挡换 5 挡、3 挡换 4 挡和 2 挡换 3 挡（节气门关闭时）的换挡速度比在平路行驶的换挡速度快。当车辆下坡时，这种措施与减速锁止引起的发动机制动，共同使车辆保持平稳行驶。根据电脑中内置的坡度大小，系统提供三种下坡模式，具有不同的 4 挡行驶范围、3 挡行驶范围和 2 挡行驶范围。

当车辆以 4 挡速度行驶，驾驶员在陡坡制动减速时，变速器将切换到更低挡行驶。加速时，变速器又切换回高速挡。

1067. 电脑的数据交换有几种方式?

1）采用一体化动力总成控制模块（PCM）

这种控制方式将发动机电脑和自动变速器电脑合二为一，它不但能控制发动机的燃油喷射和点火系统，还能控制自动变速器的换挡及锁止离合器的锁止，允许使用共同的输入信号，发动机和变速器传感器的数据共享，这减小了传感器的数量和外部导线连接。

2）采用专线通信方式

这种方式在自动变速器电脑和发动机电脑之间有多条导线，每条导线有一个信号传送内容。如赛欧轿车 AF13 自动变速器电脑和发动机电脑之间共有 4 条数据线，分别传送发动机转速、节气门位置（负荷）、驻车/空挡开关信号和转矩控制信号。

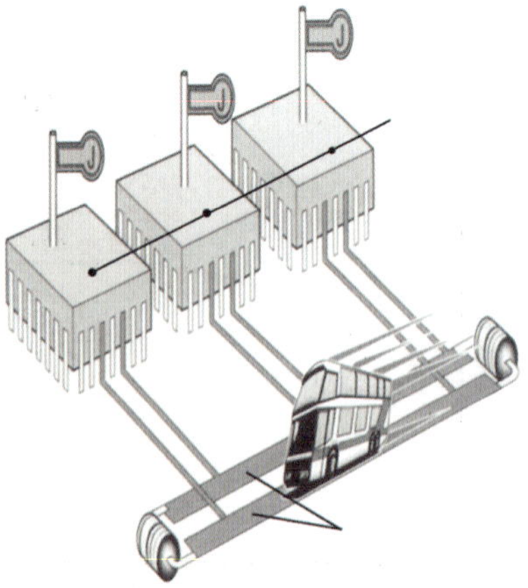

CAN-BUS总线原理图

3）数据总线通信方式

目前生产的新款电控自动变速器电脑与发动机电脑之间的通信普遍采用了数据通信方式（如 CAN-BUS 控制器局域网络或 SAE J1850 通信网路），传输速度非常快，而且简化了电路连接，还大大提高了可靠性。

1068. 在失效保护情况下变速器怎么办?

1）提供最大的主油压

在电控自动变速器中，主油路的设定油压由两部分组成：一部分是通过调压阀设置的额定油压；另一部分是通过调压电磁阀根据发动机负荷信号提供的附加偏置油压。如果电脑处于失电状态，则调压电磁阀无法接收电脑的输出信号，在这种情况下，液压系统能够提供最大的主油压，可以防止执行元件(离合器和制动器)在大负荷情况下打滑，此时，发动机的负荷信号已无法让电脑接收。

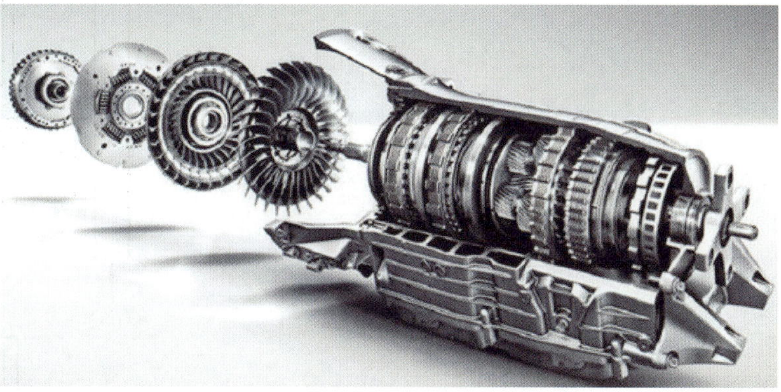

电控自动变速器

2）换挡电磁阀都处于断电状态

无论 3 速或 4 速的电子控制自动变速器都设置了至少两个换挡电磁阀。如果电脑失电或者电子控制装置出现故障，两个换挡电磁阀只能处于断电状态。在电控自动变速器设计中，总会存在 1 个挡，当这个挡工作时，两个换挡电磁阀都处于断电状态，一般将这个挡设置在 2 挡或 3 挡，具体由各厂家设计确定。

3）液力变矩器锁止离合器处于分离状态

电子控制自动变速器处于应急状态时，汽车只能在 2 挡或 3 挡起步。如果在这种情况下锁止离合器仍起作用，则要求锁止离合器控制电磁阀断电，即锁止离合器分离。

第五节 阀体

1069. 阀体有何作用?

自动变速器的液压控制系统除执行元件外，其中大部分控制阀都集中安装在一块或几块组合在一起的阀板上，阀和阀板的总成称作阀体，它通常安装在变速器下方的油底壳内。

阀体多数是由铝合金或铁铸造加工而成的，阀体有许多精加工的油孔和油道。液压油通过一定的油道和油孔流入和流出阀体。阀体的具体作用是在电子控制系统的控制下，进行油压调节和油路换向，以保证自动变速器正常工作和适时地切换到所需的挡。

自动变速器阀体总成中的油道和油孔

1070. 阀体包括哪些控制阀?

自动变速器的大部分控制阀安装在阀体上，同样也安装有许多不同的单向球阀。阀体上的控制阀的作用是控制通过变速器的油液的通断或调节油液的流量。可以通过一个阀或多个阀控制流经油道和油孔的油液。

液控液力式自动变速器的阀体主要由主调压阀、次调压阀、节气门阀、强制降挡阀、速控阀、速控压力调节阀、断流阀、手控阀、换挡阀、锁止信号阀、锁止继动阀、节流控制阀、蓄压器等组成；而电控液力式自动变速器的阀体包括上述各种控制阀中的若干个。

1071. 主调压阀有什么作用?

主调压阀由滑阀、阀板和弹簧组成，其作用是根据节气门开度和手控阀位置，把自动变速器油泵产生的液流压力控制在一个合适的范围内，用于操作变速器内的离合器和制动器，以及进一步调节变速器内的其他压力。

按传动系统的不同设计，通常都把主油压调节在410k ~ 2373kPa 之间。在不同的工况下，对主油路油压的要求不同，一般要求为：主油路油压随油门(负荷)变化，大油门(重负荷)时，主油路油压高;随挡位变化，倒挡时主油路油压较前进挡位高。

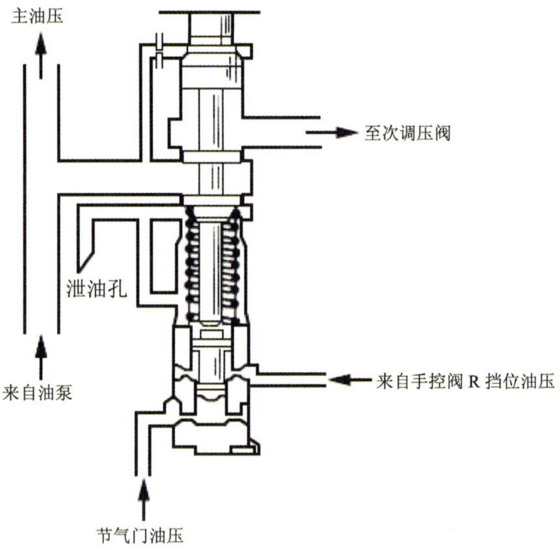

主调压阀构造及原理图

1072. 主调压阀如何工作?

主调压阀的阀体内装有主调压阀的滑阀和一个反馈滑阀，另有一根弹簧，弹簧的上端支承在主调压阀的滑阀上，弹簧的下端作用在阀体的座上，因此，弹簧的张力使主调压阀的滑阀受一个向上的弹力。而反馈滑阀在阀体下部，可上下滑动，它受控于节气门阀的压力和倒挡时来自手控阀的主油压，阀体上有油道经节流孔与主调压阀的上腔相通，主油压经此油道作用在主调压阀的上端，给主调压阀一个向下的作用力。

通过上述分析，可知主调压阀受向上的作用力有弹簧弹力和节气门油压，在倒挡时还有主油压的作用力，而主调压阀向下的作用力则为主油路的反馈压力。

在主调压阀的下方有弹簧和油压作用，弹簧的支承是固定的，其作用力与弹簧被压缩的程度有关，压缩量越大，作用力越大。在反馈滑阀下部油腔作用的油压是与加速踏板位置有关的压力，踩下加速踏板此处的油压会增加。与反馈滑阀侧面连接的油腔作用的油压是只有在倒挡才会出现的油压。另外，主油压还作为反馈压力作用在主调压阀的上方油腔。主调压阀在上述压力的综合作用下取得某一平衡位置，此时阀芯控制主油道是否与回油油道相通来控制油压。

在前进挡位时，主调压阀的下方作用力为：弹簧力 + 节气门油压 × 面积 C；上方作用力为：主油压 × 面积 A。驾驶员踩下加速踏板时，反映发动机负荷的节气门油压(加速踏板控制油压)增加，破坏了主调压阀原来的平衡位置，主调压阀上移封闭回油油道（泄油孔）。与此同时，发动机负荷的增加提高了发动机的转速，自动变速器油泵的转速也随之上升，主油道内的油压也增加了。当主油压增加到一定程度时，反馈到主调压阀上方的主油压克服阀下方的阻力，使主调压阀下移，同时使回油油道开启泄油，主油压不再增加并稳定在与此时加速踏板位置相适应的数值上。如果放松加速踏板，主调压阀因下方节气门油压的减小而下移，回油油道开度加大，主油压下降。与此同时，发动机负荷的减小降低了发动机的转速，自动变速器油泵的转速也随之下降，当主油压下降到一定程度时，反馈到主调压阀上方的主油压小于阀下方的阻力，主调压阀上移使主油压不再下降，又稳定在与此时加速踏板位置相适应的数值上。

在倒挡行车时，手控阀位置的改变使反馈滑阀侧面的油道开通，主油压进入主调压阀下方反馈滑阀的环槽内，向上的压力增加了，其数值等于(面积 B − 面积 C）× 主油压，此时，回油油道开启的主油压要增加，即在加速踏板位置相同的前提下，倒挡位时主油压要高于前进挡位。产生如此差异的原因是，倒挡是不经常使用的挡位，为减小变速器的体积，与倒挡有关的液压执行元件尺寸较小，为了产生足够的压紧力使摩擦片不打滑，必须使用更高的油压。

必须强调的是，如果主调压阀工作不正常，主油压过高或过低，都会影响变速器的正常工作。油压过高会增加自动变速器油泵消耗的功率，在换挡时还会产生较大的换挡冲击。主油压过低会造成离合器、制动器打滑，严重时会造成车辆停驶。另外，变速器其他部件的油压都是由主油压进一步调节而成，主油压不准，会影响其他油压的准确性。

1073. 次调压阀有什么作用?

次调压阀用于将主调压阀泄出的油液调节成变矩器使用的油压和润滑用的油压，经调节的压力称为变矩器油压和润滑油压。

变矩器油压用于液力变矩器的工作。由于发动机的转矩全部都要经过变矩器传递，而变矩器传递转矩的能力与变矩器的工作油压有关，因此变矩器油压的变化必须与发动机负荷的变化一致。润滑油压用于变速器内所有旋转零件的润滑。

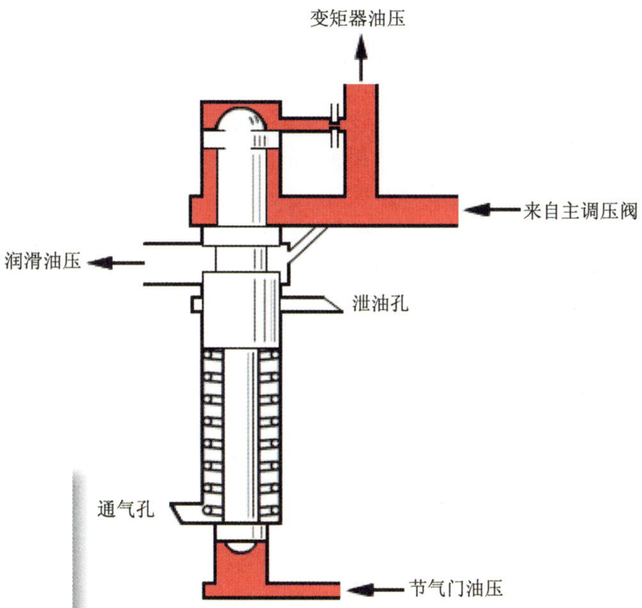

次调压阀构造及原理图

1074. 次调压阀如何工作?

次调压阀的下方仍然作用有弹簧和节气门油压，其上方来油的油道与通向变矩器的油道并联，仍然作用着经调节后的变矩器油压。向上的作用力为：弹簧力 + 节气门油压 × 面积 A；向下的作用力为：变矩器油压 × 面积 B。驾驶员踩下加速踏板时，节气门油压增加破坏了次调压阀的平衡位置，次调压阀上移封闭其中部的回油油道(泄油孔)。与此同时，主油压的增加使通向变矩器的油压也增加，当反馈到次调压阀上方的油压克服阀下方的阻力使其下移时，回油油道开启泄油，次调压阀进油口处油压(变矩器油压)不再增加并稳定在与此时加速踏板位置相适应的数值上。由于次调压阀的进油口与变矩器的油道并联，通向变矩器的油压也会稳定在相同的数值上，即变矩器的工作油压被调节。如果放松加速踏板，次调压阀因下方节气门油压减小而下移，回油通道开度加大，变矩器油压下降，于是发动机负荷的减小，使主油压下降。当变矩器油压下降到一定程度时，次调压阀上移使变矩器油压不再继续下降，又稳定在与此时加速踏板位置相适应的数值上。

与次调压阀中部连接的油道通向变速器所有的旋转部件，并通过壳体和零件上的油道为其提供润滑油，以免零件产生过量的磨损。

1075. 节气门阀有什么作用?

节气门阀的作用是调节与发动机负荷相关的负荷油压，由于调节是通过节气门阀实现的，也称为节气门油压，节气门油压受控于加速踏板，因此又称为加速踏板控制油压。节气门油压用于调节主油压和变矩器油压与润滑油压。另外，节气门油压更重要的作用是控制降挡。

节气门阀体内有两个滑阀，上边一个是节气门阀，下边一个是强制降挡阀，两阀之间有弹簧，使两阀受弹簧张力作用，阀内还有另一个弹簧作用在节气门阀的上部，给节气门阀一个向下的张力。强制降挡阀外露部分装有一个滚轮，滚轮与节气门的凸轮滚动接触，凸轮通过一个软轴内的拉线与节气门轴联动，节气门开闭，凸轮便转动，凸轮便顶着强制降挡阀上下移动，于是强制降挡阀便推动弹簧和节气门阀上下移动，以控制节气门油压。

1076. 什么情况下将加速踏板踩到底?

在车辆行驶过程中，如果将加速踏板踩到底(节气门开度大于85%)，变速器会在原来挡的基础上自动降低一个挡，这个过程叫作强制降挡。一般在如下两种情况下，驾驶员会将加速踏板踩到底：一是在较高车速时要超车；另一个是在较低车速时需要很大的驱动力。对于自动变速器的车辆来讲，驾驶员能够操作的只有加速踏板，无论高转速还是大转矩都只能通过控制加速踏板来实现。另外，我们已经知道，变速器换挡只能通过换挡阀的移动来实现。

强制降挡的过程通过两个滑阀实现：强制降挡压力调节阀和强制降挡阀。

1077. 节气门阀如何工作?

主油压进入节气门阀中部的环槽，由于进油口的节流作用，出口油压低于进口的主油压，出口的油压即为需要的节气门油压。加速踏板位置的变化会改变进油口的开度大小，进而改变节流作用，使出口的节气门油压得到调节。驾驶员踩下加速踏板，强制降挡阀上移并推动弹簧使节气门阀的进口开大，出口的节气门油压增加。节气门油压在输送到用油部位的同时，还作用在环槽B，由于环槽B上下截面积不等，因而产生向下的作用力，当节气门油压上升到一定数值时，作用在环槽B的油压使节气门阀下移，使节气门阀的进口开度减小，并使节气门阀的位置稳定，此时的节气门油压也就稳定在某一特定数值，并与此时加速踏板的位置相适应。

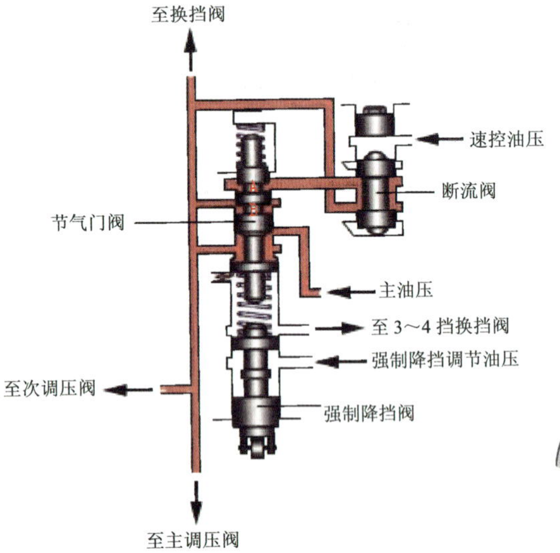

节气门阀动作原理图

1078. 强制降挡压力调节阀如何工作?

强制降挡压力调节阀的作用是将主油道的压力经此阀调节成一个强制降挡油压，以帮助节气门油压将换挡阀压下，使变速器强行降下一个挡。强制降挡压力调节阀由两段直径不等的阀芯组成，主油道的液压油进入滑阀中部的环槽内，并使滑阀下移产生的力与滑阀下端的弹簧力平衡。油压增加时，液压力大于弹簧力，滑阀下移使进油口开度减小，出口油压下降；油压下降时，弹簧力大于液压力，滑阀上移使进油口加大，出口油压上升，通过强制降挡压力调节阀的调节，变化的主油压变成稳定的调节油压来控制换挡阀的动作。

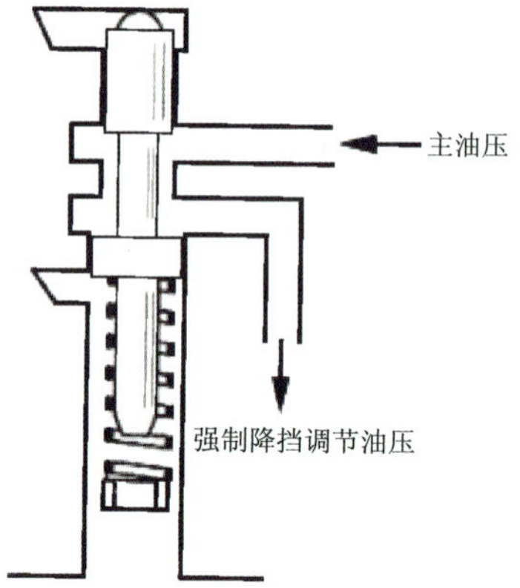

强制降挡压力调节阀的结构及工作原理图

1079. 强制降挡阀有什么作用?

强制降挡阀又称为降低挡柱塞。其作用是在节气门全开或接近全开时，强制性地将自动变速器降低一个挡，以提高驱动轮的驱动力来获得良好的加速性能。强制降挡阀的工作原理是，从该阀输出来的液压油作用在3～4挡换挡阀有弹簧端，与节气门油压一起将换挡阀向降挡方向移动，从而使自动变速器降挡。

常见的强制降挡阀有滚轮式和电磁式两种。

1080. 滚轮式强制降挡阀如何动作?

滚轮式强制降挡阀安装在节气门阀的下方，兼起节气门阀活动弹簧座的作用。该强制降挡阀的位置由节气门凸轮的转动角度来决定，而节气门凸轮通过节气门拉索受控于加速踏板的位置。与该强制降挡阀配合的阀体上有两条油路，分别与强制降挡压力调节阀和换挡阀相通，作为输入和输出。

在节气门的开度较小时，节气门凸轮将强制降挡阀顶入不多，阀芯将强制降挡调节油压的进油口与出油口隔开，强制降挡调节油压不能进入换挡阀的油道。当节气门的开度超过85%时，强制降挡阀上移使强制降挡调节油压的进油口与出油口相通，强制降挡调节油压进入3～4挡换挡阀，使自动变速器强制性地降低一个挡。

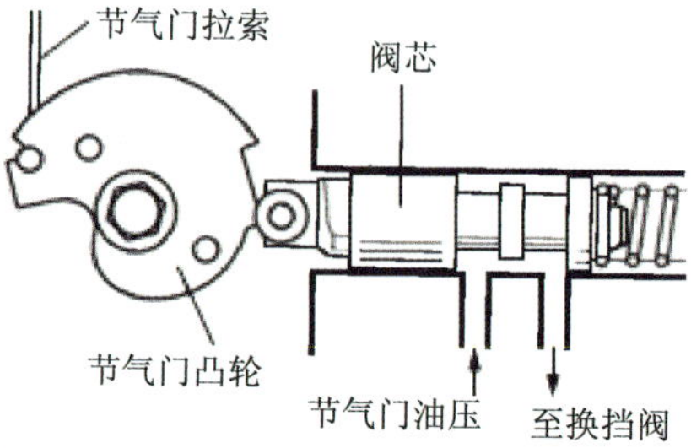

滚轮式强制降挡阀

1081. 电磁式强制降挡阀如何工作?

电磁式强制降挡阀由电磁阀、强制降挡开关等组成。强制降挡开关安装在加速踏板下，当加速踏板踩到底时，强制降挡开关闭合，电磁阀通电，阀芯在电磁力作用下移动，打开油路，主油路压力油经阀芯通至换挡阀有弹簧端，与节气门油压一起使换挡阀向降挡方向移动，自动变速器降低一个挡。

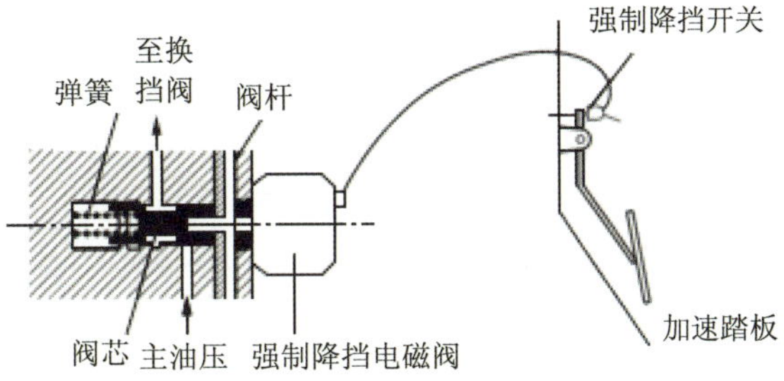

电磁式强制降挡阀

1082. 速控阀起什么作用?

速控阀也称为调速器，其作用是输出一个与车辆行驶速度相关的速控油压，作用于各换挡阀无弹簧端，控制升挡。速控油压是液控液力式自动变速器中除节气门油压外的另一个重要油压。

速控阀由壳体、滑阀、速控阀轴、重块、弹簧等组成。

速控阀安装在自动变速器的输出轴上，与变速器输出轴同步旋转。在壳体内安装着速控阀轴和重块，壳体与速控阀轴之间安装着滑阀，在滑阀与速控阀轴之间有弹簧，滑阀与壳体之间有油腔，而油腔上、下两侧的面积不相等。油腔通过输出轴上的油道与液压控制系统的油路相连接(下图为示意图，油道画到了速控阀外侧)。速控阀进油口处的油压是主油压，使滑阀受到向下的作用力。

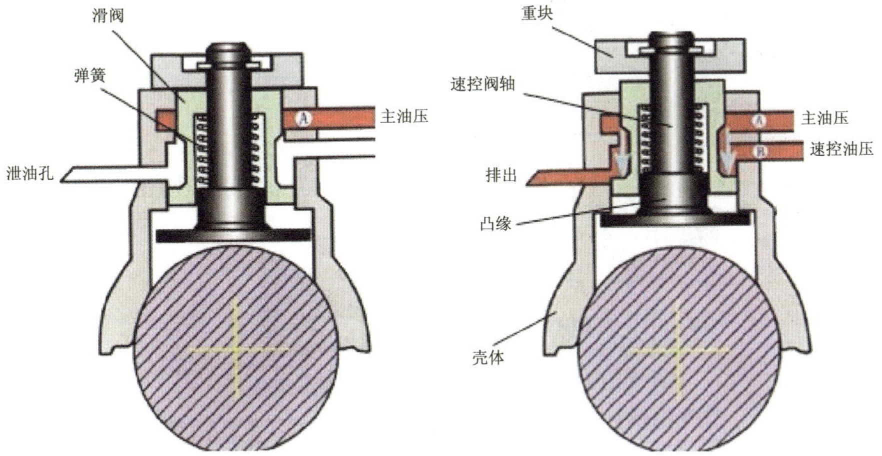

速控阀构造及原理图

1083. 速控阀如何工作?

当输出轴旋转时，由于惯性的作用，速控阀轴、重块和滑阀向外甩出。当车辆以一定的速度行驶时，输出轴的转速是一定的，在速控阀上受到离心力、弹簧力和液压力的共同作用。车辆行驶时，滑阀上移使泄油口关闭，进油口开通，主油压进入滑阀的环槽。由于滑阀下移，进油口的开度逐渐减小，因此，环槽内的油压会低于主油压，出口油压即为速控油压。当滑阀下移到进油口关闭而泄油口开启时，环槽内油压因泄油而下降使滑阀上移，然后不断重复上述过程并获得与此时车辆行驶速度相关的速控油压。由于车速会影响到速控阀上作用的离心力，进而影响使滑阀下移的液压力，当车速增加时离心力也增大，使滑阀下移所需的液压力也必须增加，这样出口油压即速控油压也会增加。在车速较低时，速控阀轴不能上移到其凸缘与壳体接触的位置，此时速控阀轴和重块向下的平衡力由液压力通过滑阀、弹簧提供。但在车辆中、高速行驶时，速控阀轴凸缘会与壳体接触，速控阀轴和重块向下的平衡力由壳体来提供，液压力仅用于与速控阀本身平衡有关的力，因此，这时随车速的增加，速控油压增加比较缓慢。

1084. 断流阀如何协调工作?

断流阀的作用是使节气门油压与速控油压建立某种联系，即使节气门油压与车速有一定的关联性。

在自动变速器中，挡的变换是由速控油压与节气门油压共同控制的，加速踏板的位置相同，车辆行驶的速度可能不同。例如，节气门开度不变，车辆下坡，车速增加，自动变速器应适时换入高速挡。此时如果节气门油压不随车速有所变化，则车辆换挡时机与平坦路面上就会有很大区别。为此目的，在车速增加时，将速控油压引至节气门阀的上方，产生一个向下的作用力，使节气门油压下降，由于节气门油压作用在各换挡阀的上方，从而使得各换挡阀上方的力减小，下方的速控油压随车速增加而加大，这样换挡时刻就提前了，这时也应有与之相应的节气门油压，这一任务便由断流阀产生的断流压力作用在节气门阀上方完成。

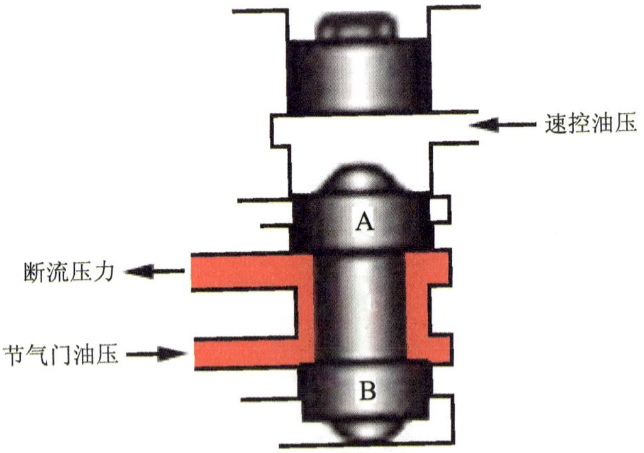

断流阀构造及原理图

1085. 断流阀自身如何工作?

在断流阀的上端作用着恒定的速控油压，中部环槽的进口处是节气门油压，由于环槽上、下横截面积不等，即 A > B，环槽内的作用力向上。在节气门油压较小时，恒定的速控油压可以克服环槽内向上的作用力，将断流阀压下，断流阀出口处的油压为断流压力，此压力作用在节气门阀上部的环槽 A 内，由于环槽 A 上下横截面积不等，产生向下的作用力，节气门阀的位置下移，进油口开度变小，节气门油压降低。由于断流阀的作用，在节气门开度较小时节气门油压较低，受控于节气门油压的主油压也较低，自动变速器油泵消耗的发动机功率也就比较小。当节气门油压较高时，在断流阀中部环槽的油压远大于恒定的速控油压，断流阀中部环槽处于关闭状态而无断油压力。

1086. 手控阀有什么作用?

手控阀由换挡手柄通过联动装置控制，通过手控阀可对自动变速器液压控制系统的油路进行切换，对不同的换挡执行元件进行控制，实现不同的换挡需要。

在阀体上有许多条油道，其中来自管路油压的油道为与主油路相连的进油道，其余为出油道，分别通往“P”、“R”、“N”、“D”、“2”、“L”挡位相应的滑阀或直接通往换挡执行元件。

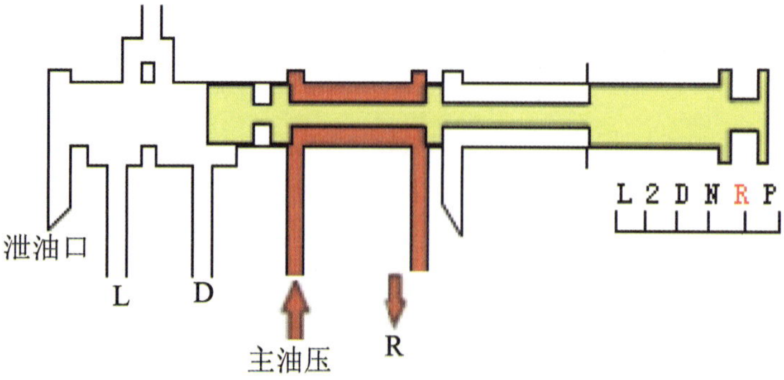

手控阀的结构图

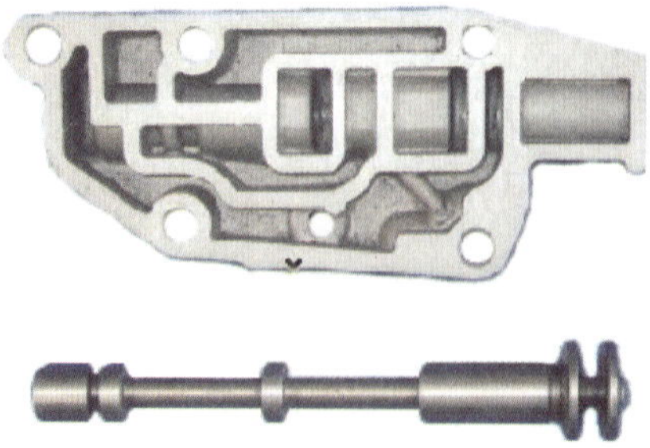

手控阀构造图

1087. 手控阀如何工作?

手控阀是安装在控制系统阀体总成中的多路换向阀，由驾驶室内的自动变速器换挡手柄进行控制。自动变速器换挡手柄的作用与普通手动变速器的换挡手柄不同。手动变速器换挡手柄的工作位置就是变速器的挡位，变速器有几个挡位，换挡手柄就有几个工作位置。而自动变速器换挡手柄的位置是自动变速器的工作方式，与挡数并不对应。例如，自动变速器换挡手柄置于前进挡位 D 位置时，对 4 挡自动变速器而言，变速器可根据换挡信号在 1 ～ 4 挡之间自动变换；对 5 挡自动变速器而言，变速器则可根据换挡信号在 1 ～ 5 挡之间自动变换。手控阀还提供倒挡位 R、空挡位 N、驻车挡位 P 等功能。

在阀体上有许多条油道，其中来自管路油压的油道为与主油路相连的进油道，其余为出油道，分别通往“P”、“R”、“N”、“D”、“2”、“L”挡位相应的滑阀或直接通往换挡执行元件。

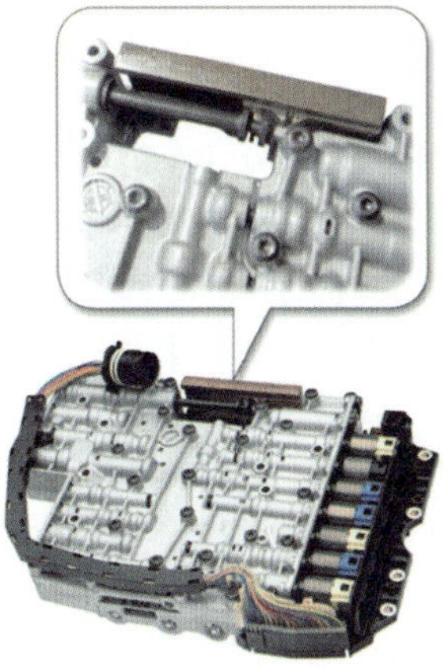

手控阀位置图

1088. 换挡阀如何工作?

换挡阀是一种由液压控制的 2 位换向阀，它有两个工作位置，可以实现升挡或降挡的目的。图中换挡阀的右端作用着来自速控阀的速控油压，左端作用着来自节气门阀的节气门油压和弹簧的弹力。

换挡阀的位置取决于两端控制压力的大小。当右端的速控油压作用力低于左端的节气门油压作用力和弹簧的弹力之和时，换挡阀保持在右端；当右端的速控油压作用力高于左端的节气门油压作用力和弹簧的弹力之和时，换挡阀移至左端。换挡阀改变方向时，主油路的方向发生变化，以实现不同的挡。图中当换挡阀从左端移至右端时，自动变速器降低 1 个挡，反之则升高 1 个挡。

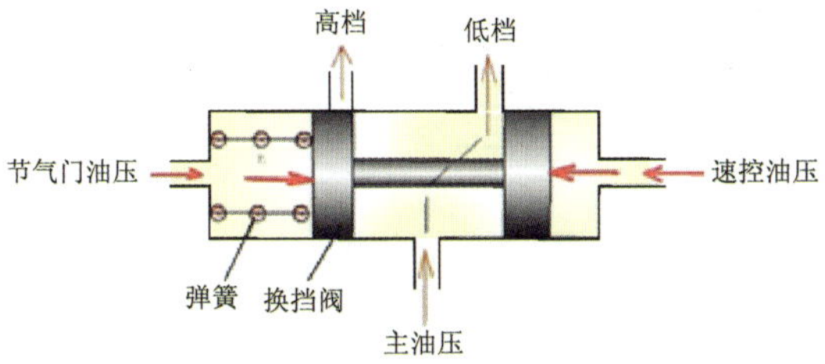

换挡阀构造及原理图

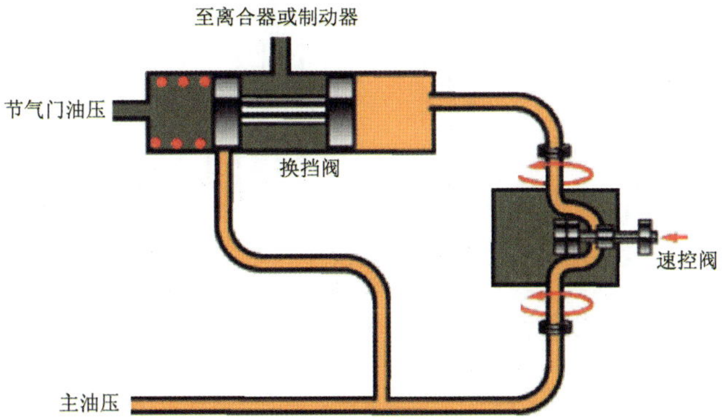

简单换挡回路图

1089. 锁止信号阀如何工作?

在自动变速器的液力变矩器内装有锁止离合器，以便液力变矩器进入耦合区时，通过锁止离合器将液力变矩器内的涡轮与泵轮直接连成一体，以提高传动效率，改善发动机的经济性，为此，在自动变速器的油路中装有锁止信号阀，它也是一个开关阀。这个开关阀也有全液压控制和电磁阀控制式两种，液压控制方式如下图所示。从下图可知，当车速升至液力变矩器进入耦合点时，速控油压增加至将锁止信号阀推向上方时，锁止信号阀便把主油道来的待命油的油道打开，使主油压压力油送往锁止继动阀，使锁止继动阀打开锁止油道，使锁止离合器接合，当速控油压下降时，锁止信号阀便在弹簧作用下回位，一方面关闭主油路压力油的油路，另一方面又打开泄油道，使油泄掉以便使锁止离合器解除锁止。

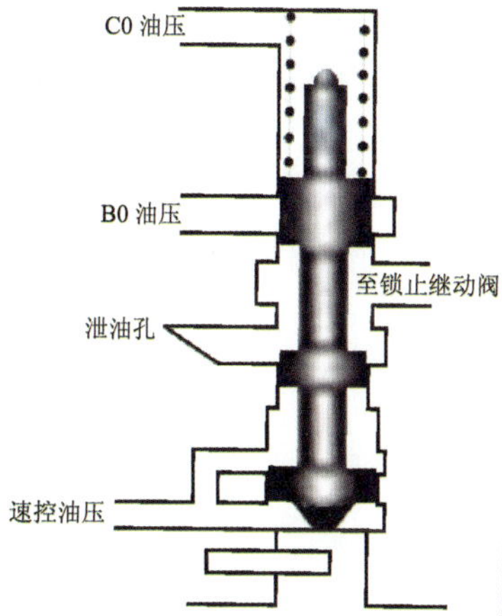

锁止信号阀

1090. 如何防止锁止离合器频繁动作？

下图所示为锁止信号阀工作和不工作时的示意图，其中图（b）中B活塞上下两个端面均受速控油压作用，且A活塞的下端面也受速控油压的作用，所以信号阀要想压缩弹簧，必须在速控油压增加至速控油压 ×B端面－速控油压 ×（B － A)大于弹簧力时，信号阀便上行，而一旦信号阀被推上行后，速控油压便完全作用在B活塞的下端面。可见在相同的车速下，相同的速控油压形成的向上的推力比信号阀在下方时要大，也就是说，阀要想回位，需要速控油压继续下降，直至比信号阀上升时的速控油压低，该阀才会回位，这种信号阀上升时和回位时的速控油压不等的设计，是为了避免锁止离合器频繁锁止和解除，减少锁止离合器的磨损。

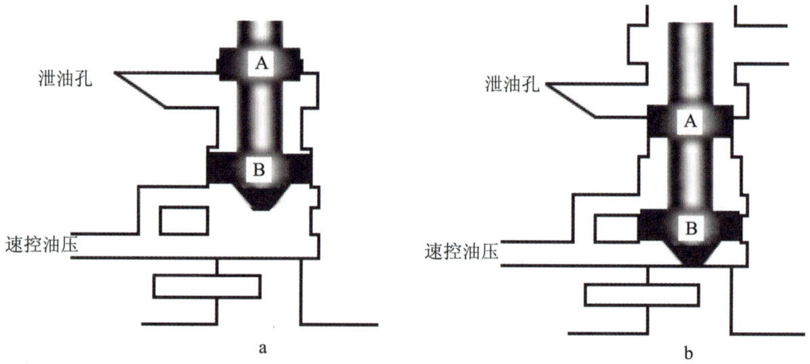

锁止信号阀工作示意图

1091. 锁止继动阀如何工作？

如下图所示，速控油压低，锁止信号阀处在最下方时锁止信号阀把主油压压力油通往锁止继动阀的油道关闭，主油压压力油在锁止信号阀处待命，不能作用在锁止继动阀的下部，使锁止继动阀也处在最下端，此时，锁止继动阀把由次调压阀调节后的变矩器油压与变矩器前腔的油道相通，变矩器压力油便进入液力变矩器的前方，与此同时，锁止继动阀打开了液力变矩器后腔的泄油油道，于是，液力变矩器液压油便从前方进入，从后方泄出，使锁止离合器处于分离状态。

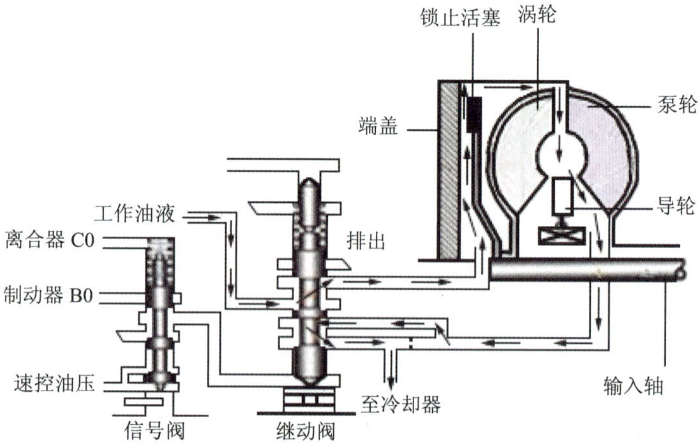

锁止离合器分离

如下图所示，在车速进入超速挡，速控油压已使锁止信号阀上推，把主油压压力油通往锁止继动阀下端的油道打开，主油压压力油进入锁止继动阀的下端，使锁止继动阀上行，把变矩器压力油通往液力变矩器后腔的油道打开，于是变矩器油从变矩器后腔进入，油压压紧锁止离合器，使变速器在超速挡行驶时锁止离合器处于锁止状态，与此同时，变矩器前腔与锁止继动阀的泄油口相通，前腔油压便进入油底壳。

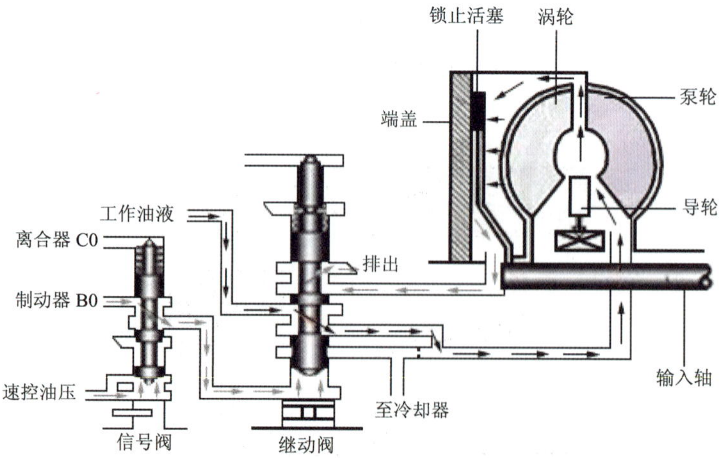

锁止离合器接合

1092. 单向球阀有什么作用？

如果分解自动变速器的阀体，会在控制阀体与隔板之间多处有小球，材料有钢质、塑料和橡胶三种，小球和阀体及中间隔板组成的控制阀称为单向球阀。

单向球阀有两种类型：一种起到节流作用，位于控制油压和离合器或制动器液压缸之间。隔板上有两个油孔，一大一小；一种用于控制压力油的流向，即对来自不同油路的液压油向同一个出油孔输送油压进行控制。

1093. 节流作用的单向球阀有何作用？

为改善换挡质量，减轻换挡冲击和延长离合器、制动器的使用寿命，在通往离合器或制动器的油路中加装了许多节流作用的单向球阀，它是一种开关阀，不过这种开关阀用于使作用在离合器和制动器上的油压慢慢上升以减轻接合时的冲击，使作用在离合器和制动器的油压泄油时尽快泄出，以求分离迅速彻底，防止摩擦片分离不彻底时的磨损。

1094. 节流作用的单向球阀如何工作？

当离合器或制动器需要工作时，来自换挡阀的控制油压使单向球阀封住隔板上较大的油孔，迫使油液经较小的油孔进入离合器或制动器的液压缸，使离合器或制动器的接合速度变慢，防止换挡时离合器或制动器接合过猛而产生换挡冲击。

当离合器或制动器需要退出工作时，离合器或制动器液压缸内的液压油通过隔板上的两个油孔流回换挡阀，经换挡阀流回油底壳，加速了分离过程。

从节流作用的单向球阀的原理可以看出，它与蓄压器的作用相同，都是为了控制离合器或制动器液压缸的充油时间，从而保证离合器或制动器接合的柔和性，减少换挡冲击。

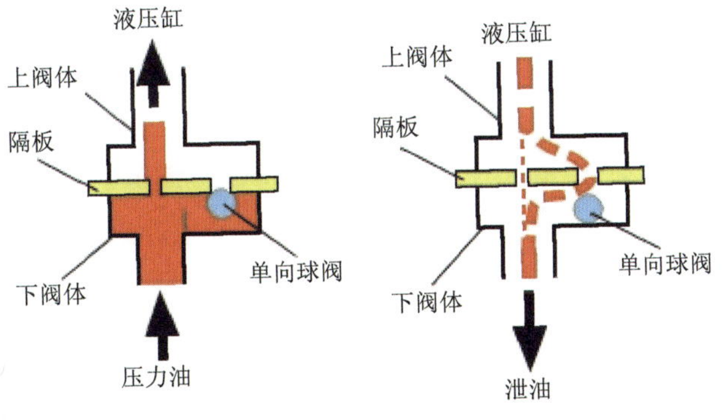

节流作用的单向球阀构造及原理图

1095. 控制作用的单向球阀如何工作？

控制作用的单向球阀负责控制双管油路，即对来自不同油路的液压油向同一个出油孔输送油压进行控制。

控制作用的单向球阀的工作原理：如下图所示，如果输入油压 A 大于输入油压 B，则输出油压等于油压 A；如果输入油压 A 小于输入油压 B，则输出油压等于油压 B。

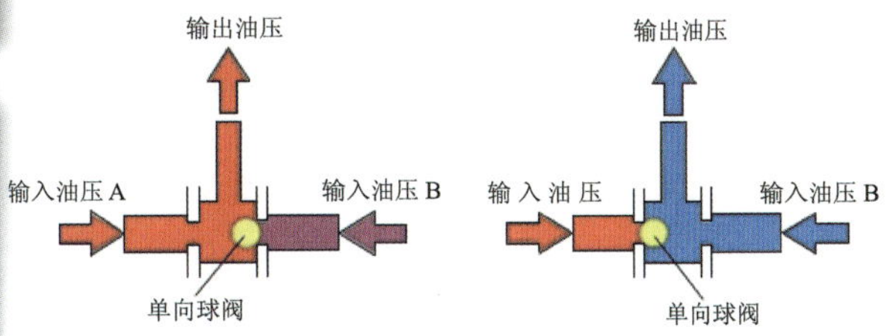

控制作用的单向球阀构造及原理图

1096. 蓄压器如何工作？

当自动变速器换挡时，主油压在进入离合器等换挡执行元件的同时也进入蓄压器活塞的上部。在压力油进入执行元件的初期，油压不是很高，主要作用是消除离合器、制动器摩擦片间的间隙，使其开始接合。此后，压力迅速增大，若没有蓄压器，摩擦片将在瞬间接合并被加载，从而造成较大的换挡冲击。有蓄压器以后，情况就不一样了，油压的升高使蓄压器活塞克服弹簧力而下移，容积增大，油路中部分压力油进入蓄压器工作腔，延长了换挡执行元件液压缸的充油时间，油压的增长速度减缓，摩擦片接合柔和，因而减小了换挡冲击。

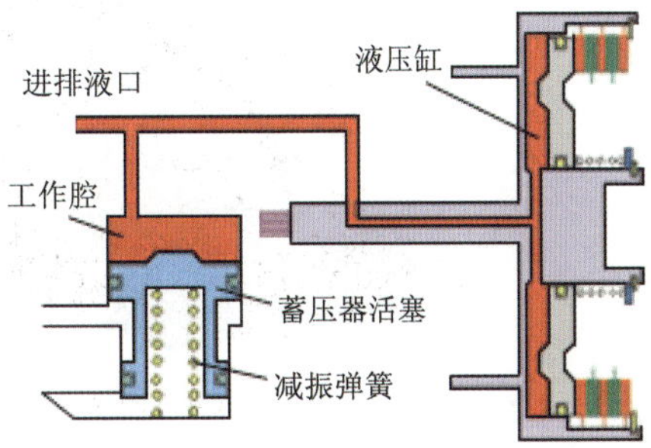

蓄压器工作原理图

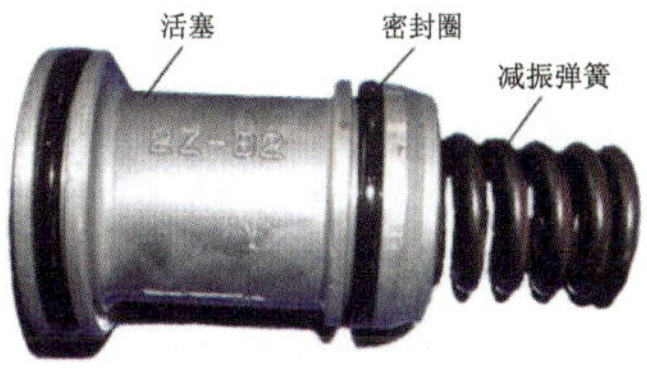

蓄压器实物图

1097. 蓄压器有何作用?

蓄压器也称为蓄压减振器或储能减振器，常用来缓冲换挡冲击，一般由蓄压器活塞和减振弹簧组成。它与离合器或制动器并联安装，压力油进入离合器或制动器活塞液压缸的同时也进入蓄压器，将蓄压器活塞压下，以此方式降低离合器或制动器活塞液压缸的压力，防止离合器或制动器的摩擦片快速接合时引起的冲击。

1098. 如何拆卸自动变速器阀体?

(1) 放掉自动变速器的油液。将一个油盘放在油底壳下，拧下放油螺栓，将油液排净。无放油螺栓的自动变速器，只有用一个大于油底壳的油盘，放在油底壳下，然后将油底壳拆下。

(2) 拆下电磁阀导线接头。

(3) 拆下控制阀体与壳体之间的连接油管。

(4) 拆下阀体的固定螺栓(注意区分阀体与壳体的固定螺栓和阀体自身的接合螺栓)，取下阀体，同时用手堵住没有锁止定位的手控阀，以防其滑出摔坏。

阀体的拆卸

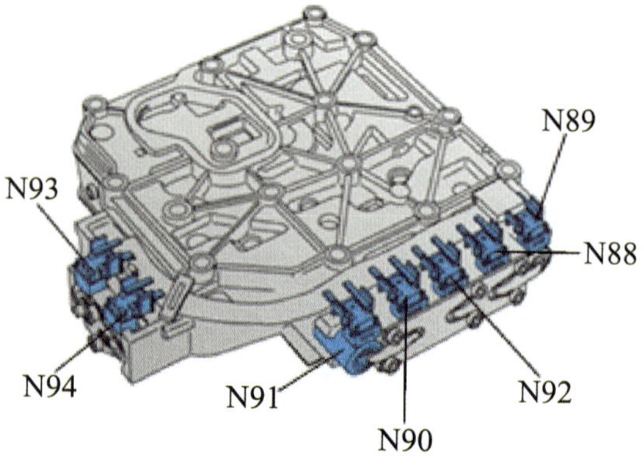

捷达01M电磁阀的安装位置

1099. 如何分解自动变速器阀体?

(1) 拆下阀体上的手控阀及电磁阀等零件，如下图所示为捷达 01M 电磁阀的安装位置。

(2) 依次拧松并拆下接合上、下阀体之间的固定螺栓，然后分开上、下阀体。

在分开上、下阀体时，为防止上阀体油道内的单向球阀阀球掉落，应将上、下阀体之间的隔板和上阀体一同拿起上下翻转 180°，将上阀体有油道的一面向上放置后再取下隔板。

(3) 从上阀体上取下隔板，取出上阀体油道内的所有单向球阀。为防止安装时错装或漏装球阀，在取出球阀时应记录球阀的安装位置和球阀的直径等，最好能以图示的方法表示每个球阀所在的位置。

(4) 取出阀体中所有的控制阀，在取出每个控制阀时，应先拆下锁销和柱塞，再使阀芯和弹簧从阀孔中靠自身重量自由滑出。若阀芯在阀孔中有卡滞，不能自由滑出，可用橡胶锤或木锤敲击阀体，将阀芯振出(禁用铁丝或钳子伸入阀孔取出阀芯)。为了准确、快捷地安装，在拆卸时也要注意记录各控制阀在阀体上的安装位置、各控制阀中零件的排列顺序、各锁销的位置和尺寸、各弹簧的直径和圈数等相关内容。

1100. 如何检修阀体零件?

(1) 将上、下阀体和所有控制阀的零件用清洁的酒精清洗干净。

(2) 检查控制阀阀芯表面，如有轻微刮伤痕迹可用金相砂纸抛光。

(3) 检查各阀弹簧有无损伤，测量弹簧长度，应符合自动变速器维修手册的要求，如不符合，应更换。

(4) 检查滤清器，如有损坏或堵塞，应更换。

(5) 如控制阀卡死在阀孔中应更换阀体总成。

(6) 更换阀体上的纸质衬垫。

(7) 更换所有塑胶件体。

1101. 如何装配自动变速器阀体?

（1）将清洗后的上、下阀体和所有控制阀零件放入干净的自动变速器油中浸泡几分钟。

（2）按拆卸时相反的顺序安装各控制阀，注意各控制阀弹簧的安装位置，切不可将各控制阀的弹簧装错。必要时可参考自动变速器维修手册，以区分各个控制阀的弹簧。

（3）用螺钉将隔板衬垫固定在阀体上。

（4）将上、下阀体合在一起，不同规格的阀体螺栓安装在不同的位置上，分 2 ~ 3 次将所有螺栓拧紧。阀体螺栓的标准拧紧力矩为 7N·m。

（5）安装电磁阀、手控阀等零件。

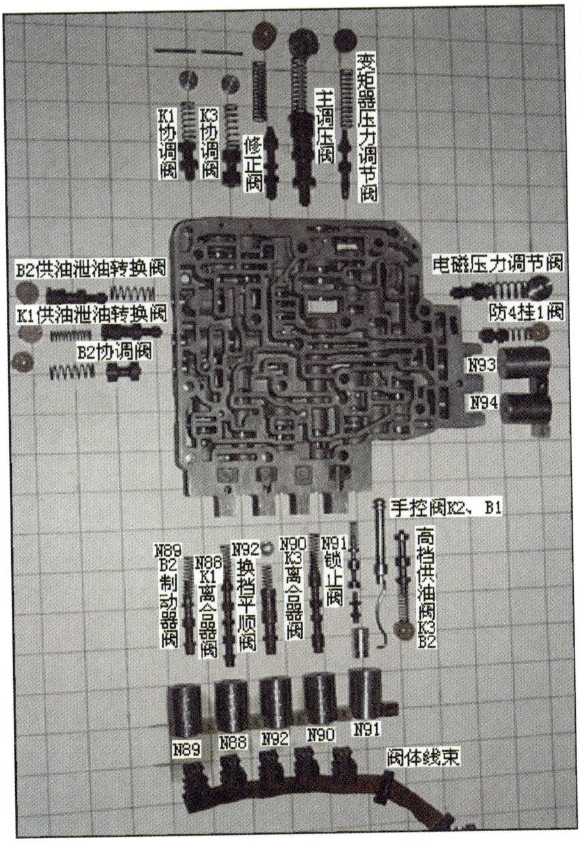

捷达01M自动变速器的阀体分解图

1102. 检修阀体时有哪些注意事项?

（1）检修阀体时，切不可让阀芯等重要零件掉落。不要将铁丝、旋具等硬物伸入阀孔中，以免损伤阀芯和阀孔的精密配合表面。

（2）阀体分解后的所有零件在清洗后，可用压缩空气吹干。不允许用棉布擦拭，以免黏上细小的纤维丝，造成控制阀卡滞。

（3）装配阀体时应检查各控制阀阀芯是否能在阀孔中活动自如。如有卡滞应拆下，经清洗后重新安装。

（4）不要在阀体衬垫及控制阀的任何零件上使用密封胶或黏合剂。

（5）在更换隔板衬垫时要将新旧件进行对比，确认无误后再装入，以防止因零件规格不符而影响自动变速器的正常工作。有些自动变速器的修理包中没有阀体的隔板衬垫，在维修中如果旧衬垫破损，可用清亮纸(即电工用绝缘纸)自制，方法是：将旧衬垫的形状画在清亮纸上，用割纸刀和圆冲照原样刻出。

（6）在分解、装配阀体时，要有详细的技术资料(如阀体的分解图)，以作为对照。如果在检修时没有这些资料可作为参考，可以在分解之前先画出阀体的外形简图，然后每拆一个控制阀，就在阀体简图的相应位置上画下该控制阀零件的形状和排列顺序，同时测量并记下各个弹簧的外径、自由长度和圈数，以此作为装配时的参考。拆下的各个控制阀零件要按顺序摆放，以便重装。

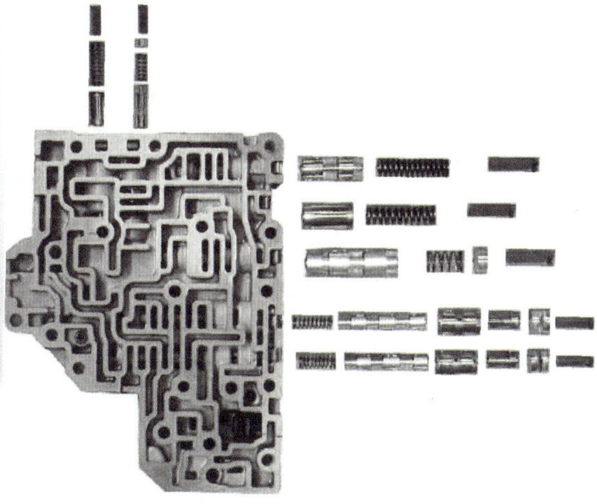

阀体分解图

第六节　自动变速器油与冷却器

1103. 什么是自动变速器油?

当自动变速器刚刚投入使用时，所用油液为普通润滑油，经过一段时间的使用，人们发现这种油液在许多方面不能满足自动变速器的要求。1949年由美国通用汽车公司首次研制出专用的自动变速器油。自动变速器油在汽车自动传动系统中有极重要的地位，可以将其比喻为系统中的“血液”。自动变速器用油是一种高级润滑油，它含有多种化学添加剂，在汽车自动变速器中发挥了十分重要的作用，通常简称为ATF（Automatic Transmission Fluid）。

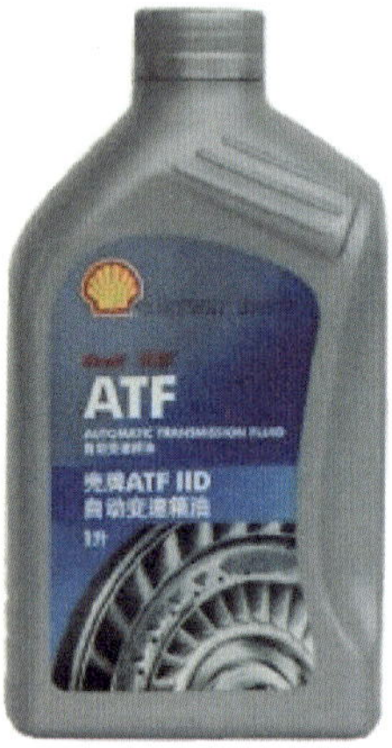

自动变速器油

1104. 自动变速器油有什么作用?

（1）传递发动机的输出功率。ATF经油泵被输送到液力变矩器内，将发动机产生的转矩传递至变速器。

（2）在液压系统中输送工作压力，使换挡执行元件在液压力下正确执行换挡动作。

（3）对自动变速器的行星齿轮和诸多换挡执行元件摩擦副进行强制润滑。

（4）油液的循环流动带走磨损的铁屑等杂质，经滤清器或磁性螺栓清除、吸附掉。

（5）把损耗在油液中的热能传至油冷却器，用发动机散热水箱的水进行强制冷却，冷却后的油液再返回自动变速器中，防止温度过高，影响ATF的黏度。

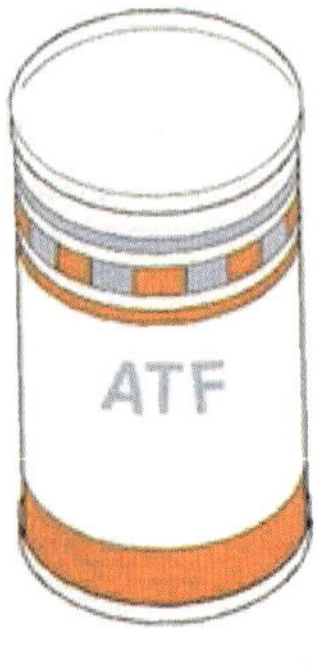

自动变速器油液

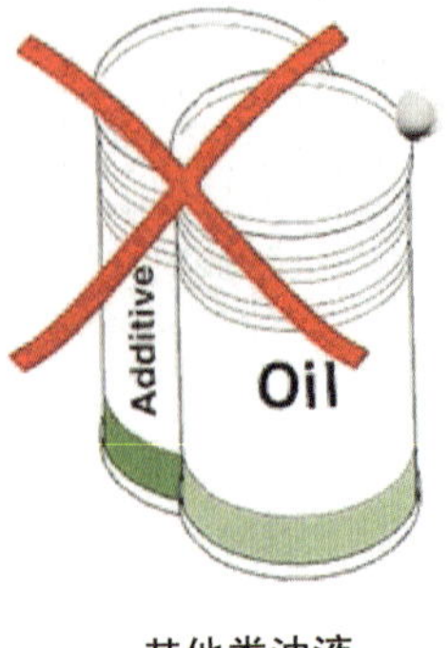

其他类油液

1105. 自动变速器油有哪些类型?

1）通用汽车公司的DEXRON®系列ATF

20世纪60年代，美国通用汽车公司推出了含有摩擦改进剂的DEXRON®型ATF，并针对使用中出现的问题对其进行不断改进。1973年，生产出比DEXRON®静摩擦系数更低的DEXRON® Ⅱ自动变速器油。1976年又对DEXRON® Ⅱ型ATF腐蚀自动变速器冷却器管路的问题进行了改进。1990年通用汽车公司又推出了新一代的DEXRON® Ⅱ型ATF。

2）福特汽车公司的F型ATF

1959年福特汽车公司开发的F型ATF不含摩擦改进剂。福特公司希望通过F型油使换挡执行元件更快接合，缩短滑摩时间来减少发动机强化后自动变速器内产生的热量，在设计指导思想上与DEXRON®系列ATF有根本的差异。

3）福特汽车公司的MERCON®ATF

1998年福特汽车公司开发了新型的含有摩擦改进剂的MERCON® ATF，以便代替通用汽车公司的DEXRON®型ATF。

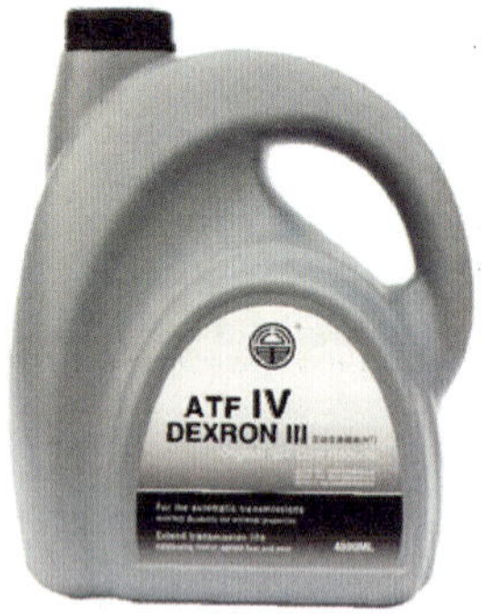

自动变速器油

1106. 为什么ATF不能混加?

自动变速器使用何种ATF，在变速器的设计过程中已经确定，使用非指定的ATF可能产生不良的后果，这是因为并非所有的ATF都含有摩擦改进剂。当规定使用F型ATF的自动变速器错加了DEXRON® Ⅱ或MERCON®时，会使滑摩大大增加，尤其在需要输出大转矩的情况下，滑摩加剧离合器和制动器摩擦材料的磨损，将缩短其使用寿命。而当规定使用DEXRON® Ⅱ或MERCON®ATF的自动变速器误用F型ATF，便要出现自动变速器换挡冲击过大的问题，造成零部件不应有的损害。因此，在自动变速器换油或维修时，一定要遵循原厂规定或用户手册说明，加注规定牌号的自动变速器油。

1107. ATF 脏了会出现什么后果？

首先是油老化、衰变，将会使内部的传动机件抗磨能力下降，从而大大影响各部件的寿命。其次，脏油中的油泥、杂质会加大各摩擦片和各部件的磨损，而且还影响系统油压使动力传递受到影响。第三，脏油中的油泥、杂质会使阀体油管中的油流动不畅，油压受影响，从而使自动变速器提速慢或失效，严重了还会使某个挡位无油压导致“烧片子”，动力传不出去。

因此，车主应注意保养换油，每个汽车生产企业生产的轿车品牌不同，换油周期也不相同，注意自己品牌的使用说明书，到期必须更换。更换里程一般为 4 万 ~ 6 万 km 或者车辆放置一年以上。车辆在比较恶劣的条件下使用时，一定要根据汽车的保养时间和行驶里程提前更换 ATF。如果正常保养使用，自动变速器的平均寿命在 70 万 km 左右。

1108. 为什么安装滤清器？

自动变速器的离合器、制动器工作时，由于摩擦的原因其表面的金属及摩擦材料会有部分脱落并进入到 ATF 中。这些机械杂质如果随油液在自动变速器中流动会造成油路堵塞，加剧零件表面磨损，阻碍液压控制系统滑阀的运动。滤清器的任务就是过滤掉 ATF 中的机械杂质，保证自动变速器的正常工作。

滤网式的自动变速器 ATF 滤清器安装在油底壳中，其结构与发动机润滑系统机油泵入口处安装的滤网相似，但滤网的孔径要小一些。

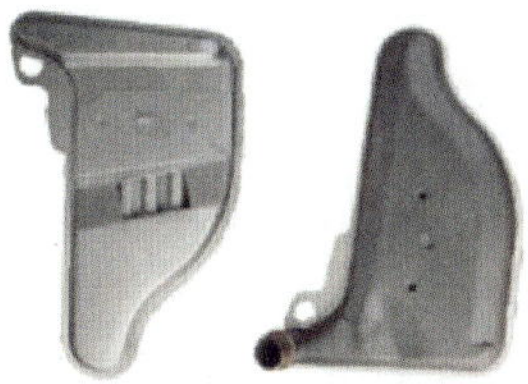

滤清器实物图

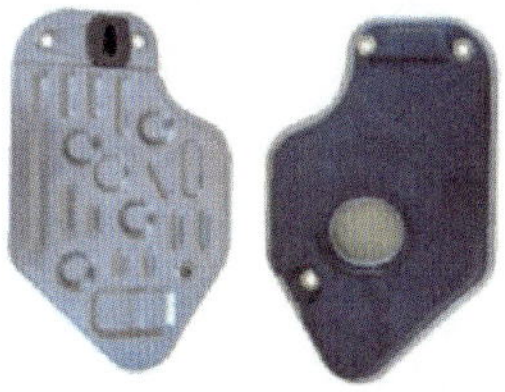

滤清器实物图

1109. 为什么安装冷却器？

自动变速器工作时靠 ATF 传递发动机的动力，液力变矩器的锁止离合器没有锁止时，ATF 会受到泵轮和涡轮的搅动引起油液分子强烈摩擦，离合器、制动器及零件的滑动摩擦也会产生热量，使 ATF 温度升高、黏度下降，自动变速器的工作性能变坏。另外，ATF 在高温下会分解并生成漆状物，漆状物导致润滑性能下降，并使滑阀运动受阻、换挡质量变差。因此，须使用冷却器。

为了维持 ATF 的正常温度，自动变速器中有专用的 ATF 冷却器。ATF 冷却器分为油—水型冷却器和油—空气型冷却器两种。

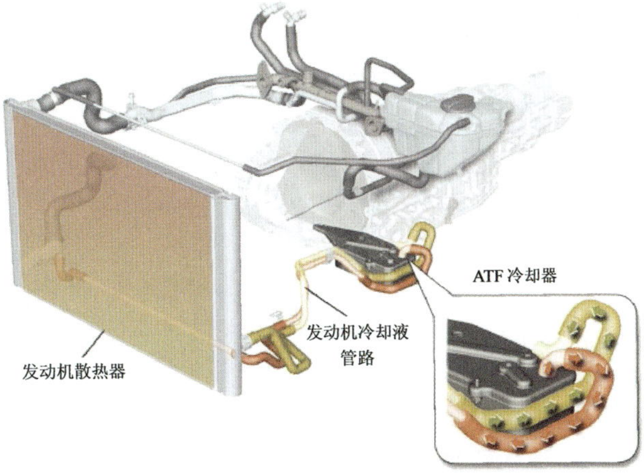

油—水型冷却器

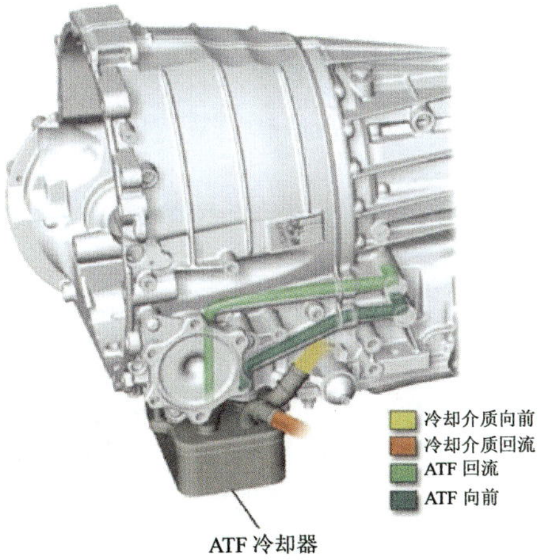

液体流向示意图

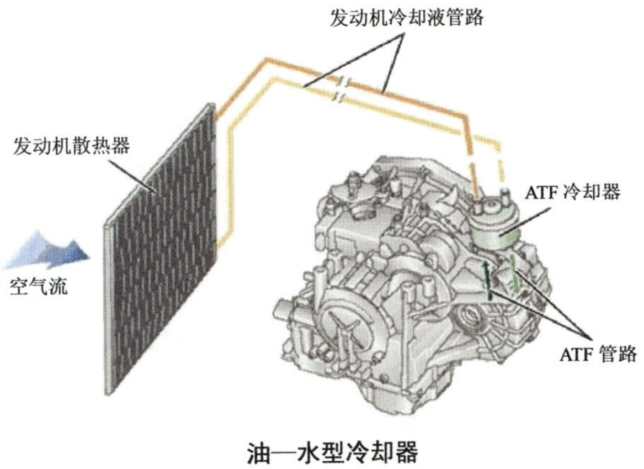

油—水型冷却器

1110. 为什么设计有磁性螺栓?

由于自动变速器长期使用，会在自动变速器油中产生杂质。为保证阀体及各部件的正常工作，须在油底壳中加滤油网，有的还使用磁性放油螺栓或在油底壳中安装一块磁铁。

1111. 检查液面高度时有哪些注意事项?

（1）液力自动变速器在油温不同时油面高度不一样。随自动变速器型号不同，油尺上油面高度两刻线之间的距离值也不相同。

（2）当汽车长时间拖载或高速行驶后，应至少停车30min后检查油面高度，否则，测不到正确的油面高度。

（3）在液力变矩器油液出油口的油路中装有单向阀或调压阀兼作单向阀作用（如丰田A40型、A43D等）的自动变速器，当停车一段时间后，也不会出现液力变矩器的油流到变速器的油底。如果再检查油面高度，在室温时，油面反常的高，有可能是其他故障引起的，应引起注意。

（4）如果未达到油面高度要求，应加油后再检查，直到满足规定要求为止。如果不慎加油过多，高于规定的油面高度，则不可交付使用。当油面过高时，由于汽车行驶中油被剧烈地搅动，将产生大量泡沫，这对使用是极为不利的。在崎岖路面行驶时，由于变速器油底壳中油的晃动，有时会导致从加油管往外窜油，易引起发动机舱内起火，这是很危险的。

（5）一般液力自动变速器都装有放油螺栓，可以很方便地放掉油面过高而多余的油。目前，进口的一些高级轿车的液力自动变速器，它的油底壳上没有放油螺栓，如美国CADILLAC轿车上装的TURBO-HYDRAMATIC自动变速器，NEWYORK轿车上装的TORQUE FLITE自动变速器，少量放油最好从加油管往外吸。

1112. 如何用油尺检查液面高度?

（1）把汽车停放在水平路面上。

（2）汽车发动机处于怠速运转状态。

（3）将自动变速器的换挡手柄置于前进挡位、倒车挡位并各自停留短时间，以便将油液充满液力变矩器和操纵油缸内腔。

（4）从自动变速器的加油管中抽出油尺检视。如果油温低，在室温为15～20℃时，油面高度应在油尺刻线的下限(或油尺的“COOL”记号)附近；如果变速器在正常工作温度(如低速行驶5min之后，变速器油温已达80℃)下，则自动变速器油底壳油面高度应达到油尺刻线的上限附近(或油尺的“HOT”记号附近)。

（5）如自动变速器油不在标准范围之内，应及时加注适量的ATF。

1113. 如何用溢油法检查液面高度?

对于大多数车辆来说，都会配有油尺，但是有些车辆没有配备油尺，那么我们如何来进行检查呢？此种车辆采用溢油法检查液面高度。检查时，卸下油底壳上的放油螺栓，观察是否有油液溢出，如果没有油流出来，则说明变速器油不够。

通过上述检查，如果发现变速器油面出现不正常现象，应首先进行简单的目视检查，看看是否存在明显的泄漏或其他故障，最好还是送到4S店进行检查和排除故障。

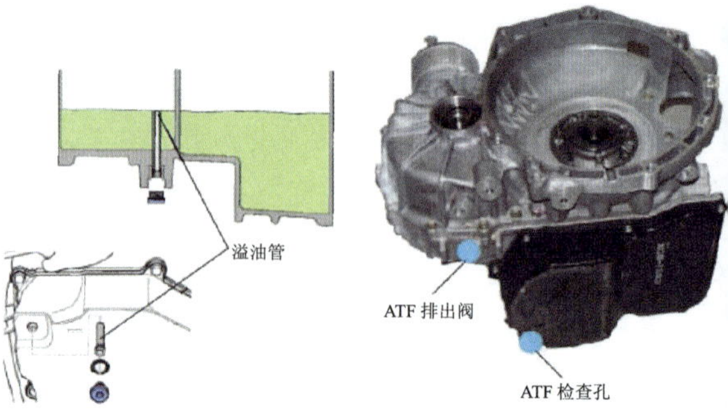

溢油法检查油液

1114. 如何更换自动变速器油?

如果变速器不做大修，更换自动变速器油的方式有两种。一种是通过重力作用把油放掉，换油率大概为40%，其原理和更换发动机机油相同，一个容量为14L油的变速器能换5～6L左右；另一种是利用机器产生压力，把变速器的润滑油管和冷却器里的油进行动态更换，换油率可以达到80%以上。

从变速器的换油机构看，欧、美、日车系中，有些车型带有放油螺栓，可以卸下螺栓放油，没有放油螺栓的车型，可以卸下油底壳放油。

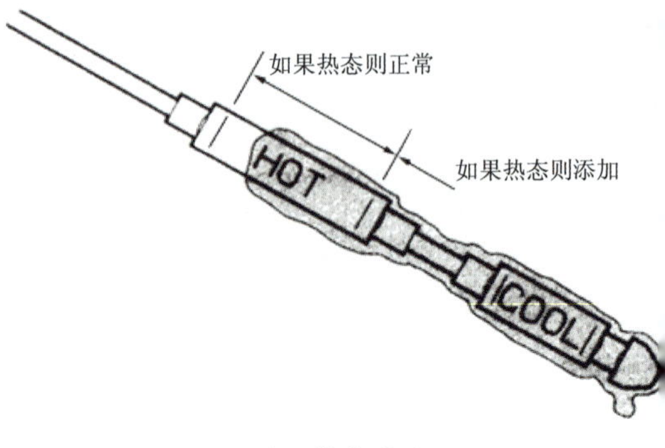

油尺检查油液

第七节　检查与试验

1115. 发动机怠速检查有何作用?

发动机怠速转速不符合标准引起的现象可能与变速器内部出问题引起的现象有相似之处。发动机怠速转速低和变速器内部阻力大都可能引起挂挡后车辆抖动、发动机熄火等现象；发动机怠速转速高和变速器故障都可以引起挂挡后闯车的现象。由于进口车发动机和变速器的不同配置方案较多，同一型号的发动机与不同的变速器配合，其技术参数可能不同。因此，必须按维修手册的技术数据检查和调整发动机的怠速转速。

发动机转速表

1116. 为什么检查换挡机构?

换挡机构是通过换挡手柄将自动变速器手控阀拨到需要的位置，从而改变液压系统回路，实现变挡控制要求的。一般手控阀有若干个位置，由于空间有限，两个位置间的距离很小，如果换挡手柄的联接及调节有误差，会造成手控阀位置不正确而引起液压控制系统工作混乱。手控阀位于液压系统主油路与换挡控制油路之间，如选挡工作不良，后面的系统也不可能正确工作，变速器的工作状况也不会正常。

1117. 为什么检查多功能开关?

为了保证汽车的安全性，防止汽车误起动造成安全事故，在自动变速器换挡机构中设置了空挡起动开关(又称为多功能开关)，使汽车在 P 挡位或 N 挡位以外的其他挡位均不能起动发动机。常见的空挡起动开关是触点式开关，在 P 挡位或 N 挡位时，触点式开关闭合，传感器线路正极端通过触点与负极触点接通，这时可以起动发动机。由于设置空挡起动开关的目的是保证汽车只能在非驱动挡位起动，故检查调整空挡起动开关前挡位必须正确，空挡起动开关的电器线路也必须正确，否则进行调整是无用的，而且有可能造成不能起动或者在行车挡位起动。

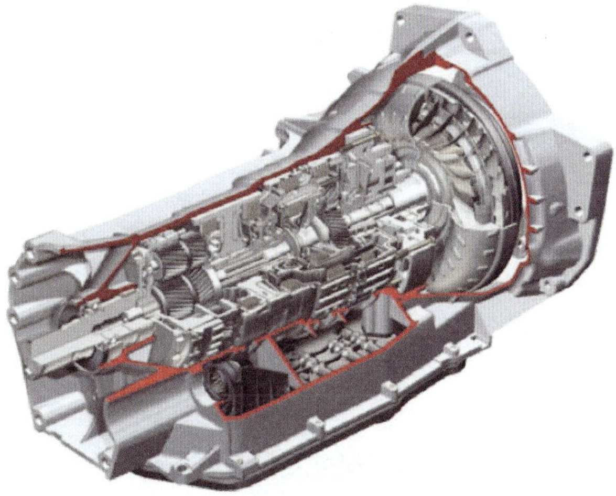

自动变速器

1118. 为什么检查强制降挡开关?

在电控自动变速器中，由强制降挡开关来感知汽车已进入大节气门开度状态，然后根据强制降挡开关送来的信号，由电脑或强制降挡继电器控制强制降挡电磁阀工作，操纵油路实现强制降挡。我们对其检查的目的就是为了让强制降挡开关能正确反映加速踏板是否达到大开度状态，一般都是在节气门开度达到 85% 左右时接通此开关，过早或过晚接通对汽车行驶与变速器工作都不利。

1119. 什么是道路试验?

道路试验指汽车在道路上行驶，通过汽车不同工况下换挡，真实再现汽车所发生过的故障，从而判断自动变速器故障发生的部位、条件和时间，帮助确定引发故障的机构、装置或系统的试验，是诊断、分析自动变速器故障最有效的手段之一，此外，自动变速器在修复之后，也应进行道路试验，以检验其工作性能和修理质量。

1120. 如何进行升挡试验?

将换挡手柄挂入前进挡“D”位置，踩下加速踏板，使节气门开度保持在 50 %左右，让汽车起步加速，检查自动变速器的升挡情况。自动变速器在升挡时发动机会有瞬时的转速下降，同时车身有轻微的振动感。正常情况下，汽车以 D 挡起步后随着车速的升高，试车者应能感觉到自动变速器能顺利地由 D1 挡升入 D2 挡，随后再由 D2 挡升入 D3 挡，最后升入超速挡。若自动变速器不能升入高挡(直接挡或超速挡)，说明阀体或换挡执行元件有故障。

1121. 如何进行升挡车速试验?

将换挡手柄挂入前进挡“D”位置，踩下加速踏板，使节气门开度保持在某一固定位置让汽车起步加速。当感觉到自动变速器升挡时，记下升挡车速。一般 4 挡自动变速器在节气门开度保持在 50 %左右时，由 D1 挡升入 D2 挡的升挡车速为 25 ~ 35km/h，由 D2 挡升入 D3 挡的升挡车速为 55 ~ 70km/h，由 D3 挡升入 D4 挡的升挡车速为 90 ~ 120km/h。由于升挡车速和节气门开度有很大关系，即节气门开度不相同时，升挡车速也不同，而且不同车型的自动变速器各挡位的传动比的大小都不尽相同，其升挡车速也不完全一样。因此，只要升挡车速基本保持在上述范围内，而且汽车行驶中加速良好，无明显的换挡冲击，都可认为其升挡车速基本正常。

若汽车行驶中加速无力，升挡车速明显低于上述范围，说明升挡车速过低(过早升挡，类似于手动变速器的低速高挡)；若汽车行驶中有明显的换挡冲击，升挡车速明显高于上述范围，则说明升挡车速过高(太迟升挡，类似于手动变速器的高速低挡)。由于降挡冲击较小，降挡时刻在行驶中不易被察觉，因此在道路试验中一般无法检查自动变速器的降挡车速，只能通过检查升挡车速来判断自动变速器有无故障。如有必要，还可检查在其他模式或换挡手柄位于前进低挡位置时的换挡车速，并与标注值进行比较，作为判断故障的参考依据。

升挡车速太低一般是控制系统的故障所致；升挡车速太高则可能是控制系统的故障所致，也可能是换挡执行元件的故障所致。

车速表

1122. 如何检查升挡时发动机转速?

在做自动变速器道路试验时，应注意观察试验中发动机转速的变化情况。发动机转速是判断自动变速器工作是否正常的重要依据之一。在正常情况下，若自动变速器处于经济模式或普通模式，节气门开度保持在低于 50 %范围内，汽车由起步加速直至升入高速挡的整个行驶过程中，发动机转速将低于 3000r/min。通常在加速至即将升挡时发动机转速可达到 2500 ~ 3000r/min，在刚升挡后的短时间内发动机转速将下降至 2000r/min 左右。如果在整个行驶过程中发动机转速始终过低，加速至升挡时仍低于 2000r/min，说明升挡时间过早或发动机动力不足；如果在行驶过程中发动机转速始终偏高，升挡前后的转速在 2500 ~ 3000r/min 之间，而且换挡冲击明显，说明升挡时间过迟；如果在行驶过程中发动机转速过高，经常高于 3000r/min，在加速时达到 4000 ~ 5000r/min，甚至更高，则说明自动变速器的换挡执行元件严重打滑，应拆检自动变速器。

1123. 如何检查换挡质量?

换挡质量的检查内容主要是检查有无换挡冲击。正常的自动变速器只能有不太明显的换挡冲击，特别是电控自动变速器的换挡冲击应十分微弱。若换挡冲击太大，则说明自动变速器的控制系统或换挡执行元件有故障，其原因可能是主油压过高、单向球阀失效、蓄压器失效或换挡执行元件打滑，应做进一步检查。

蓄压器安装位置图

1124. 如何检查锁止离合器工作状况?

道路试验中还可以进行液力变矩器的锁止离合器工作质量的检查。试验中，让汽车加速至超速挡，以高于80km/h 的车速行驶，并让节气门开度保持在低于 50 %的位置，使变矩器进入锁止状态。此时，快速将加速踏板踩下至 2/3 开度,同时检查发动机转速的变化。若发动机转速没有太大变化,说明锁止离合器处于接合状态;反之,若发动机转速升高很多，则表明锁止离合器没有接合。锁止离合器没有接合的原因通常是锁止控制系统有故障，比如锁止油压太低等。

1125. 如何检查强制降挡功能?

检查自动变速器的强制降挡功能时，应将换挡手柄置于前进挡“D”位，保持节气门开度为 1/3 左右，再以 D2 挡、D3 挡或超速挡行驶时突然将加速踏板完全踩到底，检查自动变速器是否被强制降低一个挡。在强制降挡时，发动机转速会突然上升至 4000r/min 左右，并随着加速升挡，转速逐渐下降。若踩下加速踏板后没有出现强制降挡，则说明强制降挡功能失效。若在强制降挡时发动机转速异常且升高到 5000r/min 左右，并在升挡时出现换挡冲击，则说明换挡执行元件打滑，应检修自动变速器。

汽车行驶

1126. 如何检查发动机制动作用?

发动机的制动作用是自动变速器功能之一，以利于坡道等工况使用。检查自动变速器有无发动机制动作用时，应将换挡手柄置于前进低挡位置。在汽车以 S 挡位或 L 挡位行驶时，突然松开加速踏板，检查车速是否可以突然降下来。若松开加速踏板后车速立即随之下降，则说明有发动机制动作用；否则，说明控制系统或相关的离合器、制动器有故障。

1127. 自动变速器试验包括哪几个?

自动变速器在维修时具有一定的难度，在某种程度上要比维修电控发动机复杂。但维修之前可以通过试验发现故障的范围，缩小包围圈。自动变速器的试验包括：失速试验、时滞试验、油压试验和手动换挡试验。

1128. 如何进行失速试验？

（1）失速是当发动机运转时液力变矩器的输出转速为零的现象，即泵轮旋转而涡轮固定不动的现象。失速试验是指汽车处于静止状态下，变速器挂入 D 挡位或 R 挡位，当发动机处于节气门全开(发动机全负荷)时的最高转速。

失速试验操作示意图

（2）试验方法及注意事项。

①将汽车停放在宽阔的水平路面上，前后车轮用三角木块塞住。

②用行车制动器与驻车制动器把车轮制动死。

③检查自动变速器的油温，应在 75 ~ 90℃，冷车应在试验前使其升温；油面高度及油质正常。

④起动发动机，将换挡手柄置于前进挡“D”位。

⑤左脚踩下制动踏板的同时，右脚将加速踏板踩到底，在发动机转速不再升高时，迅速读取此时的发动机转速，此时的发动机转速即为失速转速，然后立即松开加速踏板。由于在试验时发动机功率全部在液力变矩器内部损耗掉了，因此会产生大量的热，所以失速时间不能过长，一般都在 5s 之内，即读完数据后立即放松加速踏板。

⑥将换挡手柄推至 P 挡位或 N 挡位，让发动机至少怠速运转 1min 以上，以防止因油温过高而使油液变质。

⑦将换挡手柄移动到 R 挡位做同样的试验。

1129. 如何分析失速转速值？

失速转速的非正常情况有两种：高于规定值和低于规定值。生产厂家给出的失速转速值都是一个范围，而并非某一确定值。通常在失速转速超出一定范围后才判断为失常。

（1）失速转速与标准值相符，说明自动变速器油泵、主油路油压及各个换挡执行元件的工作基本正常。

（2）失速转速过低。

由于变速器的零件在不运转(被强行固定)时，运转阻力没有变化，如果失速转速低于标准范围，只能是发动机工作不良与液力变矩器传递不良两方面的原因。为进一步区分发动机与变速器的故障，可将换挡手柄置于 P 挡位或 N 挡位，让变矩器涡轮不带负荷，对发动机进行急加速，如果发动机转速能在急加速时很顺畅地上升，则说明发动机是正常的。如果汽车在行驶中也出现加速不良，而高速时却很正常，则可判断为变矩器导轮单向离合器工作不良，造成功率损失。如果失速转速低于规定值 600r/min 以上，说明液力变矩器可能严重失效。

发动机

（3）失速转速过高。

出现失速转速过高时，发动机与变矩器故障的可能性较小，故障一般都发生在自动变速器部分，主要是因换挡执行元件打滑引起。因此，可以通过失速试验与变速器对应挡位的执行元件图进行分析，从而判断是因哪些元件损坏所致。但无论失速试验时换挡手柄处于何位置，因自动变速器的结构原因，失速试验只可检查到前进 1 挡和倒挡的执行元件，对前进挡 2 挡及 2 挡以上的挡的执行元件一般不能检测，因为换挡正常的变速器在失速时不可能进行换挡。

1130. 什么是油压试验？

自动变速器的油压试验是在自动变速器工作时，通过测量液压控制系统各回路的压力来判断液压控制系统各元件的功能是否正常，目的是检查液压控制系统各管路及元件是否泄漏，以及各元件(如液力变矩器、速控阀、蓄压器等)是否工作正常，是判断液压控制系统是否有故障的主要依据。油压试验包括主油压试验、节气门油压试验和速控油压试验(非电控自动变速器需此项试验)及电磁阀工作的测试等。

1131. 油压试验的准备工作有哪些？

（1）行驶汽车，使发动机和自动变速器均达到正常工作温度。

（2）将车辆停放在水平路面上，检查发动机怠速和自动变速器的油面高度。如不正常，予以调整。

（3）准备一个量程为 2MPa 的油压表及连接油管和专用接头。

（4）找出自动变速器各油路测压孔的位置。通常在自动变速器外壳上有几个用方头螺母堵住的用于测量不同油路油压的测压孔。《自动变速器维修手册》上标有该自动变速器油路测压孔的位置。如果没有《自动变速器维修手册》作为参考，可以用举升机将汽车升起，在发动机运转时分别将各个测压孔螺栓松开少许，观察各测压孔在换挡手柄位于不同挡位时是否有压力油流出，以判断该测压孔是与哪一个油路相通，从而找出各油路测压孔的位置。具体判断方法如下：

（1）不论换挡手柄位于前进挡位或倒挡位时都有压力油流出，则为主油路测压孔。

（2）只有在换挡手柄位于前进挡位时才有压力油流出，则为前进挡油路测压孔。

（3）只有在换挡手柄位于倒挡位时才有压力油流出，则为倒挡油路测压孔。

（4）只有在换挡手柄位于前进挡位，并且在驱动轮转动后才有压力油流出，则为速控阀油路的测压孔。

1132. 如何进行前进挡主油路油压测试？

（1）检查加速踏板拉线的调整情况，必要时重新调整。

（2）用举升机将汽车升起，拆下自动变速器壳体上主油路测压孔或前进挡油路测压孔螺塞，接上油压表。

（3）将举升机降下，将汽车停放在水平的路面上，前、后车轮用三角木块塞紧同时拉紧驻车制动器。

（4）起动发动机，将换挡手柄置于前进挡“D”位。

（5）读出发动机怠速运转时的油压。该油压即为怠速工况下的前进挡主油路油压。

（6）用左脚踩紧制动踏板，同时用右脚将油门踏板完全踩下，在失速工况下读取油压。该油压即为失速工况下的前进挡主油路油压。

（7）将换挡手柄置于空挡位或驻车挡位，使发动机怠速运转 1 min 以上。

（8）将换挡手柄置于前进低挡位置。重复步骤（4）~（6），读出各个前进低挡在怠速工况和失速工况下的主油路油压。

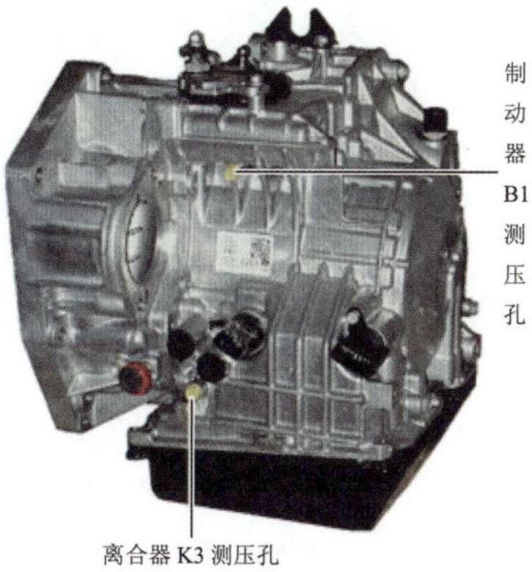

迈腾09G变速器测压孔

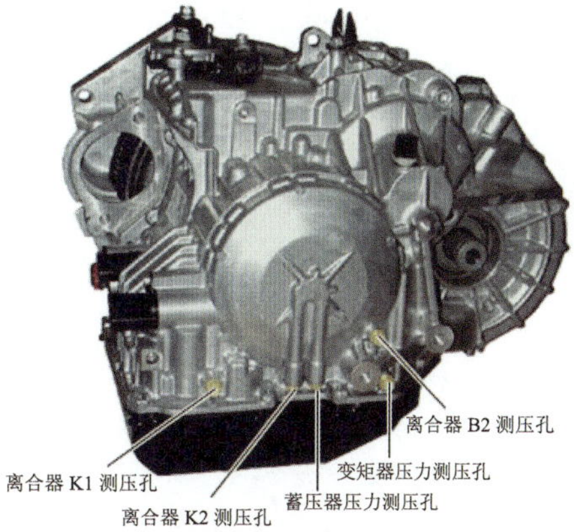

迈腾09G变速器测压孔

油压试验操作示意图

1133. 如何进行倒挡主油路油压测试?

（1）检查加速踏板拉线的调整情况，必要时重新调整。

（2）用举升机将汽车升起，拆下自动变速器壳体上主油路测压孔或倒挡油路测压孔螺塞，接上油压表。

（3）将举升机降下，将汽车停放在水平的路面上，前、后车轮用三角木块塞紧同时拉紧驻车制动器。

（4）起动发动机，将换挡手柄置于“R”挡位。

（5）读出发动机怠速运转时的油压。该油压即为怠速工况下的倒挡主油路油压。

（6）用左脚踩紧制动踏板，同时用右脚将油面踏板完全踩下，在失速工况下读取油压。该油压即为失速工况下的倒挡主油路油压。

（7）将换挡手柄置于空挡位或驻车挡位，使发动机怠速运转 1min 以上。

1134. 如何进行油压电磁阀测试?

（1）将油压表接至自动变速器蓄压器背压的测压孔。

（2）对照电路图，找出自动变速器电脑线束插头上油压电磁阀控制端的接线脚，将一个 8W 灯泡的一脚与油压电磁阀控制端的接脚连接。

（3）将汽车停放在地面上，拉紧驻车制动，并用三角木块将四个车轮塞住。

（4）起动发动机，检查并调整好发动机怠速。

（5）踩住制动踏板，将换挡手柄置于前进挡“D”位。

（6）读出此时的蓄压器背压，其值应大于 0。

（7）将连接油压电磁阀的 8W 灯泡的另一端搭铁，此时油压电磁阀将通电开启，读出此时的蓄压器背压。

1135. 什么是时滞时间?

在发动机怠速运转时将换挡手柄从空挡位拨至前进挡位或倒挡位后，需要有一段短暂时间的迟滞或延时才能使自动变速器完成换挡工作(此时汽车会产生一个轻微的振动)，这一短暂时间称为自动变速器换挡时滞时间。测出时滞时间的长短，用来判断主油路油压及换挡执行元件的工作是否正常。

1136. 如何进行时滞试验?

（1）让汽车行驶，使发动机和自动变速器达到正常工作温度。

（2）将汽车停放在水平地面上，拉上驻车制动。

（3）检查发动机怠速，如不正常，应按标准予以调整。

（4）将自动变速器换挡手柄从“N”挡位拨至“D”挡位，用秒表测量从拨动换挡手柄开始到感觉汽车振动为止所需的时间，该时间称为 N→D 时滞时间。

（5）将换挡手柄推至“N”挡位，使发动机怠速运转 1min 后，再做一次同样的试验。

（6）上述试验共做 3 次，取其平均值作为 N→D 时滞时间。

（7）按上述方法，将换挡手柄由“N”挡位拨至“R”挡位，测量 N→R 时滞时间。

1137. 如何分析时滞试验参考值?

大部分自动变速器 N→D 时滞时间小于 1.0 ~ 1.2s，N→R 时滞时间小于 1.2 ~ 1.5s。若 N→D 时滞时间过长，则说明主油路油压过低、前进挡离合器磨损过甚或单向离合器工作不良，如果刚修竣的自动变速器出现这种故障，则有可能是离合器片间隙调整过大；若 N→R 时滞时间过长，则说明倒挡油路油压过低、倒挡离合器或倒挡制动器磨损过甚或工作不良、超速行星排单向离合器工作不良，如果刚修竣的自动变速器出现这种故障，则有可能是倒挡离合器片或倒挡制动器片间隙调整过大。若时滞时间过短，表明主油路油压过高或摩擦片间隙过小。

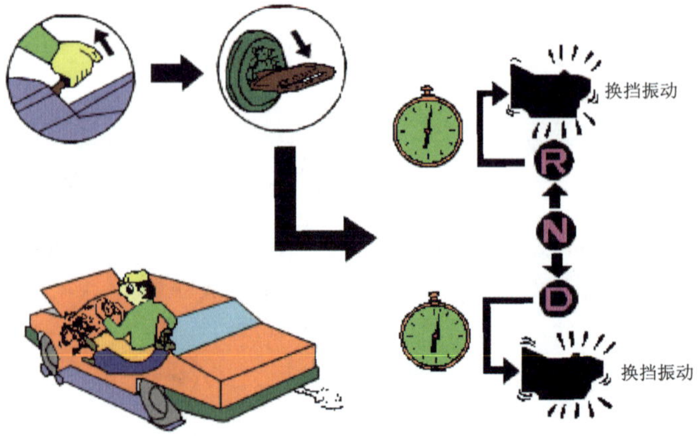

时滞试验操作示意图

1138. 什么是手动换挡试验?

电控自动变速器的手动换挡试验是区分电控系统故障与机械液压系统故障的分界点，它包括手动操纵试验和手动电磁阀试验。

1139. 手动操纵试验有何作用?

电控自动变速器可以采用手动操纵试验的方法来确定故障在电子控制系统还是自动变速器其他部分。所谓手动操纵试验就是将电控自动变速器所有换挡电磁阀的线束插头全部脱开，此时电脑不能通过换挡电磁阀来控制换挡，失去控制自动换挡的作用，只能通过换挡手柄进行手动换挡。在换挡手柄分别位于P、R、N、D、2、L，进行行驶试验，将实际行驶的速比与该自动变速器的标准速比进行比较，若异常，则故障点在自动变速器的内部液压机械系统；若正常，则进行手动电磁阀试验。不同车型电控自动变速器在脱开换挡电磁阀线束插头后的挡位和换挡手柄的关系不完全相同。下表所示为丰田轿车的各种电控自动变速器在脱开换挡电磁阀线束插头后的挡位和换挡手柄的关系。

挡位和换挡手柄的关系

换挡手柄位置	所处挡位	换挡手柄位置	所处挡位
P	驻车挡	D	超速挡
R	倒挡	2	3挡
N	空挡	L	1挡

1140. 如何进行手动操纵试验?

（1）脱开电控自动变速器所有换挡电磁阀的线束插头。

（2）起动发动机，将换挡手柄拨至不同位置，进行路面行驶。

（3）观察发动机转速和车速关系，以判断自动变速器所处的挡位。

（4）若换挡手柄置于不同位置时自动变速器所处的挡位与下表相同，则说明电控自动变速器的阀体与换挡执行元件基本上工作正常。否则，说明自动变速器的阀体或换挡执行元件有故障。

（5）试验结束后插上换挡电磁阀线束插头。

（6）清除电脑中存储的故障代码，防止因脱开电磁阀线束插头而产生的故障代码保存在电脑中，影响自动变速器的故障自诊断工作。

不同挡位时发动机转速与车速的关系

变速器所处的挡	发动机转速（rpm）	车速（km/h）
1挡	2000	18～22
2挡	2000	34～38
3挡	2000	50～55
超速挡	2000	70～75

1141. 如何进行手动电磁阀试验?

将换挡操纵手柄分别位于P、R、N、D、2、L，按照电脑程序控制的各换挡电磁阀状态，人工对应控制各换挡电磁阀通电或断电，实现各速比油路转换，进行行驶试车，若结果异常，则故障在自动变速器内部的液压机械系统，若正常，则故障在电控系统。现代汽车的电控液力式自动变速器一般有2～3个换挡电磁阀，不同车型的自动变速器在不同挡位时换挡电磁阀的工作状态不同，在做试验时，应根据不同车型所装的自动变速器的维修手册来判断。

换挡手柄

1142. 汽车空调系统由哪些部分组成?

汽车空调系统由制冷系统、取暖系统、通风系统和空气净化系统及控制系统组成。制冷系统是把车内空气或吸进来的新鲜空气冷却或除湿；取暖系统是把车内空气或吸进来的新鲜空气加热；通风系统是把车外新鲜空气吸进车内进行换气；空气净化系统是净化空气，除去车内存在的灰尘和气味；控制系统是对制冷和取暖系统进行控制，使其正常工作。

1143. 汽车空调系统有哪些功能?

1）调节车内温度

汽车空调在冬季利用其取暖系统升高车内温度，夏季利用制冷系统对车内降温。

2）调节车内湿度

利用制冷系统冷却降温去除空气中的水分，再由取暖系统升温以降低空气的相对湿度。

3）调节车内的空气流速

夏季空气流速稍大有利于人体散热降温；冬季气流速度过大影响人体保温，因此，夏季舒适风速一般为 0.25m/s，冬季舒适风速一般为 0.20m/s。

4）过滤净化车内空气

由于车内空间小，乘员密度大，极易导致空间缺氧，而车外道路上的粉尘等又容易进入车内造成空气污浊，影响乘员的身体健康，因此，要求空调系统必须具有补充车外新鲜空气、过滤和净化车内空气的功能。

空气流

1144. 空调系统按驱动方式如何分类?

汽车空调系统按驱动方式的不同可分为独立式和非独立式。

(1)独立式空调有专门的动力源驱动整个空调系统运行。一般用于长途货运、大客车等。独立式空调由于需要两台发动机，燃油消耗高，制造成本高，并且其维修及维护十分困难，需要十分熟练的发动机维修人员，而且发动机配件不易购买，尤其是进口发动机；另外，设计和安装更容易导致系统质量问题的发生，而额外的驱动发动机更增加了发生故障的概率。

(2)非独立式空调直接利用汽车的行驶动力来运转。非独立式空调由发动机带动压缩机运转，并由电磁离合器进行控制。接通电源时，离合器断开，压缩机停机，从而调节冷气的供给，达到控制车厢内温度的目的。其优点是结构简单，便于安装布置，噪声小。但其由于需要消耗发动机10%~15%的动力，直接影响汽车的加速性能和爬坡能力。同时其制冷量受汽车行驶速度影响，如果汽车停止运行，其空调系统也停止运行。

1145. 空调系统按性能如何分类?

汽车空调系统按空调性能的不同可分为单一功能型(将制冷、取暖、通风系统各自安装，单独操作，互不干涉，多用于大型客车和载货汽车)和冷暖一体式(制冷、取暖、通风共用鼓风机和风道，在同一控制面板上进行控制，工作时可分为冷暖风分别工作的组合式和冷暖风同时工作的混合调温式，多用于轿车上)。

1146. 空调系统按控制方式如何分类?

汽车空调系统按控制方式的不同可分为手动空调(拨动控制面板上的功能键对温度、风速、风向进行控制)和自动空调(利用真空控制机构，当选好空调功能键时，就能在预定温度内自动控制温度和风量)。

手动空调控制面板

1147. 压缩机有什么作用?

压缩机是制冷系统的核心部件，其作用是借助外力维持制冷剂在制冷系统内的循环，吸入来自蒸发器的低温、低压的制冷剂蒸气，压缩制冷剂蒸气使其温度和压力升高，并将制冷剂蒸气送往冷凝器，在热量吸收和释放的过程中实现热交换。

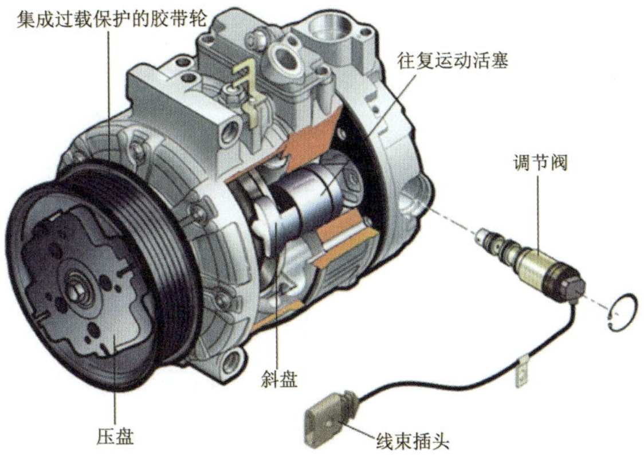

压缩机构造图

1148. 压缩机有哪些常见故障?

压缩机的常见故障有卡住、泄漏、压缩机不制冷和噪声过大四种。压缩机发生故障时，虽然大多数都能修复，但由于压缩机零配件不多，而且装配精度要求高，需要专用装配工具和夹具。因此，许多汽车修配厂以检测判断故障为主，检修主要包括压缩机的拆卸、电磁离合器的检修、压缩机轴封的更换等。

1149. 如何拆卸压缩机?

(1)拆除电磁离合器连接导线。

(2)排出空调系统管路中的制冷剂。

(3)拆下压缩机吸、排气口的连接软管，并将各接头进行密封，防止尘土进入系统。

(4)拆除压缩器驱动皮带。

(5)拆下压缩机并将其固定在台虎钳上。

(6)排出压缩机内的冷冻机油，并检查油量和油质。

压缩机

1150. 如何检修电磁离合器?

（1）用专用"Y"形夹具固定离合器压盘，用套筒扳手拆下压缩机轴上的锁紧螺母。

（2）用专用拉拔器拆下压板，用内卡簧钳拆下内卡簧。

（3）将离合器驱动盘和轴承一同拆下。

（4）拆下键和垫片。垫片用来调整离合器驱动盘和压板之间的间隙，厚度一般为 0.3 ~ 0.6mm。

（5）拆下离合器电磁线圈。

（6）检查离合器压盘摩擦表面，将其表面的油污和脏物用清洁剂擦洗干净，如有刮痕损伤或变形则更换离合器总成。

（7）检查离合器轴承是否损坏，若损坏必须更换相同规格的新轴承。

（8）检查离合器电磁线圈有无短路或断路，如有故障则需更换。

（9）按拆卸相反的顺序将检查完的电磁离合器装好。装好后要检查各部件能否转动自如。

1151. 如何更换压缩机轴封?

（1）拆下电磁离合器。

（2）用卡簧钳拆下轴封座卡簧。

（3）使用专用工具拉出轴封座。

（4）用轴封拆卸专用工具拆下轴封。

（5）取出轴封上的 O 形密封圈。

（6）用清洁的冷冻机油清洗压缩机的密封部位。

（7）用清洁的冷冻机油涂抹新的零件。

（8）安装新的 O 形密封圈，要确保安装正确。

（9）安装轴封保护器，并用清洁的冷冻机油充分润滑。

（10）用轴封安装工具将轴封安装到位。

（11）拆下轴封保护器。

（12）使用专用工具安装轴封座。

（13）安装卡簧。

（14）安装电磁离合器。

1152. 压缩机过热保护起什么作用?

压缩机过热保护的作用是当压缩机外壳的温度异常高，如在 150℃时，压缩机上的热保护开关断开，使压缩机停止工作。当压缩机外壳的温度降至 130℃时，热保护开关闭合，压缩机又开始工作。

1153. 空调温度保护起什么作用?

空调温度保护起到防止蒸发器表面结霜的作用，空调控制系统使用具有负温度特性的蒸发器温度传感器检测蒸发器表面温度。当蒸发器的温度低于 2℃时，空调控制系统自动切断压缩机，当蒸发器的温度高于 5℃时，又自动启动压缩机。

1154. 冷凝器有什么作用?

为了更好地散热，冷凝器安装在进气格栅后部、发动机冷却液散热器的前面。冷凝器的作用是将压缩机排出的高温高压气态制冷剂与冷凝器外部的空气进行热交换，转变为高温高压的液态制冷剂，并把热量散发到车外环境中。

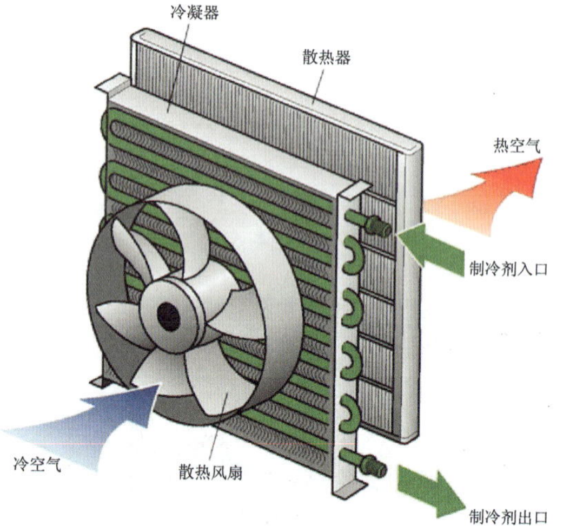

冷凝器

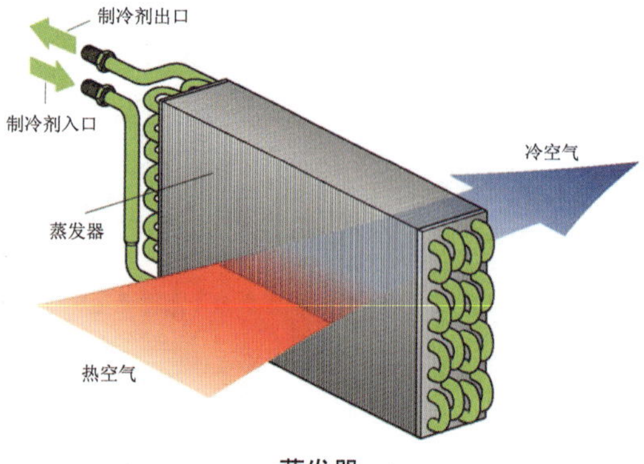

蒸发器

1155. 蒸发器有什么作用?

制冷系统工作时，高压液态制冷剂通过膨胀阀膨胀而使压力降低，变成湿蒸气进入蒸发器芯管，吸收散热片及周围空气的热量。蒸发器通常装在仪表板后的风箱内，依靠鼓风机使车外空气或车内空气流经蒸发器，以便冷却与除湿。

1156. 储液干燥器有什么作用?

储液干燥器是保证压缩机和制冷系统正常运行的必要设备，其主要作用如下：

（1）储液作用。用来储存和供应制冷系统内的液态制冷剂，以便工况变动时能补偿和调节液态制冷剂的盈亏。空调系统开始工作时的负荷量大，要求制冷剂的循环量也大。当工作一段时间之后，负荷将减少，这时所需的制冷剂量相应地减少。因此，负荷大时，储液干燥器中的液态制冷剂补充进来，而负荷小时，又可将液态制冷剂存储起来。同时，由于汽车空调系统的连接管使用橡胶连接软管，总有一定的制冷剂泄漏，故储液干燥器还可弥补系统中制冷剂的微量渗漏。

（2）过滤作用。制冷系统中，会由于制造时没有处理干净而带入碎渣、灰尘，或由于制冷剂的不纯净而带入污染物，也可能由于制冷剂对系统部件内壁发生侵蚀作用而脱落杂质，管道中也可能产生污物，还有压缩机运行时的金属磨屑等。所以，常常需要通过过滤来清除掉这些机械杂物和污物，保证制冷剂顺利流通，不致因堵塞而影响正常工作。

（3）干燥作用。用来吸收制冷剂中的水分。水分来源于制冷剂干燥不严格，或有空气进入，或冷冻油中溶解的水分。水分的存在也可能造成“冰堵”。

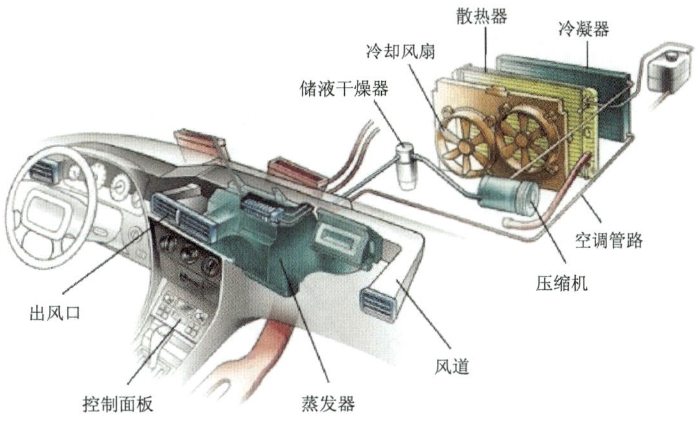

汽车空调系统的组成

1157. 鼓风机有什么作用?

汽车空调系统的蒸发器采用直接蒸发式的结构，这种结构由换热器和鼓风机组成。鼓风机将车内的空气吸出，强制气流流过蒸发器空气侧，气流则将蒸发器内液态制冷剂蒸发时产生的热量带入车内。要使车内有一个舒适的环境，除要控制送风温度外，还应根据环境变化和乘员的不同需要，控制鼓风机的转速，以控制送风速度。

鼓风机

1158. 膨胀阀有什么作用?

膨胀阀是汽车空调系统中的一个重要部件，一般安装于储液干燥器和蒸发器之间。膨胀阀使中温高压的液态制冷剂通过其节流成为气、液态混合的制冷剂，然后制冷剂在蒸发器中吸收热量达到制冷效果。膨胀阀通过蒸发器末端的过热度变化来控制阀门流量，防止出现蒸发器面积利用不足和敲缸现象。

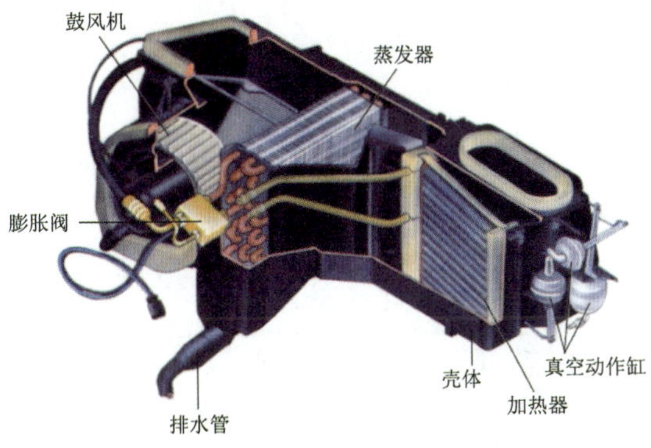

膨胀阀安装位置图

1159. H 型膨胀阀的结构怎样?

H 型膨胀阀有四个接口与制冷系统连接，其中两个接口与普通热力膨胀阀相同，一个连接储液干燥器，一个连接蒸发器进口；另外两个接口，一个连接蒸发器出口，另一个连接压缩机进口。感温包直接处在蒸发器出口的制冷剂气流中。该膨胀阀由于取消了热力膨胀阀中的感温包、毛细管和外平衡接管，因而提高了调节灵敏度，结构紧凑，抗振可靠。

1160. H 型膨胀阀的工作原理是什么？

（1）当汽车空调制冷系统刚刚开启或热负荷大时，感温元件内的制冷剂压力较大。膜片克服弹簧力和蒸发器出口处制冷剂的压力，推动顶杆和传动杆向下打开球阀，直到处于平衡位置，这就增大高压制冷剂进入蒸发器的流量。

（2）当汽车空调制冷系统热负荷小或者需要关闭时，感温元件内的制冷剂压力变小，弹簧力和蒸发器出口处制冷剂的压力之和大于感温元件的膜片压力，于是顶杆和传动杆向上移动，直到处于平衡位置，以关小球阀开口，这样就减小了高压制冷剂进入蒸发器的流量。

H型膨胀阀

1161. 制冷剂 R134a 有什么特点？

汽车空调制冷系统的运行需要有“冷媒”，这个“冷媒”就是制冷剂，俗称“雪种”。目前的汽车空调一般使用 R134a 环保型制冷剂，它具有如下特点：

（1）无色、无味、无毒，不易燃、易爆，但在高温下或遇明火和红热表面时将分解放出有毒的刺激性气体。

（2）对某些橡胶有腐蚀性。

（3）腐蚀有色金属，如铜和铅。

（4）具有一定的吸湿性。

（5）与 R12 不同，它不会破坏臭氧层，属于环保型制冷剂。

1162. 制冷剂的加注量一般是多少？

在安装新的空调制冷系统，或者空调制冷系统中的重要部件进行更换维修后，需要进行制冷剂的重新加注。制冷剂加注量过少会导致制冷不足，而加注量过多同样会影响制冷效果。制冷剂加注量与空调压缩机型号有关，一般的轿车空调系统制冷剂加注量为 500 ~ 600g。

制冷剂R134a

1163. 冷冻油有什么作用？

空调系统使用的润滑油一般称为冷冻机油或冷冻油。冷冻油属于合成醇类物质，具有易吸水的特点。它具有如下作用：

冷冻油

（1）润滑作用。压缩机是高速运动的机器，轴承、活塞、活塞环、连杆曲轴等零件表面需要润滑，以减少阻力和磨损，延长使用寿命，降低功耗，提高制冷系数。

（2）密封作用。汽车使用的压缩机都是半封闭式，在压缩机输入轴需油封来密封，防止制冷剂泄漏。有润滑油，油封才起作用。同时，活塞环上的润滑油不仅起减磨作用，而且起到密封压缩蒸气的作用。

（3）冷却作用。压缩机的摩擦表面会产生高温，需用冷冻油来冷却，冷冻油冷却不足会引起压缩机温度过热，排气压力过高，降低制冷系数甚至烧坏压缩机。

（4）降低噪声。由于冷冻油能显著改善压缩机机械运动部件的摩擦阻力，提供良好的润滑条件，因而大大降低了压缩机运转噪声。

1164. 使用冷冻油时应注意哪些问题？

（1）不同牌号的冷冻油不能混合使用。由于不同牌号的冷冻油所加的抗氧化剂不同，如将它们混合在一起使用，很可能会产生化学反应，引起变质，破坏了各自的冷冻油。

（2）冷冻油极易吸水，所以使用后的冷冻油瓶应该马上拧紧。

（3）不能使用变质的冷冻油。

（4）冷冻油是不制冷的，过量使用会妨害热交换器的换热性能，所以只允许加到规定的用量，决不允许过量使用。

（5）因其化学特性，冷冻油不允许与发动机机油或变速器油一起进行废弃处理。

1165. 什么情况下添加冷冻油?

压缩机中的冷冻机油与制冷剂一起在整个系统中循环。更换任何元件（蒸发器、冷凝器、储液干燥器）或发生大量制冷剂泄漏后，都应向压缩机中添加冷冻油。

1166. 冷冻油能引起哪些故障?

将压缩机中的冷冻油保持在规定值非常重要，如果不能适当地保持冷冻油的量，就可能导致如下故障。

（1）冷冻油不足：减少压缩机的使用寿命，有可能造成压缩机卡死。

（2）冷冻油过量：空调系统制冷不足。

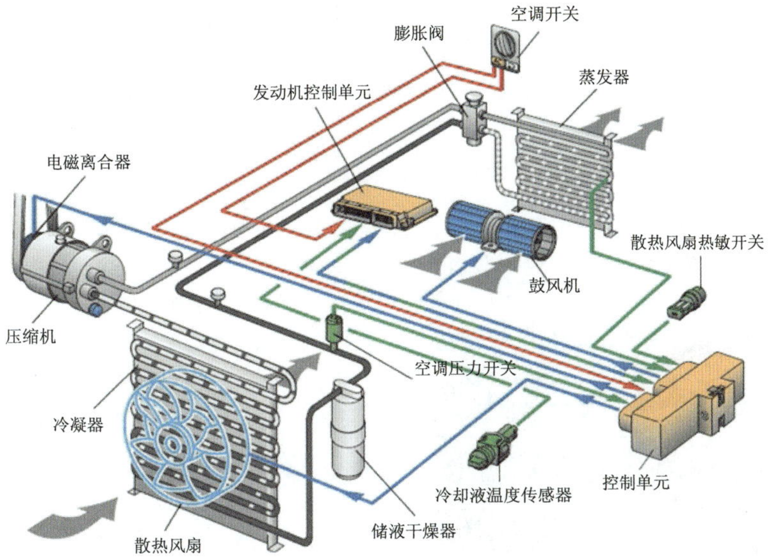

汽车空调系统的组成

1167. 冷冻油在系统内如何分配?

第一次使用空调前，冷冻油在制冷循环回路中的分配情况如下：

（1）空调压缩机中约占 50 %。

（2）冷凝器中约占 10 %。

（3）蒸发器中约占 20 %。

（4）储液干燥器中约占 10 %。

（5）空调高、低压管中约占 10 %。

刘总监提示：

制冷循环就是利用有限的制冷剂在封闭的制冷系统中，周而复始地将制冷剂压缩、冷凝、膨胀、蒸发，在蒸发器中吸热汽化，对车内空气进行制冷降温。

1168. 制冷系统如何工作?

（1）压缩过程。压缩机将蒸发器低压侧的低温低压（温度约为 0℃、压力约为 0.15MPa）气态制冷剂压缩成高温高压（温度约为 110℃、压力约为 1.5MPa）的气态制冷剂，送往冷凝器冷却降温。

（2）冷凝过程。送往冷凝器的高温高压气态制冷剂，在温度高于外部温度很多时，向外散热进行热交换，制冷剂被冷凝成中温高压（温度约为 60℃、压力为 1.0M ~ 1.2MPa）的液态制冷剂。

（3）膨胀过程。冷凝后的液态制冷剂经过膨胀阀使制冷剂空间体积增大，其温度和压力急剧下降，变为低温低压的气、液态混合的制冷剂，以便进入蒸发器中迅速吸热蒸发。在膨胀过程中同时进行流量控制，以便供给蒸发器所需的制冷剂，从而达到控制温度的目的。

（4）蒸发过程。气、液态混合的制冷剂经蒸发器不断吸热汽化转变成低温低压（温度约为 0℃、压力约为 0.15MPa）的气态制冷剂，吸收车内空气的热量。

1169. 什么是自动空调？

自动空调，顾名思义是自动的，这意味着当车内环境温度设定好后，空调电脑会根据车主的设定自动调节风速和风量，使车厢内温度迅速达到并保持在所设定的温度上。自动空调所追求的是乘员的舒适性，保持乘员的舒适性也意味着驾驶员能更专注于驾驶车辆而保证车辆行驶的安全。

1170. 自动空调包括哪些部件？

自动空调由制冷、暖风、送风、操纵控制等分系统组成。自动空调电子控制系统主要由传感器、执行元件和空调电控单元三部分组成。自动空调系统的常用传感器有如下几种：车外温度传感器、日照传感器、蒸发器温度传感器、冷却液温度传感器、空调压力传感器等。

自动空调控制面板

1171. 什么是三态压力开关？

三态压力开关是指汽车空调压力开关（传感器）。空调压力开关是空调控制系统的一个控制元件，因为分别在高、低、中管路压力下起作用，因而称为“三态压力开关”。三态压力开关是一个保护开关，包括一个高、低压开关再加一个中压开关。

1172. 三态压力开关有何作用？

三态压力开关安装在高压管路上，其作用如下：

（1）低压开关。当空调系统有泄漏或制冷剂少时，为了保护压缩机不损坏，而强行切断压缩机的控制电路，使压缩机停止工作。

（2）中态开关。当冷凝压力偏高时，强行让冷凝风扇高速旋转，降低高压压力，增加冷却效果。

（3）高压开关。为了防止系统压力太大、导致系统爆炸等强行让压缩机停止工作。当空调高压压力异常高时，高压开关打开，切断压缩机的控制电路，使空调系统停止工作。

1173. 汽车日照传感器有何作用？

当有阳光照进汽车驾驶室内时，将会使车内温度较平常升高。这里，空调系统需要增加制冷量来调节到设定的室内温度。日照传感器又称为“阳光传感器”，安装在汽车前风窗玻璃下面，位于乘客侧除霜器格栅上。它利用光电二极管来探测通过风窗进入的日光量。日照传感器将日光量转换成电流值，然后输入到自动空调控制单元中，用来调整空调吹出的风量与温度。

1174. 空调压力传感器有何作用？

空调压力传感器是自动空调控制系统的一个传感器元件，其作用是防止制冷系统在极限制冷剂管路压力下工作，并帮助控制发动机冷却风扇的转速。

压力传感器安装在发动机舱内空调高压管路上。该传感器向发动机 ECM 或空调控制单元输出压力信号，当检测到空调制冷管路压力过低或过高时，控制系统停止对空调压缩机离合器供电，压缩机停止运转，以免对空调系统造成损坏。当制冷剂压力达到中等压力值时，散热器风扇高速运转，降低空调制冷剂压力。

1175. 蒸发器温度传感器有何作用？

蒸发器温度传感器是一个负温度系数传感器，其阻值随着温度的升高而变小，随温度降低而增大。蒸发器温度传感器安装在空调总成中的蒸发器金属翅片上，它的作用是检测蒸发器表面的温度，将检测结果输入给自动空调控制单元。

当蒸发器温度低于 2℃时，空调停止运转，防止蒸发器结霜、结冰。当蒸发器温度高于 5℃时，空调系统才能重新接通，是空调电器控制系统的一个保护性传感元件。

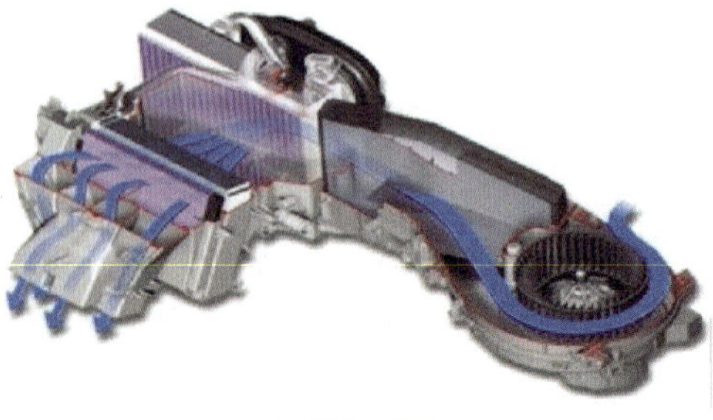

气流示意图

1176. 车外温度传感器有何作用？

车外温度传感器也叫环境温度传感器，是自动空调控制系统的一个传感元件。其一般安装在前保险杠安装支架上，也是一个热敏电阻。它的作用是检测车外环境温度的高低，控制系统将根据车外温度与车内温度的差值来决定控制方式。例如，当环境温度低于 5℃时，空调控制系统将断开压缩机离合器电源，使空调制冷系统停止工作。

1177. 自动空调有哪些执行元件？

自动空调的执行元件一般包括伺服电动机、鼓风机及压缩机电磁离合器等。

（1）进气伺服电动机。该电动机控制进气方式，电动机的转子经连杆与进气风门相连。当驾驶员使用进气方式控制键选择“车外新鲜空气导入”或“车内空气循环”模式时，空调 ECU 即控制进气伺服电动机带动连杆顺时针或逆时针旋转，从而带动进气风门闭合或开启，达到改变进气方式的目的。

（2）空气混合伺服电动机。当驾驶员进行温度控制时，空调电控单元首先根据设置的温度及各传感器输送的信号计算出所需的出风温度，并控制空气混合伺服电动机连杆顺时针或逆时针转动，改变空气混合风门的开启角度，从而改变冷、暖空气的混合比例，调节风温至与计算值相符。电动机内电位计的作用是向空调 ECU 输送空气混合风门的位置信号。

（3)出风模式伺服电动机。也称为气流方式伺服电动机。当驾驶员操纵面板上的某个出风模式键时，空调电控单元上的相应端子搭铁，而电动机内的驱动电路据此使电动机连杆转动，将送风控制风门转到相应的位置，打开某个送风通道。

（4）最冷控制伺服电动机。其风门有全开、中开和全闭三个位置。当空调电控单元使某个位置的端子搭铁时，电动机驱动电路使电动机旋转，带动最冷控制风门位于相应的位置上。

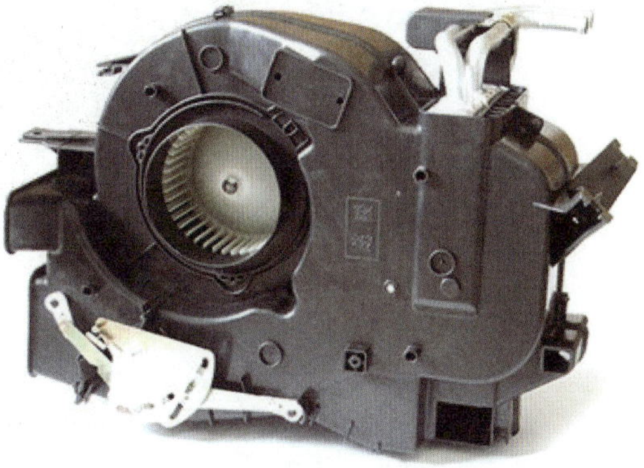

鼓风机总成

1178. 什么是半自动空调？

半自动空调系统与手动空调系统的差别不大，其主要不同是半自动空调系统采用程序装置、伺服电动机或控制模块等操纵机构。半自动空调可以设定温度值，电脑自动保持恒温，但风速是手动调节的。

1179. 什么是全自动空调？

全自动空调利用传感器随时检测车内外温度的变化，并把检测到的信号送给空调的电子控制单元。电子控制单元则按预先编制的程序对信号进行处理，并通过执行元件不断地对风机转速、出风温度、送风方式及压缩机工作状况等进行调节，从而使车内温度、空气湿度及流动状况始终保持在驾驶员设定的水平上。

1180. 什么是后排独立空调？

后排独立空调是指后排座椅可与前排座椅一样，设定不同的温度，调节控制出风量的大小。 一些高挡轿车，为了照顾到后排乘客，增加了后排独立空调，其出风口位置一般在前座中央扶手后侧、前座椅下面、车顶、B 柱及 C 柱等位置。

后排独立空调控制面板

1181. 什么是双区域自动空调?

在一些高挡车上，为了满足车内不同位置上成员对车内空气温度情况的不同要求，往往将车内空间划分为几个独立的温区，各个独立的温区可以进行不同的温度调节。如左右双区域自动空调系统，驾驶者与副驾驶座双区域的温度和风量可独立调节，分别控制自己觉得最舒适的空调温度，各取所需，使舒适性得到很好的改善。

双区域自动空调汽车

双区域自动空调控制面板

1184. 手动空调与自动空调有何区别?

自动空调与手动空调的机械部分基本是一致的。机械部分的故障诊断和修理方法也基本相同。自动空调和手动空调的区别在于空调的控制系统。自动空调系统在手动空调系统的基础上，采用各种传感器、程序装置、伺服电动机和控制模块等带动执行机构。驾驶员通过操作控制器总成上的键，来选择空调系统的工作模式和鼓风机转速。自动空调系统通过程序装置检测空气温度，调节气流混合门位置来达到并保持驾驶员预先设置的舒适程序。

1183. 四区域自动空调有何优势?

四区域自动空调系统对车内空气的温度、湿度、清洁度、风量和风向等进行调节，给乘客提供一个良好的乘车环境，保证在各种外界气候和条件下使乘客都处于一个舒适的空气环境中。

四区域自动空调控制面板

1182. 什么是四区域自动空调?

四区域自动空调是指在车内整体空间内拥有四个温区，可以根据在包括驾驶位、副驾驶位、左后位、右后位四个区域内乘坐人员的需要实现不同温度、风速的空调系统。四区域自动空调系统为后部座舱区域提供了独立的空调，设有左右分开的温度控制按钮。此外，还可通过前排座椅调节后部空调设置，可以为四个座椅位置单独设置温度和风量，并通过空气质量和湿度传感器进行自动空气循环，包括可清除灰尘、花粉和外部异味的活性炭过滤器。

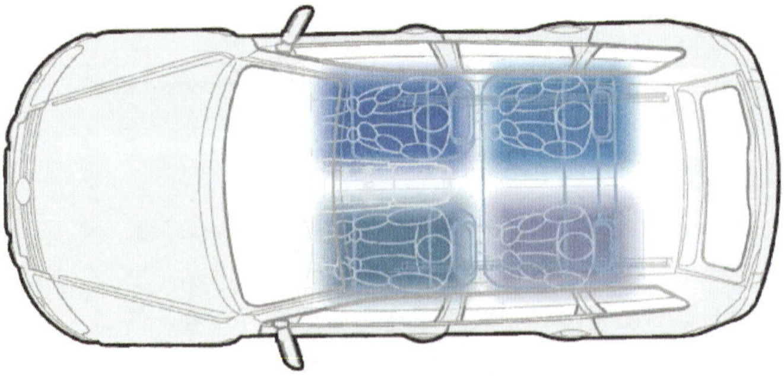

四区域自动空调汽车

1185. 为什么进行空调清洗?

汽车空调系统经过一段时间使用后，在进风口、风道、风扇、蒸发器表面等处会积聚灰尘和污物，导致空调风道（含蒸发箱）内有滋生霉菌。人体最直观的感受就是空调制冷能力下降，能够闻到明显的异味。车主长期处在充斥霉菌与异味的车厢内，健康肯定会受到损害，严重的还会导致疾病。

空调清洗包括如下部位：

（1）空调进气管路 / 空调滤芯。

（2）出风口。

（3）风机扇叶。

（4）蒸发器。

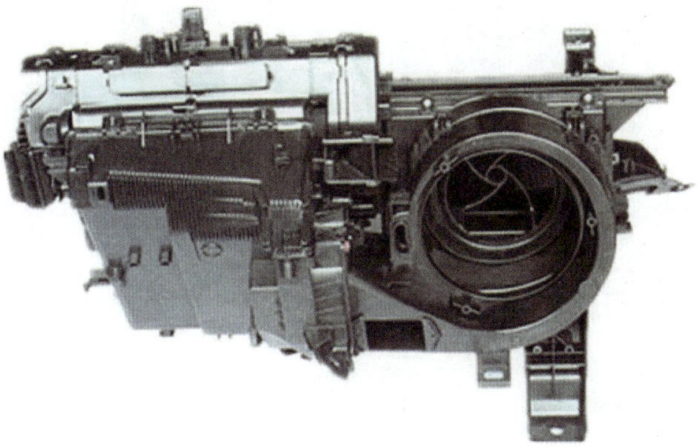

1186. 空调系统常见的泄漏部位有哪几处?

空调系统工作条件比较恶劣，其制冷系统一直随汽车工作在振动的工况之下，极易造成部件、管道损坏和接头松动，使制冷剂发生泄漏。

1187. 制冷系统检漏方法有几种?

制冷系统常用的检漏方法有 4 种：目视检漏法、肥皂液检漏法、荧光检漏法、电子检漏仪检漏法、压力检漏法、真空检漏法和外观检漏法。

1188. 如何进行目视检漏?

当制冷循环管路发生制冷剂泄漏时，通常冷冻油与制冷剂一起泄漏。泄漏处通常发生在油和污垢包围的软管接头和元器件上。用目视法检查泄漏时，应重点对这些容易泄漏的地方进行仔细检查，确定有泄漏迹象的地方是否需要维修或更换。

1189. 如何进行肥皂液检漏?

将肥皂液涂抹于空调系统的管路和接头，在泄漏处会产生气泡。如果泄漏轻微，在泄漏的地方就会产生一个大气泡；如果泄漏严重，就会产生很多气体，很容易发现和鉴别。但是，肥皂液并不是万能的，有些不易涂抹或面积太大不能涂抹的地方，如压缩机前端盖、冷凝器等处就不方便检查，有些微小的泄漏也很难查出。因此，肥皂液只能用作大致检查，在检漏过程中还要和其他检漏设备一起使用。

1190. 如何进行荧光检漏?

（1）检查空调系统静态压力，其压力必须至少为 345kPa。

（2）将一瓶制冷剂燃料倒入注入工具中并将注入工具连接到低压侧维修接头上。

（3）起动发动机，开启空调。在压缩机运转时，通过低压检修阀，使用染料喷射工具喷射一瓶荧光染料。

（4）发动机依然运转，并从维修接头处断开注入工具。

（5）空调系统至少工作 20min，使染料与系统油液充分混合。依据泄漏部位的大小、工作情况和泄漏的位置，染料渗入泄漏部位并能看到可能需要几分钟至几天的时间。

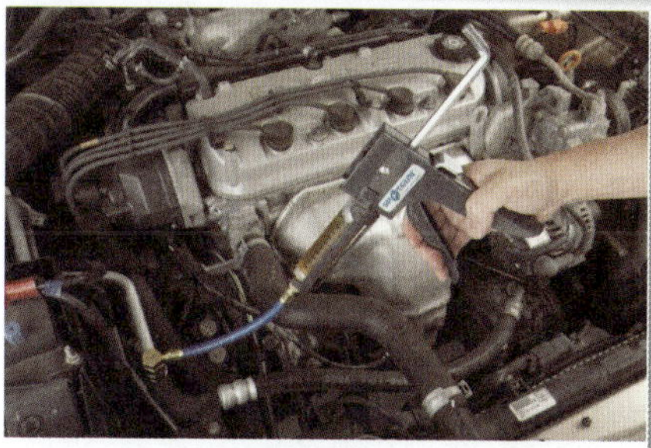

向空调系统内加入荧光检漏剂

紫外线荧光检漏灯

电子检漏仪

1191. 如何使用电子检漏仪?

开启电子检漏仪时，可以听到轻微的嘀嘀声，当电子检漏仪的控头检测到泄漏时，嘀嘀声的频率会加快。使用过程中，探头的头部靠近元器件或接头约5mm处，不要让探头的头部直接接触元器件或接头，否则可能产生读数错误，损坏探头。

1192. 使用电子检漏仪时应注意哪些问题?

(1)仅可使用专用于检测空调系统制冷剂的检漏仪。

(2)经常清洗检测部位的污物，防止阻塞探头的顶部。

(3)通过充注口底座制冷剂泄漏试验，定期检查检漏仪的敏感性。

(4)绝不允许探头的顶部直接接触待检测的元器件或接头。

(5)经常检查下部的元器件或接头，因为制冷剂比空气重。

(6)在无风的情况下检查制冷剂是否泄漏。

(7)发动机未起动时，检查制冷剂是否泄漏。

1193. 如何进行电子检漏?

(1)将空调压力表连接到空调系统维修接头上。

(2)检查在16℃以上时制冷剂的压力是否不低于345kPa，如果低于规定值，则回收系统中的制冷剂，并抽空系统，然后重新注入规定数量的制冷剂。

(3)进行高压侧到低压侧的泄漏检测。清洁要被检查的部件，并在检查过程中用检漏仪探头绕接头、元器件的整个圆周移动。

(4)如果检漏仪检测到泄漏，请用压缩空气冲刷怀疑泄漏的部位至少1次，然后再重复上述检查。

(5)当检查到一处泄漏后，继续在整个系统元件范围内查找其他的泄漏。如果未检测到泄漏，就进行以下步骤。

(6)打开空调A/C开关，选择通风模式、进气门杆处于再循环位置、强冷温度、风扇高转速。

(7)让发动机以1500r/min的转速至少运转2min。

(8)使发动机停转，并再次进行上述步骤的泄漏检查。

1194. 如何通过观察孔检查制冷剂数量?

1)检查条件

(1)发动机转速为1500r/min。

(2)鼓风机速度控制开关处于最大风速挡位。

(3)空调开关为"开"。

(4)温度选择器为"最凉"。

(5)完全打开所有车门。

2)检查制冷剂的数量

(1)制冷剂量正常：几乎没有气泡，说明制冷剂量正常。

(2)制冷剂不足：有连续的气泡，说明制冷剂量不足。

(3)无制冷剂或制冷剂过量：看不到气泡，说明制冷剂储藏罐是空的或制冷剂过量。

1195. 什么情况下需要加制冷剂?

制冷剂的加注工作分为两种：一种是制冷系统内部的制冷剂不足，需要补充；另一种是制冷剂完全漏光，需要重新加注，重新加注前应先对空调系统进行抽真空作业。

1196. 如何补充制冷剂?

（1）打开汽车空调，使其运转几分钟。

（2）从视液窗检查制冷剂的流动情况。若气泡连续出现，则表明系统内缺少制冷剂。若气泡间断出现，需要再运转一会，继续观察气泡是否消失。若仍然有气泡，就表明该系统缺少制冷剂。

（3）将空调压力表、制冷剂罐和系统连接起来。打开注入阀，将压力表上的中间软管接头拧松，将管路中的空气排出，然后拧紧接头。

（4）起动发动机并使空调压缩机运转。此时，应关闭高压手动阀，将制冷剂罐直立，然后再打开低压手动阀，让气态制冷剂从低压侧吸入压缩机，待达到规定量时，关闭低压手动阀和注入阀。

（5）从空调系统上拆下空调压力表和制冷剂罐。

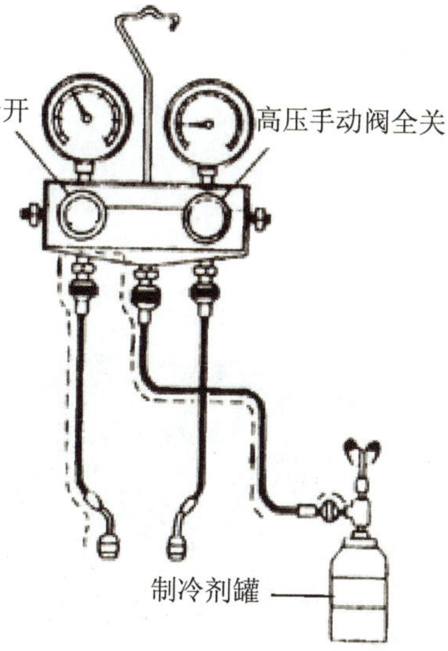

补充制冷剂

1197. 为什么要抽真空?

抽真空是为了排除制冷系统内的空气和水气，是空调维修中一项极为重要的程序。因为对制冷系统进行维修或更换元件时，空气会进入系统，且空气中含有一定的水蒸气。

1198. 抽真空能把水分抽出吗?

抽真空并不能直接把水分抽出制冷系统，而是产生真空后降低了水的沸点，水汽化成水蒸气后被抽出制冷系统。因此，系统抽真空时，时间越长，系统内残余的水分就越少。为最大限度地将系统内的空气及湿气抽出，必须采用重复抽真空法，即第一次抽真空完毕后，再连续抽 30min 以上。

1199. 如何进行抽真空?

（1）将空调压力表上的两根高、低压软管分别连接在空调制冷系统管路上的高、低压接口，中间软管与真空泵相连。

（2）打开空调压力表上的高、低压手动阀，启动真空泵，并注视两个压力表，将系统抽真空至 100kPa。

（3）关闭空调压力表上的高、低压手动阀，观察压力表指示压力是否回升。若回升，则表示系统泄漏，此时应进行检漏或修补。若压力表保持不动，则打开高、低压手动阀，启动真空泵继续抽真空 15 ~ 30min，使其真空压力表指针稳定。

（4）关闭空调压力表上的高、低压手动阀，然后关闭真空泵，以防止空气进入制冷系统。

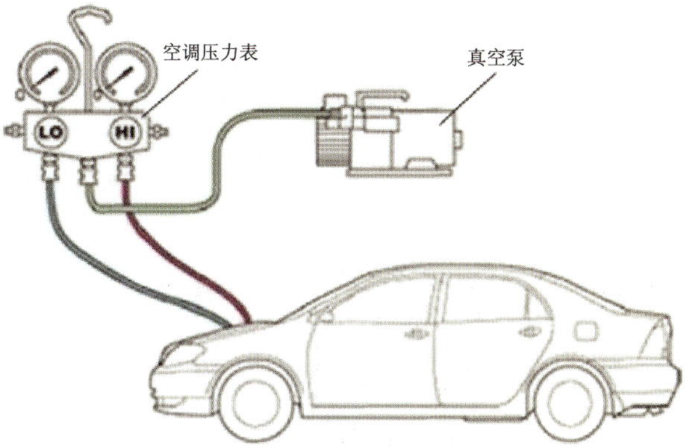

抽真空

1200. 何时加注制冷剂?

当制冷系统抽真空达到要求，且经检漏确定制冷系统不存在泄漏部位后，即可向制冷系统加注制冷剂。加注前，先确定加注制冷剂的数量。加注量过多或过少，都会影响空调制冷效果。压缩机的铭牌上一般都标有所用的制冷剂种类及其加注量。

1201. 加注制冷剂有哪几种方法?

加注制冷剂的方法有两种：一种是从高压侧加注，加注的是制冷剂液体。其特点是安全、快速，适用于制冷系统的第一次加注。高压侧加注时必须注意，加注时发动机应熄火，且制冷剂罐应倒立；另一种是从低压侧加注，加注的是气态制冷剂，其特点是加注速度慢，在制冷系统补充制冷剂的情况下使用。

1202. 如何从高压侧加注制冷剂?

（1）当系统抽真空后，关闭空调压力表上的高、低压手动阀。将中间软管的一端与制冷剂罐注入阀的接头连接。

（2）打开制冷剂罐，再拧松表座上的中间软管接头，直到听见有制冷剂蒸气流动声，然后拧紧接头，从而排出中间软管中的空气。

（3）将制冷剂罐倒立，打开高压手动阀至全开位置，从高压侧注入规定量的液态制冷剂。

（4）关闭制冷剂罐注入阀及空调压力表上的高压手动阀，然后将表卸下。

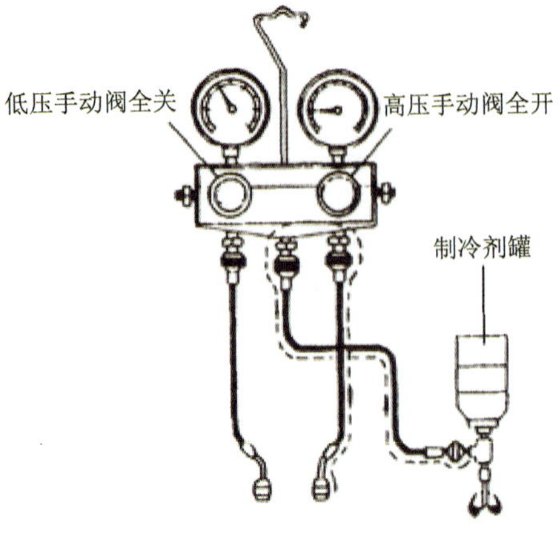

加注制冷剂

1203. 为什么高压加注时发动机要熄火?

从高压侧向空调系统加注制冷剂时，发动机应处于熄火状态，即空调压缩机停转，且不要拧开空调压力表上的低压手动阀，以防产生液压冲击。

1204. 如何从低压侧加注制冷剂?

通过歧管压力计上的低压手动阀，可向制冷系统的低压侧加注气态制冷剂。

如下图所示，将歧管压力计与压缩机和制冷剂罐连接好。

（1）打开制冷剂罐，再拧松表座上的中间软管接头，直到听见有制冷剂蒸气流动声，然后拧紧接头，从而排出中间软管中的空气。

（2）将制冷剂罐直立，打开低压手动阀至全开位置，从低压侧注入制冷剂。当系统的压力值达到0.4MPa时，关闭低压手动阀。

（3）起动发动机，将空调A/C开关接通，并将鼓风机开关和温控开关都调至最大。再打开空调压力表上的低压手动阀，让制冷剂继续进入制冷系统，直至加注量达到规定值。

（4）在向系统中加注规定量的制冷剂之后，从检视窗处观察，确认系统内无气泡、无过量制冷剂。随后将发动机转速升至2000rpm，将鼓风机开到最高挡，若气温为30～35℃，则系统内低压侧压力应为0.147M～0.192MPa，高压侧压力应为1.37M～1.67MPa。

（5）加注完毕后，关闭空调压力表上的低压手动阀，关闭装在制冷剂罐上的注入阀，使发动机停转，将空调压力表卸下，卸下时动作要迅速，以免过多的制冷剂泄出。

汽车空调系统

1205. 怎样使空调系统快速除雾？

（1）打开空调制冷装置。

（2）将空调系统置于外部进气状态并将鼓风机风速开到最大挡位。

（3）将空气流向分配器置于除雾位置。

（4）将温度调节开关置于最低温度点。

这样，驾驶室内的水分将会在空调制冷系统的作用下，凝结在蒸发器壁上，从而除去车内空气多余的水分，冷凝水可从专门为其预开的孔中排出。因此，在停着的汽车下面可能会留下一滩水。

1206. 如何诊断与排除膨胀阀开度过大或感温包安装不当故障？

1）故障现象

（1）空调系统内压力过高（高压压力为 1862k ~ 1960kPa，低压压力约为 245kPa）。

（2）压缩机低压回气管路挂霜或结有大量露滴。

（3）冷气出风口温度偏高，系统制冷量不足。

2）故障原因

（1）膨胀阀开度过大，制冷剂进入蒸发器内过多，来不及蒸发就吸入压缩机。

（2）感温包安装位置不当，使低压管路制冷剂过多。

3）故障诊断与排除

（1）先顺时针试调膨胀阀调节螺钉，关小一两圈，观察出风口温度，若有渐冷变化，则为原开度过大。可适当调小膨胀阀开度，控制适当的蒸发压力。

（2）若调整开度无效，应检查感温包。

（3）检查感温包位置，正确位置应在蒸发器出口端低压管上。检查感温包，若与管子脱离或固定密封不好，应重新包扎严密并固定良好。

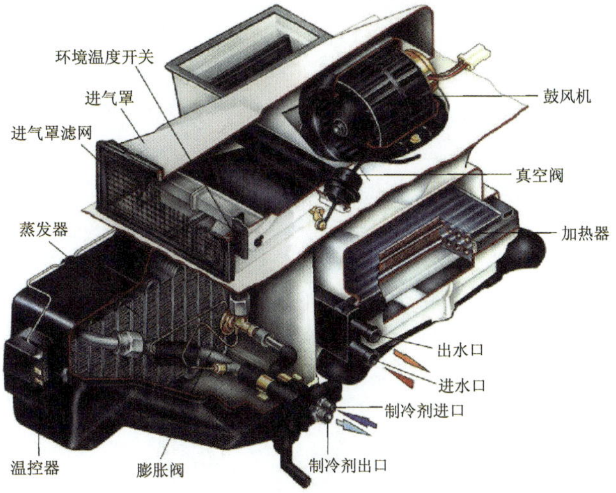

汽车空调系统组成

1207. 如何诊断与排除膨胀阀的脏堵或坏堵故障？

1）故障现象

（1）微堵时，在进口小滤网部位发生结霜现象，同时又听到断断续续不均匀的气流声。

（2）全堵时，手摸膨胀阀进、出口无温差。

（3）车内冷气出风口温度偏高或不冷，高压侧压力偏高，低压侧呈负值。

2）故障原因

（1）由于维修操作不当，系统内混入污物。

（2）部件中橡胶类制品、密封圈受制冷剂腐蚀后产生的杂质堵塞了管道。

（3）膨胀阀感温包损坏。

3）故障诊断与排除

（1）用小扳手轻轻敲击进口小滤网部位，此时若听到气流声有变化，同时膨胀阀以节流孔为界处所结的白霜逐渐融化，则可能是膨胀阀进口小滤网堵塞。可将小滤网拆出，用工业汽油或四氯化碳清洗干净，干燥后再装入膨胀阀。

（2）若膨胀阀孔清洁后仍不通，则为感温剂泄漏引起的坏堵，应更换膨胀阀。

1208. 如何诊断与排除膨胀阀的冰堵故障？

1）故障现象

（1）当膨胀阀发生冰堵时，膨胀阀和蒸发器上的白霜全部融化，制冷量大幅度下降，直至不能制冷。

（2）此时空调冷气系统低压一侧的压力很低，可达到 80k ~ 93kPa 的真空度。

（3）对于装有低压保护开关、压缩机由电磁离合器控制运转的非独立式空调系统，当发生冰堵时，在低压保护开关的作用下，电磁离合器分离，出现压缩机间歇停、开现象，系统断续制冷。

（4）对于独立式空调系统，冰堵故障一旦发生，系统低压保护开关动作，切断专用空调冷气发动机的油路，发动机停机，整个系统也随之停止运转。

2）故障原因

制冷剂中含有水分，当液态制冷剂流经膨胀阀的节流小孔时，温度骤然下降，其中的水分就在节流小孔或针阀孔周围凝结成很多的小冰粒。当较多的冰粒凝结在节流部位时，就会堵塞节流通道，从而发生膨胀阀冰堵故障。

3）故障诊断与排除

（1）把制冷剂全部排出，并将系统解体，用工业汽油或四氯化碳清洗，吹干或烘干各总成，不能残留水分及杂质。

（2）严格按操作规程装复，同时换上新的干燥剂或储液干燥器，或将原来失去效能的干燥剂加热再生处理后重复使用。

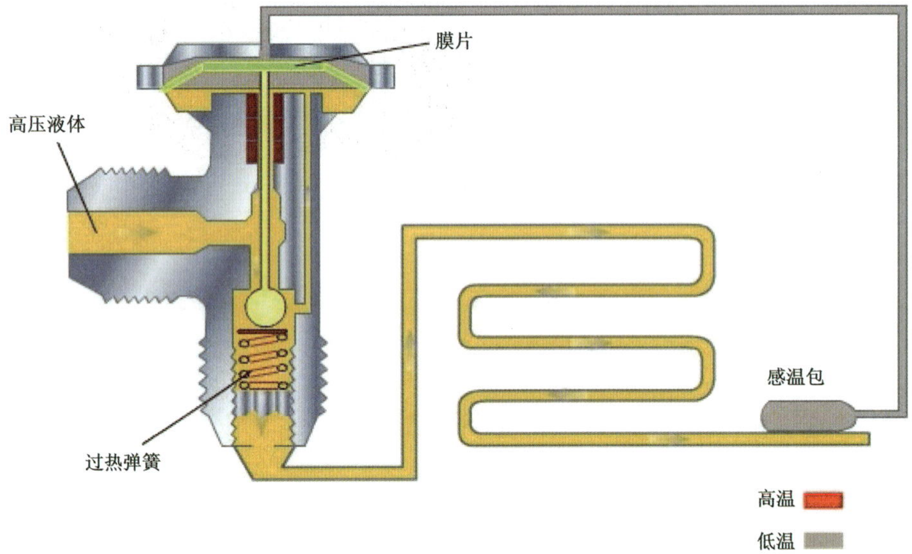

膨胀阀工作原理图

1209. 安全气囊有哪些类型?

1）按气囊数量分

按气囊数量可分为：①只装在驾驶员侧的单气囊系统；②驾驶员侧、前排乘客侧各有一个安全气囊的双气囊系统；③多气囊系统（前排安全气囊、后排安全气囊、侧面安全气囊）。

2）按气囊大小分

按气囊大小可分为：①保护全身的安全气囊；②保护整个上身的大型气囊；③保护面部的小型护面气囊。

3）按保护对象分

按保护对象不同可分为：①驾驶人防撞安全气囊；②前排乘客防撞安全气囊；③后排乘客防撞安全气囊；④侧面防撞安全气囊。

安全气囊位置示意图

1210. 安全气囊由哪些部件组成?

安全气囊一般安装在车内正/副驾驶位、车内前排和后排座椅侧面及车顶三个方向。在装有安全气囊系统的部位都印有 Supplemental Restraint System，简称 SRS，直译成中文为“辅助约束系统”。安全气囊用来减轻汽车碰撞后，乘员因惯性发生二次碰撞时的伤害程度。

常用的汽车安全气囊系统由碰撞传感器、控制模块（ECU）、气体发生器、点火器、气囊及装饰盖板等组成。

安全气囊标志

1211. 安全气囊有何作用?

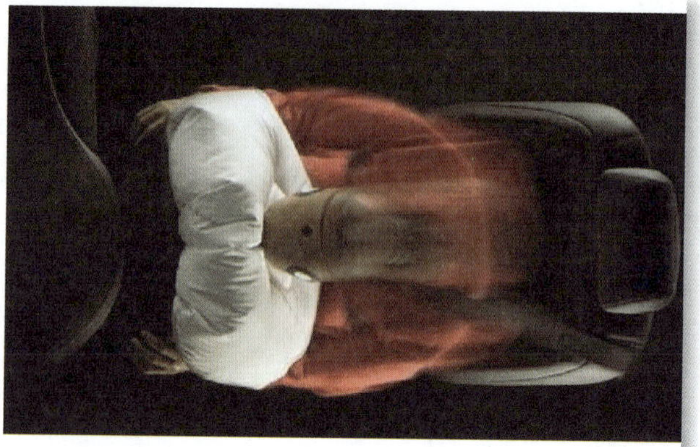

安全气囊工作

安全气囊的作用是当车辆发生碰撞事故时减轻乘员的伤害程度，避免乘员发生二次碰撞，或车辆发生翻滚等危险情况下被抛离座位。如果发生碰撞，充气系统可在不到十分之一秒的时间内迅速充气，气囊在膨胀时将冲出方向盘，从而使车内人员免受正向碰撞所产生的作用力的冲击，大约在一秒钟后，气囊就会收缩（气囊上有许多小孔），因此，不会妨碍车内人员的行动。

安全气囊由三部分组成，首先是气囊自身，它由薄薄的尼龙纤维制成，折叠在方向盘内；然后是告知气囊充气的传感器，传感器可检测到相当于以 16 ~ 24km/h 的速度撞击墙壁的冲撞力；最后是充气系统，安全气囊实际上与固体火箭助推器类似的系统进行充气，叠氮化钠和硝酸钾迅速发生反应，生成大量的热氮气，此气体将为气囊充气，气囊在膨胀时将冲出方向盘。

1212. 碰撞是如何被检测到的?

碰撞传感器安装位置图

安装在车头附近的碰撞传感器是重要的信号来源，气囊电脑对碰撞传感器传来的数据进行分析，以判断是否触发气囊的点火装置。

碰撞传感器也可称为安全气囊传感器，按照用途的不同，碰撞传感器分为触发碰撞传感器和防护碰撞传感器。触发碰撞传感器也称为碰撞强度传感器，用于检测碰撞时的加速度变化，并将碰撞信号传给气囊电脑，作为气囊电脑的触发信号；防护碰撞传感器也称为安全碰撞传感器，它与触发碰撞传感器串联，用于防止气囊误爆。

1213. 安全气囊如何工作?

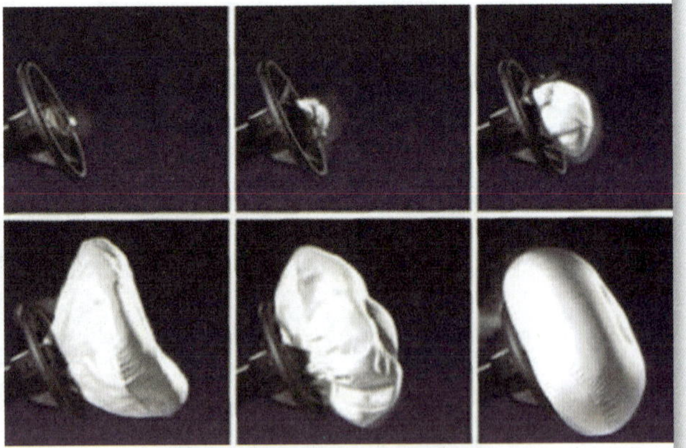

安全气囊启爆过程图

汽车行驶过程中，传感器系统不断向控制装置发送速度变化（或加速度）信息，由控制装置（中央控制器）对这些信息加以分析判断，如果所测的加速度、速度变化量或其他指标超过预定值（真正发生了碰撞），则控制装置向气体发生器发出点火指令或传感器直接控制点火，点火后发生爆炸反应，产生氮气或将储气罐中压缩氮气释放出来充满气囊。乘员与气囊接触时，通过气囊上的小孔的阻尼吸收碰撞能量，达到保护乘员的目的。

新型安全气囊加入了可分级充气或释放压力的装置，以防止一次突然点爆产生的巨大压力对人头部产生的伤害，特别在乘客未系好安全带的时候，可导致生命危险，具体形式如下：

（1）分级点爆装置，即气体发生器分两级点爆，第一级产生约 40％的气体容积，远低于最大压力，对人头部移动产生缓冲作用，第二级点爆产生剩余气体，并且达到最大压力。总的来说，两级点爆的最大压力小于单级点爆。

（2）分级释放压力方式，囊袋上开有泄压孔或可调节压力的孔，分为完全凭借气体压力顶开的方式或电脑控制的拉片。这种方式，一开始压力达到设定极限，然后瞬时释放压力，以避免过大伤害。

1214. 安全气囊什么情况下弹开？

安全气囊弹开需要合适的速度和碰撞角度。从理论上讲，只有车辆的正前方左右大约60° 之间位置撞击在固定的物体上，速度高于30km/h，这时安全气囊才可能弹开。这里所说的速度不是我们通常意义上所理解的车速，而是在试验室中车辆相对刚性固定障碍物碰撞的速度，实际碰撞中汽车的速度要等效于这个试验速度气囊才能打开。

汽车发生碰撞时的主要受力部位是乘员舱骨架和车身纵梁，为了缓冲碰撞时的冲击力，车身前部大都设计有碰撞缓冲区，而且车身的刚度分布也是不均匀的。在一些事故中，例如，当轿车与没有后部防护装置的卡车发生钻入性追尾事故，或轿车碰撞护栏后发生翻车事故，或发生车身侧面碰撞等，这样的事故往往没有车身前部的直接撞击，主要是车身上部和侧面发生碰撞，碰撞车身部位的刚度很小，虽然车舱发生了很大的变形，甚至造成车内乘员受伤或死亡，但由于碰撞部位不对，有时候气囊并不能打开。这就是在碰撞试验中屡试不爽的气囊为什么在实际情况下有可能出现“哑火”的原因。

汽车碰撞试验

1215. 如何正确使用安全气囊？

（1）安全气囊必须与安全带一起使用，如果不系好安全带，即使有安全气囊，在碰撞时也可能造成严重伤害甚至死亡。

（2）乘车时与气囊保持合适的距离。

（3）注意不要在气囊的前方、上方或近处放置物品，因为在紧急时刻这些物品也可能妨碍气囊充气或被抛射出去，造成更大的危险。

（4）要保证安全气囊真正起到安全的作用，驾乘人员一定要养成良好的驾乘习惯，保证胸部与方向盘保持一定的距离。

（5）避免高温。安全气囊装置的部件应妥善保管，不要让它在85℃以上的高温环境下长期放置。

（6）不要擅自改变安全气囊系统及周边布置，不能擅自改动系统的线路和组件，不要随意更改保险杠和车辆前部结构。

（7）安全气囊为一次性产品，每个气囊只能使用一次，引爆后需换一个新气囊。

安全气囊

1216. 什么是行人安全气囊系统？

行人安全气囊系统是以气囊为碰撞缓冲装置，进一步避免人体撞击汽车的前风挡玻璃及发动机舱盖，以免在猛烈的碰撞下对行人与车内乘客造成更大的伤害。因此，在发动机舱盖和前风挡玻璃附近设置了安全气囊，两者配合使用可减少最常见的行人伤亡事故。发动机舱盖气囊在保险杠上方紧靠保险杠处开始展开；前风挡玻璃气囊的作用则是提供两次碰撞保护，防止行人被甩到发动机舱盖后部被前窗底部碰伤。但目前只有在国外一些高挡车上才能看到这样的配置，国内还没有引入这种安全系统的车型。

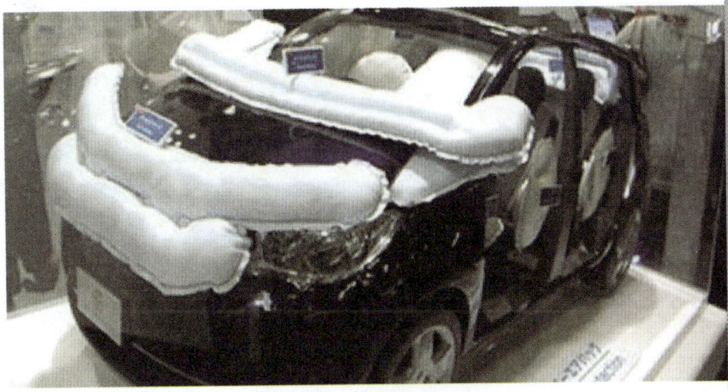

行人安全气囊系统

1217. 如何辨别气囊真伪？

简单地讲，气囊真伪辨别可用"望、闻、问、比、拉、测"来概括。

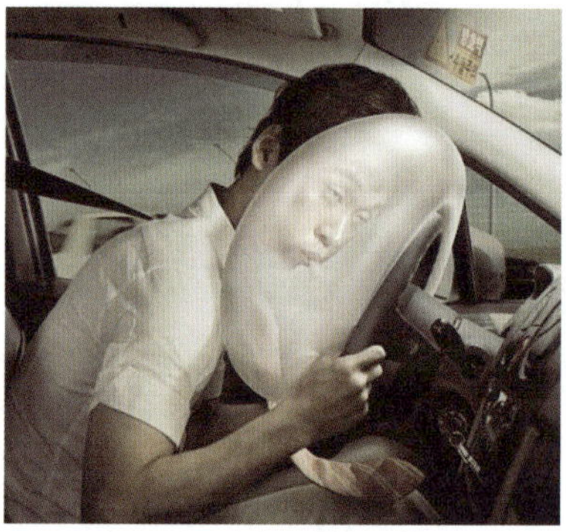
安全气囊

（1）望，即观察。检验气囊真伪时，首先要仔细观察气囊组件（充气袋）的新旧程度，是否有油污、灰尘，气囊本身是否有破损。一般气囊弹出后都是崭新的，如果存在上述情况则很有可能是伪造的。另外，还要观察气囊固定螺栓是否有新的拧痕等拆卸痕迹。

（2）闻，即闻气味。气囊弹出过程中，无论是引爆物质的爆炸，还是氮气产生物质的化学反应，都会产生刺激性气味，该气味类似于火药气味。对于刚刚弹出的气囊，查勘时可以通过嗅觉检查一下是否有这种气味，来辨别真伪。

（3）问，即询问当事人。针对事故发生一瞬间的车内情况，对驾驶员和其他车上人员进行询问，检验是否符合气囊弹出规律。

（4）比，即比较。由于汽车前部气囊安装在方向盘和工作台上，骗赔者往往通过安装旧的工作台和气囊盖板来作假。查勘时通过比较副气囊盖板与工作台的新旧程度，比较主气囊盖板及工作台与车内其他内饰的新旧程度来发现疑点。

（5）拉，即拉安全带。大多数情况下，汽车气囊弹出会伴随着安全带锁死。通过拉拽安全带，检查是否锁死。如果气囊弹出安全带没有锁死，则很有可能是伪造的。

（6）测，即检测。利用专业设备对气囊电脑就行检测，确定是否有碰撞数据信息及碰撞产生的时间，来判断气囊的真伪。通过数据检测辨别安全气囊真伪说服力强，也可成为诉讼阶段的有力证据。

1218. 什么是智能安全气囊？

智能安全气囊是指在普通安全气囊的基础上增加了传感器，以探测出座椅上的乘员是儿童还是成年人，他们系好的安全带以及所处的位置是怎样的高度。通过采集这些数据，由气囊电脑分析和处理控制安全气囊的膨胀，使其发挥最佳作用，避免安全气囊出现无必要的膨胀，从而极大地提高其安全作用。智能安全气囊比普通安全气囊主要多了两个核心元件，即传感器及其与之配套的计算机软件。

目前，使用的传感器主要有：重量传感器，根据座椅上的重量感知是否有人，是大人还是小孩；电子区域传感器，能在驾驶室中产生一个低能量的电子区域，通过测量通过该区域的电流来测定乘员的存在和位置；红外线传感器，根据热量探测人的存在，以区别于无生命的东西；光学传感器，如同一台照相机注视着座椅，并与存储的空座椅的图像进行比较，以判别人体的存在和位置；超声波传感器，通过发射超声波，然后分析遇到的物体后的反射波探明乘员的存在和位置。

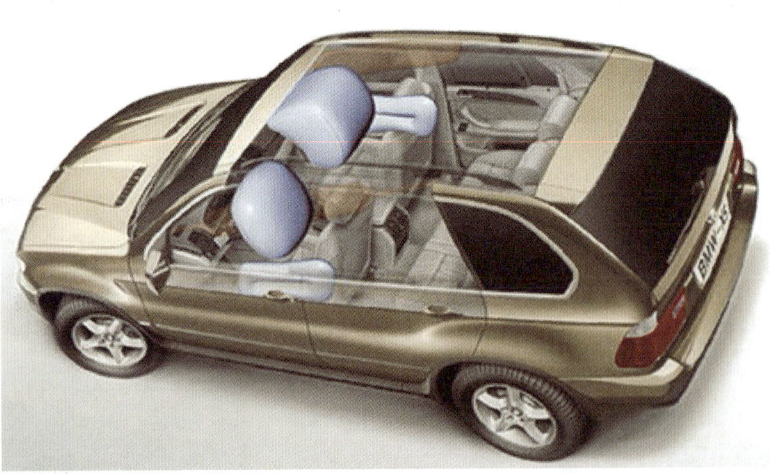
智能安全气囊系统

1219. 侧气帘有什么作用?

侧气帘也称为头部气囊，在碰撞时弹出遮盖车窗，以达到保护乘客的效果。侧气帘是安全气囊系统的一部分，作为车身被动安全的辅助配置，日渐受到人们的重视。当汽车碰撞后，乘员与车内构件尚未发生“二次碰撞”前迅速在两者之间打开一个充满气体的气垫，使乘员因惯性而移动时“扑在气垫上”，从而缓和乘员受到的冲击并吸收碰撞能量，减轻乘员的伤害程度。

一般情况下，大多数的侧气帘都是前后贯通式，只有少数品牌仅有前排侧气帘。

安全气囊与侧气帘

1220. 行驶时为什么要扎安全带?

安全带是在汽车发生碰撞过程中保护驾乘人员的基本防护装置，它是所有车辆被动安全系统中最基本的一个。上车坐好后，把安全带拉过来，然后“咔嗒”一声系好。这很容易做到，可是人们依然会忘记这么做，或者说他们不喜欢这种被“束缚”的感觉。现在大部分的新车都会发出各种声音或光信号，提醒人们系好安全带。

扎好安全带

安全带技术包括预紧器、力道限制器及三点式或四点式安全带的组合等。在撞击的时候，预紧器可以把安全带拉紧，防止由于松懈而带来驾乘人员身体的前移。撞击结束后，力道限制器可以使安全带略微松弛以减轻对驾乘人员的压力。

1221. 为什么称安全带为被动安全装置?

所有汽车上的安全带都称为被动安全装置，这是由于安全气囊、安全带都是在撞车后才起保护驾乘人员的作用，不能主动起保护作用，所以属于被动的安全装置。

1222. 安全带有几种锁定状态?

安全带有四种不同的锁定状态，分别是过度卷收锁定、车辆触发锁定、安全带触发锁定和自动锁定。

1223. 什么是过度卷收锁定?

车辆安全带可能出现的一种意外锁定状态称为过度卷收锁定。如果安全带能迅速回到卷收位置，卷收器会锁定在完全卷收位置。过度卷收锁定可能在乘客手动卷收安全带或在安全带锁门没有负载、摩擦力和安全带卷收速度放慢的情况下发生。当安全带卷收速度高于正常值时，会突然停在安全带行程末端陷入锁定状况，这时安全带已完全卷紧在轴上，卷收器无法自行卷收或释放锁定装置，用户无法系好安全带。此时可按如下方法释放锁定装置：用力拉动锁定的安全带然后释放，因为用力拉安全带能从卷收器中拉出少量安全带，当释放时能少量卷收，这样安全带就可以恢复正常状态。

安全带锁定

1224. 车辆触发锁定的条件是什么？

车辆触发锁定产生的条件如下：

（1）车辆快速加速、减速或急转弯时。

（2）在静态条件下，当车辆停在一个大的斜面上时（前后或左右）。

（3）在崎岖的道路上，卷收装置达到锁定条件时。

（4）如果安全带上有持续张紧力，安全带锁门就继续被锁定，当涨紧力释放，安全带会慢慢回收同时锁门脱离，安全带恢复正常工作。

1225. 什么情况下发生安全带触发锁定？

安全带触发锁定是在抽拉安全带时产生的正常响应。当安全带快速抽出时，它进入锁定模式并且在张紧力释放之前保持这种状态，要观察这种情况，可以快速抽拉安全带。用户在使用过程中把安全带拉得太快的情况下会遇到此类情况。

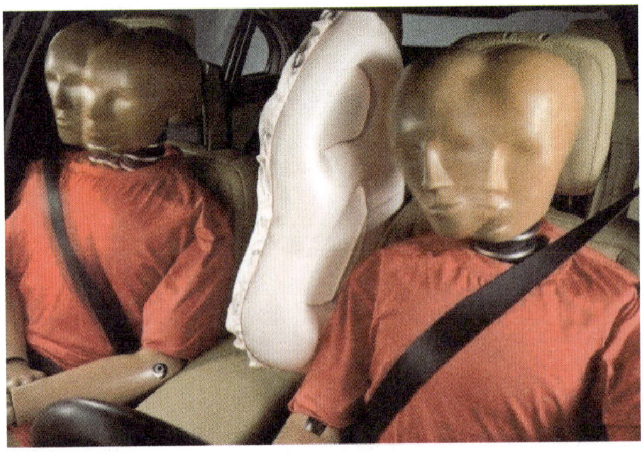

安全带

1226. 什么情况下发生安全带自动锁定？

当安全带一直往外拉，卷收器会转换成自动锁定模式，这种情况常在固定儿童座椅至车辆的情况下发生。如果用户佩戴安全带时一直把安全带拉至行程末端，会无意中激活自动锁定模式，当安全带松开后再卷收（安全带恢复正常的功能），自动锁定运行模式会自动取消。

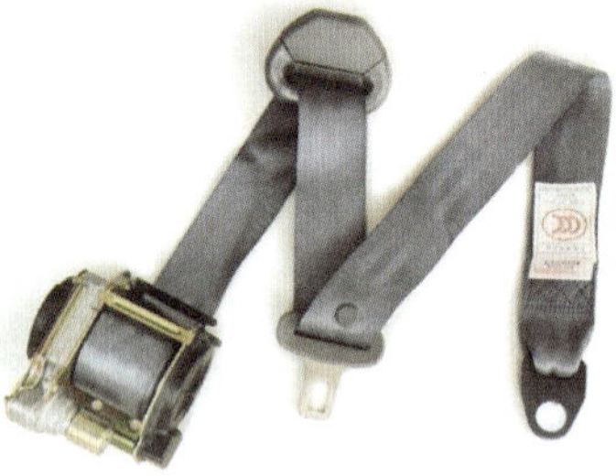

爆燃式安全带

1227. 爆燃式安全带如何工作？

爆燃式安全带在系好后与身体仍有一定空间，保证驾乘人员的舒适与灵活。当汽车发生碰撞事故的一瞬间，驾乘人员尚未向前移动时它会首先拉紧织带，立即将驾乘人员紧紧地绑在座椅上，然后锁止织带防止驾乘人员身体前倾，有效保护驾乘人员的安全。其作用过程是由气体引发剂、气体发生剂、导管、活塞、绳索和驱动轮组成。当汽车受到碰撞时预拉紧装置受到激发后，密封导管内底部的气体引发剂立即自燃，引爆同一密封导管内的气体发生剂，气体发生剂立即产生大量气体膨胀，迫使活塞向上移动拉动绳索，绳索带动驱动轮使卷收器卷筒转动，织带被卷在卷筒上，使织带被回拉。最后，卷收器会紧急锁止织带，固定驾乘人员身体，防止身体前倾，避免与方向盘、仪表板和风挡玻璃相碰撞。

1228. 膨胀式安全带有什么优势？

在汽车被动安全技术中，应用最普遍的就是安全带。通常车辆发生撞击意外时，安全带将会产生束紧动作，将驾乘人员紧紧地固定于座椅当中，不过由于碰撞力道巨大，也往往发生乘员勒伤的情形。为避免此类情况发生，且将驾乘人员的伤害在碰撞意外时降到最低，福特研发部门决定将安全带与安全气囊结合。在原先设计好的安全带中，预留一个空气袋，并有类似安全气囊的感知装置，而就在安全带产生束紧动作时，此气囊也会同时充气，产生弹性的空间，让安全带束紧时对乘员的伤害不再那么剧烈。

普通安全带与膨胀式安全带

1229. 有安全气囊可以不系安全带吗?

当车辆出现碰撞时，仅靠安全气囊是不够的。首先，安全气囊爆发力非常大，没有安全带的缓冲直接撞到正爆发的气囊上，会对身体产生严重伤害。其次，安全气囊只有在正面 120° 范围内发生碰撞才能更好地发挥作用。因此，安全气囊这种被动安全装置，只有与安全带互相配合才能最大限度地保证安全。

安全带与安全气囊配合使用

1230. 后排座没有必要系安全带吗?

有的乘车人员乘车时专挑后排座，认为这样就可以不受安全带的束缚，但这种行为可能给自己带来安全隐患。殊不知，一旦车辆发生事故，无论车辆前冲还是后面被追尾，对自己都会产生严重损伤。因此，后排座有安全带的也应系上安全带。

1231. 车速慢不需系安全带吗?

实验证明，车辆以 40km/h 的速度发生碰撞，其产生的冲击力与重锤撞击地面的力度相当。这种冲击力，如果没有安全带的保护人体无法承受。车辆事故的发生往往是在一瞬间，人几乎难以反应，即使低速行驶，如果不系安全带而发生事故，对人的伤害也难以避免。所以，车速慢也应系上安全带。

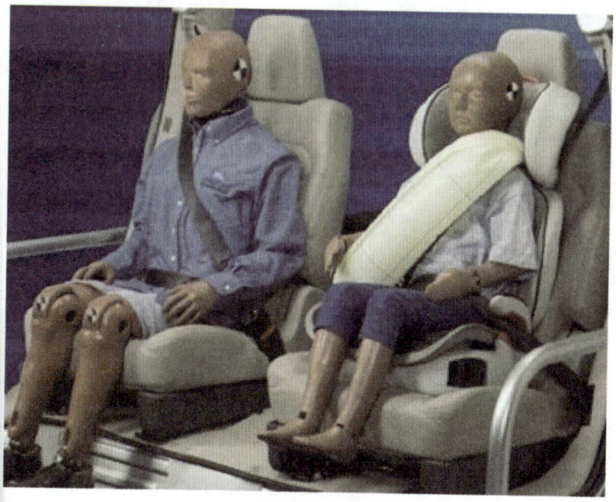

系好安全带

1232. 系安全带会被困吗?

车辆发生严重碰撞时车体容易变形，但安全带一般不会变形。安全带承受的是前冲的力，而不是在安全带卡口竖立方向用力，卡口一般不会变形，导致人员困在车内。因此，发生事故时系安全带不会被困。

1233. 怎样安装螺旋电缆?

安装驾驶员侧安全气囊螺旋电缆，关键步骤是对齐螺旋电缆的中间位置。具体安装方法如下：

（1）首先将螺旋电缆用螺栓固定在组合开关安装支架上。

（2）如果拆卸时就将螺旋电缆用胶带固定在原来的位置，则将在安装螺旋电缆时忽略中间位置对齐步骤，可以直接安装转向柱上护罩和下护罩，然后安装转向盘。

（3）中间位置的对齐方法：轻轻顺时针（或逆时针）转动螺旋电缆直至停止，然后逆时针（或顺时针）转动 2 ~ 2.5 圈，直至中间标记对齐调整标记。

（4）连上螺旋电缆的插接器。

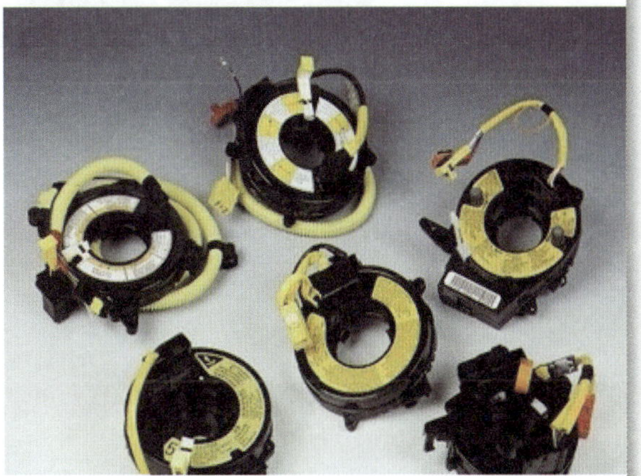

螺旋电缆

1234. 检修安全气囊应注意哪些问题？

在检修安全气囊的过程中，如果不按正确的操作顺序进行，就有可能导致气囊意外展开，造成严重事故。因此，检修安全气囊时应注意如下问题：

（1）在拆卸或搬运、放置安全气囊时，其装饰盖一面应朝上。

（2）诊断检修安全气囊之前，应首先读取故障自诊断代码，然后关闭点火开关并将蓄电池负极电缆端子拆下 90s 以上时，才可以开始检修工作。

（3）在检修过程中，若有可能对车前碰撞传感器产生冲击，则应在检修之前先拆下碰撞传感器，以防气囊误张开。安装碰撞传感器时，其上的箭头应指向车辆前方。

（4）安全气囊系统的所有零部件均为一次性使用部件，不可重复使用，也不可以使用其他车上的安全气囊部件。如需更换零部件，则应使用与原车配套的新件。

（5）绝对不能检测安全气囊点火器或安全带收紧器点火器的电阻，否则有可能导致气囊引爆或收紧器动作。检测其他部件电阻和检测安全气囊系统故障时，必须使用数字式万用表。

（6）在安全气囊系统的各个总成或零部件的表面上都有说明标牌，使用或检修时必须严格按照这些注意事项进行操作。在系统的维修工作完成后，应检查 SRS 指示灯，看系统工作是否正常。

（7）转向盘必须正确地装入转向柱内，否则会引起螺旋电缆接触不良。同时，螺旋电缆应处于中间位置，否则极易在转动转向盘时损坏螺旋电缆。

（8）插上连接器时，务必将各种锁止机构可靠锁住，以防止连接器松脱或者出现一些失灵代码。

（9）安全气囊系统线束及线束连接器均为黄色，以便于区别。当发生交通事故而使安全气囊系统线束脱开或连接器破裂时，都应更换新件。

安全气囊